U0667386

"中亚汉语国际教育研究"丛书系列之二

面向中亚留学生的汉语国际教育研究

刘宏宇 主编

社会科学文献出版社
SOCIAL SCIENCES ACADEMIC PRESS (CHINA)

《中亚汉语国际教育》丛书序言

语言与文化相互依存，在全球化背景下，世界各国都非常重视国家间的语言与文化交流，而随着中国国际地位日益提高，中华文化的影响力和辐射力也日益增强。目前全世界有 5000 万人正在将汉语作为第二语言来习得，学习汉语的热情“忽如一夜春风来，千树万树梨花开”。不断升温的“汉语热”表明汉语作为一种世界语言和商业语言的重要性正在增加，中国文化的价值越发凸显，这就给汉语国际教育提供了广阔的舞台。汉语国际教育在世界范围内的传播非常迅速，已成为国家提升软实力、实现复兴中华文化的组成部分。中国与中亚国家毗邻，地区贸易频繁，中国在中亚汉语国际教育方面具有独特的地域和人文优势，本丛书就是在此宏观背景和战略环境下孕育与产生的。

中亚汉语国际教育研究中心是新疆维吾尔自治区普通高等学校人文社会科学重点研究基地，现有专兼职研究人员 35 人，其中教授 20 人，博士 10 人，依托中亚 2 所孔子学院、8 个孔子课堂和 1 所汉语中心。中亚汉语国际教育研究中心基于中亚五国的国情特点，以中亚汉语国际教育研究中心为依托，以国家政策和发展战略为导向，以加强中国特别是新疆与中亚五国的文化交流为己任，以中亚汉语国际教育为抓手，以汉语教学、中华文化传播研究为突破口，充分利用新疆的地缘优势和学术优势，搭建中亚五国文化交流的平台，提高我国新疆地区对周边国家的影响力，促进中国与中亚国家在文化、教育、科学研究等方面的深入交流与合作，夯实和奠定中亚汉语国际教育研究中心在中亚汉语国际教育研究领域的学术领先地位。

“中亚汉语国际教育”主要面向中亚汉语国际教育研究中心的专兼职人员，内容涵盖汉语教学与文化传播两个研究方向，其中汉语教学研究包括中亚语言国情研究，对外汉语人才培养体系研究，中亚汉语国际教育特色研究，华人教育研究；文化传播研究包括中华文化中亚传播战略及机制研究，中华文化与中亚文化比较研究，中亚孔子学院文化教学与传播研究。“中亚汉语国际教育”丛书力求体现前瞻性、全局性和现实性等特点，突出问题导向，以研究中国语言、中华文化如何“走出去”、走进中亚等重大现实问题为选题方向，所展示的研究成果力求体现原创性和高水平，体现特色，突出创新，使关于中亚的研究能够“走出去”“走进去”走上去“，使学术研究真正走出国门、走进中亚。丛书选题的入选要求，首先要立足于两个平台：一是要站在跨学科平台上去思考问题，推进学科的交叉融合，力求做到语言学、教育学、文化学、传播学、心理学、历史学等学科的融合与互补；二是要站在国际高等教育和文化发展的平台上去思考语言教学和文化传播问题，去思考人才培养目标、课程体系、教学方法、教学模式和文化传播方略，推进改革和创新。其次强化实践取向，改变过去研究中存在的“重理论、轻实践”现象，从“象牙塔”走向大地、走向田野，从一般性理论建构走向政策咨询与对策研究。总之，就是“立足中亚，辐射周边”，注重现实性、针对性，使研究及成果转化应用“跟得上、贴得紧、能管用”，努力成为中亚研究咨询服务的基地，切实发挥思想库、智囊团和动力源的作用。

聚焦国际学术前沿，拓展研究领域，突出特色优势，凝练科研方向，力争呈现出一批具有重要社会影响和学术价值的标志性成果，是中亚汉语国际教育研究中心的目标和任务。中亚汉语国际教育研究中心将通过高水平成果的出版更好地为学校国际化战略服务，为自治区的社会发展服务，为国家汉语国际推广和中华文化传播服务，为提升国家形象和软实力服务，努力开启21世纪的语言文化教育“新丝绸之路”。

中亚汉语国际教育研究中心

新疆师范大学国际文化交流学院

2012年3月28日

目录

中亚留学生汉语学习动机调查研究 …………………… 郭卫东　符冬梅 / 1

中亚留学生汉语自主学习调查分析及对策研究 ……… 骆惠珍　高颖婷 / 46

中亚留学生汉语量词使用现状调查研究 …………… 王远新　闫　丽 / 72

中亚留学生离合词使用偏误分析 …………………… 张建民　李晓东 / 138

中亚留学生汉语常用关联词语使用偏误的考查和分析

——以新疆师范大学为例 …………………………… 周　珊　陈　艳 / 178

中亚留学生汉语程度副词习得研究 ………………… 张建民　井婷宁 / 233

中亚留学生成语使用现状调查研究 ………………… 周　珊　张　忠 / 284

初中级阶段中亚留学生汉字偏误调查分析 ………… 郭卫东　董芳芳 / 322

中亚留学生黏合式补语使用情况调查研究 ………… 梁　云　刘　晨 / 396

对外汉语教材语音体系编排研究 …………………… 周　珊　殷佩蓓 / 464

中级汉语水平中亚留学生声调偏误实验分析 ……… 梁　云　郑　琪 / 505

中亚留学生汉语学习动机调查研究

郭卫东　符冬梅

动机在二语学习中起着关键性作用，是二语学习研究的重要内容之一。在二语学习领域，学者们已对动机进行了大量研究，但就对外汉语界而言，对汉语学习动机的研究较少，仍然是个相对年轻的领域，其研究缺乏多样性和系统性，尤其是对学习动机的国别研究和不同学历水平之间的对比研究更为稀少。通过对中亚留学生汉语学习动机的调查研究，了解他们汉语学习动机的构成，有助于扩大对外汉语教学的研究视角。尽管研究者对此做过一些研究，但由于动机的复杂本质，已有的研究成果远远不够。二语研究者们受心理学发展的影响，借鉴了教育心理学的学习动机理论，从不同的视角研究动机，形成了一系列的二语学习动机模式。本文从社会建构主义视角出发，结合中亚留学生在华学习的特点，对他们汉语学习动机的内部因素和外部因素进行探究。此外，本文以社会建构主义理论为指导，就动机的内外部因素进行研究。内部因素包括留学生汉语学习的认知与情感因素，外部因素是其学习汉语的具体环境，即学校学习环境。本文得出的结果将补充对汉语学习动机的研究成果，丰富二语学习动机研究的内容，同时可作为未来研究与实践的参考和借鉴。

一　中亚留学生汉语学习动机研究设计

（一）研究对象

参加调查的所有被试均为新疆师范大学国际文化交流学院的全日制中亚留学生。选择新疆师范大学国际文化交流学院的留学生为被试，是因为该校的留学生人数多、规模大，且 90% 以上的留学生来自中亚五国，其中绝大多数来自哈萨克斯坦、吉尔吉斯斯坦和塔吉克斯坦三个中亚国家；留学生接受的学历教育层次齐全，有包括非学历教育培训、本科教育和硕士研究生教育在内的连续性的教育模式，而且疆内的汉语国际教育硕士研究生人数相对较少，主要集中在该校，有一定的代表性，故最终确定选取该校的留学生作为研究测试对象。

由于要了解不同学历层次留学生的汉语学习动机，调查采用分层抽样的方式，以留学生汉语学历教育水平为分层依据，从硕士研究生、本科生和非学历教育培训生三个层面抽取样本，共有 215 人参加调查。其中，哈萨克斯坦留学生 68 人，吉尔吉斯斯坦留学生 91 人，塔吉克斯坦留学生 52 人，分别占 31.6%、42.3%和 24.2%；其他国家留学生 4 人，占 1.9%。汉语国际教育硕士研究生 35 人，汉语专业本科生 76 人，非学历教育培训生 104 人，分别占总样本的16.3%、35.3%和48.4%。年龄最小的 15 岁，最大的 30 岁，平均年龄为 21.2 岁，18~23 岁的有 170 人，占总调查样本的 79.1%。男生 101 人，占总调查样本的 47%，女生 114 人，占 53%。181 人自我评价汉语学得好（成功），34 人自我评价学得不够好（不成功），分别占 84.2%和 15.8%。此外，本研究还调查了留学生学习汉语的总时间，每周课后学习汉语时间，以及他们参加 HSK 考试的具体情况。留学生的基本情况统计如表 1 所示。

表 1　中亚留学生基本信息统计

单位：人，%

项目	类别	人数	百分比
国家	哈萨克斯坦	68	31.6
	吉尔吉斯斯坦	91	42.3
	塔吉克斯坦	52	24.2
	其他	4	1.9
学历层次	硕士	35	16.3
	本科	76	35.3
	非学历教育	104	48.4
性别	男	101	47.0
	女	114	53.0
年龄	15~17 岁	23	10.7
	18~23 岁	170	79.1
	24~30 岁	22	10.2

续表

项目	类别	人数	百分比
学习汉语的总时间	半年以下	66	30.7
	半年至 1 年	20	9.3
	1 ~ 2 年	42	19.5
	2 年以上	87	40.5
每周课后学习汉语时间	5 小时以下	61	28.4
	5 ~ 10 小时	95	44.2
	10 ~ 15 小时	38	17.7
	15 小时以上	21	9.8
汉语学习自我评价	成功	181	84.2
	不成功	34	15.8
是否参加过 HSK 考试	已参加	66	30.7
	未参加	149	69.3

（二）研究工具

中亚留学生汉语学习动机调查问卷由两部分构成，共计 84 个题项，其中，8 个题项用于了解被试的背景信息，76 个题项测试包含内外部因素在内的被试的汉语学习动机。问卷详情参见表 2。

第一部分是被试的背景信息，由 8 个题项构成，包括年龄、性别、国籍、学历层次、学习汉语的总时间、每周课后学习汉语时间、汉语学习自我评价、是否参加过 HSK 考试（如果参加过，成绩如何）。第二部分是问卷的核心，设计了 76 个题项，用以了解中亚留学生的汉语学习动机。每个问题的选项都采用七级计分，被试从“1. 完全不同意”到“7. 完全同意”选择最适合自己真实情况的数字。为了帮助中亚留学生更好地理解和回答问题，获得更高的真实性和可靠性，问卷全部译成俄语。

1. 问卷的内容

问卷核心部分的 76 个题项，分别从内部因素和外部因素两个维度共 12 个因子测试中亚留学生的汉语学习动机构成。

（1）内部因素。

内部因素包括 7 个因子，分别为：目标、兴趣、态度、期望价值、自我效能、焦虑和归因。目标因子中设置了 7 个题项，用来了解被试的近景目

表 2　中亚留学生汉语学习动机调查问卷构成

单位：个

	内容	题项
第一部分	被试背景信息 ［年龄、性别、国籍、学历层次、学习汉语的总时间、每周课后学习汉语时间、汉语学习自我评价、是否参加过 HSK 考试（如果参加过，成绩如何）］	8
第二部分	内部因素	53
	目标	7
	近景目标	2
	远景目标	2
	社会目标	3
	兴趣	4
	态度	7
	期望价值	4
	自我效能	5
	焦虑	6
	归因	20
	外部因素	23
	重要他人	4
	反馈	4
	任务价值	4
	课内外活动	4
	教师角色	7
总　计		84

标、远景目标和社会目标。这三种目标类型分别通过下列题项展示：“我学习汉语，是为了在学业上取得好成绩”；“我学习汉语，是为了找到一份好工作”；“我学习汉语，是为了将来生活得更好” 等。兴趣因子有 4 个题项，如 “我对语言学习有特别的爱好”。态度因子由 7 个题项体现，如 “我认为应当花很多时间学习汉语”。期望价值因子的题项有 4 个，如 “学好汉语使我有成就感”。自我效能因子包括 5 个题项，如 “我相信自己能够学好汉语”。焦虑因子的题项有 6 个，如 “说汉语时，我担心别人笑话我”。归因因子设置了 20 个题项，从能力、努力和学习环境三个角度对汉语学习成功和不成功进行归因，两者各有 10 个题项。成功归因的题项，如 “我学习努

力”，“我学习汉语有天赋”，“班里的学习气氛浓郁”；不成功归因的题项，如“我没有找到适合自己的汉语学习方法”，“我对学习汉语不感兴趣”。

（2）外部因素。

外部因素由5个因子构成，分别为：重要他人、反馈、任务价值、课内外活动和教师角色。前4个因子各由4个题项构成，教师角色由7个题项构成。重要他人因子的题项，如“我学汉语是因为父母让我学”。反馈因子的题项，如“我希望老师定期测验，这样我可以知道自己的进步”。任务价值因子的题项，如“课堂上的任务应与我们的学习或生活有关”。课内外活动因子的题项，如“通过参加各种课内外活动，我的汉语进步很快”。教师角色因子的题项，如“老师应平等对待所有的学生”。

2. 问卷的编制

问卷的设计，参考、借鉴、综合了教育心理学和二语学习研究者对学习动机研究的成果，为自编问卷。问卷从内部因素和外部因素两个大的维度对中亚留学生的汉语学习动机进行考查。同时，研究者通过听课、课堂观察、参与课堂教学实践、同中亚留学生和对外汉语教师交谈等方式，结合中亚留学生的实际汉语学习情况，最终在问卷中确定了76个题项，用以测量中亚留学生的汉语学习动机。

（1）问卷的信度。

在正式测试前，用准备好的问卷进行小规模的前测，对象为两个非学历教育培训班的27名留学生，根据收集到的数据，对问卷进行各类别的内部一致性检验，对信度系数偏低的类别中的题项进行删改，同时对问卷中的表述和俄语翻译做出相应的修改与调整；确定新的问卷后，对另两个非学历教育培训班的25名中亚留学生进行再测，并对收集到的数据再次进行信度检验。通过两次试测，最终形成共包含两大部分、12个因子、84个题项的中亚留学生汉语学习动机调查问卷。此后再运用SPSS16.0统计软件，获得问卷各因子的内部一致性信度值。表3为问卷各因子内部一致性信度值。

表3　中亚留学生汉语学习动机问卷的内部一致性信度

	题目数(N)	信度(Alpha)
内部因素	53	0.79
目标	7	0.70
兴趣	4	0.64
态度	7	0.75
期望价值	4	0.83

续表

	题目数(N)	信度(Alpha)
自我效能	5	0.80
焦虑	6	0.77
成功归因*	10	0.77
不成功归因	10	0.64
外部因素	23	0.78
重要他人	4	0.60
反馈	4	0.65
任务价值	4	0.62
课内外活动	4	0.64
教师角色	7	0.84
总问卷	76	0.84

说明：*内部因素中的归因因子由成功归因和不成功归因两项组成，成功归因的被试做问卷中的第57~66题，不成功归因的被试做问卷中的第67~76题。

从表3可以看出，经过修改后的问卷，所有的信度值都达到了0.60，大部分高于0.70，问卷的总信度达到0.84，说明问卷具有较为满意的信度，可以用于调查研究。

（2）问卷的效度。

为了验证问卷的结构效度，我们运用SPSS16.0统计软件做KMO和Bartlett球形检验。如果这两项检验合格，说明数据适合做因子分析。

表4 中亚留学生汉语学习动机问卷的结构效度

	KMO	Bartlett(P值)
内部因素	0.65	0.000
外部因素	0.76	0.000

KMO的值越接近1，效度越好，如果>0.5，则说明因子分析的效度较好，可以进行因子分析；另外，如果Bartlett检验P<0.001，说明因子的相关系数矩阵非单位矩阵，不仅能够提取最少的因子，还能解释大部分的方差，即效度较好。

从表4中的Bartlett球形检验结果来看，无论是内部因素，还是外部因素，P值均小于0.001，可以用于因子分析；从KMO检验来看，内部因素和

外部因素的 KMO 值分别为 0.65 和 0.76，可以进行因子分析，也就是说问卷具有一定的结构效度。

（三）数据的收集与处理

数据收集历时 1 个月。被试为在新疆师范大学国际文化交流学院 19 个班学习的中亚留学生。其中，10 个班为学制半年或一年的非学历教育培训班，6 个班为学制四年的国家奖学金本科班，3 个班为学制两年的汉语国际教育硕士研究生班。问卷采用无记名填写方式，为了不影响中亚留学生的正常上课和课间休息，试测一律在晚自习时进行。同时请他们的班主任老师协助试测，问卷填写完毕后当场收回。共发放问卷 240 份，回收 232 份，回收率为 96.7%；对所有的问卷进行整理，获得有效问卷 215 份，有效率为 92.7%。

将从有效问卷中获得的各学生的信息和数据输入计算机，运用社会统计软件 SPSS16.0，先进行描述性统计分析，再进行独立样本 t 检验和单向方差分析。

为了获得中亚留学生汉语学习动机的具体构成情况，本节详细介绍了参加本项调查的被试，问卷的内容、编制的过程和信度、效度检验，如何发放、回收问卷，以及如何收集和处理数据。

（四）结果与讨论

1. 问卷统计结果

（1）中亚留学生汉语学习动机的构成情况。

根据前文的理论建构可知，中亚留学生的汉语学习动机包括基于学生个体特性的内部因素和客观存在的对其动机产生影响的外部因素。为了能够详尽地获取各动机因子在动机构成中的角色，我们运用描述性统计计算出各个动机因子的平均值和标准差，统计结果如表 5 所示。

表 5　中亚留学生汉语学习动机各因子统计

动机	样本数(N)	最小值	最大值	平均值(M)	标准差(SD)
目标	215	1.00	7.00	4.90	1.10
近景目标	215	1.00	7.00	4.27	1.61
远景目标	215	1.00	7.00	5.81	1.32

续表

动机	样本数(N)	最小值	最大值	平均值(M)	标准差(SD)
社会目标	215	1.00	7.00	4.73	1.30
兴趣	215	1.00	7.00	5.24	1.11
态度	215	1.57	7.00	5.30	0.94
期望价值	215	1.00	7.00	6.01	0.92
自我效能	215	1.40	7.00	5.70	0.98
焦虑	215	1.00	7.00	3.28	1.38
成功归因	181*	2.80	7.00	5.59	0.73
不成功归因	34	1.90	5.50	3.57	0.89
重要他人	215	1.00	7.00	4.62	1.15
反馈	215	1.25	7.00	5.24	1.15
任务价值	215	2.00	7.00	5.57	0.90
课内外活动	215	1.50	7.00	5.58	0.99
教师角色	215	1.00	7.00	6.11	0.83

说明：自我评价为“成功学习者”的留学生进行成功归因，自我评价为“不成功学习者”的留学生进行不成功归因，故此处成功归因和不成功归因两项的总样本数为215个。

从表5中的统计结果来看，中亚留学生汉语学习动机构成因子中，对其中的焦虑和不成功归因两项倾向于持否定态度。其中，平均值最低的为焦虑（M = 3.28，SD = 1.38），说明中亚留学生在学习汉语的过程中，并不存在过强的焦虑感；其次为不成功归因（M = 3.57，SD = 0.89），说明留学生虽然评价自己的汉语学得不够好，但当他们对自己学习汉语不成功进行归因时，却表现为不能很正确地归因，这一结果与他们的期望价值（M = 6.01，SD = 0.92）和自我效能（M = 5.70，SD = 0.98）保持一致——他们期望和相信自己能够学好汉语。中亚留学生对其他的动机因子都倾向于持肯定态度，肯定程度依次为：教师角色 > 期望价值 > 自我效能 > 成功归因 > 课内外活动 > 任务价值 > 态度 > 兴趣 > 反馈 > 目标 > 重要他人。其中，教师角色（M = 6.11，SD = 0.83）和期望价值（M = 6.01，SD = 0.92）的平均值都在6.00以上，说明这两项因子对中亚留学生的汉语学习动机产生很大的影响；此外，在自我效能（M = 5.70，SD = 0.98）、成功归因（M = 5.59，SD = 0.73）、课内外活动（M = 5.58，SD = 0.99）、任务价值（M = 5.57，SD = 0.90）、态度（M = 5.30，SD = 0.94）、兴趣（M = 5.24，SD = 1.11）和反馈（M = 5.24，SD = 1.15）7个方面的平均值在5.24至5.70之间，说明这几个因子对中亚留学生的影响较大，而目标（M = 4.90，SD = 1.10）和重要他人（M = 4.62，SD = 1.15）两个因子对中亚留学生的汉语学习动机也有影响。在目标因子中，影响中亚留学生汉语学习动机依次为远景目标 > 社会目标 > 近景目标。与近景目标（M = 4.27，SD = 1.61）和社会目标（M = 4.73，SD = 1.30）相比，远景目标（M = 5.81，SD = 1.32）对中亚留学生的汉语学习动机影响更大。总体上可以看出，无论是外部因素还是内部因素，都对中亚留学生的汉语学习动机产生一定的影响。

（2）不同国家的中亚留学生的汉语学习动机。

根据中亚留学生基本信息统计表1可知，在215人被试的中亚留学生中，68人来自哈萨克斯坦，91人来自吉尔吉斯斯坦，52人来自塔吉克斯坦，仅有4名留学生来自乌兹别克斯坦，没有来自土库曼斯坦的留学生。鉴于后两个国家的留学生人数过少或没有，测试仅对来自前三个中亚国家的留学生的汉语学习动机进行对比分析。测试运用单向方差分析获得三个中亚国家留学生的各动机因子的平均值、标准差和P值，之后对其进行组间比较。

从表6可以看出，来自于哈萨克斯坦、吉尔吉斯斯坦和塔吉克斯坦三国的中亚留学生仅在焦虑因子上存在着显著差异（P = 0.000），具有统计意义，而在其他内外部因素各因子上虽然也或多或少存在着差异，但在统计学上没有显著意义（P值在0.206 ~ 0.903之间）。具体地说，哈萨克斯坦和吉尔吉斯斯坦两国的留学生与塔吉克斯坦留学生在焦虑上均存在显著性差异（P值分别为0.006和0.001），但哈吉两国的留学生之间没有显著性差异（P = 0.832）。这说明来自这三个中亚国家的留学生的汉语学习动机在总体上不存在国别差异，仅在焦虑一项上存在显著的国别差异，具体表现为塔吉克斯坦留学生同哈萨克斯坦和吉尔吉斯斯坦两国的留学生之间的差异。

（3）不同学历层次的中亚留学生的汉语学习动机。

目前，对中亚留学生的汉语教育学历形式主要有三种：硕士、本科和非学历教育培训。研究运用单向方差分析获得三种学历形式的各动机因子的平均值、标准差和P值，之后对其进行组间比较。

表 6　不同中亚国家的留学生的汉语学习动机

动机因子	国籍	样本数（个）	平均值	标准差	组间 P 值		F 值	P 值
					哈萨克斯坦	吉尔吉斯斯坦		
目　标	哈萨克斯坦	68	4.84	1.09		0.996	0.57	0.568
	吉尔吉斯斯坦	91	4.86	1.16	0.996			
	塔吉克斯坦	52	5.04	1.06	0.629	0.646		
近景目标	哈萨克斯坦	68	4.33	1.53		0.519	1.59	0.206
	吉尔吉斯斯坦	91	4.03	1.76	0.519			
	塔吉克斯坦	52	4.51	1.42	0.831	0.233		
远景目标	哈萨克斯坦	68	5.88	1.14		0.872	0.14	0.871
	吉尔吉斯斯坦	91	5.77	1.41	0.872			
	塔吉克斯坦	52	5.81	1.43	0.962	0.981		
社会目标	哈萨克斯坦	68	4.50	1.31		0.339	1.59	0.207
	吉尔吉斯斯坦	91	4.81	1.34	0.339			
	塔吉克斯坦	52	4.88	1.24	0.279	0.951		
兴　趣	哈萨克斯坦	68	5.08	1.22		0.259	1.58	0.208
	吉尔吉斯斯坦	91	5.36	0.98	0.259			
	塔吉克斯坦	52	5.35	0.91	0.376	0.998		
态　度	哈萨克斯坦	68	5.24	0.88		0.997	1.12	0.328
	吉尔吉斯斯坦	91	5.23	0.88	0.997			
	塔吉克斯坦	52	5.45	1.09	0.455	0.379		
期望价值	哈萨克斯坦	68	5.95	0.97		0.698	0.44	0.648
	吉尔吉斯斯坦	91	6.08	0.88	0.698			
	塔吉克斯坦	52	5.97	0.94	0.996	0.785		
自我效能	哈萨克斯坦	68	5.64	1.05		0.791	0.32	0.725
	吉尔吉斯斯坦	91	5.75	0.86	0.791			
	塔吉克斯坦	52	5.64	1.08	1.000	0.805		
焦　虑	哈萨克斯坦	68	3.15	1.39		0.832	8.45	0.000 *
	吉尔吉斯斯坦	91	3.02	1.27	0.832			
	塔吉克斯坦	52	3.93	1.37	0.006 *	0.001 *		
成功归因	哈萨克斯坦	59	5.60	0.82		0.956	0.10	0.903
	吉尔吉斯斯坦	75	5.56	0.70	0.956			
	塔吉克斯坦	43	5.62	0.63	0.989	0.912		
不成功归因	哈萨克斯坦	9	3.81	0.85		0.384	1.48	0.243
	吉尔吉斯斯坦	16	3.30	0.64	0.384			
	塔吉克斯坦	9	3.82	1.21	1.000	0.369		
重要他人	哈萨克斯坦	68	4.73	1.19		0.313	1.55	0.214
	吉尔吉斯斯坦	91	4.44	1.06	0.313			
	塔吉克斯坦	52	4.73	1.26	1.000	0.366		

续表

动机因子	国籍	样本数（个）	平均值	标准差	组间 P 值		F 值	P 值
					哈萨克斯坦	吉尔吉斯斯坦		
反　馈	哈萨克斯坦	68	5.38	0.91		0.466	0.86	0.426
	吉尔吉斯斯坦	91	5.15	1.22	0.466			
	塔吉克斯坦	52	5.17	1.23	0.616	0.993		
任务价值	哈萨克斯坦	68	5.50	0.82		0.939	1.06	0.348
	吉尔吉斯斯坦	91	5.55	0.87	0.939			
	塔吉克斯坦	52	5.73	1.05	0.377	0.518		
课内外活动	哈萨克斯坦	68	5.59	1.08		0.942	0.33	0.719
	吉尔吉斯斯坦	91	5.54	0.91	0.942			
	塔吉克斯坦	52	5.68	1.01	0.898	0.719		
教师角色	哈萨克斯坦	68	6.16	0.84		0.538	1.01	0.365
	吉尔吉斯斯坦	91	6.01	0.85	0.538			
	塔吉克斯坦	52	6.19	0.77	0.979	0.454		

说明：* 表示在 0.05 水平上存在显著差异。

从表 7 可以看出，来自中亚国家的汉语硕士研究生、本科生和非学历教育培训生在目标、成功归因、不成功归因、重要他人和反馈 5 个动机因子上的差异具有显著的统计学意义（P 值在 0.000 ~ 0.035 之间），而在兴趣、态度、期望价值、自我效能、焦虑、任务价值、课内外活动和教师角色 8 个因子上虽然都有差异，但这些差异不具有显著的统计学意义（P 值在 0.071 ~ 0.524 之间）；就目标而言，不同学历层次的中亚留学生在近景目标和社会目标上存在显著差异（P 值分别为 0.000 和 0.002），在远景目标上虽然也存在差异，但在统计学上并没有显著意义（P = 0.102）。

具体地说，在目标因子上，本科生和非学历教育培训生存在显著差异（P = 0.001），而本科生和硕士生、硕士生和非学历教育培训生之间不存在显著差异。其中，本科生和硕士生之间的差异很小（P = 0.847），而硕士生和非学历教育培训生之间的差异较大（P = 0.070），但在统计学上没有显著的统计意义。就目标因子的三种类别而言，三种学历层次的中亚留学生在近景目标和社会目标上存在显著差异（P 值分别为 0.000 和 0.002），在远景目标上虽然也存在差异，但在统计学上并没有显著意义（P = 0.102）。在近景目标上的显著差异分别表现为硕士生和本科生之间的差异（P=0.016）及本科生和非学历教育培训生之间的差异（P=0.000），而硕士生和非学历教育培训生之间不存在显著差异（P=0.877）；在社会目标上的显著差异体现在硕士生和非学历教育培训生之间（P=0.004），在硕士生和本科生之间、本科生和非学历教育培训生之间没有显著差异（P 值分别为 0.286 和 0.081）。

表 7　不同学历层次的中亚留学生的汉语学习动机差异

动机因子	学历层次	样本数（个）	平均值	标准差	组间 P 值		F 值	P 值
					硕士	本科		
目　标	硕士	35	4.71	1.03		0.847	7.85	0.001*
	本科	76	4.59	1.14	0.847			
	非学历教育	104	5.20	1.03	0.070	0.001*		
近景目标	硕士	35	4.51	1.36		0.016*	11.17	0.000*
	本科	76	3.60	1.72	0.016*			
	非学历教育	104	4.76	1.45	0.877	0.000*		
远景目标	硕士	35	5.73	1.21		0.868	2.31	0.102
	本科	76	5.59	1.31	0.868			
	非学历教育	104	6.00	1.36	0.563	0.110		
社会目标	硕士	35	4.17	1.41		0.286	6.52	0.002*
	本科	76	4.58	1.28	0.286			
	非学历教育	104	5.02	1.21	0.004*	0.081		
兴　趣	硕士	35	5.05	1.32		0.669	0.65	0.524
	本科	76	5.25	0.86	0.669			
	非学历教育	104	5.30	1.19	0.527	0.968		
态　度	硕士	35	5.11	0.95		0.928	2.35	0.098
	本科	76	5.18	0.79	0.928			
	非学历教育	104	5.43	1.01	0.212	0.214		
期望价值	硕士	35	5.79	0.76		0.595	1.62	0.201
	本科	76	5.98	0.88	0.595			
	非学历教育	104	6.11	0.98	0.213	0.666		
自我效能	硕士	35	5.38	0.91		0.312	2.68	0.071
	本科	76	5.69	0.87	0.312			
	非学历教育	104	5.82	1.06	0.072	0.658		
焦　虑	硕士	35	2.91	1.18		0.662	2.58	0.078
	本科	76	3.17	1.18	0.662			
	非学历教育	104	3.48	1.55	0.112	0.330		

续表

动机因子	学历层次	样本数（个）	平均值	标准差	组间 P 值		F 值	P 值
					硕士	本科		
成功归因	硕士	33	5.28	0.66		0.456	6.40	0.002*
	本科	61	5.48	0.70	0.456			
	非学历教育	87	5.76	0.73	0.006*	0.052		
不成功归因	硕士	2	2.85	1.34		0.815	3.73	0.035*
	本科	15	3.25	0.68	0.815			
	非学历教育	17	3.95	0.69	0.218	0.070		
重要他人	硕士	35	4.14	1.24		0.666	11.49	0.000*
	本科	76	4.35	1.02	0.666			
	非学历教育	104	4.99	1.10	0.001*	0.001*		
反　馈	硕士	35	5.06	0.95		0.926	4.98	0.008*
	本科	76	4.97	1.24	0.926			
	非学历教育	104	5.49	1.10	0.165	0.012*		
任务价值	硕士	35	5.41	0.88		0.865	1.33	0.266
	本科	76	5.51	0.87	0.865			
	非学历教育	104	5.67	0.90	0.345	0.509		
课内外活动	硕士	35	5.69	0.69		0.412	1.53	0.219
	本科	76	5.42	1.08	0.412			
	非学历教育	104	5.66	0.99	0.986	0.284		
教师角色	硕士	35	6.31	0.66		0.150	2.05	0.132
	本科	76	5.98	0.70	0.150			
	非学历教育	104	6.14	0.73	0.583	0.430		

说明：* 表示在 0.05 水平上存在显著差异。

在成功归因因子上，硕士生和非学历教育培训生之间有显著差异（P = 0.006），而硕士生和本科生之间、本科生和非学历教育培训生之间没有显著差异（P 值分别为 0.456 和 0.052）。

在不成功归因上，三种学历层次的中亚留学生之间的差异性分别为：硕士生与本科生（P = 0.815），硕士生与非学历教育培训生（P = 0.218），本科生与非学历教育培训生（P = 0.070）。其中本科生与非学历教育培训生之间的差异性最大。似乎三种学历层次内部之间都不存在显著差异，但在总表中，该因子表现为具有显著的差异性（P = 0.035）。

在重要他人因子上的组间显著性差异，体现在硕士生和本科生两组同非学历教育培训生之间（P值均为0.001），硕士生和本科生之间的差异不具有统计学意义（P=0.666）。

在反馈因子上，本科生和非学历教育培训生之间存在显著性差异（P=0.012），其他两组间无显著性差异。

（4）不同性别的中亚留学生的汉语学习动机。

测试运用统计工具中的独立样本t检验计算出男女留学生各动机因子的平均值、标准差和P值，之后对其进行组间比较。

表8 男生和女生汉语学习动机的t检验

动机因子	性别	样本数(个)	平均值	标准差	t值	P值
目　　标	男	101	5.00	1.07	1.31	0.253
	女	114	4.82	1.13		
近景目标	男	101	4.27	1.56	0.56	0.459
	女	114	4.26	1.66		
远景目标	男	101	5.79	1.36	1.04	0.308
	女	114	5.83	1.30		
社会目标	男	101	4.97	1.19	2.88	0.091
	女	114	4.51	1.36		
兴　　趣	男	101	5.12	1.13	0.01	0.929
	女	114	5.35	1.09		
态　　度	男	101	5.39	0.90	0.01	0.915
	女	114	5.21	0.97		
期望价值	男	101	5.98	0.91	1.36	0.245
	女	114	6.04	0.92		
自我效能	男	101	5.86	0.94	0.01	0.923
	女	114	5.57	0.99		
焦　　虑	男	101	3.02	1.37	0.13	0.718
	女	114	3.51	1.36		
成功归因	男	89	5.63	0.73	0.03	0.871
	女	92	5.55	0.73		
不成功归因	男	12	3.93	1.00	1.00	0.325
	女	22	3.38	0.77		
重要他人	男	101	4.68	1.06	2.72	0.100
	女	114	4.47	1.23		
反　　馈	男	101	5.30	1.21	0.48	0.488
	女	114	5.18	1.11		

续表

动机因子	性别	样本数(个)	平均值	标准差	t值	P值
任务价值	男	101	5.57	0.98	0.84	0.361
	女	114	5.57	0.83		
课内外活动	男	101	5.44	0.99	0.25	0.620
	女	114	5.71	0.97		
教师角色	男	101	6.04	0.89	3.08	0.081
	女	114	6.18	0.77		

从表8可以看出，就目标、态度、自我效能、成功归因、不成功归因、重要他人和反馈7个因子而言，男生组的平均值比女生组稍高；就兴趣、期望价值、焦虑、课内外活动和教师角色5个因子而言，女生组的平均值略高于男生组；男女生两组在任务价值因子一项的平均值相等。尽管如此，男女生两组的汉语学习动机总体上不存在显著差异（P值在0.081～0.929之间），在统计学上没有显著意义。这说明无论是男生还是女生，他们的汉语学习动机没有显著性差异。

（5）不同自我评价的中亚留学生的汉语学习动机。

为了了解自我评价为成功或不成功的中亚留学生的汉语学习动机的异同，测试运用独立样本t检验计算出两组中各动机因子的平均值、标准差和P值，并进行组间对比。

表9中的数据显示，自我评价为成功的中亚留学生组除焦虑因子的平均值低于不成功组外，其余各项的平均值均高于不成功组。不同自我评价，在期望价值、任务价值和课内外活动三个因子上存在显著差异（P值分别为0.010，0.008和0.023），而在其他各因子上虽然也存在差异，但在统计学上没有显著意义（P值在0.066～0.516）。此外，虽然两组中亚留学生在目标因子上不具有显著差异（P=0.334），但是在其构成类别中的近景目标和远景目标两个子项目上却有显著性差异（P值分别为0.046和0.002）。

统计结果表明，总体上，自我评价为成功的中亚留学生比自我评价为不成功的中亚留学生的汉语学习动机更强、焦虑更低；在期望价值、任务价值和课内外活动三个动机因子上具有显著性差异。

2. 分析与讨论

（1）中亚留学生汉语学习动机的构成。

中亚留学生的汉语学习动机由其具有个体差异的内部因素和汉语学习过

表 9　不同自我评价的中亚留学生的汉语学习动机

动机因子**	自我评价	样本数	平均值	标准差	t 值	P 值
目　　标	成　功	181	4.99	1.07	0.94	0.334
	不成功	34	4.47	1.16		
近景目标	成　功	181	4.38	1.65	4.03	0.046*
	不成功	34	3.56	1.21		
远景目标	成　功	181	5.90	1.23	9.72	0.002*
	不成功	34	5.34	1.68		
社会目标	成　功	181	4.78	1.33	0.478	0.490
	不成功	34	4.45	1.15		
兴　　趣	成　功	181	5.27	1.06	3.14	0.078
	不成功	34	5.06	1.34		
态　　度	成　功	181	5.34	0.92	0.61	0.436
	不成功	34	5.06	1.01		
期望价值	成　功	181	6.06	0.82	6.80	0.010*
	不成功	34	5.74	1.31		
自我效能	成　功	181	5.80	0.93	0.42	0.516
	不成功	34	5.18	1.09		
焦　　虑	成　功	181	3.16	1.33	1.41	0.236
	不成功	34	3.91	1.47		
重要他人	成　功	181	4.63	1.11	1.51	0.221
	不成功	34	4.57	1.35		
反　　馈	成　功	181	5.24	1.10	3.43	0.066
	不成功	34	5.23	1.41		
任务价值	成　功	181	5.64	0.81	7.08	0.008*
	不成功	34	5.24	1.24		
课内外活动	成　功	181	5.67	0.93	5.22	0.023*
	不成功	34	5.11	1.16		
教师角色	成　功	181	6.15	0.78	2.62	0.107
	不成功	34	5.90	1.02		

说明：*表示在 0.05 水平上存在显著差异。

**在动机因子中，由于自我评价为成功的留学生只做问卷中测试归因的前 10 题，即第 57～66 题，不成功的留学生只做测试归因的后 10 题，即第 67～76 题，两组研究对象和变量是各自独立的，不可能进行独立样本 t 检验，故此表中的动机因子不包含成功归因和不成功归因。

程中对学习者产生影响的外部因素构成，内部因素和外部因素共同影响着中亚留学生的汉语学习动机。在内、外部因素各构成因子中，中亚留学生在教

师角色、期望价值两个方面表现出很强的动机，在自我效能、成功归因、课内外活动、任务价值、态度、兴趣、反馈 7 个方面表现出较强的动机，在目标和重要他人两个方面显示出积极的动机；同时，他们在汉语学习中焦虑感较低，自我评价不成功的中亚留学生不能很正确地归因。

中亚留学生在教师角色和期望价值两个因子上表现出很强的动机，教师角色通过问卷中的第 50～56 题 7 个题项测试。可以看出，教师在中亚留学生汉语学习过程中起着非常重要的作用。中亚留学生的汉语学习依赖性很强，学习过程中需要教师的管理、鼓励和监督，对教师的教学也有很高的要求，希望教师能将相对枯燥的语言教学课教授得充满趣味；同时，又需要教师善于处理与学生的关系，同他们关系融洽，一视同仁地对待他们，及时地在汉语学习方面提供帮助。这一结果显示，中亚留学生的教师角色的态度与他们在本国内的学习经历有着很大的关系。访谈中了解的信息也说明他们喜欢听从老师的安排，老师让他们做的他们才做，老师没有布置的就不会去做。因此，教师角色虽然是影响中亚留学生汉语学习的外部因素，却在很大程度上影响着中亚留学生的学习动机。此外，在表 9 中教师角色因子的标准差最小，也就是说，同比呈现出多样化的趋势最小，这进一步说明中亚留学生就教师角色对学习动机的影响的看法的内部差别最小。

中亚留学生对自己的汉语学习寄予很高的期望值，这对他们的汉语学习动机也会产生很大的影响。期望价值因子由问卷中的第 19～22 题测试。他们认为只要努力就能学好汉语，从而增强他们的成就感，也会对他们今后从事的工作和学习有很大帮助。对自己有很高的期望决定了中亚留学生能排除一些负面的影响其汉语学习的因素，同时也表明他们的自信心很强，这些都能促使他们在汉语学习上不断进步。

中亚留学生在自我效能、成功归因、课内外活动、任务价值、态度、兴趣、反馈 7 个方面表现出较强的动机。自我效能感是中亚留学生对自己是否能够成功地学习汉语的主观判断。他们对学好汉语较有信心，也有信心面对学习中遇到的问题，汉语课堂上能够认真听讲，不愿意同学打扰，有问题时，无论是在课堂上还是在课后，一般都会及时问老师，对自己的汉语学习计划基本上能够完成。

汉语学习自我评价为成功的中亚留学生能够较好地对自己的学习进行归因，他们的自我效能感往往很高，表现得很自信，认为自己学习努力，勤学好问，学习方法好，教师、教材和学习环境都不错。

同语言学习相关的各种课内外活动也对他们的汉语学习影响较大。他们大多数希望老师为他们组织开展各种课堂内外的语言文化活动或体验，如学汉语书法、唱汉语歌曲、参观等。课堂上，他们不喜欢总是老师在讲，希望参与不同的课堂活动，喜欢在不断变化的课堂活动中学习汉语，如角色表演、朗读、小组讨论、对话练习、语言游戏等，他们认为这样有助于汉语学习。这也与他们在本国的教育经历和民族传统有关。中亚国家的中小学课堂普遍很活跃，学校或班级每个学期都定期举行唱歌、朗诵、表演等活动。这些活动，提高了他们的兴趣和能力。中亚各国传统上就是爱唱爱跳的民族，在这些国家，每逢节日人们都会庆祝，各种因素促成整个民族的外倾性性格特征，有问题有要求都会较为直接地提出来。所有这些对他们的外语学习有综合作用影响，外在表现为课堂内外喜欢通过各种活动学习汉语。

课堂上教师安排设计的学习任务的合理性会增强或减弱学生的学习动机。中亚留学生认为课堂上恰当合理的任务能够增强他们的汉语学习动机。老师应设计与他们的学习或生活有关、与现实生活相关的有趣的课堂任务，不能太难，如果太难了，他们就不愿意参与了。语言学习活动需要大量的练习，相对枯燥，课堂上的学习任务如果太难，涉及的内容过于生僻，中亚留学生则会失去兴趣，而不愿意参与。

在 Gardner 的社会心理学动机模式和后来扩展的动机理论模式中，都把语言学习态度作为构成动机的要素。中亚留学生的汉语学习态度表现为，认为学好汉语对他们很重要，汉语不是很难学，应当花时间去学好，而且认为自己较为擅长学习汉语；此外，中亚留学生认为中国在世界上是个有实力的大国，中国人民修养较好，素质较高，因此，对中国人比较有好感。

近些年来，随着中国的和平崛起，中国在国际政治经济领域中的地位愈加举足轻重，中国自加入上海经合组织以来，对周边中亚国家的影响亦与日俱增，作为交流工具的汉语自然而然受到越来越多的重视，为中亚各国开展各项经贸活动和就业提供了更多的便利。在与中国人交往的过程中，中国人友好善邻，增进了中亚各国对中国人的好感，现实表现为中亚国家学习汉语人数的不断增多，有的学校已将汉语作为第一外语。同时他们也愿意来到中国学习汉语，因为在目的语国家有良好的语言学习环境和大量同中国人交流的机会，有助于他们更好地学习汉语。因此，在学习汉语一段时间之后，他们听说能力提高较快，往往会认为汉语不是很难学，自己较为擅长学习汉语。

对汉语的态度和看法直接影响了中亚留学生汉语学习的兴趣。同时，在

学习过程中随着汉语知识的增加，尤其是中亚留学生对目的语国家真实语言环境的接触，亲身体验，使他们更多地了解目的语国家的文化，反过来也增加了他们学习汉语的兴趣。问卷调查的结果表明，中亚留学生对语言学习较为感兴趣，喜欢学习汉语和中国的各种文化艺术形式。

中亚国家在独立前，曾是苏联的加盟共和国，俄语为当时的国家通用语言，也是学校教育的授课语言和必修课程。苏联解体后，俄语在这些国家作为族际通用语的作用和地位仍不容小觑；一些学校还开设了英语课作为第二外语。由此可见，中亚留学生接触过多种语言：母语、所在国的语言、俄语和英语等，多语学习的经历使他们不但不惧怕学习一门新的语言，而且会产生特别的兴趣。对于来到中国的中亚留学生，无论时间长短，学习汉语的同时，耳濡目染了不少富含中国文化元素的风土人情、节日庆典、绘画书法、音乐舞蹈、文学艺术、歌曲电影、礼仪服饰、茶食烹饪等，语言与文化的完美接轨，身临其境的体验，促使他们对汉语产生了更大的兴趣，汉语学习动机也因此增强。

恰当及时的反馈可以使二语学习者了解自己语言学习的程度、取得的进步和遇到的困难等。中亚留学生认为得到老师的表扬能够使他们更加积极地学习汉语，而老师的批评会直接影响到他们汉语学习的积极性；他们希望老师对其汉语学习情况做出评价，同时希望老师定期测试，以了解自己在汉语学习上取得的进步。我们在调查前进行课堂观察、教学实践和访谈时，都发现中亚留学生在回答完问题或完成某项学习任务后，希望听到老师的评价，尤其是积极正面的评价；如果没有得到老师的评价或得到负面评价，中亚留学生就表现得不太满意，甚至会问老师自己到底对不对，或错在哪里。中亚留学生的这一表现有其深刻的历史文化背景。作为穆斯林，他们信仰的是伊斯兰教，在真主安拉面前人人平等，一视同仁，任何人都可以直接与安拉心灵沟通，无须任何中间媒介。因此，受伊斯兰教绝对平等思想的影响，中亚留学生在课堂上积极活跃，敢于发言、回答问题或表达自己的观点，并把老师作为平等的交流对象，希望得到老师的认可，也就是积极肯定的反馈；当老师不予评价或批评时，中亚留学生会因为自己的观点或答案不被接受而表示不满，进而影响其汉语学习动机。

目标和重要他人两个方面对中亚留学生的汉语学习动机也有影响。在目标因子中，影响中亚留学生汉语学习动机依次为远景目标 > 社会目标 > 近景目标。与近景目标和社会目标相比，远景目标对中亚留学生的汉语学习动机影响最大。他们学习汉语最主要是为了将来找到一份好工作或是更好地开创自己的事业；其次，也希望通过语言的学习，能够同中国人交流、更好地做生意，或是将来生活得更好；最后，才是为了在学业上取得好成绩，以证实自己的语言学习能力比别人强。可见，中亚留学生并不非常重视他们的学业成绩，而是为了实现更好的就业，从而生活得更好，有很强的现实意义。同很多研究的结果一致：在中亚留学生身上，融入型动机和工具型动机都有可能表现出来，只是在不同条件下哪一种动机占主导地位的问题。如为了就业，他们的动机就会倾向于工具型动机；而为了实现社会目标，就显现为融合型动机。中亚留学生受其民族文化影响，注重精神生活的探索，他们希望在通过汉语学习获得就业谋生手段的同时，还能通过对语言的学习，方便同中国人交往，参与中国的社会文化生活。

近些年来，中国与中亚国家，尤其是与哈萨克斯坦和吉尔吉斯斯坦的经贸往来逐年递增，中国的投资者看好这一市场前景，在中亚国家开展大大小小、方方面面的投资经销活动。对于这些中亚国家来说，中国是最重要的投资者之一，创造了很多商务合作和就业机会，因此吸引了很多中亚留学生以此为目的学习汉语。

相较而言，重要他人因子对中亚留学生的汉语动机影响相对较小，他们认为父母、亲戚、朋友或老师对他们的汉语学习会产生一定的影响，但是同其他因素相比，这种影响不是很大。这是因为这些中亚留学生自己已经意识到了汉语学习的重要性，前文中对态度因子的分析也提到这一点。

问卷调查结果表明中亚留学生在汉语学习中焦虑水平较低，喜欢用汉语说，哪怕说得不是很好，也不会太紧张，汉语课堂上不怕老师提问和指出错误，积极主动地回答问题或发言；对遇到的中国人，尤其是见过或熟识的，总是热情打招呼、聊天。这对他们的汉语学习，尤其是口语和听力学习有很大的帮助。在对反馈因子的分析中提到了中亚民族文化的特点，受伊斯兰教绝对平等思想的影响，中亚留学生在课堂上表现得非常积极，敢于发言，会把老师作为平等交流的对象，遇到问题会随时打断老师，陈述自己的观点。另外，从标准差可以看出，在所有的因子中，焦虑呈现出最多样化的趋势，说明虽然平均焦虑水平较低，但中亚留学生焦虑感的个体差异却较大。

自我评价不成功的中亚留学生不能很正确地归因，这与他们在期望价值和自我效能两个方面有较强的动机相统一，即期望并相信自己能够学好汉语，只是暂时对自己学习的成效不很满意而已。

通过以上分析可以看出，中亚留学生的汉语学习动机是在具有个体差异的内部因素和受学习外部情境制约的交互作用下构成的。无论是外部因素还是内部因素，都影响着中亚留学生的汉语学习动机。只强调中亚留学生个体的认知和情感因素，或仅注重其汉语学习的外部条件，都不能获得中亚留学生汉语动机的完整面貌。

（2）不同中亚国家的留学生的汉语学习动机。

来自于哈萨克斯坦、吉尔吉斯斯坦和塔吉克斯坦三国的中亚留学生的汉语学习动机在总体上不存在国别差异，仅在焦虑因子上呈现显著性的国别差异，具体表现为塔吉克斯坦留学生同哈萨克斯坦和吉尔吉斯斯坦两国的留学生之间的差异。在其他内外部因素各因子上虽然也或多或少存在着差异，但在统计学上没有显著意义。

根据三个国家留学生汉语学习焦虑的平均值，可以看出，虽然这些国家的留学生在学习汉语时都不存在很强的焦虑情感。但是对于塔吉克斯坦留学生来说，他们远比哈萨克斯坦和吉尔吉斯斯坦两国的留学生的焦虑程度高。也就是说，同这两国留学生相比，塔吉克斯坦留学生在学习汉语时，表现得更为紧张一些，他们可能会更多地担心考试，或者在说汉语时担心被别人笑话，同中国人交流的积极性和在课堂上回答问题的主动性也没有哈、吉两国留学生强，同时更担心老师会随时纠正他们的错误。

这一差异的根源要追溯到三个国家的历史与文化传统。哈萨克斯坦和吉尔吉斯斯坦两国历史上都是游牧民族，地域空间开阔，人民的性格开朗豪放，共同信仰的伊斯兰教主张人人与真主平等。此外，两国的语言虽使用的是基里尔字母，但其语言都共属于阿尔泰语系的突厥语族。语言是一种文化的重要组成部分；反之，民族的文化特征也往往通过语言展示出来。所以语言文化的同根性体现在两国留学生身上，即表现为与老师平等自由对话，有问题或想法时会直接提出来，不怕出错。塔吉克斯坦人民使用的塔吉克语属于印欧语系的伊朗语族，该语言所反映出的文化现象与哈、吉两国有很大差别，受其语言影响，塔吉克人虽也很活泼开朗，但在语言文化方面表现得更为严谨，避免出错。因此，塔吉克斯坦留学生在学习汉语时的焦虑情感要比哈、吉两国的留学生高。

（3）不同学历层次的中亚留学生的汉语学习动机。

通过对来自于中亚国家的汉语硕士研究生、本科生和非学历教育培训生的汉语学习动机进行单向方差 t 检验，可以看出他们的动机表现各异，其中，在目标、成功归因、不成功归因、重要他人和反馈 5 个动机因子上的差异具有显著的统计学意义，在兴趣、态度、期望价值、自我效能、焦虑、任务价值、课内外活动和教师角色 8 个因子上不具有显著的统计学意义；就目标而言，不同学历层次的留学生在近景目标和社会目标上存在显著差异，在远景目标上虽然也存在差异，但在统计学上这一差异未呈现显著性。

具体而言，在目标因子上，本科生和非学历教育培训生存在显著性差异，就目标因子的三种类别而言，三种学历层次的留学生在近景目标和社会目标上存在显著差异；在近景目标上的显著差异分别表现在硕士生和本科生之间的差异，以及本科生同非学历培训生之间的差异，硕士生和非学历培训生之间无显著性差异；在社会目标上的显著性差异体现在硕士生和非学历培训生之间；在成功归因因子上，硕士生和非学历培训生之间有显著差异；在重要他人因子上的组间显著性差异体现在硕士生和本科生两组同非学历培训生之间；在反馈因子上，本科生和非学历培训生之间存在显著性差异。综上，非学历教育培训生的汉语学习动机最强。

统计数据表明，本科生的年龄多集中在 18～23 岁，波动范围较小，培训生的年龄在受调查学生的整个年龄段 15～30 岁间浮动，总体上年龄高于本科生，思想上更加成熟，一些已有过工作经历，年龄和工作经历使他们对汉语学习的机会更为珍惜，目标更为明确。本科生享受着中国政府奖学金，不需要自己承担学习生活费用，学习期限为四年，而培训生完全是自费学习，学习时间大多是半年和一年，都是短期性学习行为，相较而言，他们会对汉语学习更加新奇，也更加珍惜为期不长的学习机会。他们进行汉语学习的目的就是为了提高汉语的听说能力，与中国人交流，或是为自己的工作提供便利。为了实现参加培训的初衷，在学校学习期间，他们会想办法在学业上取得好成绩，从而证明自己汉语学得快学得好。因此，较之于本、硕学生，非学历培训生无论是在近景目标、远景目标还是社会目标上，都表现出很强的动机；他们的目标动机比本科生和硕士生强，与本科生之间存在显著性的差异。

本科生同硕士生和非学历培训生二者之间在近景目标上存在显著性的差异，非学历培训生的目标动机最强。本科生并不总是认为学习汉语是为了取得好成绩，或学得比别人好。可能他们认为毕业后的汉语教育学历能够帮助他们找工作。在社会目标上，硕士生与非学历培训生之间存在显著差异。培训生学习汉语的终极目标是在现实工作生活中运用汉语同中国人进行多角度

的交流，而硕士生则较少这样认为，他们直观地认为读硕士拿学历是为了能在毕业后找个好工作。因此，在远景目标上与培训生表现一致，但在社会目标上，二者有显著差异。

通过以上分析可以看出，本科留学生的目标动机不高，教学和管理过程中，要设法提高本科生的目标动机，尤其是近景目标动机，告诉他们学业成就的重要性，如果不重视学业成就，就不利于形成竞争的学习氛围，影响班级整体学业的提高与进步。对于硕士生来说，要提高他们的社会目标动机。

在成功归因上的显著性差异体现在硕士生和非学历培训生之间。一般认为，硕士生由于学历层次较高，而汉语水平也会较高，会更善于归因，但事实上，非学历培训生更能客观地评价分析自己的汉语学习，在归因上表现为更善于归因，其汉语学习动机也最强。

在不成功归因上，三种学历层次的留学生之间的差异性分别为：硕士生与本科生（P=0.815），硕士生与非学历培训生（P=0.218），本科生与非学历培训生（P=0.070），其中本科生与非学历培训生之间的差异性最大，接近临界值0.05。三种学历层次内部之间都不存在显著性差异，但在总表中，该因子表现为具有显著的差异性（P=0.035）。经过分析，这一数据差可能是由于样本的数量造成的。在调查的215名被试中，有34人认为自己汉语学习不成功，其中本科生15人，非学历培训生17人，硕士生只有2名。所以，这一数据上的不统一可能是每组的被试都不多，尤其是硕士生人数过少造成的。

在重要他人因子上，硕士生和本科生分别与非学历培训生之间存在显著性差异。重要他人因子对中亚留学生的汉语动机影响相对较小，但对非学历培训生的动机影响却比较大。作为短期培训生，他们多数是由于父母亲人的决定或朋友老师的建议鼓励等来华学习汉语的，也体现出他们较强的学习动机。

在反馈因子上，本科生和非学历培训生之间存在显著性差异。来自教师的反馈更能增强培训生的动机。他们希望老师通过各种途径对他们的汉语学习情况积极反馈，了解自己在学习中的进步和困难。同前文的结论一致，在该动机因子上非学历培训生的汉语学习动机最强。

（4）不同性别的中亚留学生的汉语学习动机。

中亚留学生的汉语学习动机不存在显著性的性别差异，但是在目标、态度、自我效能、成功归因、不成功归因、重要他人和反馈7个因子上，男生组的平均值比女生组稍高；在兴趣、期望价值、焦虑、课内外活动和教师角色5个因子上，女生组的平均值略高于男生组；在任务价值因子一项的平均值相等。这说明男女生的汉语学习动机虽有差异，却不是本质上的差别。同女生相比，男生的目标动机、对待汉语的态度、自信心、对自己汉语学习成功与否的归因和来自老师的评价更能促使他们增强汉语学习动机；而女生对汉语学习持有更大的兴趣和更高的期望，比男生更喜欢各种课上和课后的学习活动，更注重老师对她们的影响，同时，她们学习汉语时比男生更紧张焦虑。

教师在教学和激发留学生汉语学习动机过程中，可以对男女生采取同样的方式，同等对待，不必过多考虑其性别因素。但这并不能一概而论，因为男女生两个组总是或多或少存在着差异，只是这些差异不具有统计学上的显著意义而已。比如，女生比男生的焦虑感高，教师对待她们的方式可稍有不同，可以多对女生的汉语学习给予肯定、鼓励和表扬，从而降低焦虑。

（5）不同自我评价的中亚留学生的汉语学习动机。

总体而言，自我评价为成功的留学生比自我评价为不成功的留学生的汉语学习动机更强、焦虑更低；在期望价值、任务价值和课内外活动3个动机因子上具有显著性差异；此外，虽然两组留学生在目标因子上的差异不显著，但是在其构成类别中的近景目标和远景目标两个子项目上却呈现出显著性差异。

从统计结果可以看出，总体上，自我评价为成功的留学生的动机比不成功的留学生的汉语学习动机强，在期望价值、任务价值和课内外活动3个动机因子上具有显著差异，说明认为自己汉语学得不够成功的留学生对自己的汉语学习期望不高，对课堂上的学习活动及课内外各种活动兴趣不足或参与性不强。

两组被试在目标因子上未呈现显著性差异，却在其构成类别中的近景目标和远景目标两个子项目上存在显著性差异，这是因为两组被试在构成目标因子的另一类别社会目标上的差异相对较小，使得两组在目标因子一项上没有呈现出显著性差异。两组学生在近景目标和远景目标上存在显著性差异，在社会目标上的差异没有显著性，说明自我评价为成功的留学生与不成功者相比，无论是近期的还是长远的汉语学习目标更为明确，目标动机更强。

不成功组只在焦虑因子上的平均值大于成功组，虽然不存在显著性差异，但是也能说明在学习汉语时，自认为不成功的学习者要比自认为成功的学习者更加焦虑，担心考不好，不敢主动回答问题，担心老师随时纠正语言错误等。

本节通过问卷统计的结果，首先对中亚留学生汉语学习动机的构成情况进行陈述，在此基础上，分别对来自不同国家、不同学历教育层次、不同性别及不同自我评价的中亚留学生进行对比分析。结果表明，中亚留学生的汉语学习动机除焦虑外，不存在显著性的国别差异，非学历教育培训生的汉语学习动机较之于本科生和硕士生更强，男女生之间未呈现统计学意义上的显著差异，自我评价为成功的留学生比自我评价为不成功的留学生表现出更强的汉语学习动机。

五　对面向中亚留学生的对外汉语教学的启示

尽管研究从社会建构主义的视角出发，考虑到中亚留学生汉语学习的内部个体认知与情感因素和外部学习情境因素，但是学习动机本质上具有复杂性，随着学习者内外部因素的调整与变化而变化，因此是个不断运动变化的动态过程。尽管动机难以精准地测量和掌握，但对其进行研究仍能使我们了解留学生汉语学习动机的基本情况，为教育实践中激发、保持和增强留学生的动机提供借鉴。汉语学习动机的激发需要在一定的教学环境中，利用一定的诱因，使已形成的学习需要由潜在状态变为活动状态，形成学习的积极性。因此，在对外汉语教学和管理过程中，应设法激发留学生的学习动机，使他们潜在的学习愿望变成实际的主动学习行为。针对中亚留学生汉语学习的构成特点和内部差异性，对外汉语教师和教学管理者在教育过程中就应合理安排教学内容，选择适当的教学方法和教学策略，使教学活动能够最大限度地激发留学生的汉语学习动机。

过去的研究皆从教师的角度讨论激发学习的策略与方法。教师的作用毋庸置疑，但是，在现实学校教育情境下，完整意义上的教学不是仅仅靠教师就能实现的，尤其是当前留学生数量和规模增长较快，教学层次结构不断发展完善的状况下，既要保证量，又要突出质，是对中亚留学生汉语教学的最本质要求。仅凭教师课上的传道授业解惑是不可能实现的，需要教育管理工作者和教师二者合力而为，共同为留学生创造良好的学习氛围，达到更好的学习效果。因此，在对中亚留学生的汉语教学中，仅仅依靠教师个人的力量激发学生的学习动机只是激发动机策略的组成部分，一些宏观的策略需要教育管理者的参与，双方共同努力才能更好地激发留学生的动机。正如本文所研究的动机的内部和外部因素以交互的方式构成动机一样，教育管理者和对外汉语教师也是通过合作，互通有无，更好地了解留学生，增强其汉语学习动机，达到更好的学习效果。比如，教材的选择是由教学管理者确定的，但是在使用过程中，教师则可通过课堂的使用情况，向教材制定者反馈，是继续使用该教材，还是更换教材，或是建立团队结合留学生的实际情况编选更适合的教材，从学习资料层面上引发留学生的学习兴趣，激发学习动机。再如，教师课堂内外活动的组织，如果有了管理者的参与和安排部署，其规模和效果都会更好。以下从教育管理和教学两个层面展开论述。

1. 教育管理层面

教育管理者在对外汉语教师和留学生之间起着纽带作用，留学生的录取、入校手续、分班、班级规模的确定、课程的设置、教学计划的制定、教材的选择、学习辅助设备的提供、学习环境的营造、纪律与奖惩等教学管理制度等都是由管理者规划、制定和实施的。可以看出，教育管理者可以通过创造有利于中亚留学生汉语学习的外部因素激发其学习动机。

（1）组织丰富多彩的课外活动。

与汉语学习相关的课外活动能促进学生增强对汉语学习的兴趣，教育管理者定期安排组织的课外活动有助于学生了解中国文化，增进对汉语的兴趣，增强动机。如中国传统节日的文化体验，学习中华民族诗歌、乐器等，与中国学生结对外语学习、汉语演讲、辩论比赛、作文比赛、汉语文艺演出、汉语歌曲大赛、课外文化艺术体验活动、参观游览等。这些活动通过内涵丰富的文化因素使留学生对汉语产生更大的兴趣，影响他们对汉语的态度，增强汉语学习的动机。

（2）营造良好的学习环境。

中亚留学生的汉语学习主要在学校环境下的课堂内外进行。良好学习氛围的营造能使他们置身于轻松的学习环境中，降低焦虑。教学管理者可以通过教室或宿舍设计评比等活动，让留学生亲自参与到美化学习环境的活动中。还可在教室、宿舍走廊和其他活动区域设计张贴具有中国文化内涵的书法、绘画、剪纸、刺绣等艺术作品。此外，在早读前、课间及课后定时在留学生教学区内播放汉语广播节目，或由留学生亲自参与广播。诸如此类室内外的汉语语言和文化的熏染能够促使他们提升对汉语的兴趣和学习效果。

(3) 适时奖励与惩罚。

研究表明，恰当的表扬和奖励能够促使学习者增强学习动机。作为教育管理者，可以制定并完善留学生的奖惩制度，对刻苦学习、成绩优秀、表现突出的学生进行表彰并给予物质奖励，扩展奖励的范围，调动更多学生的积极性；反之，对于经常迟到缺勤、学习不努力、成绩较差、不积极参加院系班活动的学生，要批评教育，或通报批评，严重者给予警告处分或留级等处分方式。通过各项奖惩措施，使留学生意识到从管理层角度对其汉语学习的重视与鼓励。

(4) 合理分班与教室、宿舍的安排。

根据本项研究的结果，中亚留学生的汉语学习动机仅在焦虑因子上存在显著性的国别差异，在其他内外部因素各因子上不存在显著性差异，在性别上不存在显著性差异。因此，教育管理者在分班时可以考虑在各学历层次的班级中，按照学生的实际比例在各个班级中安排来自于不同国家、性别比例适中的留学生。这样，便于不同国家和性别之间的留学生在汉语学习中用汉语进行交流，同时形成合作与竞争。在教室安排问题上，管理者可安排不同的中国学生班级和留学生班级的教室相邻，增多留学生向中国学生学习和交流的机会；同样，在安排留学生宿舍时，可以安排中国学生与留学生做邻居，或者同留学生混合住宿。更多的接触和交流不仅能使留学生更快地学习汉语，熟悉中国人的生活方式，而且能够加深中外学生的友谊，增强留学生对汉语的态度动机。

此外，就管理层面而言，留学生在中国的一切生活和学习活动都跟其息息相关，留学生教育的课程设置，教材的选择，教学辅助设备的提供，学习生活场所与条件的提供，教学人员和具体管理人员的配备，教学与管理制度的制定与规范，后勤服务的保障等都与管理者的具体工作相关。这些细节问题的安排与解决同样会影响留学生对汉语学习和汉文化的态度，直接或间接地影响他们的汉语学习动机和学习效果。

2. 对外汉语教学层面

教师是教学的具体实施者，对外汉语教师在教学过程中，与中亚留学生面对面地充分接触，其教学方法、个人魅力、情感、课堂活动的组织、任务的设计、反馈的方式、友好轻松氛围的营造都直接影响着留学生的学习动机。此项调查也发现，教师角色对中亚留学生的汉语学习动机的影响最大，同时教师也是影响留学生动机的重要他人。教师可以通过以下途径激发留学生的汉语学习动机。

（1）建立合作型课堂。

社会建构主义认为学习是通过与团体的合作互动实现的。大量的研究表明（Slavin，1995）①，合作型课堂能最大限度地调动学习者的积极性，更有利于激励学生的学习动机和改善同伴关系。语言学习需要大量的操练，合作型课堂能使留学生在合作学习中每人都有练习的机会。当合作小组达到规定的目标时，教师给予该小组表扬或奖励，这也是一种积极的反馈，这样，小组的每位成员都会重视自己在小组中的作用，为实现小组共同的奋斗目标而努力，从而激发他们的学习动机。汉语教师可以在课堂教学中设计一些符合留学生程度的任务和活动，设定小组和解决任务或完成活动的时间，让他们以合作的方式学习汉语。

（2）培养自我效能感，增强自信。

自我效能感是留学生对自己是否能够成功地学习汉语的主观判断，会影响学习任务的选择、努力程度、坚持性以及学习态度等。自我效能感影响留学生的自我评价和自信心，进而影响学习成绩。尤其是学业不佳的留学生，他们评价自己为不成功的学习者，对自己的汉语学习能力持怀疑态度，表现出很低的自我效能感，在学习中常常会放弃尝试和努力。教师可以选择难易适中的任务，使留学生不断地获得成功体验，进而提高他们的自我效能感。对于自我评价为不成功的汉语学习者的留学生，他们往往会夸大学习中的困难，过低评价自己的汉语学习能力，教师可以为这类学生创设更多成功的机会，让他们在学习活动中，通过成功地完成学习任务、解决困难重新认识自己的能力，以激发他们的学习动机，提高自信心。

（3）给予及时恰当的反馈。

恰当及时的反馈可以使二语学习者了解自己语言学习的程度、取得的进步和遇到的困难等。教师对中亚留学生汉语学习的评价，无论是书面的，还是口头的，都能够帮助他们了解自己的汉语学习程度和是否有进步。汉语教师对留学生的表扬能够使他们更加积极地学习汉语，而来自教师的批评会直接影响他们汉语学习的积极性；教师应当及时恰当地对留学生的各项学习活动积极做出评价，尤其是积极正面的评价，这样，他们会认为自己得到了老师的认可，也就是积极肯定的反馈，会给他们带来积极愉悦的心理感受，从

① 冯忠良、伍新春、姚梅林、王健敏：《教育心理学》，人民教育出版社，2010。

而激励他们为获得更多的赞扬与肯定而继续努力，促使其汉语学习动机不断加强。对于任务完成不好的留学生，对其评价可以正面指出，也可以私下与其交谈指出，可以采纳先承认不足，帮助其分析原因，再进行鼓励的方式。

（4）引导留学生正确归因。

中亚留学生对自己汉语学习的归因方式，会影响其以后的学习行为，因此，可以通过改变他们的归因方式去改变其以后的学习行为。在留学生完成一项学习任务之后，教师可以指导他们对任务完成的优劣进行归因。一方面，引导他们找出成功或失败的真正原因，进行正确归因；另一方面，根据他们以往的成绩的优劣差异，从有利于今后学习的角度进行积极归因，哪怕这时的归因并不真实。例如，在让留学生复述对话的内容时，可以指出他们复述过程中过于口语化的表达，以及总是使用“甲说……”，“然后乙说……”的表达，最好代之以“甲认为/建议/表示同意/提出要求”等表达，即指出他们的问题在于不善于使用正式场合中概括性的表达，缺乏此方面的练习或努力不够。但是有时对于口语表达能力较差的学生，可以归因为老师没有对他们进行过这方面的训练或是所给的复述准备时间过短，而不说学生的对话复述能力太差，以不打消他们口语练习的积极性。

本项研究的结果表明自我评价不成功的留学生不能很正确地归因，教师可以对此类学生进行积极归因训练，这对成绩较差的留学生转变具有重要意义。因为差生往往把失败归因于能力不足，导致产生习得无助感，造成学习积极性降低，因此有必要通过一定的归因训练，使他们学会将失败的原因归结为努力，从失望的状态中解脱出来。

此外，在教学过程中，汉语教师可以结合气候、节日、时事或课堂的实际环境等灵活举例或是导入新课，增加学生的语言练习机会；还可以在汉语学习中创设不同的学习情境，根据留学生的课堂情感反应适时地加入游戏、讲笑话、惩罚性表演等内容，活跃课堂氛围，不仅可以增加中亚留学生汉语学习的愉悦性，还可以培养和激发学生对汉语学习的兴趣和积极性。在面对枯燥的学习内容和任务时，教师可以有意识地提供关于“为什么学习和完成它”的信息，帮助留学生理解学习该内容的价值，同时对留学生表现出的厌烦、受挫等消极情绪表示理解和接纳，并通过适当途径化解与解决，这样留学生能表现出更持久有效的学习动机。

总之，汉语教师在激发留学生汉语学习动机过程中起着根本作用，激发留学生学习动机的方式和手段也是多种多样。只要教师能够灵活有效地利用各种手段来调动学生学习的积极性，学生就有可能积极主动地去学习汉语，并且会学有成效。

以往的研究都是从教师的角度探讨激发学习的策略与方法。本项研究则认为完整意义上的教学不是仅靠教师就能实现的，而是需要教育管理工作者和对外汉语教师二者合力而为，共同为留学生创造良好的学习氛围，达到更好的学习效果。本节从教育管理和教学两个层面阐述中亚留学生汉语学习动机研究对对外汉语教学带来的启示。教育管理者可以通过组织丰富多彩的课外活动、营造良好的学习环境、适时的奖励与惩罚、合理分班与教室、宿舍的安排和其他同教学与管理相关的组织等方式增强留学生的汉语学习动机；对外汉语教师可以在教学过程中组织留学生建立合作型课堂，培养他们的自我效能感，及时恰当地反馈他们的学习表现和学习情况，引导其正确归因，培养和激发他们对汉语学习的兴趣和积极性等。

结　语

研究以心理学、教育学及第二语言学习领域的理论为指导，通过问卷调查、课堂观察和访谈等方式对中亚留学生的汉语学习动机进行实证调查研究，综合考量了影响其汉语学习的内外部诸因素，获得中亚留学生汉语动机的构成情况，并从不同国家、不同学历层次、不同性别和不同自我评价几个维度探讨和分析留学生汉语学习动机的异同。研究得出如下结论。

第一，中亚留学生的汉语学习动机由内部因素和外部因素构成，二者共同影响留学生的汉语学习动机。在内、外部因素各构成因子中，中亚留学生在教师角色、期望价值两个方面表现出很强的动机，在自我效能、成功归因、课内外活动、任务价值、态度、兴趣、反馈 7 个方面表现出较强的动机，在目标和重要他人两个方面显示出积极的动机；他们学习汉语的焦虑感较低，有助于其增强汉语学习动机；自我评价不成功的留学生不能正确的归因，但这与他们在期望价值和自我效能两个方面有较强的动机相统一。

第二，哈萨克斯坦、吉尔吉斯斯坦和塔吉克斯坦三国的中亚留学生的汉语学习动机在总体上不存在国别差异，仅在焦虑因子上存在显著性的国别差异，具体表现为塔吉克斯坦留学生汉语学习时的焦虑感分别高于哈萨克斯坦和吉尔吉斯斯坦两国的留学生。在其他内外部因素各因子上虽然也或多或少存在着差异，但在统计学上没有显著意义。

第三，中亚国家的汉语硕士研究生、本科生和非学历教育培训生在目标、成功归因、不成功归因、重要他人和反馈5个动机因子上的差异具有显著的统计学意义，在兴趣、态度、期望价值、自我效能、焦虑、任务价值、课内外活动和教师角色8个因子上不具有显著的统计学意义；就目标而言，不同学历层次的留学生在近景目标和社会目标上存在显著差异，在远景目标上虽然也存在差异，但在统计学上并没有显著意义；非学历教育培训生的汉语学习动机最强。

第四，中亚留学生的汉语学习动机不存在显著性的性别差异，但是在目标、态度、自我效能、成功归因、不成功归因、重要他人和反馈7个因子上，男生组的平均值比女生组稍高；在兴趣、期望价值、焦虑、课内外活动和教师角色5个因子上，女生组的平均值略高于男生组；在任务价值因子一项的平均值相等。

第五，自我评价为成功的留学生比自我评价为不成功的留学生的汉语学习动机更强、焦虑更低；在期望价值、任务价值和课内外活动3个动机因子上具有显著性差异；在目标因子构成类别中的近景目标和远景目标上存在显著性差异。

受人力、物力和时间所限，本研究的被试样本有限，无法对所有中亚留学生进行分层随机抽样调查，不同学历、不同国家、不同性别的中亚留学生人数在总样本中所占的比例也不能完全一致，样本容量还有待扩大。

对中亚留学生汉语学习动机的调查研究，是对外汉语教学研究的内容之一。在该课题得出了一些有意义的研究成果的同时，也引导出值得今后进一步研究的方向和新课题。

——完善测量工具

由于动机的复杂本质，很难确立统一的动机测量工具。探索适合中亚留学生汉语学习动机的有效测量工具是学习动机应用性研究的需要，也是对外汉语教师和研究者需要深入研究的内容之一。

——汉语学习动机研究与汉语教学理论研究

构建汉语学习动机模式和激发汉语学习动机的教学模式，有效促进理论发展和汉语教学。

——国内外中亚国家汉语学习者动机的对比研究

国内的中亚留学生教育只是汉语在中亚地区推广教育的一个组成部分，开展国内外中亚国家汉语学习者动机的对比研究，可以帮助了解国内外汉语学习者的动机异同，更快更好地提高汉语教学效率和效果，促进汉语国际推广事业的进程。

附　录

附录 1

中亚留学生汉语学习动机调查问卷（中文）

亲爱的同学：

您好！

该调查问卷的目的是要了解您学习汉语的动机以及影响学习动机的一些因素。您选择的答案无所谓对错，请您根据自己的情况，按照要求逐项认真填写。问卷收集到的数据仅用于课题研究，我们保证对您的所有信息严格保密。

感谢您的支持与合作，祝您学习进步，一切顺利！

第一部分　个人基本信息

班级：____________

年龄：____________

性别：1. 男　　2. 女

国籍：1. 哈萨克斯坦　　2. 吉尔吉斯斯坦　　3. 塔吉克斯坦
　　4. 乌兹别克斯坦　　5. 土库曼斯坦　　6. 其他

学历层次：1. 汉语培训（非学历教育）　　2. 本科　　3. 研究生

学习汉语的总时间：1.　6 个月以下　　2.　6 个月—1 年
　　3.　1 年—2 年　　4.　2 年以上

每周课后学习汉语时间约为：1. 不到 5 个小时　　2. 5 ~ 10 个小时
　　3. 10 ~ 15 个小时　　4. 15 个小时以上

汉语学习自我评价：1. 学得好　　2. 学得不够好

是否参加过 HSK 考试：____________，您的成绩是：____________。

第二部分　问卷

请仔细阅读下面的句子，选择一个适合自己情况的数字打√，表明您对该陈述的认可程度。

1 = 完全不同意　　2 = 不同意　　3 = 有点不同意

4 = 不确定　　5 = 有点同意　　6 = 同意　　7 = 完全同意

1. 我学习汉语，是为了在学业上取得好成绩。
2. 我学习汉语，是为了证明我的语言学习能力比别人强。
3. 我学习汉语，是为了找到一份好工作。
4. 我学习汉语，是为了更好地开创事业。
5. 我学习汉语，是为了同中国人做生意。
6. 我学习汉语，是为了同中国人交流。
7. 我学习汉语，是为了将来生活得更好。
8. 说不出有什么特别的原因，我就是喜欢汉语。
9. 我对语言学习有特别的爱好。
10. 我对中国的文化感兴趣。
11. 我喜欢中国的电影、歌曲等艺术形式。
12. 我认为学习汉语很重要。
13. 我很擅长学习汉语。
14. 我的汉语进步较快，因为我发现汉语不太难学。
15. 我认为应当花很多时间学习汉语。
16. 我对中国人有好感。
17. 中国人有修养，素质高。
18. 中国在世界上是个大国，很有实力。
19. 我认为我能学好汉语。
20. 学好汉语使我有成就感。
21. 我在学习汉语上付出的努力是值得的。
22. 学好汉语会对我的专业/事业有帮助。
23. 我在上汉语课时很专心，不受别人影响。
24. 我学习汉语时不怕出错。
25. 我能够坚持并完成自己制定的汉语学习计划。
26. 我有信心面对汉语学习中出现的问题/困难。
27. 我相信自己能够学好汉语。
28. 说汉语时，我总是紧张，担心出错。
29. 考试前我总是担心自己考不好。
30. 说汉语时，我担心别人笑话我。

31. 在汉语课上，我不敢主动回答问题。
32. 我害怕用汉语和中国人交流。
33. 我担心老师会随时纠正我的每个错误。
34. 我学汉语是因为父母让我学。
35. 只有学好汉语，才能不辜负父母的期望。
36. 我的亲戚朋友都认为学好汉语很重要。
37. 老师经常鼓励我学好汉语。
38. 得到老师的表扬能够使我更积极地学习汉语。
39. 我希望老师对我的学习情况做出评价，而不是由自己来评价。
40. 老师批评我会影响我学习汉语的积极性。
41. 我希望老师定期测验，这样我可以知道自己的进步。
42. 课堂上的任务应与我们的学习或生活有关。
43. 老师应为我们设计有意思的课堂活动。
44. 课堂上的任务不应太难，超过我们的能力，否则，我们不愿意参与。
45. 老师设计的课堂任务应当符合现实生活。
46. 各种课内外活动，如角色表演，朗读比赛，唱汉语歌，学写书法等，使我对汉语产生兴趣，有助于我的汉语学习。
47. 我希望老师组织各种课内外活动。
48. 通过参加各种课内外活动，我的汉语进步很快。
49. 我不喜欢上课时总是老师在讲，我希望能够参与不同的课堂活动。
50. 老师应与班里的学生关系融洽。
51. 老师应对我们学习汉语有较高的期望。
52. 老师应平等对待所有的学生。
53. 老师应经常鼓励我们。
54. 老师讲课应当生动有趣，能激发我们学汉语的兴趣。
55. 老师应为我们学习汉语提供所需的帮助。
56. 老师应定期对我们的汉语学习情况做出反馈。

您认为自己的汉语学得如何？

（1）好　　　　（2）不好

如果您认为自己汉语学得好，请回答 57～66 题；如果您认为自己汉语学得不好，请回答 67～76 题。

我汉语学得好，主要是因为：

57. 我学习努力。
58. 我喜欢学习汉语。
59. 我学习汉语有天赋。
60. 我掌握了有效学习汉语的方法。
61. 我们用的课本很好。
62. 我们的老师教得好。
63. 我有学好汉语的信心。
64. 在这里学习汉语很方便，我经常向别人请教。
65. 我花很多时间学习汉语。
66. 班里的学习气氛浓郁。

我汉语学得不好，主要是因为：

67. 我练习得少，不够努力。
68. 我对学习汉语不感兴趣。
69. 我没有学习汉语的天赋。
70. 我没有找到适合自己的汉语学习方法。
71. 我们上课用的课本没有意思。
72. 我们的老师教得不好。
73. 我缺乏学好汉语的信心。
74. 我很少主动向别人请教汉语学习。
75. 我花在汉语学习上的时间少。
76. 班里缺乏学习汉语的气氛。

附录 2

中亚留学生汉语学习动机调查问卷（俄文）

Вопросник о мотивации изучения китайского языка иностранных студентов Средней Азии

Дорогие друзья:

Этот вопросник о мотивации изучаниия китайского языка для того, чтобы узнать, какая ваша мотивация изучения китайского языка и что влияет на вашу мотивацию. Несмотря на правильность или неправильность ваш ответ оценивается, он лишь бы соответствовал реальному положению дел. Сохранение всей Вашей личной информации, переданной нам при ответах, гарантируется. За Ваше сотрудничество и поддержку выражаем благодарность.

Дальнейших успехов в учёбе и всего доброго!

Часть 1 Фоновые информации

(Заполните, пожалуйста, на китайском языке, если это возможно.)

Ваш курс: ____________

Ваш возраст: ____________

Ваш пол: 1. мужской 2. женский

Ваше гражданство: 1. Казахстан 2. Кыргызстан 3. Таджикистан 4. Узбекистан 5. Туркменистан 6. Другой

Ваша нация: ____________

Сколько времени изучаете китайский язык?

1. меньше полугода 2. больше полугода, но меньше года 3. больше года, но меньше 2 лет 4. свыше 2 лет

Сколько часов у вас есть для изучения китайского языка после занятий каждую неделю?

1. меньше 5 часов 2. больше 5 часов, но меньше 10 часов 3. больше 10 часов, но меньше 15 часов 4. свыше 15 часов

Уровень вашего образования по китайскому языку:

1. курсы 2. основной курс университета 3. аспирантура

Если вы сдавали экзамен HSK, ваша оценка была: ____________

Часть 2 Вопросник

Читайте следующие предложения и выбирайте, пожалуйста, одну из данных цифр. Цифра означает соответственно степени согласия. Приведем пример:

1 = целиком не согласен 2 = не согласен

3 = сравнительно не согласен 4 = неопределён

5 = сравнительно согласен 6 = согласен

7 = целиком согласен

1. Я изучаю китайский язык, чтобы получить успехи в учёбе. 1—2—3—4—5—6—7
2. Я изучаю китайский язык, чтобы доказать, что я могу усвоить китайский язык лучше, чем другие. 1—2—3—4—5—6—7
3. Я изучаю китайский язык, чтобы найти хорошую работу. 1—2—3—4—5—6—7
4. Я изучаю китайский язык, чтобы лучше начать свою карьеру. 1—2—3—4—5—6—7
5. Я изучаю китайский язык, чтобы торговать с китайцами. 1—2—3—4—5—6—7
6. Я изучаю китайский язык, чтобы общаться с китайцами. 1—2—3—4—5—6—7
7. Я изучаю китайский язык, чтобы лучше жить в будущем. 1—2—3—4—5—6—7
8. Я люблю китайский язык без особенной причины. 1—2—3—4—5—6—7
9. У меня особенная любовь к изучению иностранных языков. 1—2—3—4—5—6—7
10. Я интересуюсь китайской литературой. 1—2—3—4—5—6—7
11. Я люблю китайскую песню и фильм. 1—2—3—4—5—6—7
12. Считаю, что важно изучать китайский язык. 1—2—3—4—5—6—7
13. Я способен（а）изучать китайский язык. 1—2—3—4—5—6—7
14. Я получил（ла）большие успехи в изучении китайского языка, потому что китайский язык мне не труден. 1—2—3—4—5—6—7
15. Считаю, что уйтет много времени на изучение китайского языка. 1—2—3—4—5—6—7
16. У меня есть большая симпатия к китайцам. 1—2—3—4—5—6—7
17. Китайцы воспитанные и культурные. 1—2—3—4—5—6—7
18. Китай, одна из больших стран в мире, очень мощная. 1—2—3—4—5—6—7
19. Думаю, что я могу хорошо усвоить китайский язык.

1—2—3—4—5—6—7

20. Я достигну больших успехов, если хорошо усвою китайский язык.

1—2—3—4—5—6—7

21. Старательно изучать китайский язык-для меня, это стоит.

1—2—3—4—5—6—7

22. Изучение китайского языка поможет мне в своей специальности и карьере. 1—2—3—4—5—6—7

23. Я серьёзно работаю на уроке, не под влиянием других.

1—2—3—4—5—6—7

24. Я не боюсь делать ошибки, когда изучаю китайский язык.

1—2—3—4—5—6—7

25. Я могу упорно продолжать и выполнять свои планы по изучению китайского зыка. 1—2—3—4—5—6—7

26. Я уверен (а), что могу решить проблему в изучении китайского языка. 1—2—3—4—5—6—7

27. Я уверен (а), что я могу хорошо усвоить китайский язык.

1—2—3—4—5—6—7

28. Я всегда волнуюсь, и боюсь делать ошибки, когда говорю по-китайски. 1—2—3—4—5—6—7

29. Перед каждым экзаменом, я всегда боюсь, что я не могу сдать экзамен

1—2—3—4—5—6—7

30. Когда говорю по-китайски, я боюсь, что другие будут смеяться надо мной. 1—2—3—4—5—6—7

31. Я не активно отвечаю на вопросы на уроке китайского языка.

1—2—3—4—5—6—7

32. Я боюсь разговаривать по-китайски с китайцами.

1—2—3—4—5—6—7

33. Я боюсь, что преподаватель в любое время исправит мои ошибки.

1—2—3—4—5—6—7

34. Я изучаю китайский язык, потому что родители так решили.

1—2—3—4—5—6—7

35. Если я хорошо усвою китайский язык, оправдаю надежды родителей.

1—2—3—4—5—6—7

36. Мои родственики и друзья считают, что важно изучать китайский язык. 1—2—3—4—5—6—7

37. Преподаватель часто воодушевляет меня старательно изучать китайский язык. 1—2—3—4—5—6—7

38. Похвала преподавателя заставляет меня усерднее изучать китайский язык. 1—2—3—4—5—6—7

39. Я надеюсь, что преподаватель оценит моё изучение, а не я сам（а）. 1—2—3—4—5—6—7

40. Критика преподавателя может влиять на меня в активном изучениикитайского языка. 1—2—3—4—5—6—7

41. Я хочу, чтобы преподаватель регулярно проверял нас экзаменами, чтобы я узнал（ла）мой прогресс. 1—2—3—4—5—6—7

42. Задания на уроке должны быть связны с нашей учёбой или жизнью. 1—2—3—4—5—6—7

43. Преподаватель должен приготовить для нас интересные аудиторные задания. 1—2—3—4—5—6—7

44. Классные задания не должны быть очень трудными вне нашей способности, если так, мы не готовы принимать участие. 1—2—3—4—5—6—7

45. Задания, которые нам приготовит преподаватель, должны соответствовать реальной жизни. 1—2—3—4—5—6—7

46. Меня интересуют разные занятия аудиторные и внеаудиторные, например, ролевая игра, конкурс по чтению, пение китайской песни, учение каллиграфии, всё это помогает мне в изучении китайского языка. 1—2—3—4—5—6—7

47. Хочу, чтобы преподаватель организововал разные учебные мероприятия аудиторные и внеаудиторные. 1—2—3—4—5—6—7

48. Путём участия в различных мероприятиях, я получил（ла）большие успехи в изучении китайского языка. 1—2—3—4—5—6—7

49. Я не люблю, когдапреподаватель всегда говорит на уроке. Я хочу, чтобы у нас были разнообразные занятия. 1—2—3—4—5—6—7

50. Преподаватель должен ладить со студентами. 1—2—3—4—5—6—7
51. Преподаватель должен держать высокие ожидания по отношению к нам. 1—2—3—4—5—6—7
52. Преподаватель должен одинаково относиться ко всем студентам. 1—2—3—4—5—6—7
53. Преподаватель должен часто побуждать наш интерес. 1—2—3—4—5—6—7
54. Преподаватель должен интересно преподавать, что может вызывать у нас интерес к изучению китайского языка. 1—2—3—4—5—6—7
55. Преподаватель должен дать нам необходимую помощь в изучении китайского языка. 1—2—3—4—5—6—7
56. Преподаватель должен дать нам регулярную обратную связь по изучению китайского языка. 1—2—3—4—5—6—7

Как вы думаете о своём китайском языке?

1. хорошо 2. не хорошо

Если вы думаете, что вы хорошо знаете китайский язык, ответьте, пожалуйста, на вопросы 57 – 66; если вы думаете, что вы не хорошо знаете китайский язык, ответьте на вопросы 67 – 76.

Я хорошо знаю китайский язык, потому что

57. Я старательно занимаюсь. 1—2—3—4—5—6—7
58. Я люблю китайский язык. 1—2—3—4—5—6—7
59. У меня есть талант к изучению китайского языка. 1—2—3—4—5—6—7
60. У меня есть эффективные методы для изучения китайского языка. 1—2—3—4—5—6—7
61. Мы пользуемся хорошими учебниками. 1—2—3—4—5—6—7
62. Наш преподаватель хорошо преподаёт. 1—2—3—4—5—6—7
63. У меня есть уверенность в хорошем изучении китайского языка. 1—2—3—4—5—6—7
64. Учить китайский язык здесь удобно, и я могу постоянно учиться у других. 1—2—3—4—5—6—7
65. Много времени ушло у меня на изучение китайского языка.

1—2—3—4—5—6—7

66. В нашей группе есть благоприятная учебная атмосфера.

1—2—3—4—5—6—7

Я не хорошо знаю китайский язык, потому что

67. Я занимаюсь не старательно. 1—2—3—4—5—6—7

68. Я не люблю китайский язык. 1—2—3—4—5—6—7

69. У меня нет таланта к изучению китайского языка.

1—2—3—4—5—6—7

70. У меня нет эффективных методов для изучения китайского языка.

1—2—3—4—5—6—7

71. Наши учебники не так хорошие. 1—2—3—4—5—6—7

72. Наш преподаватель плохо преподаёт. 1—2—3—4—5—6—7

73. У меня нет уверенности в хорошо изучении китайского языка.

1—2—3—4—5—6—7

74. Я редко учусь у других. 1—2—3—4—5—6—7

75. Мало времени у меня ушло в изучение китайского языка.

1—2—3—4—5—6—7

76. В нашей группе нет благоприятной учебной атмесферы.

1—2—3—4—5—6—7

参考文献

一 著作、学位论文

冯忠良、伍新春、姚梅林、王健敏：《教育心理学》，人民教育出版社，2010。

张春兴：《教育心理学》，浙江教育出版社，2005。

阿妮塔·伍德沃克：《教育心理学（第八版）》，江苏教育出版社，2007。

刘珣：《对外汉语教育学引论》，北京语言文化大学出版社，2007。

文秋芳、俞洪亮、周维杰：《应用语言学研究方法与论文写作》，外语教学与研究出版社，2004。

文秋芳：《学习者可控因素与英语成绩的关系》，陕西师范大学出版社，2004。

文秋芳：《英语学习的成功之路》，上海外语教育出版社，2003。

文秋芳:《英语学习策略论》，上海外语教育出版社，1996。

秦晓晴:《中国大学生外语学习动机研究》，高等教育出版社，2007。

范琳:《二语习得与外语教学研究》，中国海洋大学出版社，2007。

高一虹:《中国大学生英语学习社会心理——学习动机与自我认同研究》，外语教学与研究出版社，2004。

杨连瑞:《二语习得研究和中国外语教学》，上海外语教育出版社，2007。

高彦德:《外国人学习与使用汉语情况调查研究报告》，北京语言学院出版社，1993。

吴仁甫:《对外汉语一对一个别教授研究》，中国社会科学出版社，2002。

江新:《对外汉语教学的心理学探索》，教育科学出版社，2007。

张灵芝:《对外汉语教学心理学引论》，厦门大学出版社，2006。

徐子亮:《对外汉语教学心理学》，华东师范大学出版社，2008。

邵瑞珍:《学与教的心理学》，华东师范大学出版社，1990。

李力:《策略、风格、归因》，上海外语教育出版社，2006。

罗伯特·斯莱文:《教育心理学——理论与实践》，姚梅林等译，人民邮电出版社，2004。

凌德祥:《走向世界的汉语》，文化艺术出版社，2006。

温晓虹:《汉语作为外语的习得研究——理论基础与课堂实践》，北京大学出版社，2008。

边玉芳:《学习的自我效能》，浙江教育出版社，2004。

王小明:《学习心理学》，中国轻工业出版社，2009。

皮连生:《教育心理学》，上海教育出版社，2004。

陈允成、理查德·D. 帕森斯等:《教育心理学——实践者—研究者之路》(亚洲版)，何洁等译，上海人民出版社，2007。

何兆熊、梅德明:《现代语言学》，外语教学与研究出版社，1999。

Gardner, R. C. Social Psychology and Language Learning: The Role of Attitudes and Motivation. London: Edward Arnold, 1985.

Ellis, R. The Study of Second Language Acquisition. Oxford: Oxford University Press, 1994.

Brown, H. D. Teaching by Principles. An interactive approach to language pedagogy. Englewood Cliffs, N. J.: Prentice Hall Regents, 1994.

Schumann, J. H. The Neurobiology of Affect in Language. Oxford: Blackwell Publishers, 1998.

Printrich, P. L. & D. H. Schunk, Motivation in Education: Theory, Research and Applications. Englewood Cliffs, NJ: Prentice Hall Regents, 1996.

Williams, M. & R. Burden. Psychology for Language Teachers. Cambridge: Cambridge University Press, 1997.

卢敏:《课堂外语学习动机对学习行为的影响》, 山东大学博士学位论文, 2009。

郭亚萍:《印尼留学生汉语学习动机调查研究》, 厦门大学硕士学位论文, 2008。

周美霞:《任务型教学与学习动机关系研究》, 山东大学硕士学位论文, 2006。

龚莺:《日本学生汉语学习动机研究》, 北京语言大学硕士学位论文, 2004。

孟伟:《外国留学生汉语学习动机及与成绩间关系的研究》, 东北师范大学硕士学位论文, 2007。

邢程:《初级阶段越南留学生学习动机和学习策略研究》, 广西师范大学硕士学位论文, 2005。

闻亭:《不同文化距离下的习得水平与态度动机研究》, 北京语言大学硕士学位论文, 2005。

张妹:《第二语言学习动机因素探析》, 哈尔滨工程大学硕士学位论文, 2005。

侯创创:《初级阶段中亚留学生汉语学习动机研究——基于韩国留学生汉语学习动机视野下的对比》, 新疆师范大学硕士学位论文, 2008。

Gardner, R. C., The Attitude/Motivation Test Battery: Technical Report. University of Western Ontario, 1985.

二　期刊论文

秦晓晴:《动机理论研究及其对外语学习的意义》,《外语研究》2002 年第 4 期。

秦晓晴、文秋芳:《非英语专业大学生学习动机的内在结构》,《外语教学与研究》2002 年第 1 期。

秦晓晴:《第二语言学习动机研究及其存在的问题》,《外语教学》2003 年第 3 期。

文秋芳、王海啸:《大学生英语学习观念与策略的分析》,《解放军外国语学院学报》1996 年第 4 期。

文秋芳、王海啸:《学习者因素与大学英语四级考试成绩的关系》,《外语教学与研究》1996 年第 4 期。

文秋芳:《英语学习者动机、观念、策略的变化规律与特点》,《外语教学与研究》2001 年第 2 期。

文秋芳、王立非:《影响外语学习策略系统运行的各种因素评述》,《外语与外语教学》2004 年第 9 期。

文秋芳:《英语成功者与不成功者在方法上的差异》,《外语教学与研究》1995 年第 3 期。

周璇、饶振辉:《二语学习动机研究的方向问题》,《外语界》2007 年第 2 期。

王晓旻、张文忠:《国内外语学习动机研究现状分析》,《外语界》2005 年第 4 期。

武和平：《九十年代外语/二语学习动机研究述略》，《外语教学与研究》2001 年第 1 期。

邱传伟：《二语/外语学习动机研究发展述评》，《天津外国语学院学报》2005 年第 2 期。

陈仕清：《比较研究农村中学生与城市中学生学习外语的动机》，《中小学英语教学与研究》1991 年第 6 期。

简福平、韩红艳：《学习动机研究发展趋势综述》，《内蒙古师范大学学报》2006 年第 7 期。

张秋云：《中外外语学习动机理论研究述评及启示》，《吉林工程技术师范学院学报》2007 年第 10 期。

刘东楼：《外语教学中动机问题的几点思考》，《外语教学》2002 年第 4 期。

李淑静、高一虹、钱岷：《研究生英语学习动机类型与自我认同变化的关系》，《外国语言文学》2003 年第 2 期。

李淑静、高一虹、钱岷：《研究生英语学习动机强度与自我认同变化》，《天津外国语学院学报》2003 年第 2 期。

冯小钉：《短期留学生学习动机的调查分析》，《云南师范大学学报》2003 年第 2 期。

梁焱：《影响中亚留学生汉语学习的情感因素调查研究》，《语言与翻译》2010 年第 3 期。

郝玫、郝若平：《英语成绩与成就动机、状态焦虑的相关研究》，《外语教学与研究》2001 年第 2 期。

石永珍：《大学生英语学习动机调查报告》，《国外外语教学》2000 年第 4 期。

杨国俊：《论大学英语学习动机的强化策略》，《外语界》2002 年第 3 期。

黄红安、文卫平：《非英语专业本科生英语学习动机组成因素的实证研究》，《国外外语教学》2005 年第 3 期。

江晓红：《成就动机和归因对英语学习策略选择的影响》，《解放军外国语学院学报》2003 年第 2 期。

高一虹、赵媛、程英、周燕：《中国大学本科生英语学习动机类型》，《现代外语》2003 年第 2 期。

张冬玉；《外语学习 motivation 自议》，《外语与外语教学》1998 年第 10 期。

华惠芳：《学习动机与外语教学》，《江苏外语教学研究》1998 年第 1 期。

范祖奎：《中亚来华留学生的文化冲突与适应》，《新疆师范大学学报》2010 年第 3 期。

王初明：《影响外语学习的两大因素与外语教学》，《外语界》2001 年第 6 期。

王爱平：《东南亚华裔学生的文化认同与汉语学习动机》，《华侨大学学报》2000 年第 3 期。

甘咏：《教师期待效应与英语学习动机关系研究》，《教学与管理》2007 年第 2 期。

贺阳：《汉语学习动机的激发与汉语国际传播》，《语言文字应用》2008 年第 2 期。

张红梅：《四种学习动机理论及对课堂教学的启示》，《晋城职业技术学院学报》2008 年第 2 期。

崔美玉：《ARCS 学习动机模型在课堂教学中的运用》，《延边教育学院学报》2007 年第 5 期。

Dörnyei, Z. Motivation in second and foreign language learning. Language Learning, 1998, 31, (3): 117 – 135.

Gardner, R. C. & P. D. MacIntyer, A student's contributions to second language learning. Part II: affective variables. Language learning, 1993, 26 (1): 1 – 11.

Johnstone, K. Research on language learning and teaching: 1997 – 1998. Language Learning, 1999, 32 (3): 137 – 156.

Clément, R. et al. Motivation, self-confidence, and group cohesion in the foreign language classroom. Language Learning, 1994, (44): 417 – 448.

Tremblay, P. F. & R. C. Gardner. Expanding the motivation construct in language learning. The Modern Language Journal, 1995, 79: 502 – 520.

中亚留学生汉语自主学习调查分析及对策研究

骆惠珍　高颖婷

近几年，来疆中亚留学生人数越来越多，年平均增长75%[①]，面对中亚五国留学生来新疆学习汉语升温的现状，要想使他们更好地掌握汉语，根据语言教学与学习的特点，培养他们的汉语自主学习能力是非常必要的。中亚留学生作为外国人学汉语的一个群体，培养他们学习汉语的自主能力，也是我们的语言教学收到良好效果的必要手段。目前，专门针对中亚国家来华留学生汉语自主学习这方面的研究很少，但是与自主学习相关的，比如学习动机、学习态度、学习信念、学习策略等，国内学者已有一些研究成果。笔者在以往研究的基础上，结合自主学习构成因素和二语教学的特点，根据中亚留学生的实际情况，进行了来华中亚留学生汉语自主学习能力的调查分析和相关研究。

一　中亚留学生汉语自主学习调查设计

（一）研究对象

本文的研究对象为新疆师范大学、新疆农业大学、新疆财经大学的200名来疆中亚留学生，由于要了解不同学习阶段的中亚留学生汉语自主学习能力，所以本文采用分层抽样法。

其中哈萨克斯坦留学生76人，吉尔吉斯斯坦留学生61人，塔吉克斯

---

① 陈文博：《中亚留学生汉语学习现状及新疆对外汉语教学对策》，《新疆农业大学学报》2007年第35期。

坦留学生 44 人，分别占总人数的 38%、30.5% 和 22%。乌兹别克斯坦留学生和土库曼斯坦留学生分别为 16 人和 3 人，分别占总人数的 8% 和 1.5%。其中男生 93 人，占总样本的 46.5%，女生 107 人，占总样本的 53.5%。年龄最小的 15 岁，最大的 31 岁，平均年龄为 23 岁，140 人的年龄集中在18～23 岁。

根据他们学习汉语的时间划分为三个阶段：学习汉语的时间在 6 个月以下为初级阶段；学习汉语的时间在 6 个月以上 1 年半以下为中级阶段；学习汉语的时间在 1 年半以上为高级阶段。被试具体信息见表 1。

表 1　中亚留学生基本信息表

单位：人，%

项　　目	类别	人数	占比
国　　家	哈萨克斯坦	76	38.00
	吉尔吉斯斯坦	61	30.50
	塔吉克斯坦	44	22.00
	其他	19	9.50
各学习阶段	高级阶段	35	17.50
	中级阶段	57	28.50
	初级阶段	108	54.00
性　　别	男	93	46.50
	女	107	53.50
年　　龄	15～17 岁	23	11.50
	18～23 岁	140	70.00
	24 岁以上	37	18.50

（二）研究工具

中亚留学生汉语自主学习调查问卷由两部分构成，第一部分为中亚留学生基本信息，第二部分为问卷的主体，两部分共计 30 个题目。

第一部分为被试的背景信息，包括 5 个项目：国籍、性别、年龄、母语、学习汉语的总时间。第二部分是问卷的核心内容，由 5 个因子 25 个项目构成，每个问题的选项均采用五级计分，被试从“1. 完全不符合我的情况或者几乎完全不符合我的情况”到“5. 完全符合我的情况或者几乎完全符合我的情况”选择适合自己的选项，为了帮助中亚留学生更好地理解问卷内容，从而获得更真实的数据，问卷全部内容均配有俄文译文。

1. 问卷的内容

调查问卷共设 5 个因子 25 个项目，要求接受调查的中亚留学生根据自己的实际情况选择与自己最接近的一项。

（一）学生的自我效能感和学习动机（共 5 项）；

（二）学生学习目标的确立以及制定学习计划的情况（共 4 项）；

（三）学生学习策略使用的情况（共 6 项）；

（四）学生学习监控和评估学习过程的情况（共 5 项）；

（五）学生自我调节能力的情况（共 5 项）。

问卷每个项目有 5 个评价等级：

1. 完全不符合我的情况或者几乎完全不符合我的情况；
2. 通常不符合我的情况；
3. 有时符合我的情况；
4. 通常符合我的情况；
5. 完全符合我的情况或者几乎完全符合我的情况。

2. 问卷的编制

问卷设计的理论依据来自著名学者齐莫曼（Zimmermen，1994）描述的自主学习的特征、实质，以及二语习得研究者对自主学习的研究成果，为自编式问卷。笔者根据课堂观察、听课以及对学生进行访谈，结合学生的实际情况，最后形成了“中亚留学生汉语自主学习能力的调查问卷”。

（1）问卷的信度分析。

在正式调查前，先抽取一部分学生进行测试，调查的对象为一个初级班和一个中级班的学生，根据收集到的数据，对问卷中信度系数偏低的选项进行修改和调整，最终形成了信度系数良好并包含 5 个因子 25 个项目的问卷。利用 SPSS17.0 统计软件，运用可靠性分析的方法对问卷的信度进行检验，表 2 为问卷内部一致性的信度值。

从表 2 可以看出，问卷中各维度信度值均达到 0.6 以上，总问卷信度值达到 0.820，说明该问卷已达到较为满意的信度，可以作为调查研究的工具。

表2　问卷信度分析

项目	内容	信度(Alpha)	项目	内容	信度(Alpha)
1	学生的自我效能感和学习动机	0.602	4	学生学习监控和评估学习过程	0.680
2	学生学习目标的确立以及制定学习计划	0.795	5	学生自我调节能力	0.606
3	学生学习策略使用	0.632	6	总问卷	0.820

(三) 数据的收集与处理

调查工作历时1个月。被试为新疆师范大学、新疆农业大学、新疆财经大学的来疆中亚留学生。笔者在新疆师范大学调查了2个高级班、2个中级班和4个初级班。在新疆农业大学调查了2个中级班和2个初级班。在新疆财经大学调查了1个中级班和2个初级班。调查时均限制被试在15分钟内完成，并当场收回问卷，调查工作请班主任或任课教师协助完成。问卷共发放221份，收回214份，有效问卷为200份，回收有效率为90.5%。获得的数据一律录入计算机，运用SPSS17.0统计软件对数据进行详细的分析。

二　中亚留学生汉语自主学习调查分析

(一) 中亚留学生汉语自主学习总体状况分析

根据前文的理论构建，中亚留学生汉语自主学习应该由5个因子构成，即学生的自我效能感和学习动机、学生学习目标的确立及制定学习计划（元认知知识）、学生学习策略使用、学生学习监控和评估学习过程、学生自我调节能力。运用SPSS17.0统计软件，采用简单的描述性统计，对中亚留学生在汉语自主学习中的5个因子进行检验，具体情况见表3。

1. 学生的自我效能感和学习动机的情况调查

自我效能感是个体相信自己有能力完成某项任务，是个体的能力以及自信心在某些活动中的体现，是影响自主学习的一个重要因素。高自我效能感的学习者，其自主学习倾向性更强，低自我效能感的学习者则相反。据笔者

表 3　中亚留学生汉语自主学习各因子统计

项目	内容	最小值	最大值	平均数(M)	标准差(SD)
1	学生的自我效能感和学习动机	1.00	5.00	3.25	.44
2	学生学习目标的确立及制定学习计划	1.00	5.00	3.73	.88
3	学生学习策略使用	1.00	5.00	3.40	.62
4	学生学习监控和评估学习过程	1.00	5.00	3.70	.72
5	学生自我调节能力	1.00	5.00	3.55	.66

访谈和课堂观察得出：中亚人的民族性格开朗、外向、大胆，因此他们的自信心普遍较强，在学习汉语方面有不同于中国学生学习英语的特点，大部分人在课堂上表现活跃，并且认为自己有信心学好汉语，还有许多人认为自己的汉语学得不错。

表 4　学生的自我效能感和学习动机情况

项目	内容	平均数(M)	标准差(SD)
1	我学习汉语是因为家长、老师让我学	2.12	1.33
2	我了解老师的教学目的，在课堂上能跟上老师的教学进度和节奏	3.79	1.03
3	我认为学生的学习成绩不好老师应该负主要责任	2.40	1.16
4	我认为学习者本人应该对自己的成绩负主要责任	4.25	1.09
5	与班里的其他同学相比，我更有信心把汉语学好	3.75	1.11

从表 4 中的数据可以看出，第 1 项“我学习汉语是因为家长、老师让我学”（M = 2.12，SD = 1.33），说明中亚留学生有一定的自主学习意识，他们中的大部分人不太赞成“学习汉语是因为家长、老师让我学”，但有一部分人仍然在家长、老师的要求下被动地学习汉语。第 2 项“我了解老师的教学目的，在课堂上能跟上老师的教学进度和节奏”（M = 3.79，SD = 1.03），说明大多数中亚留学生在课堂上能跟上教师的教学进度，但不是太了解教师的教学意图。访谈时，初级班的几名中亚留学生这样说：“在课堂上老师说什么，我们就做什么，我们没有想过要了解老师让我们这么做的目的是什么。”高级班的一名中亚留学生说：“有的时候我明白老师为什么要我们这么做，有的时候不明白，我从来没想过要主动去了解老师的教学目的。”项目 3“我认为学生的学习成绩不好老师应该负主要责任”（M = 2.40，SD = 1.16）和项目

4“我认为学习者本人应该对自己的成绩负主要责任”（M＝4.25，SD＝1.09），说明有绝大多数的中亚留学生认为自己的汉语成绩不好自己应该负主要责任，但是少数人也强调自己学得不好，教师也有责任。项目5“与班里的其他同学相比，我更有信心把汉语学好”（M＝3.75，SD＝1.11），说明大多数中亚留学生有信心学好汉语，在访谈过程中笔者了解到，在班里学习成绩好的学生有较强的自信心，但个别学习成绩落后的学生信心不足。

通过分析，笔者认为教师在课堂上应该给学生创造更多的自主学习机会，让学生真正感受到自己是学习的主人，让学生主动把教师的教学目的转化为自己的学习目的。只有学生有了自己的学习目的和需要时，他们才能为自己的学习负起责任，从而激发他们的学习动机。

2. 学生学习目标的确立及制定学习计划的情况调查

自主学习的实质是学习者主动选择、调节、控制、评价自己的学习过程，学习目标与学习计划是进行调节和维持的参考点，具有导向、调节与维持的功能。学习者能否为自己设置合适的学习目标，制定合理的学习计划，对其自主学习会产生重要影响。

表5　学生学习目标的确定及制定学习计划情况

项目	内容	平均数(M)	标准差(SD)
6	我学习汉语有明确的目标，知道自己该做什么和怎么去做	3.88	1.33
7	我能根据学习目标合理制定学习计划	3.64	1.03
8	我认为每个学期都制定学习计划很有必要	3.97	1.16
9	我除了完成老师布置的作业外，有自己的课外学习计划	2.67	1.09

从表5中的第6、7、8项来看，学生学习汉语有一定的目标，也能根据汉语学习进展制定相应的学习计划，但值得关注的是第9项（M＝2.67，SD＝1.09），他们虽然认为制定学习计划很有必要，并且也制定了相应的学习计划，但是有相当一部分留学生学习汉语仅仅是完成教师布置的作业，并没有自己的一套汉语学习计划。另外，从部分学生的访谈结果可发现，这些问题在他们中间依然很明显：

（1）学生虽然制定了学习计划，但是由于种种原因，比如贪玩、身体不适或者学习兴趣降低等，经常不能按时执行。

（2）他们中的很多人没有制定学习计划的意识，他们认为只要把老师布置的作业完成，就算完成了今天的汉语学习任务。

（3）还有一部分中亚留学生说，他们没有其他的学习计划，是因为除了完成教师布置的任务外，没有时间再完成自己制定的学习计划了。

3. 学生学习策略使用的情况调查

表6　学生学习策略使用情况

项目	内容	平均数(M)	标准差(SD)
10	我在进行某项学习活动之前，总喜欢想一想进行此活动的目的是什么	2.63	0.94
11	每次上课之前我都要预习，课后都要复习	3.50	1.16
12	我经常利用一些学习策略，以便提高学习效率	2.33	0.81
13	我经常读一些汉语课外书，增加汉语知识	2.67	1.21
14	我上课专心听讲	3.90	1.01
15	我会经常在网上搜集一些关于汉语学习的资料	2.45	0.78

表6中的第10项（M＝2.63，SD＝0.94）和第12项（M＝2.33，SD＝0.81）说明中亚留学生在学习汉语的过程中很少使用学习策略，在学习时目的性也不强，有些中亚留学生甚至对“学习策略”这个词语很陌生。第11项（M＝3.50，SD＝1.16）说明中亚留学生基本能够做到课前预习和课后复习。第13项（M＝2.67，SD＝1.21）和第15项（M＝2.45，SD＝0.78），这两项的平均值较低，说明中亚留学生的学习途径很单一，基本只完成教材上的学习任务，不会多渠道地进行汉语学习。尤其是第15项平均数低于3，说明很少有人通过网络进行汉语学习。第14项（M＝3.90，SD＝1.01），说明大部分中亚留学生能够在上课时专心听讲。在访谈中我们也了解到，绝大多数中亚留学生不了解学习策略，对学习策略的概念也知之甚少。除此之外，很多中亚留学生没有想过要利用互联网学习汉语，很多中级阶段和初级阶段的中亚留学生表示，目前没有阅读课外书的计划。

4. 学生学习监控和评估学习过程的情况调查

自我评估是学习者自己评估学习情况的一项重要技能，它能使学生在课程或单元结束后自己评估自己的表现。只有了解自己的表现，才能根据自己的水平制定相应的学习计划。笔者在问卷中设置此内容，目的是让中亚留学生在学习汉语过程中及时反思，从而改变自己的学习内容和学习进度。

表7中的第16项（M＝3.43，SD＝1.12）和第17项（M＝3.46，SD＝1.16）的平均值，说明学生虽然有一定的发现错误、总结错误的能力，但还远远

不够。第 18 项（M =4.08，SD =1.07）的平均值明显高于其他几项，说明大多数中亚留学生都希望教师对他们在学习上的进步及时做出评价。研究发现，中亚留学生在课堂上回答问题时，无论回答对错，都希望教师做出评价，有时教师没有及时做出评价，他们甚至会向教师发问："我的回答怎么样?"教师的正面评价会刺激学生的学习动机，树立他们的信心。如果教师做出负面评价或未做评价，会降低他们的学习兴趣。这与中亚国家的历史文化有很大的关系，中亚五国均为伊斯兰国家，绝大多数国民信仰伊斯兰教，在真主安拉面前人人平等，任何人可以跟真主交流沟通，中亚留学生在课堂上表现得十分积极主动，课堂气氛很活跃，他们对问题有不同看法时，会及时说出来，与老师沟通。

表 7　学生学习监控和评估学习过程的情况

项目	内容	平均数(M)	标准差(SD)
16	我能在汉语学习过程中发现错误、总结错误，找出原因并取得进步	3.43	1.12
17	我经常检测自己汉语学习计划完成的情况	3.46	1.16
18	我常常希望老师对我的进步做出评价	4.08	1.07
19	每次考试之后我总要找一下自己与别人的差距	3.50	1.20
20	我的汉语水平达到什么程度，我会听取父母的意见	2.35	0.71

第 19 项（M =3.50，SD =1.20），说明超过半数的中亚留学生会在考试之后找一找自己与别人的差距。第 20 项（M =2.35，SD =0.71），说明中亚留学生的汉语水平达到什么程度，有自己的想法，他们有一定的自主意识。通过访谈笔者了解到，高级阶段中亚留学生对学习的监控能力普遍高于初级阶段的中亚留学生。

5. 学生自我调节能力的情况调查

表 8　学生自我调节能力的情况

项目	内容	平均数(M)	标准差(SD)
21	我的汉语学习成绩下降时，我会马上分析原因	3.48	1.13
22	我经常检测自己汉语学习计划完成的情况	3.57	1.16
23	我在汉语学习中遇到困难时，会找老师或同学帮助	3.60	1.07
24	我总是能及时改变自己的学习方法，以应对难度不断加深的汉语课程	3.40	1.24
25	我经常因为懒惰或者其他原因而放弃自己原本打算完成的学习计划	2.55	1.26

表8中的第21项（M=3.48，SD=1.13），说明半数以上中亚留学生会在学习成绩下降时分析原因，但根据访谈结果来看，能分析原因的人不少，但是能找出原因并及时调整的人并不多。第22项（M=3.57，SD=1.16），说明还是有少部分中亚留学生不能做到经常检查自己汉语学习计划完成的情况，或者说根本就没有学习计划。第23项（M=3.60，SD=1.07）的调查结果表明，大部分中亚留学生会在学习遇到困难的情况下向老师或者同学寻求帮助。第24项（M=3.40，SD=1.24）的平均数为3.40，表明虽然有大部分中亚留学生会及时调整学习方法，但仍有少部分中亚留学生在这方面不能积极应对。第25项（M=2.55，SD=1.26），说明仍有相当一部分中亚留学生会因为懒惰或者其他原因放弃原来的学习计划。访谈过程中笔者了解到，有些中亚留学生会因为一些外部因素放弃自己原来的学习计划，比如宿舍不够安静，或者朋友聚会，等等。他们认为这些原因是使他们学习计划搁浅的主要因素。

（二）高、中、低各阶段中亚留学生汉语自主学习差异分析

根据学生学习汉语时间的长短，把被试分为高、中、低三个阶段，对各阶段的中亚留学生汉语自主学习的情况进行分析，运用SPSS17.0统计软件中的“单因素ANOVA”对各阶段中亚留学生汉语自主学习能力的差异进行检验，结果见表9。

表9　高、中、低三个阶段留学生汉语自主学习差异分析

因变量	(I)班级	(J)班级	均值差(I－J)	标准误	显著性	95%置信区间	
						下限	上限
学生的自我效能感和学习动机	初级	中级	.04222	.08381	.881	-.1651	.2496
		高级	.10602	.09883	.564	-.1385	.3505
	中级	初级	-.04222	.08381	.881	-.2496	.1651
		高级	.06380	.10069	.818	-.1853	.3129
	高级	初级	-.10602	.09883	.564	-.3505	.1385
		中级	-.06380	.10069	.818	-.3129	.1853
学生学习目标的确立及制定学习计划	初级	中级	.08978	.16490	.862	-.3181	.4977
		高级	.21867	.19466	.534	-.2628	.7002
	中级	初级	-.08978	.16490	.862	-.4977	.3181
		高级	.12888	.19886	.811	-.3630	.6208
	高级	初级	-.21867	.19466	.534	-.7002	.2628
		中级	-.12888	.19886	.811	-.6208	.3630

续表

因变量	(I)班级	(J)班级	均值差(I-J)	标准误	显著性	95%置信区间	
						下限	上限
学生学习策略使用	初级	中级	.24226	.11405	.108	-.0399	.5244
		高级	-.12154	.13463	.666	-.4546	.2115
	中级	初级	-.24226	.11405	.108	-.5244	.0399
		高级	-.36380*	.13754	.033	-.7040	-.0236
	高级	初级	.12154	.13463	.666	-.2115	.4546
		中级	.36380*	.13754	.033	.0236	.7040
学生学习监控和评估学习过程	初级	中级	.15349	.12599	.478	-.1582	.4651
		高级	.71454*	.14873	.000	.3466	1.0824
	中级	初级	-.15349	.12599	.478	-.4651	.1582
		高级	.56105*	.15194	.001	.1852	.9369
	高级	初级	-.71454*	.14873	.000	-1.0824	-.3466
		中级	-.56105*	.15194	.001	-.9369	-.1852
学生自我调节能力	初级	中级	-.04432	.12384	.938	-.3506	.2620
		高级	.17694	.14619	.482	-.1847	.5386
	中级	初级	.04432	.12384	.938	-.2620	.3506
		高级	.22127	.14935	.336	-.1482	.5907
	高级	初级	-.17694	.14619	.482	-.5386	.1847
		中级	-.22127	.14935	.336	-.5907	.1482

说明：* 代表有显著性 P<0.05。

表9中的数据显示，在“学生学习策略使用”这一因子中，高级班和中级班显著性达到0.033（P<0.05），说明差异显著。在“学生学习监控和评估学习过程”这一因子中，初级班和高级班的显著性达到0.000（P<0.05），中级班和高级班的显著性达到0.001，说明在学生学习监控和评估学习过程方面三个班均有显著性差异。在其他几个因子中，各阶段中亚留学生没有显著性差异。

由于高级班学生学习汉语时间长，在长时间接触汉语过程中，他们摸索了汉语学习方法，使用了一定的学习策略。在对自己的学习监控和评估学习过程方面，三个班都有明显差异，初级班的学生学习汉语时间较短，有些学生刚刚来到中国，可能在以往的学习中没有形成良好的学习监控和评价习惯；来到中国后，在系统地学习汉语过程中，逐渐形成了一套自己的汉语学习方法，对自己的学习也有了一定的监控和评价能力，因此，高级班的学生在这个方面与中、初级班的学生存在较大差异。

(三) 中亚留学生汉语自主学习性别差异分析

运用 SPSS17.0 统计软件中的独立样本 t 检验，对中亚留学生汉语学习性别差异进行检验，检验结果见表 10。

表 10　中亚留学生汉语自主学习性别差异分析

项目	F	Sig	Sig(双侧)	均值
学生的自我效能感和学习动机	1.155	.284	.711	男　3.2222 女　3.2554
学生学习目标的确立及制定学习计划	2.611	.108	.911	男　2.9463 女　2.9308
学生学习策略使用	.182	.670	.450	男　2.7737 女　2.7154
学生学习监控和评估学习过程	.226	.635	.203	男　3.4198 女　3.2985
学生自我调节能力	.003	.960	.277	男　3.3654 女　3.2585

说明：Sig 值 <0.05 有显著性差异。

从表 10 中可以看出：男女生在“学生的自我效能感和学习动机”、“学生学习策略使用”、“学生学习目标的确立及制定学习计划”这 3 个因子中差异很小，在“学生学习监控和评估学习过程”、“学生自我调节能力”这 2 个因子中，男生的得分都略高于女生，说明男生对学习监控和评价的能力以及自我调节能力上略强于女生。

检验结果表明，虽然男女生之间在汉语自主学习的 5 个因子中都有些差异，但 Sig 值均大于 0.05，在统计学上没有显著意义，这说明男女生在汉语自主学习方面无显著性差异。

为了获得中亚留学生汉语自主学习的具体情况，本文对收集的数据进行了处理，从中亚留学生汉语自主学习总体情况、各阶段中亚留学生汉语自主学习差异、性别差异几个方面进行了分析和讨论。

(四) 汉语自主学习能力的培养策略

1. 中亚留学生汉语自主学习现状分析

通过调查，笔者认为中亚留学生的汉语自主学习能力还很欠缺。

第一，自我效能感较强，但学习动机不强。

许多中亚留学生认为自己的汉语水平较高，他们对自己很有信心，这一点虽然对他们学习语言有一定的帮助，但是更多的时候，不能认清自己的实际水平，不便于找出差距。在学习动机方面，有相当一部分中亚留学生是在老师和家长的督促下学习汉语的，只有个别人学习意识强，在积极完成老师布置的各项任务的同时，能主动安排自学时间；但大多数中亚留学生对于学习的目的、方法及时间的安排似乎没有过多的思考，只是被动地完成老师布置的学习任务。

第二，普遍缺乏汉语学习的监控能力。

调查发现，大部分中亚留学生认为有必要制定学习计划。虽然，有一部分人制定了学习计划，但由于懒惰、贪玩等各种原因绝大多数中亚留学生不能够按时执行自己制定的学习计划，说明他们普遍缺乏对学习的监控能力。这说明他们的元认知策略应用不足或者根本没有应用。

第三，使用学习策略的频率较低。

绝大多数中亚留学生对学习策略这个概念非常陌生，也很少有人主动地使用学习策略。调查中发现中亚留学生除了使用记忆策略和少数的社交策略，其他策略很少使用。大多数中亚留学生不会有意识地运用学习策略提高自己的汉语水平。在今后的汉语教学中，培养中亚留学生学习策略的使用将作为一项任务渗透到汉语课堂教学中。

第四，学习汉语的途径单一。

大多数中亚留学生学习汉语只满足于对教材的认知，或者依靠老师提高他们的汉语水平，也有少部分中亚留学生会在日常生活中与中国人进行交流，或者通过结识中国朋友、请中国人当家教来提高汉语水平。但很少有中亚留学生借助网络、多媒体、课外汉语书等途径来提高汉语水平。这是目前中亚留学生普遍存在的问题。

2. 激发学生的汉语自主学习动机

现代心理学认为，人的一切行为都是由动机引起的，教学是认识与情感相互促进的过程，兴趣是一切学习的原动力，是推动学生自主学习的主观因素，是学生学会学习的前提。只有激发起学生的学习动机，培养其求知兴趣，才能使学生的学习具有持久的动力，变“要我学”为“我要学”。

在教学活动中，主体性教学作为一种现代教学思想早已被广大教师认同，其核心就是把教学活动组织成一个在教师激励和指导下的学生自主学习的互动过程，其中教师是施教的主体，主要起激励和指导学习方法的作用。学生是学习的主体，即在一定的动机驱动下，自主构建认知结构，发挥个性特长、丰富情趣体验。课堂上教师给出的教学任务是否合理，也影响着学生的学习动机。中亚留学生认为，如果教师提出的学习任务他们感兴趣，就会增加其学习动机。传统的汉语课程体系注重对汉语言知识的讲授，某些语言知识比较生涩，学生的学习积极性不高，但语言课程决定了在课堂上“以学生为主体”的特点，所以教师应该思索从激发学生的学习兴趣出发，提高学生的汉语自主学习能力。

（1）利用学生感兴趣的问题和现象，创设问题情境，激发学生学习汉语知识的欲望。学生是否愿意自主学习，要看教师是否调动了学生自主学习的积极性。如何才能激发学生自主学习的动机呢？布鲁纳强调学习是一个主动的过程，学习的最初刺激是对所学材料的兴趣，即主要是一种内在动机，而不是诸如等级、奖赏、竞争之类的外来目标。因此教师要善于在教学内容和学生的求知欲之间创设问题情境。汉语课作为一门语言学科，对母语为非汉语的人来说有枯燥、晦涩的语法和难以掌握的汉字，对外汉语教师应该利用实物、图画等把学生的求知欲望调动起来，从而激发他们的学习动机，提高汉语自主学习能力。

（2）开展课前 5 分钟演讲，激发学生学习汉语的热情。学生们都有被认可和被承认的需要，笔者在课堂上发现，中亚留学生在学习语言上有中国学生所欠缺的优点，他们更善于表达和交流，无论汉语水平高或低，他们都有一定的自信心，能把所学到的汉语知识及时表达出来。所以，开展课前 5 分钟演讲很适合中亚留学生，教师可以根据学生的水平限定内容，初、中级阶段的学生可以限定在日常生活方面，高级阶段的学生可以涉及中国的文化、地理、社会现实等方面。这样一来，既督促学生在课后为准备演讲内容而查阅资料，又满足了中亚留学生喜欢表达、交流的语言学习特点。

（3）利用多媒体技术激发学生学习汉语的兴趣。在汉语课上利用多媒体教学技术，可以开阔学生的视野，在有限的空间（教室）、时间（课时）内打破环境条件的制约去认识教材中的事物，达成知识领域和情感领域的目标，从而缩短认知进程，从而提高教学的容量和质量。教师、学生、教材、媒体是课堂教学的四要素。教学媒体是一种知识载体，它既是教师教学的辅助工具，又是学生的认知工具。多媒体技术能把语言文字所描绘的情境直观、形象、逼真地展现出来，能把学生的非注意力因素集中起来，能使学生从听觉、视觉上感受汉语教学的内容，从而诱发学生学习的兴趣，激发学生能动的思维，广泛的思维是学生自主学习能力提高的途径。因此，若课堂上能充分挖掘和利用多媒体技术的优势，积极营造自主学习的氛围，则学生的自主学习能力将得到不断地提高。例如，在学习《时间表示法》一课时，用多媒体来演示时间，让学生根据指针用汉语说出几点几分，学生通过直观的声音、图像掌握汉语中的时间表示方法，同时期待下一次上课讲授的内容依然可以用多媒体直观地表现出来，让他们有了探求知识的欲望。再如，介绍中国文化时，因为有限的条件，很多学生没有接触过，用多媒体的形式授课，通过照片、短片了解中国的文化，可激发学生学习汉语的内动力。

3. 培养学生确定汉语学习目标

教师可以帮助学生设立适合自己水平、切实可行的学习目标，因为有了目标，就会有极强的求知欲。学习目标也是高质量自我评价活动的重要导向，是学生自我评价取得成功的关键，只有明确学习目标才能使学生对自我评价活动有清晰的认识，并把这种认识转化成自我评价活动中的具体行为，老师应在可能的条件下，帮助不同层次的学生确定关键的或阶段性的学习目标，以确保学生用切实可行的目标经常评价自己。

（1）帮助学生建立学习汉语的总目标。各学期各阶段，每节课以及平时的课堂教学过程中，都有不同的目标，在上课前强调目标，在其后要重视目标，这可以通过教师提出，学生也可以从学习资料中获得。许多中亚留学生没有明确的学习目标，只满足于完成教师上课时布置的作业，教师应该引导学生制定一个明确的学习目标，并指导他们根据自己的汉语水平不断调整学习目标。

（2）帮助学生制定合理的汉语学习目标的同时，兼顾个体差异。每个学生的汉语基础和学习习惯都不同，要针对个人的实际情况，制定目标，不能高不可攀，时间一长，学生达不到目标就会对自己失去信心；当然，也不能太简单，唾手可得。学生制定的目标，应该是看得见，感受得到，通过自己艰苦努力能够达到，对于学习成绩好、进步较快的同学，教师可及时给予鼓励，提示他们制定更高的评价标准，尽量找出自己的不足，对自己提出更高的要求。对于成绩落后、问题较多的学生，教师要指导他们按自己的实际情况制定合理的近期目标，比如就一节课应该掌握什么，先指导他们实现容易掌握的目标，及时鼓励表扬会激发他们实现下一个目标的信心，使他们对自己充满希望并逐渐会自己设立适合自己的学习目标。否则，一大堆问题摆在面前，并且难以解决，他们就会失去努力的信心、前进的动力，认为自己什么都不会。

学习者应学会根据学习任务要求，确定适合自己的学习目标，所确定的学习目标责任制最好是近期的、具体明确的、能够完成的，以便于目标的实现，而且学习者应确定恰当的自我期望值。

4. 帮助学生通过多种途径学习汉语

研究发现，各阶段中亚汉语学习的途径比较单一，大多数中亚留学生都是通过课堂学习，少部分中亚留学生还通过交中国朋友、请中国家教练习汉语口语和听说能力。

其实，学习汉语的途径有很多种，调查发现，很多中亚留学生尤其是中、低级阶段的中亚留学生中几乎没有通过网络学习汉语的经历，而高级阶段的中亚留学生也很少有通过互联网进行汉语学习的。

（1）有关中国文化的书籍，无疑是他们掌握汉语、了解中国文化的必备资料。调查中发现，许多学生反映除了完成老师布置的作业外，没有自己再花时间学习汉语，对外汉语教师在教授语言的同时应该引导学生了解中国文化，通过学习中国文化提高汉语水平。建议每个班级有一些公共的汉语课外书，学生可以传看或者互相交流其中的知识。

（2）通过网络学习汉语，这个建议主要针对高级阶段的中亚留学生，他们学习汉语的时间较长，汉语水平较高，通过汉语学习网站，查找资料或者学习汉语，都是不错的汉语学习途径。除了在互联网上学习汉语，电视、广播都是练习听力的渠道，电视、广播里播放的节目接近生活，对于中亚留学生提高汉语听力、了解中国人的生活习惯和风俗文化，以及民族性格都有很大帮助。

5. 培养学生的反思能力，增强对自己学习的监控

了解和反思自己学习中的进步与不足是个体对自身心理世界加以认识和监控的过程，学习能力强的学生，在完成一项学习任务时，能有意识总结自己的学习特点，制定出相应学习计划，选择有效的学习策略方法及时检查学习效果，不断进行自我反馈和评价，并采取必要的补救和调整措施，不断提高自己的汉语学习水平。

自我评价能力是自主学习能力的主要体现，学生通过参与评价反思自己的学习状况，学会怎样学习，明确“自己所知道的”和“自己所不知道的”，自我评价可培养学生对学习负责的态度，让学生明白学习是自己的事，应该怎样听课、复习和做作业，怎样思考、发言和讨论，随时看到自己

的成绩和不足，逐步培养学生学习的独立性、自主性。在实际教学中，笔者设计了如下的“自我评价本”，让学生在课上、课后对自己的学习行为及时评价，这在一定程度上可以增强他们的学习自我评价能力。

“自我评价本”包括的大致内容有：每节课的自我评价，单元阶段的自我评价，期末整体性的自我评价。“自我评价本”根据每一部分的特点，设置了不同的自我评价题目（见表11）。

表11　课堂自我评价表

内容	评价等级
1. 本节课听讲情况如何,注意力是否集中	3　2　1
2. 是否积极回答老师提出的问题	3　2　1
3. 与同学们的交流合作情况如何	3　2　1
4. 本节课的疑问是什么	3　2　1
5. 在课堂上是否能跟上教师的教学进度和节奏	3　2　1

说明：好、中、差分别为3、2、1。

教师在引导学生自我评价时应注意以下几个问题。

（1）帮助学生正确认识自我。中亚留学生在很大程度上不能及时认清自己的汉语程度，这是由他们的民族性格决定的，许多学生盲目自信，认为自己学得很好。对外汉语教师需要引导他们正确认识自我，建议教师经常做测试，通过各种测验、考试或者口语表达，让他们认清自己的汉语程度到底处在什么样的位置上，引导他们据此制定适合自己的汉语学习计划。

（2）帮助学生实事求是的对自己做出恰如其分的评价。不要过高或过低评价自己，正确对待已取得的成绩，不要自我陶醉，停滞不前。“尺有所短，寸有所长”。每个人都有自己的长处和短处。应从内心里接纳自己，鼓励自己，给自己一个准确的定位，确立自尊心和自信心。

（3）教师通过自我评价的结果，定期与学生交谈，通过多种方法对学生进行定性定量评价，并把评价结果反馈给学生，从而使学生学会分析自己的进步与不足，明确今后的努力方向。

最后将本学期的每节课的自我评价、单元阶段的自我评价和期末整体性的自我评价进行整理，装入个人成长记录袋中。通过“学生汉语学习自我评价表”，提高学生的主体地位，将评价变成学生主动参与、自我反思、自我教育、自我发展的手段。学生不断进行自我总结，并逐步养成反思的习惯，提高了学生的自主性，教师通过自我评价结果，定期与学生交谈，并把评价结果反馈给学生，从而使学生学会分析自己的进步与不足，明确今后的努力方向。通过自我评价，来监控评判自己的学习表现，从而调整自己的学习进度。

6. 信息反馈、计划、策略的及时调整

信息反馈是指将自我评价的相关信息或结果反馈给评价对象，从而影响评价对象，使之发生变化的过程。也有评价研究者认为，信息反馈是根据设定的目标，对评价对象“做了什么”和“没有做什么”的描述。在学生自我评价的整个流程中，信息反馈是贯穿始终的，所以，学生的自我评价过程也是一个信息反馈的过程。在这一过程中，及时、可靠的信息和畅通的反馈渠道是最重要的。在实践过程中，有效的信息来源是多方面、多渠道的，学生本人、教师、同伴以及参与评价的其他主体都成为信息的“源泉”，而这些信息是通过多种方式反馈的，有时是口头的，有时是书面的，有时也是电子化的。建立良好的信息反馈机制是至关重要的，因为在自我评价的流程中，学生正是通过这一反馈机制，进行有效信息的输入和输出，并及时、不断地通过交互性的反思活动，调节自身现状和标准之间的距离。

评价是老师对学生反馈的重要途径，它的作用不应仅限于让学生了解自己与目标要求的距离，还应该通过评价来激发学生的求知欲，坚定学习的自信心，交流师生情感，营造宽容和谐的学习氛围。研究结果显示，中亚留学生非常渴望教师对自己的进步做出评价，如果教师没有及时做出评价或者做出负面评价时，他们会很沮丧，并且会降低学习汉语的兴趣，所以教师对学生的评价应当以肯定、赞赏为主，适当时应予以物质奖励。

另外，在课堂上培养学生使用学习策略的能力也至关重要，具体实施方法如下。

（1）提问。由于中亚留学生在课堂上表现得活跃积极，那么多提问作为一种常规办法，既实用又能收到良好的效果。可以就一个问题反复提问，也可以以比赛竞争的形式，激励他们说出问题的最佳答案。

（2）观察。教师在教学中通过观察来了解学生学习情绪的变化，从学生的情绪变化中了解学生的学习状态和学习兴趣所在，从而调整教学方法。

（3）质疑。这是中亚留学生的学习特点之一，他们有不同的看法时会

及时说出来，教师可以依据此特点安排一些讨论，让他们在讨论中总结出问题，从而收获知识。

（4）训练。若想达到教学目标，让学生把学到的新知识迅速转化为能力，必须加强当堂训练。教师通过设计不同层次的练习，当堂反馈学习情况，当堂予以矫正。在训练中激发他们的学习动机，在鼓励中使他们提高自我效能感。

学习策略是语言学习者为有效地掌握语言规则系统，提高言语技能和语言交际能力，解决学习过程中所遇到的问题而采取的各种计划、途径、步骤、方法、技巧。[①] 通过调查发现，中亚留学生学习汉语时，使用学习策略的频率较低。笔者根据中亚留学生学习汉语的实际情况，制定了学习策略的自我评价表，具体内容如表 12 所示。

表 12　学习策略的自我评价表

项目	自我评价
1. 是否有计划地安排学习活动	
2. 能否妥善安排学习时间	
3. 能否正确利用各种资料	
4. 能否与同学、教师合作学习	
5. 是否有预习的习惯	
6. 能否集中精神听课	
7. 能否及时复习当天的功课并完成作业	
8. 对发回的试卷是否能认真分析原因，拟定补救措施	
9. 是否能把自己写错的汉字集中起来	
10. 能否排除干扰，保证学习活动的顺利进行	
11. 能否选择并采用合适的学习方法	
12. 能否总结自己或借鉴他人好的学习方法和经验	
13. 能否对学习成果及时做出评价	

7. 汉语自主学习能力培养过程中应注意的问题

第一，对汉语自主学习的理解有失偏颇。很多学生认为汉语自主学习就是自由学习，想学什么就学什么，想什么时候学就什么时候学，甚至有些教

① 刘珣：《对外汉语教育学引论》，北京语言大学出版社，2008。

师也不能科学理解语言自主学习的概念，对自主学习能力培养缺乏科学认识，操作过程中具有盲目性，并且操之过急。

第二，汉语自主学习注重知识的认知过程，需要花费较多时间，导致教学任务难以完成，教学质量难以保证，教师操作困难。这时就需要教师循序渐进，慢慢地引导学生，培养学生自主学习的意识。

第三，加强教师对自主学习有关理论的学习，使教师认识到自主学习并不是对学生的放任自流，而是在教师指导下进行的主动获取知识的活动；认识到自主学习能力形成过程是一个长期的过程，需要循序渐进，不是一蹴而就的，只要教师在教学中给予足够重视，并不断地进行培养和训练，久而久之，学生的自主学习能力一定会得到提高。

第四，他主学习和自主学习有各自的位置与比重，教师应指导学生进行自主学习。

第五，在学生讨论过程中，教师应走到学生中间，对学生面临的困难适当给予指导，关注学生讨论状态，避免学生之间与问题无关的谈论，以确保讨论交流落到实处，收到实效。在教学过程中，做到以教师为主导、以学生为主体、以训练为主线，初级阶段和中级阶段学生学习已步入半独立状态，但还有一定的依赖性，即使这样老师也绝不能包办代替，尽可能让他们自主学习，以使学生自主学习能力不断提高，为过渡到独立学习铺路搭桥。

结　语

没有绝对意义上的自主学习，也没有完全不自主的学习，在自主学习活动中培养起来的自主学习能力要经历一个从初级到高级的发展过程，对外汉语教师要尽可能让留学生们自主学习，同时要认识到自主学习能力培养是一个循序渐进的长期过程，这就为对外汉语教师提出了共同的奋斗目标和努力方向。对外汉语教师在课堂教学和实践活动中，应积极主动地探索自主学习能力培养的途径、策略和方法，结合语言教学的特点，为切实转变学生的学习方式，做出更多的努力，但此研究目前也存在一些不足之处。

首先，本文仅对新疆乌鲁木齐地区三所高校里的中亚留学生进行了抽样调查和分析，如果在同一时间对其他高校的中亚留学生也进行抽样调查和分析，得出的结论可能更全面。

其次，本文只对中亚留学生做了研究，如果能对对外汉语教师的相应教学行为进行评价研究，最后得出的结论可能更具科学性。

再次，本文的实证研究方法仅是问卷调查法和访谈法，如果在此研究中加入实验研究，有了实验前和实验后的对照，这样得出的数据将更具可靠性。

今后将在此研究基础上继续深入探索，例如研究汉语自主学习能力与成绩的关系，在研究方法上不局限于问卷调查法，将实验法列入研究方法中，扩大测试规模，从而进行更深入的研究工作。

附　录

附录 1

中亚留学生汉语自主学习调查问卷（中文）

亲爱的同学：

你好，为了帮助大家更好地学习、掌握汉语知识，特设计此问卷。你所填写的内容，与你的学习成绩无关，请大家认真、实事求是地完成。

基本资料：

1. 国籍______　　2. 性别______　　3. 年龄______

4. 母语______　　5. 学习汉语的总时间______

此问卷答案用 1、2、3、4、5 来表示，请在你要选择的数字上打“√”。

1 = 完全不符合我的情况或者几乎完全不符合我的情况

2 = 通常不符合我的情况

3 = 有时符合我的情况

4 = 通常符合我的情况

5 = 完全符合我的情况或者几乎完全符合我的情况

1. 我学习汉语是因为家长、老师让我学。　1 2 3 4 5
2. 我了解老师的教学目的，在课堂上能跟上老师的教学进度和节奏。　1 2 3 4 5
3. 我认为学生的学习成绩不好老师应该负主要责任。　1 2 3 4 5
4. 我认为学习者本人应该对自己的成绩负主要责任。　1 2 3 4 5
5. 与班里的其他同学相比，我更有信心把汉语学好。　1 2 3 4 5

6. 我学习汉语有明确的目标，知道自己该做什么和怎么去做。 1 2 3 4 5
7. 我能根据学习目标合理地制定学习计划。 1 2 3 4 5
8. 我认为每个学期都制定学习计划很有必要。 1 2 3 4 5
9. 我除了完成老师布置的作业外，有自己的课外学习计划。 1 2 3 4 5
10. 我在进行某项学习活动之前，总喜欢想一想进行此活动的目的是什么。 1 2 3 4 5
11. 每次上课之前我都要预习，课后都要复习。 1 2 3 4 5
12. 我经常利用一些学习策略，以便提高学习效率。 1 2 3 4 5
13. 我经常阅读一些汉语课外书，增加汉语知识。 1 2 3 4 5
14. 我上课专心听讲。 1 2 3 4 5
15. 我会经常在网上搜集一些关于汉语学习的资料。 1 2 3 4 5
16. 我能在汉语学习过程中发现错误、总结错误，找出原因并取得进步。 1 2 3 4 5
17. 我经常检测自己汉语学习计划完成的情况。 1 2 3 4 5
18. 我常常希望老师对我的学习进步做出评价。 1 2 3 4 5
19. 每次考试之后我总要找一下自己与别人的差距。 1 2 3 4 5
20. 我的汉语水平达到什么程度，我会听取父母的意见。 1 2 3 4 5
21. 我的汉语学习成绩下降时，我会马上分析原因。 1 2 3 4 5
22. 我经常检测自己汉语学习计划完成的情况。 1 2 3 4 5
23. 我在汉语学习中遇到困难时，会找老师或同学帮助。 1 2 3 4 5
24. 我总是能及时改变自己的学习方法，以应对难度不断加深的汉语课程。 1 2 3 4 5
25. 我经常因为懒惰或者其他原因而放弃自己原本打算完成的学习计划。 1 2 3 4 5

附录 2

中亚留学生汉语自主学习调查问卷（俄文）

Дорогие студенты:

Здравствуйте, для того чтобы помочь Вам лучше изучитьи освоитьзнание китайского языка, мы составили эту анкету. Все что Вы заполнили, не влияет на Ваши оценки в учебе. Отнеситесь более серьезно к данной анкете и заполните ее.

Основные данные:

Страна проживания ____________________

Пол ____________________

Возраст ____________________

Родной ____________________

Группа ____________________

При ответе на вопросы используйте цифры 1. 2. 3. 4. 5.

Полностью нет ____________ 1

Нет ____________ 2

Иногда ____________ 3

Часто ____________ 4

Полностью да ____________ 5

Выбранную Вами цифру отметьте галочкой.

1. Я изучаю китайский язык, потому что семья заставляет или преподаватель. 1. 2. 3. 4. 5.
2. Я могу понять, цель преподавания учителя во время урока я успеваю за процессом и ритмом преподавания. 1. 2. 3. 4. 5.
3. Я считаю, что если у студента плохая успеваемость, то в основном ответственность лежит на преподавателе. 1. 2. 3. 4. 5.
4. Я считаю, что учащийся сам должен отвечать за свою успеваемость. 1. 2. 3. 4. 5.
5. По сравнению с другими студентами нашей группы я более уверен, что выучу китайский язык. 1. 2. 3. 4. 5.
6. У меня есть четкая цель для изучения китайского языка. Я знаю , что и как нужно делать. 1. 2. 3. 4. 5.
7. Яв соответствие со своей учебной целью составляю разумный план обучения. 1. 2. 3. 4. 5.
8. Я считаю, что составление учебного плана в каждом семестре это необходимо. 1. 2. 3. 4. 5.
9. Кроме работы, которую дает преподаватель у меня также есть план по внеурочному обучению. 1. 2. 3. 4. 5.
10. Перед тем, как осуществить какое либо учебное мероприятие мне

обычно нравится подумать какова цель этого мероприятия. 1. 2. 3. 4. 5.

11. Каждый раз перед уроком мне необходима предварительная подготовка, а после урока повторение. 1. 2. 3. 4. 5.
12. Для того чтобы повысить эффективность обучения я зачастую использую различную методику. 1. 2. 3. 4. 5.
13. Для того чтобы расширить свои знания я часто читаю внеклассную литературу. 1. 2. 3. 4. 5.
14. Во время уроков я внимательно слушаю. 1. 2. 3. 4. 5.
15. Я часто скачиваю из интернета материалы для изучения китайского языка. 1. 2. 3. 4. 5.
16. Я способен в процессе изучения китайского языка обнаружить ошибки, обобщить ошибки найтипричины и этим получит прогресс. 1. 2. 3. 4. 5.
17. Я постоянно изучаю завершенность своего плана по изучению китайского языка. 1. 2. 3. 4. 5.
18. Я хотел（а）бы чтобы учитель почаще оценивал мой прогресс в учебе. 1. 2. 3. 4. 5.
19. Каждый раз после экзамена мне необходимо видеть разницу между собой и другими студентами. 1. 2. 3. 4. 5.
20. Какого уровня достигнутмой китайский язык, могу ли я услышать мнение своих родителей. 1. 2. 3. 4. 5.
21. Если мои результаты в изучении китайского языка снизились, то я могу сразу проанализировать причину. 1. 2. 3. 4. 5.
22. Если мои результаты не очень хорошие, то я сам могу себя подбодрить. 1. 2. 3. 4. 5.
23. Если в процессе учебы я сталкиваюсь, с какими-то трудностями я всегда могу найти учителя или студента чтобы попросить о помощи. 1. 2. 3. 4. 5.
24. Я всегда могу вовремя изменить свой метод учебы и постоянно углублять уровень сложности. 1. 2. 3. 4. 5.
25. Я часто по причине лени или потому что меня это все достало,

забрасываю свой китайский первоначальный план учебы.

1. 2. 3. 4. 5.

参考文献

著作、学位论文

徐锦芬:《大学外语自主学习理论与实践》，华中科技大学出版社，2007。

刘珣:《对外汉语教学引论》，北京语言大学出版社，2000。

文秋芳、俞洪亮、周维杰:《应用语言学研究方法与论文写作》，外语教学与研究出版社，2004。

赖国毅、陈超:《SPSS17.0 常用功能与应用实例精讲》，电子工业出版社，2010。

秦晓晴:《外语教学研究中的定量数据分析》，华中科技大学出版社，2003。

华维芬:《试论外语教师在自主学习模式中的地位》，《外语研究》2001 年第 69 期。

华维芬:《自主学习中心——一种新型的语言学习环境》，《外语界》2001 年第 5 期。

华维芬:《学习者自主探析》，《深圳大学学报》（人文社科版）2002 年第 19 期。

曹照洁:《论国外自主学习理论对我国教育的影响》，《重庆文理学院学报》2007 年第 26 期。

庞维国:《中国古代的自主学习思想探析》，《心理科学》2001 年第 21 期。

庞维国:《90 年代以来国外自主学习研究的若干进展》，《心理学动态》2000 年第 4 期。

秦晓晴:《外语教学研究中的定量数据分析》，华中科技大学出版社，2003。

谭红:《浅谈大学生英语学习自主中教师的角色》，《四川外语学院学报》2001 年第 3 期。

肖飞:《学习自主性及如何培养学习自主性》，《外语界》2006 年第 96 期。

高吉利:《国内学习者自主研究述评》，《外语界》2005 年第 78 期。

师小蕴:《程序教学法的运用与探讨》，《体育学刊》1998 年第 3 期。

徐锦芬:《现代外语教学的理论与实践》，华中科技大学出版社，2006。

徐锦芬、彭仁忠、吴卫平:《非英语专业大学生自主性英语学习能力调查与分析》，《外语教育与研究》2002 年第 1 期。

徐锦芬、徐丽:《自主学习模式下大学英语教师角色的探析》，《高等教育研究》2004 年第 78 期。

肖岩松:《论学生自主学习策略》，《现代教育科学》2005 年第 56 期。

陈文博：《中亚留学生汉语学习现状及新疆对外汉语教学对策》，《新疆农业大学学报》2007 年第 35 期。

李晓东：《课堂目标结构、个人目标取向、自我效能及价值与学业自我妨碍》，《心理科学》2003 年第 26 期。

郭丽：《语言自学中心与学习自主性——英国中央兰开夏大学语言学习中心个案研究》，《外语电化教学》2000 年第 12 期。

郝钦海：《影响学习者自主的社会文化因素及其启示》，《外语界》2005 年第 6 期。

宋金翠：《建构主义学习理论指导下的初中化学自主学习实践研究》，《陕西师范大学学报》2002 年第 11 期。

侯玫：《自主学习能力的调查研究》，《辽宁师范大学学报》2007 年第 6 期。

郭德礼：《在自主学习中培养学生综合能力的研究》，《山东师范大学学报》2005 年第 4 期。

周勇、董奇：《学习动机、归因、自我效能感与学生自我监控学习行为的关系研究》，《心理发展教育》1994 年第 3 期。

单志艳：《中学生自主学习及教师相应教学行为的评价研究》，《北京师范大学学报》2002 年第 10 期。

吕良环：《论外语自主学习能力的培养》，《华东师范大学学报》2005 年第 4 期。

张庆宗：《英语学习成败自我归因调查与分析》，《外语与外语教学》2002 年第 7 期。

张彦君：《通过学习者训练培养学习者自主性的实验》，《外语界》2004 年第 1 期。

郑敏：《自主性学习的缘起和发展》，《西安外国语学院学报》2000 年第 3 期。

徐锦芬、占小海：《国内外“学习者自主”研究述评》，《外语界》2004 年第 102 期。

毛彦：《大学英语自主学习与教师的介入》，《重庆师范大学学报》2008 年第 4 期。

韩喆：《大学生自主学习现状调查及干预研究》，《湖南师范大学学报》2009 年第 5 期。

郭瑞卿、温耀峰：《外语教学中自主学习能力的培养》，《中国高校研究》1995 年第 7 期。

华维芬：《自主学习中心——一种新型的语言学习环境》，《外语界》2001 年第 85 期。

陈晓娟：《论学生自主学习能力的培养》，《福建师范大学学报》2009 年第 4 期。

何莲珍：《自主学习及其能力的培养》，《外语教学与研究》2003 年第 4 期。

王宇：《中学生自主学习能力的研究》，《东北师范大学学报》2009 年第 11 期。

Alfallay, I. , 2004. “The role of some selected psychlogical and personality trails of the

rater in the accuracy of self-and peer-assessment", *System* 32 : 407 – 425.

Allwriglt , D. , 1990. "Autonomy is language pedagogy" . CIRCLE Working paper 6. Center for reserch in Education . Lancaster: University of Lancaster, 212 – 226.

Aderson, L. W. , 1987. The decline of teacher autonomy : tears or cheers? International Review of Education.

Arnode , J. 1999. Affect in language Learning . Cambrige: Cambrige University Press.

Aoki, N. , 2002. "Aspects of teacher autonomy: capacity freedom and responsible". In P. Bebson and S. Toogood Learner autonomy 7 chanlenges , Reserch and Practice . Dubin, Iriland: Authentik.

Benson, P. , 1992. "self-access for self-directed learning". Hong Kong Papers in Linguistics and Language Teaching 15, 31 – 38.

Benson, P. , 1996. "Concepts of autonomy in language learning". In R. Pemberton, et al. (eds) *Taking Control: Autonomy in Language Learning. Hong Kong*: Hong Kong University Press.

Benson, P. , 1997. "The philosophy and politics of learner autonomy". In Benson, P. & Voller , P. (eds). *Autonomy and Independence in Language Learning.* London: Longman.

中亚留学生汉语量词使用现状调查研究

王远新　闫　丽

俄语属印欧语系东斯拉夫语支。由于政治历史的原因，俄语为中亚五国的通用语，五国中除了塔吉克斯坦的国语属印欧语系伊朗语族语言外，其他四国——哈萨克斯坦、吉尔吉斯斯坦、乌兹别克斯坦和土库曼斯坦均为阿尔泰语系突厥语族语言。在汉语作为第二语言教学中，中亚留学生的语言背景比美国、韩国、日本等国的留学生更为复杂，这一特殊的教学对象值得我们关注。《中国大百科全书·语言文字卷》提出："汉藏语系语言词类上的一个特点是有量词。除藏缅语族有些语言（如藏语、景颇语等）量词还不太发达外，一般都有丰富的量词。"量词是汉语颇具特色的词类。而印欧语系语言属形态型语言，大多数语言中缺少量词，数量的表达主要依靠数词和相关词的形态变化，阿尔泰语系突厥语族语言是形态发达的黏着型语言，形态变化制约数量的表达。汉语属于意合为主的语言，数量的表达主要依靠数词和量词的组合。量词的丰富性与普遍应用性是汉语的一个重要特点，量词对于具有特殊语言背景的中亚留学生来说是一大难点，中亚留学生在习得汉语的过程中有哪些难点？使用汉语量词的现状如何？习得汉语量词偏误规律是什么？这些都是本研究所关注的问题。

一　自然语料分析

（一）汉语量词正确使用情况统计分析

本研究的自然语料来源于新疆师范大学国际文化交流学院 2007～2009 学年，哈萨克斯坦、吉尔吉斯斯坦留学生期中和期末考试试卷及课堂练习作文，其中试卷作文 176 篇，课堂作文 160 篇，共计 336 篇自然语料。以何杰

的《现代汉语量词研究》中附录一“名词、量词搭配表”及《量词一点通》为依据，对自然语料中有量词的1019个句子进行判定，能正确使用量词的句子有770句，错误使用量词的句子有249句。从总量来看，正确使用量词的句子虽然较多，但与现代汉语量词系统相比，留学生能正确使用的量词数目较少，只有48个（见表1）。吕叔湘主编的《现代汉语八百词》一书后附的“名词、量词搭配表”中列举了145个量词，本研究对《中国汉语水平考试大纲》中的量词进行了统计，甲、乙、丙、丁四级量词共有136个，赵元任的《汉语口语语法》第七章“量词”中收录了266个量词，殷焕先、何平主编的《现代汉语常用量词词典》中共列了780个量词，而哈萨克斯坦、吉尔吉斯斯坦留学生的作文语料中只出现了篇、棵、本、块、条、岁、辆、个、座、层、件、封、名、位、部、门、间、幅、台、只、句、张、口、份、颗、把、首、朵、遍、则、所、滴、架、双、对、家、点儿、套、串、公斤、米、年、天、月、日、秒钟、刻、点钟、号、元、段、些(问题)、部分、节、瓶、头、盆、种、回、次、趟、下儿、顿63个量词。

表1　量词正确使用情况统计表

单位：个，次

序号	量词	句子	频数	序号	量词	句子	频数
1	个	389	419	25	日	5	5
2	天	121	134	26	句	5	5
3	点钟	68	117	27	部	4	4
4	次	50	53	28	条	4	6
5	月	49	51	29	颗	4	4
6	年	45	50	30	只	3	3
7	岁	32	36	31	本	3	3
8	号	24	30	32	元	3	4
9	节	20	26	33	把	3	3
10	件	17	19	34	头	3	3
11	些	16	18	35	封	2	2
12	张	16	21	36	座	2	2
13	点儿	14	14	37	部分	2	2
14	位	14	14	38	套	2	2
15	种	12	13	39	回	2	2
16	名	12	12	40	首	2	2

续表

序号	量词	句子	频数	序号	量词	句子	频数
17	家	12	12	41	趟	2	2
18	下儿	10	10	42	幅	1	1
19	双	10	10	43	遍	1	1
20	块	7	7	44	盆	1	1
21	口	6	6	45	朵	1	1
22	段	6	6	46	秒钟	1	1
23	门	5	5	47	顿	1	1
24	份	5	5	48	则	1	1

有研究表明，当学习者的母语中某个结构的特征与目标语不同时，所生成的目标语中此结构出现的频率较低，母语和目标语中的结构有相同特征时，生成的目标语中此结构出现的频率要高。如表1所示，770句能正确使用量词的句子中所出现的量词只有48个，这在一定程度上表明，哈萨克斯坦、吉尔吉斯斯坦留学生在汉语量词使用的过程中倾向使用回避策略。含有量词“个”的句子排在第一位，使用频数最高，说明“个”是哈萨克斯坦、吉尔吉斯斯坦留学生最容易掌握的个体量词，“个”掌握较好也是以汉语为第二语言学习者的共同特点。汉语的“天”、“点钟”、“次”、“月”、“年”、“岁”等表时间的量词也排在前列，对比分析发现，俄语中有 день、час、раз、год、лет 等表量单位与之相对应，因此使用频率较高。“份”、“幅”等一些专职个体量词使用频率相对较低，是因为俄语中没有与之相对应的表量词。由此可见，固有的“内在大纲”对哈萨克斯坦、吉尔吉斯斯坦留学生汉语量词的习得影响较大。

（二）汉语量词使用偏误分析

本研究对自然语料中有偏误的句子进行了统计和归纳，249例有偏误的句子中，各类偏误类型的数量及比例如表2所示。

表2　量词偏误类型及其分布情况

单位：个，%

偏误类型	“个”的泛化	量词的缺失	量词的误加	量词的误代	数量词组位置不当	其他
数量	109	44	13	29	49	5
百分率	43.78	17.67	5.22	11.65	19.68	2.01

如表2所示，自然语料中出现的偏误类型主要有"'个'的泛化"、"量词的缺失"、"量词的误加"、"量词的误代"、"数量词组位置不当"等。"'个'的泛化"、"数量词组位置不当"、"量词的缺失"是自然语料中较为突出的偏误现象，分别占总偏误量的43.78%、19.68%、17.67%。"量词的误代"、"量词的误加"所占比例不大，分别占11.65%、5.22%。以下是本研究对自然语料偏误例句的归类和初步分析。

1. "个"的泛化

自然语料偏误例句：

①*这个放假我准备回家。

②*首先，我的妈妈不同意，她一连说了三个"你不能去中国学习，我不让你去"。

③*这个饭我们是用面、油、麦子、41个小小的石头做成的，这些东西在大锅里一煮，然后盖上很厚的毛毯等半天。

④*我们开了两个汽车，还拿了一个羊。

⑤*终于有个可怕的事发生了。

⑥*我想如果我考好了这两个考试，一定要增加学习速度。

⑦*有一天爸爸看一个足球比赛的时候，我也看了一会，然后爸爸给我讲了一个足球比赛的规则。

"个"在《说文解字》中的释义为"竹"。在周秦时期，"个"只能用于数竹，此后渐渐扩大到计数所有的竹制品。到了汉代，"个"可以用来计数大量物体，如动物、植物等。到了唐代，"个"的语义进一步泛化，可以用来修饰"数"、"时间"等相对抽象的名词。《现代汉语频率词典》显示："个"在8000常用词中居第九位。随着量词语法化的进一步扩散与发展，在句法位置上有"个"取代其他量词的趋势，但是，动量词不能用"个"来代替，如例句①、②中所要使用的量词应该是"次"、"遍"，用来修饰动词"放假"以及做"说"的补语，表示数量的多少，因此用"个"显然不对。表示区别种类意义的句子也不能用量词"个"，如例句③。从语用方面，量词"个"不能体现出名词的特征，不能起到修饰的作用，吕叔湘先生在《汉语语法分析问题》中说："只有'个'字是个无色彩的单位词。其他单位词都或多或少保存着点意义，还没有完全丧失它的实词性"。[①] 量词

① 吕叔湘：《汉语语法分析问题》，商务印书馆，1979，第51页。

“个”没有其他量词可以表达的语体色彩效果，如例句④、⑤、⑥、⑦。留学生在使用汉语量词时，也体会到了“个”的万能化。这也是出现“个”的泛化现象的主要原因之一。“个”的泛化是所有偏误类型中最普遍的现象。本研究把“个”的不恰当使用，不合乎汉语搭配规则的句子全部归为泛用量词“个”。

2. 量词的缺失

自然语料偏误例句：

①＊我的父母送了我很好的礼物。他们送了我狗。它二　月了。(个)

②＊我一星期看两　书。(本)

③＊在我们的班有二十八　学生。(个)

④＊我们有三　课，语法课、口语课和听力课。(门)

通过以上的例句我们可以发现，哈萨克斯坦、吉尔吉斯斯坦留学生在表达量的范畴时，会出现缺失个体量词的现象，而且这种现象不是个别现象，是普遍存在的。俄语十大词类中没有量词这一词类，俄语主要通过表量的名词、形容词、动词的前缀和后缀以及动词体的使用等方式来表达量。哈萨克语、吉尔吉斯语中数词一般和名词直接搭配。汉语中表示事物量时，大都用个体量词来计量，呈现出“数＋量＋名”的语法结构，而俄语中“个体量”的理解较为广泛，普通名词其单数本身具有量的含义，如книги、человек、дом等，这些名词不需要其他中介，直接用“数＋名”的形式表示确定个体量词。例如：

俄语：Один　человек

汉语：一（个）人

俄语：Две　книги

汉语：两（本）书

俄语中的名词大部分都具有此功能，而与之相应的汉语名词则通常需要借助量词才能表达一个完整的句意，因此，大多数留学生在使用汉语量词时，可能受到俄语的影响或对汉语量词使用规则掌握不够，致使语义和语法结构不完整，产生量词缺失的偏误现象。

3. 量词的误加

自然语料偏误例句：

①＊我很向往这个四年好好学习，以后在中国工作。

②＊二个年学完以后，我要找好的工作。

③ * 一个天过去了。

④ * 在我们大学有三个门课《听和说》、《语法》、《阅读》，所以我们有三个老师。

⑤ * 她是一个位女老师，她教我们听和说。

⑥ * 古尔邦节的时候每个家都要宰动物，一般是一个羊，还要准备一个丰盛的饭。

⑦ * 打一个针就不烧了。

⑧ * 我们的教室每个层都有两个卫生间。

⑨ * 我们有四位老师，他们教四本门课。

误加是指在不应该使用某一词语或某种句法成分时使用了该词语或成分。[①] 整体上看，误加情况大多是“个”的误加，“个”的误加主要受到汉语“个”的泛化影响。量词“个”与数词搭配使用很广泛，哈萨克斯坦、吉尔吉斯斯坦留学生虽然意识到了“数 + 量 + 名”的语法结构，但没有摆脱使用万能量词“个”的习惯，所以出现了例句②、③、④、⑤的现象。另一种误加现象就是量词的叠用，把词性稳定性较差的兼类量词当成名词，如例句⑥、⑦、⑧、⑨。

4. 量词的误代

自然语料偏误例句：

① * 我的理想是当一名有钱人。

② * 我住在房子里，学习在师范大学，我们五口人，他们都是我的朋友。

③ * 这个中盘鸡比一般的大盘鸡多了两次。

④ * 房间里有一个窗户，还有两张椅子。

⑤ * 书柜左面有一张桌子，一把椅子，一架手机和一本书。

量词的误代是指从两个或几个形式中选用了不适合于特定语言环境的量词而造成的偏误。这两个或几个形式的量词在意义、用法或者形式上有所关联，容易使留学生产生混淆。本研究将“量词的误代”总结为两类：第一类，量词意义相同或相近，用法不同。如例句①中应使用量词“个”，“个”与“名”在意义上相近都表示计量个体事物的量，但是与“名”配合的量词多是表某个集团、社会组织中的成员，而“理想是有钱人”一句中则没有此意，固不能用“名”。例句②，“口”多指家庭中的人口数量，非家庭

---

① 齐沪扬：《对外汉语教学语法》，复旦大学出版社，2008，第 372 页。

人员的数量所指不能用“口”。第二类，量词意义不同，用法不同。如例句③中应使用量词“倍”，“次”是动量词表示动作的次数，只能与动词搭配，而留学生想表达的是“中盘鸡”比“大盘鸡”的分量多了“两倍”。例句④、⑤中与“椅子”、“手机”搭配的量词应该是“把”和“部”，与例句中的“张”、“架”意义不同，搭配的名词也不同。

5. 数量词组位置不当

在汉语中量词一般不能单独充当句法成分，通常要在数词和代词后才能使用，量词与数词、代词结合构成短语后可以作定语，例如：他送我一件毛衣；可以作主语或宾语，例如：①我借了两本书，一本是英文，一本是中文。②我买了两件衣服，小李买了一件；可以作状语，例如：玛丽第一次来到了中国；可以作补语，一般指的是动量词作补语，例如：那里我去过两次。俄语、哈萨克语、吉尔吉斯语是词序比较自由的语言，词组和句子中的语法关系与意义一般都是靠明确的词形变化加以表达，在大多数情况下，词序的语法手段功能不发生作用。而语序是汉语重要的语法手段之一，也是汉语与俄语、哈萨克语、吉尔吉斯语较大区别之处。因此，哈萨克斯坦、吉尔吉斯斯坦留学生常把俄语或母语的词序套用在汉语上，造成偏误。例如：

①＊我一年向他学习了汉语。

②＊我们大概两个小时多谈话了。

③＊当第一次她跟我妈妈见面时，我很紧张。

④＊我在中国已经两年学了汉语。

⑤＊我在中国已一年留学。

⑥＊然后二个月学习汉语。

⑦＊我在乌鲁木齐已经两年学习汉语了。

⑧＊我们学习在一个大学，在一个班。

⑨＊我再一遍写。

汉语和俄语的句子成分有较大差异。汉语中的句子成分包括主语、谓语、宾语、定语、状语、补语。俄语中的句子成分包括主语、谓语、定语、补语、状语，俄语中的补语不同于汉语中的补语，俄语中的补语是表示客体关系的次要成分①，其中直接补语相当于汉语中的宾语，而汉语中的补语在

① 王德孝：《现代俄语理论教程下册》，上海外语教育出版社，1992，第107页。

俄语中没有完全对应的概念，并且汉语补语种类繁多，结构复杂。俄语中状语的位置并不固定，可置于谓语前或谓语后。哈萨克斯坦、吉尔吉斯斯坦留学生借用俄语或母语的思维方式，用语言结构或语用功能来代替汉语的语法结构，因而在使用数量补语时出现了偏误。

二　中亚留学生汉语量词使用现状问卷调查与分析

（一）研究对象

本研究的调查对象是哈萨克斯坦和吉尔吉斯斯坦留学生。选择这两个国家的留学生作为调查对象的原因有以下三点：第一，据新疆维吾尔自治区教育厅相关文件显示，新疆各高校中哈萨克斯坦、吉尔吉斯斯坦、塔吉克斯坦的留学生较多，而乌兹别克斯坦、土库曼斯坦的留学生相对较少。我们在随机抽样调查的过程中，只抽到5名乌兹别克斯坦的留学生，土库曼斯坦的留学生则没有抽查到。因此，从样本量是否具有代表性考虑，本研究忽略国籍为乌兹别克斯坦和土库曼斯坦的样本。第二，哈萨克语、吉尔吉斯语同属阿尔泰语系突厥语族克普恰克语支语言，塔吉克语属印欧语系语言，与前两个国家的母语不属于同一个语系。第三，因笔者的语言能力有限，没有学习过塔吉克语，无法对塔吉克斯坦的留学生在使用汉语量词过程中出现的问题进行解释，考虑到母语因素对汉语量词习得状况产生的不同影响、语言对比分析的能力，因而不把塔吉克斯坦留学生作为调查对象。鉴于以上因素，本研究的调查对象确定为目前在中国学习汉语的哈萨克斯坦、吉尔吉斯斯坦留学生。

（二）研究方法

本研究采用了作文语料考查法、问卷调查法、访谈法以及语料统计等方法。语料来自两个部分：一是作文语料。笔者收集了新疆师范大学国际文化交流学院2007～2009学年哈萨克斯坦、吉尔吉斯斯坦留学生的期中、期末考试试卷和课堂练习作文共计336篇，作文包括记叙文、说明文、书信、议论文等体裁，并对其中有汉语量词的句子进行了穷尽的整理和分析。二是问卷调查语料。为了更加真实地了解哈萨克斯坦和吉尔吉斯斯坦留学生对汉语量词掌握的情况，2009年10～12月笔者在新疆师范大学国际文化交流学院、新疆大学国际文化交流学院、新疆农业大学中语学院进行了问卷调查。

越来越多的第二语言教学者认为，只有了解和把握学生的习得特点与规律，才能使第二语言教学更有效果。而偏误研究可以深化汉语习得研究。汉语量词的研究也逐渐从宏观描述发展为分国别的针对性研究，但针对的范围并不广泛。其中以欧美、韩日、东南亚国家的留学生为研究对象的成果较多，以中亚留学生为研究对象的文章几乎没有，本研究希望借鉴前人的研究方法，汲取精华，对哈萨克斯坦、吉尔吉斯斯坦的学习者使用汉语量词的特点进行初步的探究。

（三）调查工具

为了更全面、更有针对性地掌握哈萨克斯坦、吉尔吉斯斯坦留学生汉语量词的使用情况，本研究在前述自然语料分析结果的基础上，根据自然语料中汉语量词使用频率及偏误率高、中、低程度，设计了此调查问卷。问卷内容包括两部分：第一部分为汉语量词学习策略调查问卷，第二部分为量词测试试卷。前者由受试基本信息和学习策略调查题（参照 Oxford 1990 年的学习策略调查量表编制而成）两部分构成；后者包括选择、改错、填空等题型。通过对调查测试所得到的数据结果进行定量分析，进一步总结出哈萨克斯坦、吉尔吉斯斯坦留学生在使用汉语量词过程中存在的主要问题。

（四）调查点的选择

目前，新疆师范大学、新疆大学、新疆农业大学、新疆财经大学、新疆职业大学、伊犁师范学院等高等院校都有中亚留学生，但是从相关文件所公布的数量上来看，新疆师范大学、新疆大学、新疆农业大学的中亚留学生数量较多，故本研究的调查对象在这三所高等院校中抽取。

（五）受试分组

本研究采用横向比较法，要求不同阶段的中亚留学生做同一套汉语量词测试卷，分析不同阶段中亚留学生汉语量词中介语发展的特点和规律，即汉语量词中介语发展的“显像时间”。

调查发现，哈萨克斯坦、吉尔吉斯斯坦留学生对汉语水平考试（HSK）还没有引起足够的重视，参加考试者较少，因此无法按照 HSK 的成绩来划

分学习阶段，另外，各个学校划分班级的标准不统一，因而不能完全按照年级来划分学习阶段。本研究以中亚留学生学习汉语的时间为主，参考已通过HSK考试的学生的成绩及三所大学的分班标准，将中亚留学生分为三个阶段（见表3）。

表3　汉语学习阶段划分

初级阶段	中级阶段	高级阶段
1/2≤t≤1	1<t≤3	t>3
没有参加过HSK或HSK获3级，在三所高等院校的初级班，周课时≥4节	HSK4、5级，在三所高等院校的中级班，周课时≥8节	HSK6级或6级以上，在三所高等院校的高级班，周课时≥8节

说明：t的单位为年。

（六）样本数量与分布

本次问卷调查施行一对一的调研，受试当场填写，当场验收回收。本研究共发放问卷230份，收回问卷230份，问卷回收率达100%。其中，有效问卷219份，有效问卷率为95.22%，初、中、高级有效问卷各73份。受试最小的为15岁，最大的为27岁，平均年龄为20.3岁。男生78人，占总人数的36%，女生141人，占总人数的64%。

（七）调查分析

1. 量词难易度的主观评价

借鉴前人的研究成果，把量词的难易度分为“很容易”、“容易”、“一般”、“有点难”、“很难”5个等级，留学生对汉语量词难易度的主观评价如图1。

中亚留学生对汉语量词难易度的主观评价主要集中在“一般”和“有点难”两级，45.66%的学生认为汉语量词“有点难”，37.90%的学生认为汉语量词“一般难”。“很容易”、“容易”的比例较小，分别是0.46%、6.39%。从各阶段来看，初、中级选“有点难”的比重较大，高级阶段选“一般”比例较大。这说明，随着学习汉语时间的增加，学习汉语量词的难度系数逐渐降低。

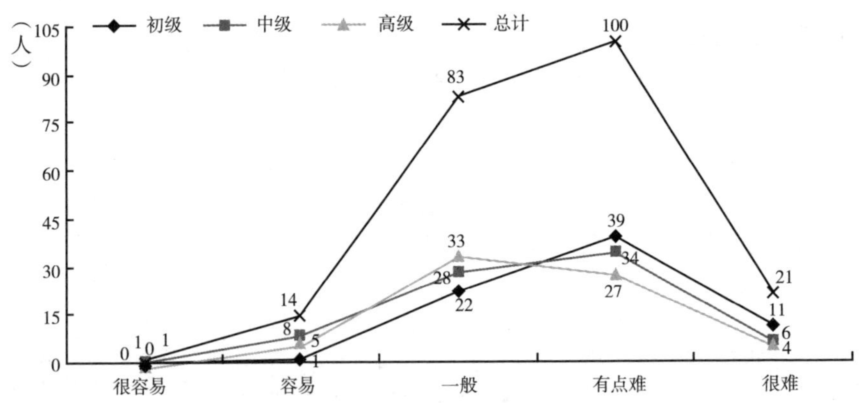

图 1　量词难易度的主观评价

2. 量词重要性的主观评价

数据显示，57.99%的留学生认为汉语量词“重要”，掌握得好坏可以影响汉语交流；30.14%的人认为汉语量词“很重要”；8.68%的人认为汉语量词“不太重要”，不会影响汉语交流；1.83%的人认为“不重要”，可以省略不用；1.37%的人选择了“无法回答”（见图 2）。

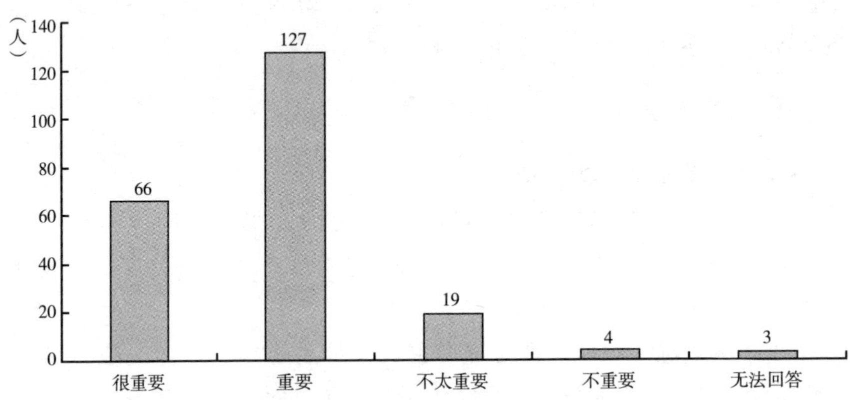

图 2　量词重要性的主观评价

3. 汉语量词学习策略的使用

借鉴 Oxford（1990）的语言学习策略量表，在课堂观察的基础上，编制

“汉语量词学习策略调查问卷”共7小题。用问卷法调查各阶段留学生学习汉语量词的策略差异（见表4）。

表4　各阶段量词学习策略使用情况

单位：%

	初级阶段	中级阶段	高级阶段	总体使用均值
记忆策略	100	100	100	100
词典策略	91.78	75.34	64.38	77.17
补偿策略	28.77	87.67	73.97	63.47
回避策略	75.34	56.16	35.62	55.71
借用母语策略	83.56	80.82	64.38	76.25
社会策略	76.71	69.86	42.47	63.01
元认知策略	36.99	47.95	54.79	46.58

第二语言的学习依靠大量的记忆，记忆策略是决定第二语言学习成功与否的关键性策略，三个阶段的中亚留学生总体使用该策略达到100%，说明中亚留学生对记忆策略有一定的认同性。词典策略的使用随着年级的升高而降低，但总体使用值较高，达到77.17%。补偿策略和元认知策略的使用主要集中在中、高级阶段，回避策略集中在初、中级阶段。社会策略在初、中级阶段较为常用，高级阶段降低。受试平均年龄在20.3岁，属于成人第二语言学习者，这也使得他们在接受汉语量词的信息过程中会用母语的思维去理解和记忆。调查发现，76.25%的受试都会使用借用母语策略，且借用母语策略是有阶段性的，初级阶段会较多地运用该策略，中级阶段有所下降，高级阶段最低。

4. 量词测试卷统计描写

（1）选择、填空。

试卷第一部分为不定项选择，共10题；第三部分为量词填空题，共30题。根据自然语料中汉语量词使用偏误率的高低，考查“个”、“封”、“件”、“张”、“根”、“支”、“枝”、“条”、“座”、“所”、“家”、“瓶”、“朵”、“束”、“箱”、“杯”、“次”、“册”、“部”、“本”、“卷”、“套”、“副”、“张”、“些”、“点儿”、“种”、“遍”、“回”、“趟”、“棵”、“颗”、“顿”、“公斤”、“把”、“滴”、“辆”、“碗”、“根”等量词。考查重点包括“个”的使用，同音、近义、形近量词的区分，个体量词和集体量词的区分，量词的感情色彩区分等内容。

表 5　量词“封”的考查

题目	今天我收到了三____信。 A. 个　　B. 封　　C. 件　　D. 张							
题目描述	不定项选择							
选项		A	B	C	D	BD	AD	AB
初级(73)	人数	8	39	2	19	1	3	1
	百分率(%)	10.96	53.42	2.74	26.03	1.37	4.11	1.37
中级(73)	人数	5	53	3	10	0	0	2
	百分率(%)	6.85	72.60	4.11	13.70	0	0	2.74
高级(73)	人数	1	60	1	9	0	0	2
	百分率(%)	1.37	82.19	1.37	12.33	0	0	2.74
总计(219)	人数	14	152	6	38	1	3	5
	百分率(%)	6.39	69.41	2.74	17.35	0.46	1.37	2.28

这道题考查学生对量词“封”和名词“信”的搭配。汉语“封”和“张”专用性强，需搭配不同的名词。“封”的引申义是“封闭”，用来修饰封闭物体的量；“张”原是用来计量弓的量，后用来计量有弦的物体，同时也计量纸等无弦之物，再后来用来计量可张开的平面之物。“信”属纸质品，由纸张构成，平面的物体。但“张”无“封闭”之意，因此正确答案应该是“封”，69.41%的留学生选择“封”。错误选项中，“张”的选择率最高，为17.35%。“件”的选择率最低，为2.74%。“个”的选择率居中，为6.39%（见表5）。

表 6　量词“套”的考查

题目	这____邮票一共五张。 A. 个　　B. 套　　C. 副　　D. 张								
题目描述	不定项选择								
选项		A	B	C	D	AD	BD	BC	CD
初级(73)	人数	23	12	3	32	2	1	0	0
	百分率(%)	31.51	16.44	4.11	43.84	2.74	1.37	0	0
中级(73)	人数	9	8	1	51	2	1	1	0
	百分率(%)	12.33	10.96	1.37	69.86	2.74	1.37	1.37	0
高级(73)	人数	4	8	9	45	4	2	0	1
	百分率(%)	5.48	10.96	12.33	61.64	5.48	2.74	0	1.37
总计(219)	人数	36	28	13	128	8	4	1	1
	百分率(%)	16.44	12.79	5.94	58.45	3.65	1.83	0.46	0.46

此题考查个体量词和集合量词对同一名词的修饰。选项“个”和“张”表示个体的量。“五张”邮票表示一个集合的整体概念，所以不能选择“个”和“张”。“套”和“副”表示集合概念。量词“副”是从动词“副”演变而来的。《说文解字》：“副，判也。”“判，分也”。所以“副”也就是“分”的意思，主要指分一为二物。因此，此题不能选“副”，正确答案是“套”。只有12.79%的学生选择此答案。量词“张”与名词“邮票”是常见的搭配形式，已在受试的认知系统中固定，58.45%的留学生遇到“邮票”就选择了“张”。5.94%的留学生选择“副”，16.44%的留学生选“个”，6.4%的留学生是双项选择（见表6）。

表7 量词“支”的考查

题目	他向我借了一____笔。 A. 根　B. 支　C. 枝　D. 条									
题目描述	不定项选择									
选项		A	B	C	D	BD	BC	AB	AD	ABC
初级(73)	人数	4	33	24	9	1	1	1	0	0
	百分率(%)	5.48	45.21	32.88	12.33	1.37	1.37	1.37	0	0
中级(73)	人数	3	43	18	5	1	2	0	1	0
	百分率(%)	4.11	58.90	24.66	6.85	1.37	2.74	0	1.37	0
高级(73)	人数	4	46	15	6	0	1	0	0	1
	百分率(%)	5.48	63.01	20.55	8.22	0	1.37	0	0	1.37
总计(219)	人数	11	122	57	20	2	4	1	1	1
	百分率(%)	5.02	55.71	26.03	9.13	0.91	1.83	0.46	0.46	0.46

“根”、“支”、“枝”、“条”都表示狭长或细长的事物。“根”是本的后出字，计量带根的或细长条物体，如“一根线”、“一根水管”、“一根火柴”。“根”比“条”短小，“一条河”与“一根针”不能互换。“支”最先是表示和植物的枝干相关的量，从名词“枝条”引申而来，可以和“枝”通用。后来，学者们认为“支”一般修饰人工事物，“根”、“枝”、“条”则多修饰天然形成的事物。此题55.71%的学生选择“支”，26.03%的学生选择“枝”，其他选项所占比重均不大（见表7）。

表 8　量词“束、枝、瓶”的考查

题目	我想买一____花。 A. 瓶　　B. 朵　　C. 束　　D. 枝									
题目描述	不定项选择									
选项	A	B	C	D	CD	BC	BCD	AC	BD	ABC
初级(73)	9	29	22	4	1	2	3	1	2	0
百分率(%)	12.33	39.73	30.14	5.48	1.37	2.74	4.11	1.37	2.74	0
中级(73)	8	18	27	7	2	2	4	0	4	1
百分率(%)	10.96	24.66	36.99	9.59	2.74	2.74	5.48	0	5.48	1.37
高级(73)	3	22	28	3	2	5	6	0	1	3
百分率(%)	4.11	30.14	38.36	4.11	2.74	6.85	8.22	0	1.37	4.11
总人数(219)	20	69	77	14	5	9	13	1	7	4
百分率(%)	9.13	31.51	35.16	6.39	2.28	4.11	5.94	0.46	3.20	1.83
题目	他在花园里摘了一____花。									
题目描述	填空题									
答案	个	枝	束	朵	次	瓶	朵、枝	朵、束	枝、束	个、束、枝
初级(73)	6	7	30	23	1	0	1	2	2	1
百分率(%)	8.22	9.59	41.10	31.51	1.37	0	1.37	2.74	2.74	1.37
中级(73)	1	16	24	25	0	0	4	1	2	0
百分率(%)	1.37	21.92	32.88	34.25	0	0	5.48	1.37	2.74	0
高级(73)	0	8	21	29	0	1	3	5	3	3
百分率(%)	0	10.96	28.77	39.73	0	1.37	4.11	6.85	4.11	4.11
总人数(219)	7	31	75	77	1	1	8	8	7	4
百分率(%)	3.20	14.16	34.25	35.16	0.46	0.46	3.65	3.65	3.20	1.83

这两道题考查学生对近义量词及借用量词的区分。统计发现，这两道题留学生们有 10 种答案，正确率较低。“瓶”强调容器的部位；“朵”强调植物的花、苞；“束”表示整体集合概念；“枝”突出花的枝干部位。“朵”、“束”、“枝”、“瓶”都作“花”的量词，但各量词呈现的形态不同。根据语境，答案“束”、“枝”、“朵”比较合适。俄语中的 букет、лук、лучок 都可以表示汉语中的“一束”。букет 指特意选配得很漂亮的花束，лук、лучок 偶然用来表示花束，指随手采摘的花，不是精心选配的。因此，在“我想买一____花”和“他在花园里摘了一____花”的句子中，选择“束”的比例较高，母语正迁移可能是影响较易习得因素之一（见表 8）。

表 9　量词“箱、杯、瓶、次”的考查

题目	他们喝了好几____酒。 A. 箱　B. 杯　C. 瓶　D. 次									
题目描述	不定项选择									
选项	A	B	C	D	CD	BC	BCD	AC	ABCD	ABC
初级(73)	0	13	43	9	0	8	0	0	0	0
百分率(%)	0	17.81	58.90	12.33	0	10.96	0	0	0	0
中级(73)	1	13	45	1	1	8	2	1	1	0
百分率(%)	1.37	17.81	61.64	1.37	1.37	10.96	2.74	1.37	1.37	0
高级(73)	0	13	38	2	4	12	2	1	0	1
百分率(%)	0	17.81	52.05	2.74	5.48	16.44	2.74	1.37	0	1.37
总人数(219)	1	39	126	12	5	28	4	2	1	1
百分率(%)	0.46	17.81	57.53	5.48	2.28	12.79	1.83	0.91	0.46	0.46

此题有 10 种选项答案，“瓶”的选择率最高，其次是选项“杯”。“次”和“箱”较少，分别为 5.48% 和 0.46%。组合选择中“瓶、杯”选项的选择率最高，占 12.79%，四项全选占 0.46%。“箱”、“杯”、“瓶”本为名词，后借用为表事物量的词。“次”为专有动量词，表示事物动作发生的频率。俄语中也有借用事物容积的名称表量的词语，例如：стака чая（一杯茶）、бутылка молока（一瓶牛奶）、коробка конфет（一盒糖果）、чашка супа（一碗粥）、тарелка супа（一盘汤）等，留学生对用事物容积名称表量的词语掌握相对较好（见表 9）。

表 10　量词“顿、碗”的考查

题目	昨天中午我吃了一____饭。						
题目描述	填空题						
答案		顿	碗	个	盘	点儿	顿、碗
初级(73)	人数	23	44	5	0	0	1
	百分率(%)	31.51	60.27	6.85	0	0	1.37
中级(73)	人数	31	33	8	1	0	0
	百分率(%)	42.47	45.21	10.96	1.37	0	0
高级(73)	人数	31	30	2	4	3	3
	百分率(%)	42.47	41.10	2.74	5.48	4.11	4.11
总计(219)	人数	85	107	15	5	3	4
	百分率(%)	38.81	48.86	6.85	2.28	1.37	1.83

“顿”强调动作必须有一定的量，主要有两个方面的行为动作：一是饮食行为，如，一顿饭、一顿酒席等；二是打骂行为，如，骂一顿、批评一顿、揍了一顿等。与“顿”类似，俄语表示次数用 раз，如，есть два раза в день.（一天吃两顿饭）。本题“碗”的选择率为 48.86%，“顿”的选择率为 38.81%（见表 10）。从表 9 和表 10 可以看出，留学生对借用事物容器名称的量词掌握较好。

表 11　量词“部、本”的考查

题目	我觉得这____词典很好。 A. 册　B. 部　C. 本　D. 卷						
题目描述	不定项选择						
选项		A	B	C	BC	AC	AB
初级(73)	人数	3	3	64	1	1	1
	百分率(%)	4.11	4.11	87.67	1.37	1.37	1.37
中级(73)	人数	1	0	70	1	1	0
	百分率(%)	1.37	0	95.89	1.37	1.37	0
高级(73)	人数	3	2	63	1	4	0
	百分率(%)	4.11	2.74	86.30	1.37	5.48	0
总计(219)	人数	7	5	197	3	6	1
	百分率(%)	3.20	2.28	89.95	1.37	2.74	0.46

“本”的本义是根。《说文解字》：“木下曰本”；徐笺“凡木命根为柢，旁根为根，通曰本”。这说明“本”原义指植物的根。转化为量词，自然可以称量植物。书籍称量用“本”，是由“本”的引申义“本源”引申出来的。古人传书各有“本源”，所以就把所传之书也称为“本”。经扩大引申，“本”可修饰一切由多页纸组成的集合物品。“部”可称量书籍、影片等，也可称量机器或车辆。此题考查学生书面语与口语的区分。“部”、“本”是口语体，“册”、“卷”是书面语体，一般不搭配“词典”使用。无论是教师还是学生，口语中“本”的使用率都高于“部”。因此，此题选“本”的选择高达 89.95%，“部”仅占2.28%（见表 11）。

表 12　量词“些、点儿、个”的考查

题目	他给我提了一____意见。 A. 些　B. 点儿　C. 个　D. 种									
题目描述	不定项选择									
选项	A	B	C	D	CD	AB	ABC	AC	AD	ACD
初级(73)	19	16	24	9	2	1	0	2	0	0
百分率(%)	26.03	21.92	32.88	12.33	2.74	1.37	0	2.74	0	0
中级(73)	32	11	16	10	0	0	0	0	3	1
百分率(%)	43.84	15.07	21.92	13.70	0	0	0	0	4.11	1.37
高级(73)	31	9	17	9	1	0	1	2	1	2
百分率(%)	42.47	12.33	23.29	12.33	1.37	0	1.37	2.74	1.37	2.74
总人数(219)	82	36	57	28	3	1	1	4	4	3
百分率(%)	37.44	16.44	26.03	12.79	1.37	0.46	0.46	1.83	1.83	1.37

题目	教室里很安静，一____声音也没有。							
题目描述	填空题							
答案		点儿	首	些	个	束	支	点儿、首
初级(73)	人数	44	16	4	7	1	0	1
	百分率(%)	60.27	21.92	5.48	9.59	1.37	0	1.37
中级(73)	人数	44	17	2	10	0	0	0
	百分率(%)	60.27	23.29	2.74	13.70	0	0	0
高级(73)	人数	53	9	2	6	0	1	2
	百分率(%)	72.60	12.33	2.74	8.22	0	1.37	2.74
总计(219)	人数	141	42	8	23	1	1	3
	百分率(%)	64.38	19.18	3.65	10.50	0.46	0.46	1.37

汉语中“种”表示事物的种类，“些”、“点儿”、“个”表示事物的量。“个”是定量量词，“些”和“点儿”是不定量词，表少量。如果说话人不强调意图，两词可以互换。“些”还可用在带夸张色彩、表程度的词语之后，如“好些”，“点儿”则不可以。俄语中不确定意义可以用不定量数词мало或немного表示，例如：у меня мало времени.（我还有点时间）。“他给我提了一____意见”一题，正确答案是“些”、“点儿”、“个”。此题“些”的选用率为37.44%，“点儿”为16.44%，“个”为26.03%，三个答案都选的只有1人，占0.46%。“教室里很安静，一____声音也没有”一题，64.38%的学生选择“点儿”。错误选项中，“首”的选择率最高，为

19.18%（见表 12）。对答题错误的学生进行追问式访谈，询问为什么选此项。31 名学生认为，汉语中有“一首歌”的语言表达，唱歌就是发出声音，看到抽象名词“声音”，就选择了“首”。

表 13　量词“次、回、趟”的考查

题目	我去过好几____上海了。 A. 次　B. 遍　C. 回　D. 趟										
题目描述	不定项选择										
选项	A	B	C	D	BCD	ABD	BD	AC	AD	AB	CD
初级(73)	33	4	11	15	1	1	1	2	5	0	0
百分率(%)	45.21	5.48	15.07	20.55	1.37	1.37	1.37	2.74	6.85	0	0
中级(73)	42	10	3	7	0	1	0	1	8	1	0
百分率(%)	57.53	13.70	4.11	9.59	0	1.37	0	1.37	10.96	1.37	0
高级(73)	40	2	0	15	0	0	2	2	8	3	1
百分率(%)	54.79	2.74	0	20.55	0	0	2.74	2.74	10.96	4.11	1.37
总人数(219)	115	16	14	37	1	2	3	5	21	4	1
百分率(%)	52.51	7.31	6.39	16.89	0.46	0.91	1.37	2.28	9.59	1.83	0.46

题目	这本小说我看过三____。					
题目描述	填空题					
选项		次	遍	个	本	遍、次
初级(73)	人数	34	21	3	9	6
	百分率(%)	46.58	28.77	4.11	12.33	8.22
中级(73)	人数	33	32	2	2	4
	百分率(%)	45.21	43.84	2.74	2.74	5.48
高级(73)	人数	29	36	1	2	5
	百分率(%)	39.73	49.32	1.37	2.74	6.85
总计(219)	人数	96	89	6	13	15
	百分率(%)	43.84	40.64	2.74	5.94	6.85

“次”、“遍”、“回”、“趟”都表示动作的频率，与俄语中的 раз 对应（он ездил раз，他去过一趟）。汉语中这四个量词有区别。“遍”表示周遍性的动作，指从开始到结束的整个过程和阶段，是一个有序的、较长的、甚至有计划有安排的预定动作。“次”、“回”、“趟”指行为、动作的次数，“次”较常用，“回”多口语色彩。“我去过好几____上海了”一题，“次”

的选用率最高，为52.51%，“趟”为16.89%，“回”占6.39%，“遍”占7.31%。多选项“次、回”，“次、趟”，“回、趟”总计占12.33%，其他占4.57%。填空题“这本小说我看过三____”也主要考查“次”与“遍”的区别。43.84%的学生填写了“次”，40.64%的学生填写了“遍”，填写“遍、次”的占6.85%。说明学生对“次”与“遍”的具体用法分辨不清（见表13）。

表14　量词“棵”的考查

题目	门口有一____果树。 A. 棵　B. 颗　C. 条　D. 支								
题目描述	不定项选择								
选项		A	B	C	D	CD	BCD	AB	AD
初级(73)	人数	34	8	20	7	1	1	2	0
	百分率(%)	46.58	10.96	27.40	9.59	1.37	1.37	2.74	0
中级(73)	人数	38	9	19	6	0	0	0	1
	百分率(%)	52.05	12.33	26.03	8.22	0	0	0	1.37
高级(73)	人数	58	6	5	3	0	0	1	0
	百分率(%)	79.45	8.22	6.85	4.11	0	0	1.37	0
总计(219)	人数	130	23	44	16	1	1	3	1
	百分率(%)	59.36	10.50	20.09	7.31	0.46	0.46	1.37	0.46

此题考查留学生对同音、形似量词及意义相近量词的辨析。“棵”指植物的量，“颗”指颗粒状物体的量，“条”指长条可弯曲的物体，“支”一般修饰直硬细长的非生物。“棵”、“条”、“支”都指长形、竖状物体，意义上有相似性。“棵”、“颗”同音、字形相似，在学习的过程中容易混淆。此题正确率为59.36%，从初级到高级正确率呈上升趋势，汉语认知能力越高，越容易分辨这四个量词。俄语中的 кочан 多指白菜的一棵，如 кочан капусты（一棵白菜）。головка 指蔬菜的“一棵”时可以与 кочан 互换，还可以表示圆柱、圆锥形食品的“一棵或（一块）”，如 головка луку（一棵葱头）。错误选项中“条”最高，占20.09%；其次是“颗”，占10.50%；“支”占7.31%；组合选项占2.75%（见表14）。

表 15 量词“个、位、名、口”的考查

题目	我以后要当一____医生。							
题目描述	填空题							
答案		个	名	位	名、位	名、个	个、位	名、个、位
初级(73)	人数	11	24	31	4	1	1	1
	百分率(%)	15.07	32.88	42.47	5.48	1.37	1.37	1.37
中级(73)	人数	8	34	25	4	0	2	0
	百分率(%)	10.96	46.58	34.25	5.48	0	2.74	0
高级(73)	人数	13	20	29	7	2	1	1
	百分率(%)	17.81	27.40	39.73	9.59	2.74	1.37	1.37
总计(219)	人数	32	78	85	15	3	4	2
	百分率(%)	14.61	35.62	38.81	6.85	1.37	1.83	0.91

题目	他家有三____人。					
题目描述	填空题					
答案		口	个	口、个	位	门
初级(73)	人数	62	10	1	0	0
	百分率(%)	84.93	13.70	1.37	0	0
中级(73)	人数	57	13	2	1	0
	百分率(%)	78.08	17.81	2.74	1.37	0
高级(73)	人数	59	9	4	0	1
	百分率(%)	80.82	12.33	5.48	0	1.37
总计(219)	人数	178	32	7	1	1
	百分率(%)	81.28	14.61	3.20	0.46	0.46

“个”、“名”、“位”、“口”都可以计量人。“我以后要当一____医生”中，“医生”是具有某种职业或某种身份的人。“个”用于计量没有专用量词的人，因此，“个”排除在外。此题主要在“名”和“位”中选择答案。二者都能用于某种职业或身份的人。“位”带有褒义色彩，表示尊敬，用在自述的语体中有悖汉语谦卑有礼的表达原则。“名”是中性词，不抑不扬，适合整句话平淡的风格。此题 35.62% 的人选择了正确答案“名”，“38.81%”的学生选择了“位”。说明部分学生对这两个量词分辨不清。“他家有三____人”也需要填写计人量词。81.28% 的学生填写“口”，14.61% 的学生填写了“个”。“口”一般用于计量家庭成员的数量。这一量词在教材中出现得较早，学生掌握较好（见表 15）。

表 16　量词“把”的考查

题目		教室里有二十____椅子。									
题目描述		填空题									
答案		把	支	个	条	张	座	枝	把、张	个、张	把、个
初级(73)	人数	27	4	21	1	19	0	0	0	1	0
	百分率(%)	36.99	5.48	28.77	1.37	26.03	0	0	0	1.37	0
中级(73)	人数	42	1	11	1	16	1	0	0	0	1
	百分率(%)	57.53	1.37	15.07	1.37	21.92	1.37	0	0	0	1.37
高级(73)	人数	44	2	11	0	14	0	1	1	0	0
	百分率(%)	60.27	2.74	15.07	0	19.18	0	1.37	1.37	0	0
总计(219)	人数	113	7	43	2	49	1	1	1	1	1
	百分率(%)	51.60	3.20	19.63	0.91	22.37	0.46	0.46	0.46	0.46	0.46

“把”，从手巴声，《说文解字》“握也”。凡有把有柄、可抓可握的具体物或抽象、想象的事物都可以用“把”计量，如：一把刀、一把椅子、一把年纪等。俄语中的 пригоршня、пучок、горсть 都有“把”的意思，пригоршня、пучок 表示一只手抓起的数量，前者搭配的名词通常表示颗粒状物体，还可以表示用双手托起的液体数量，有“一捧”的意思。后者搭配的名词均表示非颗粒状物体，如葱、韭菜、草等。горсть 只表示一只手抓起的数量，可与 пригоршня 互换。此题错误率最高的是“张”，占 22.37%。访谈中追问受试为什么填写“张”时，大部分受试都认为：汉语中有“一张桌子”的表达方法，桌子和椅子是在一起的，据此推理，椅子也用量词“张”（见表 16）。

表 17　量词“条”的考查

题目		我买了一____裤子。								
题目描述		填空题								
答案		条	件	双	个	支	个、条	个、双	条、双	斤
初级(73)	人数	53	1	13	1	4	1	0	0	0
	百分率(%)	72.60	1.37	17.81	1.37	5.48	1.37	0	0	0
中级(73)	人数	56	4	8	1	2	0	1	1	0
	百分率(%)	76.71	5.48	10.96	1.37	2.74	0	1.37	1.37	0
高级(73)	人数	58	6	5	2	1	0	0	0	1
	百分率(%)	79.45	8.22	6.85	2.74	1.37	0	0	0	1.37
总计(219)	人数	167	11	26	4	7	1	1	1	1
	百分率	76.26	5.02	11.87	1.83	3.20	0.46	0.46	0.46	0.46

此题正确率较高，为 76.26%。“条”修饰长条、可弯曲的物体，如：一条毛巾、一条蛇、一条河等。名词“裤子”形状为长形物，故应用“条”计量。俄语中 нитка、линия、брусок、пара 也有“一条”的意思。нитка 通常修饰管状物体，如：нитка трубопровода（一条管道）；линия 通常修饰长距离的线状事物，如：линия газопровода（一条天然气管线）；брусок 指条形的物品，不一定由两块连成，如：брусок мыла（一条肥皂）；пара 在俄语中有“双、套、条”等意思，表“双”的意思较常见。俄语中的“一条裤子”一般表示为 пара брюк。因此，错误答案中频率较高的是“双”，占 11.87%（见表 17）。

表 18　量词“滴、身”的考查

题目	妈妈的眼角流下了一____眼泪。						
题目描述	填空题						
答案		滴	双	个	些	颗	脸
初级(73)	人数	40	29	4	0	0	0
	百分率(%)	54.79	39.73	5.48	0	0	0
中级(73)	人数	45	24	4	0	0	0
	百分率(%)	61.64	32.88	5.48	0	0	0
高级(73)	人数	52	13	5	1	1	1
	百分率(%)	71.23	17.81	6.85	1.37	1.37	1.37
总计(219)	人数	137	66	13	1	1	1
	百分率(%)	62.56	30.14	5.94	0.46	0.46	0.46

题目	太热了，我出了一____汗。							
题目描述	填空题							
答案		身	滴	个	身、滴	身、头	点儿	点儿、身
初级(73)	人数	44	20	7	1	1	0	0
	百分率(%)	60.27	27.40	9.59	1.37	1.37	0	0
中级(73)	人数	45	23	3	1	1	0	0
	百分率(%)	61.64	31.51	4.11	1.37	1.37	0	0
高级(73)	人数	47	20	1	2	0	2	1
	百分率(%)	64.38	27.40	1.37	2.74	0	2.74	1.37
总计(219)	人数	136	63	11	4	2	2	1
	百分率(%)	62.10	28.77	5.02	1.83	0.91	0.91	0.46

"滴"表示液体的滴落物，如：一滴眼泪、一滴汗、一滴油等。俄语也有表示"一滴"的词，例如：капля 可表示 капля слез（一滴眼泪）、капля масла（一滴油）。"妈妈的眼角流下了一____眼泪"，此题的正确率高达 62.56%。错误选项中，出现频率较高的是"双"，占 30.14%（见表 18）。这种错误多发生在初级和中级阶段。这两个阶段的留学生对汉语认知能力较低，不太理解"眼泪"这个名词，由"眼泪"联想到"眼睛"，汉语、俄语中都可用有"一双"语义的词修饰名词"眼睛"，因此，就出现了以上的偏误现象。"太热了，我出了一____汗"中，错误答案出现率较高的是"滴"。虽然"滴"可作修饰"汗"的量词，但此句强调"太热了"，其结果应该是"一身汗"，这样比较形象，符合现实场景。"一滴汗"则不能表现"太热了"的环境。这说明相同名词在不同语境中要选择不同的量词，根据语境选择合适的量词是留学生的难点。

表 19　量词"部"的考查

题目	她昨天买了一____手机。									
题目描述	填空题									
答案		部	着	台	个	只	把	条	部、条	个、把
初级(73)	人数	27	0	0	19	0	26	0	0	1
	百分率(%)	36.99	0	0	26.03	0	35.62	0	0	1.37
中级(73)	人数	32	0	0	19	2	17	2	1	0
	百分率(%)	43.84	0	0	26.03	2.74	23.29	2.74	1.37	0
高级(73)	人数	30	1	1	12	2	23	0	0	4
	百分率(%)	41.10	1.37	1.37	16.44	2.74	31.51	0	0	5.48
总计(219)	人数	89	1	1	50	4	66	2	1	5
	百分率(%)	40.64	0.46	0.46	22.83	1.83	30.14	0.91	0.46	2.28

此题错误答案出现率最高的是"把"占 30.14%（见表 19）。访谈发现，受试普遍认为，手机与手有密切关系，老师讲过"与手有关，可以用手抓握的事物都可以用'把'"，因此学生们以此类推就出现了"一把手机"的偏误。

表 20 量词“座、家、个”的考查

题目	房子的后面有一____山。								
题目描述	填空题								
答案		个	座	条	只	所	峰	个、条	条、座
初级(73)	人数	20	40	12	0	0	0	0	1
	百分率(%)	27.40	54.79	16.44	0	0	0	0	1.37
中级(73)	人数	10	48	12	1	1	0	1	0
	百分率(%)	13.70	65.75	16.44	1.37	1.37	0	1.37	0
高级(73)	人数	14	48	6	0	1	2	2	0
	百分率(%)	19.18	65.75	8.22	0	1.37	2.74	2.74	0
总计(219)	人数	44	136	30	1	2	2	3	1
	百分率(%)	20.09	62.10	13.70	0.46	0.91	0.91	1.37	0.46

题目	那____饭店的菜很好吃。 A. 座　B. 所　C. 家　D. 个							
题目描述	不定项选择							
选项		A	B	C	D	CD	AC	ABD
初级(73)	人数	8	1	33	28	3	1	0
	百分率(%)	10.96	1.37	45.21	38.36	4.11	1.37	0
中级(73)	人数	4	3	45	15	3	2	1
	百分率(%)	5.48	4.11	61.64	20.55	4.11	2.74	1.37
高级(73)	人数	3	3	42	16	6	2	0
	百分率(%)	4.11	4.11	57.53	21.92	8.22	2.74	0
总计(219)	人数	15	7	120	59	12	5	1
	百分率(%)	6.85	3.20	54.79	26.94	5.48	2.28	0.46

“座”，从广（屋顶）、从坐（两人相对席地而坐），表落地而稳固的坐地建筑，“一座宫殿、一座桥、一座山峰（与建筑相似）”。此题考查学生对名词所指物体规模大小的认识。“座”、“所”一般都形容高大、有规模的物体；“家”、“个”修饰相对较小的事物。第一题中，“山”的规模较大，该用“座”。此题错误答案出现率较高的是“个”，占20.09%，属“个”的泛化。第二题中，“饭店”规模较小，正确答案为“家”或“个”。同时选择这两个选项的只有5.48%，选择“家”和“个”的学生分别占54.79%、26.94%（见表20）。

表 21　量词“块”的考查

题目	我买了一____手表。										
题目描述	填空题										
量词		条	块	只	枝	副	个	支	个、块	条、种	把
初级(73)	人数	24	27	0	0	0	19	1	1	1	0
	百分率(%)	32.88	36.99	0	0	0	26.03	1.37	1.37	1.37	0
中级(73)	人数	20	27	1	0	0	22	2	0	0	1
	百分率(%)	27.40	36.99	1.37	0	0	30.14	2.74	0	0	1.37
高级(73)	人数	23	31	6	1	2	7	1	2	0	0
	百分率(%)	31.51	42.47	8.22	1.37	2.74	9.59	1.37	2.74	0	0
总计(219)	人数	67	85	7	1	2	48	4	3	1	1
	百分率(%)	30.59	38.81	3.20	0.46	0.91	21.92	1.84	1.37	0.46	0.46

“块”本是筐中装的土块，计量比片小而厚的块状物，如：“一块饼、一块砖”。“手表”核心部分是块状的，表链是次要成分，因此一般用“块”计量。俄语中 голова、кусок、плита、слитка、глыба、осколок、участок 都表示“一块”的意思。其中 голова 表示圆柱形、圆锥形食品的整块；кусок 的使用范围较大，可修饰长形物体，也可以修饰不规则形状物体；плита 一般修饰四角状、较为扁平的物体；слитка 指一定形状的块状金属物体；глыба 通常指硬的、形状不规则的冰、石头等大块物体；осколок 指从固体物质上取下来的碎块状物体；участок 一般可与其他名词搭配，较多指小块的土地。“条”本义是“树枝”。《说文解字》：“条，小枝也”，计量细而长的条状物和可分项的事物，如：“一条线、一条蛇、一条小船、一条裤子、一条新闻”。还可用做比喻意，如，“一条心”。本题错误答案出现率较高是“条”，占 30.59%。这也许和留学生对“手表”的认知有关（见表 21）。

表 22　量词“种、门”的考查

题目	超市里有很多____水果。									
题目描述	填空题									
答案		种	个	只	类	篮	斤	趟	个、种	新鲜
初级(73)	人数	46	10	12	3	0	1	0	0	1
	百分率(%)	63.01	13.70	16.44	4.11	0	1.37	0	0	1.37
中级(73)	人数	57	9	7	0	0	0	0	0	0
	百分率(%)	78.08	12.33	9.59	0	0	0	0	0	0

续表

题目	超市里有很多____水果。									
题目描述	填空题									
答案		种	个	只	类	篮	斤	趟	个、种	新鲜
高级(73)	人数	57	3	8	0	2	0	1	1	1
	百分率(%)	78.08	4.11	10.96	0	2.74	0	1.37	1.37	1.37
总计(219)	人数	160	22	27	3	2	1	1	1	2
	百分率(%)	73.06	10.05	12.33	1.37	0.91	0.46	0.46	0.46	0.91

题目	学两____外语很难。							
题目描述	填空题							
量词		门	个	种	种、门	种、个	个、门	口、门
初级(73)	人数	18	22	28	2	1	2	0
	百分率(%)	24.66	30.14	38.36	2.74	1.37	2.74	0
中级(73)	人数	16	15	38	1	3	0	0
	百分率(%)	21.92	20.55	52.05	1.37	4.11	0	0
高级(73)	人数	17	22	25	2	6	0	1
	百分率(%)	23.29	30.14	34.25	2.74	8.22	0	1.37
总计(219)	人数	51	59	91	5	10	2	1
	百分率(%)	23.29	26.94	41.55	2.28	4.57	0.91	0.46

“种”是表事物种类的量。俄语 вид、род、сорт 有时和汉语表种类的量对应，但是三个词均不含量的意义。“超市里有很多____水果”一题，错误答案出现率较高的是“只”和“个”，分别占 12.33%、10.05%。“学两____外语很难”一题，错误答案出现率较高的是“个”，占 26.94%，属“个”的泛化偏误（见表 22）。

表 23　量词“节”的考查

题目	他每天上午有四____课。									
题目描述	填空题									
答案		个	节	门	节、门	位、名	本	位	节、个	根
初级(73)	人数	11	45	11	3	1	1	1	0	0
	百分率(%)	15.07	61.64	15.07	4.11	1.37	1.37	1.37	0	0
中级(73)	人数	8	58	2	5	0	0	0	0	0
	百分率(%)	10.96	79.45	2.74	6.85	0	0	0	0	0

续表

题目	他每天上午有四____课。									
题目描述	填空题									
答案		个	节	门	节、门	位、名	本	位	节、个	根
高级(73)	人数	2	51	8	10	0	0	0	1	1
	百分率(%)	2.74	69.86	10.96	13.70	0	0	0	1.37	1.37
总计(219)	人数	21	154	21	18	1	1	1	1	1
	百分率(%)	9.59	70.32	9.59	8.22	0.46	0.46	0.46	0.46	0.46

此题的正确率较高，“节”、“门”为正确答案，其中量词“节”和名词“课”是受试比较熟悉的常规搭配，因此人数比较高。错误答案出现率相对较高的是“个”，主要发生在初级阶段（见表23）。

表24 量词“辆、列”的考查

题目	我买了一____新自行车。							
题目描述	选词填空							
量词		辆	个	架	辆、个	列	种、辆	件
初级(73)	人数	61	6	1	1	4	0	0
	百分率(%)	83.56	8.22	1.37	1.37	5.48	0	0
中级(73)	人数	64	6	1	0	2	0	0
	百分率(%)	87.67	8.22	1.37	0	2.74	0	0
高级(73)	人数	65	2	0	2	2	1	1
	百分率(%)	89.04	2.74	0	2.74	2.74	1.37	1.37
总计(219)	人数	190	14	2	3	8	1	1
	百分率(%)	86.76	6.39	0.91	1.37	3.65	0.46	0.46
题目	那儿有一____火车。							
题目描述	填空题							
答案		列	辆	个	架	个、列	辆、列	辆、个
初级(73)	人数	23	41	3	5	0	1	0
	百分率(%)	31.51	56.16	4.11	6.85	0	1.37	0
中级(73)	人数	25	37	5	2	0	2	2
	百分率(%)	34.25	50.68	6.85	2.74	0	2.74	2.74
高级(73)	人数	39	26	2	2	1	2	1
	百分率(%)	53.42	35.62	2.74	2.74	1.37	2.74	1.37
总计(219)	人数	87	104	10	9	1	5	3
	百分率(%)	39.73	47.49	4.57	4.11	0.46	2.28	1.37

“辆”、“列”、“架”都是计量交通工具，但又有区别。“辆”，本作两，折叠对偶，《汉书》注：“车一乘曰一两，言辕、轮两两而偶也”，所以凡计量运输工具（火车多节除外）都用“辆（两）”。“列”用于计量成行成列的车。“架”，将物体加于木上，《正字通》：“以架物”。凡架于高处和结构复杂的用架来计量：“一架葡萄、一架飞机、一架起重机”。“我买了一____新自行车”一题的正确率达 86.76%。错误答案出现率较高的是“列”，占 3.65%。“那儿有一____火车”一题，正确率不高。错误答案出现率较高的是“辆”，占 47.49%。访谈发现，出现此偏误的原因属目的语知识的“推理泛化”（见表 24）。

表 25　量词“头”的考查

题目	他家丢了一____牛，大家都很伤心。							
题目描述	填空题							
答案		只	头	个	条	个、只	头、只	头、个
初级(73)	人数	24	35	12	1	1	0	0
	百分率(%)	32.88	47.95	16.44	1.37	1.37	0	0
中级(73)	人数	29	31	9	0	1	1	2
	百分率(%)	39.73	42.47	12.33	0	1.37	1.37	2.74
高级(73)	人数	28	39	5	0	0	1	0
	百分率(%)	38.36	53.42	6.85	0	0	1.37	0
总计(219)	人数	81	105	26	1	2	2	2
	百分率(%)	36.99	47.95	11.87	0.46	0.91	0.91	0.91

“头”，《说文解字》注：“头，首页。从页豆声。”上古用牛、羊、猪三种牲畜，割头装盘以供祭祀，所以用“头”计量它们。此题填写“头”的占 47.95%，“只”占 36.99%，“个”占 11.87%（见表 25）。访谈选“只”的受试发现，大部分受试认为，“只”可用于搭配表动物的名词，“牛”是动物就用“只”。对用“头”来计量“牛”很费解，均提出疑问。教学中需要引起重视。

表 26　量词“只”的考查

题目	我家有一____可爱的小狗。						
题目描述	填空题						
答案		条	只	个	只、个	条、个	只、条
初级(73)	人数	16	37	18	1	1	0
	百分率(%)	21.92	50.68	24.66	1.37	1.37	0

续表

题目	我家有一____可爱的小狗。						
题目描述	填空题						
答案		条	只	个	只、个	条、个	只、条
中级(73)	人数	9	45	18	0	0	1
	百分率(%)	12.33	61.64	24.66	0	0	1.37
高级(73)	人数	10	51	9	2	0	1
	百分率(%)	13.70	69.86	12.33	2.74	0	1.37
总计(219)	人数	35	133	45	3	1	2
	百分率(%)	15.98	60.73	20.55	1.37	0.46	0.91

“只”，《说文解字》：“鸟一枚也”，本义是获，作量词计量用手能抓住和捕猎到的各种鸟、畜、兽，如，“一只鸟、一只青蛙、一只兔子、一只老虎、一只鹅”；因“只”与“双”相对，又可以计成双物的单个量，如，“一只眼睛、一只脚、一只鞋、一只耳环”；还可计手能抓的小器物，如，“一只篮子、一只茶杯、一只手表”。狗为长形，也可用“条”来计量。选项中，“只”占60.73%，“条”占15.98%，“个”占20.55%。“个”虽可计量狗，但无形象性（见表26）。

表27　量词“句”的考查

题目	老师给我们讲了几____话。							
题目描述	填空题							
答案		句	个	番	些	次	个、句	遍、句
初级(73)	人数	59	13	0	0	0	1	0
	百分率(%)	80.82	17.81	0	0	0	1.37	0
中级(73)	人数	65	7	1	0	0	0	0
	百分率(%)	89.04	9.59	1.37	0	0	0	0
高级(73)	人数	65	3	0	2	2	0	1
	百分率(%)	89.04	4.11	0	2.74	2.74	0	1.37
总计(219)	人数	189	23	1	2	2	1	1
	百分率(%)	86.30	10.50	0.46	0.91	0.91	0.46	0.46

“说几句话”是留学生汉语学习中常用的句子，因此正确率较高，为86.30%。错误答案出现率较高的是“个”，占10.50%，主要出现在初级阶段（见表27）。

表 28　量词“公斤、斤”的考查

题目	我昨天买了三____苹果。							
题目描述	填空题							
答案		公斤	斤	个	只	趟	个、公斤	个、斤
初级(73)	人数	30	23	11	6	0	2	1
	百分率(%)	41.10	31.51	15.07	8.22	0	2.74	1.37
中级(73)	人数	51	7	10	3	0	2	0
	百分率(%)	69.86	9.59	13.70	4.11	0	2.74	0
高级(73)	人数	41	5	16	6	1	4	0
	百分率(%)	56.16	6.85	21.92	8.22	1.37	5.48	0
总计(219)	人数	122	35	37	15	1	8	1
	百分率(%)	55.71	15.98	16.89	6.85	0.46	3.65	0.46

“公斤”、“斤”都是汉语中的重量单位，俄语中也有相对应的重量单位词 гламм、доу。此题正确率较高，填写“公斤”和“斤”的共占 71.69%，“个”占 16.89%（见表 28）。

（2）判断。

根据自然语料和学生考试卷、课堂作文中所出现的问题，借鉴前人的研究成果，设计 15 道判断题，包括“量词的误加”、“‘个’的泛化”、“表个体和集合量词的混用”、“量词的缺失”、“同义量词混用”、“同音量词混用”、“数量词组位置不当”7 种偏误类型。目的是让初、中、高三个阶段的哈萨克斯坦、吉尔吉斯斯坦留学生判断每道题中的量词或数量词组是否正确，若不正确，需要改正。通过对正确率高低的统计，测试受试对各类量词偏误的敏感度，正确率越高说明受试对量词偏误敏感度较高，习得过程，此类偏误出现得越少；反之亦然。

表 29　对偏误敏感度的考查

类型	题号	初级(73)		中级(73)		高级(73)		总计(219)	
		正确频数	正确率（%）	正确频数	正确率（%）	正确频数	正确率（%）	正确频数	正确率（%）
a	1	38	52.05	50	68.49	62	84.93	150	68.49
	6	16	21.92	18	24.66	26	35.62	60	27.40
b	2	33	45.21	24	32.88	37	50.68	94	42.92
	8	21	28.77	22	30.14	33	45.21	76	34.70
c	3	32	43.84	31	42.47	36	49.32	99	45.21

续表

类型	题号	初级(73)		中级(73)		高级(73)		总计(219)	
		正确频数	正确率(%)	正确频数	正确率(%)	正确频数	正确率(%)	正确频数	正确率(%)
d	4	3	4.11	13	17.81	12	16.44	28	12.79
	7	31	42.47	30	41.10	40	54.79	101	46.12
e	5	40	54.79	36	49.32	46	63.01	122	55.71
	9	49	67.12	53	72.60	64	87.67	166	75.80
	12	29	39.73	40	54.79	44	60.27	113	51.60
f	10	35	47.95	48	65.75	56	76.71	139	63.47
	14	27	36.99	25	34.25	52	71.23	104	47.49
g	11	10	13.70	12	16.44	21	28.77	43	19.63
	13	29	39.73	21	28.77	35	47.95	85	38.81
	15	14	19.18	20	27.40	38	52.05	72	32.88

说明：a 量词的误加，b“个”的泛化，c 表个体和集合量词的混用，d 量词的缺失，e 同义量词混用，f 同音量词混用，g 数量词组位置不当。

了解各阶段留学生对汉语量词不同偏误类别的敏感度，可以看出汉语量词的习得顺序（见表 29）。

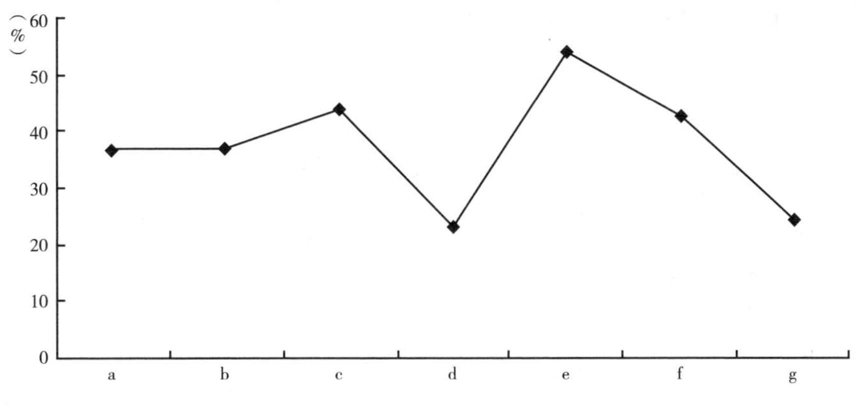

图 3　初级阶段偏误类型

初级阶段正确率较高的是“同义量词混用”、“表个体量词和集合量词的混用”，正确率较低的是“量词的缺失”、“数量词组位置不当”，说明初级阶段留学生对“表个体量词和集合量词的混用”、“同义量词混用”这两种偏误敏感度较高，在汉语量词习得中不易发生这两种偏误，而对“量词的缺失”、“数量词组位置不当”这两种偏误敏感度较低，是留学生初级阶段习得汉语量词时常见偏误（见图3）。

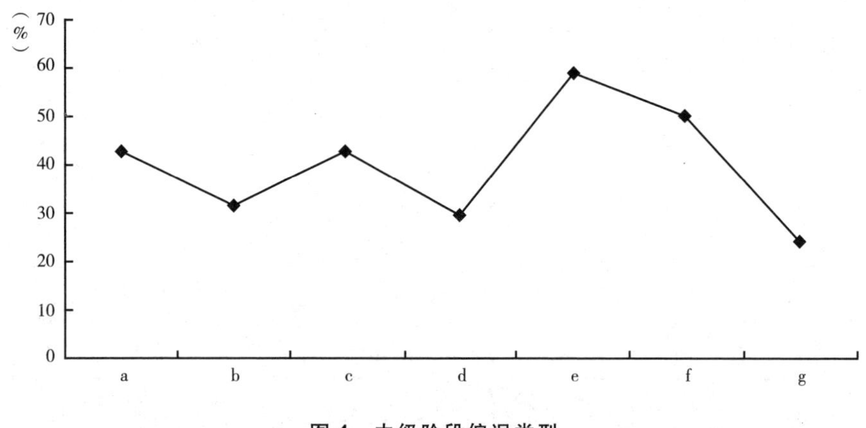

图4　中级阶段偏误类型

中级阶段正确率较高的是“同义量词混用”、“同音量词混用”，较低的是“数量词组位置不当”、“量词的缺失”，说明留学生汉语量词习得中级阶段，能够较好地区分同义量词和同音量词，较常出现的偏误是“数量词组位置不当”、“量词的缺失”（见图4）。

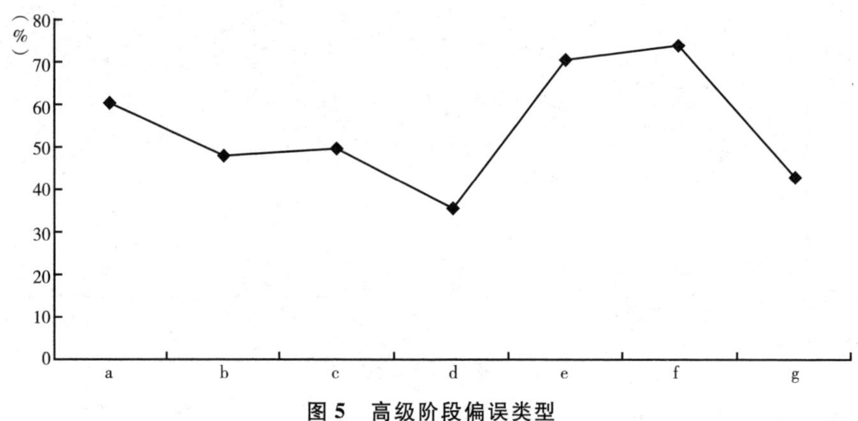

图5　高级阶段偏误类型

高级阶段正确率较高的是“同音量词混用”、“同义量词混用”，较低的是“量词的缺失”、“数量词组位置不当”。说明同音量词、同义量词不是留学生汉语习得高级阶段的难点，“量词的缺失”、“数量词组位置不当”是留学生高级阶段最常见的偏误（见图5）。

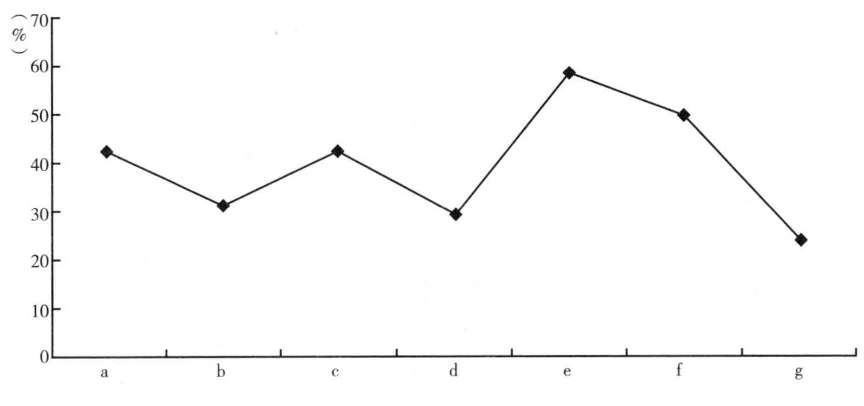

图6　总体情况偏误类型

数据显示，总体上看，正确率较高的是“同义量词混用”、“同音量词混用”、“量词的误加”，正确率较低的是“量词的缺失”、“数量词组位置不当”、“‘个’的泛化”。这说明留学生对“同音量词混用”、“同义量词混用”、“量词的误加”的偏误现象敏感度较高，在习得过程中这三种偏误出现得较少，而对“量词的缺失”、“数量词组位置不当”、“‘个’的泛化”的敏感度较低，说明这三种偏误在习得汉语量词时问题较为突出。此结论和自然语料分析结果一致（见图6）。

不同地区，不同母语背景的人，习得汉语量词的偏误各不相同。以汉语为第二语言的习得者，如果其母语中有量词这一词类，汉语习得中“缺失量词”不占偏误的主体。韩语、日语、越南语虽有量词，且日语和越南语中部分量词借自汉语，但这些语言中的量词不及汉语丰富，其语法作用与汉语不同，因此，来自同一地区的、不同母语的学生产生的各种偏误比例也不相同。江玉莲（2007）在《韩国学生汉语量词使用现状调查研究》中发现，韩国留学生在使用汉语量词的过程中会出现错用量词、缺少量词、数量短语偏误、多用量词等偏误现象；黄氏昭鵷（2008）调查越南留学生在习得汉语“数量名”结构时出现的偏误，发现越南留学生会出现多余量词、缺少量词、同音量词、量词的混用、“个”的泛化、数量短语偏误等偏误现象；王顺洪（2008）在《日本人汉语学习研究》一书中提出，日本学生在学习汉语量词时主要会出现“错用量词”、“数量词组位置不当”的偏误现象，也会出现缺少或多用量词的现象。

众所周知，大多数印欧语系语言没有量词。唐淑宏（2008）研究发现，欧美学生在学习汉语的初级阶段，不习惯用汉语量词，常出现缺少量词的偏误，当清楚量词结构以后，“‘个’的泛化”现象又成为偏误的主要类型。郭晓沛（2006）研究发现，韩国、美国、意大利、英国等留学生，习得汉语量词的过程中，普遍出现“个”的泛化、同音异形量词混用、表个体群体量词混用、近义量词混用、缺少量词、误加量词等偏误现象。

哈萨克斯坦、吉尔吉斯斯坦的主体民族与新疆的维吾尔族、哈萨克族、柯尔克孜族同源，母语均为突厥语族语言。夏迪娅·伊布拉音（2006）在对维吾尔族学生学习汉语量词偏误情况进行分析时发现，维吾尔族学生学习量词会产生误用量词、量词泛化、量词遗漏等偏误现象。

对比前人的研究成果发现，从总体上看，哈萨克斯坦、吉尔吉斯斯坦留学生和新疆少数民族、欧美留学生在汉语量词的习得过程有相似之处，“量词缺失”，“‘个’的泛化”是最突出的偏误现象。与韩国、日本、越南留学生相比，“数量词组位置不当”是共同的偏误现象，而“错用量词”现象不很明显。由于汉语量词丰富这一特点，“缺少量词”、“数量词组位置不当”、“‘个’的泛化”等偏误现象并不只出现在哈萨克斯坦、吉尔吉斯斯坦留学生中，在以汉语为第二语言的习得者身上都会出现，具有普遍性。不同母语背景的二语习得者，随着汉语学习时间的深入，这三种偏误类别在不同学习阶段所占比重也会发生变化。

(3) 填写名词。

汉语是分析型语言，没有形态变化，靠语序和虚词表达语法意义。俄语、哈萨克语、吉尔吉斯语在组词、成句的过程中，必须遵循形态变化的规则及规则系统。复杂的量词语义对哈萨克斯坦、吉尔吉斯斯坦的留学生来说有一定的难度。在整理自然语料的过程中发现，哈萨克斯坦、吉尔吉斯斯坦的留学生量词搭配的名词数量少，搭配能力不强。因此，在量词测试卷的第四部分，根据自然语料中量词使用偏误率的高低，设计了填写名词的题目，共10小题，考查学生对“条”、“张”、“把”、“件”、“双”、“台”、“只”、“根”、“块”、“对”的搭配能力（见表30）。

数据显示，留学生量词搭配名词的能力有限，各项均值都低于2，与自然语料得出的结论一致。从各阶段看，汉语水平的高低与各量词搭配的平均数

呈正比，年级越高，量词搭配名词的能力越强，这符合人类的认知规律，也符合中介语的规律，即随着学习的深入，中介逐渐向目的语正确形式靠拢。

表 30　量词搭配能力考查

	初级(73 人)	中级(73 人)	高级(73 人)	总体搭配
根	0.33	0.42	0.99	0.58
条	1.01	1.85	2.08	1.65
块	0.88	1.32	1.4	1.2
双	1.53	2.07	2.22	1.94
对	0.16	0.37	0.63	0.39
把	0.59	0.96	1.15	0.9
台	1.25	1.53	1.53	1.44
只	1.04	1.37	1.95	1.45
件	1.11	1.71	1.74	1.52
张	1.53	1.84	2.37	1.91

说明：各阶段人均搭配数 = 各量词所搭配正确名词数量总和 ÷ 各级别人数；
总体搭配 = 三阶段量词所搭配正确名词数量总和 ÷ 三阶段总人数。

调查发现，量词“双”、“张”、“条”的搭配正确率较高，“对”、“根”、“把”较低。其中“双”与“对”、“条”与“根”为近义量词。俄语中的пара通用性强，可与很多名词搭配，均有“双、对”的语义。例如，在俄语中“一双眼睛、一对恋人、一副眼镜、一套家具”都用пара。

汉语量词“双”、“对”、“副”的语义有相似之处，都表示成偶数的人或事物，但在使用方面存在差异。“双”《说文解字》“雙”，手抓两鸟为雙。“双”主要用于分左右而成对的肢体、器官或器皿，如：“一双手、一双脚、一双眼睛”。“副”《说文解字》解释为“副，判也”，一刀将整体切成两半，合成一副。“副”强调两个以上部分的成整成套，缺一则不成副。“对”出自“以手栽树要行株对齐”，原意是表“对齐”，现表示性别、正反、相向、左右等成偶数的人或事物。例如：“一对情人、一对夫妻、一对戒指”。哈萨克斯坦、吉尔吉斯斯坦留学生在习得汉语的过程中往往将汉语量词“双”、“对”、“副”经过大脑的翻译后，在已有的语言系统中找到了一个或两个对应词，在语言输出的过程中就出现了“一双夫妻、一双恋人、一双眼镜”的偏误。“双”在教材中出现得较早，在《中国汉语水平考试大纲》中属甲级词汇，“对”

出现得较晚，属丁级词汇。这也有可能是“双”的搭配能力要高于“对”的原因。

汉语中的“条”、“根”均属甲级词汇，“条”的搭配率要高于“根”。俄语中的нитка、линия、брусок、пара，“根”在俄语中无对应语义的词语，又因留学生不能区分汉语中的“条”与“根”，就出现了“一条头发”的错误搭配。因此，学生对“条”的名量搭配率要高于“根”。

“张”《说文解字》“施弓弦也”，给弓绷上弦，使其绷弦，而让弓与弦形成展开的平面，用它计量那些能展开并绷平、绷紧的物，也可以计量纸等无弦之物，还可以计量可张开的平面之物。如，“一张纸、一张桌子、一张车票、一张床”等。俄语的лист（лист газеты一张纸）可与“纸”搭配，在统计中发现，“纸、桌子”是较常搭配的名词，可见母语正迁移和记忆策略对学习者习得量词的影响。

“把”在《中国汉语水平考试大纲》中属于甲级词汇，统计受试者使用的教材发现，初、中级《博雅汉语》、《初级汉语口语》、《汉语起跑线》教材中都没有对“把”的讲解，只有《汉语教程》第一册（上）中出现了“把”，这也是影响“把”搭配率较低的原因之一。

哈萨克斯坦、吉尔吉斯斯坦留学生对量词的语义层次掌握也较为狭窄、单一，较易掌握量词的具体意义，抽象意义的搭配几乎没有。例如：“条”，既可以与表具体意义的“河、毛巾、路”等名词搭配，也可以与“理由、命、新闻”等表抽象意义的名词搭配。219份问卷中，此量词的搭配全为表具体意义的条状之物的名词。

在问卷中也出现了“一张被子”、“一块粉笔”的错误搭配。通过访谈这些受试者发现，他们认为“被子”是可以展开的平面物体，故可以用“张”来搭配。这种偏误现象，可能是留学生了解一点汉语知识后，对“张”的搭配并不完全熟悉的情况下过度推理泛化造成。在中亚有些地方的“粉笔”为块状，因此在习得汉语量词时，就出现了“一块粉笔”的偏误，这可能与留学生对事物的认知有关。

三　中亚留学生汉语量词使用偏误成因

偏误产生的原因，各家表述不一。总的来看，哈萨克斯坦、吉尔吉斯斯坦留学生使用汉语量词产生偏误的原因有内部因素和外部因素两个方面。内

部因素主要包括母语负迁移、目的语知识负迁移和学习策略的影响；外部因素主要是教材的编写者和教师不重视量词及量词教学、学习工具书的缺失、教学及教材的不足等。

（一）内部因素

1. 母语负迁移

母语负迁移也被称为语际偏误（Interlinguai Error）指学习者将母语语法规则搬到目的语里而出现的偏误。哈萨克斯坦、吉尔吉斯斯坦留学生在习得汉语量词的过程中，头脑里已有的语言系统已经固化，无疑会产生一种影响，这种影响有正迁移作用，也有负迁移作用。由于政治历史原因，哈萨克斯坦、吉尔吉斯斯坦的留学生受俄语影响之大，俄语也可以算作他们的母语。

汉语中有丰富的量词，量词与名词搭配的语义关系较为复杂。俄语中有表量范畴的词，数词和名词可直接搭配。这种语言差异使留学生在习得汉语量词的过程中存在一定的困难。受俄语的影响，留学生常会出现漏掉汉语量词的现象。如：把“我有三本书”说成“我有三书”。有些汉语量词在俄语中有对应关系，但大多数量词是非等值对应关系，有些汉语量词可以对应多个俄语表量词，有些俄语表量词可以对应两个或两个以上的汉语量词。例如：俄语中的пара表示的范围较大，与汉语量词“双、对、套、副、条”等对应，汉语的“一条裤子”，在俄语中一般表示为пара брюк，因此，留学生在学习汉语时就出现“一双裤子”的偏误。

汉语的补语和状语是功能不同的语法成分，补语在汉语中一定位于中心词，动词或形容词之后，状语位于中心词之前。在句子中俄语的补语常常是以状语的“身份”出现，且状语的位置并不固定，可以置于中心语之前也可以放在中心语之后。放在中心语之后强调说话人表述的重点。哈萨克斯坦、吉尔吉斯斯坦留学生习得数量补语后，虽意识到了汉、俄语补语的差异，但由于母语影响，仍然习惯将母语的语序套用在汉语数量词组的表达上。例如把“我再写一遍”说成“我再一遍写”。

可见，母语负迁移是造成哈萨克斯坦、吉尔吉斯斯坦留学生在使用量词的过程中产生偏误的原因。然而，偏误产生的原因不是单一的，是多种因素的交叉。

2. 目的语知识的负迁移

目的语负迁移也被称为过度概括（over-generalization）或过度泛化，指学习者把所学不充分的目的语知识，用类推的办法不适当地套用在目的语上造成的偏误。[①] 中、高级阶段留学生学习了一些汉语量词后，在没有真正掌握使用规则的情况下，利用类推的方法，把已有的汉语量词或语法规则，用到了新的句子上，造成一些偏误。例如：哈萨克斯坦、吉尔吉斯斯坦留学生在使用量词的过程中，认识到了“个”的使用范围较为广泛，就错误地将“个”与所有名词搭配使用，造成“个”的泛化偏误。还有一种目的语知识的负迁移现象就是概念的类推泛化，例如：留学生在学习了“一张桌子”、“一把雨伞”后就类推出“一张椅子”、“一把手机”等错误的搭配。这些都是由于对目的语知识掌握得不够充分，受目的语知识的负迁移影响造成的。

3. 学习策略的影响

文秋芳（1995）对学习策略进行了定义，认为学习策略是学习者在语言学习的过程中，为了更有效地解决学习中遇到的问题而采取的措施。哈萨克斯坦、吉尔吉斯斯坦留学生在学习汉语量词的过程中会选择一定的学习方法。问卷第一部分 D 题是留学生汉语量词学习策略的调查，从问卷调查的结果来看，策略的选择和学生汉语学习阶段的高低存在一定关系。

俄语中没有量词一类，留学生在习得量词的过程中经常把汉语量词翻译成俄语来理解和记忆，使用借用母语策略将俄语的语法规则搬到汉语中，出现“量词的缺失”、“数量词组位置不当”等偏误现象。77.17%的留学生在遇到不认识的量词时会查字典，虽然前人大量的研究都表明，使用词典策略越多，学习效果较好，但本研究在问卷调查和课堂观察中发现，哈萨克斯坦、吉尔吉斯斯坦留学生使用的词典大多不是汉语词典而是汉俄、俄汉双语词典，当他们遇到不认识的汉语量词时，通过字典中俄语解释来理解和记忆。如果俄语中的词与汉语中的量词有“一对一”对应关系，便可以产生语义正迁移，利于汉语量词的掌握。但汉语量词在俄语中大多无对应项，因此，过度使用词典策略会造成“量词的缺失”和“量词的误代”现象。由于俄语没有量词，汉语名词与量词有复杂的搭配关系，留学生不熟悉其用法或不习惯使用，在平时的说话、写文章时尽量不用或少用量词，选用回避策略，会出现“量词的缺失”现象。留学生遇到不知道的量词，会用其他词

① 刘珣：《对外汉语教育学引论》，北京语言大学出版社，2000，第 195 页。

语进行代替，使用补偿策略，过度使用此策略会产生"'个'的泛化"、"量词的误代"现象。

综上所述，哈萨克斯坦、吉尔吉斯斯坦留学生使用汉语量词产生偏误的内部因素主要是母语负迁移和学习策略影响。初级阶段母语负迁移造成的偏误比例较大，随着学生汉语认知能力的提高，学习策略造成的偏误比例增大。作为外部因素的教材、教师和教学工具也是产生偏误的诱发原因。

（二）外部因素

1. 教材

对外汉语教材的建设在对外汉语教学中占有举足轻重的地位，教材的编写直接影响教学质量和效率。要提高哈萨克斯坦、吉尔吉斯斯坦留学生对汉语量词的掌握能力，就要高度重视汉语量词在教材中的编写。笔者对新疆师范大学、新疆大学、新疆农业大学三所高校的留学生所使用的十三本教材进行了整理。综合课程教材有北京大学出版社2006年出版的《博雅汉语》系列初级起步篇、中级加速篇、中级冲刺篇，北京语言大学出版社2006年出版的《汉语教程》；口语课教材有北京大学出版社2008年出版的《初级汉语口语》上、下册，北京语言大学出版社2008年出版的初级汉语口语《汉语起跑线》。每册教材中重复的两个量词按一个计量。每本教材中量词教学安排如表31所示。

表31　教材中量词的统计

序	教材名称	量词	备注
1	博雅汉语初级起步篇Ⅰ(28个)	刻、路、瓶、块、毛、本、口、个、条、度、节、斤、两、辆、件、束、一点儿、袋、种、趟、道、门、张、首 (补充词语)：本、盒、辆、个	
2	博雅汉语初级起步篇Ⅱ(25个)	次、套、米、枝、家、位、副、层、只、所、幅、行、克、封、块、句、种、场、碗、阵、顿、段、群 补充词语：节、群	
3	初级汉语口语(上册)(40个)	点(钟)、个、块、种、辆、封、张、次、刻、节、门、位、小时、斤、件、岁、瓶、句、顿、些、口、座、公里、条、遍、回 补充量词：分、刻、元、角、毛、分、本、支、斤、双、分钟、层、碗、瓶	

续表

序	教材名称	量词	备注
4	初级汉语口语（下册）(36个)	段、声、面、部、场、束、本、步、家、趟、首、副、米、双、颗、片儿、盘、起、回、名、份、寸、对、集、两、根、级、度、笔 补充词语：道、支、盘、篇、座、棵、页	
5	汉语起跑线(37个)	班、版、本、部、场、串、次、寸、点、度、份、封、副、个、公斤、号、件、句、口、块、俩、路、毛、门、米、片、天、条、碗、位、一点儿、站、张、刻	一会儿、一下、一些(数量)
6	汉语教程第一册(上)(22个)	本、点儿、个、公斤、分、件、角(毛)、斤、块(元)、辆、位、些、张、支、把、张	家、口、瓶(名、量)、一会儿(数量、副)、一下儿、一些(数量)
7	汉语教程第一册(下)(24个)	遍、层、次、道、分(钟)、份、节、块、片、平(方)米、岁、条、页、种、座、门、刻、米、套、块	点、号、团(名、量)、一点儿(数量)
8	汉语教程第二册(上)(12个)	倍、步、度、副、公分、盒、起、盘、趟、样、分	声(量、名)
9	汉语教程第二册(下)(7个)	对、幅、句、棵、排、首	身(名、量)
10	博雅汉语中级加速篇Ⅰ(3个)	份、对、朵	
11	博雅汉语中级加速篇Ⅱ(14个)	滴、列、趟、幅、盆、束、盒、部、项、名、套、卷、群、批	
12	博雅汉语中级冲刺篇Ⅰ(3个)	公顷、番、套	
13	博雅汉语中级冲刺篇Ⅱ(5个)	席、宿(xiǔ) 副课文：茬、公分、栋	

(1) 汉语量词在对外汉语教材中的地位。

用数量词来说明表现人、事物或行为动作的量次特征，是现代汉语语法的鲜明特点之一，大多数印欧语系中缺失量词，因此量词是以汉语为第二语言学习者的难点，这决定了量词在对外汉语教学中具有重要性。目前，量词教学在初、中级对外汉语教材中尚未引起足够的重视，地位不高。主要表现在和其他的语法点相比，涉及的量词内容不够多，缺乏较为客观、全面、系统的分析和阐述。笔者对《中国汉语水平考试大纲》[①][②] 初、中、高等阶段词汇中的量词进行了统计，词语中词性标注包括量词和兼标有量词的共计136个，各级量词分类如表32所示

表32 《中国汉语水平考试大纲》中的量词统计

等级	量词
甲级(59个)	把、班、杯、倍、本、笔、遍、层、场、次、道、点、点钟、段、顿、分、封、个、根、公斤、公里、号、回、家、间、件、角、节、斤、句、棵、克、刻、口、块、里、辆、毛、门、米、篇、片、瓶、声、双、岁、条、头、位、下、些、一下儿、亿、元、张、只、支、种、座、
乙级(46个)	包、部、册、尺、寸、袋、滴、度、吨、朵、份、幅、副、行、盒、架、届、颗、类、厘米、粒、两、列、面、秒、名、亩、排、盘、批、匹、期、群、身、首、所、台、套、团、项、样、章、丈、阵、株、趟
丙级(22个)	磅、辈、成、串、顶、堆、番、公顷、股、毫米、伙、卷、千克、束、艘、摊、丸、箱、盏、枝、桩、幢
丁级(9个)	重、担、栋、具、枚、千瓦、尾、种种、对

甲、乙、丙级的词汇适合于初、中等阶段的学生学习，共127个，丁级词汇适合于高等阶段的学生学习，共9个。在《博雅汉语初级起步篇》Ⅰ、Ⅱ两本教材中共有量词49个，《博雅汉语中级加速篇》Ⅰ、Ⅱ两本教材共计量词17个，《博雅汉语中级冲刺篇》Ⅰ、Ⅱ两本教材共计量词8个，《汉语教程》第一册上、下两本共有量词43个，《汉语教程》第二册上、下两本共有量词19个，《初级汉语口语》上、下两本教材共有量词73个，初级汉语口语《汉语起跑线》一本教材共有量词34个。不难发现无论是综合课教材还是口语课教材，汉语量词教学都集中在初级教学阶段，但现有的初级阶段教材中的量词数量与《中国汉语考试水平大纲》中的量词相比仍不够丰富。

教材中对量词的解释主要侧重于语法功能的讲解，为了避免学生接触较为复杂的汉语量词和使用问题，在教材的编写中采用了简化策略，量词语法规则的讲解都较为简单。总结各教材的量词教学内容为：①名量词的数量结构“数+量+名”；②动量词的数量结构“动+数+量”；③数量词的重叠

① 北京语言大学汉语水平考试中心编制《中国汉语水平考试大纲初、中等》，现代教育出版社，1989。

② 北京语言大学汉语水平考试中心编制《中国汉语水平考试大纲高等》，北京语言大学出版社，1995。

“一 A + 一 A”；④量词的重叠“A + A”；⑤名量的搭配；⑥动量的搭配；⑦不定量词“些、点”与名词的搭配。可以看出现有的量词和量词教学不相适应。

量词在教材中的分工不够明确。初级教材依赖中、高级教材，而中、高级阶段的教材中语法的重点又不在量词。综合课与口语课教材不能很好地衔接。口语课教材中也有对量词语法的讲解，但讲解也较为简单，口语教材似乎又在依赖综合教材。量词在教材中一般出现在课后词语表中，处理方式较为简单，现有的方法是：量词、拼音、英语释义。同音量词棵与颗，近义量词双、对、副；遍、次、回、趟；根、条、支等较难辨析，是容易出错的量词，关于这类量词辨析讲解较少。课后的练习多以填空、朗读、替换练习等机械型记忆为主，缺乏具体语境操练练习。

汉语量词在对外汉语教材中没有引起足够的重视，使得教材中量词的数量不足，教材之间的互相依赖，分工不明确，量词注释处理过于简单。这些也是导致留学生使用汉语量词产生偏误的原因。

（2）教材中的重现率与规范性。

从认知心理学角度来看，“信息的激活”和加工有关，加工分为自然的自动加工和人为的控制加工。储存在记忆库中的内部信息，必须有外部信息刺激，才能激活、做出反应，进而牢牢地编入语言网络。[①] 第二语言学习者语言项目接收的次数越多，感知语言的能力也会随之提高，语言网络会愈见精细，吸取语言的能力就可能发挥到最佳状态。教材中量词的重现率越高，留学生对量词的掌握就越好。在整理教材的过程中发现，现阶段教材量词重现率较低。

学习者学习教材的根本目的就是，通过对教材所提供的范例和范本的模仿来掌握这种语言的结构规则和运用规则，进而再创造地使用这种语言的过程中习得这种语言。如果教材不够规范和突出汉语量词的语法特点，那么哈萨克斯坦、吉尔吉斯斯坦留学生在使用汉语量词的过程中将会产生较大的困难。因此，初级阶段的教材编写应该突出量词的特点，规范量词在各教材中的词性标注。首先要对量词的界定进行统一。《博雅汉语初级起步篇》Ⅰ初级汉语口语教材《汉语起跑线》中将“一点儿”定为量词，而在《汉语教程》第一册（下）中为数量词组。《汉语教程》第一册（上）中“碗”为

① 〔美〕罗伯特·L. 索绪尔：《认知心理学》，教育科学出版社，1990，第389页。

名词，“瓶”既是名词也是量词。在第二册（上）中“盒、盘”为量词。量词在教材中标注不统一，也会造成留学生在使用汉语量词过程中出现偏误。

又如：《初级汉语口语》教材上册第三课《食堂在哪里?》课文中出现了“这个教室”，下册第一课《寒假过得很快乐》中出现了“一个外语学校”，第二十五课《我是个有口福的人》中出现了“几个热菜”等。教材的编写者也似乎在使用回避策略，尽量避免初级阶段留学生接触更复杂的量词，但另一方面却误导了学生产生“个”的泛化。在整理学生的课堂作业时发现，《汉语教程》第一册（上）第十五课《你们公司有多少职员》中课后练习第七题，“根据实际情况回答下列问题”。题目问“你们班有多少学生?”20本作业中有9本作业的答案是“我们班有23学生。”的偏误。练习题目句子中的量词省略后，对掌握了个体量词可以省略规律的高级阶段留学生来说影响不大，但是对于母语中没有量词词类的初级阶段留学生来说，教材中此题的题目是对学生的误导，如果教材的编写者能够在初级阶段的教材编写中考虑到教学对象的母语背景，规范教材中例句，可能减少偏误的发生。

（3）针对性教材的编写。

如表31所示，13本教材均为对外汉语通用型教材，除了北京语言大学出版社2008年出版的初级汉语口语教材《汉语起跑线》中有俄/英注释外，其他教材均为英语注释。哈萨克斯坦、吉尔吉斯斯坦留学生主要使用俄语，英语是他们的第二语言。根据问卷B5题“除了俄语和汉语以外，你还会什么语言？目前达到什么水平？请在听、说、读、写四项中选出符合自己的选项”。从调查统计的结果来看，219名被调查者中有126名被调查者除了俄语和汉语以外还会英语，占总人数的57.53%。从英语的听、说、读、写能力上看，45.24%的人英语听力处于基本能听懂（50% ~89%），39.68%的人能听懂一些日常用语（20% ~49%）；39.68%的人能用英语基本交谈（50% ~84%），32.54%的人会说一些日常用语（20% ~49%）；34.13%的人能看懂家信或简单的文章，46.03%的人基本看不懂文章；34.13%的人能用英语写简单的文章和家信，46.03%的人基本不会用英语书写文章。总的来说，哈萨克斯坦、吉尔吉斯斯坦留学生的英语语言能力并不是很高，基本上处于初级阶段。大部分留学生因看不懂英语为词语注释的教材，就会利用社会策略、词典策略、补偿策略等进行学习。正确使用学习策略有利于汉语量词的学习，不当地使用学习策略，将会影响留学生量词学习的效果。因此，缺乏适合哈萨克斯坦、吉尔吉斯斯坦留学生学习的俄语注释教材也是产生偏误的原因之一。

2. 教师

教师是教育活动的具体实施者。对外汉语教师的语言素质成为教学中的关键因素之一。教师的语言素质包括汉语和留学生母语知识。通过对新疆师范大学、新疆大学、新疆农业大学对外汉语教师语言背景调查发现，三所学校对外汉语教师的专业基本上是以少数民族语言（维吾尔语、哈萨克语）、英语、中文为主，以俄语专业为背景的教师较少，既懂俄语又懂哈萨克语或吉尔吉斯语的教师更少。

调查中有部分哈萨克斯坦、吉尔吉斯斯坦留学生过度使用“个”，追问其使用原因时，大部分受试说，“老师告诉我们汉语中的‘个’是万能量词、在考试时当你不会写量词时就写‘个’。”笔者于 2009 年 12 月 1 日到 12 月 31 日在新疆师范大学国际文化交流学院、新疆农业大学中语学院共听课 16 节。在听课的过程中发现，教师在课堂教学中重点讲解动词、名词、形容词等，对量词重视度相对较低。通过教师访谈得知，初级阶段的综合课教师认为量词的搭配属于复杂的语法问题，应在中、高级阶段进行系统的讲解，口语教师认为量词语法规则系统地讲解是综合课教师的教学任务，因此就出现了互相依赖的局面，导致汉语量词的教学被忽视。汉语教学中，无论是综合课还是口语课，教师在讲解量词时，有些教师一句带过，有些则采用举例的办法让学生机械记忆，甚至有些教师自身对量词就不是很清晰，讲课的过程中出现“一些问题”中的“些”不是量词的教学失误。

教师对留学生量词使用偏误现象的过度“宽容”也是造成留学生偏误的原因。在整理自然语料及课堂作业本时发现，40 本课堂作文练习本中有 23 处量词使用错误的例句被教师忽略。教师的过度“宽容”不但不能使留学生对错误引起足够的重视，反而增加了再次产生偏误的概率。

3. 学习工具书

目前针对留学生使用的量词学习词典或手册寥寥无几，现有的诸佩如、金乃禄（2002）《英汉对照汉语量词学习手册》，何杰（2003）《量词一点通》两本工具书都是用英文注释的，适合以英语为母语背景的留学生使用。在量词学习策略的问卷调查中发现，哈萨克斯坦、吉尔吉斯斯坦留学生较常使用词典策略，俄语的构词形态丰富，名词有性、数、格等多种外在的词形变化，所以汉语中的很多量词在俄语的词典中都找不到对应形式的解释。有

对应形式的表量词语在词的搭配、感情色彩以及文化内涵方面还存在着很多差异。

哈萨克斯坦、吉尔吉斯斯坦留学生在俄汉、汉俄双语词典中找不到汉语量词的解释后，就会在汉语词典中查找，而汉语词典中有些量词的解释也较为模糊，比如“个”，在《现代汉语词典》中解释为“用于没有专用量词的名词（有些名词除了用专用量词之外也能用‘个’）”，《现代汉语八百词》中将“个”解释为通用个体量词。“个”究竟是什么意思，并没有解释清楚，这种模糊概念的定义，使得学习者产生了混乱。再比如说，“个”、“位”、“名”是留学生不易分辨的量词，课堂作文中出现了“我以后要当一位医生”的句子。追问原因，学生说是字典里这样解释的。在《现代汉语词典》中“位”的解释是“用于人”，没有给出具体的解释和例句。因此词典解释不清，无针对性也是造成留学生量词使用偏误产生的原因之一。

四　教学对策及建议

（一）加强语言对比分析及对比教学

对比分析（Contrastive Analysis）是将两种语言系统进行共时比较，揭示其相同点和不同点的一种语言分析方法。通过对比汉语和俄语表量范畴的异同，可以找出它们之间的内在规律，并最终揭示它们表量的共性和各自的特性。

哈萨克斯坦、吉尔吉斯斯坦留学生的汉语教学是成人第二语言教学，汉语量词的习得是在对比和比较中进行的，初级阶段的留学生每遇到一个量词会在已有的语言系统里找与之对应的词。高级阶段留学生在习得数量词组的语序排列时，他们会在已有的语言系统中找对应的排列并比较之间的差异等。在习得过程中与第一语言相同的语法现象，留学生容易掌握，与第一语言差异较大的语法现象较难掌握。

从本研究对自然语料的分析和问卷调查的结果来看，也证实了这一点。留学生对汉语中表时间的准量词“天、点钟、次、年、岁”等掌握较好，通过对比分析发现俄语中有完全对应的表量词“день、час、раз、год、лет”等。这种共同性促进了母语正迁移的作用，有利于汉语量词的习得。俄语、哈萨克语、吉尔吉斯语中的数词一般和名词直接搭配，表数量范畴的词组位置较为灵活，改变后语义不变，由此就产生了“五信”、“我再一遍写”的偏误现象。在第二语言教学中，学生的母语能帮助学生掌握汉语，这是积极因素，即正迁移，但母语在他们的习得中又进行干扰，这是消极因素，即负迁移。加强语言对比研究，就是要变消极因素为积极因素，加深他们对汉语特点的理解，排除母语的干扰，帮助学习者克服母语的负迁移作用，凸显母语与汉语之间的差异。

因此，在汉语量词的教学中，教师要针对哈萨克斯坦、吉尔吉斯斯坦留学生的这种习得特点，将语言对比或比较贯穿于整个量词教学中。通过比较语言之间表量范畴的异同，总结出留学生已有的语言系统对量词学习产生干扰的规律，方可预测和解释学习者的难点、排列教学顺序、修正教学大纲、弥补教材的不足等。

（二）分阶段汉语量词教学

认知心理学认为，在第二语言习得的过程中，学习者首先建立的是形式与功能的初步对应关系，随着接受言语数量的增加，形式和功能的映射关系不断增强、调整，逐渐和第二语言的形式靠拢。这说明第二语言的习得是有阶段性的，在对外汉语教学中要根据不同母语背景留学生的习得规律及困难系数，重新划分教学内容，进行分阶段教学。

Eckman（1977）提出“标记性差异假说”（Markedness Differential Hypothesis），它是在系统地对比母语和目标语（target language）的基础上，然后对普遍语法所指明的标记关系进行比较。“标记性差异假说”可通过母语与目的语之间的标记性差异的比较预测二语学习者的困难区域。具体内容如下：

A. L2 不同于 L1 成分且比 L1 的对应部分标记性更强的区域属于较大困难区域。

B. L2 不同于 L1 且比 L1 的对应部分标记性更强烈的区域程度与其标记程度一致。

C. L2 不同于 L1 但不比 L1 标记性更强的区域困难不大。

从逻辑上看，有标记与无标记可以看成是一种集合关系，前者是子集，后者是集。大多汉藏语系语言的量范畴中有量词，大多印欧语系语言的量范畴中无量词，因此，可以说汉语量范畴是有标记的，俄语量范畴无标记。

White（1981）指出根据标记等级可以预测语言习得次序。根据本研究第二章自然语料的整理和第三章问卷调查数据分析结果，借鉴“标记性差异假说”理论，将汉语量词教学内容按低到高的困难等级划分为三层。

1. 第一层：完全对应、标记性弱

两种语言中若存在相同的成分，便产生正迁移（positive transfer）。表长度、容积、面积、重量、体积的度量衡量词、借用容器名称表量的借用量词可以和定量的数词搭配，表动作持续的时间量词，在汉语和俄语中完全对应，具有普遍语法特征。哈萨克斯坦、吉尔吉斯斯坦留学生在习得的过程中产生正迁移，个体量词“个”是留学生使用频率最高的量词，通过问卷调查留学生在习得过程中困难系数较小，因此把“个”划分到教学内容的第一层。例如：

（1）度量衡量词

国际统一度量衡单位后，全世界采用统一的公制度量衡单位。如：

汉语：米　　公斤　　吨　　平方米

俄语：метр　　килограмм　　тонна　　квадратный метр

（2）借用量词（容器）

汉语：一杯茶　　一袋大米　　一盆水　　一筐苹果

俄语：стакан чая　　мешок риса　　таз воды　　корзина яблок

（3）时间类的准量词

汉语：……月的　　……年的　　……天的　　……小时的

俄语：месяч　　год　　день　　час

（4）个体量词“个”

2. 第二层：非等值对应、标记性较强

汉语中有些量词与俄语中表量名词有对应形式，留学生在习得的过程中困难系数相对较低。但这种对应是非等值对应关系，本研究将非等值对应分为“一对多”、“局部对应”、“多对一”等形式。

（1）“一对多”对应。

“一对多”对应就是指俄语中两个或两个以上的表量词，到汉语中合并成一个汉语量词的形式。在习得过程中，留学生可以忽略俄、汉语表量范畴原来的差异，将俄语中两个或多个表量词合并成一个汉语量词。这层内容的难度系数相对较低，如表33所示。

表 33　"一对多"对应

序号	汉语量词	俄语
1	束	пук、букет、клок、прядь、сноп
2	棵	кочан、головка
3	把	пригоршня、пучок、горсть
4	条	нитка、линия、брусок、пара
5	块	голова、кусок、плита、слитка、глыба、осколо
6	种	вид、род、сорт
7	群	толпа、ватага、скопише、табун、стая、косек、свора、рой、туча、стадо、гурт、гурьба、караван、косяк、табор、орава、цветник、отара
8	卷	свёрток、рулон、рол、катушка
9	包	лачка、кипа、узел、пакет、свёрток、тюк
10	段	отрезок、кусок、часть、арня
11	堆	кипа、куча、бунт、груда、ворох、масса
12	捆	связка、вязанка、сноп、кипа、пук、пакет
13	串	кисть、гроздь、связка
14	套	набор、гарнитур、пара、серия、коллекция、сервиз、подбор、смена
15	批	партия、группа
16	股	шайка、отряд
17	窝	выводок、гнездо

（2）局部对应。

①临时量词（人体器官）。

借用人体器官名词的临时量词在现代汉语中较为发达，这类词需和数词结合，才能表量。动作在进行的过程中要涉及一定的客体，汉语中临时量词和数词结合表示动作涉及的客体数量。俄语的临时量词不发达，有些动词本身就可以体现客体数量意义（见表 34）。

表 34　临时量词

	汉语	俄语
1	打一拳	тумак
2	踢一脚	пинок
3	看一眼	глянуть

现代汉语中的临时量词不光有具体数量意义，还有隐喻色彩，表抽象意义。如：一手好字，一身本领，俄语则无此表达。因此临时量词语义标记较强，留学生在习得的过程中困难系数较大。

②数量短语的位置。

俄语是一种词序自由的语言，数量短语作补语可放于中心语之前，也可以放在中心语之后，而汉语的数量补语一定是放在谓语之后的，这样的语句是标记句，因此含数量短语的句子和语序是习得困难系数较大的区域。

（3）“多对一”对应。

“多对一”对应是指俄语里一个表量的词在汉语中分裂成两个或多个量词，此类形式差异难度较高，与“一对多”对应形式相比，留学生在习得过程中难度系数较大（见表35）。

表35　“多对一”对应

序号	汉语量词	俄语
1	双、对、副	пара
2	次、遍、回、顿	раэ
3	行、排	ряд

3. 第三层：无对应关系、标记性强

个体量词是汉语量词中最有代表性的词类，数量较为丰富，专用性强，不同的名词要与不同的量词搭配。个体量词丰富的色彩意义和修辞功能，是俄语所不具备的，个体量词在俄语中几乎没有对应项，可见汉语的个体量词标记性较强。哈萨克斯坦、吉尔吉斯斯坦留学生在习得的过程中困难系数较大，会利用简化策略和借用母语策略，出现遗漏的偏误现象。

（三）纠正学习策略使用偏差

不同阶段的哈萨克斯坦、吉尔吉斯斯坦留学生使用汉语量词的学习策略存在差异。学习策略的掌握是成功学习汉语量词的关键，它能提高教与学的效果。第一，留学生学会使用学习策略可以减轻量词学习的负担，降低量词学习困难系数，提高学习效率。第二，教师通过了解和培养学生的学习策略可以调整教学策略和教学方法，提高教学效果。

留学生在对量词学习策略的获得、选择和应用方面教师起着主导作用。首先，教师应通过讲座或课堂交流等方式让学生了解什么是学习策略，如何使用学习策略，帮助他们建立适合自己的学习方法，引导学生建立运用量词学习策略的意识。其次，教师要纠正留学生量词学习策略的偏差。如留学生在使用汉语量词的过程中，因怕出错和缺乏学习的主动性、积极性、艰苦性而采取的一种简化现象被称为回避策略，问卷中有55.71%的学生选择了回避策略。对此，教师应在初、中级教学阶段强调“数+量+名”及“动+数+量”的语法结构，避免留学生回避使用量词。留学生在遇到不会填写的量词时，常使用其他词语进行补偿。如，所有表示个体事物的名词前都用“个”，表示动物的名词前都用“只”。教师在课堂教学中可使用语义分析、语境练习、文化底蕴分析等方法纠正学生学习策略的偏差。

总的来说，在汉语量词教学中教师应鼓励留学生使用适合自己的学习策略，在课堂教学中为留学生创造交流经验的环境，激发留学生学习的兴趣和自主性。

（四）改进教材及学习工具书

就收集的对外汉语教材来看，均为通用型教材，针对中亚留学生的教材较少，应加强此教学对象教材的编写。在教材的编写中，要根据留学生学习汉语的目的需求，将量词的教学分布在汉语教程、听力、口语、语法等各门课程中，提高课文中量词的重现率。课文中出现量词和名词搭配，在生词部分要注明与此相关的知识点，教材的语言点中量词使用规则的介绍要全面。教材中要及时补充本体研究的成果，要使用统一标准对量词进行规范。

词汇教学是对外汉语教学的重要内容，教材中的生词表在词汇教学中起着举足轻重的作用。生词表的注释应体现对外汉语词汇教学的理论和方法，以引导学生准确理解和正确使用汉语词汇为目的。针对哈萨克斯坦、吉尔吉斯斯坦留学生的汉语教材，量词注释应该根据俄语和汉语表量范畴的差异以及学生在学习汉语量词时因受俄语干扰所产生的偏误及其难点，有选择、有针对性地注释，这样可减少习得过程中，用俄语表量形式去比附汉语量词而产生的偏误，注释中可列出与量词搭配的常用名词或动词（见表36）。

表 36 教材生词表

辆(量)	liàng	один машиа、один велосипед、один такси	一一汽车、自行车、出租车
双(量)	shuāng	пара: ~ рук、глаз、ногά、пάлочек、чулόк、όбувь	一一手、眼睛、脚、筷子、袜子、鞋
次(量)	cì	раз: одии раз、три раза в день、он приходил один раз	一一、一天三一、他来过一一

此外，教材中也应加入对易混量词的辨析。最后，要加强针对不同母语背景使用的汉语量词学习工具书的编著，要根据汉语量词本体研究的成果，及时更新词典中量词的解释。

（五）提高教师第二语言素质

刘珣先生认为，国内或海外的汉语教师，根据所担任的具体工作要求，都应在不同程度上具备一定的语言学、社会语言学、心理语言学、语言学习理论和教育学等理论知识，了解语言学习和习得的过程和规律，能结合教学进行一定的科学研究；具有学习并获得某种第二语言及其相关文化最好是学生的母语和母语文化或与之有一定联系的第二语言和文化经历；热爱汉语教学工作并具有一定的组织工作能力。①

前人研究结果证明，对外汉语教师在词汇教学的过程中实施“偏误预治”的教学策略可提高教学效果。所谓“偏误预治”就是指教师在课堂讲解词汇的过程中，在教学经验、错误分析和语际对比的基础上，根据学生对词汇用法普遍性的偏误规律，将偏误句式展示给学生，引发学生对“对”与“错”的思考，加深他们对词汇用法的理解，并最终达到“提高话语输出质量”的一种教学策略。② 它的实施是建立在教师熟悉留学生的母语和丰富的汉语量词教学经验基础之上的。针对哈萨克斯坦、吉尔吉斯斯坦留学生的汉语教学，教师首先要具备俄语、哈萨克语或吉尔吉斯语的第二语言能力。只有在了解留学生的母语知识之后，进行语言对比，根据学生的量词偏

① 刘珣：《关于汉语教师培训的几个问题》，《世界汉语教学》1996 年第 2 期，第 101 ~ 102 页。

② 焉德才：《论对外汉语词汇教学过程中的“偏误预治”策略》，《云南师范大学学报》2005 年第 11 期。

误规律和特点才能预测留学生母语“内在大纲”知识对汉语量词习得的影响，从而确定教学重点和难点。

此外，对外汉语教师还应重视汉语量词教学，要利用汉语量词本体研究及汉、俄语量范畴对比研究的新成果及时补充量词教学内容。

结论

本研究以第二语言习得和对比语言学理论为基础，借鉴前人的研究成果，通过自然语料的整理和问卷调查分析，对哈萨克斯坦、吉尔吉斯斯坦留学生汉语量词使用情况进行了初步的探讨。具体结论如下。

第一，哈萨克斯坦、吉尔吉斯斯坦留学生在使用汉语量词的过程中倾向于使用回避策略。具体表现在使用量词的数量不足：1017 句含量词的句子中仅有 63 个量词，能正确使用的量词只有 48 个。其中“个”的使用频率最高，其次是与俄语有对应形式的准量词（时间）“天、点钟、年、岁”和动量词“次”。

第二，“量词的缺失”、“数量词组位置不当”、“‘个’的泛化”是哈萨克斯坦、吉尔吉斯斯留学生在汉语量词使用过程中出现的主要偏误类型，“量词的误加”、“量词的误代”现象并不明显。

第三，在量词习得过程中，造成哈萨克斯坦、吉尔吉斯斯坦留学生产生偏误的原因有内部原因和外部原因两个方面。母语负迁移和学习策略的影响是主要的内部因素。教材的编写者和教师对量词及量词教学的不重视，教材编写缺乏针对性、规范性是主要的外部因素。

第四，在哈萨克斯坦、吉尔吉斯斯坦留学生汉语量词的教学中，除了要加强语言对比分析在对比教学中的应用、纠正学生策略使用偏差、改进教材及学习工具书、提高教师自身第二语言素质以外，还要根据留学生汉语量词习得过程中偏误出现的实际情况和学习汉语的目的需求，将量词教学内容划分出层次，分阶段进行汉语量词教学。本研究根据自然语料整理及问卷调查的结果，结合“标记性差异假说”理论，按低到高的习得困难等级把汉语量词教学内容分为三层：

第一层：完全对应、标记性弱

度量衡量词、借用量词（容器）、准量词（时间）、个体量词“个”。

第二层：非等值对应、标记性较强

1）“一对多”对应量词，如“束”、“棵”、“把”、“条”、“块”、“种”等。

2）局部对应关系，如临时量词、数量短语的位置。

3）“多对一”对应量词，如“双、对、副”、“次、遍、回、顿”、“行、排”。

第三层：无对应、标记性强

除第一层、第二层所示以外的其他个体量词。

本研究通过搜集自然语料、课堂观察、问卷调查、访谈、数据统计的方法，获得有关哈萨克斯坦、吉尔吉斯斯坦留学生汉语量词使用情况的第一手材料，然后对这些语料进行分析、概括、抽象、归纳，从而得出理论的把握，这一研究过程是“由事实到理论”的过程。在此过程中，本研究虽然对哈萨克斯坦、吉尔吉斯斯坦留学生汉语量词使用情况进行了调查与分析，但就“量”这个范畴和汉语作为第二语言量词习得研究来说，这些微不足道。因笔者自身的语言能力有限，只能用俄语进行对比分析究其偏误原因，实际上哈萨克斯坦、吉尔吉斯斯坦留学生的母语哈萨克语、吉尔吉斯语也会对汉语量词的习得产生一定影响。加之调查、研究的时间仓促，语料中出现的一些偏误现象无法全面、深刻地进行解释，这也是本研究日后欲完善时要考虑的问题之一。

自然语料中还有一些问题待于今后进一步研究，如：

①他已经学习汉语三年________，不过他说汉语不好。

②我来中国学习已经两个月________。

③我到中国两个小时________，他没有来接我。

④我已经到乌鲁木齐四个月________，但还不习惯这里的生活。

这些例句的共同点在于：数量词组后都缺少“了”。为什么会出现这种现象，出现这种偏误现象的原因有哪些，将是今后研究的方向之一。

附　录

附录一

中亚留学生汉语量词使用现状调查问卷

A. 受测人基本情况 Основное положение студента

A1 姓名 Ф. И. О：________

A2 您的年龄 Возраст：________（лет）（周岁）

A3 性别 Пол：①女 женский　　　②男 мужской

A4 国籍 Гражданство：________

①哈萨克斯坦 Казахстан　②吉尔吉斯斯坦 Кыргызстан

A5 您是什么民族 Национальность：________

A6 您是什么时候来中国的________年？

Когда Вы приехали в Китай，в каком году ________？

A7 您的受教育程度 Ваш образовательный ценз：

①小学 начальное образование

②初中 среднее образование

③高中（包括中专）средне-специальное образование

④大专 средне- техническое образование

⑤本科及以上 высшее образование

⑥其他（请注明）другое（пожалуйста отметьте ________）

A8 在中国您现在学习的班级是________班？

какой группе Вы сейчас обучаетесь？

B. 汉语及其他语言程度 Уровень китайского и других языков

B1 HSK 考过几次（具体填写出考试时间和等级）？

Сколько раз Вы сдавали экзамен HSK？（укажите точное время）

零次：0 раз：________

一次：1 раз：________年 год，________级 уровень

两次：2 раза：________年 год，________级 уровень；________年 год，________级 уровень；

三次：3 раза：________年 год，________级 уровень；________年 год，________级 уровень；________年 год，________级 уровень

四次：4 раза：________年 год，________级 уровень；________年 год，________级 уровень；________年 год，________级 уровень；________年 год，________级 уровень.

B2 HSK 水平：0 级 \ 1 级 \ 2 级 \ 3 级 \ 4 级 \ 5 级 \ 6 级 \ 7 级 \ 8 级 \ 9 级 \ 10 级以上

Ваш уровень по результатам экзамена HSK：0 \ 1 \ 2 \ 3 \ 4 \ 5 \ 6 \ 7 \ 8 \ 9 \ 10 и выше

B3 您在什么时间（某年某月）什么地点（某国家/地区某学校）开始学习汉语的？

Когда（год，месяц）и где（страна，учебное заведение）Вы начали изучать китайский язык？ ________

B4 您学习汉语的方式按主次排序，依序是（填写序号，如①②③④，没有的方式打 ×）：

Ваш метод изучения китайского языка（укажите номер ответа①②③④Если нет подходящего ответа – ×）：

全日制学校的汉语课　一周　　　节课

Изучаю китайский язык в университете. ________ пар в неделю

培训学校/班 Посещаю спец курсы

老师辅导 Занимаюсь с репетитором

自学 Учусь самостоятельно

以上多种方式 Другие методы

B5 除了俄语和汉语以外，你还会什么语言？目前达到什么水平？请在听、说、读、写四项中选出符合自己的选项。

Какими языками Вы владеете，кроме русского и китайского？Какой у Вас уровень？Пожалуйста　выберите подходящий ответ.

①________语 язык，②________语 язык，③________语 язык.

听 удирование

a1 完全听懂 понимаю полностью（90% ~100%）

a2 基本能听懂 понимаю основную часть（50% ~89%）

a3 能听懂一些日常用语 понимаю бытовую речь（20% ~49%）

a4 基本听不懂 не понимаю основную часть（5% ~19%）

a5 完全听不懂 не понимаю полностью（以下 ниже 5%）

说 Устная речь

b1 能熟练交谈，没有任何障碍（85% ~95%）

могу свободно разговаривать，без каких-либо препятствий（85% ~95%）

b2 能熟练交谈，个别时候有障碍（85% ~94%）

могу свободно разговаривать, но в определенных ситуациях есть кое-какие трудности（85% ~94%）

b3 基本能交谈（50% ~84%）

объясняюсь основными понятиями（50% ~84%）

b4 会说一些日常用语（20% ~49%）

объясняюсь простыми понятиями（20% ~49%）

b5 基本不会说（5% ~19%）

не владею основными понятиями（5% ~19%）

b6 完全不会说（5%以下）

вообще не могу разговаривать（ ниже 5%）

读 Чтение

c1 能读书看报 могу читать книги, газеты

c2 能看懂家信或简单文章 могу читать письма, несложные статьи

c3 基本看不懂 не могу читать основное

c4 完全看不懂 не могу читать вовсе

写 Письмо

d1 能写文章或其他作品 могу писать статьи и сочинения

d2 能写家信或简单文章 могу писать письма и несложные статьи

d3 基本不会写 не могу писать основное

d4 完全不会写 не могу писать вовсе

C. 量词的认识 Тактика изучения счетных слов.

C1 你觉得学习汉语量词容易吗？Как Вы считаете, сложно ли изучать счетные слова?

a. 很容易 очень легко

b. 容易 легко

c. 一般 средне

d. 有点难 трудно

e. 很难 очень трудно

C2 在学习汉语初级阶段你觉得学习汉语量词重要吗？

Как вы считаете важно ли изучать счетные слова?

a 很重要，与汉语的名词、动词同等重要

очень важно, так же как изучение существительного и глагола.

b 重要，会影响与中国人的正常交际

важно, и может отразиться при общении с китайцами

c 不太重要，不会影响和中国人的正常交际

не особо важно, и никак не влияет на общение с китайцами

d 不重要，可以省略不用

не важно, можно и вовсе не употреблять их

e 无法回答

нет ответа

D. 量词的学习策略 Способы изучения счетных слов.

请根据实际情况在括号内打“√”选择你学习汉语量词的方式。（可多选）

Пожалуйста выберите подходящий Вам ответ и отметьте его в скобках.

（ ）我会记住所学量词的用法，并定期复习。 记忆策略

Я могу запомнить все счетные слова, периодически повторяя их. Метод запоминания.

（ ）遇到不认识的量词时，我会马上查词典。 词典策略

если я встречаю незнакомые счетные слова я тут же ищу их значение в словаре. Метод поиска слов в словаре.

（ ）遇到不知道的量词时我会用其他词语代替。 补偿策略

если я встречаю незнакомые счетные слова я заменяю их другими словами. Метод компенсации.

（ ）在平时的说话、写文章时尽量不用或少用量词。 回避策略

при разговоре, при письме стараюсь меньше или вообще не употреблять счетные слова. Метод уклонения.

（ ）在学习中经常把汉语中的量词翻译成母语中的表量的词语学习。 借用母语策略

часто китайские счетные слова перевожу на родной язык. Метод заимствования слов с родного языка.

(　　) 我会和中国人交流，在交流中学习汉语量词。　社会策略

Я разговариваю с китайцами, и при общении учу счетные слова. Метод общения.

(　　) 我会在听汉语广播、看中文电视、阅读中文课外读物的过程中学习汉语量词。　元认识策略

Я изучаю счетные слова, когда слушаю радио, смотрю телевизор, читаю внеурочную литературу на китайском языке.

其他方式（写出）Другие способы（напишите）

附录二

量词测试卷

一、请选择你认为合适的量词（单项或多项选择均可）。

例：我们班有十八A、B、C留学生。　A. 名　B. 个　C. 位　D. 群

1. 今天我收到三________信。　A. 个　B. 封　C. 件　D. 张
2. 他向我借了一________笔。　A. 根　B. 支　C. 枝　D. 条
3. 那________饭店的菜很好吃。　A. 座　B. 所　C. 家　D. 个
4. 我想买一________花。　A. 瓶　B. 朵　C. 束　D. 支
5. 他们喝了好几________酒。　A. 箱　B. 杯　C. 瓶　D. 次
6. 我觉得这________词典很好。　A. 册　B. 部　C. 本　D. 卷
7. 这________邮票一共五张。　A. 个　B. 套　C. 副　D. 张
8. 他给我提了一________意见。　A. 些　B. 点儿　C. 个　D. 种
9. 我去过好几________上海了。　A. 次　B. 遍　C. 回　D. 趟
10. 门口有一________果树。　A. 棵　B. 颗　C. 条　D. 支

二、请你在下面句子的空格中填上合适的量词。（可多填）

1. 教室里有二十________椅子。
2. 房子的后面有一________山。
3. 找工作是一________大事。
4. 妈妈的眼角流下了一________眼泪。
5. 这本小说我看过三________。
6. 他在花园里摘了一________花。

7. 教室里很安静，一________声音也没有。
8. 昨天中午我吃了一________饭。
9. 图书馆有好几________电脑。
10. 他发现自己头上有一________白头发。
11. 我买了一________裤子。
12. 我们班有二十________同学。
13. 他每天上午有四________课。
14. 学两________外语很难。
15. 他家有三________人。
16. 我买了一________手表。
17. 我买了一________新自行车。
18. 想起那________经历，我就害怕。
19. 我以后要当一________医生。
20. 太热了，我出了一________汗。
21. 我买了一________矿泉水。
22. 你今年几________了？
23. 他们家丢了一________牛，大家都很伤心。
24. 那儿有一________火车。
25. 超市里有很多________水果。
26. 我家有一________可爱的小狗。
27. 她昨天买了一________手机。
28. 老师给我们讲了几________话。
29. 我昨天买了三________苹果。
30. 妈妈买了一________被子。

三、判断下面句子是否正确，对的打“√”，错的打“×”并在横线上改正。

1. 我已经来北京三个年了。 (　　) ________________
2. 他很快就学会了两个语言。 (　　) ________________
3. 我家对面住着一个夫妇。 (　　) ________________
4. 图书馆有一千多的座位。 (　　) ________________
5. 她有一对可爱的小手。 (　　) ________________
6. 每个层还有两个休息室。 (　　) ________________
7. 我们已经来中国十月了。 (　　) ________________

8. 在我们学校有九个大楼。（　　）＿＿＿＿＿＿＿＿
9. 他买了一对皮鞋。（　　）＿＿＿＿＿＿＿＿
10. 他给我送了一只笔。（　　）＿＿＿＿＿＿＿＿
11. 这个城市有 90 万多人。（　　）＿＿＿＿＿＿＿＿
12. 教室里有一对窗帘。（　　）＿＿＿＿＿＿＿＿
13. 这件衣服 200 块来钱。（　　）＿＿＿＿＿＿＿＿
14. 她找了一份新工作。（　　）＿＿＿＿＿＿＿＿
15. 他在中国已经三年学习了。（　　）＿＿＿＿＿＿＿＿

四、请填写你认为合适的名词（越多越好）。

例：一个　办法、问题、城市、学生、计划、节目、原因、道理、专业

1. 一根＿＿＿＿＿＿＿＿
2. 一条＿＿＿＿＿＿＿＿
3. 一块＿＿＿＿＿＿＿＿
4. 一双＿＿＿＿＿＿＿＿
5. 一对＿＿＿＿＿＿＿＿
6. 一把＿＿＿＿＿＿＿＿
7. 一台＿＿＿＿＿＿＿＿
8. 一只＿＿＿＿＿＿＿＿
9. 一件＿＿＿＿＿＿＿＿
10. 一张＿＿＿＿＿＿＿＿

参考文献

〔美〕罗伯特·L. 索绪尔：《认知心理学》，教育科学出版社，1990。

吕叔湘主编《现代汉语八百词》，商务印书馆，1981。

吕叔湘：《语法学习》，中国青年出版社，1953。

朱德熙：《语法讲义》，商务印书馆，1982。

赵元任：《汉语口语语法》，商务印书馆，1982。

黎锦熙、刘世儒：《汉语语法教材（二）》，商务印书馆，1959。

刑福义：《汉语语法学》，东北师范大学出版社，1997。

何杰：《现代汉语量词研究》，北京语言大学出版社，2008。

胡明扬：《词类问题考察》，北京语言文化大学出版社，1996。

李宇明：《汉语量范畴研究》，华中师范大学出版社，2000。

郭绍虞：《汉语语法修辞新探（上）》，商务印书馆，1979。

张志公：《现代汉语》，人民教育出版社，1982。

张志公：《语法和语法教学》，人民教育出版社，1957。

张万起：《试论现代汉语复合量词》，语文出版社，1992。

高明凯：《汉语语法论》，商务印书馆，1986。

丁生树等：《现代汉语语法讲话》，商务印书馆，1979。

黄伯荣、廖序东：《现代汉语（下）》，高等教育出版社，1997。

马建忠：《马氏文通读本》，上海教育出版社，1986。

王力：《中国现代语法》，商务印书馆，1985。

陆志韦：《北京话单音词词汇》，人民出版社，1951。

张斌：《现代汉语实词》，华东师范大学出版社，2000。

王远新：《中国民族语言学》，民族出版社，2002。

《中国大百科全书·语言文字卷》，中国大百科全书出版社，1988。

《中国教育年鉴 1994～2009》，新疆维吾尔自治区教育厅资料。

赵金铭：《对外汉语教学概论》，商务印书馆，2005。

刘珣：《对外汉语教学概论》，北京语言大学出版社，1997。

刘珣：《对外汉语教学引论》，北京语言大学出版社，2000。

齐沪扬：《对外汉语教学语法》，复旦大学出版社，2005。

卢福波：《对外汉语教学实用语法》，北京语言大学出版社，1996。

吕文华：《对外汉语教学语法探索》，语文出版社，1994。

徐子亮：《汉语作为外语教学的认知理论研究》，华语教学出版社，2000。

李泉：《对外汉语教学理论研究》，商务印书馆，2006。

周小兵、朱其智、邓小宁：《外国人学汉语语法偏误研究》，北京语言大学出版社，2007。

周小兵、李海鸥：《对外汉语教学入门》，中山大学出版社，2004。

孙德金：《对外汉语词汇及词汇教学研究》，商务印书馆，2006。

李大忠：《外国人学汉语语法偏误分析》，北京语言文化大学出版社，1996。

江新：《对外汉语教学的心理学探索》，教育科学出版社，2007。

王建勤：《汉语作为第二语言的习得研究》，北京语言大学出版社，1997。

王顺洪：《日本人汉语学习研究》，北京大学出版社，2008。

卢福波：《对外汉语教学语法研究》，北京语言大学出版社，2004。

李德津、程美珍：《外国人实用汉语语法》，北京语言大学出版社，2008。

赵永新：《语言对比研究与对外汉语教学》，华语教学出版社，1995。

信德麟、张会森、华邵：《俄语语法简编》，外语教学与研究出版社，1990。

王德孝：《现代俄语理论教程下册》，上海外语教育出版社，1992，第107页。

刘晓波、吴贻翼、何端荪：《俄语语法句法》，北京大学出版社，1982。

龚人放：《俄语语法词法》，北京大学出版社，1983。

吴振武、纪强、李佑华、袁生：《简明俄语语法手册》，北京出版社，1984。

北京语言大学汉语水平考试中心编制《中国汉语水平考试大纲初、中等》，现代教育出版社，1989。

北京语言大学汉语水平考试中心编制《中国汉语水平考试大纲高等》，北京语言大学出版社，1995。

胡振华：《柯尔克孜语（吉尔吉斯语）教程》，中央民族大学出版社，1995。

诸佩如、金乃禄：《汉英对照汉语量词学习手册》，北京大学出版社，2002。

何杰：《量词一点通》，北京语言大学出版社，2003。

刘珣：《关于汉语教师培训的几个问题》，《世界汉语教学》1996年第2期。

焉德才：《论对外汉语词汇教学过程中的“偏误预治”策略》，《云南师范大学学报》2005年第11期。

王素梅：《从汉语量词的形象性谈量词的用法及教学》，《语言与翻译》1996年第1期。

戴梦霞：《对外汉语名量词选用教学的一点探索》，《汉语学习》1999年第4期。

伏学凤：《（汉语水平词汇与汉字等级大纲）名量词系源研究》，《语言文字应用》2005年第9期。

迟永长：《谈汉语量词的文化底蕴》，《辽宁师大学报》1997年第5期。

李清：《对外汉语教学中汉语量词的教学及其文化意蕴》，《楚雄师专学报》2000年第4期。

夏迪娅·伊布拉音：《维吾尔族学生学习汉语量词偏误分析》，《新疆大学学报》，2006。

李遐：《新疆少数民族学生汉语名量词使用中的认知特点分析》，《西北民族大学学报》，2008。

李泉：《论对外汉语教材的针对性》，《世界汉语教学》2004年第2期。

杨德峰：《试论对外汉语教材的规范化》，《语言教学与研究》1997年第3期。

周正兴：《试论对外汉语教师的必备素质》，《苏州大学学报》1995年第4期。

李超：《对外汉语教师应具备的主要条件》，《云南高教研究》2000年第70期。

于逢春、王晓坤：《对外汉语教师综合素养论略》，《长春师范学院学报》2000年第

7 期。

王素云：《对外汉语教材生词表编译中的几个问题》，《汉语学习》1999 年第 6 期。

金珍我：《汉语与韩语量词比较》，《世界汉语教学》2002 年第 2 期。

韩景熙：《中韩名量词对比研究》，《济南大学学报》（社会科学版）1999 年第 2 期。

卢英顺：《认知观与对外汉语教学》，《汉语学习》2004 年第 1 期。

唐淑宏：《对外汉语量词教学的偏误分析》，《沈阳师范大学学报》2008 年第 2 期。

王康海、陈绂：《汉语和越南语名量词比较研究——兼谈越南学生汉语名量词的学习》，《语言文字应用》2006 年第 1 期。

王汉卫：《量词的分类与对外汉语量词教学》，《暨南学报》（人文科学与社会科学版）2004 年第 2 期。

吴远恒：《汉语量词的英语表达》，《上海电力学院学报》1994 年第 4 期。

周小兵：《学习难度的测定和考察》，《世界汉语教学》2004 年第 1 期。

朱永平：《第二语言习得难度的预测及教学策略》，《语言教学与研究》2004 年第 4 期。

李玉萍：《标记理论及其在外语教学中的应用》，《解放军外国语学院学报》2004 年第 7 期。

盖淑华：《标记理论在语言习得中的作用》，《四川外语学院学报》2002 年第 3 期。

唐晨贤：《标记理论在第二语言习得研究中的应用》，《语言与翻译》2005 年第 2 期。

沈家煊：《类型学中的标记模式》，《外语教学与研究》1997 年第 1 期。

王景萍：《汉语量词的语法、语义、语用特征——兼谈对外汉语量词教学》，福建师范大学硕士论文，2001。

曲凤霞：《对外汉语量词教学初探》，辽宁师范大学硕士毕业论文，2002。

林霞：《对外汉语教学中的量词研究》，华中科技大学硕士研究生毕业论文，2004。

白少辉：《个体量词的语义特征和对外汉语教学》，黑龙江大学硕士研究生毕业论文，2002。

杨宗雄：《泰国学生汉语常用名量词习得偏误分析》，云南师范大学硕士论文，2006。

江玉莲：《韩国学生汉语量词使用现状调查研究》，厦门大学硕士毕业论文，2007。

孙雯燕：《对外汉语个体量词教学的层级和方法》，上海外国语大学硕士毕业论文，2007。

刘柏威：《俄汉语量范畴研究》，黑龙江大学博士毕业论文，2006。

王敏媛：《汉语作为第二语言的名量词习得研究》，北京语言大学硕士毕业论文，2007。

张婷：《外国留学生量词习得过程研究》，华中科技大学硕士毕业论文，2004。

黄氏昭鵷：《越南学生汉语“数量名”结构偏误分析》，广西师范大学硕士毕业论文，2008。

周琳：《对外汉语教材同译词语及英语背景留学生使用偏误研究》，北京语言大学硕士毕业论文，2007。

郭晓沛：《对外汉语量词教学的偏误分析》，天津师范大学硕士毕业论文，2006。

黄杨春：《俄汉语表达数量意义的手段及功能对比》，东北师范大学硕士毕业论文，2005。

赵淑贤：《俄汉语数量意义的表达形式和手段对比》，黑龙江大学硕士毕业论文，2001。

李炳吉：《汉韩量词及其对比研究》，东北师范大学硕士毕业论，2008。

许玉玲：《汉日量词比较研究》，天津师范大学硕士毕业论文，2007。

闻广益：《汉语与日语量词对比》，北京外国语大学硕士毕业论文，2007。

阮春面：《现代汉语和越南语数量短语比较研究》，华中师范大学硕士毕业论文，2006。

吴仙花：《中韩量词对比研究——369个韩语量词为中心》，对外经济贸易大学硕士毕业论文，2006。

贺春枝：《基于认知语言学的个体量词词义考察与对外汉语量词教学研究》，内蒙古师范大学硕士毕业论文，2008。

岳巍巍：《从认知角度对比分析中英文量词》，东北师范大学硕士毕业论文，2009。

沈晓琴：《汉日量词的对比研究》，西南交通大学硕士毕业论文，2008。

宋帆：《汉泰语量词比较研究和泰语量词教学》，上海外国语大学硕士毕业论文，2008。

吴丽娜：《汉韩量词对比》，中国海洋大学硕士毕业论文，2008。

秋永善：《韩汉量词对比》，延边大学硕士毕业论文，2006。

龙伟华：《汉泰语量词比较研究》，云南师范大学硕士毕业论文，2004。

韩兰：《汉日量词对比》，延边大学硕士毕业论文，2003。

Ellis. R.，The study of Second Language Acquisition，上海外语教育出版社，1994。

Oxford，R. L.，Language Learning Srtaetgies：what every teacher should know. Newyokr：Newburry House，1990.

Muriel Saville-Troike. Interoducing Second Language Acquisition. BeiJing：Cambridge

university press, 2008.

David Singleton. Exploring the Second Language Mental Lexicon, 世界图书出版公司, 1995。

Eckman F. , Markedness and the contrastive analysis hypothesis, Language learing, 1977, (27).

中亚留学生离合词使用偏误分析

张建民　李晓东

关于“离合词”这一术语，对中亚留学生来说是比较陌生的，因为在他们的母语及俄语词类中没有这类词，也没有这个术语。由于汉语离合词具有可合可离的特殊性，中亚留学生往往很难认知并掌握这类词。他们常常不能辨识哪些是离合词、哪些是一般的动词，而且不知道在什么情况下“合”、在什么情况“离”，更不会类推，举一反三。鉴于中亚留学生学习和使用汉语离合词时存在不少问题，为了探讨其原因及特点，本文选“离合词”为研究对象。通过对中、高级中亚留学生离合词使用偏误现象进行研究分析，将有助于更好地理解中亚留学生的离合词习得过程，而且能够更好地预测学习者的偏误来源，以便更好地指导中亚留学生离合词的教学，从而减少离合词使用的偏误现象。此外，通过中亚留学生离合词偏误俄汉对比分析，有助于我们了解这两种语言在汉语离合词使用方面的差异，教师可针对中亚留学生离合词使用特点选择教学方法并设计练习，从而取得较好的教学效果，同时对适合中亚留学生教材的编写也有一定的参考价值。

一　中亚留学生离合词偏误研究设计

（一）研究对象

本文研究的对象是中、高级汉语水平中亚留学生离合词使用的偏误。本文调查对象是来自新疆师范大学、新疆农业大学汉语水平为中级和高级的中亚留学生。本文所研究的主要是哈萨克斯坦、吉尔吉斯斯坦、塔吉克斯坦的留学生，由于乌兹别克斯坦和土库曼斯坦两国来疆的留学生人数很少，不具有代表性，因此这两国的留学生不在其研究之中。问卷调查共调查 124 名中亚留学生，其中中级 88 名，高级 36 名。具体情况见表 1。

表 1　被调查的中亚留学生信息状况

国家	中级(人)	高级(人)
哈萨克斯坦	33	14
吉尔吉斯斯坦	32	12
塔吉克斯坦	23	10
合　计	88	36

（二）研究问题

本文的研究着重于中、高级中亚留学生在汉语离合词习得过程中存在的一些问题，具体如下：（1）探究中亚留学生离合词使用偏误的类型；（2）中亚留学生中，中级与高级汉语水平的留学生在离合词使用偏误上有什么特点；（3）根据收集的偏误语料及偏误类型进行俄汉对比分析，探究中亚留学生离合词使用偏误的原因。

（三）研究方法

本文采用问卷调查法、数据分析法、访谈法等研究方法，对中亚留学生离合词使用偏误进行全面的考查，具体研究方法如下。首先，本文通过新疆师范大学国际文化交流学院一个学历本科班和一个高级班的中亚留学生，用博雅汉语准中级、中级和高级教材中的 64 个离合词造句（详情见附录 1），以及从他们的日记和作文中收集大量的自然语料，采用实证法对中亚留学生离合词使用偏误进行统计分析，对其偏误进行分类。其次，本文通过问卷调查法对中亚留学生离合词使用状况进行考查，结合语料的整理分析，试图归纳出中亚留学生使用离合词时的一些特点和规律。按照本文研究任务，笔者针对离合词能扩展这一特点，自行编制了中、高级中亚留学生使用离合词状况调查的问卷，本问卷主要从离合词的扩展方式的角度考查中亚留学生离合词使用状况，由 30 道连词成句题组成（详情见附录 2），其中 T18、T19、T20、T22、T23 五道题是考查动补型离合词的使用特点，其余 25 道题是考查动宾型离合词的使用特点。调查共发放了 130 份问卷，其中对中级班发放了 90 份问卷，收回有效问卷 88 份；对高级班发放了 40 份问卷，收回有效问卷 36 份。

（四）研究范围

本文以博雅汉语准中级、中级和高级教材里的双音节离合词作为本研究的范围，包括动宾式和动补式两种常见的类型。选择博雅汉语教材里的双音节离合词作为本文的研究范围，其原因是博雅汉语教材里的生词基本按照词频编排，比如：《博雅汉语——准中级加速篇Ⅱ》是“博雅汉语”系列精读教材的准中级部分之一，适合基本掌握汉语甲级词汇和语法的学习者使用，它提供与本阶段学习者水平相适应、篇幅长短适度的语言材料，引导学习者在阅读理解课文的过程中获得汉语言文化知识；同时，结合专门的语法、词汇和汉字等方面的学习，让学习者理解并掌握目标语言结构，进而达到准中级汉语水平。

二　中亚留学生离合词偏误统计

（一）中亚留学生离合词偏误结果统计

本文从中亚留学生的造句练习、日记、作文中收集偏误语料，以及问卷调查两种方式对中亚留学生离合词使用偏误进行统计。

1. 偏误语料的数据统计

通过造句练习以及他们的日记和作文，本次调查共收集了 1837 个句子，中级 1019 个句子，高级 818 个句子，其中有 1532 个句子中亚留学生把离合词当作一个普通的动词或名词合起来用，扩展使用的只有 305 个句子，出现偏误的句子有 228 个。具体情况见图 1。

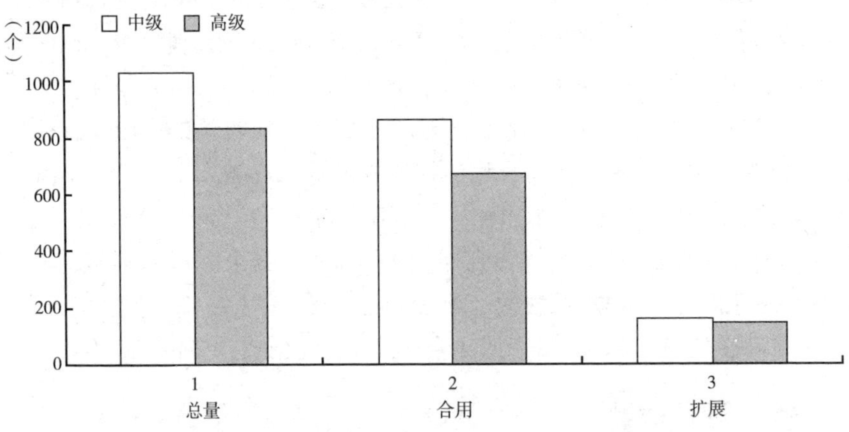

图 1　中、高级汉语水平中亚留学生离合词使用情况

中、高级汉语水平的中亚留学生对离合词合起来使用正确的数量明显高于偏误的数量。这主要是由于留学生对离合词的特点和用法掌握得不好，没有把离合词当作一类特殊的词对待，离合词既可以合用也可以扩展使用，在合用时大多数离合词的句法功能和一般的动词基本相同，如“放假”合用时可以充当合任主语、合任谓语、合任宾语、合任定语、合带状语、合带补语等句子成分，例句“放假是学生们最期盼的”、“北京大学放假了”、“元旦期间学校决定放假”、“我打算利用放假的机会去拜访一位老朋友”、“学校 1 月 15 日放假”、“春节期间，工厂放假七天”等。留学生在造句或写作文、日记时，常常把离合词仿照一般的动词使用，其正确率也很高，出现偏误的句子主要是离合词的一些特殊用法导致的，如大多数离合词是不及物动词，不能直接跟宾语，而他们在使用时却跟了宾语。

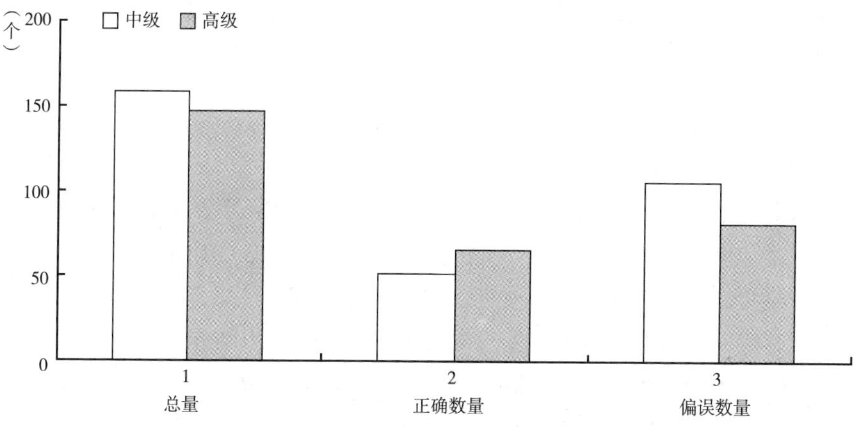

图 2　中、高级汉语水平中亚留学生离合词扩展使用情况

中、高级汉语水平的中亚留学生对离合词扩展使用的偏误数量要高于正确的数量。中亚留学生在使用离合词时出现扩展形式的偏误。在语料的整理过程中，我们发现有一定数量的中亚留学生在离合词扩展使用时知道把一些成分插入到离合词中间，但是在他们扩展时会出现插入的内容不全、插入了不该插入的成分或者是整个扩展部分在句中的位置不正确等偏误形式。例如“他去上海出过一趟差”这个句子中亚留学生会出现以下偏误形式：“他去上海出过差一趟”、“他去上海一趟出过差”、“他去出过一趟差上海”等。

再如“小王做起事来，谁都放心”这个句子中亚留学生会出现“小王做起来事，谁都放心”这类偏误，插入了不该插入的成分。这说明中亚留学生对离合词的扩展形式掌握不准确，不知道哪种扩展形式需要插入哪些成分（见图2）。

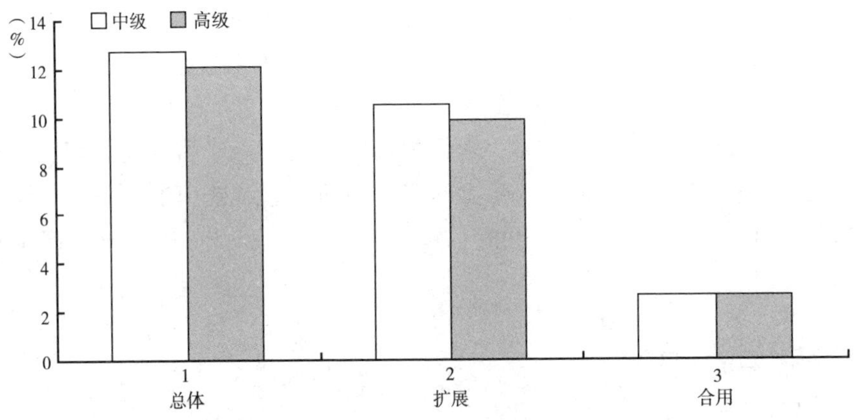

图3　中、高级汉语水平中亚留学生离合词使用偏误率

从图3可以看出，中、高级汉语水平的中亚留学生对离合词扩展使用的偏误率明显高于合用时产生的偏误率。同时也可以看到中、高级汉语水平的中亚留学生对离合词使用的总体偏误率不高，这并不能代表中亚学生对离合词掌握得好，这与问卷调查数据统计结果相差较大，尤其是与中级汉语水平的中亚留学生离合词使用偏误率为62.7%相差很大，其主要有两方面的原因：一是中亚留学生把离合词当作普通的动词来用，对其特殊用法掌握得不好；二是学生怕出错或不会扩展，在使用时常常采用了回避策略。

2. 问卷调查偏误统计

本次调查对中级班发放了90份问卷，收回有效问卷88份，共收集了2633句子，其中正确的句子有986个，错误的句子有1647个；对高级班发放了40份问卷，收回有效问卷36份，共收集了1080句子，其中正确的句子有644个，错误的句子有436个。

根据问卷调查的数据，我们对中级汉语水平中亚留学生离合词使用情况进行了数据统计，具体情况见表2。

表 2　中级汉语水平中亚留学生离合词使用状况统计

类型	离合词偏误类型		正确(个)	正确率(%)	偏误(个)	偏误率(%)
动宾型	V+了+O	T4	15	17	73	83
	V+着+O	T7	46	52.2	42	47.8
	V+过+O	T8	53	60.2	35	39.8
	V+的+O	T12	10	11.3	78	88.7
	V+人称代词+(的)+O	T17	27	30.6	61	69.4
	V+疑问代词+(的)+O	T14	32	36.3	56	63.7
	V+短语(偏正/联合)+O	T1	18	20.4	70	79.6
	介宾结构+VO	T28	50	56.8	38	43.2
	V+(了/过)+数+量+O	T10	34	38.6	54	61.4
	V+(了/过)+名+O	T5	6	6.8	82	93.2
	V+了+O、V+个+O	T6	8	9.1	80	90.9
	V+(一)点儿+O	T21	28	31.8	60	68.2
	V+(了/过)+补(动量)+O	T11	15	17	73	83
	V+(了/过)+补(时量)+O	T13	47	55.7	41	44.3
	V+补(上)+(了)+O	T3	31	35.2	57	64.8
	V+补(起来)+(了)+O	T15	28	31.8	60	68.2
	V+补(结)+(了)+O	T16	42	47.7	46	52.3
	V+(了/过)+动+(的)+O	T25	3	3.4	85	96.6
	V+(了/过)+形+(的)+O	T30	45	51.1	43	48.9
	V+不/没+VO	T2	76	86.3	12	13.7
	VO+V+补语	T24	56	63.6	32	36.4
	V+VO	T29	48	54.5	40	45.5
	倒装句式“连……也”	T9	23	26.1	65	73.9
	倒装句式“把”字句	T26	59	67	29	33
	倒装句式“什么+也+没”	T27	15	17	73	83
动补型	V+得+O	T18	24	27.2	64	72.8
	V+得+O	T20	57	64.8	31	35.2
	V+不+O	T19	27	30.6	61	69.4
	V+不+O	T22	26	29.5	62	70.5
	VO+宾语	T23	37	42	51	58
总　计			986	37.3	1647	62.7

从表 2 来看，统计数据表明，中级汉语水平的中亚留学生对离合词的扩展形式掌握得不好，在 30 道题中只有 5 道题正确率高于 60%，它们是 T8

“V + 过 + O”、T2 “V + 不/没 + VO”、T20 “V + 得 + O”、T24 “VO + V + 补语”、T26 “倒装句式‘把’字句”，其中 T8、T2、T24、T26 四道题是动宾型离合词扩展类型，只有 T20 是动补型离合词扩展类型；正确率低于 20% 有 7 道题，它们是 T4 “V + 了 + O”、T12 “V + 的 + O”、T6 “V + 了 + O、V + 个 + O”、T5 “V + （了/过） + 名 + O”、T11 “V + （了/过） + 补（动量） + O”、T25 “V + （了/过） + 动 + （的） + O”、T27 “倒装句式‘什么 + 也 + 没’”，其类型均为动宾型离合词扩展类型。T2、T8、T24、T20 类型的特点是语义单纯，并且都有明显的形式标志，对学生来说，比较容易掌握，值得注意的是 T18、T20 都是同一个类型，但是它们的正确率却相差较大，其原因是学生对 T20 中的词语扩展式“听得见”比较熟悉、接触较多；T26 类型的特点是使用频率高，在书面语或口语中经常出现，这是它们的正确率排在前面的主要原因。T4、T12、T6 类型虽然扩展形式比较简单，但是学生的正确率较低，其原因主要是学生对它们的扩展不熟悉、使用得较少，再加上已有目的语知识的干扰，如 T4 “V + 了 + O”，中亚留学生常常受句末语气词“了”的干扰，把“了”放在 VO 之后。T5、T11、T25、T27 类型的正确率较低的原因主要有三个方面：一是这些类型的扩展形式相对比较复杂、扩展形式比较灵活；二是学生对这些类型使用频率很少，一般在书面语或口语中出现少，学生接触的机会较少；三是受俄语的负迁移，如 T11 “V + （了/过） + 补（动量） + O”，补语表示动量时，一般都是双音节的，那么加“了、过”时，要在“了、过”后面说明动作的动量，俄语也是由数词 + 动量或时量表示，常常放在动词之后，这就使得留学生常常把动量补语放在 VO 的后面而产生偏误，容易产生按俄语语序“купаюсь три раза”直译类似“洗澡三次”的偏误。

根据问卷调查的数据，我们对高级汉语水平中亚留学生离合词使用情况进行了数据统计，具体情况见表 3。

表 3　高级汉语水平中亚留学生离合词使用状况统计

类型	离合词偏误类型		正确(个)	正确率(%)	偏误(个)	偏误率(%)
动宾型	V + 了 + O	T4	19	52.8	17	47.2
	V + 着 + O	T7	34	94.4	2	5.6
	V + 过 + O	T8	31	86.1	5	13.9

续表

类型	离合词偏误类型		正确(个)	正确率(%)	偏误(个)	偏误率(%)
动宾型	V＋的＋O	T12	4	11.1	32	88.9
	V＋人称代词＋(的)＋O	T17	17	47.2	19	52.8
	V＋疑问代词＋(的)＋O	T14	20	55.6	16	44.4
	V＋短语(偏正/联合)＋O	T1	22	61.1	14	38.9
	介宾结构＋VO	T28	30	83.3	6	16.7
	V＋(了/过)＋数＋量＋O	T10	24	66.7	12	33.3
	V＋(了/过)＋名＋O	T5	8	22.2	28	77.8
	V＋了＋O、V＋个＋O	T6	17	47.2	19	52.8
	V＋(一)点儿＋O	T21	19	52.8	17	47.2
	V＋(了/过)＋补(动量)＋O	T11	8	22.2	28	77.8
	V＋(了/过)＋补(时量)＋O	T13	33	91.7	3	8.3
	V＋补(上)＋(了)＋O	T3	26	72.2	10	27.8
	V＋补(起来)＋(了)＋O	T15	22	61.1	14	38.9
	V＋补(结)＋(了)＋O	T16	24	66.7	12	33.3
	V＋(了/过)＋动＋(的)＋O	T25	5	13.9	31	86.1
	V＋(了/过)＋形＋(的)＋O	T30	31	86.1	5	13.9
	V＋不/没＋VO	T2	35	97.2	1	2.8
	VO＋V＋补语	T24	26	72.2	10	27.8
	V＋VO	T29	28	77.8	8	22.2
	倒装句式“连……也”	T9	19	52.8	17	47.2
	倒装句式“把”字句	T26	35	97.2	1	2.8
	倒装句式“什么＋也＋没”	T27	9	25	27	75
动补型	V＋得＋O	T18	11	30.6	25	69.4
	V＋得＋O	T20	30	83.3	6	16.7
	V＋不＋O	T19	18	50	18	50
	V＋不＋O	T22	21	58.3	15	41.7
	VO＋宾语	T23	18	50	18	50
总　计			644	59.6	436	40.4

从表3来看，统计数据表明，高级汉语水平的中亚留学生对离合词的扩展形式正确率达到了59.6%接近于60%，在30道题中有15道题的正确

率高于60%，它们是T1、T2、T3、T7、T8、T10、T13、T15、T16、T20、T24、T26、T28、T29、T30，其中T2、T7、T8、T13、T20、T26、T28、T30这8道题的正确率达到了80%以上，中亚留学生对离合词的扩展形式掌握不均衡，有5道题的正确率低于30%，它们是T5“V+（了/过）+名+O”、T11“V+（了/过）+补（动量）+O”、T12“V+的+O”、T25“V+（了/过）+动+（的）+O”、T27“倒装句式‘什么+也+没’”，同时这些题在中级汉语水平的正确率也很低，分别为6.8%、17%、11.3%、3.4%、17%，这表明这几个句型在中级和高级阶段的教学中都没有受到应有的重视，导致学生的掌握情况普遍不好，应该引起教学者的注意。

下面我们从离合词的类型上具体来看中级和高级汉语水平的中亚留学生离合词使用偏误状况。

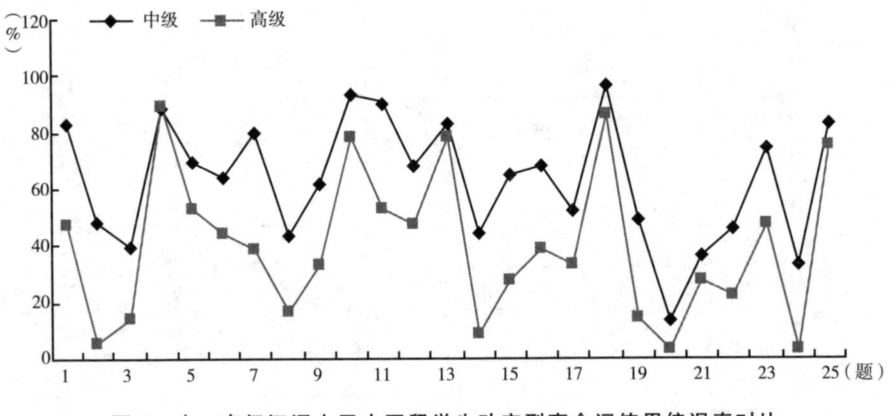

图4　中、高级汉语水平中亚留学生动宾型离合词使用偏误率对比

从图4来看，中级汉语水平的中亚留学生对动宾型离合词使用偏误率普遍高于高级汉语水平的中亚留学生，在编制的25道题中有15道题的偏误率在60%以上，剩下的10道题大多在40%左右，最低的一道题的偏误率为13.7%，这表明中级汉语水平的中亚留学生对动宾型离合词的用法普遍掌握得不好；而高级汉语水平的中亚留学生对动宾型离合词使用偏误率相对较低，只有5道题的偏误率在60%以上，大部分题在60%以下，其中有7道题的偏误率比较低，其偏误率在20%以下，这表明高级汉语水平的中亚留学生对动宾型离合词的用法整体上掌握得不错。总的来看，中级和高级汉语水平中亚留学生对动宾型离合词使用的偏误率，呈现出随着汉语水平级别的上升而下降的整体趋势。

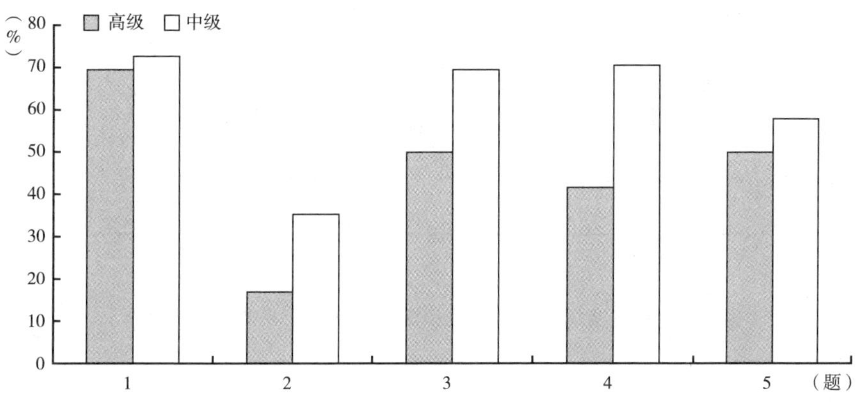

图 5　中高级汉语水平中亚留学生动补型离合词使用偏误率的统计

从图 5 来看，中级汉语水平的中亚留学生对动补型离合词使用的偏误率高于高级汉语水平的中亚留学生，在编制的 5 道题中有 3 道题的偏误率在 60% 以上，剩下的 2 道题中还有 1 道接近 60%，这表明中级汉语水平的中亚留学生对动补型离合词的用法普遍掌握得不好；而高级中有 1 道题的偏误率在 60% 以上，有 2 道题的偏误率达到了 50%，只有 1 道题的偏误率比较低，这表明高级汉语水平的中亚留学生对动补型离合词的用法整体上掌握得一般。总的来看，中级和高级汉语水平中亚留学生对动补型离合词使用的偏误率，呈现出随着汉语水平级别的上升而下降的整体趋势。

从图 6 来看，中级汉语水平的中亚留学生对离合词使用的偏误率高于高级汉语水平的中亚留学生，在编制的 30 道题中有 18 道题的偏误率在 60% 以上，剩下的题也多集中在 40% ~60%，只有 5 道题在 40% 以下，这表明中级汉语水平的中亚留学生对离合词的用法普遍掌握得不好；而高级汉语水平的中亚留学生对动宾型离合词使用的偏误率相对较低，只有 5 道题的偏误率在 60% 以上，而且有 7 道题的偏误率比较低，其偏误率在 20% 以下，这表明高级汉语水平的中亚留学生对动宾型离合词的用法普遍掌握得不错，只是对个别的几种离合词扩展形式掌握得不太好。从整体上看，汉语水平越高的中亚留学生对离合词的特点和用法掌握得越好，而且偏误率也

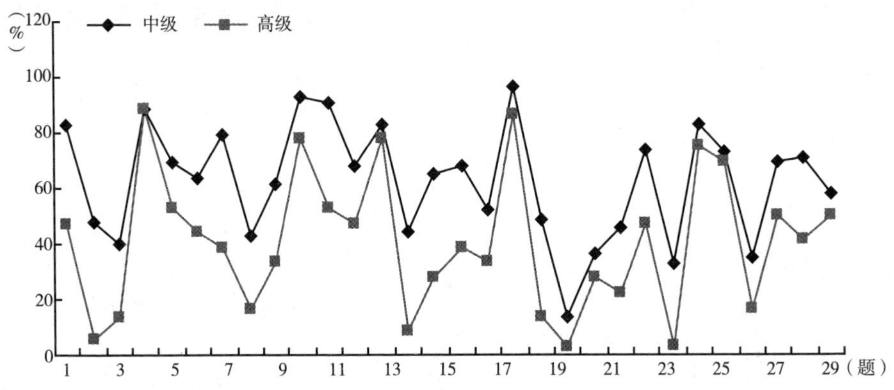

图 6　中、高级汉语水平中亚留学生离合词使用偏误率的统计

随着汉语水平的上升而下降，也就是汉语水平的高低和正确率的高低成正比关系。

（二）中亚留学生离合词偏误类型

离合词在对外汉语教学中是一个教学难点，中亚留学生往往把这些词当作一个普通动词来使用，对其特殊用法不熟悉，于是就出现了“结婚她、报名过了、见面见面”等偏误。中亚留学生在使用离合词时，有时采用回避方式，但是大部分离合词与生活相关，无法避开。这些无法避开的偏误的出现呈现一定的规律性。鲁健骥（1994）在谈中介语时提出中介语偏误的四种类型：成分多、成分缺失、成分误代、成分错位。留学生离合词使用的偏误主要属于成分错位。高思欣（2002）把偏误类型分为五类：插入的偏误、重叠的偏误、倒装的偏误、脱落的偏误、词性偏误。韩明（2003）把离合词的各种复杂的扩展形式分为：用助词扩展、用补语扩展、用定语扩展、用其他成分扩展。郑海丽（2005）把偏误类型概括四类：助词扩展的偏误、补语扩展的偏误、定语扩展的偏误、其他成分扩展的偏误。这些分类总的来说很全面，为了便于对这些偏误进行分析，本文参考上面的偏误类型把中亚留学生在使用离合词过程中常出现的偏误分类，下面我们从动宾、动补两类离合词进行分类。

根据收集到的 228 个偏误语料，对其中高级汉语水平离合词使用偏误进行数量的统计和分类，具体情况见表 4：

表 4　中高级汉语水平离合词使用偏误类型统计表

<table>
<tr><th>离合词类型</th><th>偏误类型</th><th>中级偏误数量</th><th>例句</th><th>高级偏误数量</th><th>例句</th></tr>
<tr><td rowspan="9">动宾型离合词</td><td>助词扩展</td><td>24</td><td>*我已经报名过了。</td><td>17</td><td>*我从来没触电过。</td></tr>
<tr><td>补语扩展</td><td>23</td><td>*你把这些东西都要打包好。</td><td>18</td><td>*他跟爸爸打架了起来。</td></tr>
<tr><td>定语扩展</td><td>24</td><td>*这种病要命了很多人。</td><td>18</td><td>*我们俩做了一天的工，赚钱了几十块钱。</td></tr>
<tr><td>宾语扩展</td><td>17</td><td>*不要道谢我，我帮你的忙是当然的。</td><td>13</td><td>*孩子！你千万不要说谎自己的父母。</td></tr>
<tr><td>倒装</td><td>4</td><td>*孩子把洗手得很干净。</td><td>6</td><td>*他什么也没吃亏过。</td></tr>
<tr><td>重叠</td><td>10</td><td>*我们昨天见面了见面。</td><td>6</td><td>*我们向他招手招手。</td></tr>
<tr><td>语素脱落</td><td>3</td><td>*今天我请客了几个朋友，妈妈为了她做好多菜。</td><td>3</td><td>*在谈中过了一个半小时，就该吃午饭了。</td></tr>
<tr><td>词性</td><td>6</td><td>*我很喜欢参加赛车。</td><td>3</td><td>*我爸爸偶尔楚见爷爷的显灵。</td></tr>
<tr><td>误代</td><td>8</td><td>*我每天早晨过目文章，以便熟悉内容。</td><td>6</td><td>*我的手机没电了，你帮我触电一下。</td></tr>
<tr><td rowspan="3">动补型离合词</td><td>加“得”</td><td>4</td><td>*王大爷八十岁了，他还听见得。</td><td>3</td><td>*老师的要求我达到得。</td></tr>
<tr><td>加“不”</td><td>4</td><td>*他太困了，我叫醒不他。</td><td>4</td><td>*没时间吃早饭，时间不顾上了。</td></tr>
<tr><td>VO+宾语</td><td>2</td><td>*他们对方打败了。</td><td>2</td><td>*他们打对方败了。</td></tr>
</table>

从表 4 中，可以看到中亚留学生在离合词使用时出现的偏误类型及数量。在第三章里将对中亚留学生出现的离合词偏误从动宾、动补两类离合词逐类进行汉俄对比分析。

（三）中亚留学生离合词偏误俄汉对比分析及特点

1. 动宾型离合词偏误俄汉对比分析

在离合词类别中，动宾型离合词所占比例最大，本文在语料搜集过程中，发现动宾型离合词的分离扩展方式最为灵活丰富，是外国学生汉语学习的难点，也是本文分析的主要内容，下面就收集到动宾型离合词的偏误分类说明。

（1）助词扩展形式的偏误分析

一般来说，大多数离合词都可以插入“了、着、过”，同时在扩展时也可以插入“的”。《现代汉语词典》大约有3310个离合词，其中大部分可以插入“了、着、过”，只有少数是凝固的离合词，不能插入“了、着、过”。这些助词一定要放在两个语素的中间，否则就会出现下面的偏误。

● V+了+O

中亚留学生对“了”的用法掌握得不是很好，学生往往不清楚什么时候插入“了”、什么时候“了”放在句末、什么时候用“了”、什么时候不用“了”，他们在使用过程中就出现了下面的偏误。

第一种，该插入“了”而没有插入。例如：

1）他大学一毕了业就找到理想的工作。

*他大学一毕业了就找到理想的工作。

По окончании института он сразу нашел работу.

第二种，该将“了”放在句末却插入句中。例如：

2）我朋友的爸爸妈妈离婚了。

*我朋友的爸爸妈妈离了婚。

Родители моего друга *развелись*.

第三种，该用“了”却没有用 。例如：

3）孩子满月了。

*孩子满月。

Ребёнку *исполнился* месяц.

第四种，不该用“了”时却用了。例如：

4）我的儿子刚满一个月。

*我的儿子刚满了一个月。

Моему сыну только *исполнился* месяц.

“了”结构助词放在动词后表示动作已经完成或事情已经发生，称其为“了1”，句末语气词“了”称其为“了2”。但离合词所代表的动作已经完成，在扩展时中间要插入“了”。俄语中的“了”常常通过动词过去时和完成体或者加相应的时间副词来表示，如用“По окончании”、“развелись”、“исполнился”、“исполнился”整体来表示完成，学生无法从俄语中体会到“了”的相应位置，因而出现了上述偏误。

● V+着+O

该插入助词“着”而未插入。例如：

5）外面正下着雨呢。

＊外面正下雨着呢。

На улице *идёт* дождь.

6）他正上着课呢。

＊他正上课着呢。

Он сейчас *на* уроке.

在汉语中，如果强调的是动作的持续，即当表示动作的进行或动作完成后的一段持续状态的时候，就在VO中间加“着”；然而，俄语如果强调的是动作的持续或进行时，常常通过动词未完成体的现在时表示或者加相应的时间副词表示，如例句俄语用现在时的“Идёт”和时间词加现在时的“сейчас”就能表示进行，学生无法从中体会到对应的汉语表达。

值得注意的是，一些词在书面语中无插入“着”的扩展式，但在口头交流时常常使用这一扩展形式。比如“打架、打工”在文献中未发现“打着架”、“打着工”的表达，但我们口头上常常表达为“我进门时，两个孩子正打着架呢。”“他还在打着工呢！”。可见，我们首先要掌握动宾型离合词在表示动作持续进行时的结构形式：即V＋着＋O，其次要灵活掌握书面用语与口头表达时的使用情况。

- V＋过＋O

该插入助词“过”而未插入的偏误。例如：

7）我已经报过名了。

＊我已经报名过了。

Я *уже зарегистрировался*.

8）他从没打过架。

＊他从没打架过。

Он никогда не *дрался*.

汉语如果强调的是过去的经历，即当动作表示过去曾经或已经发生过的事情，“过”通常要放在VO的中间；俄语常常通过时间词“уже”及动词完成时的过去式来表示。如例句中“уже зарегистрировался”、“дрался”就能表示“过去”。

此外，“过”的扩展形式在现代汉语以及人们口语表达中使用频率都是比较高的，据统计，可插入“过”的离合词占73%。可以看到“报过名、吵过架、上过网”等表达，扩展形式为“V＋过＋O”。对于“过”后还可以带V的补语成分或O的宾语成分这一现象，我们将在插入补语和插入宾语成分中同“了”后带补语与宾语的现象一同进行论述。

● V＋的＋O

该插入“的”时，而没插入的偏误。例如：

9）他赚很多的钱。

＊他赚钱的很多。

Он *заработал* много денег.

例句9）可以有两种正确说法：“他赚的钱很多”、“ 他赚钱赚得很多”。因此，例句9）的偏误可以说是未正确插入“的”而造成的，也可以说是在加补语时未正确地重复VO式离合词中的动词性成分V而造成。汉语中动宾型离合词“的”主要用来对事实作描述或说明时间、地点、对象；俄语中对应的“的”通常用被动形式或现在时表示。例如“заработанные многие деньки”翻译时留学生找不到“的”对应位置常常把“的”放在VO之后，而出现“他赚钱的很多”这样的偏误。

（2）补语扩展形式的偏误分析

离合词可插入结果补语、趋向补语、时量补语和动量补语。插入“着”的离合词不能同时再插入补语，但离合词插入“了、过”后还能再插入补语。本文将按照可插入的四类补语进行分类来分析中亚留学生补语扩展形式的偏误。

● V＋补（结）＋（了）＋O

动宾型离合词在VO之间有时需要插入结果补语，留学生却常常在需要插入结果补语时未能插入的偏误。例如：

10）我们看完病后去吃饭。

＊我们看病完后去吃饭。

После осмотра болезни мы будем обедать.

11）理完发后，去吃饭。

＊理发完后，去吃饭。

Мы *постриглись и пошли кушать* .

在这些偏误例句中，学生把“看病、理发”看作不可分割的词语，没把补语放在VO之间，而是把补语加在VO之后。普通动词加补语，补语可加在动词之后，而不能插在动词的语素中间，但是动宾型离合词的补语必须要插入 VO 中间。俄语中的结果补语常常通过动词完成体过去时或用完成体的副动词表示。例如:“После осмотра болезни”、“ *постриглись*”。

● V+补(趋)+(了)+O

动宾型离合词在 VO 之间有时需要插入趋向补语，留学生却常常在需要插入趋向补语时未能插入的偏误。例如:

12) 唱起歌，跳起舞。

*唱歌起，跳舞起。

Начинай петь и *танцевать*.

13) 小王做起事来，谁都放心。

*小王做事起来，谁都放心。

Когда Сяо ван *работает*, все спокойны.

如果表示动作的结果、动作达到一定的目的、动作的开始并继续等意义时，单纯的趋向动词要放在 V 之后: V+趋向动词(如上、下、出、起)+O，如“唱起歌、跳起舞”；复合的趋向动词一般要把 O 放在趋向动词的中间: V+趋向动词(如下、出、起)+O+(来)，如“小王做起事来，谁都放心。”。俄语常常通过完成体过去时或带动作开始的前缀词来表示。例如:“запевался и танцевался”、“работает”。

● V+(了/过)+补(动量)+O

动宾型离合词在 VO 之间有时需要插入动量补语，留学生却常常在需要插入动量补语时未能插入的偏误，留学生常常把动量短语放在 VO 的后面。例如:

14) 因为现在是夏天，天气太热，所以我每天洗三次澡。

*因为现在夏天，天气太热，所以我每天洗澡三次。

Из-за того, что сейчас лето, погода слишком жаркая, поэтому я *купаюсь три раза* в день.

15) 他去上海出过两趟差。

*他去过上海出差两趟。

Он *два раза был в комадировке* в Шанхае.

补语表示动量时，一般都是双音节的，那么加“了、过”时，要在“了、过”后面说明动作的动量或时量；俄语也是由数词+动量或时量表示，常常放在动词之后，这就使得留学生常常把动量或时量补语放在 VO 的后面而产生偏误，容易产生按俄语语序“купаюсь три раза”、“два раза был в комадировке”直译类似“洗澡三次”、“出差两趟”的偏误。

● V+（了/过）+补（时量）+O

动宾型离合词在VO之间有时需要插入时量补语，留学生却常常在需要插入时量补语时未能插入的偏误，留学生常常把时量短语放在VO的后面。例如：

16）你能不能写字用点儿心。

*你能不能写字用心点儿。

Ты можешь немножко *внимательней* писать.

17）我请了两天假。

*我请假了两天。

Я *просил* отпуск на два дня.

补语表示时量和“了、过”同用时，可放在“了、过”的后面。例如：

18）我们公司的老板小时候只读过三年书。

*我们公司的老板小时候只读书过三年。

Наш начальник в дедстве *учился* в школе только 3 *года*.

19）圣诞节的时候，我们放了三天假。

*圣诞节的时候，我们放假了三天。

Когда праздник рождества, у нас *были* отпуски *на* 3 *дня*.

在V+（了/过）+补（时量）+O这种形式中，也可以在O前加“的”，即：V+（了/过）+补（时量）+的+O。例如：

20）我们加了两天的班。

*我们加班了两天的。

я *работал* добавочной сменой на два дня.

通过对比我们可以看出，俄语常常把时量补语放在VO的前面或后面。如例句16）把时量补语放在VO的前面，例句17）、18）、19）、20）都把时量补语放在VO的后面。

值得注意的是，并不是所有的动宾型离合词的量词补语都必须放在VO之间，极个别的一定要放在VO之后。比如“我从没抱怨过他”，这样的离合词不多。

此外，离合词可插入结果补语、趋向补语、动量补语和时量补语。插入“着”的离合词不能同时再插入补语，但离合词插入“了、过”后还能再插入补语。

（3）定语扩展形式的偏误分析

定语扩展形式的偏误是中亚留学生离合词使用偏误中数量较多的一种类型，VO式离合词在V、O之间常常要插入定语，分别由数量短语、名词、代词（指示、人称、疑问）、形容词等充当，其结构包括："V+（了/着/过）+数量短语+O"、"V+名词+O"、"V+代词+O"、"V+形容词+O"等形式。留学生容易出现的偏误是直接在离合词前面或者后面加上名词或其他词语。

● V+（了/过/着）+数量短语+O

动宾型离合词在VO之间有时需要插入数词、量词或数量短语，留学生却常常在需要插入数词、量词或数量短语时未能插入的偏误，留学生常常把数量短语放在VO的前面或者后面。例如：

21）三年前她洗了最后一次澡。

＊她三年前洗澡了最后一次。

Она *последний раз* купалась три года назад.

22）这种病要了很多人的命

＊这种病要命了很多人。

Это болезнь *провела* к смерти многих.

俄语常常把数量短语放在VO的后面。如例句21）、22）中的"最后一次"、"很多人"对应的俄语是"последний раз"、"многих"都放在VO的后面，受俄语的影响留学生常常把数量短语放在VO的后面而产生偏误。

表示宾语的数量时，数词、量词或数量短语放在动态助词的后面，扩展形式为"V+（了、着、过）+数+量+O"。例如：

23）理了发，再洗个澡。

24）为了表示感谢，他向我们深深地鞠了一躬。

25）他跟老师吵了一架。

26）请你把这个计划过一下目。

27）请你把这个饭打一下包。

值得注意的是，数词是"一"的时候，可省略为"洗个澡"、"鞠个躬"这种形式；如果表示建议性的情况还可把量词省略，成为"见一面、鞠一躬"的形式，这里我们把"个"作为数量定语。俄语中"个、一、一下"翻译时都没有对应的词。如"洗个澡"、"鞠个躬"、"过一下目"、"打一下包"分别翻译成"купалась"、"поклониться"、"посмотреть"、 “положить на пакете”。

● V＋代＋（的）＋O

动宾型离合词插入的代词有：人称代词、疑问代词。具体分析如下：

◆ V＋人称代词＋O

动宾型离合词在VO之间有时需要插入人称代词，留学生常常会出现偏误。例如：

28）玛丽伤了她父母的心。

＊玛丽伤心了她的父母。

Мали рассердила *своих родителей.*

29）她好心好意地帮他个忙，他反倒骂起她来。

＊她好心好意地帮个忙他，他反倒骂起她来。

Она добродушием *помогла* ему, а он наоборот ругать её.

例句28）、29）受俄语的影响在引出VO的对象时，把这个对象放在了VO宾语的位置上。“伤心”、“帮忙”等都是不及物动词，它们的对象只能放在O的定语位置上，如“伤了她父母的心”、“帮他个忙”等。

◆ “V＋疑问代词（什么）＋O”

动宾型离合词在VO之间有时需要插入疑问代词，俄语中常常把疑问代词放在VO的前面或后面，留学生常常会出现偏误。例如：

30）时间还早，你着什么急！

＊时间还早，你着急什么！

Пока ещё раноза чем ты *торопишся*!

动宾型离合词在VO之间有时需要插入疑问代词，表示说话人不满意、不屑或者表示否定的语气时使用。俄语也可以用疑问代词表示不满意、不屑或者表示否定的语气，只是位置不在VO之间。例如：

31）没事，你请什么假！（不满）

＊没事，你请假什么！

За чем ты без причин *просишь* отпуск!

32）你生什么气呀！（不屑）

＊你生气什么呀！

За чем ты *сердишься*!

33）对我们班，你操过什么心！（否定）

＊对我们班，你操心过什么！

Для нашей группы ты хоть что-нибудь *сделал*!

● V+（了/过）+名+（的）+O

动宾型离合词在VO之间有时需要插入名词时，留学生常常会出现偏误。例如：

34）老师上课前都要点学生的名。

＊老师上课前都要点名学生。

до начала урока преподаватель *проверяет кто отсутствует на уроке.*

当VO带宾语的时候，宾语多放在VO的中间，使VO逻辑上的宾语成为"O"的定语。如例句34）"老师上课前都要点学生的名。"而俄语表达时只需说"老师点名"，即"преподаватель *проверяет кто отсутствует на уроке.*"，对象不需要出现。

● V+（了/过）+形+（的）+O

动宾型离合词在VO之间有时需要插入形容词时，留学生常常会出现偏误。例如：

35）吃大亏了。

＊吃亏大了。

Нёс большой ущерб.

当需要用形容词对动宾型离合词中O的性质、状态进行描写的时候，使用"V+（了、过）+形+O"。俄语对应的翻译也是"吃大亏了"，这与汉语的语序相同，这说明留学生对目的语知识掌握不足造成的。

总结留学生VO式离合词中定语插入方面的偏误可以发现，大部分偏误是将离合词当作了普通动词，不是将本该做定语的插在VO之间，而是将它们放在了VO状语和补语的位置上，或用小句来补充说明本可以用定语表达的内容。

（4）宾语扩展形式的偏误分析

动宾型离合词宾语扩展形式的偏误主要有两种：一种是该插入宾语时而未插入，留学生常常将宾语放在整个"VO"之后。例如：

36）他还经常帮你忙吗？

＊他还经常帮忙你吗？

Он всё ещё тебе *помагает*?

另一种是需要介词引入"VO"的对象，俄语常常通过动词或加前置词直接表达。例如：

37）孩子！你千万不要对自己的父母说谎。

＊孩子！你千万不要说谎自己的父母。

Ребята! во что бы то ни стало *лгайте перед своим родилями*.

尽管的 VO 型离合词中已经有一个宾语性成分 O，但有时为了表达的需要，还需要再引出离合词“VO”的对象，这个宾语才是整个 VO 的宾语，即句子的宾语。方法之一是在“V”和“O”中间再加入一个宾语，如例句 36）“他还经常帮你忙吗?”；方法之二是离合词“VO”的对象前加介词，如例句 37）“孩子！你千万不要对自己的父母说谎。”。俄语是通过变格表示“VO”的对象，如例句 36）用“你”的第三格“тебе”表示帮忙的对象，例句 37）用词尾变格表示对某人。

（5）倒装的偏误分析

对留学生来说，掌握倒装形式不是很困难，而是“VO”倒装过来以后的格式怎么用，由于留学生对离合词的这种扩展方式却不能灵活运用，出现一些偏误，例如：

38）他什么亏也没吃过。

＊他什么也没吃亏过。

У него ничего не *несёт ущерб*.

39）他连饭都没吃就走了。

＊他连都没吃饭就走了。

Он ещё *не обедал* и ушёл.

40）孩子把手洗得很干净。

＊孩子把洗手得很干净。

Ребёнок *вымыл руку* очень чисто.

汉语中有时为了突出某一主题，需要将宾语提前。对动宾型离合词而言，也就是动宾结构中将宾语放到述语前的形式。VO 式离合词的动宾之间结构上结合较紧密，但某些高度离合的离合词也能将其中的宾语性语素提前，形成“倒装式”，以收到特殊的表达效果。如“为了约会，他连课都不上了。” “你怎么连澡也不洗，就睡了?”而俄语中用动补结构“несёт ущерб”、“вымыл руку”或单个动词“обедал”进行直接表达而没有将宾语前置，这与汉语离合词的宾语前置表达不同，导致学生出现此类偏误。

（6）重叠的偏误分析

动宾型离合词的重叠与一般动词的重叠形式不同。汉语中单音节动词 A

的重叠式是 AA，例如："看看"、"想想"、"听听"等；双音节动词 AB 的重叠式是 ABAB，例如："研究研究"、"学习学习"、"讨论讨论"等。但动宾型离合词的重叠形式通常是："VVO"、"V 了 VO"、"V 不/没 VO"、"V 一 VO"等，例如："招招手"、"见了见面"、"上不上班"、"读没读书"、"听一听歌"等。留学生在重叠方式上也会出现偏误。例如：

41）我们向他招招手。

＊我们向他招手招手。

Мы *махнули* ему.

42）我们昨天见了见面。

＊我们昨天见面了见面。

Мы вчера *встретились*.

43）今年寒假的时候，我跟朋友去滑冰。

＊今年寒假的时候，我跟朋友去滑滑冰。

Во время каникулых этого года я с друзьями приехались *кататься на коньках* .

例句 41）、42）出错的原因是把离合词与一般动词的 ABAB 重叠式相混，重叠后成了"VOVO"、"VO 了 VO"等形式。例句 43）是不该重叠却重叠了，留学生主要是受口语表达表建议时常常用"VVO"形式的影响进行目的语泛化导致偏误产生。如"我们可以去滑滑冰、唱唱歌、看看书"等。

汉语对应的动宾型离合词重叠式来表示轻松和时间短等的意思。动宾型离合词的重叠形式通常是："VVO"、"V 了 VO"、"V 不/没 VO"、"V 一 VO"等，例如："招招手"、"见了见面"、"上不上班"、"读没读书"、"听一听歌"等；俄语中动词一般不重叠，但是插入"不、没"时要重叠，而且重叠方式和汉语一样。如"上不上班"、"读没读书"对应的俄语是"работал или не работал"、"читал или не читал"。

（7）语素脱落的偏误分析

语素脱落是离合词的高级扩展形式之一，如果灵活运用这种形式能达到简洁流畅、主题突出的表达效果，但是留学生对这种扩展方式的运用并不熟练。主要有两种偏误：该脱落不脱落、不该脱落而脱落。例如：

44）今天我请了几个朋友，妈妈为了她做了好多菜。

＊今天我请客了几个朋友，妈妈为了她做好多菜。

Сегодня я *приглашал друзей* и мама готовила для них много блюд.

45）在谈话中过了一个半小时，就该吃午饭了。

＊在谈中过了一个半小时，就该吃午饭了。

Мы *разговаривали* полтора часа и уже пришло время обедать.

46）天气太热了，我想冲个冷水澡。

＊天气太热了，我想冲个冷水洗澡。

Погода очень жарко，я хочу купаться холодной водой.

在例句44）中，由于另外一个宾语“几个朋友”出现，“客”一定要脱落，但学生并不知道这一点。他们认为“请客”是一个词，“客”不能省略，所以才出现这样的偏误。有些动宾型离合词在一定的句式中，其语素是不能脱落的。在例句45）中“谈话”的“话”是不能脱落的，但留学生恰恰就把“话”脱落掉了，因而出现了偏误。例句46）留学生主要是不清楚“冲”和“洗”是近义词，它们和“澡”搭配使用时只需要其中的一个，而留学生认为“洗澡”是一个词，“洗”不能省略，所以才出现这样的偏误。

（8）词性的偏误分析

在我们调查的数据中，留学生在离合词的词性方面的偏误主要是把动词用作名词。例如：

47）我爸爸偶尔梦见爷爷显灵了。

＊我爸爸偶尔楚见爷爷的显灵。

Мой папа изредка видит дух *дедушки*.

48）我很喜欢参加赛车比赛。

＊我很喜欢参加赛车。

Я очень люблю участвовать в *гонке* машин.

49）今年春天我们学校举行选美比赛。

＊今年春天我们学校举行选美。

В нынешний год весной наш университет устроил *конкурс красоты*.

例句47）中留学生把“显灵”当作名词用主要是留学生把这个词当作动名兼类词造成的，因为汉语当中有许多动名兼类词。例句48）、49）出现偏误的主要原因是因为俄语中“比赛”这个词跟汉语不一样，它是随着比赛前的定语而变，如“赛车比赛”、“选美比赛”对应的俄语是“гонкаконкурс”、“красоты”。受俄语的影响，留学生主要是把“赛车”、

“选美”当作“赛车比赛”、“选美比赛”来用，导致偏误的产生。

（9）误代的偏误分析

在我们调查的数据中，留学生在离合词的使用方面出现了误代的偏误，但是数量不多。例如：

50）我每天早晨看/读文章，以便熟悉内容。

*我每天早晨过目文章，以便熟悉内容。

Я каждый день утром *просмотриваю* текст, чтобы ознакомиться с содержанием.

51）我的手机没电了，你帮我充电。

*我的手机没电了，你帮我触电。

У меня мобильник разрядился, помоги мне *зарядить*.

例句50）中的“过目”和“看”、“读”的意思相近导致留学生把“看文章”、“读文章”误代成“过目文章”。例句51）中的“触电”和“充电”均为动词，都能充当谓语，它们在词性和句法功能方面相同，而且它们意义相关，在结构上都有一个共同的语素“电”字导致留学生把“充电”误代成“触电”。

以上讨论的是中亚留学生学习汉语动宾型离合词的九大类主要偏误，中亚留学生对汉语离合词缺乏深入了解，对离合词的用法和特点掌握的还不够全面、不够系统，这也是中亚留学生产生偏误的主要原因之一。

2. 动补型离合词偏误俄汉对比分析

动补型离合词由单音动词性语素加单音补语组成，这个单音的补语多为动词或形容词。如：“打败、达到、叫醒、听见”等。动补型离合词和动宾型离合词相比，其词性更接近于一般动词，扩展的方式不那么随便，只能在两个语素中间加“得”或“不”，加“得”表示可能，加“不”表示否定，如“达得（不）到、听得（不）见、叫得（不）醒”，除此以外，再不能加其他成分。此外，有些动补结构离合词后面可以带宾语。如：“请打开你的提包”。虽然动补型离合词的用法相对简单，但是中亚留学生在使用时也出现了一些偏误。例如：

52）老师的要求我达得到。

*老师的要求我达到得。

Я смогу *достичь* запросов учителя.

53）王大爷八十岁了，他还听得见。

＊王大爷八十岁了，他还听见得。

Дедушке Вану уже восемьдесят лет, но он ещё может *слышать* .

54）他太困了，我叫不醒他。

＊他太困了，我叫醒不他。

Он очень устал, я наверно не смогу *разбудить* его.

55）他们打败对方了。

＊他们对方打败了。

Они *победили* соперника.

例句 52）、53）、54）出错的原因主要是受俄语的影响，俄语与汉语中离合词能够拆分的特殊用法不同，俄语当中是用“добываю、слышать、разбудить”表示对应的汉语“达到、听见、叫醒”，补语“得、不”对应的俄语是“смогу、не смогу”。一般放在动词之前，没有把“得”、“不”插入这些词中间，其正确的表达形式是：“老师的要求我达得到。”“王大爷八十岁了，他还听得见。”“他太困了，我叫不醒他。”例句 55）出错的主要原因是留学生对“打败”这个词可以带宾语这一用法不清楚而产生的偏误。

3. 中亚留学生离合词偏误特点

本文根据偏误语料、问卷统计结果以及俄汉对比，从动宾型和动补型两种离合词对中高级汉语水平中亚留学生离合词使用状况进行统计分析，归纳出他们在离合词使用偏误方面主要有以下特点。

第一，中亚留学生对离合词的特殊用法常常采用回避策略。根据前文偏误语料的统计结果，中级和高级分别有 84.4% 和 82% 的句子是合起来使用的，而扩展使用的比率分别为 15.6% 和 18% 。这说明大多数留学生都把离合词当作一个普通的动词来用，没把离合词当作一类特殊的词对待，导致留学生在造句或写作文、日记时，常常把离合词仿照一般的动词使用，并且正确率很高，出现偏误的句子主要是离合词的一些特殊用法导致的，如大多数离合词是不及物动词，不能直接跟宾语，而他们在使用时却跟了宾语。扩展使用是离合词区别于一般动词的特殊用法具体体现，而中亚留学生扩展使用的离合词大多是日常生活中使用频率较高的离合词，其扩展形式也比较简单，这表明中亚留学生不论是中级还是高级都对离合词的特殊用法采用了回避策略。

第二，中亚留学生在使用离合词时不会扩展，常常出现“前加式”或

“后加式”的偏误。俄语中没有离合词一说，而汉语中的离合词在俄语中是通过离合词进行体态、语态变化或加一些时间副词、前置词来表达，扩展部分并不插入到离合词当中，这使得中亚留学生不清楚扩展部分应放在什么位置，再加上俄语的语序要求不像汉语那么严格，导致学生不会扩展，而出现扩展部分“前加式”或“后加式”的偏误。如助词扩展，汉语中离合词的助词扩展形式通常是把助词“着、了、过、的”插入到离合词当中，而俄语却通过动词的现在时、过去时、完成体或者加相应的时间副词来表示。例如“外面正下着雨呢。”翻译成俄语是“На улице идёт дождь.”，俄语用表示现在时的“идёт”加“下雨”这个动词“дождь”表示动作的进行，学生常常会出现“外面正下雨着呢。”这种“后加式”的偏误。

第三，中亚留学生对动宾型和动补型离合词使用偏误特点。通过中级和高级汉语水平的中亚留学生对动宾型和动补型离合词使用情况的结果统计分析，我们可以发现他们在动宾型和动补型离合词使用偏误上的一些特点。

在动宾型离合词使用偏误方面，中级汉语水平的中亚留学生对动宾型离合词使用偏误率普遍高于高级汉语水平的中亚留学生，尤其是在助词扩展形式“V+了+O”和“V+的+O”、助词和量词混用扩展形式“V+了+O、V+个+O”、倒装句式“什么+也+没”、定语扩展形式“V+（了/过）+动+（的）+O”和“V+（了/过）+名+O”、补语扩展形式“V+（了/过）+补（动量）+O”等类型偏误率较高，达80%以上，而与中级相比，高级汉语水平的中亚留学生对动宾型离合词使用偏误率相对较低，但在“V+的+O”、“V+（了/过）+动+（的）+O”、“V+（了/过）+名+O”、“V+（了/过）+补（动量）+O”、“什么+也+没”等类型偏误率较高，达70%以上，这几种类型中级汉语水平的中亚留学生离合词使用偏误率也很高，这说明在中级和高级阶段的教学中没有给予重视，导致留学生未能很好地掌握它们的用法。

在动补型离合词使用偏误方面，中级汉语水平的中亚留学生对动补型离合词使用的偏误率平均达到了61.2%，高级偏误率平均达到了45.6%，尽管动补型离合词扩展形式相对简单，但是中亚留学生对动补型离合词的用法普遍掌握得不好，留学生常常把“得”放在离合词的后面，如“他还听见得”，把“不”放在离合词的前面，如“他太困了，我叫醒不他”，这说明留学生对动补型离合词扩展形式不熟悉，不知道“得、不”应放在什么位置。俄语与汉语中离合词能够拆分的特殊用法不同，俄语当中是用“добываю、слышать、разбудить”表示对应的汉语“达到、听见、叫醒”，补语“得、不”对应的俄语是“смогу、не смогу”一般放在动词之前，没有把“得”、“不”插入这些词的中间，受俄语的影响，留学生在使用动补型离合词时常常出现偏误。

三　中亚留学生离合词偏误产生原因

在汉语学习的过程中，离合词的问题是比较普遍的，造成这种现象的原因李大忠曾经用过这样一段话来概括：“外国人因为没有或很少有汉语语感，所以在学习汉语的过程中，每说一句汉语都要受已有的汉语理论的指导，信口乱说的情况是极少发生的，但是由于种种原因，比如学生母语习惯和知识的负迁移，已有的汉语知识的不足，教材或词典中注释的不完备，教师讲解不准确或不全面等，学生在使用汉语的过程中，会经常出现各种错误。这些错误中，绝大多数是汉族人根本不可能犯的。”[①] 因此，造成离合词使用偏误产生的原因是多方面的，本文对中亚留学生离合词使用偏误产生的原因主要从以下三个方面阐述。

1. 语际干扰

第二语言习得的大量研究表明，学习者的母语对第二语言的学习有着重要的影响，存在着语言迁移。影响既有正面的，即帮助学习者第二语言习得的正迁移；也有负面的，即干扰学习者第二语言习得的负迁移。负迁移是造成偏误的主要原因，学习者常把母语中词汇或语法规则套用到汉语上。与此相同，母语文化与第二语言文化的差异大小对第二语言学习者也存在正迁移和负迁移。在母语与第二语言之间语言文化差异较大的情况下，如果第二语言学习者，在第二语言动词学习过程中使用一对一的词义对等方法进行学习，那么母语势必会妨碍二语动词的学习。

母语的负迁移是中亚留学生汉语离合词习得时产生偏误的一个重要原因，他们在学习汉语过程中，其语言知识和经验大部分是从其母语获得的。根据我们对中亚留学生的偏误所进行的分类，我们认为离合词扩展的偏误一定程度上是受母语影响的。由于中亚留学生来自中亚地区不同的国家，母语

---

① 李大忠：《外国人学汉语语法偏误分析》，北京语言大学出版社，1996。

也就各不相同，研究起来比较困难，但他们的官方语言都是俄语，中亚各国留学生交流时也大多用俄语交流，俄语对中亚留学生习得汉语具有一定的影响力，所以本文从俄语的角度进行分析中亚留学生学习汉语离合词的习得过程中产生偏误的原因。下面我们以离合词的几种扩展形式与俄语翻译进行对比，从中我们可以更清晰地看到学生受俄语影响的情况。如离合词补语扩展形式中的“V+（了/过）+补（动量/时量）+O”，补语表示动量或时量时，一般都是双音节的，那么加“了、过”时，要在“了、过”后面说明动作的动量或时量；俄语也是由数词+动量或时量表示，常常放在动词之后，这就使得留学生常常把动量补语放在VO的后面而产生偏误，容易产生按俄语语序“купаюсь три раза”、“два раза был в комадировке”直译类似“洗澡三次”、“出差两趟”的偏误。再如助词扩展形式的偏误，一般情况下汉语中的“了、着、过”放在动词后表示动作已经完成或事情已经发生，但离合词所代表的动作已经完成，在扩展时中间要插入“了、着、过”。俄语中的“了、着、过”常常通过动词过去时和完成体或者加相应的时间副词来表示，如用“По окончании”、“развестились”、“исполнился”、“исполся”整体来表示完成，学生无法从俄语中体会到“了、着、过”的相应位置，因而出现了上述偏误。由此可见，俄语的负迁移对中亚留学生学习汉语离合词的习得过程中产生的偏误有一定的影响。

2. 语内干扰

语内干扰也是中亚留学生离合词使用偏误产生的重要原因之一，本文主要从目的语泛化和目的语本身的难度两方面探讨其原因。

（1）目的语泛化。

指学习者将有限的目的语知识，以类推方式不恰当地套用到目的语新的语言知识上而产生的偏误。随着留学生汉语水平的提高，学生掌握的目的语知识会越来越多，他们便会更多地运用目的语的语法规则进行推论，我们的教学对象多为成年人，逻辑思维能力比较强，这一点会使他们超越单纯用模仿来学语言的局限，把已学到的目的语知识不适当地扩大使用，以大大提高学习效率。但是语言规则并不像逻辑学中的规则那样严格。语言规则是约定俗成的，是模糊的，不是完全可以用理性知识来推断的。如果已有的目的语知识过度泛化就会在使用上出现偏误。例如离合词的重叠形式与普通动词不同，普通动词中单音节动词A的重叠形式是AA，如“说说、写写、问问”等；双音节动词AB的重叠形式是ABAB，如“讨论讨论、休息休息、考虑考虑”等。但大多数动宾式离合词的重叠形式更多的与动宾式词组的重叠式相同，即“VVO”、“V了VO”、“V不/没VO”、“V一VO”等，如“招招手”、“见了见面”、“上不上班”、“读没读书”、“听一听歌”等。留学生知道在表达时量短或动量小的意义时可以采用动词的重叠式，如ABAB，然而他们把这一语法规则从一般的动词泛化到了离合词上，而离合词并不能适应这种规则，很多中高级汉语水平的中亚留学生出现偏误是因为仿照了普通动词的重叠形式。如“我们向他招手招手。”、“你先去听歌一听歌。”、“我们昨天见面了见面。”等。这些句子出错的原因是把离合词与一般动词的ABAB重叠式相混，重叠后成了“VOVO”、“VO一VO”、“VO了VO”等形式。其正确形式应该是：“我们向他招招手。”、“你先去听一听歌。”、“我们昨天见了见面。”。又如“*那时候爸爸经常在那里喝过酒。”汉语中用“过”表示过去的时态，于是这一例中就把“过”加进了“喝酒”中间。然而实际的情况是，过去时态并不是都能用“过”来表达。在这一句中，有了时间副词“经常”，就不能再用“过”了。一个合理合用的句子并不是一条语言规则起作用而生成的，而是很多规则共同协调、制约而生成的。如果一条规则过度泛化，必然会忽略其他规则，造成偏误。

再如，离合词宾语扩展形式的偏误。现代汉语中大多数离合词都是不及物动词，不能直接跟宾语，但是有很多普通动词是及物动词，可以直接跟宾语。学生写出“昨天我们见面他一次。”“老师请客我们。”这样的句子，就是由于他们在学了“他回答得太好了，应该好好鼓励他一下。”“父母照顾我们。”这样的句子后类推出来的，学生不了解，每一种类推动词的要求，尤其是动宾式离合词大多是不及物动词，不可带宾语，随意类推就难免出现偏误。

（2）目的语本身的难度。

离合词是现代汉语中特殊的语法现象。说它特殊，是因为它能“离”能“合”，与其他词语很不相同。学习和掌握离合词，是留学生汉语学习的重要内容，也是他们学好汉语的重要基础知识。每个离合词都有自己的个性特征，在表示不同语法意义时对句中其他成分有不同的要求，离合词本身的复杂性是留学生出现偏误的根本原因。拿动宾式离合词来说，VO式离合词的扩展形式多样化，可以插入助词、补语、定语、宾语等，如：“见过面”、“唱起歌”、“伤了她的心”、“敬你酒”等；还可以重叠、倒装、语素脱落等，如：“招招手、握了握手”、“他连饭也没吃就走了”、“今天我请了几个朋友”等。VO式离合词的扩展形式不但多样而且用法也比较复杂，比如VO式离合词之间插入助词，一般离合词扩展时都可以插入“着”、“了”、“过”，但不是所有的VO式离合词之间都可以插入“着、了、过”的，有些离合词助词的扩展形式有区别于其他词的个性，如“当面”的扩展形式则只能用“着”，很少用“了”、“过”。因此，离合词的扩展具有有限性。离合词的扩展不是完全自由的，每个可离析的复合词AB只能作有限的扩展。虽然同为述宾结构搭配，述宾词组中的动词和名词之间是无限制的长距离搭配，而离合词中的A和B是短距离的、具有可控性和可操作性的搭配。虽然一些离合词的离析形式比较丰富，但AB离析之后，X都是有限的。离合词扩展的有限性还表现在有限的替换性。许多述宾式离合词前后两个成分A和B可以替换的小类成员很少，绝大部分述宾式离合词的动词性成分A只能与少数的名词性成分组合，名词性成分B也只能与少数的动词性成分组合。总之，离合词本身的复杂性不仅给学生的学带来了困难同时也给教师的教出了难题。

3. 教学因素的影响

教学因素的干扰也是中亚留学生离合词使用偏误产生的重要原因之一。本文主要从教材编写的干扰和教师讲解得不够充分两个方面来分析其原因。

（1）教材编写的影响。

从新疆高校所使用的国际汉语教材来看，所用教材对离合词的处理不太科学，其干扰主要表现在以下三个方面。

第一，生词表中的离合词不标注词性。各种教材在处理离合词时存在不一致状况，下面就以《博雅汉语》（中级冲刺篇Ⅰ）（2005）为例作一个分析。在离合词处理方式上，该书第一课生词表用如下方式安排了几个离合词：

4. 发毛　　fā máo　　be scared; be upset 感到害怕或不安　心里发毛

22. 怀孕　　huái yùn　　pregnant 她怀孕五个月了。

在生词表中，教材中没有对“发毛”、“怀孕”表出词性，在练习中未涉及这两个词特殊的用法，这样做似乎不利于留学生对离合词特点的掌握。

第二，离合词在课文和练习中常采用回避策略，离合词的扩展形式展现得不够。以《博雅汉语》（初级起步篇Ⅱ）（2005）为例作一个分析（有

721 个生词，共出现离合词 39 个，占总词汇量的 5.4%）。在离合词处理方式上，该书第 34 课生词表用如下方式安排了几个离合词：

11. 上班 shàng bān　　go to work

12. 上学 shàng xué　　go to school

16. 下班 xià bān　　get off work

课文里出现的例句：

那人们上班、上学都开车吗？

二是车多，上班、下班的时候，马路上的汽车、自行车像河流一样，很壮观。

我们发现该课课文和练习里均未出现离合词扩展的形式。虽然离合词在全部词汇中只占较小比例，但却是常用的词，教材中处理得好坏，教师在教学中讲解得好坏或学生掌握得好坏，直接关系到学生运用的效果。再次，应该对离合词的用法给予足够的重视，细化有关离合词用法的知识。留学生学汉语毕竟不同于中国人，他们没有汉语语感，在这种情况下，他们更需要了解语法规则和一些应用中的限制性条件。学生的偏误最能反映他们对语言知识的实际掌握情况，所以教材在编写时应充分重视偏误分析的结果，以此为参考，写出有针对性的用法和说明。

第三，现行对外汉语教材和教学大纲没有把离合词作为一个重要的语言点较为系统地纳入对外汉语教学体系当中，大多数教材没有把离合词作为一个语法点来介绍，虽然部分对外汉语教材对离合词有介绍，但也是对离合词的基本用法作以简单的介绍，如《博雅汉语》（准中级）第 5 课把离合词作为一个语言点进行简单的介绍，并未对离合词进行系统的介绍。因此，学生难以了解它们的扩展方式、离合程度、用法及特点等。尽管有的在阅读的时候能够理解，但是具体运用起来却常常出现偏误，难以灵活运用。这也是导致留学生不能很好地掌握离合词的原因之一。

（2）教师讲解得不够充分。

教师的讲解对留学生掌握离合词的情况起着十分重要的作用。由于大部分对外汉语教科书里对离合词的语法特点没有一个具体的交代，在教学中教师也容易忽视离合词的使用特点。学习者通常会把离合词看作是一个普通词汇来对待，在往后的句子练习中，加深了这种处理为普通词汇的认识，因而在使用时会造成偏误。比如在离合词之后直接加宾语的情况以及离合词重叠式的错误使用等。这就要求我们的教师应该注意发现教材上的不足之处，给予适当的补充。教师如果没有意识到这一点，学生就可能出现偏误。学生学习这些生词时，主要是靠教师讲解。有些教师在讲解时常常按照教学大纲要求来授课，课文中如何说就如何讲，不作补充讲解。其实，课本中一些语法点的安排并不是很全面的，如一些离合词的多种介引功能，教材中可能只出现最常用的一种，但其他功能也经常用到，这就需要教师进行适当的补充，及时给予解释和说明。否则，就会造成学生的偏误。

总之，任何一种语法现象的偏误都可能是多种因素综合作用的结果。以上所讲的几种偏误原因都不是孤立地起作用的，它们相互交叉，并常常与其他语法点的偏误纠缠在一起。因此，探讨离合词偏误原因必须在一个开放的、动态的系统中进行分析，进而找出总体的教学设计、教材编写、课堂教学和练习方面的相应对策，提高学生的学习效率，尽可能避免出现各种偏误。

结　语

本文在中介语理论指导下，从对外汉语教学角度出发，运用问卷调查、对比分析和统计分析等方法，对中高级汉语水平中亚留学生离合词使用的偏误进行了分析，并在偏误分析的基础上，对产生偏误的原因做了探讨。研究结果表明，中高级汉语水平的中亚留学生使用离合词时，大多数的句子中离合词是合起来使用的，而扩展使用的比率较小。这说明大多数留学生都把离合词当作一个普通的动词来用，未把离合词当作一类特殊的词对待，扩展使用是离合词区别与一般动词的特殊用法具体体现，而中亚留学生扩展使用的离合词大多是日常生活中使用频率较高的离合词，其扩展形式也比较简单，这表明中亚留学生不论是中级还是高级都对离合词的特殊用法采用了回避策略；而且通过中级和高级汉语水平的中亚留学生对动宾型和动补型离合词使用情况的结果统计分析，发现中亚留学生在习得汉语离合词的过程中，随着语言水平提高而逐渐掌握了汉语离合词，习得的句法结构越多，偏误则随之逐步减少，这说明语言水平的差异对汉语动宾式离合词的习得还是有一定影响的。此外，通过中亚留学生离合词偏误俄汉对比分析，有助于我们了解这两种语言在离合词使用方面的差异，这有助于中亚留学生离合词教学，教师可针对中亚留学生离合词使用特点选择教学方法和设计练习从而取得较好的教学效果，同时对离合词的教材编写也有一定的启发意义。

由于笔者学术浅薄，在研究过程中，无论是二语习得理论还是离合词本体的理论以及中亚各民族语言方面都还存在着一定的欠缺，因此遗留的问题仍然很多，对于中亚留学生离合词的研究还有很多可以探讨研究之处，比如离合词的教学策略以及学生学习策略等方面还没有涉及。另外，在结果分析方面解释还不够深入，希望日后，能对中亚留学生离合词研究方面进行更为完善和系统的研究。

附　录

附录 1

造句练习

国籍____________　　姓名____________　　班级____________

性别____________　　年龄__________

1 帮忙：____。

2 砍价：____。

3 做客：____。

4 干杯：____。

5 放假：____。

6 鞠躬：____。

7 倒霉：____。

8 离婚：____。

9 道谢：____。

10 吵架：____。

11 失恋：____。

12 出门：____。

13 读书：____。

14 生气：____。

15 选美：____。

16 洗澡：____。

17 招手：____。
18 请客：____。
19 减肥：____。
20 满月：____。
21 赛车：____。
22 分类：____。
23 发毛：____。
24 伤心：____。
25 捕鱼：____。
26 触电：____。
27 滑冰：____。
28 要命：____。
29 拼命：____。
30 下班：____。
31 发财：____。
32 考试：____。
33 达到：____。
34 赚钱：____。
35 打架：____。
36 吃惊：____。
37 发火：____。
38 打包：____。
39 求签：____。
40 赛马：____。
41 失手：____。
42 烧香：____。
43 显灵：____。
44 上网：____。
45 下葬：____。
46 加班：____。
47 说谎：____。
48 怀孕：____。

49 回信：＿＿＿＿＿＿＿＿＿＿＿＿＿＿＿＿＿＿＿＿＿＿＿＿＿＿＿＿＿＿。
50 毕业：＿＿＿＿＿＿＿＿＿＿＿＿＿＿＿＿＿＿＿＿＿＿＿＿＿＿＿＿＿＿。
51 下海：＿＿＿＿＿＿＿＿＿＿＿＿＿＿＿＿＿＿＿＿＿＿＿＿＿＿＿＿＿＿。
52 上瘾：＿＿＿＿＿＿＿＿＿＿＿＿＿＿＿＿＿＿＿＿＿＿＿＿＿＿＿＿＿＿。
53 扎堆：＿＿＿＿＿＿＿＿＿＿＿＿＿＿＿＿＿＿＿＿＿＿＿＿＿＿＿＿＿＿。
54 熬夜：＿＿＿＿＿＿＿＿＿＿＿＿＿＿＿＿＿＿＿＿＿＿＿＿＿＿＿＿＿＿。
55 定型：＿＿＿＿＿＿＿＿＿＿＿＿＿＿＿＿＿＿＿＿＿＿＿＿＿＿＿＿＿＿。
56 算命：＿＿＿＿＿＿＿＿＿＿＿＿＿＿＿＿＿＿＿＿＿＿＿＿＿＿＿＿＿＿。
57 做戏：＿＿＿＿＿＿＿＿＿＿＿＿＿＿＿＿＿＿＿＿＿＿＿＿＿＿＿＿＿＿。
58 忘本：＿＿＿＿＿＿＿＿＿＿＿＿＿＿＿＿＿＿＿＿＿＿＿＿＿＿＿＿＿＿。
59 罢官：＿＿＿＿＿＿＿＿＿＿＿＿＿＿＿＿＿＿＿＿＿＿＿＿＿＿＿＿＿＿。
60 盘腿：＿＿＿＿＿＿＿＿＿＿＿＿＿＿＿＿＿＿＿＿＿＿＿＿＿＿＿＿＿＿。
61 任教：＿＿＿＿＿＿＿＿＿＿＿＿＿＿＿＿＿＿＿＿＿＿＿＿＿＿＿＿＿＿。
62 过目：＿＿＿＿＿＿＿＿＿＿＿＿＿＿＿＿＿＿＿＿＿＿＿＿＿＿＿＿＿＿。
63 临帖：＿＿＿＿＿＿＿＿＿＿＿＿＿＿＿＿＿＿＿＿＿＿＿＿＿＿＿＿＿＿。
64 坠机：＿＿＿＿＿＿＿＿＿＿＿＿＿＿＿＿＿＿＿＿＿＿＿＿＿＿＿＿＿＿。

附录 2

中亚留学生汉语离合词使用状况调查问卷

本项调查是想了解您本人对离合词的使用状况。希望您能够积极配合，认真完成调查问卷，在这里先向大家表示感谢！

1. 基本情况。

姓名：＿＿＿＿＿　民族：＿＿＿＿＿　性别：＿＿＿＿＿
年龄：＿＿＿＿＿　国籍：＿＿＿＿＿　母语：＿＿＿＿＿
学习汉语的时间：＿＿　其中在中国学习汉语的时间：＿＿＿＿＿

A 组

1 玛丽　伤心　她　父母　的　了＿＿＿＿＿＿＿＿＿＿＿＿＿＿＿＿＿＿。
2 昨天　你　游　游泳　没＿＿＿＿＿＿＿＿＿＿＿＿＿＿＿＿＿＿＿＿＿。
3 失去　工作　他　后　开始　吸毒　上　了＿＿＿＿＿，＿＿＿＿＿＿＿。
4 放假　我　了　就　回国＿＿＿＿＿＿＿＿＿＿＿＿＿＿＿＿＿＿＿＿。
5 他　加班　三个　小时　了＿＿＿＿＿＿＿＿＿＿＿＿＿＿＿＿＿＿＿。
6 理发　了　再　洗澡　个＿＿＿＿＿＿＿＿＿＿＿＿＿＿＿＿＿＿＿＿。

7 外面　正　下雨　着　呢＿＿＿＿＿＿＿＿＿＿＿＿＿＿＿＿＿＿＿＿。
8 我　已经　报名　过　了＿＿＿＿＿＿＿＿＿＿＿＿＿＿＿＿＿＿＿＿。
9 连　吃饭　都　没　他　就　走　了＿＿＿＿＿＿＿＿＿＿＿＿＿＿＿。
10 她　一天　要　洗澡　两次＿＿＿＿＿＿＿＿＿＿＿＿＿＿＿＿＿＿＿。
11 他　去　上海　出差　过　一趟＿＿＿＿＿＿＿＿＿＿＿＿＿＿＿＿＿。
12 他　是　去年　毕业　的＿＿＿＿＿＿＿＿＿＿＿＿＿＿＿＿＿＿＿＿。
13 她　给　朋友　回信　了　一封＿＿＿＿＿＿＿＿＿＿＿＿＿＿＿＿＿。
14 时间　还　早　你　什么　着急＿＿＿＿＿＿＿，＿＿＿＿＿＿＿。
15 小王　做事　起　来　谁　都　放心＿＿＿＿＿＿＿＿＿＿＿＿＿＿。

B 组

16 看病　完　后　我们　去　吃饭＿＿＿＿＿＿＿＿＿＿＿＿＿＿＿＿＿。
17 你　这么　办　就　如意　他的　了＿＿＿＿＿＿＿＿＿＿＿＿＿＿。
18 我　达到　得　老师　的　要求＿＿＿＿＿＿＿＿＿＿＿＿＿＿＿＿＿。
19 他　太困　了　我　叫醒　不　他＿＿＿＿＿＿＿＿＿＿＿＿＿＿＿。
20 王大爷　八十　岁　了　他　还　听见　得＿＿＿＿＿，＿＿＿＿＿。
21 你　写字　能不能　用心　点儿＿＿＿＿＿＿＿＿＿＿＿＿＿＿＿＿＿。
22 没　时间　了　顾上　不　吃　早饭＿＿＿＿＿，＿＿＿＿＿＿＿＿。
23 他们　打败　对方　了＿＿＿＿＿＿＿＿＿＿＿＿＿＿＿＿＿＿＿＿＿。
24 他　很快　跑步　得　跑＿＿＿＿＿＿＿＿＿＿＿＿＿＿＿＿＿＿＿＿。
25 他们　今天　打架　了　一场　要命＿＿＿＿＿＿＿＿＿＿＿＿＿＿＿。
26 孩子　手　洗　得　干净　很　把＿＿＿＿＿＿＿＿＿＿＿＿＿＿＿＿。
27 他　什么　也　吃亏　没　过＿＿＿＿＿＿＿＿＿＿＿＿＿＿＿＿＿＿。
28 我　明天　和　见面　他＿＿＿＿＿＿＿＿＿＿＿＿＿＿＿＿＿＿＿＿。
29 他　我们　向　招　招手＿＿＿＿＿＿＿＿＿＿＿＿＿＿＿＿＿＿＿＿。
30 经过　三年　的　努力　他　发财　大　了＿＿＿＿＿，＿＿＿＿＿＿。

参考文献

一　著作、学位论文

陆志伟：《汉语的构词法》，科学出版社，1956。

吕叔湘：《汉语语法分析问题》，商务印书馆，1979。

朱德熙：《语法讲义》，商务印书馆，1982。

杨庆蕙：《现代汉语离合词用法词典》，北京师范大学出版社，1995。

李大忠：《外国人学汉语语法偏误分析》，北京语言大学出版社，1996。

刘珣：《对外汉语教育学引论》，北京语言大学出版社，2000。

朱德熙：《现代汉语语法研究》，商务印书馆，2001。

周小兵：《对外汉语教学入门》，中山大学出版社，2004。

李泉：《对外汉语教学理论思考》，教育科学出版社，2005。

鲁健骥：《对外汉语教学思考集》，商务印书馆，2005。

赵金铭：《对外汉语教学概论》，商务印书馆，2005。

王铁利：《现代汉语离合词问题研究》，中国社会科学院研究生院硕士毕业论文，2001。

高思欣：《留学生汉语动宾式离合词偏误分析》，暨南大学硕士毕业论文，2002。

孙书姿：《韩国留学生习得汉语双音节 VO 离合词的言语加工策略》，北京语言大学硕士毕业论文，2004。

王晶：《现代汉语的离合现象研究》，广西大学硕士毕业论文，2005。

赵嵘：《现代汉语动宾式（VO 式）离合词研究》，湘潭大学硕士毕业论文，2006。

宋英智：《现代汉语离合词研究》，辽宁大学硕士毕业论文，2006。

曾卫军：《“V + A – X（定语） + O”离析结构的多角度考察》，广西师范大学硕士毕业论文，2006。

吴氏流海：《越南学生汉语动宾式离合词习得研究与教学对策》，北京语言大学硕士毕业论文，2007。

张淼淼：《现代汉语离合词研究》，山西大学 2007 年硕士论文。

陈园婕：《现代汉语离合词语变式结构表达范畴的认知分析》，四川大学硕士毕业论文，2007。

王桂秋：《越南学生离合词使用偏误分析》，广西师范大学硕士毕业论文，2008。

二　期刊论文

林汉达：《动词连写问题》，《中国语文》1953 年第 9 期。

张宝敏：《谈现代汉语中的“离合词”》，《语文知识丛刊》1981 年第 2 期。

李清华：《谈离合词的特点和用法》，《语言教学与研究》1983 年第 3 期。

喻芳葵：《关于离合词》，《松辽学刊》1989 年第 2 期。

卢福波：《支配式离合词动词探析》，《逻辑与语言学习》1992 年第 4 期。

高书贵：《有关对外汉语教材如何处理离合词的问题》，《世界汉语教学》1993 年第 2 期。

杨庆蕙：《对外汉语教学中离合词的处理问题》，第四届国际汉语教学讨论会论文选

1995 年。

赵淑华、张宝林：《离合词的确定与离合词的性质》，《语言教学与研究》1996 年第 1 期。

吴登堂：《合词探析》，《丹东师专学报》1996 年第 2 期。

饶勤：《离合词的结构特点和语用分析》，《汉语学习》1997 年第 1 期。

任雪梅：《外国留学生汉语离合词偏误分析》，《汉外语言对比与偏误分析论文集》，北京大学出版社，1999 年。

周上之：《对外汉语离合词循环递进复式教学法》，《汉语学报》2000 年第 1 期。

梁驰华：《离合词的价值及处理方式：兼评词类研究的方法》，《广西师范学院学报》2000 年第 4 期。

谢耀基：《词和短语的离合问题》，《烟台大学学报》2001 年第 2 期。

萧频、李慧：《印尼学生汉语离合词使用偏误及原因分析》，《暨南大学华文学院学报》2001 年第 2 期。

吴道勤、李忠初：《离合词的语法性质及其界定原则》，《湘潭工学院学报（社会科学版）》2001 年第 3 期。

周之上：《离合词是不是词?》，《暨南大学华文学院学报》2001 年第4 期。

丁勇：《汉语动宾型离合词的语用分析》，《华中科技大学》2002 年。

沙吾丽·库尔班别克：《浅谈离合词教学》，《新疆教育学院学报》2002 年第 3 期。

曹保平、冯桂华：《“离合词”的构成及离合规律》，《广播电视大学学报》2003 年第 4 期。

李果：《在汉语教学中值得注意的一类词——离合词》，《和田师范专科学校学报（汉文综合版）》2004 年第 32 期。

吴海燕：《浅谈离合词带补语的特点及其应用》，《莱阳农学院学报（社会科学版）》2004 年第 1 期。

刘春梅：《通过教材编写改善对外汉语的离合词教学》，《云南师范大学学报》2004 年第 6 期。

肖模艳、张骁：《也谈离合词》，《长春师范学院学报》2004 年第 4 期。

华沙：《现代汉语述宾式离合词研究》，《中国人民解放军外国语学院》，2004。

周丽萍：《离合词研究综述》，《南开语言学刊》2005 年第 1 期。

华玉山：《关于离合词的语用问题》，《云南师范大学学报》2005 年第 3 期。

鲁文霞：《谈离合词的界定与对外汉语教学》，《语文学刊》2005 年第 5 期。

麻彩霞：《浅析动宾式离合词》，《内蒙古师范大学学报》2005 年第 6 期。

任海波、王刚：《基于语料库的现代汉语离合词形式分析》，《语言科学》2005 年第 6 期。

于晶晶：《离合词探析》，《语言文字》2005 年第 12 期。

王瑞敏：《留学生汉语离合词使用偏误的分析》，《语言文字应用》2005 年第 9 期。

郑海丽：《留学生使用离合词的情况调查及分析》，《语言与文化研究》2005 年第 10 期。

杨峥琳：《中级水平韩国学生习得汉语离合词情况分析》，《昆明理工大学学报》2006 年第 1 期。

杨晓蓉、宋雨涵：《离合词研究》，《天府新论》，2006。

黄晓琴：《离合词研究综述》，《伊犁师范学院学报》2006 年第 2 期。

朱坤林：《现代汉语词典中的离合词研究》，《吉林省教育学院学报》2006 年第 2 期。

王彬：《由扩展法看离合词》，《铜仁师范高等专科学校学报》2006 年第 5 期。

张豫峰、郑薇：《试析动宾式离合词构成的语态句》，《汉语学习》2006 年第 6 期。

李燕洲：《越南留学生汉语离合词偏误成因初探》，《语言教学与研究》，2006。

陈玮：《对外汉语离合词的偏误分析和教学》，《语文学刊》2006 年第 12 期。

石爱兵：《九十年代后离合词研究综述》，《和田师范专科学校学报》2006 年第 6 期。

张淼淼：《离合词研究综述》，《忻州师范学院学报》2007 年第 1 期。

周之上：《离合字组与音节变动》，《语言教学与研究》2007 年第 4 期。

谢鲂：《对外汉语教学中的离合词教学法研究》，《中国科教创新导刊》2007 年第 468 期。

张国云：《对维吾尔族预科学生的汉语离合词教学研究》，《语言与翻译》2007 年第 4 期。

力量、晁瑞：《离合词形成的历史及成因分析》，《河北学刊》2007 年第 5 期。

范妍南：《对外汉语教学中的动宾式离合词带宾语问题》，《语言教学与研究》2007 年第 5 期。

李春玲：《离合词研究综述》，《沈阳师范大学学报》2008 年第 1 期。

王会琴：《离合词的研究及作用》，《襄樊职业技术学院学报》2008 年第 4 期。

时建：《外国学生离合词重叠式的偏误分析》，《时代文学》2008 年第 3 期。

严芳：《浅谈对外汉语中离合词的教学》，《安徽文学》2008 年第 4 期。

马萍：《留学生动宾式离合词习得研究：以统计学为视角》，《汉语学习》2008 年第 5 期。

李春玲：《现代汉语“洗澡”类离合词及其离合槽研究》，《辽宁教育行政学院学报》2008 年第 9 期。

王会琴：《词汇角度：支配式离合词的结构分析》，《宜宾学院学报》2008 年第 10

期。

李新惠：《预科汉语教学离合词教学策略》，《和田师范专科学校学报》2009 年第 1 期。

王会琴：《语言与言语：离合词性质判定的一种新视角》，《鸡西大学学报》2009 年第 1 期。

李春玲：《现代汉语离合词的离合槽理论系统构建研究》，《社会科学辑刊》2009 年第 1 期。

王海峰：《离合词离析形式 A × B 的结构特征》，《汉语学习》2009 年第 1 期。

中亚留学生汉语常用关联词语使用偏误的考查和分析

——以新疆师范大学为例

周 珊　陈 艳

关联词语所表现的复杂的语义关系、逻辑关系、同类型关联词语之间的细微区别以及每个关联词语的使用规则等，对于中亚留学生来说都是重点和难点。本文是以语料为基础对中亚留学生使用汉语常用关联词语的情况进行分析。本文遵循以下研究思路：（1）对已有汉语关联词语的文献进行梳理、归类，归纳选取汉语常用关联词语。（2）收集语料，包括自然语料和实验控制语料。（3）统计语料，统计中亚留学生对于每一类关联词语的使用情况。（4）分析语料，对每一类关联词语从语法、语义和语用以及逻辑使用上进行偏误分析。（5）从关联词语本身的特点、语际干扰、过度类化、学习者的交际策略的影响、教材影响等方面寻找原因，并提出科学合理的建议。

一　中亚留学生汉语常用关联词语使用情况调查与分析

（一）调查结果及分析

在对新疆师范大学国际文化交流学院中亚留学生测试后，对每一类逻辑关系的偏误情况进行较为细致的分析，并且附上笔者的访谈情况。下面是我们对选择题偏误情况的统计和分析（统计分析的表格顺序依据常用关联词语列表的排列顺序）。

表 1　并列逻辑关系关联词语使用偏误率

逻辑关系	题号	偏误量（人）	样本量(个)	偏误率（%）	偏误率平均值（%）
并列关系	5	27	90	30.00	22.22
	6	13	90	14.44	

第5题中“你搞错了，那并____我的大衣，____我哥哥的大衣。”有19人误选了D“不是……就是……”，占偏误量的70.37%。在访谈中，有被试表示，平时就一直弄不清楚“不是……就是……”和“不是……而是……”的区别，感觉两者意思是一样。而且，选择时没有注意“你搞错了”，使用关联词语时若不考虑语言背景，出错的可能性就很大。当笔者问：“那你们知道关联词语所表示的逻辑关系中的并列关系和选择关系吗？”他们都说知道。但是对于“不是……就是……”是表示选择逻辑关系，“不是……而是……”是表示并列逻辑关系，他们并不太清楚。由此可见，部分中亚留学生在学习过程中对汉语关联词语的逻辑关系的掌握是欠缺的。第6题是所有题中偏误量较低的一个，偏误率仅为14.44%，在这13人中，有8人误选了B“一方面……一方面……”，5人误选了C“是……还是……”，没有人选择D。访谈中，笔者要求选择C的被试用“是……还是……”造句，并要求把句子写出来，因为很多中亚留学生说话时句尾多用平调。在此选出三例，例（1）：你是中国人，还是外国人？例（2）：你是中级班的，还是高级班的？例（3）：你是对的，还是我是对的？大部分被试很自然地在句尾加了“?”。针对B“一方面……一方面……”很多被试表示平时经常用“一面……一面……”和“一边……一边……”，但在课本上见到“一方面……一方面……”时，就直接把其理解为“一面……一面……”，甚至有人觉得“方”字多余了，所以在这里会误选B“一方面……一方面……”（见表1）。

表 2　连贯逻辑关系关联词语使用偏误率

逻辑关系	题号	偏误量（人）	样本量(个)	偏误率（%）	偏误率平均值（%）
连贯关系	3	26	90	28.89	24.45
	4	18	90	20.00	

第3题和第4题，虽然偏误率平均值为24.45%，但是从测试结果来看，第3题“听说这家公司正在招聘秘书，____姐姐就去报了名。”偏误量中约68.34%的被试误选了A“那么”，他们不清楚“那么”是表示因果逻辑关系，而“于是”是表示连贯逻辑关系。“姐姐听说招聘”和“姐姐去报名”只是表达动作的连贯。而第4题“老师____向学生展示一组和睡眠相关的词语，____，请学生回忆所看到的词语。”是大家觉得做得最顺利的一道题，因为他们平时说话和写叙事作文都用这样的句子，课堂里老师也经常使用这种句型。偏误的18人都选择了D“先……再……”（见表2）。

表3　递进逻辑关系关联词语使用偏误率

逻辑关系	题号	偏误量（人）	样本量（个）	偏误率（%）	偏误率平均值（%）
递进关系	9	8	90	8.89	16.11
	10	21	90	23.33	

第9题的偏误率仅8.89%（见表3），题目是“玛丽____学习好，____对人很热情。”其中有5人误选了A“因为……所以……”，2人误选了C“要是……就……”，只有1人误选了D“只要……就……”。针对误选A“因为……所以……”的5名中亚留学生，笔者对其进行访谈。以下是访谈记录（已整理）：

笔者：你觉得“因为释迦牟尼是印度人，所以孔子是中国人。”这句话对吗？

被试：这个句子有问题。

笔者：你觉得句子是错的吗？

被试：句子不错，但是感觉不对，呵呵，前半句和后半句没有关系，“释迦牟尼是印度人”不是“孔子是中国人”的原因，“孔子是中国人”也不是“释迦牟尼是印度人”的结果，所以不对。

笔者：那你觉得第9题中“学习好”和“对人很热情”能构成因果关系吗？或者说“对人热情的人”肯定“学习好”吗？

被试：不是的，明白了，看来这些关联词语看起来很简单，却不能随便用，要看前后分句的逻辑关系的，否则句子的意思就错了，看来今后看书、学习时要多多关注它们了。

笔者：是的，谢谢！

而第10题中，偏误量21人中有43.75%的被试误选了C“只有……才……”，他们认为“才”放在句子“你这样做，____不能解决问题，____会使问题更复杂”里合适，但是忽略了“只有”的存在。31.25%的被试误选了D“除非……否则……”。在对第2题访谈时，已有中亚留学生表示不会使用“除非”，但在这里的访谈结果更能体现出部分中亚留学生对关联词语认识不够全面，习惯把词语拆成字来理解，而且认为这些词像汉字一样，可以根据偏旁部首猜出意思。访谈记录（已整理）：

笔者：为什么第一个空填“除非”呢？

被试：“除”有“除了”的意思，“非”有“不”的意思，再加上题中“不能解决问题”的“不”，就是“可以解决问题”的意思。

笔者：那“否则”呢？

被试：“否”是“不”的意思，填进去之后就是“不会使问题复杂”。

笔者：我觉得你们的汉语学得真的很棒！那你们知道“除非……否则……”放在一起使用时表示的逻辑关系吗？

被试：不是很清楚，您能给我们讲讲吗？

访谈结束后，真的很佩服他们学习汉语的热情和能力，他们也表示不论在口语课还是写作课都很喜欢使用关联词语，可以显得自己汉语水平很高。所以，这也就更能体现出讲解关联词语逻辑关系的重要性。

表4　选择逻辑关系关联词语使用偏误率

逻辑关系	题号	偏误量（人）	样本量（个）	偏误率（%）	偏误率平均值（%）
选择关系	15	22	90	24.44	31.11
	16	34	90	37.78	

第15题，占偏误量53.85%的被试误选了D“是……还是……”，前文已经叙述了这个问题，在此再解释一下“还是”的用法。“还是”，（1）表

选择，用于问句。（2）用于陈述句时，表示不确定的看法，句中一般要出现“不”或“没”。例如：我不知道他说的是对还是错。（3）表示不受所说的条件的影响，多用于“不管、不论、无论”句中。例如：无论是刮风还是下雨，他天天都坚持跑步。第 16 题“这件事，____小王告诉他的，____他自己猜的，反正不是我说的。”偏误量中有 82% 的被试误选了 A“不是……而是……”。很多中亚留学生表示“不是……而是……”、“不是……就是……”这两项很难区分（见表 4）。在第 5 题中也反映了这一情况。

表 5　取舍逻辑关系关联词语使用偏误率

逻辑关系	题号	偏误量（人）	样本量（个）	偏误率（%）	偏误率平均值（%）
取舍关系	13	37	90	41.11	38.89
	14	33	90	36.67	

第 13 题，选错的 37 人中，有 18 人选了 C“虽然……但是……”，同样有 18 人选了 D“无论……都……”，均占偏误量的 48.65%。在后面的访谈中，他们都反馈在选择时，只考虑了半个分句通顺，忽略去判断整个句子逻辑是否通顺合理，也有同学当时感觉不对，但是又觉得 A“宁可……也……”不熟悉，也有人认为没有学过“宁可”。可是当笔者问道“宁愿”这个词时，他们顺口就造句“我宁愿不睡觉，也要把作业写完”，而且说这个词他们经常用的。再看第 13 题“____一天不吃饭不休息，____要把今天的工作做完。”大家都掩口而笑，的确，至少现在没有人再去选择 C、D 两项了。第 14 题，偏误量是 33 人，其中有 30 人选择了 A“宁可……也不……”，占偏误量的 90.91%，而这 30 人中又有 27 人第 13 题选择的是正确选项 A“宁可……也……”，从这里就可以看出，第 13 题中的 37 人加上这 27 人，至少有 64 人对“宁可/宁愿……也（不）……”这一逻辑关系的理解是不清楚的。关于 B“与其……不如……”，多数被试也只是根据“不如”来判断的，由此可见，部分中亚留学生在对关联词语的整体掌握是有问题的，存在大量的回避策略，这对将来深入学习句群、段落会有影响的（见表 5）。

第 21 题是正确率比较高的一题，这也说明中亚留学生因果关系掌握情况较好。在收集的语料中可以看到“因为 × × 的帮助，所以我 × × 取得进

表 6　因果逻辑关系关联词语使用偏误率

逻辑关系	题号	偏误量（人）	样本量（个）	偏误率（%）	偏误率平均值（%）
因果关系	21	15	90	16.67	22.23
	22	25	90	27.78	

步。”这种句子是中亚留学生比较喜欢使用的。而第 22 题，虽然有 65 人选对了，但是大多数同学都是用排除法选择的，很多同学说对“既然……就……”不是很理解，也不知道表因果关系。因此他们对自己使用这项策略很是自豪。没有人选择 C“虽然……但是……”。在选错的 25 人中，有 17 人误选了 A“哪怕……也……”选项，占偏误量的 68%。访谈中发现，这 17 人都不能说出“哪怕……也……”所表达的逻辑关系。很多中亚留学生问“哪怕”有“害怕”的意思吗？因为自己当时来中国时，心里就怕学不好汉语，所以就选择了 A；还有中亚留学生表示“也”填进去是恰当的，而且“怕”也符合他们的心理。这就更能体现出部分中亚留学生仍然没有把汉语关联词语作为整体来学习，只是理解字面意思，缺乏考虑逻辑关系（见表 6）。

表 7　转折逻辑关系关联词语使用偏误率

逻辑关系	题号	偏误量（人）	样本量（个）	偏误率（%）	偏误率平均值（%）
转折关系	19	20	90	22.22	29.45
	20	33	90	36.67	

第 19 题“____实验失败了，____大家的情绪并没有因此而低落。”被试中误选 C“因为……所以……”较多，有 9 人，占偏误量的 45%。部分选择了 A“即使……也……”和 D“如果……就……”。选 C 的同学只考虑关联词语的语法作用，而忽略了分句间的逻辑关系。“实验失败”不能成为“大家的情绪并没有因此而低落”的原因。选择 A 和 D 的同学，对关联词语在句子中位置的掌握还不扎实，因为“就”和“也”只能出现在主语后面。所以把“也”和“就”放在后面分句主语“大家”前面是错的。同样，第 20 题 15 人误选 B“由于……因此……”，15 人误选 D“虽然……但是……”，仅有 3 人误选了 A“既然……就……”。访谈中发现这 3 人不熟悉“既然……

就……”，因此，采取了回避策略。而且不少中亚留学生对哪些关联词语只能出现在主语前，哪些关联词语只能出现在主语后掌握得还不好，测试结果也主要反映出中亚留学生对关联词语在句子中位置的掌握还不够理想（见表7）。

表8　假设逻辑关系关联词语使用偏误率

逻辑关系	题号	偏误量（人）	样本量（个）	偏误率（%）	偏误率平均值（%）
假设关系	17	42	90	46.67	35.00
	18	21	90	23.33	

第17题，偏误率高达46.67%，其中选择“虽然”的有22人，占偏误量的52.38%，而误选“由于”有16人，占偏误量的38.10%，只有4人误选了“不仅”。在后面的讨论中，选择“虽然”的同学很快发现把“虽然”填入“____没有宽广的田野、鲜花和新鲜的空气，生活对他就毫无意义”后，句子的逻辑语义是有明显的问题的。而且填入“由于”，后一分句的逻辑主语又出现了问题。还有部分同学反馈“倘若”没有学过，根本不认识，所以不知道怎样使用。第18题，偏误率比较低，其中有11人选了A“只要……就……”，占偏误量的52.38%。关于题中A“只要……就……”、D“如果……就……”，中亚留学生表示比较难判断，分别填入“____课堂纪律不好，____必然影响同学们的学习”好像都可以。同第1题一样，问题还是出在对“只要……就……”的理解上。由此可见，中亚留学生对“只要……就……”的逻辑语义是不清楚（见表8）。

表9　条件逻辑关系关联词语使用偏误率

逻辑关系	题号	偏误量（人）	样本量（个）	偏误率（%）	偏误率平均值（%）
条件关系	1	33	90	36.67	47.78
	2	53	90	58.89	

第1题，选择A“凡是……都……”只有1人；选择C“即使……也……”有5人，占偏误量的15.15%；而选择D“只要……就……”却有27人，占81.82%。我们可以看出中亚留学生对表示条件关系的“只有……

才……”和“只要……就……”使用时偏误率较高。访谈中发现“只有……才……”和“只要……就……”平时使用率较高，很多中亚留学生甚至认为二者用法一样，所以，有一部分中亚留学生总是使用“只有……才……”，而另一部分中亚留学生总是使用“只要……就……”。第 2 题偏误量超过样本量的一半，在 53 人选错的情况下，其中有 47 人误选了“尽管……但是……”，占偏误率的 88.68%，选完之后，虽然他们也感觉填进去后，句子的逻辑并不通顺，但还是没有重选。只有 4 人误选了“只有……才……”，2 人误选了“只要……就……”。这也就更能说明他们对这两个词不作区分。后面访谈中多数同学对于“除非……否则……”这个选项，表示都知道“除了”，但对“除非”不熟，而且表示对“否则”这个词一直不了解，不会使用（见表 9）。

表 10　让步逻辑关系关联词语使用偏误率

逻辑关系	题号	偏误量（人）	样本量（个）	偏误率（%）	偏误率平均值（%）
让步关系	7	51	90	56.67	54.45
	8	47	90	52.22	

让步关系的偏误率是最高的，偏误率平均值高达 54.45%，而且第 7 和第 8 两题的偏误率都超过了 50%。第 7 题偏误量中 38.67% 的被试误选了 C“既然……就……”，36.98% 的被试误选了 A“假如……就……”。访谈中，多数被试反馈不明白“即使”和“既然”是什么意思，当笔者问是否明白“尽管……也……、哪怕……也……、就算……也……”时，他们表示“就算……也……”很好理解，经常会用到。访谈中发现，多数被试觉得让步逻辑关系很难理解，例如：(1) 既然你来了，就算了。(2) 既然你没来，就算了。(3) 既然你不来，就算了。“既然”到底是什么意思啊？由此可见，很多中亚留学生在学习汉语关联词语时，只是把它们一个个词语进行记忆和使用，而没有认识到关联词语是表示分句与分句之间抽象的“逻辑—语法”关系。其实，就算把词一个一个记住，具体使用时还是会出现句际关系混乱，或衔接不当，不能准确地表情达意，而且写出的文章也往往让人觉得不得体。第 8 题，“____今天晚上不睡觉，我____要把这本书看完。”偏误量中有 57.89% 的被试误选了 B“因为……所以……”，且 39.47% 的被试误选了 C“宁可……也不……”，没有人选择 A 选项。访谈中发现一部分被试对关联词语在句子中位置

的掌握还不扎实，对“所以”只能出现在主语前面这一规则把握不准。而且很多被试想当然的把“宁可……也不……”和“宁可……也……”的意义等同起来（见表10）。

表11　目的逻辑关系关联词语使用偏误率

逻辑关系	题号	偏误量（人）	样本量（个）	偏误率（%）	偏误率平均值（%）
目的关系	11	27	90	30.00	31.67
	12	30	90	33.33	

第11题“____让呼吸恢复正常，有好几次我不得不停住脚步。”选对的被试都认为是最简单的一题，而在选错的27人中有23人误选了A“由于”，占偏误量的85.19%。访谈时，他们也认为此题较易，当问到为何选“由于”却不选“因为”，多数被试认为“由于”可以单用，“因为”总是和“所以”连用的。没人选择“作为”这个选项。第12题，选错的30人中有24人误选了“从而”，只有1人选了“以免”，“以免”表示求免，即祈求避免某种结果；而“以便”表示求得，即祈求取得某种结果。但是多数被试却是根据“便”字把“以便”理解为“方便”，成功地选对了此题。而选择D的同学认为“从而”表示一种结果，目的关系述说某种行为及其目的，在隐含的关系上跟因果关系相通，这也是部分中亚留学生误选的一个因素。可是，当笔者提出把“从而”换成他们非常熟悉的“因此”时，他们又觉得句子在逻辑上不通顺。但他们表示这种逻辑关系比较好理解（见表11）。

表12　紧缩逻辑关系关联词语使用偏误率

逻辑关系	题号	偏误量（人）	样本量（个）	偏误率（%）	偏误率平均值（%）
紧缩关系	23	17	90	18.89	17.23
	24	14	90	15.56	

第23和第24两题，被试普遍觉得不难，因为他们觉得这些关联词语平时口语课中经常会用到，课堂上老师也经常要求造句。可是，在第23题偏误量17人中，有11人误选的C“又……又……”，有4人误选了A“一边……一

边……”。但是访谈时，他们很快就意识到自己的失误，因为 B“越……越……”这个词语他们是非常熟悉的。“越……越……”一方面表示充足条件关系，大体相当于“只要……就……”。如“爬得越高，摔得越重。”相当于“只要爬得越高，就会摔得越重”。另一方面，“越 A……越B……”AB 或者共增共减，或者一增一减。第 24 题“刚____接触，____感觉这个人不简单。”误选的较少，中亚留学生顺口都可以用“一……就……”造出很多正确的语句，如“我一来中国，就想家；我一回家，就想中国”（见表 12）。

根据以上统计和分析，表 13 清晰地显示了中亚留学生汉语常用关联词语使用偏误率的统计及排序。

表 13　中亚留学生汉语常用关联词语使用偏误率的统计及排序

逻辑关系	题号	偏误率(%)	偏误率平均值(%)	排序
并列关系	5	30.00	22.22	10
	6	14.44		
连贯关系	3	28.89	24.45	8
	4	20.00		
递进关系	9	8.89	16.11	12
	10	23.33		
选择关系	15	24.44	31.11	6
	16	37.78		
取舍关系	13	41.11	38.89	3
	14	36.67		
因果关系	21	16.67	22.23	9
	22	27.78		
转折关系	19	22.22	29.45	7
	20	36.67		
假设关系	17	46.67	35.00	4
	18	23.33		
条件关系	1	36.67	47.78	2
	2	58.89		
让步关系	7	56.67	54.45	1
	8	52.22		
目的关系	11	30.00	31.67	5
	12	33.33		
紧缩关系	23	18.89	17.23	11
	24	15.56		

从表 13 中可以很清楚地看到，每一类逻辑关系都有超过 15% 的偏误率，中亚留学生使用关联词语偏误率较低的分别是：表递进关系，偏误率为 16.11%；紧缩关系，偏误率为 17.23%；并列关系，偏误率为 22.22%；因果关系，偏误率为 22.23%；连贯关系，偏误率为 24.45%。这说明对于这些逻辑关系的关联词语，中亚留学生掌握得还是比较好的。使用关联词语偏误率较高的有：让步关系，偏误率为 54.45%；条件关系，偏误率为 47.78%；取舍关系，偏误率为 38.89%；假设关系，偏误率为 35.00%；目的关系，偏误率为 31.67%；选择关系，偏误率为 31.11%；转折关系，偏误率为 29.45%。

访谈中发现，很多中亚留学生在使用关联词语时，经常把合用关联词语拆开分析其逻辑语义，甚至再拆分成一个一个汉字来分析理解，而不是从逻辑关系角度去考查其用法。如“除非……否则……”，先把“除非”、“否则”分开，再把“除非”分成“除”和“非”，分别理解为“除了”和“不”，然后把“否则”中的“否”取出，理解为“不”，最终把“除非……否则……”理解为“不……不……”。另外，部分中亚留学生总是会问“‘即使……也……’中的‘即使’是什么意思?”或“‘虽然……但是……’中的‘虽然’是什么意思?”等等。由此可见，他们想要按照学习实词的方法来学习关联词语，还没有领悟到如何去学习连词或副词组成的关联词语。

我们从统计分析中还可以看出，中亚留学生对部分关联词语的位置把握得不清楚，如“就”、“才”等。而且为了力求正确、稳妥，对语义较为复杂的关联词语采取了回避策略，如“宁可……也……”、“固然……也……”、“哪怕……也……”、“与其……不如……”。这不仅表明了这些关联词语是中亚留学生学习的难点所在，而且提示我们在今后的对中亚留学生教学中，汉语关联词语是我们教学的重点。

下面我们将通过中亚留学生关联词语填空题偏误情况，分析其对关联词在句子中位置的掌握情况。汉语关联词语放在句子中什么位置都要遵循一定的规则，否则，就可能产生句式或语义错误。关联词语在句子中的位置需要注意以下两点：

第一，有的关联词语只能出现在第一个分句里，如“不但、无论”；有的关联词语只能出现在第二个分句里，如“不然、而且”；有的关联词语可以在前后分句中同时出现，如“要么、一边”。

第二，有的关联词语只能出现在主语前，如“要不是、否则”；有的关

联词语只能出现在主语后，如“既、就”；有的关联词语可以在主语前后自由出现，如“既然、如果”；有的关联词语虽然也可以出现在主语后或主语前，但不是自由的，要有一定的条件，如“不但、不管”。

关于第一点，中亚留学生一般不容易出错，主要下面讨论第二点：

A. 只能出现在主语前的关联词语主要有：

但是、所以、并且、不然、否则、那么、可是、不过、然而、而且、何况

B. 只能出现在主语后的关联词语主要有：

a. 类：宁可、就、虽、尚且（连词）

b. 类：才、就、也、都、还、又、却（副词）

C. 可以在主语前后自由出现的关联词语主要有：

即使、如果、既然、要是、虽然、因为、尽管、由于、只要、假如

D. 主语相同时出现在主语后，主语不同时出现在主语前的关联词语主要有：

不但、不只、不仅、不管、无论、不论、只有、除非、与其

因为C类一般不出错，我们不做详细分析讨论。

下面通过测试卷中填空题的偏误情况来统计分析中亚留学生对关联词语位置的掌握情况。测试卷填空题情况统计如表14。

表14　中亚留学生汉语常用关联词语位置偏误率的统计

类别	题号	偏误量（人）	偏误率（%）	偏误率平均值（%）
A(4)	2	44	48.89	30.00
	5	11	12.22	
	7	19	21.11	
	10	34	37.78	
B(4)	3	73	81.11	31.11
	6	14	15.56	
	9	2	2.22	
	11	23	25.56	
D(4)	1	9	10.00	38.89
	4	56	62.22	
	8	20	22.22	
	12	55	61.11	

将填空题每一题的测试结果用柱状图表示如下。

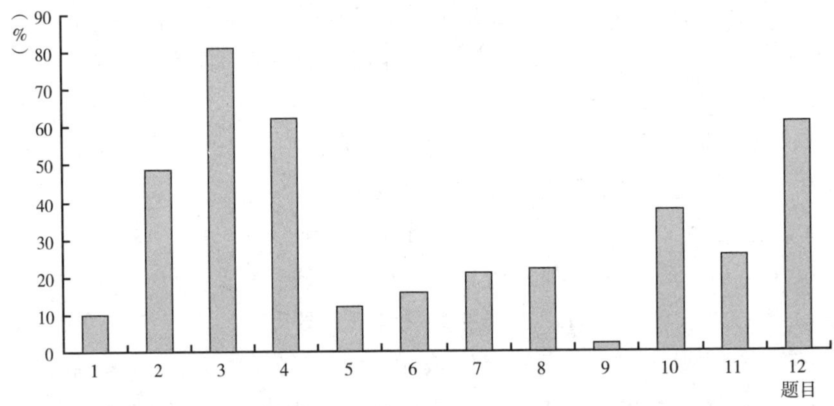

图 1　中亚留学生测试卷填空题各题偏误率分布

由图 1 可以看出，中亚留学生对关联词语在句子中的位置判断还是存在不少问题的。而且从我们收集的语料来看，中亚留学生这种偏误出现频率很高，学生平时的口语中也常用错。在对 90 名中亚留学生进行测试后，发现 D 类平均偏误率为 38.89%（最高），B 类平均偏误率为 31.11%，而 A 类平均偏误率为 30.00%（最低）。

D 类指分句主语不同时出现在主语前，分句主语相同时出现在主语后的关联词语。其中第 1 题“____他____每天起得早，还打扫院子。”和第 12 题“____他____喜欢打网球，我们几个也都喜欢打网球”的偏误量分别为 9 人和 56 人，偏误率分别为 10.00% 和 62.22%，第 1 题两个分句主语相同，所以关联词语应出现在主语之后，只有 9 人出错，但是在后面的访谈中发现，很多学生并不知道这一规则，只是这一句式平时使用较多。而第 12 题中前后分句主语不同，其规则应是关联词语出现在主语之前。可能是大部分留学生不清楚这一规则，最终出现偏误。

A 类指只能出现在主语前的关联词语。访谈中，中亚留学生表示第 2 题和第 10 题比较难判断，但是第 5 题“如果他不去的话，____我____也就不去了”和第 7 题“我喜欢中国的古典音乐，____我____没有系统研究过”相对来说容易些，特别是第 10 题“由于准备不充分，____我____没有在大会上发言”。要是让他们用“因为……所以……”来造句，大家都不会出问题，可是“由于……所以……”就会出错。由此可看出，部分中亚留学生学习关联词语的过程中没有对各类逻辑关系进行分类整合。

B类指只能出现在主语后的关联词语。偏误率较高的是第3题“____中国人____不知道这件事，我怎么会知道”和第11题“____我____在家睡觉，也不去上自己不喜欢的课”。偏误率分别为81.11%和25.56%，访谈中，部分留学生表示第11题比较好理解，可是第3题怎么都没有办法去判断，所以只能凭借语感来判断了。笔者对他们讲解了这一规则之后，相信他们今后会减少这些错误。对于关联词语的位置限定，还有一条规则就是如果后一分句的关联词语是双音节词，则一般放在主语之前，如“所以”、“但是”、“然而”；如果后一分句的关联词语是“就、才、却”等副词，有关联和修饰两种作用，则放在主语之后。“就、才、却”，在句子中有双重身份，既是关联成分，也是状语。“就”虽起的是关联作用，但它是副词，不是连词，不能放在句首连接句子，只能放在句中。还有些关联词如“越”、“却”等，关联作用特别明显，但是不能用在主语前，跟连词还是不同的。中亚留学生由于不了解关联词语的这些用法，于是就出现了题目中的错序偏误。

综上所述，中亚留学生使用B类和D类关联词语时比较容易出错，应特别引起注意。

（二）中亚留学生使用汉语常用关联词语偏误类型

语句中是否需要用关联词语、关联词语用在句子的什么位置、什么关联词语与什么关联词语搭配使用，以及是单独使用还是与其他词合用，“既要根据事物间客观存在的逻辑基础，又取决于说话人在主观视点上对某种关系的选择”来确定。①

根据上文调查结果，结合收集的自然语料（共389例），对中亚留学生使用汉语常用关联词语的偏误类型举例说明如下：

1. 因单独使用的关联词语使用不当所造成的偏误

汉语中的有些关联词语可以单独使用，如“以便、因此、于是、以免、甚至、况且”等。在收集到的中亚留学生语料中，我们发现中亚留学生因单独使用的关联词语使用不当所造成的偏误主要有以下表现形式：（共87例）

并列关系误表达为递进关系

① 邢福义：《现代汉语复句问题之研究》，《黄冈师专学报》1994年第4期。

例 1：＊试卷的第 3 题很奇怪，（甚至）对我这个学习委员来说很陌生。

中亚留学生在表达并列关系的关联词语时，错误不多。例 1 中的“试卷的第 3 题很奇怪”与“对我这个学习委员来说很陌生”两个分句之间并没有“甚至”所表达的递进关系，它们之间是并列关系，所以应当将括号内的表递进关系的关联词语“甚至”去掉，在“对我……来说”的后面加表示并列关系的关联词语“也”。

递进关系误表达为连贯关系

例 2：＊这个人我从来都没有见过，（就）别说认识他了。

例 2 前后分句之间明显是递进关系，所以应该用表递进关系的关联词语“更”，而不是表连贯关系的关联词语“就”，这样，句意才更明确。

目的关系误表达为递进关系

例 3：＊我给爸爸买了一双运动鞋，（并且）走路觉得舒服些。

“并且”是表示递进关系的关联词语，但前后分句之间是目的关系，因此，把“并且”改为表目的关系的关联词语“以便”，这样整个句子逻辑语义才更加明确。

让步关系误表达为递进关系

例 4：＊我想到香港去旅游，（甚至）非常远也是没有关系的。

例 4 前后分句从逻辑关系上看是让步关系，却被表递进关系的关联词语“甚至”误用，因此，应将它改为表让步关系的关联词语“哪怕”。

转折关系误表达为因果关系

例 5：＊她平时很爱在台上唱歌，（因而）今天晚会上她一直坐在自己的位置上。

例 5 前一分句说“她平时很爱在台上唱歌”，后一分句却说“这次晚会上她一直坐在自己的位置上”，从逻辑上根本就不通，既然“她平时很爱在台上唱歌”，那么，“晚会上”更应当“唱歌”才符合逻辑，但是后一分句却转向了反面。因此，前后分句应该是转折关系，用表因果关系的“因而”连接显然错误，故应当把“因而”改为表转折关系的关联词语“但是”。

因果关系误表达为目的关系

例 6：＊你和他的关系是很好，（为了）你们都是从哈萨克斯坦来的。

“‘为了’表示目的和原因；”[①] 吕叔湘在《语法修辞讲话》中指出：

---

① 侯学超：《现代汉语虚词词典》，北京大学出版社，1998，第 574～575 页。

“用在句子形式或含有动词短语的前面，‘因为’和‘为了’的分工就比较明确。一般用‘因为’来表示原因，用‘为了’来表示目的。”① “‘为了’可以表原因，相当于‘由于’，但它后面一般只能是名词或名词性结构。”② 由此可见，虽然“为了”可以表示原因，但是它的表示原因的用法是有条件限制的，中亚留学生出错是由于不了解这个语法规则，以为“因为”和“为了”语法规则是相同的。所以应把例6中表目的关系的“为了”改为表因果关系的“因为”。

因果关系误表达为转折关系

例7：＊中国离我的国家很远，放学后不能回家，（可是）我在宿舍给妈妈打电话。

例7前后分句之间都是表示的因果关系，而不是转折关系，因此应把表转折关系的关联词语“可是”改为“因此”。

因果关系关联词语误用，具体表现为“因为”和“因此”的误用。

例8：＊爸爸觉得学习汉语很好，（因为）送我来中国学习汉语。

例9：＊我们在师大学习两年了，（因为）我们的中文好多了。

例10：＊（因此）他已经可以跟中国人用汉语说话，他说去年学习汉语很努力。

例11：＊没有给你邮件，（因此）我的电脑坏了。

“因为”和“因此”单用时的偏误率是比较高的。本文将“因为”和“因此”的偏误情况分开来考查。“因为”和“因此”虽然都是表示因果关系的关联词语，但它们的用法却不同。“因为”单用时一般后置表原因，而“因此”侧重表示结果，有“因为这样，所以……”的意思。例8“爸爸觉得学习汉语很好”已经表示原因，后一分句“送我来中国学习汉语”是引出的结果，因此例8中的“因为”应改为“因此”。同理，例9“因为”也应该改为“因此”。而且这个问题在“因为”单用时也会出现，所以，例10和例11中的“因此”都应改为“因为”。

转折关系关联词语误用，具体表现为“而”和“却”的误用。

例12：＊她看见自己养的最喜欢的小乌龟死了，（而）不知道怎么办。

现代汉语中“而”和“却”都具有转折作用，但是具体用法不同。

① 吕叔湘、朱德熙：《语法修辞讲话》，辽宁教育出版社，2002，第100页。

② 孟田：《关联词语例释》，黑龙江人民出版社，1981，第94页。

“而”是连词，是标明两个语段之间的转折关系的一种语法连接手段，它只起连接作用，注重对信息的客观传达，不属于情态范畴；“却”是副词，注重凸显对比关系，所以经常用在意义相对或相反的语境中，对比一般为了说明某一观点和看法。所以“却”主要是通过对比表达说话人的主观评价，表达说话人对某一命题或某种情景的主观态度，具有强调的意味。根据语境的不同，“却”可以表达出赞扬、不满、惊奇等语气，它属于情态范畴。例 12“她看见自己养的小乌龟了”与“不知道怎么办”之间，如果用“而”连接，就不能突出说话人对“最喜欢的小乌龟死了”这一情景的主观态度，用“却”连接，就可以，而且强调意味很浓，能突出说话人那种着急而无奈的情态。所以，把例 12 中的“而”改为“却”会更符合句子要表达的逻辑。

递进关系关联词语误用，具体表现为“况且”和“何况”的误用。

例 13：*你的成绩一直很好，（何况）又是语文科代表，这份语文试卷一定没有问题吧。

例 14：*他都拿奖了，（况且）是我。

“何况”和“况且”都能表示递进关系，但具体语法规则是不同的。“何况”是通过对比更进一层，表示 A 这样，B 更是这样。“况且”是在举出的理由后，再追加或补充新的理由；用“况且”的分句多是陈述语气，用“何况”的分句大多是反问语气，所以例 13 中的“何况”应和例 14 的“况且”对调，才能传达出正确的信息。

连贯关系关联词语误用，具体表现为“然后”和“于是”的误用。

例 15：*我刚刚来师大的时候不会说汉语，（然后）我的班主任李老师给我介绍了一个中国朋友。

例 15 前后分句虽是前后连贯的逻辑关系，但“我的班主任李老师给我介绍了一个中国朋友”是因班主任为了帮助我提高汉语水平，才“给我介绍一个中国朋友”，前后两种情况有一定的因果关系，所以应当把例 15 中的“然后”改为“于是”。“然后”、“于是”都是可以表示连贯关系的关联词语，但“‘然后’仅仅表示两件事在时间上、顺序上连贯，用‘于是’不仅表示前后两件事情连贯，后一件事是前一件事引起的，而且还隐含因果关系。”① 因此，中亚留学生由于不了解它们的区别而出现误用。

---

① 张斌：《现代汉语虚词词典》，商务印书馆，2001，第 662 页。

选择关系关联词语的误用，具体表现为“或者”和“还是”的误用。

例16：＊怎么，你到现在还没有决定到底是学太极（或者）学古筝？

例17：＊你喝啤酒（或者）喝白酒？

例18：＊每天早晨，中国人都喝咖啡（还是）喝茶。

“还是”和“或者”都是表选择关系的关联词语，但二者在语用规则上有很大的不同。“或者”是提出两个对象选择或者两种情况，要求必选一，用在陈述句中，不能用在疑问句中。如“或者你走，或者我走，反正有一个人必须走。”“还是”是指出两个可能性，想要知道你会选择其中的哪一个，所以可以用在疑问句中。如“你上午去我宿舍，还是下午去?”因为是疑问句，所以要用“还是”，不用“或者”。由此可见，例16中的“或者”应改为“还是”；例17中的“或者”也应改为“还是”；而例18中的“还是”却应改为“或者”。中亚留学生只注意到“或者”和“还是”在表示选择关系这方面的共同点，而没有理解这两个词在意义和用法上的差别，随便乱用，必然会出错。

综上所述，我们发现中亚留学生因单独使用的关联词语使用不当所造成的偏误主要有三种表现形式：（1）并列关系误表达为递进关系，如“也”误用为“甚至”；目的关系误表达为递进关系，如“以便”误用为“并且”；让步关系误表达为递进关系，如“哪怕”误用为“甚至”。（2）递进关系误表达为连贯关系，如：“更”误用为“就”。（3）某类关联词语内部出现误用。如：因果关系关联词语“因为、因此”的误用；转折关系关联词语“而、却”的误用；递进关系关联词语“何况、况且”的误用；连贯关系关联词语“于是、然后”的误用以及选择关系关联词语“或者、还是”的误用等。由此可见，单独使用的常用关联词语的语义或语用对中亚留学生来说也是一个难点。

2. 因配合使用的关联词语之间搭配不当造成的偏误

关联词语中前后的连词或者副词不能前后随意互移。如“既……又……”不可说“又……既……”。而且成对使用的关联词语的搭配往往是固定的，不能随意改变的，如“不是……就是……”、“与其……不如……”等。有时即使是同一词语，后面搭配可以不同，但也不能随意搭配，如“不是”后一定要有其他关联词语配合使用，组成“不是……而是……”、“不是……就是……”。有些关联词语均由两个语素构成，且都有一个相同的语素，词形非常接近，如“就是、还是”和“因为、因此”等，中亚留学生在

使用过程中也容易出现偏误。下面我们分别举例说明这些情况：（共103例）

并列关系关联词语搭配错误

例19：*（不是）我不想跟你去玩，（其实）我没时间。

“不是”和“其实”不能搭配，这类错误改起来比较简单，因为汉语中成对搭配的关联词语大都有它固定的搭配，我们只要把“其实”改为“而是”就可以了。

例20：*他（一面）对我们很严格，（另方一面）鼓励我们克服困难。

例20中的“一面”表并列关系时，固定搭配是“一面……一面……”，“一面”后常跟动词或动词短语，表示几种行为动作同时发生。“另一方面”表并列关系时，固定搭配是“一方面……另一方面……”，表示两种情况同时存在或两种活动同时进行。“从语义方面分析，‘一面……一面……’强调的是两种情况共时。而‘一方面……一方面……’强调两种情况并存。它强调的是空间并存，而非时间并行。”① 而“一面……一面……”则不能这么用，它们强调时间的共时性。例20前后分句“对我们很严格”和“鼓励我们克服困难”表示的是互相联系的两种情况同时存在，因此例20括号内的“一面、另方一面”搭配错误，应该改成“一方面、另一方面”这一固定搭配。出现这样的错误，一方面是因为留学生没有掌握好“一面……一面……”和“一方面……（另）一方面……”这种固定搭配，另一方面与“一面”、“一方面”词形相近也不无关系。

递进关系关联词语搭配错误

例21：*很多留学生平时都说母语，这样下去，（不但）浪费学费，（反而）浪费时间。

例21中的关联词语“反而”常用在后面来表示与前一分句的意思相反，或结果相反。在例21中，“浪费学费”和“浪费时间”没有表现出意思相反或结果相反，在逻辑语义上是并列的，所以应当把例21中的表转折逻辑关系的“反而”改为表递进逻辑关系的“而且”，构成递进关系。造成这种偏误可能是因为关联词语“不是……而是……”与“不但……而且……”词形相近，中亚留学生往往只记住其中一个，而错把“而是”记成“而且”，造成关联词语搭配错误。另一方面可能是留学生不了解表示递

① 王伟丽、邵敬敏：《“一面p，一面q”的语义类型及相关句式》，《语言教学与研究》2000年第3期，第61页。

进关系的“不但……反而……”句式的成立需要有一定的条件，“它一般包含在一个有前后两段逻辑场内，前段表示预期，后段表示结果，‘反而’出现在结果之中，其逻辑关系为：预期 A + 结果 B”。① 所以，一般要在前一分句用“不但”引出一种否定的意思，在后一分句用“反而”从肯定方面把另一种意思推进一层，如“他不但不出门，反而还躺着”。中亚留学生因为不了解这种用法而导致出现错误。

例 22：* 她（不但）会打篮球，（而是）打得很好。

例 23：* 那个地方（不但）穷，（但是）文化也很落后。

例 22 前后两个分句“会打篮球”和“打得很好”之间存在着递进关系，“不但”应和“而且”搭配。前面用“不但”表示肯定已有的事实，后一分句用“而且”进一步肯定前面的事实。而例 22 应该把“但是”改成“而且”，构成“不但……而且”的搭配，表达递进逻辑关系。中亚留学生出现例 22 这样错误，除了留学生没有掌握一些固定搭配外，更主要的是因“而是”与“而且”词形极其相似而产生混淆，以及他们不擅长去把握分句要表达的逻辑关系等多个因素造成的。

假设关系关联词语搭配错误

例 24：*（如果）你是个有钱的人，（又）更该应帮助穷人。

“如果”表假设，应当搭配成“如果……就……”、“如果……那么……”，不能搭配成“如果……又……”，应把“又”换成“就”。但是从语料中发现假设关系搭配错误很少，这说明中亚留学生对假设逻辑关联词语的成对搭配使用还是比较清楚的。

条件关系关联词语搭配错误

例 25：*（除非）天气下雨，我（就）去玩。

例 25 前一分句中虽然留学生用了表示条件关系的关联词语“除非”，但关联词语前后的搭配却错了，后一分句应该用与之相对应的“才”才能构成条件关系，所以应当把“就”改为“才”。

例 26：* 只有坐上 2 路车，才可以到八楼。

“只有”条件句提出的是必要条件，强调所说的条件“缺少不得”，“只要”条件句提出的是充足条件，强调所说的条件“有了就够”，带有宽容意味。但是，从客观实际看，有的条件只能是必要条件，而不可能是充分条

① 吴春仙：《“反而”句的语义逻辑分析》，《语言教学与研究》2001 年第 4 期，第 70 页。

件，因此只能采用“只有……才……”的形式。相反，有的条件只能是充分条件，而不能是必要条件，因此，例26只能采用“只要……就……”的形式。

例27：＊只要你努力，HSK考试（才）会取得好成绩。

例27“只要你努力”是充分条件，所以要把“才”改为“就”。

例28：＊只要努力学习，（才）能提高学习成绩。

例28应该根据不同的情景需要选用固定搭配格式“只要……就……”或“只有……才……”，否则就不正确了。

因果关系关联词语搭配错误

例29：＊你（既然）生病了，不舒服，（所以）留在宿舍休息吧。

例30：＊由于我说错了话，（反而）大大地减少了我们见面的次数。

例29虽然前后分句都用了表因果关系的关联词语，但我们一般不用“既然”与“所以”搭配，所以应当把“既然”改为“因为”。例30“反而”是表示向相反方向递进的一个关联词语，常和“不但”配搭使用，如：“雪不但没停，反而越下越大了。”这里应该使用一个与前面表示原因的“由于”相配搭的词语“从而”或“以致”。

转折关系关联词语搭配错误

例31：＊（即使）现在我们两个人不经常见面，（但是）我什么时候都想她。

例31前后分句从语义上看表示转折关系，但却用了表让步关系的关联词语“即使”与“但是”搭配，前后的关联词语搭配错了。表转折关系的前一分句，所说的不是一种假设，而是一种事实。根据这些区别，结合上面的句子来看，前后应该是转折关系，这样，宜把“即使”改为“虽然”，构成“虽然……但是……”的固定搭配。

例32：＊（不管）天气热不热，（但）我们要参加班会的。

例32“不管”是表示条件关系的连词，“但”是表示转折关系的连词，这两个连词不能配对，应该把“不管”改成“尽管”。

让步关系关联词语搭配错误

例33：＊（尽管）你不告诉我，我（就）能知道这件事。

例34：＊（不管）下大雪，她也不会不来。

例33前一分句“你不告诉我”用了表让步关系的“尽管”，先退让一步，承认下某件事实，所以后一分句“能知道这件事”应该用相应的关联词语“也”与之搭配。例 34 中“不管”表示在任何条件下，结果或结论都不会改变或受到影响。“不管”要指出可供选择的几种情况，因此它后面的词语应是不确定的，是有选择性的，或是列举可供选择的几项，或是有疑问代词“谁”、“怎样”等，常常搭配成“不管……都……”“不管……也……”。所以例 34 前一分句“下雨”是已然的事实，因此，应当把“不管”改为“尽管”。

例 35：*只要你能在一小时内写完作文，（虽然）水平不好，（也）可以回宿舍休息。

例 35 中“虽然……也……”不能搭配，结合语境，在这里当选用“即使……也……”。

另外，汉语中还有单个语素构成的关联词语，不与某些双语素关联词语构成固定搭配，但和能与之搭配的关联词语的某个语素相同，中亚留学生在使用过程中也会出现这样的误用现象。在我们收集的语料中，这类误用也有不少。

例 36：*她（不是）我喜欢的老师，（而）我非常喜欢的老师。

例 37：*我跟他（不但）是同学，（而）是同宿舍的。

例 36 前一分句既然用了“不是”，那么后一分句就应该用“而是”，这才符合汉语固定的关联词语搭配，所以应当把“而”改为“而是”，同时也才能满足汉语韵律词的基本要求。同理，例 37 前后分句是递进关系，应当用“不但”与“而且”搭配才符合要求，所以应把“而”改为“而且”。

例 38：*（由）我们是留学生，（所以）汉语的发音不是很好。

例 38 前后分句都是表示因果关系，应当用“由于”与“所以”搭配。之所以出现这样的错误，可能是中亚留学生误把介词“由”当作表因果关系的连词“由于”了，后面访谈中亚留学生时，他们认为“由”与“由于”非常接近，觉察不出两者的差别。这一现象正好说明词形相近对于他们潜在的误导作用。虽然介词“由”有时也可表示原因，但很少跟小句，而且“由”后边常有“而”搭配，组成“由……而……”格式，所以，应当把“由”改为“由于”。

总之，汉语关联词语中并不是任何两个关联词语都可以配合成对，有的是一对一的搭配关系，有的是多元对应的搭配关系。由于受多元对应搭配关系的影响，中亚留学生在使用汉语关联词语时，常常出现搭配错误，而且把不能配合的关联词语硬拉在一起。

3. 因关联词语错位造成的偏误

关联词语，大都是连词和副词，连词的位置比较灵活，一般可以放在主语前，也可放在主语后。而副词，则不管分句的主语是否相同，一律放在主语的后面。因此，把关联词语的位置问题正式提出来，无论是对于关联词语研究，还是对于关联词语教学，都是很有必要的。我们将各类逻辑关系关联词语与分句主语错位列举如下（重复的句子略去）。* 为中亚留学生的错句，再附上已经修改好的句子。(共 74 例)

并列关系关联词语与分句主语错位

例 39：* 不是他买给我的，而是他买给我哥哥的。

他不是买给我的，而是买给我哥哥的。

例 40：* 上课时，老师一方面要注意内容生动、有吸引力，声音要大；另一方面学生也要遵守课堂纪律，不要打电话。

上课时，一方面老师要注意内容生动、有吸引力，声音要大；另一方面学生也要遵守课堂纪律，不要打电话。

例 41：* 你一方面自己去说，我们一方面帮你去说。

一方面你自己去说，一方面我们帮你去说。

递进关系关联词语与分句主语错位

例 42：* 不但她对我们很好，而且对她们也很好。

她不但对我们很好，而且对她们也很好。

例 43：* 元旦要到了，不但学校要求各班都排练一些节目，而且还要求各年级也要排练一些节目。

元旦要到了，学校不但要求各班都排练一些节目，而且还要求各年级也要排练一些节目。

例 44：* 我不但支持他，而且以前反对过他的人，现在也支持他了。

不但我支持他，而且以前反对过他的人，现在也支持他了。

例 45：* 不但他是学习尖子，而且是舞蹈能手。

他不但是学习尖子，而且是舞蹈能手。

例 46：* 不但她唱歌，而且还跳舞了。

她不但唱歌，而且还跳舞了。

例 47：* 不但他学过土耳其语，而且学过三年。

他不但学过土耳其语，而且学过三年。

例 48：* 我们不但不知道，而且他们也不知道。

不但我们不知道，而且他们也不知道。

让步关系关联词语与分句主语错位

例 49：＊即使你现在来，也我没有办法。

即使你现在来，我也没有办法。

例 50：＊宁可他不休息，也要把作业做完。

他宁可不休息，也要把作业做完。

例 51：＊即使爷爷奶奶不愿意，也我一定跟他结婚。

即使爷爷奶奶不愿意，我也一定要跟他结婚。

选择关系关联词语与分句主语错位

例 52：＊我去宿舍找他，不是他去自习室，就是去打篮球。

我去宿舍找他，他不是去自习室，就是去打篮球。

假设关系关联词语与分句主语错位

例 53：＊要是她回来，就我的心里觉得很高兴。

要是她回来，我的心里就觉得很高兴。

例 54：＊如果你再不说，就我要生气了。

如果你再不说，我就要生气了。

例 55：＊如果他不让你去，就你不应该去。

如果他不让你去，你就不应该去。

条件关系关联词语与分句主语错位

例 56：＊只要你学好汉语，就找工作不太难。

只要你学好汉语，找工作就不太难。

例 57：＊无论发生什么事，都我要去。

无论发生什么事，我都要去。

例 58：＊无论什么天气，都我们要按时去上体育课。

无论什么天气，我们都要按时去上体育课。

例 59：＊只有他不让我去，才我不去。

只有他不让我去，我才不去。

取舍关系关联词语与分句主语错位

例 60：＊宁我们去学太极，也不回去睡觉。

我们宁去学太极，也不回去睡觉。

因果关系关联词语与分句主语错位

例 61：＊既然他说行，就你快去吧。

既然他说行，你就快去吧。

例 62：＊他因为生病了，他所以没有去上课。

他因为生病了，所以他没有去上课。

例 63：＊因为他不去，我所以不去。

因为他不去，所以我不去。

转折关系关联词语与分句主语错位

例 64：＊他说他朋友生病了，却他们不知道怎么去医院。

他说他朋友生病了，他们却不知道怎么去医院。

例 65：＊虽然他在学校宿舍住，却他总是迟到。

虽然他在学校宿舍住，他却总是迟到。

例 66：＊虽然大家反对他的意见，我但是认为他说的是对的。

虽然大家反对他的意见，但是我认为他说的是对的。

例 67：＊我们按时来了，却他们没来。

我们按时来了，他们却没来。

例 68：＊今天下大雪了，反而他只穿了一件衣服。

今天下大雪了，他反而只穿了一件衣服。

例 69：＊我帮助他好几次，反而他不帮我。

我帮助他好几次，他反而不帮我。

例 70：＊我想跟他一起去超市，却他先走了。

我想跟他一起去超市，他却先走了。

例 71：＊虽然我跟他说过好几次，他但是不听我的。

虽然我跟他说过好几次，但是他不听我的。

中亚留学生由于不了解关联词语的位置限定语法规则，才会易于出现上述错误。表现为：并列关系（如：不是他……、老师一方面……、你一方面……）；递进关系（如：主要是“不但”位置误用）主要表现为关联词语与前一分句主语错位。如假设关系（如：就我……、就你……）、条件关系（如：就找工作……、都我……、都我们……、才我……）、因果关系（如：就你……、他所以……、我所以……）、转折关系（如：却他们……、反而他……、我但是……）主要表现为关联词语与后一分句主语错位。由此可见，关联词语的位置限定法则也是中亚留学生补充的一个知识点。

4. 因关联词语多余造成的偏误

句子中不需要用关联词语的地方却用了，或者有时候该用，但由于粗心或者是对关联词语的逻辑语义掌握得不够好，以致已经用了一个却接着又使用一个，这都会造成关联词语多余。关联词语多余会使语句啰唆、累赘、不顺畅，甚至会导致不能准确表达语意。下面分别举例说明：（括号内是多余的关联词语）（共 31 例）

转折关系关联词语多余。

例 72：＊我很喜欢中国的歌曲，（但）最喜欢的是“甜蜜蜜”。

例 72 用了转折关联词语“但”，但是它所连接的前后两个小句从语义上看并不存在转折关系，用上转折关联词语“但”之后，反而显得啰唆甚至让人难以明白，故应将转折关联词语“但”删去。

例 73：＊虽然半年过去了，（但是）我的口语还很不好。（因此）我很着急。

例 73 中关联词语“但是”和“因此”都应该删去，因为它们的因果关系和转折关系原本就比较明显，且又都是口语化的句子，删去后语句简洁明快。

假设关系关联词语多余。

例 74：＊（倘若）我不睡觉，也要把今天的作业写完。

例 74 用了表假设关系的关联词语“倘若”，但从前后两个小句的关系来看，并不是假设关系，因此假设关联词语“倘若”多余。从中亚留学生造的这些句子我们可以看出，留学生可能并没有了解“倘若”一词的确切含义。

例 75：＊店主说，如果（要是）我愿意买，就会便宜一点卖给我。

“如果”与“要是”都是表假设，连用重复，属多余，应该删去一个。

让步关系关联词语多余

例 76：＊（即使）我太想去吃烤肉了，就算明天要和朋友去吃，今天我也要自己去。

例 76 中用表让步关系的关联词语“即使”，使整个句子明显不顺畅，而且“就算”也表让步关系，但是不会造成语句不通顺，因此，关联词语“即使”多余，应删去。

并列关系关联词语多余

例 77：＊我喜欢唱哈萨克斯坦的歌曲，（但）也喜欢唱中国的歌曲。

例 78：＊你既然知道做错了，（因此）就应当赶快改正。

例 77 后一分句已经有了关联语“也”表示并列，再加上“但”表转折就是多余了。例 78 后一分句用“就”与前一分句“既然”相呼应，再在“就”字前加上“因此”也属多余。

例 79：＊我喜欢弹古筝，(但) 也喜欢吹笛子。

例 79“喜欢弹古筝”和“喜欢吹笛子”表示并列关系，后一分句已经有了关联语语“也”表示并列，再加上“但”表转折就是多余了，整个句意也就不通顺了。

连贯关系关联词语多余

例 80：＊开始考试了，老师走进教室，(然后) 开始点名，(然后) 说纪律，(然后) 发卷子。

例 80“老师走进教室”、“点名”、“说纪律”和“发卷子”已经暗含各动作的连贯关系。因此，再用表连贯关系的关联词语“然后”，反而使语句显得啰唆。

条件关系关联词语多余

例 81：＊新年晚会上，我们学院的每一个节目，(无论) 从创作到演出，都得到观众的喜欢。

这里用表条件关系的关联词语“无论”造成句子累赘、啰唆，应该删去。

因果关系关联词语多余

例 82：＊ (因为) 怕要下雨，(因此) 还是带把伞走。

例 83：＊有的同学 (由于) 对语文不感兴趣，(因而) 对数学很喜欢。

例 82 是日常生活交际用语，“下雨”和“带伞”的因果关系已经很清楚，所以“因为”和“因此”多余，可删去，显得简洁自然。例 83 中“由于……因而……”表因果关系，但分句间没有必然的因果关系，所以这里关联词语应删去。关联词语多余，就会使句子显得有些生硬，甚至不能准确表达语意。

例 84：＊ (因为) 下大雪了，(所以) 要穿棉衣和戴手套。

例中的关联词语“因为”、“所以”应该删去，删去后语句反而简洁明快，因为它们的因果关系原本就比较明显，且又都是口语化的句子。

例 85：＊你既然来了，(因此) 就一起吃饭吧。

例句是因果关系，后一分句用“就”与前一分句“既然”相呼应，搭配成“既然……就……”，在“就”字前再加上“因此”也属于多余，应该删去。

下面例句中的“就”、“而”、“也”也是多余的。

例 86：＊我还没有吃饭，（就）不能和你去看电影。

例 87：＊因为不小心，（而）她的腿摔坏了。

例 88：＊我这个月生活费不够了，（也）更不够买衣服的。

在收集的语料中，因关联词语多余而造成的偏误多集中在因果关系（因为、所以、因此）；转折关系（但是）和假设关系（如果、要是），但是连贯关系、让步关系出现关联词语多余现象较少。连贯关系的关联词语中亚留学生比较喜欢使用“先……然后……”很少使用其他的关联词语。让步关系出现多余较少，是因为很多中亚留学生不清楚其用法和所表达的逻辑语义，采取了回避策略。

5. 因关联词语缺省造成的偏误

关联词语缺省是指必须使用关联词语时却没有用关联词语。由于缺省必要的关联词语，造成分句的语义关系不清楚，句意就不明确。中级水平中亚留学生的语言知识毕竟没有成熟到随心所欲的地步。在关联词语的运用上，我们经常可以发现关联词语缺省的偏误。（共 42 例）

单用的关联词语缺省

在我们收集的语料中，单用的关联词语缺省错误比较少。（括号表示此处该用关联词语而没用）

例 89：＊我一次就教会你怎么用这个手机，（　）你总是来问我。

例 89 从字面意思来看，缺少表目的关系的关联词语，应该在“你总是来问我”前加“免得”或“以免”，这样句子的逻辑关系就明了了。

例 90：＊他拿了一等奖，（　）不开心。

缺少表转折关系的关联词语“却”或者“但是”，这样句子的逻辑关系才清楚。

合用的关联词语缺省

在我们收集到的语料中关联词语缺省有三种情况：（1）前面的分句有关联词语，后面的分句没有；（2）前面的分句没有关联词语，后面的有；（3）前后两个分句都没有关联词语。分别举例说明：

假设关系关联词语缺省

例 91：＊如果你听懂了，我（　）走了。

例 91 中缺少与“如果”相呼应的关联词语，应该在“走”的前面加上“就”。

条件关系关联词语缺省

例 92：*只有他来了，我们（ ）可以走。

例 93：*无论什么时候，你（ ）不应该放弃。

例 92 由于缺少相应的关联词语，使整个句子意思不够明确，在“我们”的后面加上“才”，例 93 在“你”后面加上“都”。这样，整个句子的语义表达才更清楚、明确。

递进关系关联词语缺省

例 94：*我不但会唱歌，（ ）会跳舞。

例 94 应在（ ）处加上“而且”，否则，整句话像是只说了一半，没有说完。

转折关系关联词语缺省

例 95：*我的一个朋友虽然很有钱，在生活上（ ）不怎么在乎。

例 96：*尽管这是好主意，（ ）我们不能采用。

例 97：*虽然奶奶已经 70 多岁了，（ ）头发没有白。

例 95 因缺少与“虽然”相应的关联词语，整个句子让人感到别扭、不顺畅，所以应该在“生活上”的后面加上“却”。同样，例 96 在“我们”前面加上“但是”，使整个句子意思更加明确、通顺，例 97 后一分句缺少关联连词“但是”。

并列关系关联词语缺省

例 98：*其实昨天我（ ）去超市，而不是去上课。

例 99：*玛丽又会跳蒙古舞，（ ）会跳塔吉克舞。

例 100：*我（ ）做作业，一边听歌。

例 98 因缺少与“不是”相应的关联词语，所以应该在中填上“是”，表达并列关系，整个句子的语义表达才更清楚、明确。例 99 的后一个分句缺少“又”，例 100 前面的分句应加上“一边”，构成并列逻辑关系“一边……一边……”。

连贯关系关联词语缺省

例 101：*回到吉尔吉斯斯坦，（ ）找到好工作，然后才想结婚那个问题。

例 101 在“找”的前面加上“（首先）”，这样，整个语句才更连贯，更顺畅。

因果关系关联词语缺省

例102：*（ ）什么都听不明白，（ ）去问老师。

例102是因果关系，前后分句都没有关联词语，由于没有“因为”和“所以”配合使用，因此句子之间的连接不顺畅。

让步关系关联词语缺省

例103：*（ ）几天不睡觉，我（ ）要把这次考试复习好。

例104：*（ ）明天刮风下雨，我们（ ）准时出发去体检。

例105：*即使聪明的人不夸耀自己，别人（ ）看得出来。

例103和例104是让步关系，两个分句都没有关联词语，所以意义不明晰，加上关联词语“即使……也”，句子表达就清楚了。例105后面的分句应在“别人”后面加“也”，才能使句子逻辑合理。

取舍关系关联词语缺省

例106：*我宁可走路，（ ）不愿坐这辆破车。

例107：*他（ ）吃青菜，也不吃肉，真奇怪。

例106表示取舍关系，应该在括号出添加“也”，而例107应该在前一分句他后面添加“宁愿”或“宁可”，整个语句才更顺畅。

值得注意的是，我们收集到的每一类逻辑关系关联词语缺省的语料，都有缺少合用关联词语的后一词，如：“*玛丽又会跳蒙古舞，（ ）会跳塔吉克舞。*只有他来了，我们（ ）可以走。*无论什么时候，你（ ）不应该放弃。”分别缺少“又”、“才”、“都”。而前一分句缺省关联词语的情况较少，如：“*（ ）明天刮风下雨，我们都准时出发去体检。*我（ ）做作业，一边听歌。”分别缺少“无论”、“一边”。其中合用的关联词语缺省其中一个比较多。之所以“有些连词或副词容易被缺省，原因在于关联词语的意义比较‘虚’，中亚留学生没有完全掌握关联词语的语义内涵。而处于前一分句句首的那些关联词语，由于地位突出，要表达时，首先想到的就是这些词，一般不会缺省。”① 前后都缺省的也较少，因为中级阶段的留学生还是比较喜欢使用关联词语的，可以显示汉语水平较高。所以，关联词语的缺省，主要是由于留学生对关联词语的用法掌握得还不熟练，平时练习也不多等原因造成的。

---

① 鲁健骥：《外国人学习汉语的语法偏误分析》，《语言教学与研究》1994年第1期，第50页。

6. 因果关系关联词语逻辑关系错误造成的偏误

关联词语不能简单放在句子中使用，而是两个分句有机地结合在一起表达一种内在的逻辑联系，两个分句的关系如不合逻辑则必然会出现偏误。在我们收集的语料中，中级班中亚留学生前后分句间逻辑关系错误造成的偏误：有语义偏误，即两个分句逻辑关系有误，语用偏误，即与语境不符。（共52例）

因果关系关联词语误用

例108：*我的朋友因为生病了，所以发烧了。

这两个分句间并不是因果关系，不是只要“生病”就一定“发烧”。应改为：我的朋友不但生病了，而且发烧了。

例109：*之所以他得不到好的成绩，是因为他努力学习。

例110：*既然他们的生活不太满意，就哪儿都不要去了。

例109和例110前后分句逻辑内容自相矛盾，应分别改为：之所以他得到好的成绩，是因为他努力学习；既然他们的生活很满意，就哪儿都不要去了。

例111：*山本（既然）今天身体不舒服，（就）没有来上课。

例111是因果关系，“身体不舒服”是原因，“没有来上课”是结果，应该用“因为……所以……”表示因果关系的关联词语来连接，而不能选择表示论断的理由和结论之间的关联词语“既然……就……”来连接。

递进关系关联词语误用

例112：*我们应该和陌生人交流，甚至和朋友交流。

例112“陌生人”程度显然比“朋友”更进一步，应该要表达递进关系。可见前后分句逻辑顺序都颠倒了，应该将前后分句位置置换过来才对。应当改为：我们应该跟朋友交流，甚至跟陌生人。

例113：*他（不但）身体瘦弱，（而且）精神也很饱满。

例113先说他“身体瘦弱”，但后面的意思不顺着“瘦弱”说下去，而转过来说他“精神饱满”，句子的意思分明表示出一种转折的语气，应该选择表示转折关系的关联词语“虽然……但是……”。

例114：*留学生（不但）在图书馆里看书，（而且）在体育馆里打球，都很愉快。

例114“不但……而且……”表递进关系。但是“看书”和“打球”之间并无递进关系可言。不可能同时又看书，又打球，只能或者看书，或者打球。

假设关系关联词语误用

例 115：＊要不是老师和同学们帮助他，说不定他考上大学了。

例 116：＊倘若我们努力工作，我们的事业还能向前发展吗？

例 117：＊如果你考上了教师资格证，那你就没有资格教学生。

例 115 前一分句“要不是老师和同学们帮助他”与后一分句“说不定他考上大学了”在表意上相抵触，这个句子的逻辑推理给人的感觉是“由于老师和同学们的帮助，造成他没有考上大学”，逻辑内容自相矛盾。应改为：要不是老师和同学们的帮助，说不定他就考不上大学了。同样道理，例 116 和例 117 也是前后分句逻辑内容自相矛盾，应分别改为：倘若我们不努力工作，我们的事业还能向前发展吗？如果你考上了教师资格证，那你就有资格教学生。

条件关系关联词语误用

例 118：＊他只要学习，就没有钱。

前后分句在逻辑内容上必须有一定的联系，这样才能组合成一句话，表达出一个相对完整的意思。例 118 前后分句虽然用了关联词语来连接，但彼此之间的意思毫不相关。

转折关系关联词语误用

例 119：＊尽管下着大雨，但是空气还是很干燥。

例 120：＊虽然明天下雨，但是我一定去图书馆学习。

例 119 和例 120 前后分句逻辑内容自相矛盾。例 119 应改为：尽管下了场雨，但是空气还是很干燥。例 120 改为：即使明天下雨，我也要去图书馆学习。

取舍关系关联词语误用

例 121：＊宁可穿漂亮衣服，我也一定要存钱。

例 121 前后分句逻辑内容自相矛盾，应改为：宁可不穿漂亮衣服，我也一定要存钱。

让步关系关联词语误用

例 122：＊哪怕没有遇到困难的情况，你也应该坚持下去。

例 122 前后分句逻辑内容自相矛盾，应改为：哪怕遇到非常困难的情况，你也应该坚持下去。

例 123：＊太阳已经出来了，即使天还不太亮，我们也可以看清许多东西了。

例 123 属于与语境不相符。应改为：太阳快要出来了，即使天还不太亮，我们也可以看清许多东西了。产生这类偏误的原因可能是中亚留学生缺乏在宏观上把握能力，句子本身看也许是正确的，但把它放到一定的语言环境中就出现问题了，所以句意与其语境的协调必须照顾到。

这类错句一般比较不好修改。中亚留学生关联词语逻辑偏误出现情况有：（1）部分中亚留学生认为两个分句用关联词语简单相加即可。如："*他只要学习，就没有钱。"（2）只关注语义，与语境不相符。如"*你搞错了，那不是我的大衣，就是我哥哥的大衣。"（3）在没有搞清楚两个分句的逻辑关系时，仅仅简单地套用关联词语，写出错句。如"*因为生病，所以发烧。"（4）还有就是部分中亚留学生容易忽略分句中的否定词"不"、"没"、"没有"等，造成整句话逻辑错误。（5）有的中亚留学生不清楚有时有些分句的顺序不能灵活改动，如果随意变换分句顺序，会造成整个句子的逻辑顺序颠倒。如"*我们应该和陌生人交流，甚至和朋友交流。"

根据上文考查分析的情况，我们对中亚留学生自然语料中汉语常用关联词语的偏误情况做了统计分析，详见表 15。

表 15　中亚留学生自然语料中汉语常用关联词语的偏误统计

<table>
<tr><th colspan="2">偏误类型</th><th>偏误量</th><th colspan="2">偏误率(%)</th></tr>
<tr><td rowspan="2">关联词语误用</td><td>单独使用的关联词语使用不当</td><td>87</td><td>22.37</td><td rowspan="2">24.43</td></tr>
<tr><td>配合使用的关联词语之间搭配不当</td><td>103</td><td>26.48</td></tr>
<tr><td colspan="2">关联词语错位</td><td>74</td><td colspan="2">19.01</td></tr>
<tr><td colspan="2">关联词语多余</td><td>31</td><td colspan="2">7.97</td></tr>
<tr><td colspan="2">关联词语缺省</td><td>42</td><td colspan="2">10.80</td></tr>
<tr><td colspan="2">逻辑关系错误</td><td>52</td><td colspan="2">13.37</td></tr>
<tr><td colspan="2">偏误总量</td><td>389</td><td colspan="2">100</td></tr>
</table>

关联词语的使用是有一定规则的，需不需要用关联词语、关联词语用在什么位置、什么词与什么词搭配使用、是单独使用还是与其他词合用，都要根据逻辑的需要而定。通过对收集语料的考查分析，我们发现中亚留学生汉语常用关联词语使用偏误的分布具有不平衡性，具体表现在：关联词语的偏误主要集中在关联词语的误用（24.23%）和错位（19.01%）上。关联词语的误用中，搭配不当占出现偏误较多（26.48%）。而关联词语的多余有

31 例，仅占 7.97%，所占比例最低。

概括来说，通过以上对中亚留学生汉语常用关联词语使用偏误的分析，可以得出以下结论：

（1）中亚留学生因单独使用的关联词语使用不当所造成的偏误主要有三种表现形式：（a）并列关系误表达为递进关系，如：并列关系关联词语“也”误用为表递进关系关联词语“甚至”；目的关系误表达为递进关系，如：目的关系关联词语“以便”误用为表递进关系的“并且”；让步关系误表达为递进关系，如：让步关系关联词语“哪怕”误用为表递进关系关联词语“甚至”；（b）递进关系误表达为连贯关系，如：递进关系关联词语“更”误用为表连贯关系关联词语“就”。因果关系误表达为目的关系和转折关系、转折关系误表达为因果关系。（c）某类关联词语内部出现误用。如：因果关系关联词语“因为、因此”误用；转折关系关联词语“而、却”的误用等。

（2）关联词语的误用中，搭配不当上出现的偏误最多。如“*（不是）我不想去玩，（其实）我没有钱。”中亚留学生把并列关系“不是……而是……”误搭配为选择关系“不是……就是……”。还有“*他（一面）对我们很严格，（另一面）鼓励我们克服困难。”从这两个错句中可以看出：中亚留学生至少认识四个关联词语，并列逻辑关系“不是……而是……”、“一面……一面……”、“一方面……另一方面……”和选择逻辑关系“不是……就是……”；没有掌握成对使用的关联词语的搭配关系往往是固定的不能随意改变这一规则，如“因为……所以……”、“虽然……但是……”等。由此可见中亚留学生在成对使用关联词语时，由于对同属一类的关联词语具体含义和用法理解不准确，或者理解不到位，造成搭配错误。有些汉语关联词语，如“不是、就是”其中每组词都有一个相同的语素，词形非常接近，留学生在使用过程中也极易出现偏误。

（3）中亚留学生对关联词语在句子中的位置要遵循的规则不清楚，会出现以下一些错误情况：A 类：应该出现在主语前的关联词语放在主语后，偏误率为 30.00%。如：……，他所以……、……，我所以……；……，我们不然……；……，我但是……；……，我那么……；……，他而且……。B 类：应该出现在主语后的关联词语放在主语前，偏误率为 31.11%。如：……，就我……；……，就你……；……，却他们……；宁可我……，……；……，才我……；……，都我们……；……，又我……；

虽他……，……。D类：不同时出现在主语前，相同时出现在主语后的关联词语却被放置在相反的位置，偏误率为38.89%（最高）。出现错位的关联词语主要有“不但”、“不仅”、“不管”、“无论”、“不论”“只有”、“除非”等。而且经过调查分析，我们发现中亚留学生在使用“就”时的偏误主要体现在“就”在句中的位置用的不对而导致错序偏误。

（4）因果关系关联词语多余而造成的偏误多集中在转折关系（如“但是”、“但”多余）和假设关系（如“如果、要是”重复），连贯关系（如“然后”），很多中亚留学生把“然后”当作描述动作时的万能词。例如＊“马上就考试了，老师走进教室，（然后）笑了一下，（然后）开始点名，（然后）说了纪律，（然后）发卷子。”但是让步关系出现关联词语多余现象较少，访谈中发现，即使汉语水平较高的中亚留学生都觉得没有掌握“即使……也……”、“固然……也……”这些表让步逻辑关系的关联词语。因此基本上都采取回避策略。所以，也就很少看到让步关系出现关联词语多余现象。我们发现这些该省略而没省略的偏误现象往往出现在已有一定汉语基础的习作中，这主要是因为到了中级阶段，随着学习和理解的加深，他们希望并自信能把自己的意思表达得更清楚。但他们往往把握不住哪些关联词语可以省略，哪些关联词语不可省略，所以容易出偏误。

（5）逻辑关系关联词语缺省的语料中，都有缺少合用关联词语的后一词。而被缺省的这些起关联或呼应作用的副词、连词，其原因其意义都是比较“虚”，中亚留学生没有完全掌握这些常用关联词语的语义内涵。而同是关联词语，处于句首的那些，由于地位突出，说话人要说这些话时，首先想到的就是这些词，所以一般不会漏掉。也发现前一分句缺省关联词语的情况较少。如＊（）明天刮风下雨，我们都准时出发。＊我（）做作业，一边听歌。前后都缺省得较少，因为中级阶段的留学生还是比较喜欢使用关联词语的，可以显示汉语水平较高。所以，关联词语的缺省，主要是留学生对关联词语的用法掌握得还不熟练，平时练习也不多，所以出现了部分关联词语缺省的偏误现象。

（6）分句间逻辑关系错误造成的偏误。有的留学生不清楚有时由于语境的制约或出于强调结果分句的需要，有些分句的顺序不能灵活改动，如果随意变换分句顺序，就会造成整个句子的逻辑顺序颠倒。在我们收集的留学生语料中，分句间逻辑顺序颠倒。如“＊我们应该和陌生人交流，甚至和朋友交流。”中亚留学生没有搞清各类关联词语逻辑关系的平行类别和下位类别，如：“因为……所以……”，“既然……就……”。对这些关联词语的含义与用法还没有真正掌握，没有搞清楚两个分句应是一种什么样的逻辑关系，仅仅简单、随意地套用关联词语，出现错误。中亚留学生认为关联词语具有联结分句的功能，就两个分句简单相加，两个分句的关系如不合逻辑则一定会出现偏误。如：“＊他只要学习，就没有钱。”有的中亚留学生不清楚有时由于语境的制约或出于强调结果分句的需要，有些分句的顺序不能灵活改动，谁先谁后，各有其位，如果随意变换分句顺序，就会造成整个句子的逻辑顺序颠倒。

从考查结果分析可以看出，出现错误较多的并不是语义较难的关联词语，而是中亚留学生使用比较频繁的关联词语，如“因为……所以……”“不但……而且……”等。这与笔者前期预想的结果正好相反。从收集的语料中发现，有些关联词语在中亚留学生的作业、笔记或作文中就很少出现或根本不出现，因为中亚留学生对这些关联词语采取了回避策略；另一方面也与这些关联词语本身使用频率的不平衡性和难易的不平等性有关，如“与其……不如……”、“倘若……就……”。另外，从记忆的规律来看，初级阶段先入为主的旧知识对中级阶段新知识的获得既具有积极的辅助作用，同时也具有一种排斥作用，而在表达阶段，这种排斥作用尤为明显。这也是为什么在我们收集的语料中，“因为……所以……”与“虽然……但是……”句使用比较多的原因之一。这不仅表明了这些关联词语并不是因为使用频率高就被认为是中亚留学生掌握最好的，它们其实正是中亚留学生学习的难点所在，也是对外汉语教学的重点。

二　中亚留学生汉语常用关联词语使用偏误原因分析及教学建议

（一）中亚留学生汉语常用关联词语使用偏误产生的原因

对外汉语教学活动的主体是学生，教师处于主导地位，教学双方的各种因素和语言环境都会对中亚留学生的汉语学习产生影响。我们把研究重点放在中亚留学生自己如何使用语言上来考查分析其汉语常用关联词语偏误产生的原因。

1. 关联词语本身的一些特点

A 汉语关联词语在语言交际活动中，尤其是书面语中，使用频率高、覆盖面广，因此中亚留学生多认为关联词语数量特别多，信心减弱。其实关虚词属于封闭式词类，数量是有限的。《汉语水平词汇等级大纲》中所收连词甲级 18 个，乙级 37 个，丙级 34 个，丁级 13 个，共 102 个，而常用连词的数量约占 50%，即 51 个左右，如果再除去丁级 13 个，留学生要掌握的连词不足 40。

B 汉语关联词语使用频率也比较高，但意义一般都比较虚，常常需要依赖语境和语用因素，每个关联词语所表达的各种语法意义在句法结构上并没有明确的形式依据，这就给关联词语的学习造成了一定的难度。而且中亚留学生经常把关联词语分解成单个的字或词来理解使用，而不去学习关联词语所表达的逻辑语义，还有很多中亚留学生不会判断分句的逻辑主语，那么把关联词语填错位置的情况也就必然会发生了。如填空题第 1 题“____他____每天起得早，还打扫院子。”很多中亚留学生都没有或没去判断“还打扫院子”的逻辑主语是“他”，就算知道“分句主语相同时，关联词语置于主语后”，也有可能把“不但”填错位置。

C 中亚留学生写出类似 *“因为生病，所以发烧。” *我们应该和陌生人交流，甚至和朋友交流。”的错句，是因为留学生没有掌握“因为、所以”表示的逻辑关系，即“生病”是“发烧”的原因吗？还有有的留学生不清楚有时由于语境的制约或出于强调结果分句的需要，有些分句的顺序不能灵活改动，如随意变换分句顺序，会造成整个句子的逻辑顺序颠倒。

D 有些汉语的关联词不全是一对一的配组，常常是一个关联词可跟多个关联词配合如：“也”可用在“尽管……也……”、“即使……也……”中，“就”可用在“如果……就……”、“只要……就……”、“既然……就……”中，“不是”可用在“不是……而是……”、“不是……还是……”、“不是……就是……”中，外国学生因其用法比较相似而出现“即使”、“尽管”不辨，“如果”、“既然”不分，“就是”、“而是”、“还是”混用的情况。错句是因为这些关联词语相近而不相同，中国人主要靠语感和语言经验来辨别和应用，外国学生由于缺乏汉语语感和无法掌握汉语关联词语的很多语法规则，从而导致句间关联词语使用不当，逻辑语义混乱偏误的出现。所以，留学生要学会准确地使用汉语常用关联词语，并不是一件容易的事情。

2. 语际干扰

学习者在外语学习的早期阶段，都是用母语来思维的，而且往往把母语中的词汇、语法等方面的规则机械地运用到目的语的语境中，从而容易导致错误。而且这种情况很难在短时间内根除。美国心理学家奥苏贝尔也曾说过："如果我不得不把全部教育心理学还原为一条原理的话，我将会说，影响学习的最重要的因素是学生已经知道了什么，根据学生原有的知识状况进行教学。"对于以汉语为目的语的中亚留学生来说，"原有的知识状况"都会对汉语的学习产生负面的干扰作用，这就是我们所说的"语际干扰"。如俄语中关联词语在句子中的位置与汉语有些地方是不同的。

例（1）：он остается，она же уезжает（译：他留下，但是她要走了。）

俄语中"же（也，但是）"在连接分句时，它的位置一般放在第二分句谓语前面，不放在第二分句的句首，所以句中"же（但是）"都是放在后一分句主语"она（她）"之后，而汉语中的"但是"则必须放在后一分句主语之前。如：我想去深圳旅游，但是我没有时间。

在对关联词语在句子中的位置偏误考查中发现中亚留学生本来就对汉语关联词语的特点把握不太准确，再加上受俄语语序的干扰所致，在汉语关联词语使用方面出现大量偏误是不可避免的。

3. 过度类化

由于中亚留学生学习的汉语知识不够全面，过分使用或者简化使用规则而引起错误，是正常的语言发展的错误。随着学习者不断的学习与提高，这些错误是可以被学习者自我纠正的。本文中选用的被试，基本上都已经是成年人，他们已具有"运用自己的第一语言进行抽象思维的很强的能力，如形成概念、运用概念构成判断、进行推理的能力。"[①] 但这只是积极的一面，事实上由于语言背景的不同，消极的一面也不少。如在汉语中，特别是对中高级阶段的学习者来说，目的语知识负迁移造成的影响就更加明显，这是学习者在内化规则的过程中所产生的偏误。例如：当留学生掌握了用"首先……然后……接着……最后……"来表示动作在时间上的承接关系的方法后，那么就有可能在叙述事件时滥用这些衔接词语，而意识不到这些词语有时候是可以省掉的，从而造成含有标记意味的过渡衔接。有关联词语出现在主语之前、之后两种情况。但是，中亚留学生在初级阶段就会使用"因

① 王魁京：《第二语言学习理论研究》，北京师范大学出版社，1998，第16页。

为……所以……”、“虽然……但是……”，如“因为天气太热，所以我不出门。”“虽然天气很热，但是我还得出门。”接下来当他们学到新的关联词语“既然……就……”、“虽然……却……”时，也有可能错误地认为关联词语都是出现在各个分句主语前面，造出“＊既然天气很热，就我不出门。＊虽然天气很热，却我还得出门。”如果不及时学习关联词语在句子中的位置的语法规则，时间久了，就会形成规律性的错误。另外，在该用关联词连接的地方因过度泛化而不用关联词，同样会产生偏误。

4. 学习者交际策略的影响

“交际策略是指学习者在交际中由于某种原因无法用现成、准确的语言形式来表达自己的意思，解决当时亟须解决的问题而有意识或无意识地使用一些语言或非语言手段”。[①] 中亚留学生在学习汉语时，当准备使用某个关联词语但却忘记了该词时，为了避免出现错误往往采取回避策略，回避策略是学习者的一种正常表现。如总是回避使用“哪怕……也……”、“宁可……也……”、“固然……也……”、“与其……不如……”而喜欢使用“宁愿……也……”和“就算……也……”其中“哪怕”是一年级二级词汇，“固然”、“宁可”、“与其”是二年级词汇；而“宁愿”和“就算”是三四年级词汇，也就是丁级词汇。这也是让步逻辑关系关联词语偏误率平均值达到最高（54.45%）的一个因素。从收集的语料中明显看出中亚留学生在使用“于是”和“然后”时总选择熟悉的“然后”来确保正确性，完全忽略了“然后”和“于是”的差别，这就难免地会产生偏误。当然，有时在交际中避难就易，使交际得以继续进行，也是应该的，然而在必须使用“难”的关联词语时，就不可避免会产生偏误，而且时间久了，也不利于汉语水平的提高。另外，总想用简单熟悉的关联词语表达交际和作文中所有的意思，而这也是为何语料中多是一些简单的关联词语频繁出错的一个因素。

5. 教材的影响

教材在教学活动中占有重要的地位，“教材体现了语言教学最根本的两个方面：教什么和如何教，教材水平的高低，在很大程度上决定教与学的效果。”[②] 目前，对外汉语界对中亚留学生的研究很少，中亚留学生所使用的

---

① 桂诗春：《我国外语教学的新思考》，《外国语》2004 年第 4 期。

② 刘珣：《对外汉语教育学引论》，北京语言文化大学出版社，2000，第 312 页。

教材主要是以母语为英语的学习者所使用的汉语教材。不同背景的学习者存在一定的个体差异，中亚留学生使用以英语为背景的学习者的教材是不适合的。

现在的多数教材都没有把关联词语列入主要语法点进行系统安排，尽管其是汉语语法难点之一，通常只是出现一个讲一个，没有归纳和小结，而且一些关联词语复现率也不高，如在选择题第 13 题中，主要考查中亚留学生对关联词语“宁可……也……”的使用情况，据统计，偏误量为 37，偏误率高达 41.11%。而且第 14 题中有 30 人误选了 A“宁可……也不……”，占偏误量的 90.91%，而这 30 人中又有 27 人，第 13 题选择的是正确选项 A“宁可……也……”，根据上文的统计显示，至少有 64 人对“宁可/宁愿……也（不）……”这一逻辑关系理解是不清楚的。笔者访谈了部分选错的中亚留学生，他们有的表示不熟悉“宁可……也……”，也有人认为没有学过“宁可”。但是很多被试都会用“宁愿……也……”造句，如：“我宁愿不睡觉，也要把作业写完”，而且表示这个词他们经常使用。于是，笔者查阅了国家对外汉语教学领导小组办公室编的《高等学校外国留学生汉语言专业教学大纲》，发现“宁可”在二年级词汇表中，而“宁愿”在三四年级词汇表中。由此可见，很多留学生也许因为课本里“宁可”一词复现率不高而忘记自己学过了。这不符合教材编写中分级定位和循环递进的原则。另外，一些教材对关联词语的解释也很少，只列出例句或附加英文、俄文的对译。有的教材虽然有一些解释，但只限于基本用法的解释，没有给出该关联词语的使用条件及类似的关联词语在使用上的区别等，使学生在使用时缺少必要的限制，而产生偏误。如：对于关联词语“无论”，各类教材的解释虽然不尽相同，但至少都有如下说明：“表示在任何条件下，情况、结果都不会改变”，并且给出常用格式“无论……都/也……”，接着举例。这种讲解虽然清楚、简明，但留学生在使用“无论”时，却会造出各式各样的病句：*无论刮风下雨，她也不会不来。究其原因，主要是很多教材只讲语法规则，不讲语法规则的使用范围，这容易使学习者误以为语法规则是普遍规律，从而使语法规则扩大化。另外，一些教材练习的设计也很不合理，这表现在：有关关联词语内容的练习不多，练习的内容多是“完成句子”。如果能对关联词语内容进行系统重现、螺旋式上升的原则，且练习采用多样化、循环练习方式，可以尽量减少教材主导方面的偏差。

（二）对中亚留学生汉语常用关联词语的教学建议

鉴于汉语关联词语的特点以及对中亚留学生汉语常用关联词语偏误的考查结果，我们对中亚留学生汉语关联词语教学提出以下一些建议。

（1）教师在讲解关联词语时，最有效的方法是结合具体句式进行比较和分析，并有多种不同的比较：把同义和近义的关联词语放在一起进行比较辨析，这是最常见的做法。把能说明同一方面问题的词放在一起进行比较辨析，如“一面……一面……”和“一方面……一方面……”；将意义相对的词放在一起进行对比分析，如：“因为”和“为了”、“而”和“却”、“何况”和“况且”等；把包含了关联词语的句子和抽掉关联词语的句子拿来比较，如：“这些年来，少林武术的名字（越）叫（越）响。”如果抽调括号里的关联词语，句意就读不通；同时，有时还需要注意这个词使用的语义背景。我们知道，一个词的使用频率越高，它的用法也就越复杂，它表示的语法意义也就越不容易被人们所把握。如有的关联词语虽然可以跟几个其他的关联词语搭配，如“不但”可以跟其他的词搭配成“不但……而且……”、“不但……并且……”、“不但……也……”、“不但……还……”、“不但……同时……”、“不但……甚至……”等，但一旦用于具体的句子中，究竟该用哪一个，还要取决于组词、成句、表达思想的需要，因此，也不能随意搭配，随意使用。如留学生直接用“尽管……还……”造句难度较大：前面的分句用“尽管”表示客观事实，后面的分句用“还”表示与前边所示的事实背向的结果。教师在指导时，可以用“如果……就……”这一学生早已掌握了的句式与之比较。首先对补充的内容相比较：①如果今天特别热，同学们就____。②尽管今天特别热，同学们还____。然后对选填的关联词相比较：（如果……就……，尽管……还……）①____下大雨了，我____不出门去玩了。②____下大雨了，我____是要出门去玩。通过比较学生不难发现“尽管……还……”的句子中，前后分句不一致，前边的分句交代情况条件，而后面的分句不受前面的影响和限制，这时稍加点拨就可以了。“不但”这样的词也就容易让人把本来不属于它的语法意义误认为是它的语法意义。因此，要避免把本来不属于某个词的语法意义硬加到这个词身上去。教师应该摆脱那种“简单讲解在前，大量纠偏在后”的被动局面，把主要的精力用在促进学生语言知识的记忆、交际技能的训练和教学效果的提高上。

（2）关联词语改错法。有些关联词语看起来比较简单，但往往易被疏忽，把它的逻辑关系弄错。在对外汉语教学中我们应让学生弄清语句间的逻辑关系，明了搭配规则，了解其位置，注意其异同，防止其误用。

如：＊因为燕子低飞，蚂蚁搬家，所以天要下雨了。

中亚留学生误把下雨前的征兆当作下雨的原因。我们只要引导学生思考一下：天下雨的原因是什么？燕子又为什么低飞？蚂蚁为什么搬家？就可以发现整句话的逻辑出现问题。应改成“因为天要下雨了，所以燕子低飞，蚂蚁搬家。”同理也就可以讲解“因为没有得高分，所以我错了好几道题”类似的错句了。

＊我们班不但有男生，而且有女生。

在此可以让学生想一下男生与女生有高低等级之分吗？再问一下既然都是学生，能否放在递进关系的位置上？可否改成“我们班有男生和女生”？

教师可以先给留学生出示一些有关联词语的句子，让留学生通过自问自答的方法，甚至可以颠倒语序，从中辨析句子内容是否符合规定的逻辑关系。

如：＊因为弟弟长得很胖，所以非常调皮。

留学生逻辑能力的高低与他们的知识多少密切相关，所以应重视课外阅读，广泛接触生活实际，让中亚留学生逻辑能力的发展有个坚实的知识基础。

（3）关联词语分解法。上文中第13题和第14题的统计结果显示，被试90人中，至少有64人对“宁可/宁愿……也（不）……”这一逻辑关系理解是不清楚的。对于关联词语“宁可……也不……”，如果不让学生真正弄清它的逻辑关系，学生往往总是用那么几个句子来充数。指导中亚留学生学习“宁可……也不……”时可以这样分步教学：首先，引导学生分析例句，如：“我宁可写到晚上12：00，也不抄你的作业本。”前一句是说“我自己写作业”，后一句说“我不抄你的作业”，前后分句所示的两种情况是相对应的，“宁可”表“取”，“也不”表“舍”，前后有轻重之分。其次，让学生分析从他们作文本中选出的病句：

＊（1）今天晚上我宁可不睡觉，我也不要把这本书看完。

＊（2）我宁可一天不吃饭不休息，也不要把今天的工作做完。

当留学生已经懂得“宁可”表示所取，“也不”表示所舍，留学生就会把“不”删掉，留下关联词语“宁可……也……”。最后，教师提供给学生几组材料，如“被批评与说谎”、“淋雨与打篮球”等，让留学生用“宁可……也不……”写出取舍关系的语句。教师要举一反三，并设计合适的语言环境，使留学生彻底掌握“宁可……也……”和“宁可……也不……”的使用规则。然后让学生自己找材料造句。“造句”最能反映学生的理解能力和运用能力。教师也应该把注意力放在如何帮助学生理顺每组关联词语所表示的特定的逻辑关系上。

有些中亚留学生造句往往是通过模仿或把自己用过多次的材料拿出来，稍作变动。造到“因为……所以……”就说：“因为我想学好汉语，所以来中国。”用“只有……才……”便道：“只有来中国，我才能学好汉语。”用“不但……而且……”便道：“我不但来中国了，而且学汉语了。”教师应培养中亚留学生自觉求异的习惯。必要时可以把这种句型作为例句进行替换训练。如：可以把“我”换成“你”、“他”或同学的名字；把“学汉语”换成“卖水果”、“健身”或“打篮球”；“来中国”可以换成“去超市”、“去健身房”或“去体育馆”。造出的句子如：“因为他想买水果，所以去超市。”“小王不但去体育馆了，还打篮球了。”让学生自己发现自己的问题。具体地说，就是要让留学生多角度、多层次地表达自己的意思，灵活运用关联词语。这样，留学生可以跳出原来的圈子。造句训练是留学生汉语学习的一项重要内容，在“新”字上着力是应该的。

（4）联系语言环境对关联词语进行比较分析。有些关联词，在某些孤立的句子中，用这或用那都可以，往往造成学生理解上的负迁移。

如例123：*太阳已经出来了，即使天还不太亮，我们也可以看清许多东西了。分句“即使天还不太亮”、“我们也可以看清许多东西了”关联词语的使用都是合理的，但是联系到语言背景“太阳已经出来了”，整句话的逻辑就出现问题了。

如“只有……才……”、“只要……就……”

“只要坐2路公交车，就能到八楼。”

*“只有坐2路公交车，才能到八楼。”

在这两句话，除了关联词语不同，其他部分都相同，留学生误认为是一样的，易造成逻辑上的混乱。

我们可以把句子放在一定的语言环境中稍加分析，它们各自的逻辑意义就可以一目了然了。于是可以把这两句话分别改成：

只有坐2路公交车，才能到八楼。否则，只有坐出租车了。

只要坐2路公交车，就能到八楼。101路也可以到八楼。

这样句子前后关系就非常明显了。

因每一类逻辑关系中都有形似或意义相近的关联词语，由于时间原因，教师每次可以只讲解一组即可。

（5）从逻辑关系角度讲解关联词语

我们必须认识到，存在于关联词语中的逻辑意义是人们共同的思维形式和思维规律，所以充分认识关联词语表达的逻辑意义，才能解释中亚留学生出现的很多偏误。关联词语教学中应该明确，关联词语可以控制分句和分句之间的相互关系。教师可以从动态和静态两个角度去讲解关联词语。

A 从静态角度看，关联词语表示分句间的逻辑关系。如："既然……就……"表示推论性因果关系，"只有……才……" 表示必要条件关系。

B 从动态角度看，关联词语有显示、选示、转化和强化四种作用。

所谓显示，指关联词语显示了两个分句之间本来隐含某种关系。

例如：来中国，去长城。因为来中国，所以去长城。

来中国，不去长城。虽然来中国，但是不去长城。

如果两组关联词语互换，＊虽然来中国，但是去长城。＊因为来中国，所以不去长城。都是不可以的。

所谓选示，是根据表述者的理解与需要有选择的过程。

例如：学汉语，学英语。既学汉语，又学英语。不但学汉语，而且学英语。

表述中，若看重其中的平等地位，便用"既……又……" 表示并列关系；若看重层级性，便用"不但……而且……" 表示递进关系。

所谓转化，是用关联词语对本来存在的关系有所转化。

a 虽然来中国，可没有去长城。b 即使去中国，可不会去长城。

a "来中国" 本来是事实，用了"虽然……可……"，这是"显示"。b 用"即使……可……"，把事实用虚拟的口气表述出来，是一种转化。

所谓强化，分句和分句之间某种关系已经用某个关联词语显示出来，可是，为了强化这种关系，可以加上更为明显地表明这种关系的关联词语。

例如：a 即使写错了，也别害怕。b 即使写错了，（但）也别害怕。

前一例是显示，把本来隐含的让步关系通过"即使……也……" 显示了出来。后一例是强化，加上"但"，进一步强化转折关系，使之更为明显。强化是在已有关联词语的基础上又加了另一个关联词语，容易造成"关联词语复现" 的现象。为避免中亚留学生出现关联词语多余，教师可以简单讲解。

不同的关联词语出现在同一个句子中，句子可以表达不同的逻辑关系。同样，一个关联词语所表示的逻辑关系也并不是唯一的，正如“因为……所以……”、“既然……就……”、“由于……因此……”、“因为”、“由于”等均可以表示因果逻辑关系。

如“一……就……”就可以表达多种逻辑关系。a 表连贯逻辑关系。如：“一进门，我就看见了娜塔莎。”两个动作只有单纯的先后关系。b 表条件逻辑关系，相当于“只要……就……”。如：“一说到那件事，她就不高兴。”两分句间除了有先后关系外，还有条件关系。c 表因果逻辑关系，有时相当于“因为……所以……”。例如：“我一想，就发现你是不对的。”分句间有明显的因果关系。d 构成紧缩句，连贯关系，例如：“我一来中国就改了名字。”条件关系，例如：“他很聪明，一学就会。”

总之，教学中，如果能适当地揭示一些关联词语的规律性的知识，可以帮助中亚留学生更好地理解和运用汉语关联词语。

（6）师生共同归纳总结关联词语的一般规律。归纳前面学过的关联词语的各类情况，是避免关联词语误用的一个有效方法。如“无论……，（ ）……”a 教师引导学生找出含有关联词语“无论……，（ ）……”的句子，b 弄清楚前后分句之间表现出来的是怎样的逻辑关系，c 总结出“无论……，（ ）……”的语义、语用及逻辑规则。总结出：A“无论”后面，一般要有其他关联词语搭配使用（如“都、也”等）；B 出现在“无论”后面的成分一般要符合的条件有两点：无论 + V 不 V/A 不 A；无论 + 还是/或者。也可以针对学生常出现的错句如：＊“无论天气好不好，我去公园。”和＊“无论天气很不好，我也去公园。”着重讲解。转折关系关联词语“但是”，笔者统计了中亚留学生使用的《初级汉语阅读教程》的前十二课，找出含有关联词语的语句共 34 句，含有“但是”的语句共 12 句，分别于第一课（1），如“他没有学过开车，但是他很想开车（P4）。”、第二课（1）、第三课（1）、第四课（1）、第五课（1）、第六课（1）、第七课（1）、第八课（1）、第九课（1）、第十课（1）、第十二课（2）。然后教师要重点分析留学生容易产生偏误的语法现象，指出常见的错误，最后师生共同归纳出一般规律，甚至适于中亚留学生的语法规则。

教师还可以要求学生必备个人错误本，把自己的错句记录下来，可以了解自己关联词语的学习情况。因为每一名中亚留学生学习汉语关联词语的具

体情况不同。因为只有明白自己会在哪些方面经常出问题，才能更好地掌握学习内容。教师应对留学生的偏误时，应多鼓励，委婉提示，也可以让学生自我纠错，这样留学生更易于发挥自己学习的主观能动性。

以上的几种方法有时得综合运用。总之，要设法提高中亚留学生的汉语逻辑思维能力。如果仅仅是抽象地进行解释则无异于纸上谈兵，只有通过形式多样的解释，加上针对性的练习，不仅可以了解中亚留学生对一个关联词语的意义和用法的掌握情况，而且可以帮助中亚留学生熟练运用汉语常用关联词语，提高中亚留学生运用汉语进行交际的能力。

结　论

本文在偏误理论的指导下，运用统计分析方法，从对外汉语教材中所涉及的关于关联词语的用法入手，结合收集的自然语料和实验控制语料，对中亚留学生使用汉语常用关联词语使用情况进行了客观的考查分析。统计分析着重从量上为研究提供了数据，保证了研究的有效性；偏误分析主要依据汉语语法理论对各类关联词语语法、语用、逻辑等特征的描述来看偏误，并都集中到单独的类别中综合考查，使偏误的特征得以明确化和规律化。

通过问卷调查，对中亚留学生学习汉语关联词语的情况做了全面的量化分析，排序出每一类关联词语的偏误率。经过考查分析我们发现，中亚留学生的汉语常用关联词语偏误主要表现为关联词语搭配不当所造成的偏误，主要是由于中亚留学生对关联词语的逻辑语义与使用规则理解不到位、掌握不熟练以及忽视考虑关联词语所要控制的分句间的逻辑语义所致。在调查和统计分析的基础上，我们分析偏误出现的原因，并提出一些针对性的教学建议。

通过本文对中级班中亚留学生汉语常用关联词语使用偏误的考查分析，至少让我们对中亚学生的关联词语偏误表现有了一个大致的概念，对中级班中亚留学生的语言能力有了一个大致的了解。特别强调了不论在留学生使用时还是教学时关联词语和各分句逻辑的重要性，要着重培养汉语逻辑思维，这比逐个词汇去记忆，更能达到事半功倍的效果。

研究结果应该能方便我们在教学中因材施教，有的放矢，提高中亚留学生的学习效率和效果，真诚的期望本文能为今后的对中亚留学生汉语关联词语教学做出一点贡献。

由于笔者水平及精力有限，对于中亚留学生使用汉语关联词语的情况，还有很多可以探讨研究之处本论文未能涉及，本文只是探讨了常用的汉语关联词语，还有很多关联词语未涉及，我们期待将来另文研究这些问题。另外因笔者对中亚留学生的母语了解不多，对于语际干扰的问题也还有待进一步深入探讨。

附　录

附录1

主编	书名	出版社	第一层	第二层
胡欲树	现代汉语	上海教育出版社（1995年增订版）	联合 偏正	并列、连贯、递进、选择、因果、条件、让步、转折
黄伯荣 廖序东	现代汉语	高等教育出版社（2002年增订三版）	联合 偏正	并列、顺承、解注、递进、选择、因果、条件、转折、假设、目的（关联词语都单用）
钱乃荣	现代汉语	江苏教育出版社（2001年修订本）	联合 偏正	并列、连贯、递进、选择、因果、条件、让步、转折、顺推、目的
张斌	现代汉语	复旦大学出版社（2002年第一版）	联合 偏正	并列、顺承、递进、选择、解注、因果、条件、让步、转折、假设、目的
刘树新	现代汉语理论课程	高等教育出版社（2002年增订三版）	联合 偏正	并列、连贯、递进、选择、因果、条件、让步、转折
邢福义 汪国盛	现代汉语	华中师范大学出版社（2003年第一版）	因果 并列 转折	并列、连贯、递进、选择、因果、条件、让步、转折、目的、假设、假转
邵敬敏	现代汉语通论	上海教育出版社（2001年第一版）		并列、连贯、递进、选择、补充、因果、条件、让步、转折、目的

附录 2

汉语常用关联词语逻辑关系列表

关联连词逻辑关系		单用	合用
并列	平列式	而　同　与　也　又　还	既……又,一边……一边,又……又 一方面……;(另)一方面 也……也,一面……一面
	对列式	而　反而	不是……而是,是……不是
连贯	顺连式	于是　就　接着　然后	一……就 (首)先……然后/再(又/还)……接着
递进	正递式	况且　甚至	不但/不仅……而且,尚且……何况
	反递式	反而	不但……反而
选择	相容式	或　要么　或者	或者……或者,要么……要么
	析取式	还是	不是……就是 是……还是
取舍	先取后舍	宁肯　宁可　宁愿	宁可/宁肯/宁愿……也不
	先舍后取	与其	与其……不如
因果	说明性因果	因此　所以　以至　因为 由于	因为……所以,之所以……是因为 由于……因此
	推论性因果	可见　那么	既然……就
转折	轻转(追加)	不过　只是	
	平转(对照)	然而	
	重转(矛盾)	虽　却　但是　可　反而 可是	虽然/尽管/固然……但是
假设	推测假设	要是　如果	如果/假如/倘若/要是……就
	反证假设	要不是　不然　否则	幸亏……否则/不然
条件	必要条件	才(副)	只有/除非/必须……才,除非……否则
	充分条件	就　(副)　便	只要……就
	无条件	无论　不管　不论	无论/不论/不管……都 不论/不管……也
让步	虚拟性让步	即使　即便	即使/就算/哪怕/尽管……也
	现实性让步	即使　即便	即便……也,固然……也
目的	正目的	为了　以便	
	负目的	以免　免得	

续表

关联连词逻辑关系		单用	合用
紧缩	假设关系	就	非……不,不……不
	条件、连贯	也、才	一……就
	连锁关系		越……越
	转折关系	还	

附录 3

汉语常用关联词语测试题

姓名：__________ 性别：__________ 班级：__________

国家：__________ HSK 等级：__________ 母语：__________

一、选择题

1. 外面吵得不行，________到了下半夜，________能睡着一会儿。

   A. 凡是……都…… B. 只有……才……

   C. 即使……也…… D. 只要……就……

2. ________天上有两个太阳三个月亮，________我是不会同意这件事的。

   A. 只有……才…… B. 尽管……但是……

   C. 除非……否则…… D. 只要……就……

3. 听说这家公司正在招聘秘书，________姐姐就去报了名。

   A. 那么 B. 否则 C. 于是 D. 甚至

4. 老师________向学生展示一组和睡眠相关的词语，________，请学生回忆所看到的词语。

   A. 本来……后来…… B. 先……然后……

   C. 开始……以后…… D. 先……再……

5. 你搞错了，那并________我的大衣，________我哥哥的大衣。

   A. 不但……而且…… B. 不是……而是……

   C. 不管……还是…… D. 不是……就是……

6. 他的朋友________能说英语，________能说法语。

   A. 既……又…… B. 一方面……一方面……

   C. 是……还是…… D. 先……然后……

7. 据说这种机器________出点儿毛病________不影响使用。

A. 假如……就…… B. 无论……都……

C. 既然……就…… D. 即使……也……

8. ________今天晚上不睡觉，我________要把这本书看完。

A. 尽管……但是…… B. 因为……所以……

C. 宁可……也不…… D. 哪怕……也……

9. 玛丽________学习好，________对人很热情。

A. 因为……所以…… B. 不但……而且……

C. 要是……就…… D. 只要……就……

10. 你这样做，________不能解决问题，________会使问题更复杂。

A. 是……还是…… B. 不仅……反而……

C. 只有……才…… D. 除非……否则……

11. ________让呼吸恢复正常，有好几次我不得不停住脚步。

A. 由于 B. 因为 C. 作为 D. 为了

12. 出发前大家详细阅读了相关材料，________尽快熟悉当地情况。

A. 以致 B. 以免 C. 以便 D. 从而

13. ________一天不吃饭不休息，________要把今天的工作做完。

A. 宁可……也…… B. 不是……就是……

C. 虽然……但是…… D. 无论……都……

14. 要叫我说啊，我们________在这里等两个小时，________自己亲自去一趟看看究竟是怎么回事。

A. 宁可……也不…… B. 与其……不如……

C. 只有……才…… D. 尽管……但是……

15. 如果产品的质量有问题，________退货，________换新的。

A. 或者……或者…… B. 既……又……

C. 一边……一边…… D. 是……还是……

16. 这件事，________小王告诉他的，________他自己猜的，反正不是我说的。

A. 不是……而是…… B. 虽然……可是……

C. 不是……就是…… D. 尽管……可是……

17. ________没有宽广的田野、鲜花和新鲜的空气，生活对他就毫无意义。

A. 由于　B. 倘若　C. 虽然　D. 不仅

18. ________课堂纪律不好，________必然影响同学们的学习。

A. 只要……就……　B. 尽管……然而……

C. 别说……就是……　D. 如果……就……

19. ________实验失败了，________大家的情绪并没有因此而低落。

A. 即使……也……　B. 虽然……但是……

C. 因为……所以……　D. 如果……就……

20. 这家老字号名气________大，服务________很一般。

A. 既然……就……　B. 由于……因此……

C. 虽然……却……　D. 虽然……但是……

21. ________大家不断帮助他，________他有了很大的进步。

A. 要不是……那么……　B. 因为……所以……

C. 尽管……但是……　D. 只有……才……

22. ________你要去中国工作，________该利用这个机会把汉语学好。

A. 哪怕……也……　B. 既然……就……

C. 虽然……但是……　D. 不但……而且……

23. 近些年来，少林武术的名字________叫________响。

A. 一边……一边……　B. 越……越……

C. 又……又……　D. 不但……而且……

24. 刚________接触，________感觉这个人不简单。

A. 要是……就……　B. 既然……就……

C. 一……就……　D. 即使……也……

二、填空题

1. ____他____每天起得早，还打扫院子。（不但）

2. 该去上课了，____我们____就要迟到了。（不然）

3. ____中国人____不知道这件事，我怎么会知道？（尚且）

4. ____你____去，不如不去。（与其）

5. 如果他不去的话，____我____也就不去了。（那）

6. 只要认真想想，____你____会明白。（就）

7. 我喜欢中国的古典音乐，____我____没有系统研究过。（但是）

8. ____他____多么忙，都忘不了浇花儿。（无论）

9. 不论你说什么，____我们____不相信你的话。（都）

10. 由于准备不充分，____我____没有在大会上发言。（所以）
11. ____我____在家睡觉，也不去上自己不喜欢的课。（宁可）
12. ____他____喜欢打网球，我们几个也都喜欢打网球。（不但）

参考文献

一　参考专著

吕叔湘：《现代汉语八百词》，商务印书馆，1980。

编写组，关联词语《关联词语》，上海教育出版社，1981。

陈宗明：《逻辑与语言表达》，上海人民出版社，1984。

邢福义：《复句与关联词语》，黑龙江人民出版社，1985。

佟慧君：《外国人学汉语病句分析》，北京语言学院出版社，1986。

黄国文：《语篇分析概要》，湖南教育出版社，1988。

李德津、程美珍：《外国人实用汉语语法》，华语教学出版社，1988。

何自然：《语用学概论》，湖南教育出版社，1988。

盛炎：《语言教学原理》，重庆出版社，1990。

杨庆蕙：《现代汉语正误辞典》，北京师范大学出版社，1992。

陈宗明：《汉语逻辑概论》，人民出版社，1993。

王维贤：《现代汉语复句新解》，华东师范大学出版社，1994。

吕文华：《对外汉语教学语法探索》，语文出版社，1994。

胡壮麟：《语篇的衔接与连贯》，上海外语教育出版社，1994。

王维贤等：《现代汉语复句新解》，华东师范大学出版社，1994。

国家对外汉语教学领导小组办公室汉语水平考试部《汉语水平等级标准与语法等级大纲》，高等教育出版社，1996。

李大忠：《外国人学汉语语法偏误分析》，北京语言文化大学出版社，1996。

卢福波：《对外汉语教学实用语法》，北京语言文化大学出版社，1996。

狄昌运：《怎样说得对——日本人汉语学习中常见语法错误辨析》，北京语言文化大学出版社，1996。

王建勤：《汉语作为第二语言的习得研究》，北京语言文化大学出版社，1997。

刘珣：《对外汉语教学概论》，北京语言文化大学出版社，1997。

程美珍：《汉语病句辨析九百例》，华语教学出版社，1998。

周健：《汉语课堂教学技巧与游戏》，北京语言文化大学出版社，1998。

张起、王顺洪：《汉外语言对比与偏误分析论文集》，北京大学出版社，1999。

鲁健骥：《对外汉语教学思考集》，北京语言文化大学出版社，1999。

蒋祖康：《第二语言习得研究》，外语教学与研究出版社，1999。

Rord Ellis：《第二语言习得》，上海外语教育出版社，1999。

刘珣：《对外汉语教育学引论》，北京语言文化大学出版社，2000。

张斌：《现代汉语句子》，华东师范大学出版社，2000。

徐子亮：《汉语作为外语教学的认知理论研究》，华语教学出版社，2000。

刘月华、潘文娱、故韦华：《实用现代汉语语法》，商务印书馆，2001。

张斌主编《现代汉语虚词词典》，商务印书馆，2001。

邢福义：《汉语复句研究》，商务印书馆，2001。

国家对外汉语教学领导小组办公室《高等学校外国留学生汉语言专业教学大纲》，北京语言文化大学出版社，2002。

国家汉语水平考试委员会办公室考试中心《汉语水平词汇与汉字等级大纲》，经济科学出版社，2001。

肖奚强：《现代汉语语法与对外汉语教学》，学林出版社，2002。

徐阳春：《现代汉语复句句式研究》，中国社会科学出版社，2002。

周刚：《连词与相关问题研究》，安徽教育出版社，2002。

张斌、范开泰：《现代汉语虚词研究综述》，安徽教育出版社，2002。

张谊生：《现代汉语虚词》，华东师范大学出版社，2002。

张斌：《现代汉语虚词》，华东师范大学出版社，2002。

国家汉办教学处：《对外汉语教学语法探索》，中国社会科学出版社，2003。

周小兵：《外国人学汉语语法偏误研究》，北京语言大学出版社，2007。

二　期刊论文

宋秀令：《谈几对关联词语的功用》，《中国语文》1979 年第 1 期。

陈垂民：《谈关联词语的几个问题》，《中国语文通讯》1980 年第 4 期。

王中明：《试论单句中的关联词语》，《西华师范大学学报（哲社版）》1982 年第 3 期。

廖秋忠：《现代汉语篇章中的连接成分》，《中国语文》1986 年第 6 期。

鲁健骥：《外国人学习汉语的词语偏误分析》，《语言教学与研究》1987 年第 4 期。

宋玉柱：《再谈关联词语在单句成分中的连接作用》，《汉语学习》1990 年第 2 期。

冯志纯：《试论转折关系的假设复句——兼谈“尽管”和“即使”、“不管”的区别》，《语言教学与研究》1990 年第 4 期。

邢福义：《汉语复句格式对复句语义关系的反制约》，《中国语文》1991 年第 1 期。

李晓琪：《现代汉语复句中关联词的位置》，《语言教学与研究》1991 年第 2 期。

鲁健骥、吕文华：《外国人学习汉语的语用失误》，《汉语学习》1993 年第 1 期。

鲁健骥:《外国人学汉语的语法偏误分析》,《语言教学与研究》1994 年第 1 期。

傅艺芳:《留学生汉语写作语病问题》,《汉语学习》1994 年第 2 期。

周胜:《第二语言习得之理论》,《四川师范学院学报》1994 年第 4 期。

景士俊:《析“却”》,《内蒙古师大学报》1995 年第 1 期。

田善继:《非对比性偏误浅析》,《汉语学习》1995 年第 6 期。

罗日新:《关联词语分布态势及奥秘所在》,《辽宁师范大学学报(社科版)》1995 年第 1 期。

王绍新:《超单句偏误引发的几点思考》,《语言教学与研究》1996 年第 4 期。

钱玉莲:《偏误例析与对外汉语教材编写》,《汉语学习》1996 年第 3 期。

莫超:《关联词语的定位与主语的关系》,《兰州大学学报》1997 年第 1 期。

李晓琪:《论对外汉语虚词教学》,《世界汉语教学》1998 年第 3 期。

刘月华:《以“固然”、“于是”为例谈虚词的用法研究》,《汉语学习》1999 年第 2 期。

李大忠:《偏误成因的思维心理分析》,《语言教学与研究》1999 年第 2 期。

何立荣:《浅析留学生汉语写作中的篇章失误》,《汉语学习》1999 年第 1 期。

杨玉玲:《谈“宁可……也……”的语用条件和教学》,《首都师范大学学报(社科版)》,2000。

陆俭明:《“对外汉语教学”中的语法教学》,《语言教学与研究》2000 年第 3 期。

徐素萍:《留学生受英语干扰形成的汉语关联词误用浅析》,《东南大学学报》2000 年第 2 期。

张会森:《俄汉对比中的复(合)句问题》,《外语学刊》2000 年第 1 期。

辛平:《对 11 篇留学生汉语作文中偏误的统计分析及对汉语写作课教学的思考》,《汉语学习》2001 年第 4 期。

吴春仙:《“反而”句的语义逻辑分析》,《语言教学与研究》2001 年第 4 期。

张洪超:《关联词语与单句》,《徐州师范大学学报(哲学社会科学版)》2000 年第 1 期。

马燕华:《中级汉语水平日本留学生汉语语段衔接调查分析》,《语言文字应用》2001 年第 4 期。

辛平:《对 11 篇留学生汉语作文中偏误的统计分析及对汉语写作课教学的思考》,《汉语学习》2001 年第 4 期。

郑亨奎:《试论母语干扰对汉语学习的影响》,《浙江树人大学学报》2001 年第 4 期。

张会森:《俄汉语复句的“形合”与“意合”问题中国》,《俄语教学》2001 年第 4 期。

王振来：《关联词语的经络连接功能》，《大连民族学院学报》2002 年第 2 期。

李一平：《有关篇章分析与汉语篇章连接成分的几个问题》，《河南大学学报（社科版）》2003 年第 2 期。

赵新：《“因此、于是、从而”的多角度分析》，《语文研究》2003 年第 1 期。

胡英：《第二语言学习者使用虚词的偏误分析》，《语言与翻译》2003 年第 1 期。

伊莉曼·艾孜买提：《针对中亚来华留学生的汉语教学策略》，《新疆师范大学学报（哲社版）》2007 年第 4 期。

楼志新：《浅论单句中的关联词语》，《中国对外教育（理论）》，2008。

陈莉：《二语习得中的偏误分析》，《新乡教育学院学报》2008 年第 2 期。

傅玲：《俄汉语复合句界定对比研究》，《外语与外语教学》2009 年第 2 期。

中亚留学生汉语程度副词习得研究

张建民　井婷宁

目前还没有人系统地从中亚留学生语言习得的角度对他们汉语程度副词习得进行研究。了解中亚留学生的汉语程度副词习得状况，一方面有利于合理地安排各个阶段的教学重点、提高汉语程度副词的教学质量；另一方面为针对中亚留学生的教材编写和工具书编纂提供理论参照。本文通过对自然语料和调查问卷的分析，摸索中亚留学生习得汉语程度副词过程中所遇到的难点，并运用现代语言学理论做出合理的解释，从而为建立对外汉语程度副词教学理论体系提供一些参照。

一　中亚留学生汉语程度副词习得

（一）研究对象

本文主要以就读于新疆师范大学的中亚留学生为研究对象，按照其学习汉语时间的长短将其划分为五个组别：第一组学习汉语时间为一年以下（含一年）；第二组学习汉语时间为一年半；第三组学习汉语时间为两年；第四组学习汉语时间为两年半；第五组学习汉语时间为三年。[①] 其中第一组选用31人、第二组选用30人、第三组选用41人、第四组选用31人、第五组选用18人，共151人，学生的年龄范围在17～26岁。

（二）研究方法

本文采用定性研究与定量研究相结合的方法，真实地记录了留学生在自

① 本文中五个组别的划分依据均与此相同。

然环境中汉语程度副词的运用行为，并作为自然语料加以分析；通过问卷调查、试卷测试收集研究数据，对收集到的数据进行统计分析。具体途径是：习得语料状况调查—描写分析—教学建议。

（三）教学所使用的汉语程度副词范围的确定

现代汉语程度副词本体研究中在界定程度副词的范围上出现了分歧，杨荣祥（1999）列举出61个，张谊生（2000）列举出89个，夏齐富在《程度副词分类试探》一文中列举出65个，丁声树等所著的《现代汉语语法讲话》列举出16个，朱德熙在《语法讲义》一书中列举了17个，刘月华等编著的《实用现代汉语语法》列举出27个，李泉在《汉语语法考察与分析》中列举出了76个。

《汉语词汇等级大纲》中收录的程度副词的分类是：甲级词——多、多么、非常、更、好、很、十分、太、挺、尤其、真、最；乙级词——不大、更加、几乎、极、极其、较、老（是）、稍、稍微；丙级词——大大、顶、格外、怪；丁级词——分外、极度、极力、略微、颇、愈。

《汉语水平等级标准与语法等级大纲》（高等教育出版社，1996）中甲、乙、丙级语法项目的程度副词分类是：甲级——很、太、更、最、十分、非常、多么；乙级——挺、极、白、比较、尤其、相当、稍微/稍、才；丙级——大大。

《高等学校外国留学生汉语教学大纲》中程度副词的分类是：甲级——很、挺、非常、有点儿、太、更、最、真、特别、比较、十分、多么；乙级——极、白、比较、尤其、相当、稍微/稍、才；丙级——大大。

由于程度副词的收录没有一个统一的标准可供参照，因此本文采用如下方式来确定研究范围，即穷尽《汉语词汇等级大纲》、《汉语水平等级标准与语法等级大纲》、《高等学校外国留学生汉语教学大纲》三个大纲所列举的程度副词，以问卷的形式让学生选择自己会使用并且经常使用的程度副词，将收集到的数据进行统计，按照比率进行降序排列，具体形式见表1。

表1显示，表中所列程度副词中，五个组别的使用比率均在60（包括60）以上的程度副词有“很”、“最”、“更”、“比较”、“太”、“非常”、“特别”、“稍微”、“挺”、“多”、“极”11个。因此本文主要研究这11个程度副词的习得情况。

表 1　程度副词使用比率

单位：%

程度副词	一组（1 年以下）	二组（1 年半）	三组（2 年）	四组（2 年半）	五组（3 年）
很	100	100	100	100	100
最	96.67	100	100	100	100
更	93.33	100	100	100	100
比较	90	100	100	100	100
太	90	100	100	100	100
非常	86.67	100	100	100	100
特别	86.67	100	100	100	100
稍微	83.33	100	100	100	100
挺	66.67	83.33	86.67	90	100
多	63.33	66.67	66.67	83.33	96.67
极	60	63.33	66.67	66.67	96.67
多么	43.33	56.67	56.67	63.33	83.33
尤其	36.67	43.33	46.67	56.67	60
几乎	26.67	30	33.33	36.67	43.33
较	0	0	10	13.33	36.67
怪	0	0	0	0	13.33
不大	0	0	0	0	10
更加	0	0	0	0	6.67
稍	0	0	0	0	0
老	0	0	0	0	0
极其	0	0	0	0	0
大大	0	0	0	0	0
顶	0	0	0	0	0
格外	0	0	0	0	0
分外	0	0	0	0	0
极度	0	0	0	0	0
极力	0	0	0	0	0
略微	0	0	0	0	0
颇	0	0	0	0	0
愈	0	0	0	0	0

（四）调查问卷的设计

问卷一：包括两个部分，A. 被调查者的基本情况（包括姓名、国籍、第二语言、学习汉语时间等）；B. 问卷内容，陈列出三个大纲所收录的所有程度副词。目的是让被调查者选出自己学过并且会使用的程度副词来，为问卷二中测试项目的确定提供依据。

问卷二：根据对问卷一的调查结果进行统计分析，确定问卷二的测试项目。问卷二也分两个部分：A. 被调查者的基本情况（包括姓名、国籍、第二语言、学习汉语时间等）；B. 程度副词的使用情况。集中使用测试的方法来测定程度副词的客观习得状况。从语法分布、语义理解、语用功能三个方面考查程度副词的习得情况，为习得难度顺序的确定提供数据。

（五）具体考查项目

测试卷试题为客观性试题，分为三个大项目，分别考查语法、语义及语用三个方面的习得情况，共32道题，题型分别为：（1）句法位置选择填空题，共14道题，重点考查学生对程度副词语法功能的掌握情况。（2）选词填空题，共有12道题，重点考查学生对程度副词词汇语义（词义）的理解。（3）句意（语用意义）理解的选择判断题，重点考查学生对程度副词语用义的理解，共有6道题。由于受时间和人力、物力限制，我们只能做抽样的考查，但尽可能做到抽样具有代表性（详细情况见附录）。

能够真实地测出被试之间语言能力的差异，是本次测试的基本目标，也是进行各种统计分析的基本前提。为了达到这一基本目标，我们对试卷的质量进行了严格的控制，力求做到试题与测试目标密切相关、试题具有代表性且适合被试对象。

（六）对“习得”概念的界定

20世纪60年代以来，有些学者提出应区分语言的“学习”与“习得”的不同。有些学者认为“学习”是指成人学习第二语言，而“习得”是指儿童学习母语，应该严格区分，不能混为一谈，否则会引起误解。

Krashen认为第二语言习得涉及两种不同的过程：习得过程和学习过程。“习得”主要指以获取信息或以信息交流为目的的语言习得过程，在这一过程中学习者关注的是“意义”而不是“语言形式”。与此相反，“学习”是

指有意识的、按语言规则进行的学习，在这一过程中，学习者关注的是语言形式和语法规则。“学习”和“习得”是两种既不相同，又不能相互沟通或转换的过程。

对于这两个术语，G. Walker认为：“学习与习得这两种获得语言的途径，并非完全隔绝或相互排斥，而是相互交叉、相辅相成的。无论儿童或成人在获得语言的过程中，都同时存在这两种途径，只是主次不同。儿童获得母语以自然习得为主，但同时家长又利用幼儿读物、认字块、讲故事等让儿童进行有意识的学习。成人第二语言学习是以有意识的课堂学习为主，但在一定的语言环境中通过会话、听广播、看电视、书面材料的阅读等，也常常不知不觉地习得很多东西。学习与习得不仅相互交叉，而且还主要体现在不同的学习阶段。西方学者认为成人第二语言的获得，是从有意识的学习逐渐发展为对语言的自然习得。学习与习得的关系好像两个上下倒置、部分交叠的三角形。随着时间的推移和语言水平的提高，成人第二语言学习中习得的成分越来越大，而学习的成分就相对地变小了。与之相反，儿童对第一语言的掌握都是从潜意识的习得开始，随着年龄的增长，有意识学习的成分越来越大，到入学以后，就变为以有意识的学习为主。”①

Ellis（1985，1994）认为“习得”和“学习”这两个过程在实践中很难区分开来，而且人们对“习得”这一概念的理解也不尽相同，他一直把这两个概念交互使用。在他看来，第二语言学习既包括下意识的过程也包括有意识的过程；既指自然习得也指课堂环境的语言学习。

综合考虑以上几位学者的观点，本文将“学习”与“习得”作为可以互换的概念使用，不刻意强调二者的区别。

二 程度副词习得的总体考查与分析

（一）句法位置的测试结果统计

表2是句法位置考查项目的测试结果统计。第一列是考查的项目，共有

① Walker，G. IntensiveIke Chinese Curriculum：the Easle Model，Jclta，No. 2，1959，转引自刘珣《对外汉语教育学引论》，北京语言大学出版社，2000。

7 个项目。第二至六列，分别代表 5 个学习时间段的学生的答对率情况。第七列为答对率的均值。

表 2　句法位置测试结果

单位：%

程度副词	第一组	第二组	第三组	第四组	第五组	均值
最	41.94	100	100	100	100	88.39
更	32.26	83.87	100	100	100	83.23
非常	32.26	83.87	96.77	100	100	82.58
太	51.61	70.97	70.97	100	100	78.71
极	32.26	58.06	80.49	96.77	100	73.52
稍微	25.81	51.61	51.61	78.05	100	61.42
比较	38.71	51.61	63.41	62.50	74.19	58.08

从表 2 可以看出，五个组别对“最”、“更”、“非常”、“太”、“极”、“稍微”、“比较”这 7 个程度副词句法位置的掌握情况，随着学习时间的增长而逐步转好。

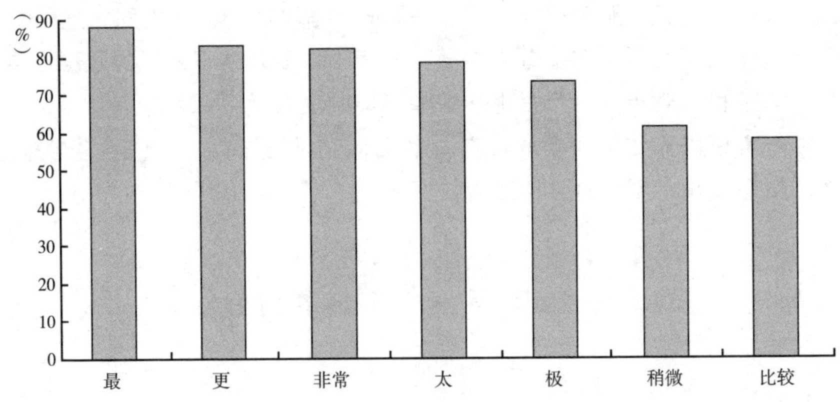

图 1　句法位置答对率

从图 1 我们可以看出“最”、“更”、“非常”、“太”、“极”、“稍微”、“比较”这 7 个程度副词句法位置习得测试的答对率排序。其中，难度最低

的是“最”，难度为88.39%，有近90%的学生答对了。“最”是留学生最先接触的程度副词之一，且其语义内涵单一，所以容易掌握。难度最大的为“比较”，难度为58.08%，答对率低于60%，这说明留学生对程度副词“比较”的句法位置掌握得不好。

上述结果表明，留学生对程度副词的句法位置还未完全习得。程度副词并不像语气副词、时间副词位置相对灵活，中亚留学生没有注意到程度副词的句法位置相对固定这一特点。

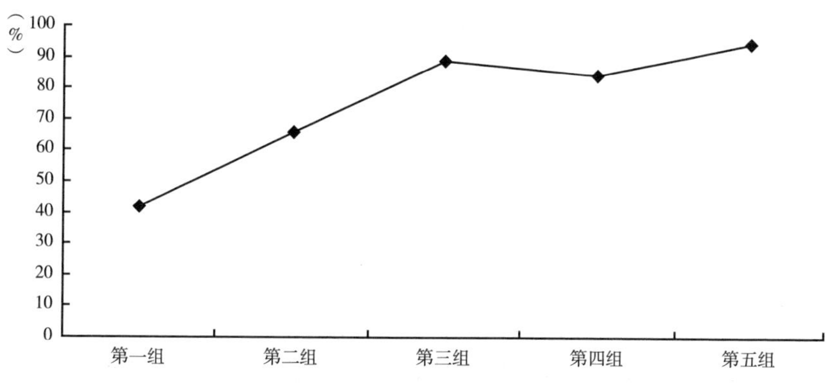

图2　各组答对率

图2的横轴表示5个组别，纵轴表示答对率，图中的曲线总体呈上升态势，这表明，随着中亚留学生学习时间的增加，有关程度副词句法位置的掌握情况也越来越好，学生的汉语水平也在逐步提高，习得时间与程度副词句法位置的习得效果基本是成正比的。

图3中的五条不同形状的曲线表明了不同学习时间段的中亚留学生对每一个项目回答情况。第五组的折线位于顶端，第一组的折线在底端。可以看出某些词项第二组的答对率低于第一组，如“比较”；第四组的答对率低于第三组，如“稍微”。难道学生的习得水平随着习得时间的增加反而下降了吗？事实上，我们不能单纯地由此去推断学生的习得水平。因为，随着习得时间的增加，学生所习得的语言项目不断增多，干扰项目也随之增多，因此出现这样的反弹现象也不足为怪。但在第五组这种反弹现象就消失了，可见，随着学习时间的增加，程度副词句法位置的掌握情况越来越好。

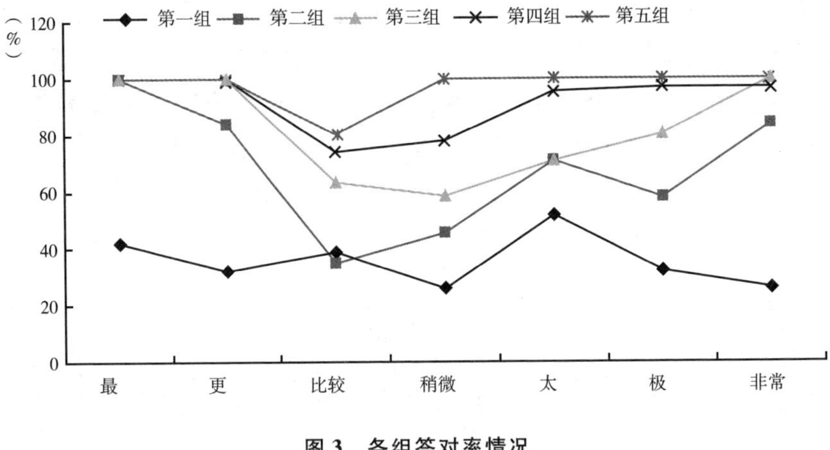

图 3　各组答对率情况

（二）词义理解测试结果统计

表 3 是选择最恰当的程度副词填空题的相关统计数据，第一列是考查的项目，共有 8 个项目。第二至六列，分别代表 5 个学习时间段的学生的答对率情况。第七列是总的答对率的均值，第八列是 8 个项目的答对率排序。这部分试题重点考查学生对程度副词词义的理解。

表 3　词义理解测试结果

单位：%

程度副词	第一组	第二组	第三组	第四组	第五组	均值	排序
特别	61.29	70.97	100	100	100	86.45	1
稍微	67.74	41.94	100	87.10	100	79.36	2
比较	38.72	100	58.54	100	77.78	75.01	3
太	9.68	74.19	73.17	100	100	71.42	4
很	70.97	48.39	78.05	64.52	77.78	67.94	5
挺	61.29	74.19	41.46	87.10	55.56	63.92	6
更	29.03	25.82	53.66	100	100	61.70	7
多	9.68	41.94	48.78	54.84	50	41.05	8

从表 3 可以看出“特别”、“稍微”、“比较”、“太”、“很”、“挺”、“更”、“多”这 8 个程度副词选词搭配题大体的回答情况。

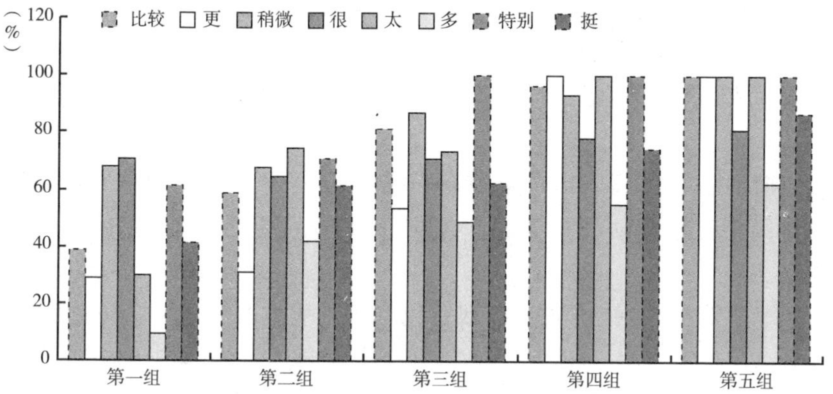

图 4　各组 8 个程度副词回答情况

图 4 中，横轴为 5 个组，每组从左到右为 8 个项目回答情况的柱状体，纵轴为每组答对率的分布情况。总体而言，答对率随着学习时间的增加而提高。

图 5 很直观地反映了 8 个项目的总的答对率（难度）情况，其中难度最低的是“特别”，难度最大的为“多”。对于“特别”一词，其语义相对单一，学生掌握起来较为容易；“多”既是形容词又是程度副词，这对于学生来说“很复杂”，有时会混淆“多”的词性从而出错。“稍微”一词掌握情况较好，“稍微”是个低量级的相对程度副词，用法比较固定，且常与“一下”、“一点”、“一些”等搭配，所以学生容易掌握。

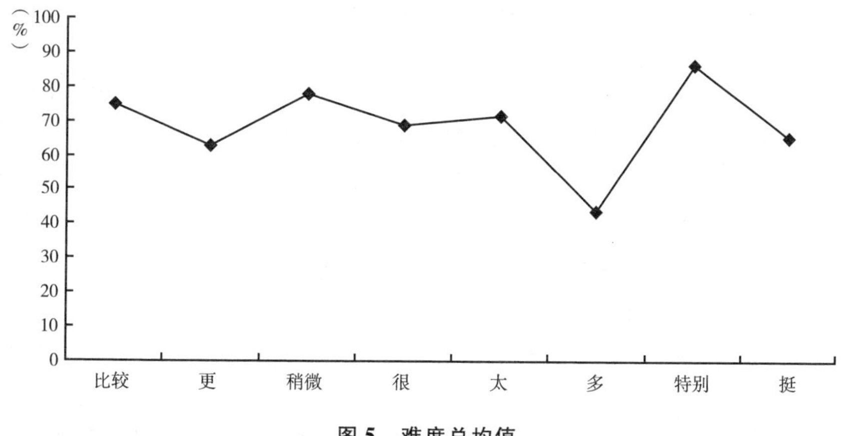

图 5　难度总均值

“很”、“挺”属同量级的绝对程度副词，放在一起学生很难做出准确判断。“比较”、“更”是两个相对程度副词，当二者同时出现在备选项中时，学生不能很好地做出判断。“更”是通过两项比较表示“程度较高”的意义，既可以是两个不同事物的比较，也可以是同一事物在两个不同时点或时段上的比较，比较对象可以隐含或省略；而“比较”是程度副词中量级相对较低的一个副词，是相对而言，不是极端，可以表达委婉的语气。

图 6 横轴表示 5 个学习时间段，纵轴表示项目的答对率。5 个由左到右逐渐升高的柱形说明：随着习得时间的增加，有关程度副词选词搭配的答对率越来越高。这也表明习得时间与程度副词语义习得效果成正比，同时也反映出试题的区分度比较高。

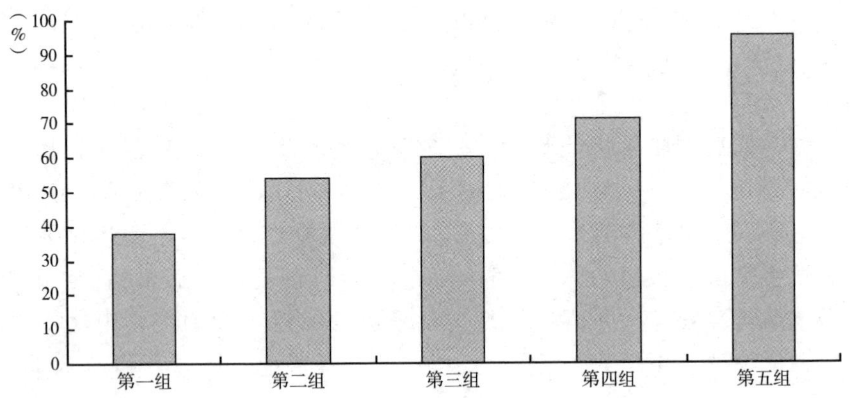

图 6　各组答对率

图 7 中 5 条不同形状的曲线表明了 5 个学习时间段的学生对每一个项目的回答情况。图中的这 5 条曲线上下波动，这表明留学生每一个项目的掌握程度不尽相同，比如第一组的留学生，“特别”这个项目的答对率高达 61.29%，而“多”这个项目的答对率却在 10% 左右；但代表一至五组的 5 条曲线大至以由低到高的顺序排列开来，表明在总体上学生对各项目的掌握情况还是在随着学习时间的推移不断进步的。

从词汇语义理解这一部分试题的测试中我们发现，学生对程度副词的语义特征还没有完全掌握，具体表现在：a. 当相对程度副词用于比较，但这种比较往往以隐含的方式出现时，学生对于这样的比较范围界定不清。

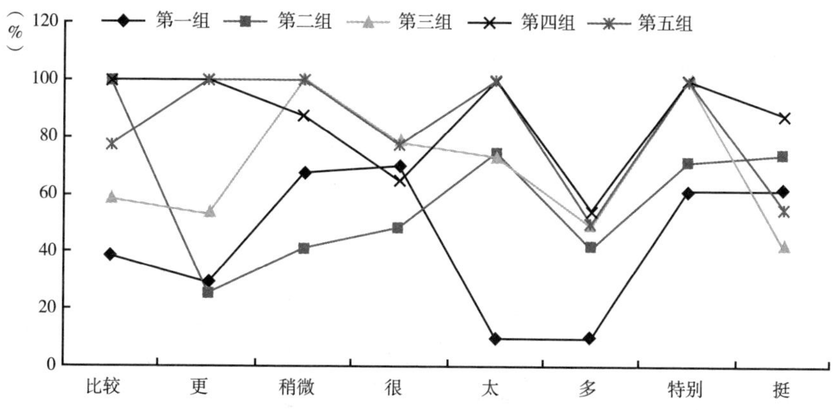

图7　5个组各项目答对率情况

b. 对量级相同或相近的词用法辨析不清，易混淆。像“很”、“非常”、“特别”用于表达时多半都带有说话人的主观看法，语气强烈，但具体使用时有所不同。c. 即使掌握了每个词的用法，但未形成一定的汉语语感，因此对这些量级相近的词不知如何选择。

（三）句意理解测试结果统计

表4是句意理解题的答题情况统计，本部分重点考查学生对句子中程度副词语用意义的理解。首列是5个项目，第二列至第六列，分别代表一至五组学生的答对率情况，第七列是总的答对率的均值，第八列是5个项目的答对率排序。

表4　句义理解测试结果

单位：%

程度副词	第一组	第二组	第三组	第四组	第五组	均值	排序
挺	29.03	38.71	90.32	100	100	71.61	1
多	35.48	25.81	100	100	100	72.26	2
稍微	31.25	38.71	31.25	67.75	45.16	45.61	3
比较	6.45	41.94	67.74	67.74	62.50	49.27	4
太	29.03	29.03	41.94	62.50	77.42	47.98	5

从表4我们可以看出，“太”、“挺”、“多”、“稍微”、“比较”这5个程度副词的语用意义理解题的回答情况。

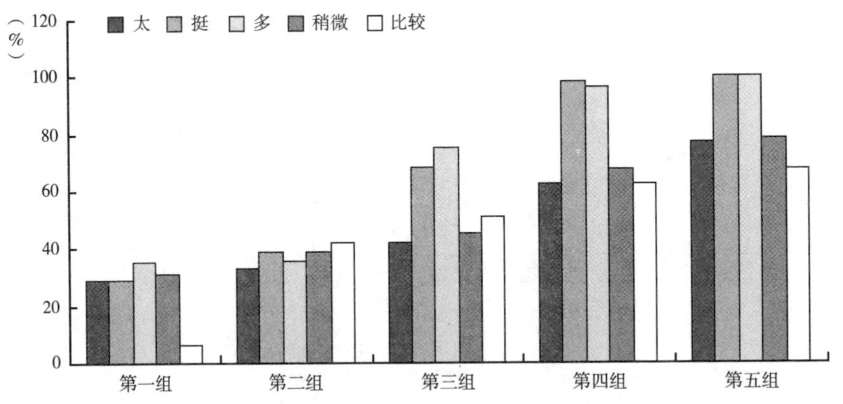

图8　各组语用意义理解题回答情况

图8很直观地反映出了每一组5个项目句意理解题的总的答对率情况，随着习得时间的逐渐增加，学生对程度副词“太”、“挺”、“多”、“稍微”、“比较”的语用意义理解能力也有明显提高，这同样说明了习得时间是影响程度副词语用意义习得效果的一个重要因素。

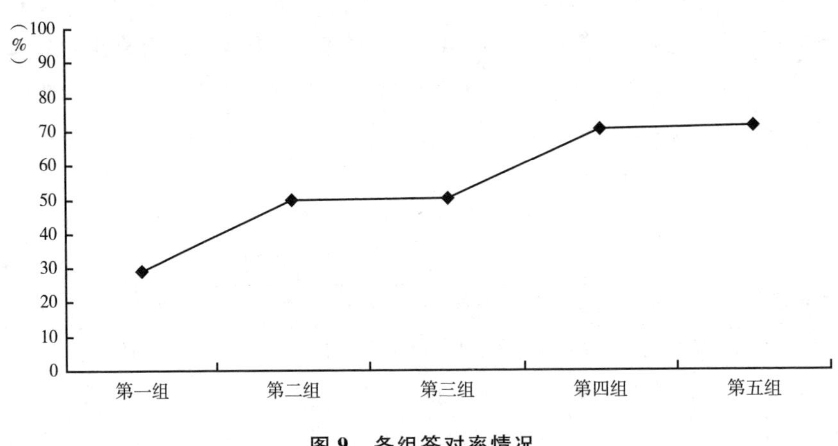

图9　各组答对率情况

图9的横轴表示5个组别，纵轴表示项目的答对率。图中的这条折线说明：随着习得时间的增加，有关程度副词句意理解题的答对率越来越高，这

也表明习得时间与程度副词语用意义习得效果大体成正比。同时也反映出试题具有较高的区分度。

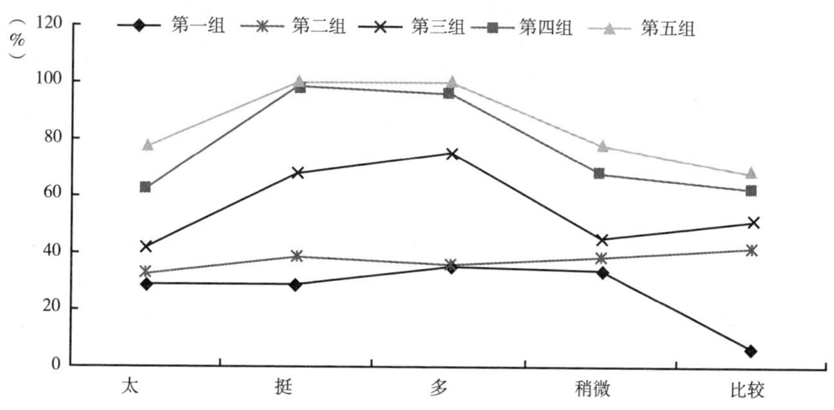

图 10　各组各项目回答情况

图 10 中的 5 条折线表明了不同组别的学生对每一个项目的回答情况。最上边的一条折线是第五组学生的答对率，其中第二组的答对率与第一组的答对率大体持平，第四组的答对率与第五组的答对率大体持平，第三组的答对率较一、二组有明显提高，第四组的答对率较第三组也有明显提高，说明习得时间在两年以上时学生的句意理解能力会有明显的提高。

（四）程度副词习得难度排序讨论

为了对本文所研究的几个程度副词的习得难度顺序作进一步研究，特设置了 5 个评分选项（1 很容易；2 比较容易；3 不易不难；4 比较难；5 很难），即在问卷二中的每一个测试题后设置评分项，请被试以此评价这些程度副词的难易程度，称“问卷数字评价”。同时，学生每做一题，马上以此填写该题的难易程度，称“数字评价”。我们将通过统计分析，把根据答对率情况所排列出的习得难度顺序（即客观习得难度顺序）与根据学生“数字评价”结果所排列出的学生心理意识到的难易顺序（即主观习得难度顺序）作一比较，看二者是否一致。

表 5 是学生“数字评价”的统计结果：

表 5　主观习得难度统计

程度副词＼用例＼难度等级	1 很容易	2 比较容易	3 不易不难	4 比较难	5 很难
很	152	137	128	17	13
最	149	213	41	35	9
更	0	198	149	87	13
太	257	149	21	18	2
比较	0	0	0	236	211
非常	0	211	122	106	8
特别	137	189	99	15	7
稍微	0	0	0	163	284
挺	0	0	298	143	6
多	0	225	111	88	23
极	0	0	193	151	103

据统计结果显示，中亚留学生就以上 11 个程度副词的主观习得难度顺序由易到难依次表现为：太 < 很 < 最 < 多 < 非常 < 特别 < 更 < 挺 < 极 < 比较 < 稍微。

图 11 是问卷测试结果所反映的 11 个程度副词总的答对率情况，我们称其为客观习得难度顺序，由易到难依次表现为：太 < 最 < 很 < 特别 < 非常 < 多 < 更 < 挺 < 比较 < 极 < 稍微。

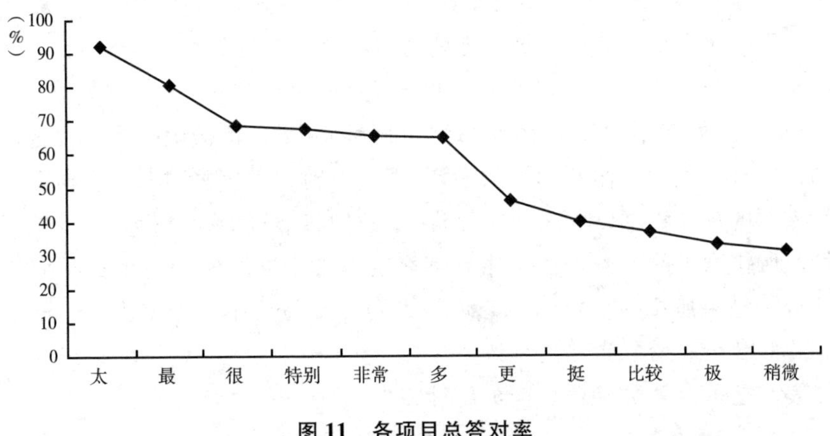

图 11　各项目总答对率

通过对比发现，中亚留学生就这11个程度副词的主观习得难度顺序与其客观习得难度顺序异中有同：

首先，程度副词“太”无论是主观习得难度顺序，还是客观习得难度顺序，对于中亚留学生来说都是掌握最好、最容易习得的一个词。

其次，程度副词“比较”、“极”、“稍微”，无论是主观习得难度顺序，还是客观习得难度顺序，均排在最后的三位，这表明这三个词对于中亚留学生来说，掌握起来有一定的难度，不太容易习得。

差异虽小，但不能否认其存在，差异的存在表明：习得难度顺序虽总体上一致，但绝非完全相同并严格遵循某种线性顺序，它允许有个体差异的存在。

三　程度副词习得的具体考查与分析

（一）程度副词“太”的习得考查

“太”是中亚留学生最容易习得的一个词。“太”所表达的语义带有很强的主观性。其语义到底为“非常”还是“过分”，很多时候取决于“太”使用的语用场合。为了便于学生理解和习得，本研究不作“太1”、“太2”的区分①。在对“太”的考查中，增加了“太”与否定成分的关系，即“太+否定词+修饰成分”和“否定词+太+修饰成分”两种。

1. “太”的不同用法的使用率

通过对学生作业、作文进行检索，以及教学中所遇到的学生使用程度副词“太”的记录，共收集了325个例句，按照“太”的不同用法加以分类，具体分类情况见表6。

从表6中的数据可以发现：“太”修饰形容词、心理动词在中亚留学生“太”的使用比例中占绝对优势，这表明对于他们来说，“太+形容词”与“太+心理动词”这两种语法结构较容易习得。而他们对“太”修饰动宾短语这一功能的掌握还存在很大问题，无论是一组还是五组，“太”修饰动宾短语的用例均为1例。比例明显失调，可见“太”一词的教学还有待于加强。在“太”与否定成分的修饰与被修饰中，随着学习时间的增加，“不

---

① 肖奚强：《谈程度副词“太_ 1”和“太_ 2”》，《零陵学院学报》2002年第5期。

太……”和“太不……”的使用率也在升高，但相对于“太 + 形容词”与“太 + 心理动词”这两种语法结构来说，使用率仍然较低，具体原因有待于再研究，但有一点是肯定的，“太”与其否定成分的教学应加以重视。

表 6　“太”的不同用法的使用比率

单位：%

	第一组	第二组	第三组	第四组	第五组
	82 句	70 句	60 句	68 句	45 句
太 + 形容词	52.44	47.14	41.67	41.18	40
太 + 心理动词	39.02	32.86	38.33	38.24	37.77
太 + 非心理动词	6.10	8.57	10	8.82	6.67
太 + 动宾短语	1.22	1.43	1.67	1.47	2.22
不太……	1.22	5.71	5	5.88	6.67
太不……	0	4.29	3.33	4.41	6.67

2. “太”的使用正确率

为了进一步考查留学生程度副词“太”的习得情况，笔者以布置作业的形式让留学生在课堂上用“太”一词造两个或三个句子。表 7 是对学生使用程度副词“太”所造的 287 个句子的统计结果：

表 7　“太”的使用正确率

单位：%

	第一组	第二组	第三组	第四组	第五组
	75 句	66 句	74 句	42 句	30 句
正确率	93.33	90.91	97.30	100	100

统观这 287 个句子，正确率虽很高，但发现存在如下问题：首先，留学生所造的这些句子多数都为简单句，比如“他太忙”、“今天太冷了”、“我太累了”等等；其次，这些句子多数都是“太 + 形容词”结构，且这一结构在句子中所充当的语法成分单一，如只作谓语。这可能与学生“避繁就简”的心理有关，当学生不太习惯运用“太”的其他用法，或因害怕产生偏误时，往往有意说一些简单的句子，同时也说明“太 + 形容词”结构比较容易习得。

3. “太”的偏误类型

（1）修饰形容词的重叠形式

例 1：他【太】马马虎虎了，出来没有带钥匙。

改为：他太马虎了，出来没有带钥匙。（或者改为：他马马虎虎的，出来没有带钥匙。）

程度副词不能修饰形容词的重叠式。比如“高兴、漂亮、轻松”，这些词本身能受程度副词的修饰，但是它们的重叠形式 AABB 不能再受程度副词的修饰。这是因为，形容词的重叠已经包含量的意义，它所指事物的性质已经达到了适度的、足够的量，所以不能再受程度副词的修饰。例 1 中，“马马虎虎”是形容词“马虎”的重叠式，本身已经表示程度增加，所以不能再受“太”的修饰。

（2）修饰状态形容词

例 2：我的同学布杰【太】懒洋洋，每天第一节课迟到。

改为：我的同学布杰太懒，每天第一节课都迟到。（或者改为：我的同学布杰懒洋洋的，每天第一节课都迟到。）

程度副词不能修饰状态形容词，比如“笔直、碧绿、雪白”这样的状态形容词本身已经包含了程度量的增加，所以程度副词不能修饰状态形容词。这些状态形容词的重叠形式，ABAB 式，同样不能受程度副词的修饰。由此例句可以看出，附有叠音后缀的状态形容词，如“绿油油、静悄悄、白茫茫、懒洋洋”等与未加叠音后缀的形容词相比，所包含的词义更丰富些，在语义上已经表示程度加深，属于状态形容词，它的前面不能再用程度副词修饰。

（二）程度副词“很”的习得考查

“很”是最常使用的一个高量级程度副词。从量幅来讲，“很”的程度量幅较模糊，既可以涵盖量幅较高的一端，也可以涵盖量幅不是很高的一端；从音节上来说，“很”是单音节词，与单音节、多音节词都能较自由地组合；从语体上说，“很”是通用体，既适用于口语，也适用书面语。这些都增加了“很”的使用频率、拓宽了“很”的适用范围。

从表 8 中的数据可看出，五个组别“很”一词的使用率之高，对于这样一个使用如此频繁的词，我们有必要进一步研究其在使用过程中所出现的问题。

首先，我们把“很”的用法分成四大类，即“很 + 形容词”、“很 + 动词”、“很 + 名词”、作补语“×得很”；然后通过对中亚留学生作业、作文进行检索，统计“很”的各类用法的使用比率。

1. “很”的不同用法的使用率

通过对学生作业、作文进行检索，以及教学中所遇到的学生使用程度副词“很”的记录，共收集了331个例句，按照“很”的不同用法加以分类，具体分类情况见表8。

表8 “很”的不同用法的使用比率

单位：%

		第一组	第二组	第三组	第四组	第五组
		89句	66句	83句	51句	42句
很 + 形容词	很 + 单音节/双音节形容词	41.57	30.31	30.12	27.46	26.20
	很 + 单音节形容词 +（的）+ 名词	23.60	22.72	20.48	13.73	14.29
	很 + 不 + 形容词	10.11	13.64	13.25	11.76	9.52
很 + 动词	很 + 心理动词	16.85	18.18	21.69	15.69	21.43
	很 + 动宾短语	2.25	9.09	4.82	9.80	7.14
	很 + 助动词	5.62	6.06	7.23	7.84	4.76
作补语“×得很”		0	0	2.41	9.80	7.14
很 + 名词	很 + 抽象名词	0	0	0	1.96	2.38
	很 + 指人名词	0	0	0	1.96	4.76
	很 + 指物名词	0	0	0	0	2.38
	很 + 专有名词	0	0	0	0	0

从该表格的统计结果可以发现：随着习得时间的递增，“很 + 形容词”的使用率呈现出逐步下降的趋势；“很 + 动词”、“×得很”、“很 + 名词”的使用率呈现出逐步上升的趋势。据此可以做出如下推论：“很 + 形容词”这一用法最容易习得；在学习的初期，学生习得的程度副词少，而“很 + 形容词”这一用法最早习得，因此使用率高；随着习得时间的增加，大部分的语法项目都已学过，表达手段有所提高，“很 + 形容词”这一用法的使用率会下降，而“很 + 动词”、“×得很”、“很 + 名词”的使用率会逐步提高；随着习得时间的增加，学生的表达能力进一步提高，可以用描绘性状的

具体词语对性状进行修饰，不再单纯地依靠程度副词，因此“很”的使用率总体上会有所下降。

图 12 说明“很 + 形容词”的使用频率要比其他用法高得多，这反映了对于留学生来说，“很 + 形容词”最容易习得，因而使用率高；“很”在“×得很”结构中作补语以及“很”修饰名词的用例均很少，有的甚至仅为 1 例，由此可以断定：“很”的常见用法较容易习得，使用率高；而不太常见的用法，较难习得，使用率低。

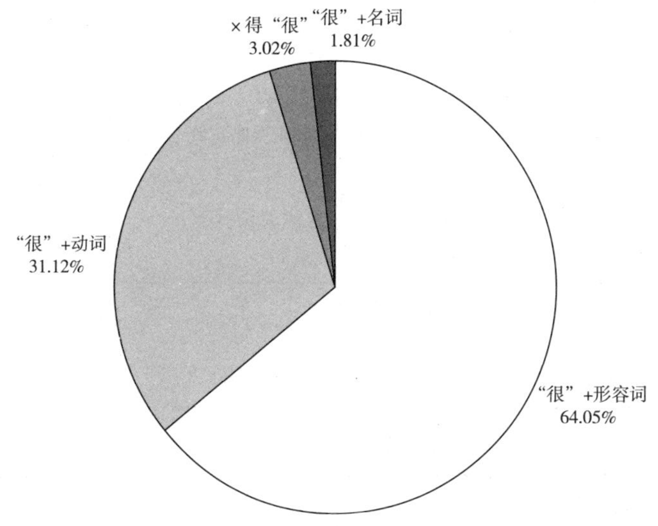

图 12　“很”的四类用法总比例

通过图 13 我们可以看出“很”的不同用法使用总比例。其中在“很 + 形容词”这一类中，“很 + 单/双音节形容词”使用率最高；在“很 + 动词”这一类中，“很 + 心理动词”使用率最高。这反映了在“很 + 形容词”这一类中，“很 + 单/双音节形容词”比其他用法较容易习得；在“很 + 动词”这一类中，“很 + 心理动词”比其他用法较容易习得。“很”修饰形容词、心理动词这两种功能是程度副词最主要的语法功能，学生最容易习得。

2. “很”的使用正确率

为了进一步考查留学生程度副词“很”的习得情况，对学生使用程度副词“很”所造的 294 个句子的正确率进行了统计，结果如下：

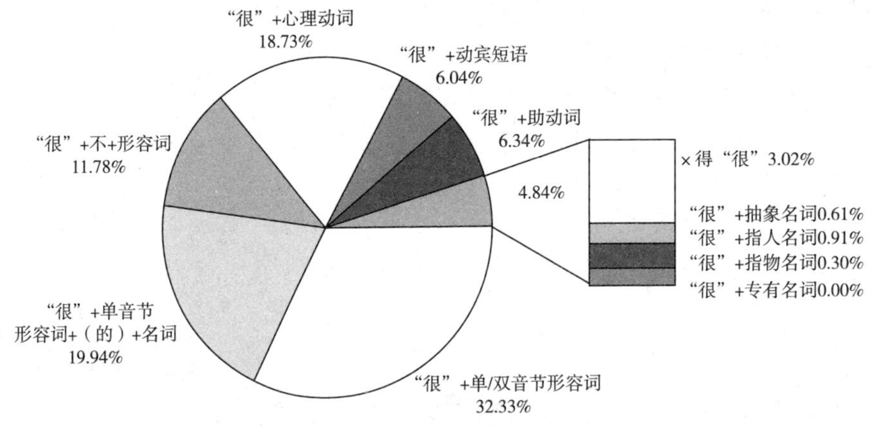

图 13　“很”的不同用法使用总比例

表 9　“很”的使用正确率

单位：%

	第一组	第二组	第三组	第四组	第五组
	82 句	66 句	74 句	42 句	30 句
正确率	97.56	98.48	100	100	100

统观这些句子，虽然正确率颇高，但发现存在如下问题：首先，留学生所造的这些句子多数都为简单句，比如“他很好”、“我的老师很漂亮”、“我们学校很大”等。其次，这些句子多数都是“很+形容词”结构，且这一结构在句子中只充当谓语成分。这同样可能与学生“避繁就简”的心理有关，当学生不太习惯运用“很”的其他用法，或因害怕产生偏误时，往往有意说一些简单的句子。从表 9 的数据我们可以看出：随着学习时间的增加，“很”的用法的正确率呈上升趋势，说明“很”的习得效果与习得时间成正比关系。习得时间是影响“很”的习得效果的一个重要因素。

3. “很”的偏误类型

鲁健骥“按偏误的性质把偏误分为遗漏、误加、误代、错序四大类”。通过对问卷中出现的“很”的偏误用例以及所搜集到的自然语料进行整理分析之后，发现留学生使用程度副词“很”的主要偏误类型有错序（句法位置偏误）、误加（“张冠李戴”偏误）和误代（“画蛇添足”偏误）。具体来说，主要是“很”与其他句法成分的错序、“很”与其他程度副词连用造

成的误加以及该用“很”而用了别的程度副词或别的副词造成的误代。

（1）句法位置偏误

这一类型的偏误主要集中在以下两个方面：一是程度副词“很”与其后面的被修饰成分结合，充当不同的句法成分的时候，位置比较灵活，学生把握不够准确；二是当“很”与其他副词连用时，容易出错。例如：

例3：在乌鲁木齐学习生活天天【很】都快乐。

（改为：在乌鲁木齐学习生活天天都很快乐。）

例4：中华人民共和国是【很】多人口国家。

（改为：中华人民共和国是人口很多的国家。）

例5：我希望我将来说汉语【很】流利。

（改为：我希望将来我的汉语说得很流利。）

例3涉及程度副词“很”和其他副词连用时的位置问题。在与其他副词连用时，程度副词一定要紧贴中心语，处于最内层，因此该句应改为“在乌鲁木齐学习生活天天都很快乐”。这一句子出错的原因可能是“很+形容词”在句中可以充当定语、状语、补语，还可以充当谓语，其句法位置相对比较复杂，学生不容易掌握。例4中“很多”是用来陈述“人口”的，与“人口”组成一个主谓短语，来修饰“国家”，因此例4应改为“中华人民共和国是人口很多的国家”。例5中的“很流利”是用来补充和说明动词“说”的，故应放在“说”的后面，因此例5应改为“我希望将来我的汉语说得很流利”。

当留学生对程度副词的句法位置掌握不牢固，受到母语负迁移或者目的语其他句法结构的影响时，就往往会把程度副词与其所修饰的成分颠倒放置。

（2）“张冠李戴”偏误

留学生在想表达某种程度意义时，知道该用程度副词，但因为不明白不同程度副词所表达的程度意义不同或是对一些程度意义相近的程度副词区别不清而产生偏误。这类偏误主要指应该使用程度副词“很”而用了别的副词，或是应该用别的副词而误用了程度副词“很”，从而造成的偏误。例如：

例6：期末考试，他的成绩【更】好，得了第一名。

（改为：期末考试，他的成绩很好，得了第一名。）

例7：喀什街上买的水果【太】便宜，乌鲁木齐的不便宜。

（改为：喀什街上买的水果很便宜，乌鲁木齐的不便宜。）

程度副词“更”用于两者之间的比较，而“很”不能用于比较句。例6句并非比较句，句中没有比较对象，也没有隐含比较对象，只是单纯表示程度高，因此应该用“很”，而不能用“更”。程度副词“太”与褒义性、肯定性词语相结合表示程度过分时，一般都会有后续句出现，其后续句往往是不如意、不良好的结果，这是由“太”的否定性的语义倾向所决定的。①而例7句中后续句并不是不如意、不良好的结果，所以前后语义关系不协调，因此句中用“太”处应该用“很”。

例8：这本书比那本【很】贵一点儿。

（改为：这本书比那本稍微贵一点儿。）

例9：我们国家的东西比中国的【很】贵。

（改为：我们国家的东西与中国的比，很贵。或者改为：我们国家的东西比中国的贵很多。）

例10：比较起来，我【很】喜欢一个人在房间里看书。

（改为：比较起来，我更喜欢一个人在房间里看书。）

例8至例10都属于比较句。王力先生曾指出：“凡无所比较，但泛言程度者，叫绝对的程度副词”，“凡有所比较者，叫作相对的程度副词”。绝对程度副词一般不能在比较句中出现，而相对程度副词才可以出现在比较句中。也即，绝对程度副词的主要语法功能是对性质的程度进行确认，而相对程度副词则是通过与其他对象的比较来表达程度。“很”属于绝对程度副词，不能用在比较句中。

（3）“画蛇添足”偏误

这类偏误主要指程度副词“很”在句子中是多余的，例如：

例11：我来乌鲁木齐学汉语、做生意，【很】非常忙。

（改为：我来乌鲁木齐学汉语、做生意，很忙。）

例12：我获得了中国政府奖学金，【很】非常高兴，赶快打电话告诉我的父母。

（改为：我获得了中国政府奖学金，很高兴，赶快打电话告诉我的父母。或者：我获得了中国政府奖学金，非常高兴，赶快打电话告诉我的父母。）

① 肖奚强：《谈程度副词“太_ 1”和“太_ 2”》，《零陵学院学报》2002年第9期。

程度副词“很”和“非常”都表示程度高，可以说是一对同义词，同时用它们来修饰一个中心语，显然是多余的。

例 13：我【很】特别喜欢我的弟弟。

（改为：我很喜欢我的弟弟。）

程度副词“特别”和“很”也都表示程度高，但“特别”所表示的程度要高于“很”，二者不能连用。

例 14：在乌鲁木齐这一年过得真【很】快啊！

（改为：在乌鲁木齐这一年过得真快啊！）

例 15：我最近比较【很】忙。

（改为：我最近比较忙。）

例 14 中，“真”既是一个程度副词，也是一个语气副词，在该句中，如果“真”作为程度副词来使用，那么就不能与“很”同现；如果“真”作为语气副词来用，那么该句成立。例 15 中“比较”与“很”所表示的程度具有明显的不同，二者不能同时用来修饰一个形容词。

例 16：《桃花运》这个电影【很】好看极了。

（改为：《桃花运》这个电影很好看。或者：《桃花运》这个电影好看极了。）

例 17：昨天晚上雨下得【很】大极了。

（改为：昨天晚上雨下得很大。或者：昨天晚上雨下得大极了。）

例 18：我在宿舍楼下等他，他没来，我【很】生气极了。

（改为：我在宿舍楼下等他，他没来，我很生气。或者：我在宿舍楼下等他，他没来，我生气极了。）

在现代汉语中，程度补语从意义上来说是表示程度的，所以句子中不允许有表示程度的补语和表示程度的状语同现。例 16、例 17 和例 18 中，“很”是程度副词，“极”是程度补语，二者都表示程度，因此，二者同现的句子是不成立的。

例 19：我在房子休息了一个星期，我的身体【很】好了。

（改为：我在房子休息了一个星期，我的身体好了。）

例 20：明天考试口语，我心里【很】紧张了。

（改为：明天有口语考试，我心里很紧张。）

例 21：这是我小时候的照片，小时候【很】漂亮了。

（改为：这是我小时候的照片，小时候很漂亮。）

程度副词“很”描述的是静止的状态，而“了”表示的是所发生的变化，二者不可以同现。现代汉语中除了“更”、“更加”和“太”这三个程度副词能与“了”共现，此时，“了”表示语气，其他的程度副词都不能和“了”共现。通过这些偏误例句，我们可以做如下推测：留学生实际想表达的是一种状态的变化，所以他们在句子的末尾加“了”，同时他们也希望表达这种状态非常高，所以“很”和“了”同时出现在了他们的句子里。对以上偏误用例，我们在更改时，要么去掉“了”，要么去掉“很”，结果都是可以成立的。

例 22：中国的很多个民族都【很】团结起来，中国会更强大。

（改为：中国的很多民族都很团结，中国会更强大。）

“很团结”表示的是一种已然的状态，“团结起来”表示的是一种未然的形式，二者只能取其一，不能同时连用。

这类偏误主要还是因为留学生不明白不同程度副词所表达的程度意义不同或是对一些程度意义相近的程度副词区别不清、不明白程度副词与程度补语不能同现等，从而产生偏误。

通过以上分析发现，随着学生词汇量的扩大，同义或近义词增多，语言表达的难度加大，中亚留学生在程度副词“很”的习得中存在着以下两个较难逾越的关节点：a. 程度副词“很”与其后面的被修饰成分结合后的句法位置问题。b. 程度副词“很”与“更”、“太”、“非常”的语义辨析问题。

（三）程度副词“多”的习得考查

1. “多”的不同用法的使用率

程度副词“多”多用于表示感叹的句子。下面是对留学生程度副词“多”的 105 个用例按不同用法的使用比率进行统计的结果：

表 10 “多”的不同用法的使用比率

单位：%

	第一组	第二组	第三组	第四组	第五组
	3 句	5 句	20 句	36 句	41 句
多 + 形容词	33.33	40	60	52.78	51.23
多 + 心理动词	66.67	60	20	36.11	24.39
多 + 非心理动词	0	0	0	2.78	2.43
多 + 动宾短语	0	0	20	8.33	21.95

从表10中数据可以发现，留学生“多”一词的使用并不多，但五个组别学生对“多”一词的掌握与运用水平在逐渐提高，具体表现为：“多”所修饰的成分逐渐增多；一组、二组学生只掌握了“多”的基本用法，即修饰形容词、心理动词；三组学生增加了对“多”修饰动宾短语的使用；四组、五组学生增加了对“多”修饰非心理动词的使用。“多”修饰动词和动词性短语的掌握还存在诸多不足，如：修饰非心理动词、动宾短语的用例一组和二组均没有出现，四组和五组虽出现这样的用例，但为数不多有的甚至仅为一例。这表明，学生对“多”一词的非常见用法的习得存在一定的问题。

2. “多”的使用正确率

为了进一步考查留学生程度副词“多”的习得情况，表11是对学生使用程度副词“多”所造的216个句子的统计结果：

表11　“多”的使用正确率

单位：%

	第一组	第二组	第三组	第四组	第五组
	45 句	48 句	51 句	42 句	30 句
正确率	44.44	47.92	74.51	92.86	96.67

在对留学生用程度副词“多”造的句子的正确率进行统计时发现：学生将程度副词“多”与形容词“多”相混淆，导致“多”一词的使用正确率偏低。这种错误在一组、二组的学生造的句子中频频出现，三组有所好转，四组、五组这种现象才消失。笔者在问卷中特意标明“用程度副词‘多’造句”，可结果还是有大部分学生将“多”的两个词性混淆来用。“多”一词的使用正确率统计结果显示：随着习得时间的增加，留学生对“多”一词的词性逐渐有所区分，使用的正确率在逐步提高。

3. “多”的偏误类型

（1）词性的混淆

例23：学校有很【多】哈国留学生。

例24：我在这里买了好【多】漂亮便宜的衣服。

这类偏误是指学生把程度副词“多”当做形容词“多”来使用。

（2）量级相近程度副词的混淆

例25：【真】漂亮的姑娘啊！

改为：多漂亮的姑娘啊！

程度副词“多”与“真”的量级相近，都表达说话人的主观看法，语气强烈，但具体使用时有所不同，在对二者做出正确选择时需要靠汉语的语感，大部分留学生尚未培养起这样的汉语语感，因此对这些相近量级的词不知如何选择。

（四）程度副词“更”的习得考查

1.“更”的不同用法的使用率

相对程度副词“更”是通过两项比较表示“程度较高”的意义，既可以是两个不同事物的比较，也可以是同一事物在两个不同时点或时段上的比较，即一般所说的“两物相较”和“两时相较”，比较对象可以隐含或省略。下面对留学生“更”的用例按其所修饰的成分和“更”出现在“比”字句中的使用情况进行统计，结果如表 12 所示：

表 12　“更”的不同用法的使用比率

单位：%

	第一组	第二组	第三组	第四组	第五组
	62 句	61 句	63 句	58 句	51 句
更＋形容词	40.32	34.43	33.33	32.76	39.22
更＋心理动词	24.19	24.59	23.82	24.14	21.57
更＋非心理动词	9.68	11.48	11.11	10.34	7.84
更＋特殊动宾短语	1.62	1.64	1.59	1.72	1.96
更＋一般动宾短语	0	1.64	3.17	3.45	1.96
“比”字句	24.19	26.22	26.98	27.59	27.45

从表 12 可以发现：五个组别的学生对程度副词“更”的掌握水平在逐渐提高，具体表现为：“更”所修饰的成分趋于复杂多样化。随着学习时间的增加，“更”的修饰成分明显增多，出现了修饰动宾短语的用例，但“更”修饰动词性短语的使用率很低。

2.“更”的使用正确率

表 13 是对学生使用程度副词“更”所造的 287 个句子的正确率进行统计的结果：

表 13　“更”的使用正确率

单位：%

	第一组	第二组	第三组	第四组	第五组
	75 句	66 句	74 句	42 句	30 句
正确率	93.33	90.91	97.30	100	100

通过表 13 中的数据我们可以看出，随着学习时间的增加，留学生“更”的使用正确率在不断提高。但是这些句子多半都是“更”修饰形容词、心理动词，“更”修饰动宾短语的句子以及用于“比”字句的句子很少，这很可能是个别学生模仿的结果，这方面的教学和习得需要加强。

3. “更”的偏误类型

（1）与程度补语共现

例 26：他上课不认真听，在聊天，老师【更】生气极了。

改为：他上课不认真听，在聊天，老师生气极了。

在现代汉语中，程度补语像程度副词一样，其意义也是表示程度的，只能与形容词和表示感情、感觉以及心理活动、心理状态的动词连用。它本身就是对动作及动作的施事、受事等进行描写的。同样，在汉语的一个句子中，一般不允许表示同类语法意义的成分以不同的句子成分同时出现。所以句子中不允许有表示程度的补语和表示程度的状语同现。

（2）与趋向补语共现

例 27：乌鲁木齐“7·5”事件以后，每个族的人们【更】团结起来了。

改为：乌鲁木齐“7·5”事件以后，各族人民更团结了。

“起来”的状态意义表示进入一个新的状态。用在动词后，表示动作开始进行，由静态转入动态；用在形容词后，表示新的状态开始。由此，我们可以看出趋向补语“起来”实质上表示一种变化，而程度副词本身是描述事物的一种状态，因此和表示动态的趋向补语共现是矛盾的。改正的方法是，要么将“起来”去掉，要么将程度副词“更”去掉。

（五）程度副词“比较”的习得考查

1. “比较”的不同用法的使用率

“比较”是程度副词中量级相对较低的一个副词。“比较”是相对而言，不是极端，可以表达委婉的语气，学生比较青睐此词。下面对所收集到的355个“比较”的用例进行分类统计：

表14 “比较”的不同用法的使用比率

单位：%

	第一组	第二组	第三组	第四组	第五组
	71句	74句	80句	68句	62句
比较+形容词	52.11	44.59	41.25	42.65	33.87
比较+心理动词	14.08	12.16	13.75	13.23	14.52
比较+非心理动词	0	1.35	3.75	4.41	3.23
比较+动宾短语	21.13	22.97	23.75	22.06	32.25
比较+否定性结构	12.68	18.93	17.50	17.65	16.13

从表14，可以发现：五个组别“比较”修饰形容词的用法用得最多，这表明这一用法比较容易掌握。使用最少的是“比较”修饰非心理动词，一组没有这样的用例，虽然二至五组均增加了这样的用例，但数量很少，有的甚至仅为一例，而且“比较”的其他用法使用率也不高。这种使用比例失衡的现象说明“比较”的习得还存在一定的问题。

2. “比较”的使用正确率

为了进一步考查留学生程度副词“比较”的习得情况，下面对学生使用程度副词“比较”所造的312个句子的正确率进行统计。

表15 “比较”的使用正确率

单位：%

	第一组	第二组	第三组	第四组	第五组
	62句	64句	64句	62句	60句
正确率	85.48	89.06	90.63	88.71	96.77

就“比较”一词的使用正确率而言，相同的修饰功能（指学生所造的句子使用的都是“比较”修饰形容词这一用法），二组的正确率却高于四组，难道学生的习得水平下降了吗？事实上，不能单纯地据此推断学生的习得水平。因为，随着年级的升高，学生所习得的语言项目不断增多，干扰项目也随之不断增多，因此偏误率出现反弹现象也不足为怪。

3. “比较”的偏误类型

（1）修饰状态形容词

例28：今天天气【比较】灰蒙蒙的。

改为：今天天气灰蒙蒙的。

这一类型的偏误程度副词“太”也出现过，改正的方法是将“比较”去掉。

（2）与趋向补语共现

例29：友好路修了以后【比较】宽起来了。

改为：友好路修了以后路面比较宽了。

这一类型的偏误程度副词“更”也出现过，改正的方法是，要么将“起来”去掉，要么将程度副词“比较”去掉。

（3）句法位置偏误

例30：我们国家夏天【比较】少下雨。

改为：我们国家夏天下雨比较少。

“比较”与其后面的被修饰成分结合，充当不同的句法成分的时候，在句中的位置，学生把握不够准确，容易出错。

（4）“比”与“比较”的混用

例31：我想我的汉语以后【比较】现在好。

改为：我想我的汉语以后比现在好。

（5）“的”的缺失

例32：昨天刮着【比较】大风。

改为：昨天刮着比较大的风。

例33：中国和我们国家【比较】多一样的地方。

改为：中国和我们国家有比较多的一样的地方。

（六）程度副词“稍微”的习得考查

1. “稍微”的不同用法的使用率

“稍微”是表低量的程度副词，既可以修饰形容词和动词的肯定形式，也可以修饰它们的否定形式，可以后接动词、形容词短语，再带表少量的“（一）点”、“（一）些”等，作动词、形容词的补语，补充说明其量少。下面是对所收集到的留学生“稍微”用例不同用法的使用比率的统计结果：

表 16　“稍微”的不同用法的使用比率

单位：%

	第一组	第二组	第三组	第四组	第五组
	11 句	19 句	35 句	52 句	46 句
稍微 + 形容词（短语）	100	94.74	77.14	78.85	78.26
稍微 + 动词（短语）	0	5.26	22.86	21.15	21.74

在统计“稍微”一词不同用法的使用比例时发现，“稍微”一词的用法比较单一，只出现了“稍微 + 形容词”和“稍微 + 动词”两种用法，而且“稍微”修饰形容词的使用率要远远高于“稍微”修饰动词的使用率。“稍微”加上形容词或形容词短语的用法，一种情况是“稍微”后直接修饰形容词，所修饰的形容词一般是双音节的；另一种情况就是所修饰的是形容词加上“（一）点”、“（一）些”所组成的形容词短语。

2. “稍微”的使用正确率

为了进一步考查留学生程度副词“稍微”的习得情况，下面对学生使用程度副词“稍微”所造的 243 个句子的正确率进行统计：

表 17　“稍微”的使用正确率

单位：%

	第一组	第二组	第三组	第四组	第五组
	41 句	54 句	67 句	45 句	36 句
正确率	63.41	64.81	77.61	95.56	100

通过表 17 中的数据我们可以看出，随着学习时间的增加，留学生“稍微”的使用正确率在不断提高。但是这些句子大部分都是“稍微”修饰形容词，学生很少造出“稍微”修饰动词的句子，这可能是“稍微”修饰动词这一用法对他们来说比较难，可见这方面的教学和习得需要加强。

3. “稍微”的偏误类型

（1）“稍微 + 形容词”的偏误

例 34：我觉得休息一会儿【稍微】好。

改为：我觉得休息一会儿稍微好一些（一点）。

例 35：师傅，请【稍微】快，我要迟到了。

改为：师傅，请稍微快一点，我要迟到了。

这类偏误主要是“（一）些”、“（一）点（儿）”的缺失造成的。“稍微”修饰形容词的时候，其后面常常出现“（一）些”、“（一）点（儿）”，形成一个固定的表达方式。留学生对这一点可能了解不够，从而造成这样的偏误。

(2)“稍微+动词”的偏误

例36：我晚饭吃多了，想【稍微】走。

改为：我晚饭吃多了，想稍微走一走（或走走）。

“稍微”在修饰动词时，不能修饰单个的动词，但可以修饰动词的重叠式“VV”，比如“走走、跑跑、挪挪、活动活动”；也可以是“V了V”，比如“走了走、逛了逛”；还可以修饰“V一V”式，比如“走一走、动一动、挪一挪”；还可以在动词后加上“一会儿”、“一下”表示少量。

四　本研究对教学及教材编写的建议

（一）对程度副词教学的建议

由于程度副词的词义比较空灵，留学生掌握起来难免会遇到棘手的问题，这就要求对外汉语教师在针对中亚留学生的程度副词教学过程中，要充分利用程度副词习得的研究成果以及程度副词的现代汉语本体研究成果，灵活采用各种教学方法。在前文研究的基础上，对程度副词的教学提出如下几点建议：

第一，要培养“有意义的学习”习惯。

在20世纪60年代，David Ausubel就提出了有意义学习（meaningful learning）理论。他把语言习得分为“机械的学习”和“有意义的学习”两种形式，并指出各种知识的掌握都应与个体认知结构中相关知识和经验相联系。儿童早期的牙牙学语、模仿等活动都是在一定环境中有意义的活动；而成人在课堂上通过教师和教科书等人为的活动往往是机械的，缺乏实际意义的，与儿童在自然的环境中习得母语相比，自然达不到理想的效果。他认为：学习者应将新的有意义的语言信息不断融入已经掌握的语言结构及记忆系统，这样所产生的相关联系将在学习者头脑中留下深刻久远的记忆。①

我们在针对中亚留学生程度副词的教学上，首先，要让留学生了解程度副词在汉语表达上的重要作用，激发他们的学习兴趣，注重课堂教学的启发和引导，不妨采用讨论式的教学方法，变“机械的学习”为“有意义的学习”。其次，在教授新的程度副词时，应把新教授的程度副词与学生已掌握的程度副词联系起来，这样便于新知识与原有知识重新整合，形成记忆体系，培养留学生程度副词习得的认知心理机制，形成观察、分析、解决问题的能力。此外，可以尝试采用以计算机、电子教案、视听教材等多种现代化教学手段辅助教学。比如利用计算机多媒体课件，将课程中的难点、重点、抽象而又不易理解的内容以一种集图、文、声、色为一体的方式展现在学生面前，充分刺激学生的感官，增加想象力，从而提高学习兴趣，增进教学效果。

第二，创设情境，在相应的情境中讲解程度副词。

鲁健骥等（2006）曾指出：“汉语中的有些虚词，由于在外语中难以找到完全的对应词，一般都较难理解和运用。通过示例提供充分的典型的语境，使外国学生在上下文中体会某些虚词、难词的语义背景及表达的意义，是对外汉语虚词教学的行之有效的方法，也是对外汉语学习工具书应该吸纳的方法。”② 第二语言习得主要是在教室进行，由教师借助教科书来系统地讲解语法规则和语言基础知识，很少在自然状态下进行。在课堂语言教学环境允许的情况下，第二语言教师应尽可能地创设接近真实的语言环境，使课堂语言教学以真实的语言使用为核心。

例如，讲练“非常”一词时，首先可以设定如下情境：（1）（你的朋友从汉语老师家出来已经很晚了）从老师家出来是晚上 12 点；（2）路上可能会遇见坏人抢劫。然后请学生用“非常”来造句子。通过这样的情境中的造句练习后，教师再总结“非常”一词所表达的程度意义及用法，效果会更好。

第三，正确对待留学生在程度副词习得过程中所出现的偏误，在对偏误进行纠正时也要注意策略的运用。

---

① 王金巴：《论第二语言教学的认知语言学原则与方法》，《运城学院学报》2003 年第 1 期。

② 鲁健骥等：《对外汉语单语学习词典的尝试与思考——商务馆学汉语词典》，世界汉语教学，2006。

在第二语言学习过程中，学习者难免会出现这样或那样的偏误，作为一名对外汉语教师既不能在课堂教学中紧紧抓住学生的偏误不放、千方百计将偏误消灭在萌芽状态之中，也不能听之任之不予以纠正；既不能刻意追求合乎语法的“正确”语言，也不能忽视学生的偏误，更不能放弃语法教学。否则会影响到留学生对第二语言的真正掌握。因此，我们首先要区分偏误的类型：有的语言教育家根据偏误的严重程度将偏误分为整体性偏误和局部性偏误（前者指涉及句子总体组织结构的错误，影响到对整个句子的理解；后者指句子的某一次要成分的错误，不影响对整个句子的理解）；接下来的问题就是对偏误的态度，作为教师首先要对偏误的本质有一个全面的认识，要看到偏误的积极意义，不应把偏误看作是学习上失败的表现，而应看作是学习者尝试过程的反映，而且会伴随习得过程的始终。其次，在对留学生的偏误进行纠正时，也不能采取有错必纠的机械态度，当然也不能采取能不纠就不纠的过分宽容态度。而是要对偏误的性质进行具体分析，要区分偏误是一种偶尔的个人的口误还是具有普遍性的错误，对待后者我们决不放过，而对前者不必计较；同时还要看偏误发生的场合，不同场合的偏误应予以不同的纠正方式。比如，在进行对话练习时，应避免当场纠错、影响学生的交际活动，可以把偏误记录下来，事后再给学生指出。这样做一方面保护了学生的学习热情和自尊心；另一方面也有助于学生形成自我评价自我激励的元认知能力。

此外，教师还可以把留学生常出现的偏误类型加以归纳和整理，以偏误“小册子”的形式展现给学生。这样做对预防学习者的偏误是非常有效的，不仅可以提高学生的学习质量，而且可以优化教师的教学效果。

第四，采用对比的方法进行教学。

这里的对比包括两个方面：一方面是汉俄对比；另一方面是易混淆的程度副词对比。进行汉俄对比研究，找出两种语言中某程度副词在意义、用法上的异同。一般来说相异点往往是语言学习的难点，教师应有针对性地预先作准备，这是搞好程度副词教学的必要条件。把易混淆的程度副词进行对比，对于预防偏误是极其有用的。对外汉语教学中，尤其要重视对这类比较容易混淆的词语的辨析。

比如“很”与“更”的对比，学习者常常把“很”与“更”的用法相混淆，通过比较很容易发现“很”不用于比较，而“更”用于比较。

如下图所示：

我是麦克，
我身高190cm
我是巴布尔，
我身高206cm

A：麦克的个子高吗？
B：麦克的个子很高！
A：和巴布尔比呢？
B：巴布尔更高一些。

通过对比，可以对每个程度副词或每组程度副词进行全面描写，即对程度副词本身进行研究；通过对比，可以找出程度副词之间的最小差异，这既是词汇的研究方法也是一种教学技巧、一种解释方法。在教学中如果出现了一个含有程度副词的句子，当学生对其中的程度副词产生疑问时，我们不妨先去掉该程度副词，讲一下这个句子的意义，然后再讲解加上这个程度副词具有什么意义。这类似于语法研究中的“变化分析”方法。这种讲法使得程度副词的语义和功能一下子就得到了凸显，在学生头脑中会留有深刻的印象。

第五，按程度副词的程度义将程度副词分级。

学习者仅知道单个的程度副词是不够的，要让他们在头脑中形成一个关于程度副词的层级体系，这样才能够根据自己想要表达的程度的高低来准确地选择程度副词。关于程度副词的分类，学术界采用较多的是王力先生的分类法，即：根据有无比较的对象把程度副词分为相对程度副词和绝对程度副词两类。“凡有所比较者，叫作相对程度副词”，如：最、更、越、比较、稍微、略微等。“凡无所比较，但泛言程度者，叫作绝对程度副词”，如：很、极、十分、非常、怪、挺、太等。

是否能够进入“比”字句，不仅是本体研究者对程度副词区分的手段，而且在教学上也是程度副词必教的内容之一，否则学习者可能将该程度副词滥用于“比”字句当中。我们将 HSK 中的程度副词按照王力先生的分类法分为相对程度副词和绝对程度副词。然后，再根据张斌、张谊生（2000）在《现代汉语虚词》中的分类法将相对程度副词分为最高级、较高级、比较级和较低级，将绝对程度副词分为过量级、极高级、次高级和略低级四个量级。为了更清晰地显示每个程度副词的量级位置，我们给出表 18：

表 18 HSK 程度副词分类一览表

相对程度副词	
最高级	最、顶
较高级	更、更加、格外、尤其、还
比较级	较、比较
较低级	稍微、稍、略微
绝对程度副词	
过量级	过、过于、太、分外
极高级	极其、极度、极、何等、万分、多么、多、好
次高级	非常、很、十分、颇、挺、真、怪
略低级	有(一)点儿、有一些、不大

第六，采用示例的方法，包括词语搭配举例和出示例句。

鲁健骥（2006）谈道："示例是外国人组词造句的最直接、最实用的方法"①。这种方法着实实用。

比如，在解决程度副词与其后面的被修饰成分结合后的句法位置问题时，我们不妨先明示程度副词与其后面的被修饰成分结合后可以充当哪些句法成分，然后采用举例的方法。

例如，"很 + 形容词" 可以充当定语，定语要放在被修饰的名词前面且紧挨着被修饰的名词，举例："这篇课文里有很多生词"；"很 + 形容词" 可以充当谓语，举例："我们的学校很漂亮"。

例句在语法讲解中占有重要地位，它是汉语教师用来进一步解释和说明语法点的常用手段，可以使学生更好地理解并掌握语法知识。我们在举例时，所举例句要简明易懂，尽量选用当代社会语言生活中的常用语句，这样学生可以边模仿边掌握，有助于进一步理解词义，了解词的用法，在

① 鲁健骥等：《对外汉语单语学习词典的尝试与思考——商务馆学汉语词典》，世界汉语教学，2006。

准确理解的基础上加以运用。在举例时，还应尽量选取留学生所熟悉的身边事、身边物，做到与其学习生活同步。比如“很”，我们给出以下几个例句：

- 这里冬天很冷。
- 他很喜欢跳舞。
- 古丽很不好意思。
- 乌鲁木齐发展快得很。
- 他很不喜欢吃拌面。

还可以给学生列出一些常用的结构形式，并把能进入该结构的词语进行归纳，例如“很+有+名词”结构，能够进入“很+有+名词”结构中的名词有：才能、差距、胆量、胆子、感情、光彩、积极性、激情、见解、见识、劲儿、经验、觉悟、决心、可能、来历、理想、礼貌、利润、良心、疗效、梦想、目的、耐力、耐心、脑子、偏见、前途、权力、深度、生命力、收获、思想、素质、头脑、威望、威信、味道、问题、效果、心情、心机、信用、兴趣、个性、影响、用处、原则、滋味等。

第七，给学生提供有关程度副词的习题供学生练习，建立一个关于程度副词练习的习题库。

多练对于任何一名学习者来说毋庸置疑都是非常重要的，对这些来疆学习汉语的中亚留学生同样也不例外。在对外汉语教学中，教师常常需要自行编制练习题供学生来练习，由于教师教学科研任务繁重，常常会感觉心有余而力不足，无形中会减少专门为留学生编制练习题、练习卷的次数。如果我们靠平日的教学积累，建立一个关于程度副词练习的习题库，专门用于存储程度副词练习或者复习时的习题，意义甚是伟大。有了这样一个题库，随时可以供学生练习，教师也可以直接利用习题，不必花大量的时间和精力再去编写试题。

（二）对教材编写的建议

在任何课程教学中，教材都是必不可少的，汉语教学也不例外。在语言教学上，教学大纲决定着教材的设计和编写，教材的选用又将影响教学效果和教学质量。在新疆，中亚留学生是一个日渐增大而又特殊的群体，新疆的汉语教师有必要编写一套或几套适合他们的教材，去帮助他们把汉语学得更好。我们考查了目前新疆师范大学国际文化交流学院初、中、高三个阶段的中亚留学生目前所采用的汉语课教材[①]，发现如下几个共同的特点：a. 语法点的设置不成体系，多是随文释义性的。b. 缺少对各程度副词用法的说明。c. 缺少对意义相近或用法相同的程度副词的辨析。d. 均采用中英文释义。就以上教材中存在的问题，结合本文的研究结论，我们对专门针对中亚留学生的教材编写提出如下几点建议：

首先，在编写针对中亚留学生的汉语教材时，要考虑到他们习得汉语程度副词时的难度顺序，遵循由易到难、由简单到复杂、循序渐进等原则，合理地把程度副词呈现在教材中。比如，程度副词“太”、“最”、“很”、“特别”、“非常”留学生比较容易掌握，可以安排在教材的前半部分；程度副词“多”、“更”、“挺”与“太”、“最”、“很”、“特别”、“非常”相比，留学生掌握起来没有“太”、“最”、“很”、“特别”、“非常”容易，可以安排在教材的中间部分；而程度副词“比较”、“极”、“稍微”，留学生掌握起来难度稍大，可以安排在教材的后半部分。

其次，在中俄文对比的基础上对教材中的程度副词用中俄文来释义，且要注意释义的准确性。由于历史、政治、经济等多种原因，中亚地区的人们多数都熟练掌握了俄语，而对英语的掌握程度相对逊色甚至较差，所以在编写针对中亚留学生的汉语教材时，最好采用中俄文来释义，或者采用中俄英三种语文来释义。目前国内使用的汉语教材的编写者多为中国人，其母语多为汉语，而学生的母语往往是编写者的第二语言，因此，编写者对第二语言的掌握程度也会直接影响到其释义的准确性。采用俄文释义时，应尽可能地对比二者之间可能存在的各个方面的差异，否则有可能会出现负迁移，造成偏误的发生。

再次，增加近义程度副词之间的辨析内容。我们知道，有的程度副词与程度副词之间的差别是十分细微的，而用学生的母语解释程度副词难免会有一定的局限。比如，汉语中不同的程度副词对应的英文释义是同一个英文单词，而实际上这些汉语程度副词的用法是有很大不同的，这就使得学生不能准确理解汉语程度副词的原义。例如：“非常”、“很”和“挺”三个程度副词的英文释义均为“very”,[②] 留学生很难根据英文释义对这三个程度副词的意义和用法做出区分。为尽可能地避免这样的局限，我们更应该注意在教

① 汉语课指汉语综合课；汉语教材指汉语教程、博雅汉语、桥梁。

② 《基础汉语 40 课》，华东师范大学出版社，2004。

学中对两个近义程度副词进行辨析，用“中文来释中文”。

最后，在教材中增加对各程度副词用法的说明以及用法示例。现在的教材，词语表中的内容无非是：词语、拼音、词性、翻译。在这些项目的基础上再列出该生词的常见搭配，十分必要。特别是一些不好翻译的词，不如不做翻译，以免误导学生，重要的是一定要给出用例（短语或句子）。

如：太……了　　tài……le　　太贵了！太便宜了！
　　　　　　　　　　　　　　这件衣服太漂亮了！

结　语

（一）本研究的发现

本文主要采用问卷调查的形式，综合考查了中亚留学生程度副词的习得状况，统计分析各种相关数据并确定了程度副词的习得难点、习得难度顺序，为程度副词的教学提出了建议。本文所得的结论均从统计数据出发，材料来自问卷调查、测试和对留学生作业、作文的检索，完全属于第一手材料。在程度副词的个案研究上，采用语言学定量研究的方法，统计所搜集的自然语料中“太”、“很”、“多”、“更”、“比较”、“稍微”用例各用法的使用频率以及使用的正确率，同时归纳了留学生在习得以上六个程度副词的过程中所出现的偏误类型，并对其做出了纠正和解释。本文主要得出如下几个方面的结论：

第一，习得时间的确是影响程度副词习得的一个重要因素。习得时间与习得效果大体成正比。

第二，程度副词句法位置的习得方面，掌握情况最好的是“最”，掌握情况最差的是“比较”。这一方面中亚留学生所出现的偏误主要集中在当程度副词与其所修饰的成分组合后的句法位置问题上。

第三，程度副词词义理解方面，掌握情况最好的是“特别”，掌握情况最差的是“多”。这一方面中亚留学生所出现的偏误主要集中在意义和用法相近的程度副词的辨析上。

第四，程度副词句义理解方面，掌握情况最好的是“挺”，掌握情况最差的是“比较”。这一方面的教学仍需加强。

第五，本文通过调查分析，得出了中亚留学生在习得 11 个常用程度副词的难度顺序，这一顺序大至呈现为：太 < 最 < 很 < 特别 < 非常 < 多 < 更 < 挺 < 比较 < 极 < 稍微。

第六，通过对“太”、“很”、“多”、“更”、“比较”、“稍微”这六个程度副词的具体分析发现：中亚留学生在习得以上六个程度副词的过程中，“比较”一词的偏误类型最多，“很”次之；在分析程度副词各用法的使用率方面，程度副词修饰形容词的使用率最高，这一用法学生比较容易习得。

（二）对未来研究的思考

首先，本文通过问卷调查以及测试的方法对中亚留学生汉语程度副词习得情况进行了考查，从数据统计的结果中发现了一些规律，并就此提出了一些教学建议和设想。但由于条件所限，本文未能进一步采用实验研究的方法去验证这些规律和教学设想。接下来将在已有研究成果的基础上，继续进行这部分研究工作。

其次，由于人力、物力、时间的关系，所用的抽样调查还有一定的局限性，今后还要扩大调查的范围和项目，特别加大个案的研究范围和力度，使得结论更加可靠。

最后，由于程度副词习得涉及的因素很多，也很复杂，这里只考查了几个程度副词，今后还要进一步对影响程度副词习得的因素进行考查，以便对习得有一个更全面的认识。

总之，本文的研究只是挖掘了冰山的一角，对程度副词习得的内在规律还有待进行更加深入和细致的研究，笔者将在今后继续研究下去。

附　录

程度副词习得调查问卷一

姓名：__________　　母语：__________　　性别：__________

国籍：__________　　年龄：__________　　学习过的外语：__________

在中国学习汉语时间：____________________

※下列词你学过吗？请选择出你学过的。

多、多么、非常、更、好、很、十分、太、挺、尤其、真、最、不大、更加、几乎、极、极其、较、老、稍、稍微、大大、顶、格外、怪、分外、极度、极力、略微、颇、愈、特别、比较

程度副词习得调查问卷二

姓名：__________　　母语：__________　　性别：__________
国籍：__________　　年龄：__________　　学习过的外语：__________
在中国学习汉语时间：____________________

一、请为下面的程度副词选择正确的位置。

1. 最____　　他 A 是班里 B 学习 C 认真的学生。
   你认为这道题：____
   1 很容易　　2 比较容易　　3 不易不难　　4 比较难　　5 很难
2. 更____　　在孩子们眼里，A 比踢球 B 有趣的游戏 C 有的是。
   你认为这道题：____
   1 很容易　　2 比较容易　　3 不易不难　　4 比较难　　5 很难
3. 比较____　　虽然他的毛病 A 不少，但总的来说，B 还是个 C 不错的孩子。
   你认为这道题：____
   1 很容易　　2 比较容易　　3 不易不难　　4 比较难　　5 很难
4. 稍微____　　跟昨天 A 相比，今天 B 有点儿冷 C。
   你认为这道题：____
   1 很容易　　2 比较容易　　3 不易不难　　4 比较难　　5 很难
5. 太____　　她接到录取通知书，A 激动了，B 不知道说什么 C 好。
   你认为这道题：____
   1 很容易　　2 比较容易　　3 不易不难　　4 比较难　　5 很难
6. 极____　　你 A 别说，他这个主意 B 好 C 了。
   你认为这道题：____
   1 很容易　　2 比较容易　　3 不易不难　　4 比较难　　5 很难
7. 非常____　　会谈在 A 热烈的 B 气氛中 C 进行。

你认为这道题：____

1 很容易　　2 比较容易　　3 不易不难　　4 比较难　　5 很难

8. 最____　　中国的万里长城 A 是 B 有名的 C 名胜古迹之一。

你认为这道题：____

1 很容易　　2 比较容易　　3 不易不难　　4 比较难　　5 很难

9. 更____　　我 A 喜欢红色、绿色和紫色，但是 B 喜欢 C 白色。

你认为这道题：____

1 很容易　　2 比较容易　　3 不易不难　　4 比较难　　5 很难

10. 非常____　　那个商店里卖的 A 面包 B 好吃，也很 C 便宜。

你认为这道题：____

1 很容易　　2 比较容易　　3 不易不难　　4 比较难　　5 很难

11. 比较____　　A 对我来说，这几个词的用法 B 难 C。

你认为这道题：____

1 很容易　　2 比较容易　　3 不易不难　　4 比较难　　5 很难

12. 极____　　大熊猫的头圆圆的，身体 A 胖胖的，B 可爱 C 了。

你认为这道题：____

1 很容易　　2 比较容易　　3 不易不难　　4 比较难　　5 很难

13. 稍微____　　师傅，我要赶飞机，A 请您 B 开 C 快点儿。

你认为这道题：____

1 很容易　　2 比较容易　　3 不易不难　　4 比较难　　5 很难

14. 太____　　同学给我介绍了一个 A 中国男朋友，可是我 B 不喜欢他，觉得他 C 胖了。

你认为这道题：____

1 很容易　　2 比较容易　　3 不易不难　　4 比较难　　5 很难

二、请选择正确的程度副词填空。

1. 最近几年，中国的经济以（　）快的速度向前发展。

A 很　　B 比较　　C 太　　D 最

你认为这道题：____

1 很容易　　2 比较容易　　3 不易不难　　4 比较难　　5 很难

2. 比较起来，我（　）喜欢一个人在房间里看书。

A 最　　B 很　　C 太　　D 更

你认为这道题：____

1 很容易　　2 比较容易　　3 不易不难　　4 比较难　　5 很难

3. 这本书比那本（　）贵一点儿。

A 非常　　B 很　　C 稍微　　D 太

你认为这道题：____

1 很容易　　2 比较容易　　3 不易不难　　4 比较难　　5 很难

4. 这次考试，小王的成绩（　）好，得了第一名。

A 更　　B 很　　C 挺　　D 较

你认为这道题：____

1 很容易　　2 比较容易　　3 不易不难　　4 比较难　　5 很难

5. 这场篮球比赛简直（　）精彩了！

A 最　　B 太　　C 极　　D 非常

你认为这道题：____

1 很容易　　2 比较容易　　3 不易不难　　4 比较难　　5 很难

6. 你多穿点儿，今天（　）冷。

A 一点儿　　B 特别　　C 稍微　　D 太

你认为这道题：____

1 很容易　　2 比较容易　　3 不易不难　　4 比较难　　5 很难

7.（　）漂亮的姑娘啊！

A 多　　B 太　　C 非常　　D 很

你认为这道题：____

1 很容易　　2 比较容易　　3 不易不难　　4 比较难　　5 很难

8. 他的这篇作文，写得（　）好。

A 最　　B 特别　　C 极　　D 有点儿

你认为这道题：____

1 很容易　　2 比较容易　　3 不易不难　　4 比较难　　5 很难

9. 我们一起生活的那段日子（　）美好的。

A 特别　　B 非常　　C 挺　　D 十分

你认为这道题：____

1 很容易　　2 比较容易　　3 不易不难　　4 比较难　　5 很难

10. 教室里（　）热啊，把电扇打开吧！

A 很　　B 非常　　C 挺　　D 多

你认为这道题：____

1 很容易　　2 比较容易　　3 不易不难　　4 比较难　　5 很难

11. 汉语的发音和俄语不一样，比俄语难得多。另外，汉字（　）难。

A 真　　B 太　　C 更　　D 很

你认为这道题：____

1 很容易　　2 比较容易　　3 不易不难　　4 比较难　　5 很难

12. 我们的宿舍是一座十六层的楼房，每一层都有（　）多的房间。

A 很　　B 太　　C 比较　　D 更

你认为这道题：____

1 很容易　　2 比较容易　　3 不易不难　　4 比较难　　5 很难

三、请判断下面的句子表达是否正确，在正确的句子后面写“√”，在错误的句子后面写“×”。

期末考试这件事情让人挺心烦的。（　）

1. 上学期期末考试我考了 85 分，这学期期末考了 80 分，这次的成绩比上一次的稍微好了一点儿。（　）

你认为这道题：____

1 很容易　　2 比较容易　　3 不易不难　　4 比较难　　5 很难

2. 他汉语说得比较流利，发音也很好，跟中国人差不多。（　）

你认为这道题：____

1 很容易　　2 比较容易　　3 不易不难　　4 比较难　　5 很难

3. 张老师给我们做的中国菜太好吃了！（　）

你认为这道题：____

1 很容易　　2 比较容易　　3 不易不难　　4 比较难　　5 很难

4. 乌鲁木齐的冬天多冷啊！（　）

你认为这道题：____

1 很容易　　2 比较容易　　3 不易不难　　4 比较难　　5 很难

5. 他说等一会儿就出来，我们稍微等了半天，他还没影儿。（　）

你认为这道题：____

1 很容易　　2 比较容易　　3 不易不难　　4 比较难　　5 很难

6. 这些题很简单，可是他都做错了，他太马虎了！（　）

你认为这道题：____

1 很容易　　2 比较容易　　3 不易不难　　4 比较难　　5 很难

造句练习

姓名：____________

年龄：____________

在中国学习汉语时间：____________

请用“很”造句：

①

②

③

请用“太”造句：

①

②

③

请用程度副词“多”造句：

①

②

③

请用“更”造句：

①

②

③

请用“比较”造句：

①

②

③

请用“稍微”造句：

①

②

③

部分自然语料摘录

1. 他周末【很】忙。

2. 我们的学校【很】大。
3. 我的汉语【很】好，而且口语说得也【很】好。
4. 这儿离北京【很】远。
5. 晚上的时候我们的宿舍【很】安静。
6. 我们的校园【很】漂亮。
7. 这件衣服【很】贵的。
8. 我的这件羽绒服【很】短。
9. 他的女朋友长得【很】漂亮。
10. 这篇课文【很】难。
11. 我会写【很】多汉字。
12. 老师们都表扬我来得【很】早。
13. 这次回家我准备买【很】多东西。
14. 他的舞跳得【很】棒。
15. 她的英语也【很】不错。
16. 乌鲁木齐的东西【很】便宜，尤其是衣服。
17. 他昨天分手了和他女朋友，怪不得现在他【很】忧愁。
18. 这家商店的东西都【很】贵。
19. 我对京剧【很】感兴趣，可是不会唱。
20. 中国较俄罗斯发展得【很】快。
21. 我去了中国的【很】多地方。
22. 我【很】长时间准备了考试。
23. 他妈妈来看他了，他【很】高兴。
24. 我把自己的【很】多不明白写在了日记里。
25. 我姐姐家的小宝贝很可爱，我【很】喜欢。
26. 老师说我的汉字写得【很】整齐。
27. 中国菜的茄子【很】好吃，我很喜欢吃这个菜。
28. 西红柿炒鸡蛋【很】好做。
29. 中国的历史【很】老了。
30. 我们宿舍的条件【很】好。
31. 这种水果的样子【很】奇怪，味道也【很】怪，不过【很】好吃。
32. 我们吉尔吉斯斯坦的学生【很】多在这里。
33. 我们认识的虽然时间不长，但是我们的友谊【很】深。

34. 他好像【很】喜欢白天睡觉，晚上学汉语。
35. 喀纳斯的风景真的【很】漂亮！
36. 写汉字的时候，笔顺【很】重要。
37. 跑步对身体【很】好。
38. 这儿的东西比我们国家【很】便宜。
39. 老师说我的记忆力【很】强。
40. 我在中国交了【很】多【很】好的朋友。
41. 我【很】喜欢的颜色是绿色。
42. 中国菜一般也切得【很】小，送到饭桌上就可以吃。
43. 我虽然吃得很多，不过还是【很】瘦。
44. 报纸上有租房子的广告【很】多。
45. 有的人不【很】喜欢吃豆腐，不知道为什么。
46. 我生病了，老师来看我，我【很】感动心里。
47. 我的爷爷脸上有【很】多胡子，所以看起来【很】老，其实他年龄不大。
48. 上课前老师给我们讲了一个故事【很】有意思的。
49. 他是个【很】奇怪的人，我不想和他一起住了。
50. 那家公司给我的工资【很】少，我不想给他们干了。
51. 我刚来的时候为了找一个住的地方花了【很】长时间。
52. 我上次考试的时候【很】多题不会做。
53. 我对中国的历史【很】感兴趣。
54. 去银行取钱有时候【很】长时间要等。
55. 情人节那天花店的花【很】贵，但是我买了，送给我的女朋友。
56. 我觉得最近的天气【很】不正常，一天冷一天热。
57. 我们国家有【很】多很【多】人想来中国学汉语。
58. 我【很】高兴参加这个晚会。
59. 我【很】羡慕说汉语好的同学，我什么时候能像他们那样。
60. 我的脾气【很】不好。
61. 能够拿到奖学金，对我来说【很】不容易。
62. 我很想帮助他，没想到给他添了【很】多的麻烦。
63. 老师对我经常迟到【很】不满意，我一定不迟到了以后。
64. 那家饭店的服务【很】差。
65. 我能出国留学是【很】不容易的，因为我家没有【很】多的钱。

66. 我住的地方离学校【很】近，有 100 米吧。
67. 我们的生活习惯和维吾尔族的区别不【很】大。
68. 这个城市很多地方都【很】好玩。
69. 我【很】爱我朋友的女儿。
70. 我们的学校有【很】多中国学生，也有【很】多外国学生。
71. 我【很】喜欢我们的学校。
72. 我们的宿舍是一座十五层的楼房，里面的房间【很】多。
73. 我们的房间不大，【很】安静，也【很】干净。
74. 我们的学习生活【很】愉快。
75. 那里的面包非常好吃，也【很】便宜。
76. 那个书店【很】小，但是买书的人非常多。
77. 她【很】高，也【很】漂亮。
78. 她会说几种语言，都说得【很】好。
79. 她【很】喜欢中国画儿。
80. 安娜学习【很】努力。
81. 每天早上上课，她来得【很】早。
82. 老师提问她，她回答得【很】快。
83. 每次考试她都考得【很】好。
84. 她写汉字写得【很】慢。
85. 她做的韩国炸酱面【很】好吃。
86. 大家一起吃饭、喝酒，【很】热闹。
87. 我们都吃得【很】饱。
88. 吃饭以后，我们聊天、唱歌，玩儿得很晚，但是玩儿得【很】高兴。
89. 动物园【很】有意思。
90. 大熊猫是中国【很】有名的动物。
91. 这部香港电影【很】好看。
92. 广场中间有一个【很】大喷水池，喷水池周围有【很】多草地和花儿，【很】漂亮。广场上的人也【很】多。
93. 那些鸽子不怕人，【很】有趣极了。
94. 博物馆很大，一共有四层。中国古代的文化【很】有意思，每层楼我们都看得【很】认真。
95. 我们走了【很】长时间，累极了。

96. 我【很】想念我的家人。
97. 中国的春节【很】热闹，听朋友说春节是中国最大也是最热闹的节日。
98. 学汉语，多读多说就是【很】好的方法。
99. 中国歌【很】难学。
100. 在乌鲁木齐学习生活天天【很】都快乐。
101. 中华人民共和国是【很】多人口国家。
102. 我希望我将来说汉语【很】流利。
103. 期末考试，他的成绩【更】好，得了第一名。
104. 喀什街上买的水果【太】便宜，乌鲁木齐的不便宜。
105. 这本书比那本【很】贵一点儿。
106. 火箭队和开拓者队的比赛简直【很】精彩了！
107. 我们国家的东西比中国的【很】贵。
108. 比较起来，我【很】喜欢一个人在房间里看书。
109. 我来乌鲁木齐学汉语、做生意，【很】非常忙。
110. 我获得了中国政府奖学金，【很】非常高兴，赶快打电话告诉我的父母。
111. 我【很】特别喜欢我的弟弟。
112. 在乌鲁木齐这一年过得真【很】快啊！
113. 我最近比较【很】忙。
114. 《桃花运》这个电影【很】好看极了。
115. 昨天晚上雨下得【很】大极了。
116. 我在宿舍楼下等他，他没来，我【很】生气极了。
117. 我在房子休息了一个星期，我的身体【很】好了。
118. 明天考试口语，我心里【很】紧张了。
119. 这是我小时候的照片，小时候【很】漂亮了。
120. 中国的很多个民族都【很】团结起来，中国会更强大。

参考文献

一　著作、学位论文

王力：《中国现代语法》，商务印书馆，1985。

马真：《现代汉语虚词研究方法论》，商务印书馆，2004。

陆俭明、马真：《现代汉语虚词散论》，语文出版社，1999。

李泉：《汉语语法考察与分析》，北京语言文化大学出版社，2001。

张斌、张谊生：《现代汉语虚词》，华东师范大学出版社，2002。

齐沪扬、张谊生、陈昌来：《现代汉语虚词研究综述》，安徽教育出版社，2002。

张谊生：《现代汉语副词探索》，学林出版社，2004。

张亚军：《副词与限定描状功能》，安徽教育出版社，2002。

朱德熙：《语法讲义》，商务印书馆，1980。

黄伯荣、廖序东：《现代汉语》，高等教育出版社，2007。

胡裕树：《现代汉语》，上海教育出版社，1981。

李晓琪：《现代汉语虚词讲义》，北京大学出版社，2005。

邢福义：《汉语语法三百问》，商务印书馆，2003。

邵敬敏：《汉语语法的立体研究》，商务印书馆，2000。

李大忠：《外国人学汉语语法偏误分析》，北京语言文化大学出版社，1996。

鲁健骥：《对外汉语教学思考集》，北京语言文化大学出版社，1999。

赵艳芳：《认知语言学概论》，上海外语教育出版社，2001。

刘润清、胡壮麟：《认知语言学概论》，外语教学与研究出版社，2001。

吕必松：《汉语和汉语作为第二语言教学》，北京大学出版社，2007。

孙德金：《对外汉语语法及语法教学研究》，商务印书馆，2006。

孙德金：《对外汉语词汇及词汇教学研究》，商务印书馆，2006。

吕叔湘：《现代汉语八百词》，商务印书馆，2003。

国家对外汉语教学领导小组办公室编《高等学校外国留学生汉语言专业教学大纲》，北京语言文化大学出版社，2001。

国家汉语水平考试委员会办公室编《中国汉语水平考试大纲（HSK 常用词汇一览表）》，北京语言学院出版社，1996。

范方莲：《语言研究和探索》，北京大学出版社，1983。

王建勤：《汉语作为第二语言的习得研究》，北京语言大学出版社，1997。

刘珣：《对外汉语教育学引论》，北京语言大学出版社，2000。

张婷：《外国留学生量词习得过程研究》，华中科技大学硕士毕业论文，2005。

李永斗：《程度副词“很”、“极”、“死”、“坏”研究》，上海师范大学硕士毕业论文，2005。

李琳：《外国学生习得汉语语气副词调查研究》，华东师范大学硕士毕业论文，2006。

张君博：《程度副词偏误分析与计算机辅助教学设计》，北京语言大学硕士毕业论文，2007。

吴娟娟：《外国学生程度副词偏误分析与习得研究》，南京师范大学硕士毕业论文，2007。

郑恩贞：《韩国学生汉语语气副词习得研究》，南京师范大学硕士毕业论文，2008。

翟帆：《现代汉语程度副词研究及其对外汉语教学策略探讨》，内蒙古师范大学硕士毕业论文，2008。

二　期刊论文

吕文华：《对外汉语教材语法项目排序的原则及策略》，《世界汉语教学》2002 年第 4 期。

王金巴：《论第二语言教学的认知语言学原则与方法》，《运城学院学报》2003 年第 1 期。

储泽祥：《通比性的“很”字结构》，《世界汉语教学》1999 年第 1 期。

韩容洙：《我是怎样教韩国学生学习汉语副词的》，《汉语学习》1994 年第 2 期。

韩容洙：《现代汉语的程度副词》，《汉语学习》2000 年第 2 期。

李晓琪：《中介语与汉语虚词教学》，《世界汉语教学》1995 年第 4 期。

李小荣：《谈对外汉语虚词教学》，《世界汉语教学》1997 年第 4 期。

肖奚强：《韩国学生汉语语法偏误分析》，《世界汉语教学》2000 年第 2 期。

肖奚强：《谈程度副词“太_ 1”和“太_ 2”》，《零陵学院学报》2002 年第 9 期。

肖奚强：《相对程度副词句法语义分析》，《南京师大学报（社会科学版）》2003 年第 6 期。

徐晶凝：《关于程度副词的对外汉语教学》，《南开学报》1998 年第 5 期。

徐建宏：《程度副词“很”与“太”的用法辨析》，《辽宁大学学报》2005 年第 2 期。

徐建宏：《试论程度副词的对外汉语教学》，《辽宁大学学报》2005 年第 2 期。

施加炜：《外国留学生 22 类现代汉语句式的习得顺序研究》，《世界汉语教学》1998 年第 4 期。

张桂宾：《相对程度副词与绝对程度副词》，《华东师范大学学报》1997 年第 2 期。

张亚军：《程度副词与比较结构》，《扬州大学学报》2003 年第 3 期。

周小兵：《汉语第二语言教学语法特点》，《中山大学学报（社会科学版）》2002 年第 6 期。

刘辰洁：《对韩国留学生“有点儿”和“一点儿”的偏误分析》，《齐齐哈尔大学学报（哲学社会科学版）》2002 年第 6 期。

王珏：《可受程度副词修饰的动词短语》，《解放军外语学院学报》1992 年第 1 期。

夏齐富：《程度副词再分类试探》，《安庆师院社会科学学报》1996 年第 3 期。

张珩：《留学生使用程度副词时的常见偏误类型及原因分析》，《语文学刊（外语教研版)》2005 年第 3 期。

储泽祥、刘街生:《细节显现与“副十名”》,《语文建设》1997 年第 6 期。

邢福义:《关于副词修饰名词》,《中国语文》1962 年第 5 期。

卢福波:《关于“太”字结构的教学与研究——谈对外汉语语法教学三个平面的结合问题》,《世界汉语教学》2000 年第 2 期。

柴世森:《谈程度副词“最”的语法特点》,《河北师院学报》1979 年第 2 期。

柴世森:《“最”只能修饰形容词吗》,《语文教学通讯》1980 年第 8 期。

陈群:《很 + VP 考察》,《四川师范学院学报》1998 年第 3 期。

李宇明:《程度和否定》,《世界汉语教学》1999 年第 1 期。

饶继庭:《很 + 动词结构》,《中国语文》1961 年第 8 期。

时卫国:《稍微 + 形容词 + 呼应成分》,《山东大学学报》1996 年第 3 期。

宋玉珂:《程度副词“最”和“很”的用法》,《杭州大学学报》1980 年第 1 期。

唐善生:《程度副词 + 名词与程度副词 + 有 + 名词结构》,《华中师范大学学报》2000 年第 3 期。

于奉知:《更字句的语义语用分析》,《汉语学习》1998 年第 1 期。

张琪昀:《“太”、“很”考辨》,《汉语学习》2002 年第 4 期。

周上之:《从英语和俄语的对比中看“很”字的特殊用法》,《天津师大学报》1992 年第 4 期。

陈颖:《简论程度副词的程度等级》,《牡丹江师范学院学报(哲学社会科学版)》2008 年第 1 期。

中亚留学生成语使用现状调查研究

周 珊　张 忠

本研究的目的是调查和了解来疆的中亚留学生的成语使用情况，分析目前中亚留学生的成语使用现状及存在的问题，进一步挖掘其使用成语的难易点和影响因素，并研究存在这些问题的原因，探讨其对策，以便更好地促进学习者的成语学习，实现教学的良性互动，推动对外汉语成语教学的完善及发展。

一　中亚留学生成语使用考查与分析

（一）语料来源

成语是一种具有强烈书面色彩的语言形式，其基本格式是四字格，因此本研究不涉及非四字格成语，主要考查四字格成语。

本研究的语料主要包含两个部分。

第一部分是自然语料。笔者认为，通过用成语选择、造句等方式对留学生进行考查，虽然目标性较强，但是相比而言，作文语料更是留学生自然用到的、更能真实地反映学生使用成语情况的素材，更利于发现问题。因此，本文选择留学生作文作为研究语料之一。笔者在任课老师的帮助下，搜集到了新疆师范大学国际文化交流学院 2009 ~ 2011 两个学年中级水平中亚留学生作文和课堂练习中的使用成语的句子；以《新华成语词典》作为判定成语的依据，对使用成语的句子进行判定，对使用成语的句子进行了细致的整理与分析归纳，并对这些句子做了穷尽式的考查、分析。共搜集到中级阶段中亚留学生的作文 365 篇，每篇作文的字数约在 300 ~ 400 字之间，其中使用成语的作文有 167 篇，其中使用正确的成语 84 条，产生偏误成语的 109 条。

第二部分是通过问卷测试收集到的有效问卷，考虑到作文中使用的成语毕竟有限，而且可能由于回避心理，留学生对一些难理解的成语可能根本不用，有些问题也就无法在作文中体现出来。因此，为了研究需要，笔者设计了弥补自然语料的成语测试卷，以进一步发现中亚留学生使用中的问题。基于上述情况，将这些语料作为中、高级水平中亚留学生成语使用现状的研究依据。

笔者于2011年9～11月在新疆师范大学国际文化交流学院、新疆大学国际文化交流学院进行了问卷调查。

（二）中亚留学生作文语料成语考查与分析

为了全面、真实地了解中亚留学生使用汉语成语的情况，需要对其中介语系统中的成语进行全面分析，才能发现这一群体在使用成语方面的特点及规律，因此，在对作文语料鉴别基础上，笔者对所用到的成语进行了归纳和分析。首先，在借鉴前人研究的基础上，通过对学习者使用汉语成语的偏误进行分类，笔者把各类偏误类型的数量及比例进行了统计并分析原因；其次，对使用正确的成语也尝试进行了分析，下文的分析将尽可能涵盖这两方面的内容。

通过对185句有效例句的判定，使用正确的84条，产生偏误的成语109条，排除重复使用的成语，一共使用到142个成语。从所用成语的总量上来看，中亚留学生所用成语数量明显偏少，虽然这与我们搜集到的语料数量有限有一定关系，但是也一定程度上体现了留学生对成语的态度。

表1

语料	篇数	用成语篇数	成语数	正确使用	每篇成语数
留学生作文（篇）	365	167	142	84	1.9

通过表1可以看出，成语的平均使用率非常低，平均每篇成语数仅为1.9个成语，中亚留学生在使用成语方面仍然是一大难点。

从语料中所使用的142个成语来看，其中仅有“未雨绸缪”、“悬而未决”、“当之无愧”、“独步天下”、“空穴来风”、“走马观花”等11个成语未在所用教材中出现，仅占搜集成语的7.75%。这体现了留学生接触成语的范围非常狭窄，成语的学习来源极其单一。相比较《汉语水平词汇与汉字等级大纲》中138个成语，只有“不知不觉”、“合情合理”、“众所周知”、“一路顺风”、“理所当然”等22个成语相重合，留学生所用到的成语与《大纲》中的成语重合度并不高，教材中的成语和《大纲》中的成语差别较大。

1. 成语使用偏误考查与分析

“偏误分析”是对学习者在第二语言习得过程中所产生的偏误进行系统的分析，研究其来源，揭示学习者的中介语体系，从而了解第二语言习得的过程和规律。而“偏误”则是指第二语言学习者在语言习得过程中常常出现的、规律性的错误，它可以在一定程度上反映学习者的语言能力和水准，提供研究第二语言学习者学习语言的过程、策略和步骤等方面的资料。① 随着对外汉语教学的发展，越来越多的第二语言教学者认为，只有了解和把握学生的习得特点和规律，才能使第二语言教学更有效果，而偏误分析研究可以深化汉语习得研究，通过偏误分析，可以更好地挖掘留学生学习成语的难点与问题。

通过对所搜集到的语料进行统计和归纳，在109条有偏误的句子中，各类偏误类型的数量及比例如表2所示：

表2 成语偏误类型及其分布情况

偏误类型	形式	语义	句法	语用
数量	26	42	25	16
百分率(%)	24.29	41.59	22.77	15.84

从表2中可以发现，成语的偏误类型较为繁杂，中亚留学生对成语学习的难点，更多地还是集中在语义方面，对成语的语义理解偏误是最多的，因此，留学生成语的使用偏误也就会集中在成语的语义方面，所占比例较高。下文即结合留学生作文中出现的错误语句对成语做具体的分析。

（1）形式偏误

定型化是固定词组的一般特征，对成语这类固定词组来说，定型性更是一个重要的特征。② 成语的定型性是历史形成的，不许个人任意更改。可是通过对作文语料的整理却发现了很多这方面的问题。具体偏误类型如表3：

---

① 盛炎：《语言教学原理》［M］，重庆出版社，1990，第118页。

② 马国凡：《成语》［M］，内蒙古人民出版社，1978。

表 3 成语书写形式偏误

类型	同音字混淆	形近字误用	同音形近	多字、少字	错字
数量	6	4	8	5	3
百分率(%)	23.08	15.38	30.76	19.24	11.54

1）同音字混淆

①爸爸经常对我说："女儿，你应该当一个一言为定的人，而不是朝三幕四的人。"

②我不应该委靡不振，为了笑逐颜开地一步步实现在即的梦想。

③清明节、寒食节，山东人把两个节日合而为一。

通过以上的例句，可以看出留学生已经理解了成语的语义，但是对成语的字形方面却存在一定问题，这是由于汉语中存在大量的同音字和形近字，在书写时，留学生很容易受到相同发音的影响。例句中，"幕"和"暮"是同音字，"萎"写成"委"，"二"写成"而"导致偏误。

2）形近字误用

①另一方面男人应该比较稳重，比较有大家之气，我蔑视夸夸其淡的男人。

②倘若我不做这些事我会自取天亡。

在例句中，学生把"夸夸其谈"的"谈"字写成"淡"，造成了形近混淆。在例②中是因为"灭"和"天"形近，造成书写的偏误。

3）同音形近

①星期天，我和朋友去友好，路上遇见一个破栏不堪的乞丐。

②这是一个五彩宾纷的世界。

从例子中可以看出，由于"烂"和"栏"、"宾"和"缤"不仅是同音字，而且在书写形式上也很接近。这一类错误在语料中出现了 8 例，在书写方面属于偏误最多的一类。

4）多字、少字

①大学刚刚毕业，刚进入到社会，对社会没有大开眼。

②我们三人带了不同的食物，快加鞭，赶往公园。

③你的一举手一动我都能看到。

从例①、②可以发现，留学生本意是想使用"大开眼界"和"快马加鞭"两个成语，例③把"一举一动"写成了"一举手一动"。这都是由于留学生对汉语成语凝固结构的认识还不够深刻，对成语的记忆也不够准确，导致在使用过程中出现少字、多字的现象。

5）错字

①而我想走南闯北，自强自息。

②在电影院人们熙熙攘攘，坐无虚度。

③在奥运会的时候，人们从各地接踵而到。

例句中显然是成语“自强不息、座无虚席、接踵而至”的书写偏误，从例中我们可以发现，学生已经了解了成语的大意，笔者认为，在这个阶段，留学生的汉语学习还处于摸索阶段，可能是因为记错、写错、类推等原因，使得在句中出现了上述偏误。

（2）语义偏误：

成语的字面意义和实际意义不一定是等值的，这二者之间存在着三种关系，即相同、引申、比喻。因为汉语成语渗透着中国丰富的传统文化和民族思维方式，因而留学生在学习时往往难以准确地把握成语的语义而产生偏误。字面意思和实际意义相同的成语，留学生在使用时出现的偏误较少。如表4：

表4　成语语义偏误

类型	望文生义	语义偏离	语义重复	语义矛盾
数量	16	21	2	3
百分率（%）	38.09	50.00	4.76	7.15

1）望文生义

a. 以偏概全

指的是仅用成语中的某个语素的意义代表整个成语的意思。外国学生在理解成语含义的时候，常常会根据成语中他们比较熟悉的语素来判断成语的含义，仅仅根据某一个语素来判定整个成语的含义。

①我明白了，做事情要千方百计。

②我们班的班长是一个八面玲珑的人，非常受大家的欢迎。

“千方百计”是“想尽一切办法，用尽一切计谋”的含义。造成偏误的原因是留学生把对“计”理解为“计划”从而代替了整个成语的意思。“八面玲珑”比喻为人处世手腕圆滑，面面俱到，学生在使用时，根据“玲珑”

这一语素的含义理解整个成语的含义。

b. 不了解成语的附加义

①我们去爬山，山里的空气好极了，像两袖清风。

成语“两袖清风”借字面意义比喻廉洁不贪，多用的是比喻义，而并不是指自然界中自然的风，而句中意在形容大自然中风，故“两袖清风”来形容是不对的。

2）语义偏离

a. 语义轻重程度把握不准

①倘若我不做这些事我会自取灭亡。

②除了他的多才能和举世瞩目的职业发展，他还有一颗很宽大的心。

③在中国，独资企业不会面临一些问题，因为中国十全十美。

④老师的课是如此生动有趣，让我深刻地体会到了什么叫时光荏苒。

“自取灭亡”指自己走上了失败或毁灭的道路。在这句子里，只是一些事情没有做到，用自取灭亡语义过重。“举世瞩目”用来修饰职业发展，语义偏重。“十全十美”形容完美无缺，在这里形容中国有些夸大。“时光荏苒”指时间一点一点地流逝、不知不觉地过去，更多地指很长的时间悄悄流逝。在句中虽然也是指时间过去，但是结合前半句推测，本句想表达的是老师的课有趣，觉得时间过得很快，但是时间上过短，不能用“时光荏苒”。

b. 适用对象有误

①他是德才兼备的人，他是我的同学，他德高望重，一直备受人们的尊重。

②他们都是品学兼优的老师。

③外向的人经常生机勃勃。

④每个人都不是得天独厚的。

⑤有一天我跟朋友一起去玩，玩得很开心，风和日丽。

“德高望重”的意思是品德高尚，声望很高，一般用于称颂老人。在这里，留学生用“德高望重”来形容自己的同学，是不恰当的。“品学兼优”指品德和学问都很优异，一般所指对象是学生，不能用来指老师。“生机勃勃”形容自然界充满生命力，或社会生活活跃，不能用来指人。“得天独厚”具备的条件特别优越，所处环境特别好，多用于环境条件。“风和日丽”指和风习习，阳光灿烂，形容晴朗暖和的天气。在这里却用来形容心情。以上例子均是由于没有把握住成语的适用对象而出现的偏误。

3）语义重复

指的是在句子中已经有其他成分复指了成语里面的某个语素的意义。

①我觉得，老师的每一举一动都会影响学生。

②那件事令我还记忆犹新。

“一举一动”指人的每一个动作，这个成语本身就包含“每”的语义。因此再在成语前面加上“每”，导致语义的重复。成语“记忆犹新”，至今印象还非常清楚，就像刚才发生的一样，比喻记忆深刻。“犹”的含义即“还”，因此，在此句中，不能再用“还”。

4）语义矛盾

①谣言是空穴来风。

②有些人，很骄傲，很自私，看不起别人，平易近人。

③在老师的帮助下，我和我的老朋友终于不期而遇的见面了。

例①中“空穴来风”比喻消息和谣言的传播不是完全没有原因的，而“谣言”恰恰是没有事实存在而捏造的话，用在这个句子中，二者是矛盾的。“平易近人”指的是比喻态度平和，在句中，与前面“骄傲、自私”等描述正好相反。“不期而遇”指没有约定而遇见，强调的是意外。这里前面已经“在老师的帮助下”，说明是早有准备，后面再用“不期而遇”就显得前后矛盾。

通过数据统计和分析，成语的语义偏误是最多的，理解成语的语义对于掌握并使用成语具有重要的作用。具体从语料来看，对成语的适用对象把握不准所占的比例是最高的，由此所导致的偏误值得我们注意。

（3）句法层面偏误

成语内部的构成方式极其复杂，在具体的使用中，成语既可以充当句法成分，又可以独立成句。就成语的性质来说，可分为名词性成语、动词性成语和形容词性成语；按照成语入句后可以充当的句子成分来分，可以分为体词性成语和谓词性成语。一般来说，体词性成语在句中多作主语、宾语，有时也作定语；谓词性成语由动词性或形容词性成语组成，在句子中多作谓语、状语、补语和定语。从组合关系上看，出于语法关系和语法功能的不同，在与其他词语组合成句时，也有诸多限制。由于不清楚成语的语法性质和语法功能，留学生在使用成语时，往往在把握语义的同时，忽视了句法功能，出现了不少句法方面的偏误。如表5：

表 5　成语句法偏误

类型	不明语法性质	误带宾语	成分多余或残缺	结构助词缺失
数量	6	7	4	8
百分率(%)	24.00	28.00	16.00	32.00

1）不明语法性质

①来中国学好汉语是我无时无刻的责任。

②很感谢你帮我想方设法。

③他是个自知之明的人。

“无时无刻”可以做状语，但是不能做定语。“想方设法”的意思是“想办法，用各种办法”，在这个句子里，语义是正确的，但是“想方设法”这个成语一般作状语，而不作谓语。“自知之明”可以在句中作主语、宾语，可以与动词一起组成述宾结构作定语，不能单独作定语。以上都是由于不明成语语法性质导致的偏误。

2）误带宾语

大部分的动词性成语虽然表达动作，但其后面是不能带宾语的，留学生对这一点认识不到，因此成为句法偏误的典型一类。

①口语课上，老师讲课快，我似懂非懂老师的意思。

②他总爱说三道四别人。

“似懂非懂”和“说三道四”作为谓词性成语，在句中可以作状语，也可以作谓语，但不能带宾语。

3）成分多余或残缺

①他一定会知冷知热，我们俩有志同道合。

②他的口才在我们班最好，总是说高谈阔论。

③考试的时候，一定要认真复习，不要很掉以轻心。

④我们不能袖手旁观穷人。

“志同道合”的含义是志趣相同，意见一致，“志同道合”不能作“有”的宾语。“高谈阔论”中包含“说”的含义。句③中“掉以轻心”不能用“很”或“非常”来修饰。

4）结构助词缺失

在现代汉语的句法结构中，一般情况下，充当修饰或补充成分的成语和中心语之间应该用结构助词“的”、“地”或“得”来标记语法成分，这种体貌标记的添加是必须的，而在搜集到的语料中，他们的标记偏误主要表现为定语标记“的”和状语标记“地”的缺失。

①举办亚欧博览会是举足轻重事情，这样国家经济乘风破浪发展。

②我的妈妈是一个雄心壮志人。

③他聚精会神做作业。

在例句中，“举足轻重”和“雄心壮志”充当句法结构的定语，修饰“事情”和“人”，应该添加定语标志“的”；而“聚精会神”充当句法结构的状语，应该添加状语标志“地”。

（4）语用偏误

成语往往含有丰富的文化内涵，在交际生活中，留学生会用到成语来进行交际，这一过程，即是一个跨文化交际的过程。因此，留学生能否恰当运用成语，就显得尤为重要。在留学生在跨文化交际过程中，如果使用成语不得体，就很有可能发生语用失误，给交际带来困难。

所谓语用失误（pragmatic failure），指的是人们在言语交际中，因没有达到完满交际结果而出现的差错。“这类失误不是来自语言本身的语法错误等方面的问题，即不是语法结构出错而导致词不达意；这类语用失误主要归因于说话的方式不妥，或者不符合表达习惯，或者说得不合时宜。”① 我们教授汉语成语的目的是使学生在交际中能够正确运用，因此对成语语用条件的掌握在成语学习中是至关重要的。

1）不辨成语感情色彩

①这是一个让我们肆无忌惮地思念心中的人儿的日子。

②我一掷千金建了一家公司。

③从地球上可以看到长城，是似是而非的事情。

汉语成语包含了丰富的民族文化内涵，也具有鲜明的褒贬色彩。“肆无忌惮”指“行为放肆，毫无顾忌和惧怕”。“一掷千金”指“用钱满不在乎，一花就是一大笔”，“似是而非”指“好像是对的而实际上不对”。这三个成语均为贬义。从例句中看，留学生没有对成语的褒贬色彩给予关注，导致使用错误。在搜集到的语料中，由于对成语的感情色彩把握不当引起的偏误有11例之多，由此可以看出，成语感情色彩的把握，有可能是留学生成语使用方面的难点之一。

---

① 何自然：《语言学概论》，湖南教育出版社，1998。

2）语体色彩

在人与人的交流中，我们偶尔也会用到成语，但是有些成语是不适合用在一般的交流中，书面色彩较浓，对于语境也有一定的要求，不符合表达习惯。比如：

①老师，对不起，我今天姗姗来迟了。

②你不要病了，要天长地久地好好活下去。

③生活本来是酸甜苦辣来的。

句中“姗姗来迟”指走路缓慢从容的样子，多用于形容他人，不能用于自己。同样，“天长地久”主要用于婚庆祝福或者朋友聚会场合，表示情谊长久。因而例句的成语运用不得体，在语体风格上是不合适的，不符合中国人的表达习惯。而例句③中，这种表达形式的出现可能受到口语中“从……来的”这一口语表达的影响。

2. 正确使用成语情况分析

上文笔者对自然语料中留学生汉语成语的使用偏误情况进行了分析归纳，对留学生在使用成语过程中，容易犯哪些方面的错误有了一定的了解。这样可以帮助教学者了解学生使用过程中难度较大、掌握不好的部分，更能引起教师在教学中出现成语的关注点。但未能展示其已经掌握的部分，这便割裂了中介语的完整体系，不利于全面完整地了解学习者的习得过程，因此还有必要对中亚学生作文语料中使用正确的成语进行分析总结。

中亚学生使用成语的正确率并不高，在 185 句有效句子中，使用正确的句子只有 84 句，除去重复出现的，共计 65 个成语。笔者对这 65 个成语从成语语义的角度进行了大致的分类，其中，组合型成语 38 条，综合型成语 19 条，融合型成语 8 条。从使用成语的语义角度来看，留学生对语义透明度较高的、易于理解的成语掌握准确，比如“合情合理”、“五颜六色”、“大吃一惊”等。从语料中出现频率较高的成语来看，“五颜六色”、“不知不觉”、“大开眼界”、“无微不至”、“众所周知”等出现的次数分别为 5 次、7 次、4 次、8 次、4 次。下文将对这些使用正确的成语和问卷一同进行分析论述。

（三）中亚留学生成语使用情况问卷调查与分析

由于自然语料有限，且囿于语料的形式和部分附加信息不详的限制，有些问题在所搜集到的语料中并不能完全显现出来，为了更加全面、更有针对性地掌握中亚留学生成语的使用现状，笔者在前文自然语料分析的基础上，设计了测试卷进行调查，对一些在自然语料中不能发现的问题做进一步挖掘。

本次问卷调查共发放问卷73份，回收问卷73份，问卷回收率100%，由于成语测试卷难度相对较大，因此，为了保证问卷的有效性，笔者采用一对一的调研方式。发放的73份问卷中，有效问卷68份，有效问卷率为93.15%。

1. 问卷设计

（1）调查目的

本次调查的主要目的包括两个方面：中亚留学生对成语的态度认知情况以及学习策略的考查以及进一步发现留学生使用成语方面的特点和难易。

（2）问卷内容

为了弥补自然语料的不足，笔者特设计了测试问卷，问卷共包括两部分：问卷一包括被试的“基本信息、对成语的认知、学习策略”的考查，要求留学生填写个人信息，以排除不符合要求的被试，这一问卷的设计是为了进一步分析影响留学生成语使用的一些因素。问卷二“成语测试卷”的内容是调查的主要内容，包括选择、判断等题型，第一题（1～6）为无语境对成语释义的分析情况；（7～12）是对成语在语境中对成语意义的理解；第二题为判断题，共10题，主要包括对成语的适用对象、成语的褒贬色彩、句法方面的运用等几种主要偏误类型的敏感度及更正能力；第三部分为选词填空，以进一步发现留学生学习成语的难点。

通过对测试得到的数据结果进行定量、定性分析，进一步总结中亚留学生在使用成语的过程中存在的主要问题，发现使用上的难点和规律。基于所测试留学生的汉语水平有限，所以测试题目均以客观题出现。

关于测试卷成语选择的说明：

本文问卷选择成语坚持常用性原则，着眼于中亚留学生对常用成语的使用情况的考查，因此主要以《汉语水平词汇与汉字等级大纲》为基础，之所以选择大纲中的成语进行考查，是因为《大纲》作为一种规范性的水平大纲，是我国初等、中等汉语水平考试和高等汉语水平考试的主要命题依据，也是我国的对外汉语教学总体设计、教材编写、课堂教学以及成绩测试的重要依据。[①]

① 国家汉语水平考试委员会办公室考试中心《汉语水平词汇与汉字等级大纲（修订本）》，经济科学出版社，2000。

基于大纲的这种权威性和对外汉语教学的实际需要，笔者将成语基本限定在《大纲》所收录的成语范围之内。此外，问卷还结合北京大学出版社2006年出版的《博雅汉语》中级冲刺篇上下两册、北京语言大学出版社2005年出版的《发展汉语》中级上下两册、北京语言大学出版社2006年出版的《汉语教程》等教材所选出的成语，因此，具有一定的代表性。

在成语测试卷中成语涉及的范围受到被试汉语水平的限制，也就是说，如果测试的对象没有学习过这些成语，所做的调查就失去了意义，因此本研究所选成语主要为留学生学过的成语。同时，笔者为了测试留学生根据语境猜测成语的能力，而在测试卷中加入了少量其未学过的成语进行考查。

（3）调查对象

基于当前新疆汉语成语教学状况，初级水平的汉语学习者接触到的成语十分有限，本研究调查的对象应该已经学习过成语，且系统学习汉语的时间至少在一年以上，以保证被调查者对成语有了一定的了解和认识。因此，本文的测试对象定为中、高级水平的中亚留学生，根据学生学习汉语时间并结合实际水平，笔者选取了新疆师范大学国际文化交流学院、新疆大学国际文化交流学院汉语水平达到HSK4级以上的中亚留学生作为测试对象，共73人。

2. 问卷分析

（1）对成语难易度的认识

笔者借鉴前人经验，将成语的难易度分为5个等级：很容易，容易，一般，有点难，很难，结果如表6所示：

表6　对成语难易度的主观认识调查数据表

级别	很容易		容易		一般		有点难		很难		人数
中级	0	0	1	2.38	3	7.15	6	14.28	32	76.19	42
高级	0	0	2	7.69	4	15.38	7	26.93	13	51.00	26
总计	0	0	3	4.42	7	10.29	13	19.12	45	66.17	68

通过表6可以看出，66.17%的留学生选择“很难”，留学生普遍反映现代汉语成语“很难”，选择“有点难”的比例也占到了19.12%，没有一个学生选择“很容易”。从数据来看，成语对于中级水平和高级水平的留学生来说，并未随着学习汉语时间的延长，学习成语的难度降低，由此可见，

对于中亚留学生来说，成语是汉语学习中的一大难点。这也在一定程度上说明了留学生对成语使用量较少的原因，充分说明了当前对外汉语教学中对成语教学研究的紧迫性。

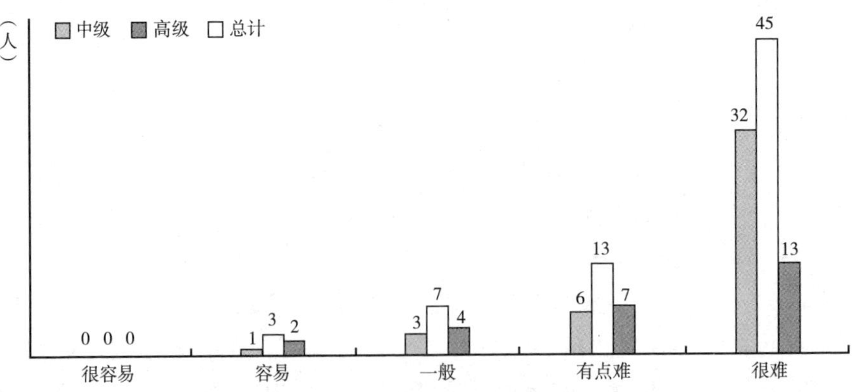

图 1　对成语难易度的主观认识调查数据表

说明：图 1 中，每一栏的数值，表示各个级别中选择这个难度等级的学生人数。

（2）对成语重要性的认识

数据显示，认为成语很重要的学生占调查总人数的 36.76%，而有 32.35% 的学生认为成语重要，学生认为成语学习的好坏和汉语水平有关。也有学生认为成语学不学都无所谓，在做问卷调查时，有一位留学生是这样说："我不喜欢学习成语，我学的是经贸汉语，以后几乎用不到。"这也代表了一部分人的真实想法。

表 7　对成语的重要性评价调查数据表

级别	很重要		重要		不太重要		不重要		无法回答		人数
中级	16	38.09	14	33.33	5	11.92	4	9.53	3	7.13	42
高级	9	34.61	8	30.78	4	15.38	3	11.54	2	7.69	26
总计	25	36.76	22	32.35	9	13.24	7	10.29	5	7.36	68

（3）成语学习策略

成语的学习策略直接影响到学生对于成语的掌握，为了更加清楚学生是如何来学习成语的，笔者借鉴前人经验，编制了调查问卷来进行分析。

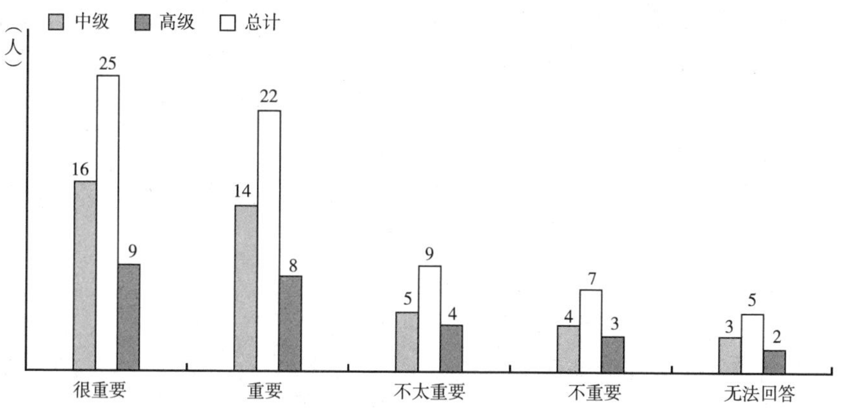

图 2　对成语的重要性评价调查数据表

说明：图 2 中，每一栏的数值，表示各个级别中选择这个难度等级的学生人数。

表 8　中亚留学生成语学习策略表

	中级		高级		平均使用
记忆策略	40	95. 23	25	96. 15	95. 69
词典策略	5	11. 91	7	26. 92	19. 42
补偿策略	30	71. 42	17	65. 38	68. 40
回避策略	35	83. 33	18	69. 23	76. 28
社会策略	6	14. 29	7	26. 92	20. 60
元认知策略	2	4. 76	3	11. 53	8. 15

第二语言学习者在学习语言时，都会采用记忆策略，在调查中，学生对记忆策略的使用最多，留学生对记忆策略具有很高的认同性，平均使用率达到 95. 69%，回避策略达到 76. 28%，很多学生还是对成语的学习有畏难情绪。在成语的学习中，词典策略的使用很低，很多学生没有专门的成语词典。元认知策略只有 8. 15% 的学生采用，说明大部分学生并没有通过其他的途径来学习成语。由此可见，留学生在成语学习策略上存在很大的偏差。

（4）对测试卷统计分析

问卷共包括四个部分，下文将对问卷做具体分析。

1）语言学习的最终目的是要学会如何应用，以达到交际的目的，但是理解意义是第一步的。为了进一步分析中亚留学生是如何对成语意义进行把握的，受到哪些因素的影响，特设计了问卷第一题来进行考查。问卷第一题共包括两个部分，分别在无语境和有语境条件下来考查留学生理解不同类型的成语存在的一些特点。笔者借鉴《成语九章》的分类方法，将成语分为“组合型成语”、“综合型成语”和“融合型成语”来对不同类型成语进行分析。为了进行对比分析，两部分所选成语相同，共12个小题，6个成语。

①无语境条件下对成语语义理解情况

结合自然语料中出现的成语，通过学生对成语的理解情况，来判断有哪些因素会影响到对成语的理解，共6小题，包括组合型成语、综合型成语、还有融合型成语。

通过数据显示，留学生对成语意思的理解情况掌握并不好，对成语语义的猜测的平均正确率如下：其中，组合型成语为45.27%，综合型成语为33.31%，融合型成语为37.17%。

从组合型成语测试结果来看，留学生对成语意义的重新整合能力不高，成语中的熟悉语素的含义对成语意义理解的影响较大。如成语“情不自禁”，其中“不”和“自”两个语素是高频的语素，在汉语学习的初级阶段已经掌握，对留学生来说，并不造成困难，“禁”对学生来说可能是一个陌生语素，“情”在《等级大纲》中属于甲级字，在以往学过的词汇部分出现了两个包含该语素的词，分别为“事情”和“情况”，留学生对这两个语素含义比较熟悉，因此，在回收的问卷中，选取包含“情况、事情”释义的问卷达到44.76%。“目中无人”，在68名学生中，有46名学生选择了“眼睛看不到人”这一选项，以前学过的“目”指的是眼睛，67.65%的学生根据表面含义去推测了整个成语的含义。

从综合型成语测试结果来看，学生对这类成语的掌握最不好。“七嘴八舌”、“一毛不拔”的正确率分别为37.15%和29.47%，这类成语的意义可以从构成语素的意义上推导出来，但由于受到汉民族思维方式、文化的差异、社会约定俗成以及成语使用过程中的语义发生转化等因素，导致这类成语的意义难以把握。

从融合型成语测试结果来看，对于含有历史故事的成语，我们发现留学生的掌握情况很好。这类成语的理解上，对于这类无法从表面意义看出含义的成语，对留学生来说，应该是难点，可是问卷结果显示，在对“自相矛盾”的调查结果显示，69.11%的学生可以选择正确的答案。笔者随机和留

学生进行交谈，很多留学生说："这个成语老师讲过一个故事，很有趣。"因此可以看出，这类成语掌握得好与坏与学生的记忆有很大关系。

②有语境条件下对成语语义的理解情况

在测试卷中，为了与无语境情况下成语的理解情况进行对比，来看留学生对意义的理解，因此，在成语的选择上，与前面所选成语相同。

通过问卷结果可以发现，在有语境的情况下，学生对成语的理解会受到语境的影响。在无语境的条件下，学生会更多地分析组成成语的各个语素的含义，来推测成语的含义，而在给出特定的语境时，留学生对成语语义的理解，转向于对根据整体句义来理解成语意义。

在有语境的测试中，组合型和融合型成语的正确率都有大幅上升，组合型成语平均正确率为 57.42%，综合型成语为 35.68%，融合型成语为 50.45%。组合型、融合型成语对语境比较敏感。

通过对比分析，在无语境条件下，留学生在理解成语意义时，组合型成语往往容易受到学过熟悉语素的影响；含有故事的融合型成语掌握好、记忆也较牢固。此外，总体来看，有无语境会影响到留学生对成语意义的理解，无语境条件下对成语语义理解的正确率低于有语境条件下的正确率。就成语类型来看，组合型成语和融合型成语的平均正确率提高较为明显，而综合性成语相差无异，受语境的影响较小。

2）几种主要偏误类型的敏感度情况分析

通过对自然语料分析，笔者已经对中亚留学生成语使用过程中常见的偏误情况进行了分析，总结出了留学生的主要偏误类型，下文将以此为基础，从正确率的高低进一步分析中亚留学生学习成语的难点。

这一部分主要以问卷第二题判断题的答题情况为基础来进行分析。笔者共设计了 10 道判断题，分别涵盖了上文所总结并分析的出现最多的几种偏误类型：成语的适用对象考查（第 1、2、5 题）、语义轻重辨析（第 3 题）、对句法结构敏感度考查（第 1、2、3 题）、语素义的影响（第 6 题）。分类阐述如下：

①成语适用对象辨析考查

在成语中，有些成语具有特定的适用对象，对于这类成语的考查主要通过问卷第 1、2、5 题来进行。笔者给出三个句子，请被试根据理解试判断句子正误，结果显示，正确率分别为 15.57%，19.11%，36.63%。具体情况见表 9：

表 9　不同级别的学生对成语适用对象辨析情况

级别	中级		高级		正确率
第 1 题	4	11.91	5	19.23	15.57
第 2 题	7	16.66	6	23.07	19.11
第 5 题	13	30.95	11	42.31	36.63

说明：表 9 中，第 2、3 列分别表示：不同汉语水平（中、高）的留学生以及各题答题的正确率。第 4 列表示：所有级别学生各题答题的正确率。

通过表 9 可以看出，对于具有特定适用对象的成语，留学生掌握的情况不容乐观，各年级在准确率的分布上差异不大，总体正确率偏低。对于“门当户对”这个成语，只有 9 个学生能够判断正确，正确率仅为 15.57%，多数学生不知道只能用于男女之间。“品学兼优”的掌握情况远远好于其他两个成语，分析原因可能与学生的学习中，留学生接触到该成语的可能性更大有关。

笔者在随机听课中也发现，诸如此类对适用范围、对象有特殊要求的成语，教师在课堂中并没有给予特别的强调和重视，并没有对成语的适用范围进行说明。比如，在讲到“绘声绘色”这个成语时，只是解释为指声音和色彩都能描绘出来，形容讲述或描写得生动逼真，并没有过多地解释此类成语不能适合的情况，因此，在留学生作文中，也出现了诸如“这个电影演得绘声绘色”这样的句子。

基于这种情况，我们应该在教学中，对成语的适用对象加以区分，给学生以提示，针对学生容易出现的错误，进行不同的训练。在留学生清楚成语意义的情况下，了解成语的适用对象，也能为学生更好地使用成语打下基础。

②语义轻重辨析考查

在所搜集到的语料中，笔者发现对成语语义轻重的把握也是一个难点。以“家喻户晓”的使用情况为例：15 人回答正确，正确率仅为 22.05%。调查中，很多学生知道这个成语的含义，但是对成语的语义轻重程度理解偏差，也不能准确使用成语。

③语素对成语意义理解的影响度

认知心理学上所说的“前摄抑制”，指的是先学习的材料对识记和回忆后学习的材料的干扰作用。随着留学生汉语水平的提高，在学习一定数量的

词汇以后，他们对汉语的构词法和某些语素也有了一定的了解。通过对成语的偏误分析，我们发现留学生在学习成语时往往受到以前学过的某一语素意义的影响，来分析推测整个成语的意思。因此，笔者设计了判断题第 5 题和选择题第 5 题，通过结果显示，66.17% 的学生把“夸夸其谈”理解为“夸奖”的意思，导致了成语理解的偏差。

④句法结构的敏感度分析

对成语入句后句法结构的判断情况，笔者是这样进行的，根据在自然语料中出现的主要偏误情况，设计了三个句子，要求被试判断正误并改正。分别考查成语入句后句法不明、误代宾语及助词的缺失等类型，统计结果显示，对于这三种偏误，留学生对带有动词性的成语是否可以带宾语的情况的敏感度最低（见表 10）。

表 10

题号	中级		高级		正确率
第 1 题	9	21.42	14	53.84	37.63
第 2 题	9	21.42	10	38.46	29.94
第 3 题	13	30.95	15	57.69	44.32

从表 10 可以看出，关于留学生对成语入句的敏感度的考查，高级水平的留学生对句子的敏感度要好于中级阶段的留学生，这种偏误会随着汉语水平的提高逐渐减少。

从数据可以看出，留学生对有些成语虽然带有动词性，但其后面是不能带宾语这一点认识不到。第 2 题，68 人中只有 19 人回答正确，仅为 29.94%。在回收的 19 份问卷中，也只有 9 名学生判断并改正。由此可见，对于句中成语是否可以带宾语是留学生使用成语的难点。关于成语入句后助词的缺失的考查，学生对此类偏误的准确率大大提高，有 28 名同学给出正确判断，准确率达到了 44.32%，在 28 份问卷中也有 22 份问卷可以准确改正句中缺少了助词“的”的错误。

3）运用能力的考查

在问卷第三部分，在测试中设计了 9 题，要求学生选择合适的成语填空。这道题难度相对较大，不仅考查留学生对成语含义的理解，还要考虑到成语在句中的运用。笔者选用的成语一部分是留学生已经学过的；一部分是新成语，如成语“滥竽充数”，这些成语包括近义成语、在形式或者语义上与已经掌握的成语都有一定的关系，或者形式相近、或者语义关联。进一步考查留学生理解、运用成语的能力。

从测试结果看，正确率偏低，单张问卷的最高正确率仅为45.52%，而大部分个体的正确率大致在25.68%到32.52%之间，具体到每个成语来看，“讨价还价”的正确率最高，为93.25%，“滥竽充数”的正确率最低，仅为19.25%。同样是含有历史故事的成语，为什么“滥竽充数”的正确率这么低，与前面的结论似乎并不相符，原因在哪里?

“不可理喻”的含义为“不能够用道理使之明白，形容人不讲道理”。带有贬义色彩，适用于人。留学生不知道这个成语含有贬义色彩，导致只有14人可以正确完成这个句子，正确率为20.59%。

①她很自私，甚至有点儿不可理喻，大家都不喜欢他。

在使用这个成语时，也有学生错误地提取了“理”的意义。42.56%的留学生把该成语填入下面的句子中。

②这本书内容很复杂，不可理喻。

通过这个例子，可以发现留学生提取了“理解”这一语素义，只不过错误地把本来是“道理”的“理”，解释为“理解”的“理”。

而也有留学生对该成语的适用对象没有正确把握。

③他认为小周是一个不重要的人，因此小周讲的话自然就不可理喻。

在例③中，该成语的指向是“小周讲的话”，而不是小周这个人，出现这种错误是因为没有把握成语的适用对象。此外，前半句中的“不重要”这一语境的提示也可能影响到留学生的选择。

通过对该成语的分析，可以看出，成语的准确运用，不只仅仅受到单一因素的影响，成语中重点词的语素义、成语的适用对象以及语境等都可能影响到留学生对成语的运用。

再看问卷对成语“无能为力”的考查。统计结果显示有46名学生能够填对，正确率达到了67.64%，“无能为力”在《博雅汉语》的初级教材中出现，相对于其他成语，出现得比较早，这也可能是正确率较高，掌握较好的原因。

在回答错误的22名学生中，13人选择了句①，而9人选择了句②。

①他不会打太极拳，大家打太极拳的时候，他只是无能为力，乱打。

②他认为小周是一个不重要的人，小周讲的话也无能为力。

从学生的选择来看，对意义的理解并不存在难度，而从句子来看，留学

生受到了句中语境的影响，句中“不会打”、“乱打”和“不重要”这些提示信息影响到留学生对意义的判断。

问卷中“不谋而合”与“不约而同”是一对近义成语。这两个成语结构相同，但是留学生不能很好地注意到这两个成语的不同点，“不谋而合”指事先没有商量过，意见或行动却完全一致。“不约而同”指没有事先商量而彼此见解或行动一致，二者的侧重点不同。两个成语的语法功能上也不相同，“不谋而合”一般在句中作谓语，“不约而同”一般作状语。从测试的结果看，这两个成语的正确率也是较低的。26 名学生把“不约而同”填入句子“你所想的和我的看法不谋而合。”正确率为 38.23%，19 名学生能够正确完成句子“听到她得了奖，同学们不约而同地欢呼起来。”正确率仅为 27.94%。由此，在对近义成语的使用中，不仅需要关注成语语义上的差别，也要关注语法功能上的不同。

“津津有味”的正确率也较高，达到了 51.47%。句中的“吃”与“味”联系起来，使留学生此题的正确率提高。

小结：通过问卷调查，我们可以发现，首先，对于成语的运用理解来说，语境和语素义是最为主要的两大影响因素，对留学生使用成语产生很大影响。很多学生过分地依赖提取某个语素的意思来推断整个成语的意义，而大多数成语不是语素意义的简单相加，这样来理解成语显然是不可取的。其次，留学生对成语适用对象的判别难度最大，正确率较低。最后，对成语入句后的句法运用的敏感度会随着汉语水平的提高而越来越高，并同时受留学生对句子结构掌握情况的影响。

通过对作文语料和调查问卷的分析来看，留学生对成语的掌握情况并不理想，但是，笔者通过对中亚留学生在成语使用方面呈现出来的问题进行了归纳和总结之后，也发现一些成语留学生使用得较好。笔者从宏观上对中亚留学生掌握较好的成语进行了归纳和概括，并尝试分析原因。具体是这样进行的，把作文语料中的使用正确的成语和测试卷中正确率较高的成语放在一起进行分析，发现这些成语具有以下属性。

（5）留学生掌握得较好成语所具备的属性分析

1）与实际生活相关度较高。

这类成语最显著的特点是与现实生活有很强的相关性，在日常生活中接触到的机会也相对较高，因此留学生掌握得也比较好。

在测试卷中，问卷关于“讨价还价”的考查，93.25% 的留学生可以选出正确的答案。分析其原因可能与留学生来到中国，生活在中国，必然要融入到中国生活的大环境之中有关。“讨价还价”本身就是在中国经常用到的，留学生在生活中，也逐渐要学着中国人去进行交易，来满足生活的需要，所以他们必然会融入到这个生活氛围中，因而对此类成语使用相对较好。在留学生的作文语料中，也不乏此类成语的灵活运用。例如：

①在生活安排上也给予我们无微不至的关心和照顾。

②来中国留学，学校给我们安排了丰富多彩的课余生活。

③我问过很多留学生，其中一个男生的消费行为让我目瞪口呆，他甚至有时借同学的钱，而且还大手大脚地花。

④同学们聚精会神地听课。

⑤日本地震时，即使在物资紧缺的时候，也井然有序地排队。

“无微不至”、“丰富多彩”、“聚精会神”这些成语都是和现实生活联系比较密切的。就“无微不至”而言，留学生来到中国学习，老师给予了很多关心，在留学生的生活中，留学生亲身体会到那种关心和爱护，对此类成语意义和理解相对容易些，在结合自身在中国的经历，这类成语属于留学生自身会用到的、感受到的，因此，对此类成语的理解和运用掌握也较为准确。

学习语言的目的是交际，恰当地使用成语可以起到很好的交际效果。汉语成语数量庞大，涉及内容极其广泛，可以说是汉民族语言交际中必不可少的重要的词汇内容。虽然成语的书面色彩相比于一般词语要浓，但是也有不少成语在人们的口语交际中的频度较高，对此类成语留学生掌握起来也较为容易，尤其是祝福类成语。例如：

①我祝你一路顺风。

②有的人虽然在“今天”一帆风顺，却仍然在饮恨昨天。

成语的学习，不应该只局限于课堂的学习，而是应该把成语的学习放到交际中去，这样才能更有利于学生的掌握。因此，在学习成语的过程中，实际的操练、交际对话可能对学生掌握成语更有帮助。

2）构成的语素成分相对简单。

成语的组成成分是影响成语难易度的因素之一，影响到留学生对成语的掌握。《外国学生汉语字词学习的影响因素》[①] 一文，通过对外国学生字词学习影响因素进行的实验研究，得出影响留学生词语学习效果的因素：外国

① 江新、赵国等：《外国学生汉语字词学习的影响因素》，《语言教学与研究》2006 年第 2 期。

人的词语学习受整词出现频率和单字出现频率的影响。甲级词和乙级词是基础词汇，出现频率较高，掌握起来也较为容易。如成语“五颜六色”，其构成语素“五”、“六”、“颜”、“色”四个语素，都是甲级词。该成语在所搜集到的例句中，出现了5次，全部使用正确。再如成语“美中不足”，其构成语素“美”、“中”、“不”、“足”四个语素，除“美”是乙级字外，其他三个都是甲级字。跟“美”有关的词也出现在乙级词汇表中，有“美好”、“美丽”。“中”也是甲级词，与之相关的词大都与“中间”这一义项有关。而“足”，学生最早接触到的是“足球”等和脚有关的词语，而作为形容词的“足”，在这个成语中，是重点强调的语素，留学生只要对这个语素掌握了，掌握整个成语的难度并不大。

3）语素透明度较高。

举例来看，成语“家家户户”、“大吃一惊”的构成语素“大”、“一”是甲级词，“惊”是乙级词，留学生对“惊”这一语素并不陌生，最为熟悉的义项为“吃惊，惊讶”，因此，这个成语的语义就相对明朗化，对于这个成语的理解难度并不大。在语料中，这类语义透明度较高的成语还有“不约而同、大起大落、一模一样、应有尽有、一年一度、深入人心、无情无义”等。

4）“顾名思义”。

本文所定义的“顾名思义”类成语，指的是在现代汉语中，成语的字面意义与实际意义基本是等值的成语，在留学生作文中，笔者发现，这样的成语在理解和使用上使用得较好。

①这是合情合理的要求。

②中国的商品物美价廉。

5）源于神话、典故。

中华民族几千年光辉灿烂的文学文化宝库中有着许多脍炙人口的历史故事，许多以成语的形式凝结下来，流传后世。如“滥竽充数”、“孔融让梨”等故事。

通过调查发现，在问卷中留学生对“画蛇添足”掌握的情况非常好，68份有效问卷中，56人答对，正确率达到82.35%。同样，测试卷判断题9题也是对具有历史故事的成语的考查，正确率也达到了80.51%。因此，可以看出，留学生对学过的此类成语还是掌握比较容易的。这可能与这类成语一般都是以神话故事为载体，学生在学习的过程中，兴趣高、学习快，记忆准有关。

在自然语料中，我们也发现运用得当的实例，如：

①用这种方法教育下一代无异于拔苗助长。

②我们在学习中不能犯拔苗助长的错误。

③在学习上不要犯拔苗助长的错误。

对于这类成语，笔者也发现，具有中国历史和典故的成语，成语的的意义已经不能从内部语素探求出来，对留学生来说，即便是汉语语言水平很高，也有很大的难度。通过对测试卷中对“滥竽充数”的考查发现，只有15人能准确答对，正确率仅为22.05%。对于这一成语，与前面不同，留学生并没有学习过，因此对此类有中国文化典故的成语，猜测成语的含义就很难，准确率远远低于前面学习过的成语，因此，可以发现，趣味性对留学生学习成语掌握的影响程度很大。

6）教材中语例呈现得当。

通过调查还发现，成语的呈现方式及教材中对成语的编排、复现无不影响留学生对成语的掌握，通过调查结果充分说明了这一点。

①教材中复现率高的成语

笔者通过对教材中复现次数超过2次的成语进行统计，发现其中有“众所周知”、“不知不觉”、“大开眼界”、“美中不足”等，笔者把这些成语在语料中的出现频次进行了简单统计，“众所周知”出现5次，“不知不觉”出现6次，“大开眼界”出现3次，留学生可以很好地运用，这充分说明了教材中成语的复现一定会影响留学生掌握成语的程度。

②图文并茂的呈现形式。

图片能增加教材的趣味性，生动有趣的教材容易激发学生的学习兴趣，图片的设置也越来越引起教材编写者的重视。适时地插入图片可以提高视觉效果，有助于学生的理解，也更能给学生留下深刻的印象。教材《博雅汉语》中级第5课讲到“闷闷不乐”这个成语时，其中结合故事，旁边附有一张图片，一张沮丧的面孔，望着自己不及格的试卷，学生对这个成语的理解也更为容易。在测试卷中，78.25%的学生可以掌握。

小结：本小节通过对留学生掌握较好成语所具备的属性进行分析，进一步发现影响留学生使用的一些因素，哪些因素能促进留学生更好地掌握成语，再一次启示我们关注成语的语素意义的重要性。

二 成语使用偏误原因分析

第二语言学习者在汉语学习的过程中造成偏误的原因很多，刘珣在《对外汉语教育学引论》中大致概括为以下几点：母语负迁移、目的语知识负迁移、文化因素负迁移、学习策略和交际策略的影响、学习环境的影响。①

通过统计分析，有关中亚留学生在使用成语方面产生偏误的原因很多，下文将结合以上分类，从成语本身的复杂性、目的语知识负迁移、教材、工具书等方面进行分析。

（一）必然原因

1. 成语本身的复杂性

在使用成语时，留学生会有很大难度。具体体现在以下几点：从语义特点来看，成语语义包括本义、引申义、比喻义；其次，成语所蕴含的独特的文化性，也使得留学生使用成语时会出现较多的偏误。语法功能上，除了掌握其语法功能之外，更应该值得我们注意的是，并不是让留学生了解了成语的语法性质，按照其归属和在句子中所做的成分来造句就可以对成语运用自如，因为成语的使用和词的使用并不是等同的，而要比其复杂得多。

2. 目的语知识负迁移

目的语负迁移也被称为过度概括（over-generalization）或过度泛化，指学习者把所学不充分的目的语知识，用类推的办法不适当地套用在目的语上造成的偏误。② 在第二语言学习过程中，当留学生学习一定数量的词汇以后，他们对汉语的构词法和某些语素也有了一定的了解。因此，留学生会"对目的语的语言文化知识做超常规类推或因近形、近音等形式的混淆而形成中介语。"③ 如在书写形式偏误方面，通过分析成语的偏误材料，笔者发现当留学生成语中的某一字不能写出时，便会在已学过的词库中搜索相应的

① 刘珣：《对外汉语教育学引论》，北京语言大学出版社，2000，第169页。

② 刘珣：《对外汉语教育学引论》，北京语言大学出版社，2000，第195页。

③ 凌德祥：《中介语理论与对外汉语教学》，《南京大学学报（哲学·人文科学·社会科学版）》2003年第3期，第149～154页。

语素，常出现用一个读音或字形相近、意义相似或相同的字来代替成语中的某一部分。所以，导致出现错字这样的偏误形式。

（二）可能原因

1. 教材编写的不足

在教学活动的四大环节中，教材占有很重要的地位，它不仅是教学理论和教学法的体现者，也是具体实施课堂教学的直接依据。“纵观世界上第二语言教学法发展的历史不难看出，任何一种教学法或教学理论的提出，若要证明它不是空想并能付诸实施，就离不开它所依附的躯体——主要是教材”。[①] 如果教材不够规范，那么留学生在使用汉语成语的过程中将会产生较大的困难。

为了全面了解教材在学生学习汉语成语过程中到底发挥着怎样的作用，本文统计了三套留学生使用过的教材，分别为北京大学出版社 2006 年出版的《博雅汉语》中级冲刺篇上下两册、北京语言大学出版社 2005 年出版的《发展汉语》中级上下两册、北京语言大学出版社 2006 年出版的《汉语教程》。

（1）教材选用成语比较随意

从《发展汉语》中收录成语情况来看，共收录成语 311 个，与《大纲》相比，仅有 23 个是重合的，超纲率为 90.4%。《博雅汉语》和《汉语教程》的重合率更低。总体来看，教材中对那些实际上日常交际中常出现的成语却没有应有的重视，选词随意性较大。此外，教材中还出现了一些生僻成语，如：“鳞次栉比”、“寅吃卯粮”，“沸反盈天”等，教材编写者并没有对这些生僻成语进行处理，没有注意到成语的使用频率，这样的成语即使在中国人的日常交际生活中都很少使用到，收录进教材中不仅对学生学习没有太大的帮助，相反会增加他们的负担。

（2）“语”、“词”混排

通过对这三套教材的考查，三套教材的词语表均采用一般词汇与成语以及其他熟语混排的方式，这就导致了教材不能根据词类划分标准来为成语划分“语类”。有的教材在成语的语性一栏只标注成语，如《博雅汉语》生词表中的标注方法，这种方法并不能反映出成语入句后的语法功能，而往往成

---

① 刘珣：《新一代对外汉语教材的展望——再谈汉语教材的编写原则》，《世界汉语教学》1994 年第 1 期，第 23 页。

语入句后却是最复杂多样的。而有的教材中对成语并未标注，以杨寄洲主编《汉语教程》第三册（上）的生词表为例，成语“恋恋不舍”、“左顾右盼”、“喜新厌旧”均被标注为“（成）”，但是成语“诚心诚意”、“春暖花开”等收录在《中华成语大辞典》中的成语却并未标注。对于留学生来说，很容易与其他四字格词汇相混淆。

（3）成语释义的欠缺

英国应用语言学家 R. R. K. 哈特曼和 F. C. 斯托克曾这样定义过汉语成语：“汉语成语是具有特殊的、通常并不等于各单个词义总和的含义的词组，通常不能逐字直译成另一种语言，这样就会失掉其特殊的含义。”① 目前大多数教材中对于成语的解释多以介绍性为主，均采用英文注释，介绍性的解释，缺乏对于成语真正表达含义的重视和介绍。如“成千上万 chéng qiān shàng wàn，tens of thousands ”② 这样就存在解释不够详尽的弊端，加大了学生理解成语的难度。

（4）成语的复现率太低

从认知心理学角度来看，“信息的激活”和加工有关，加工分为自然的自动加工和人为的控制加工。储存在记忆库中的内部信息，必须有外部信息刺激，才能激活、做出反应，进而牢牢地编入语言网络。③

复现率“是指字或词在教材中重复出现的次数”。教材中成语的复现率越高，留学生对成语的掌握也就越好。在对教材中成语的整理过程中发现，现阶段教材中成语的复现率较低，笔者发现，在《发展汉语》中，共有六个成语重复，每个成语只重复出现过一次，且不在同一本教材中重复。这些被重复的成语有：一见钟情、自由自在、成千上万、入乡随俗、显而易见、众矢之的。

（5）练习设计形式单一

练习题的设计上，题目形式过于单一，对于形式的考查大于意义、句法运用，最典型的考查题目是填上空白使成语完整。笔者认为，这一类型题虽然在巩固留学生对成语形式巩固方面值得借鉴，但对意义的理解和句法运用上关注不够。即使有的练习题针对成语的语义理解设计，但也往往忽略了对

① R. R. K. 哈特曼和 F. C. 斯托克：《语言与语言学词典》，上海辞书出版社，1981，第 7 页。

② 荣继华：《发展汉语初级汉语（上）》，北京语言大学出版社，2006，第 243 页。

③ 〔美〕罗伯特·L. 索绪尔：《认知心理学》，教育科学出版社，1990，第 389 页。

成语进入句子的规则和条件的训练。

2. 教学环节的失误

成语作为词汇系统中的“特殊一族”，这种特殊性也决定了其在教学方法上应有别于其他词语的教学。笔者于2011年10月11~20日在新疆师范大学国际文化交流学院2009级3班和4班共听课12节，在听课的过程中，笔者发现，对动词、名词的讲解仍然是教师教授的重点，而对成语的重视度相对较低。教师对成语的讲解方式和对其他词语的讲解方式并无大异，比如在讲到“一掷千金”这个成语时，教师只是根据教材解释含义，并没有讲到这个成语的附加义，如色彩意义。因此，留学生造出诸如此类的句子：“我一掷千金建了一家公司”。笔者认为这种传统的讲授方式并不利于学生的学习，教师应该在教学中尝试摸索，针对成语的难易点，采用不同的方法来帮助学生更好地学习成语。

（三）学习策略的影响

文秋芳（1995）对学习策略进行了定义，认为学习策略是学习者在语言学习的过程中，为了更有效地解决学习中遇到的问题而采取的措施。每一位学习者都会在学习的过程中采取一定的方法，以达到更好的学习效果。留学生在使用成语过程中，由于不能确定某个成语的形式、语义以及语法性质、语法功能，往往会采用“由此及彼”的替代或“化繁为简”的简化作为表达策略，或者是“学习者面对大量的目的语输入，一时不能完全消化吸收，便将其简化为一种简单的系统”。[①] 学习策略的不同，在一定程度上影响着中亚留学生对汉语成语的使用情况。测试卷第3题是对中亚留学生汉语成语学习策略的调查，从问卷调查的数据来看，回避策略是大多数留学生都会用的，达到76.28%，很多学生对成语有畏难情绪，词典策略和元认知策略使用也较低，由此可见，中亚留学生在成语学习策略上存在很大偏差。

（四）工具书的缺失

笔者为了对中亚留学生学习成语的工具书使用情况进行了解，特设计问卷第9题，调查结果如表11：

---

① 王建勤：《中介语产生的诸因素及相互关系》，《语育教学与研究》1994年第4期，第105~120页。

表 11　对成语字典的使用情况调查数据表

有无情况	现在有	现在没有	曾经有
人数	7	57	4
百分率(%)	10.30	83.82	5.88

数据显示，留学生有专门的成语学习词典的学生仅为 10.30%，高达 89.7% 的留学生没有专门的成语学习词典。笔者发现目前留学生现有的学习工具书，大部分学生都有的是俄汉、汉俄词典。在 10.30% 有成语词典的学生中，现有的成语词典大多数都是针对母语学习者，只有释义，没有具体的用法，留学生使用这样的词典，并不完全符合学习需求。工具书的严重缺失，使得留学生在遇到不明白或不会用的成语时，无法依靠词典的帮助及时解决问题。

三　对成语教学的建议

前面分析了中亚留学生使用成语时出现的偏误及产生偏误的原因，本节将针对这些偏误并结合掌握较好的成语的属性特点，提出具有针对性的几点教学对策和建议。

（一）确定成语教学在对外汉语教学中的地位

成语对留学生熟练掌握汉语以及了解中国文化有重要的意义，在中高级对外汉语教学中占有重要地位，它属于词汇教学的一部分，但又有别于一般的词汇教学，有其独特性。① 但是从总体上来看，对成语教学在对外汉语教学上的重要性并未引起足够的重视，对成语教学的不重视必然会影响成语的学习效果。

（二）改进教材

1. 选词的规范性

首先，教材中成语的选择需要规范。通过对上述三套中亚留学生使用的

① 潘先军：《简论对外汉语教学中的成语问题》，《汉字文化》2006 年第 1 期。

教材分析发现，成语呈现顺序杂乱无章是最大问题，对成语的选择缺少规律性，只是依课文内容而定，课文中出现成语，就提取出来要求学生掌握。如《博雅汉语》中级冲刺篇第2课《一盏灯》仅出现“束手无策”这一个成语，而同一本教材第五课《北京人》中却出现成语16个，同一本教材中成语的数量相差悬殊。因此，在以后的教材成语编写方面，在选择成语时，应该遵循一定的原则，考虑到学生的接受能力，建议严格控制每课选词的数量。

其次，选词时应该对成语的难易度、常用性予以关注。对于一些生僻的成语，不仅会影响学生学习的积极性，而且加重学生学习成语的难度。因此，笔者认为选词上，在教材中，更应该选择一些简单的、常用的、使用频率高的成语。

2. “语”、“词”分列

李红印先生曾提出“语”不同于“词”的观点，笔者对此观点比较认同。笔者认为：在词表对成语的安排上，可以把成语与一般词汇分开排列，直观上可以引起学生对成语的重视，从而也能加深学生对成语的认识。

3. 增加成语的复现

教材中成语的复现率高，可以使学生及时迅速的巩固学过的成语。上文统计结果也显示，复现率也是影响学生对成语的掌握一个因素。因此，可以从不同的角度对成语进行巩固复习。比如，在以后的教材成语练习题的设计中，可以进行交际训练，给出话题，请留学生自由讨论，在讨论时尝试使用一些成语；或者用成语改写句子，既考查了对成语意义的掌握，又锻炼学生对句子结构的理解。

4. 教材编写可多安排故事类

通过我们的调查，学生对于学过的蕴含中国历史文化故事类的成语掌握准确、记忆牢固。这与这类成语的趣味性有很大关系，由此启示我们，在教材中对成语的编写，可以多安排一些小故事，以小故事的形式来增强成语的趣味性，来增加学生的学习兴趣，不失为一种好方法。

（三）改进教学方法，预测教学难点

对于成语教学方法的改进，即是对教师提出了更高的要求。教学上，教师应该对所教授成语的难易有一定的认知，预测成语学习的难点，从而更有针对性地进行成语的教授。在成语的书写形式方面，我们应该强调成语自足

性和封闭性的特征。在教学中，帮助学生识记成语的正确形式，把成语中容易混淆的音同音近、形近和义近的字相比较来教学。

通过前文的调查结果显示，各类成语在有语境的情况下，学生对意义的理解要好于无语境对成语的理解，因此，在成语的教学中，教师通过创设语境来进行教学，让学生在情境中来学习成语。在讲解成语的意思之前，可以先为学生设置相关的语境，在了解语境的基础上再来推测成语的含义，情境法的选择并不适合所有成语，要根据具体的成语而定。

对于组合型成语，更容易受到语素的影响。倪宝元曾经说过“人们之所以不了解成语的意义，有时是因为不了解成语中某一语素的意义”。可见，语素义的掌握对于理解成语的含义至关重要。因此，这种类型的成语更适合采用“语素教学法”，对成语中的关键语素给予重点强调。此外，值得注意的是，汉字中存在很多多义字，在不同的成语中可能意义完全不同，加强多义成语的区分，也有助于学生有针对性地记忆成语。

（四）纠正学习策略，培养学习兴趣

学习策略的掌握是成功学习汉语成语的关键，在很大程度上，有助于提高教与学的效果。

留学生在对成语学习策略的获得、选择和应用方面教师起着主导作用，教师应及时纠正学生不恰当的学习策略偏差。在学习成语的过程中，中亚留学生存在学习策略上的偏差，如由于觉得成语太难、或因怕出错而回避尝试使用成语，对此，教师应该给予一定的引导和鼓励。在做问卷调查的过程中，笔者对留学生也随即进行了访谈，其中有代表性的访谈结果：“这个成语学过，但是想不起来，”这也提示我们，成语的遗忘性是很高的，及时地巩固复习非常重要，教师应该对学生给予及时提醒，激发留学生成语学习的自觉性，培养学生的学习兴趣。

（五）拓宽学习途径，注重成语的交际性

更好地掌握并使用成语，最终的目的还是服务于对外汉语教学的总体目标——提高学生的交际水平，通过对自然语料总结，笔者发现，留学生所用到的成语大部分都出自课堂所学，只有 7.75% 的成语是课本中没有出现过的，这说明了留学生的学习途径较为单一。通过问卷的调查也充分印证了这一点。在所做的调查中，73% 的学生选择了“所学课本”，从其他课外书上

为9.72%，至于其他几种所选择的人数更少。可见，对于成语的学习，留学生仅仅局限于课堂所学，并没有借助于其他途径来学习，留学生并没有把成语的学习延伸到课堂之外，因此，笔者建议，学习成语并不能只局限于课本，在与人交流中、在电视网络中，都可以成为我们学习成语的渠道。

（六）适合留学生使用的工具书的编写

目前没有针对留学生使用的成语词典，成语本身的复杂性，加上只有释义而无具体用法的针对母语学习者的成语词典，对留学生学习成语起不到实质性的帮助。

因此，针对留学生使用的成语字典的需求极为迫切，对留学生的成语字典，应该更为详细，针对不同成语的特殊用法，来分别进行标注，比如标注成语的感情色彩、适用对象、易错字及实例，这样将更有助于留学生成语的学习。

结　论

本文以第二语言习得理论、偏误分析与中介语理论为基础，借鉴前人的经验，对中亚留学生使用汉语成语的现状进行了考查分析，并进行了初步探讨。

通过对留学生作文语料的分析，成语的平均使用率非常低，平均篇成语数仅为1.9个成语。在使用成语的185句有效例句中，使用正确的84条，产生偏误的109条，排除重复使用的成语，一共使用到了142个成语，留学生在书写、语义、句法、语用等方面常会出现使用错误，其中由于对成语语义理解不准确导致的偏误最多。从留学生作文语料中使用到的142个成语来源来看，只有11条成语未出自教材，教材是其学习成语的主要来源，这在一定程度上说明了留学生学习成语的来源非常狭窄，并未通过其他途径来学习成语。

通过测试，进一步确定留学生在理解成语时会受到哪些因素的影响，结果发现，在无语境的条件下，留学生容易受到已学语素的影响，而在有语境时，更倾向于在整体上来把握成语的意义，有语境条件下对语义的理解正确率高于无语境条件下对语义的把握。此外，笔者针对主要偏误类型，针对留学生对偏误的敏感度进行分析发现，对成语适用对象偏误的敏感度偏低，不同水平留学生对这一偏误类型的敏感度未表现出很大差异，而在句法结构上的偏误敏感度来看，高级水平的留学生要高于中级水平的留学生，其中，留学生对句中助词“的”缺失这一类型的敏感程度较高，更正能力也较好。

结合作文语料和测试卷，笔者发现留学生掌握较好的成语有以下几类：与实际生活相关度较高的成语、来源于神话、典故类的成语、教材呈现得当的成语。

对中亚留学生在作文和问卷中使用量词的现状进行分析后，笔者进一步分析了留学生成语使用偏误的原因。具体来说，成语本身的复杂性、目的与知识负迁移、教材教法、工具书缺失、学习策略等都可能导致留学生在使用成语时出现偏误。为了使留学生能够更好地来学习成语，文章最后提出了针对性的教学建议：确定成语教学在对外汉语教学中的地位、改进教材、纠正学习策略，培养成语学习兴趣、拓宽学习途径，注意成语的交际性、适合留学生使用的工具书的编写等。

由于成语研究的复杂性和笔者水平能力有限，本论文的研究不够深入，有很多需要完善之处。笔者希望能为对外汉语成语研究起到抛砖引玉的作用，更多的人来关注并开展对留学生成语学习的研究，以减少留学生对成语的畏惧。

附　录

附录一

对成语认知情况及影响因素分析调查问卷

1. 受测人基本情况
2. 姓名：____________
3. 性别：①女　　②男
4. 你的汉语水平等级：____________
5. 对你来说，你觉得学习汉语成语重要吗？
   A. 很重要，与汉语的名词、动词同等重要
   B. 重要，会影响与中国人的正常交际
   C. 不太重要，不会影响和中国人的正常交际
   D. 不重要，可以不用

E. 无法回答

6. 对你来说，你觉得成语学习怎么样？

A. 很容易　　B. 容易　　C. 一般　　D. 有点难　　E. 很难

7. 成语学习策略（可多选）

A. 记忆策略：我会记住所学成语的用法，并定期复习。

B. 词典策略：有不认识的成语时，我会马上查词典。

C. 补偿策略：有不知道的成语时，我会用其他词语代替。

D. 回避策略：平时的说话、写文章时尽量不用或少用成语。

E. 社会策略：会和中国人交流，在交流中学习汉语量词。

F. 元认识策略：会在听汉语广播、看中文电视、阅读中文课外读物的过程中，学习汉语成语。

8. 你平常都是从哪些方面接触到成语的？

A. 所学的教材

B. 书上（包括其他课外书）

C. 报纸、杂志等

D. 电视和影视作品中

E. 其他____________

9. 你有没有专门的成语字典？

A. 现在有　　B. 现在没有　　C. 曾经有

附录二

成语测试卷

一、给下列成语选出正确的意思。

1. 情不自禁（　）

A. 事情控制不住

B. 情况很难预料

C. 感情激动得不能控制

2. 不知不觉（　）

A. 没在意，没感觉到

B. 不清楚，不明白

C. 不知道感觉

3. 目中无人（　）

A. 眼睛看不见人，指瞎子看不清楚

B. 形容自认为了不起，看不起人

C. 指只顾着走路，不看旁边的人

4. 自相矛盾（　）

A. 指自己做的矛和盾

B. 比喻言行前后不一致

C. 矛和盾互相帮助

5. 一毛不拔（　）

A. 家里很穷

B. 形容人很小气、自私

C. 家里很干净

6. 七嘴八舌（　）

A 一个人的说法和想法常常变化

B 形容人的性格外向，喜欢说话

C 形容人多，大家不停地说话

7. 听了这件伤心的事，她情不自禁地哭了起来。

A 事情控制不住

B 情况很难预料

C 感情激动得不能控制

8. 我们来中国不知不觉已经 2 年了。

A. 没在意，没感觉到

B. 不清楚，不明白

C. 不知道感觉

9. 她这人很骄傲，总是目中无人的样子。

A. 眼睛看不见人，指瞎子看不清楚

B. 形容自认为了不起，看不起人

C. 指只顾着走路，不看旁边的人

10. 他这人办事情总是自相矛盾。

A. 指自己做的矛和盾

B. 比喻言行前后不一致

C. 矛和盾互相帮助

11. 他这个人很小气，一毛不拔。
    A. 家里很穷
    B. 形容人很小气、自私
    C. 家里很干净
12. 孩子们都转过身来，七嘴八舌地回答我的问题。
    A. 形容人多，大家不停地说话
    B. 一个人的说法和想法常常变化
    C. 家里人口太多，生活压力大

二、判断

（一）下列句子中所用成语是否正确，正确的在括号内打“√”，错误的打“×”。

1. 我和小明是好邻居，他的爸爸和我的爸爸在同一家公司上班，可以说是门当户对。（　　）
2. 他是我的同学，他德高望重，一直备受人们的尊重。（　　）
3. 他明天结婚，这是家喻户晓的事。（　　）
4. 她们都是品学兼优的老师。（　　）
5. 妈妈每次提到哥哥，总是夸夸其谈，以他为骄傲。（　　）
6. 学习汉语应该循序渐进，不可拔苗助长。（　　）
7. 我明白了，做事情要千方百计。（　　）

（二）判断错误并改正。

8. 常常莫名其妙句子的意思。（　　）
9. 爱指手画脚别人。（　　）
10. 一个有雄心壮志人。（　　）

三、选择合适的成语填空

A. 津津有味　B. 无能为力　C. 不约而同　D. 滥竽充数　E. 不可理喻
F. 微不足道　G. 不谋而合　H. 讨价还价　I. 轻描淡写

1. 他不会打太极拳，大家打太极拳的时候，他只是__________，乱打。
2. 听到她得了奖，同学们__________地欢呼起来。
3. 今天的晚饭很好吃，大家都吃得__________。
4. 她很自私，甚至有点儿__________，大家都不喜欢她。
5. 这件事我虽然很愿意帮你，可我实在__________。
6. 他认为小周是一个不重要的人，小周讲的话也__________。

7. 我来中国之后学会了____________。

8. 你所想的和我的看法____________。

9. 这本书内容很容易理解，非常____________，适合留学生来阅读。

参考文献

一　著作、学位论文

向光忠：《成语概说》，湖北人民出版社，1987。

许肇本：《成语知识浅谈》，北京出版社，1980。

马国凡：《成语》，内蒙古人民出版社，1973。

刘洁修：《汉语成语考释词典》，商务印书馆，1989。

倪宝元、姚鹏慈：《成语九章》，浙江教育出版社，1990。

倪宝元：《成语辨析》，中国科学社会出版社，1986。

杨戈天：《汉语成语溯源》，外语教学与研究出版社，1982。

史式：《汉语成语研究》，四川人民出版社，1979。

张永言：《词汇学简论》，华中工学院出版社，1982。

刘珣：《对外汉语教育学引论》，北京语言大学出版社，2000。

莫彭龄：《汉语成语与中国文化》，江苏教育出版社，2001。

李行健、刘叔新：《词语的知识和运用》，天津人民出版社，1979。

谬树晟、余伯良：《成语述源释义》，宁夏人民出版社，1984。

倪宝元：《成语例示》，北京出版社，1984。

崔希亮：《汉语熟语与中国人文世界》，北京语言学院出版社，1997。

吴丽君：《日本留学生汉语习得偏误分析》，中国社会科学出版社，2002。

莫彭龄：《成语联想教学法初探》，上海三联书店，2005。

刘广和：《熟语浅说》，北京物资出版社，1985。

常敬宇：《语用·语义·语用》，杭州大学出版社，1996。

王美玲：《试论对外汉语教学中的成语教学》，湖南师范大学硕士毕业论文，2004。

冯艳艳：《对外汉语教学中的成语教学初探》，上海外国语大学硕士毕业论文，2008。

陈晓娣：《对外汉语教学中成语的研究与教学》，陕西师范大学硕士毕业论文，2008。

周福雄：《成语演变问题的多维研究》，华中师范大学硕士毕业论文，2008。

田启群：《论中学语文中的成语教学》，四川师范大学硕士毕业论文，2007。

刘婷：《成语的隐喻认知研究》，内蒙古师范大学硕士毕业论文，2010。

王欣：《成语运用及规范研究》，黑龙江大学硕士毕业论文，2009。

严德芙：《初中语文成语教学初探》，四川师范大学硕士毕业论文，2008。

陆曼：《对外汉语教学中的成语教学研究》，沈阳师范大学硕士毕业论文，2010。

张河罗：《汉韩成语比较研究》，东北师范大学硕士毕业论文，2008。

龙彦波：《汉语夸张式成语研究》，上海师范大学硕士毕业论文，2008。

倪娇娇：《俄汉成语修辞色彩对比研究》，黑龙江大学硕士毕业论文，2010。

阚丽颖：《现代汉语四字格反义成语研究》，河北大学硕士毕业论文，2009。

张文一：《中高级程度留学生汉语四字格成语习得与教学》，暨南大学硕士毕业论文，2006。

李燕凌：《基于对外汉语教学的汉语常用成语功能考察》，北京语言大学硕士毕业论文，2006。

二　期刊论文

张永芳：《外国留学生使用汉语成语的偏误分析》，《语言文字应用》1999 年第 3 期。

张亚茹：《试论高级阶段的成语教学》，《语言文字应用》2006 年第 1 期。

胡名扬：《对外汉语教学中词汇教学的若干问题》，《语言文字应用》1997 年第 1 期。

魏庭新：《外国学生学习汉语成语的难点分析及对策》，《云南师范大学学报》2007 年第 3 期。

石琳：《留学生使用汉语成语的偏误分析及教学策略》，《西南民族大学学报》2008 年第 6 期。

石慧敏：《论中高级阶段韩国留学生的成语教学》，《云南师范大学学报》2007 年第 4 期。

黄在春：《成语作谓语的句法功能》，《中国语文》1958 年第 10 期。

周青、王美玲等：《当前对外汉语成语教学的弊端和方法革新》，《湖南科技学院学报》2009 年第 3 期。

成宁：《探讨汉语成语习得在对外汉语教学中的作用》，《语文学刊》2006 年第 1 期。

洪波：《对外汉语中成语教学探论》，《中山大学学报论丛》2003 年第 2 期。

潘先军：《简论对外汉语教学中的成语问题》，《汉字文化》2006 年第 1 期。

谢新卫：《第二语言教学中成语教学探析》，《语言与翻译》2006 年第 2 期。

王若江：《留学生成语偏误诱因分析——词典篇》，《河北大学学报》2005 年第 2 期。

卢卓群：《十余年来的成语研究》，《语文建设》1993 年第 7 期。

孙群力：《成语运用：选择“纯洁”还是“发展”》，《现代语文》（语言研究版）2006 年第 3 期。

王笑琴：《成语的分类与界标》，《社会科学论坛》2005 年第 7 期。

徐续红：《成语分类问题研究》，《宜春学院学报》2003 年第 10 期。

凌火元：《把握成语规律，提高成语教学效率》，《厦门教育学院学报》2004 年第 12 期。

夏俐萍：《运用多种教学法进行对外汉语成语教学》，《山西广播电视大学学报》2010 年第 5 期。

石慧敏：《论中高级阶段韩国留学生的成语教学》，《云南师范大学学报》2007 年第 4 期。

杨晓黎：《由表及里，形神俱生——对外汉语成语教学探论》，《安徽大学学报》1996 年第 1 期。

阎德早、方瑛：《试论外汉成语词典的设例与语境》，《辞书研究》1998 年第 1 期。

李大农：《韩国学生“文化词”学习特点探析——兼论对韩国学生的汉语词汇教学》，《汉语学习》2000 年第 6 期。

初中级阶段中亚留学生汉字偏误调查分析

郭卫东　董芳芳

中亚留学生属于非汉字文化圈，但是他们在民族、语言、宗教、经济、文化上都大不同于欧美留学生，具有自己的特殊性。在学习汉字时，他们的认知过程和学习方法都有自己的特点，他们的汉字偏误具有独特性，蕴藏着研究价值。中亚留学生群体中初级阶段的学生占总数比例大，汉语学习能力较中高级而言更低，遇到的困惑和问题较多。初级阶段学生在学习汉字时，一般要经历汉字教学的入门阶段和基础阶段，这是培养兴趣和信心、熟悉笔画和部件、学习常用字和积累识字量的关键阶段。“基础阶段是汉字教学的核心阶段。汉字难正是难在开始阶段。”[①] 这时书写汉字时会出现大量偏误，有的偏误纠正不及时还会延续到中高级阶段。从这些长期而又普遍的偏误入手，可以发现留学生在初级阶段汉字学习和识记的困难，以凸显学生学习方法、教师教学手法、教材编写各方面的问题。中级阶段是初级阶段的延伸，既会因为中介语化石化而保留下来初级阶段的一些偏误，同时，由于汉字正字法意识的逐渐健全及识字量的增大，中级阶段的汉字偏误也会呈现出与初级阶段不同的特点。由此出发，本文对初级阶段和中级阶段中亚留学生的汉字书写偏误进行调查分析。

一　汉字偏误相关因素及整体情况

（一）汉字偏误相关因素

1. 语料

汉字偏误语料收集自以上被调查者 2007 年至 2009 年间的试卷、作文、

① 周健：《汉字教学理论与方法》，北京大学出版社，2007，第 137 页。

听写、作业、笔记、练习以及笔者在日常教学中搜集的材料。由于书写汉字偏误的时间地点都具有偶然性，而笔者能力和时间有限，所以本文中的偏误语料并不完全，可能有小部分的缺失。在收集语料时，由于原始材料或要存档，或归学生，所以在摘取汉字偏误时，先从纸质材料中仿写转录，然后按照学习阶段以偏误字的正字拼音排序以便于索引，最后根据分类整理并转录。论文中所出现的那些手写偏误字，不可能是原始语料的镜像，而只是尽可能保留其原汁原味的描摹。在转录时，笔者对原始语料尽量能留其全貌，再借助索引便可以找到各个偏误的上下文语境。

2. 调查对象

在本文中，我主要调查 2007 年到 2009 年间在新疆师范大学国际文化交流学院（2009 年 7 月前为汉语教育学院）学习的中亚五国留学生共 202 人。他们分别来自哈萨克斯坦（62 人），吉尔吉斯斯坦（69 人），塔吉克斯坦（62 人），乌兹别克斯坦（7 人）和土库曼斯坦（2 人）。按照学习汉语时间的长短，基本上以一年为分界，少于一年或仅一年时间的为初级阶段的留学生，长于一年、短于两年的为中级阶段的留学生（并且每周学时在 8 学时以上），同时，再结合与学生交谈、观察汉字书写、听取任课教师评价等手段具体给每位对象确定学习阶段。

特别指出的是：本文只研究中亚留学生书写偏误，并不涵盖汉字认读、记忆和保持等方面的问题。

3. 收集偏误的方法

按照偏误被书写时书写者所处的学习阶段，将偏误分为初级阶段和中级阶段两大类汉字偏误。在记录同一阶段的汉字偏误时，情况不同，则作如下处理：不同人写同一汉字出现不同偏误则分别记录；同一人写同一汉字多次出现相同偏误，则记作一次偏误；不同人写同一汉字出现相同偏误时，则按人次记录；对同一汉字书写的不同偏误分别进行记录，一字出现若干不同偏误，则一一记录。这样在分析统计时，会比较全面，不会遗漏偏误数量，保证更加全面、确切地呈现各种偏误情况。

4. 研究中参照的标准

《汉字信息字典》由上海汉语拼音文字研究组和上海交通大学汉字编码研究组编订，共收录 11254 个字，其中正体字 7785 个，繁、异、别体字 3469 个。本研究使用了该字典所提供的笔画数，字形规范参考本字典及付永和《规范汉字》等。

《信息处理用 GB. 13000. 1 字符集汉字部件规范》由国家语言文字工作委员会中文信息司提出，规定了 GB13000. 1 字符的《汉字基础部件表》。本研究使用了其中的部件数信息。

本研究中笔形的划分与称谓主要以张静贤《现代汉字教程》为依据，同时参考黄伯荣、廖序东主编《现代汉语》。

本研究的笔顺使用国家语委和新闻出版署于 1997 年 4 月联合发布的《现代汉语通用字笔顺规范》。

5. 汉字偏误的判定

汉字偏误是一种特殊的中介语系统，而中介语是一种不断变化的动态的系统。(《对外汉语教育学引论》，刘珣，169 页）本文所研究的中亚留学生，他们每个人的偏误集合都可以看作一个汉字中介系统。文中初级阶段与中级阶段的汉字偏误也属于两个不同的汉字中介系统。随着留学生汉字学习水平的不断提高，汉字偏误也在发展，由低级到高级，逐渐接近汉字的正确书写系统。基于以上原因，我们收集到的中亚留学生汉字偏误形态各异，再加上手写体的原因，偏误形态花样百出。在判定偏误时，笔者主要借助肉眼观察，如有难以辨认的，则询问书写者本人，然后按照汉字楷书的一般标准判定。有极少量汉字无法确定，则查阅工具书或者求助于经验丰富的老师。

6. 汉字偏误的分类

先前的研究者划分汉字偏误类型时，由于角度和层次不同，分类各有差异。参阅前人其主要分类如下：孙文访从笔画（增加笔画、减少笔画、笔画误用)、部件（增加部件、减少部件、部件错位、部件误用)、整字（同音误用、近音误用、近形误用）三个层面分类；孙清顺、张朋朋将错别字分为形错字（减笔、增笔、部分变化、形近别字等）和音别字（同音别字、音近字)；施正宇将别字分为非字、假字、别字；肖奚强则分为部件的改换(形近改换、意近改换、类化改换、声符改换)、部件的增损（增加意符、减损意符)、部件的变形与变位（母语迁移变形、镜像变位变形）等。笔者参考了这些分类方法，又根据所收集的中亚留学生语料情况改进了分类。首先，按照偏误字是否成字，将其分为错字和别字两类。然后，从引出别字的字形原因或字音原因分类别字，如果两个原因都有，则归为音形皆近一类。在分析错字时，从汉字本身的结构层级出发，先区分是笔画层面的偏误还是部件层面的偏误。比如，当因为增减笔画，而使原本的部件变成一个新的部件时，笔者都将其归入部件层面偏误。在分类时，尽量避免类型相属或交义，尽可能使类型具体充足，保证类型划分的价值所在。

笔者按照偏误的传统分类方法，先将所收集偏误分为两大类：不成汉字的“错字”（记为 C）和把甲字当作乙字的“别字”（记为 B）。汉字字形的构成要素主要是笔画和部件（偏旁是拆分合体字后的一级部件，部首大多由具有表意作用的偏旁组成，可将偏旁和部首归入部件范畴）（胡文华，《汉字与对外汉字教学》，39 页），笔画指将汉字拆开之后，拆分到最小单位后一些形状不同的线条。部件也叫字根、字元、字素，是由笔画组成的构字单位。它大于或等于笔画，小于或等于整字（周健，《汉字教学理论与方法》，56 页和 60 页）。

汉字中的笔画、部件、整字是一个由分支到整体的组合层级，留学生偏误中不成字的“错字”都能够按照出错位置归入笔画偏误和部件偏误两类，这样还可以反映出偏误的层级变化。以上偏误都是关于书写形态方面的。另一方面，有一部分偏误字书写形态完全正确，而只是结构错乱，比如有学生将“蝴”写作“虫古月”，“起”写作“走已”，“省”写作“少目”等，这些偏误中的笔画和部件都正确，但是改变了汉字的正确结构和布局，所以我将错字中的这一类型归入了部件组合关系偏误。最终，将错字偏误分为笔画偏误（记为 C1）、部件偏误（记为 C2）和其他（记为 C3）三类展开分析，每类之下又分了若干小类。在确定错别字属于哪一种偏误类型时，我们遵从以下标准：第一，笔画层面根据笔画的多、少和笔形的准确度进行归类。第二，我们以语音和字形为标准来区分部件层面和整字层面，即同音、近音、近形的独体字和合体字，均归入整字层面，非同音、近音、近形的合体字归入部件层面。部件层面以部件的数量和在字中所处位置为标准进行分类。部件中存在笔画偏误的归入笔画偏误层面。第三，整字层面主要以字音和字形为标准进行分类。需要说明的是：由于近义而造成的错别字很少，统计共得两例，“的”、“得”、“地”的误用不具有代表性，所以不作为一个偏误类型列出，而把它们归入同音误用一类。第一大类错字（C）分类具体如下：

错字（C）分为：C1（笔画偏误）、C2（部件偏误）、C3（其他）

C1（笔画偏误）分为：

笔画变形（C1.1）。如：饭 - 饭　爬 - 爬　班 - 班　乐 - 乐。

笔画增减（C1.2）。如：孩 - 孩　颜 - 颜　婚 - 婚　礼 - 礼。

笔画组合关系偏误（C1.3）。如：点-点　般-般　吗-吗　自-自。

汉字没有的笔画偏误（C1.4）。如：没-没　带-带　笑-笑　喜-喜。

笔画误断误连（C1.5）。如：翅-翅　发-发　过-过　去-去。

C2（部件偏误）分为：

部件替换（C2.1）。如：激-激　这-这　然-然　眼-眼。

部件增减（C2.2）。如：范-芭　照-照　远-远　育-唷。

部件组合关系偏误（C2.3）。如：够-够　起-起　坦-坦　萨-萨。

C3（其他）上下文影响的偏误等。如：提水壶-提。

第二大类别字（B）分类具体如下：

B1（形近别字）如：勺（的）完（宗）间（问）开（并）午（牛）。

B2（音近别字）如：共（公）制（治）侯（后）百（白）咋（昨）。

B2又分为B2.1（声母相同）、B2.2（韵母相同）、B2.3（声韵母都相同）

B3（形音皆近别字）如：反（饭）情（请）份（分）总（聪）块（快）①。

以下是在前人分类汉字偏误的基础上，考虑到中亚留学生汉字偏误呈现的特殊性和研究的必要性，为各小类偏误给出定义（见表1）

表1　偏误类型定义

偏误类型定义		
偏误名称	定义	例字
笔画变形	具体的笔画形态改变，变成其他笔画或完全走样。	爬-爬
笔画增减	在原本正确的汉字上增加多余的笔画或者减少应有的笔画。	孩-孩
笔画组合关系偏误	组成一字的笔画相交、相离、相切的关系改变、交点或切点位置改变。	般-般
汉字没有的笔画偏误	笔画错写后的形态在汉字系统中没有的偏误，常与母语迁移有关。	笑-笑
笔画误断误连	一字中不同笔画靠近而被连写或一个笔画被断开书写。	发-发
部件替换	构成正字的原部件被写成其他部件。	这-这
部件增减	在原本正确的汉字上增加多余的部件或者减少应有的部件。	照-照

①　括号内为正确字，括号外为别字。

续表

偏误名称	定义	例字
部件组合关系偏误	组成一字的部件间位置关系或结构关系改变。	超－走召
形近别字	包含相同或相似的部件，或两个字形整体上很相近而将甲字写成乙字。	田－由
音近别字	声母、韵母或者整个拼音发音相近而将甲字写成乙字。	生－身
形音皆近别字	字形和字音都有相似之处，而将甲字写成乙字。	第－弟

分析偏误成因时，由于切入点不同原因多样，层次和角度都不尽相同。我分析中亚留学生汉字偏误时，主要是从所收集的汉字语料本身出发，结合平时教学观察和偏误收集中出现的问题，再以二语习得理论和认知心理学理论为指导，尽可能客观地推断某种偏误的主要原因。

（二）初级阶段中亚留学生汉字偏误整体情况

文中共调查了100名初级阶段的中亚留学生，他们均来自新疆师范大学国际文化交流学院。其中各国分布人数为：哈萨克斯坦32人，吉尔吉斯斯坦34人，塔吉克斯坦30人，乌兹别克斯坦3人，土库曼斯坦1人。他们学习汉语的平均时间在一年以下（含）。其中87人来自初级一班、初级二班、初级三班、初级四班、初级五班、初级六班、初级八班（2008～2009学年第一学期），其余13人来自A5班（2008～2009学年第二学期）。

文中搜集了这100名学生各类语料中的偏误字共1843例，其中一例偏误字出现多处（含2处）偏误的，将各处偏误归入不同的偏误类型，经过统计，共产生2261处偏误。现将初级阶段中亚留学生各类汉字偏误数量的统计表与示意图呈列如下：

表2　初级阶段中亚留学生各类汉字偏误分布情况表

初级阶段中亚留学生各类汉字偏误分布情况表												
C									B			总计
C1					C2			C3	B1	B2	B3	
C1.1	C1.2	C1.3	C1.4	C1.5	C2.1	C2.2	C2.3					
263	425	374	11	82	594	64	109	5	162	42	130	2261
11.63	18.8	16.54	0.49	3.63	26.27	2.83	4.82	0.22	7.16	1.86	5.75	100%
51.09					33.92			0.22	14.77			100%

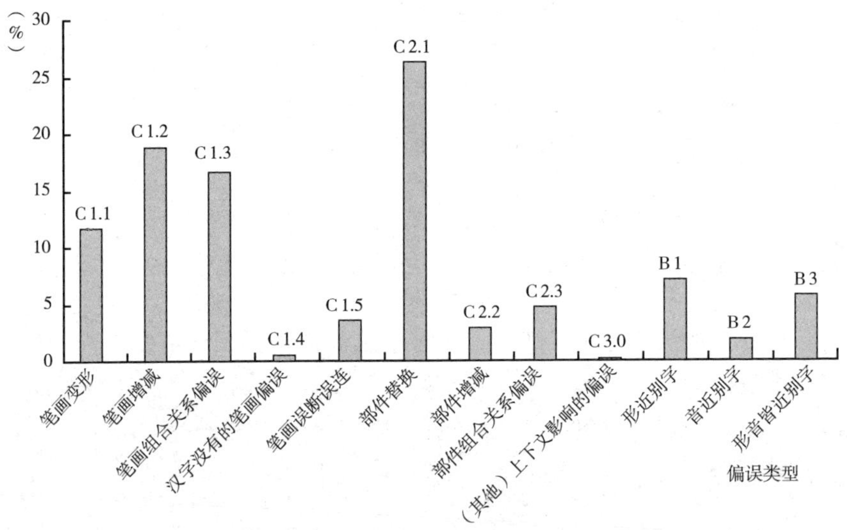

图 1　初级阶段中亚留学生各类汉字偏误分布示意图

说明：	C1.1 笔画变形	C2.1 部件替换	B1 形近别字
	C1.2 笔画增减	C2.2 部件增减	B2 音近别字
	C1.3 笔画组合关系偏误	C2.3 部件组合关系偏误	B3 形音皆近别字
	C1.4 汉字没有的笔画偏误	C3（其他）上下文影响的偏误	
	C1.5 笔画误断误连		

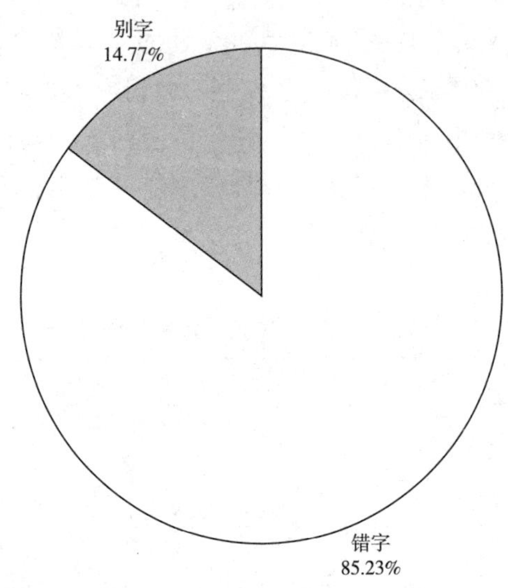

图 2　初级阶段中亚留学生汉字偏误错字与别字比例示意图

由以上图表可知初级阶段中亚留学生汉字偏误分布的整体状况是：错字所占比例为 85.23%，而别字比例仅为 14.77%，错字是主要偏误类型；错字中笔画类偏误最多，其次是部件类偏误，上下文影响的偏误比例最少；别字中形近别字的比例高于音近别字和音形皆近的别字，单纯的音近别字比例最低；部件替换类偏误比例突出，占四分之一还多；比例大于 10% 的笔画类偏误共有 3 类，按大小排列为笔画增减、笔画组合关系、笔画变形。以下是上文中图、表反映的几个比较突出的特点，笔者分别对几个特点进行简单分析。

1. 错字与别字

错字偏误是初级阶段的主要偏误类型。与中级阶段的错别字分布差异相同，错字比例远高于别字，但是二者间的比例差距初级阶段是 70.46%，中级阶段差距降到了 62.68%。初级阶段的错字比例比中级阶段略高，而别字比例比中级阶段略低。错字呈现的主要类型按照比例大小依次是部件替换、笔画增减、笔画组合关系、笔画变形，这与中级阶段的主要类型及排列顺序相同。错字和别字本身具有不同的性质，错字是不成字的，它错误的根源不是在使用上而是在书写上。以上分析说明初级阶段中亚留学生记忆字形、书写笔画、组合笔画、组合部件上都存在很大的问题，大部分的错字都是由此引起的。

别字在初级阶段的比例没有中级阶段高，这要从别字的特点和学生所处阶段来分析。别字是成字的，它出现的根源不是不会书写，而是错误使用。错误使用的原因或者因为字形很相像，或者因为字音相同、相近，在这样区分度很低的情况下，初级阶段的学生很容易混淆二者，在需要使用甲字的地方使用了乙字。学生认识甚至能够书写甲字和乙字两个字，才足以写出别字。错字却是不能够正确书写甲字一个字而形成的。所以，别字数量的增加，有一个先决条件，就是学生的识字量增加，正确书写汉字的水平提高。《大纲》中规定对外汉字教学中教学汉字的数量是随着学习阶段而增加的，即中级阶段的教学汉字量大于初级阶段。所以，初级阶段的别字比例比中级阶段低，错字比例比中级阶段高。

2. 笔画偏误与部件偏误

初级阶段的笔画偏误比例高于部件偏误比例，笔画偏误比例随着阶段升高呈下降趋势。初级阶段的笔画偏误（C1）比例为 51.09%，部件偏误（C2）比例为 33.92%，笔画偏误比部件偏误比例高出 17.17%。初级阶段中亚留学生在笔画层面更容易出现书写错误。根据各类笔画偏误的比例分布，笔画类偏误的表现形式按照比例大小依次是笔画增减、笔画组合、笔画变形，这三类偏误比例比较接近，为18.8%、16.54%、11.63%。在中级阶段的这三类偏误中，笔画增减偏误比例较其他二者高出较多。中级阶段笔画增减偏误为20.38%，笔画组合偏误比例为11.66%，笔画变形比例为9.78%。这些数据也说明了随着学习阶段升高，笔画组合与笔画变形的比例都呈下降趋势，但是独有笔画增减的比例却略有升高。笔者认为，笔画增减是初中级阶段中亚留学生都频繁出现的偏误形式，不容易在学习程度提高后就轻易消失，可以说这类偏误比较顽固。笔者从中举出一些初级阶段笔画增减的例字：

孩-孩 到-到 他-他 爸-爸 前-前 这-这 音-音

图-图 就-就 苹-苹 膀-膀 辆-辆 的-的

以上例字都是合体字，由两个一级部件组成。增减笔画的偏误就是出现在其中的一个部件上。下面将这些增减了笔画的部件从原字中提出，它们是“子、至、也、巴、月、文、立、冬、京、平、月、两、白、勺”。留学生单独书写这些成字部件时很少出现上面增笔减笔的偏误。由此，笔者认为初级阶段中亚留学生之所以增减笔画比较频繁，是因为他们记忆汉字字形的单位还停留在笔画层面，不能够将整字分离成部件组合的形式，也就不会利用熟悉的成字部件书写整字，造成记忆笔画的负担，带来增笔减笔偏误。留学生没有将整字分解为部件，而是作为整体来记忆。他们还喜欢在本子上反复抄写汉字，却不写字义和字音。这些都反映了初级阶段中亚留学生较多地使用了字形策略。字形策略就是对字形进行机械练习或把字形当作整体来记忆，其中缺乏音、形、义之间互相通达（access）的练习。在江新、赵果对基础阶段留学生汉字学习策略的调查中，他们根据策略部分项目与成绩负相关这一假设，推测字形策略是一项不能有效促进汉字学习的策略。他们发现被调查的基础阶段留学生字形策略的使用频率比较高，而且其中非汉字圈学生比汉字圈学生的使用频率高。笔者认为有必要对中亚留学生字形策略的使用效果展开研究，正确引导学生使用更有效的策略。

初级阶段笔画偏误的比例为51.09%，中级阶段笔画偏误的比例为45.53%，笔画偏误的比例随着阶段升高而呈现下降的趋势。笔画偏误的下降主要表现在笔画组合与笔画变形两类偏误中。以下是初级阶段书写的部分笔画变形的例字：

身-身 附-附 事-事 采-采 呢-呢 您-您 手-手 惊-惊 师-师

"点"笔和"竖钩"常常被书写变形。这说明留学生随着汉字学习时间的增加，对笔画的掌握会越来越熟练，尤其是对一些基本笔形的书写会随阶段升高而趋于正确。

3. 部件替换、增减、组合偏误

部件替换类偏误在初级阶段是比例最高的偏误，部件增减偏误随着阶段升高比例略微升高，部件组合偏误则略微下降。部件替换类偏误比例为26.27%，是所有偏误中比例最高的。下面是初级阶段部件替换类偏误的部分例字：

序－序　能－能　喝－喝　奶－奶　等－等　算－算

次－次　种－种　唱－唱　睡－睡　棵－棵　店－店

例字中的原部件与替换部件字形很相近，如"予－子、月－日、人－八、寺－手、目－日、冫－氵、禾－木、口－日、垂－重、木－十、广－厂"。由于汉字本身数量多，字形相近的汉字又很多，初级阶段留学生准确记忆这些汉字字形的各个部件非常困难，在他们记不清部件的准确写法，又不懂得部件和整字字义的紧密关系时（如"唱"中的部件"口"，提示动作与嘴巴有关），就会写成相似的其他部件。笔者认为初级阶段中亚留学生在习得了部分成字部件和常用不成字偏旁后，很容易会混淆这些部件的出现场合，在使用一些部件时出现过度泛化的现象，产生语内偏误。笔者认为随着初级阶段达到一定的识字量以后，要及时加入对表音部件和表意部件的教学，例如，当学生知道"垂"和"睡"韵母相同，"垂"字是表音部件后，就不可能将"重"写在"垂"的位置上，因为"重"的音与"睡"相去甚远。

初级阶段部件增减和部件组合偏误的比例分别是2.83%和4.82%，中级阶段的比例为3.47%和3.65%。其中，中级阶段部件组合偏误比初级阶段下降了1.17%。列举部分初级阶段部件组合的偏误：

留－留　范－范　站－站　给－给　死－死　架－架

贴－贴　进－进　化－化　和－和　唱－唱

初级阶段中亚留学生部件组合偏误最常见的形式是部件位置调换和部件结构改变，前者如上面的"贴、给、和、架"，后者如"留、范、死、唱、进、化"，还有就是部件组合松散，如"站"。部件松散和结构改变的偏误，主要是由于没有适应汉字的书写特点。因为中亚学生在学习汉语之前的背景语言都属于拼音文字，组成单词的字母不能单独书写，只有单词可以单独使用。受到这种语言观念的影响，一个部件如果成字，具有音、形、义，那么留学生很容易把它与母语中的单词联系起来，而并不会联系到字母，所以当这个部件与其他部件一起构成汉字时，留学生就容易将部件书写得比较独立，使紧密的结构变得松散。随着汉字学习深入，学生逐渐会了解同一个汉字的部件之间要书写紧密。部件调换位置是因为记忆不准确，也会随着对汉字的熟悉而改观。从部件调换的偏误中，笔者发现“口”字常常从右边被调换到左边，这说明初级阶段中亚留学生认识到了部分部件频繁出现的位置，并将这种认识类推到带有“口”字的很多汉字中，以至部件位置调换。由此，笔者认为初级阶段中亚留学生应该尝试在使用归纳策略学习汉字。

（三）中级阶段中亚留学生汉字偏误整体情况

文中共调查了102名中级阶段的中亚留学生，他们均来自新疆师范大学国际文化交流学院。其中各国分布人数为：哈萨克斯坦30人，吉尔吉斯斯坦35人，塔吉克斯坦32人，乌兹别克斯坦4人，土库曼斯坦1人。他们学习汉语的平均时间在两年以上（含）。其中62人来自中级一班、中级二班、中级三班（2008～2009学年第一学期），其余40人来自国际教育硕士班、A3班、B2班、B3班（2008～2009学年第二学期）。

文中搜集了这102名学生各类语料中的偏误字共1445例，其中一例偏误字出现多处（含2处）偏误的，将各处偏误归入不同的偏误类型，经过统计，共产生1698处偏误。现将中级阶段中亚留学生各类汉字偏误数量的统计表与示意图呈列如下：

表3　中级阶段中亚留学生各类汉字偏误分布情况表*

中级阶段中亚留学生各类汉字偏误分布情况表												
C									B			总计
C1					C2			C3	B1	B2	B3	
C1.1	C1.2	C1.3	C1.4	C1.5	C2.1	C2.2	C2.3					
166	346	198	14	49	470	59	62	18	128	47	141	1698
9.78	20.38	11.66	0.82	2.89	27.68	3.47	3.65	1.06	7.54	2.77	8.3	100%
45.53					34.8			1.06	18.61			100%

说明：第5行为该类型偏误字的个数。第6行与第7行为该类偏误字数在全部偏误中所占的百分比。

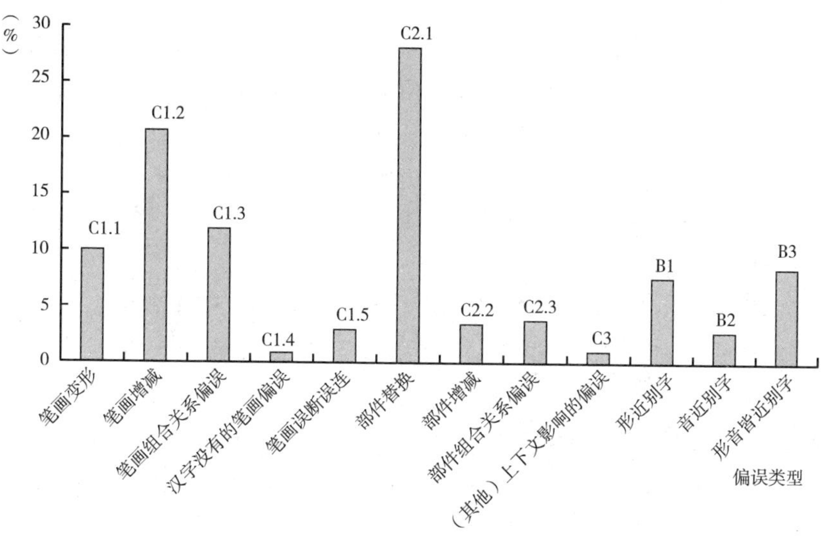

图 3　中级阶段中亚留学生各类汉字偏误分布情况示意图

说明：C1. 1 笔画变形　　C2. 1 部件替换　　B1 形近别字
C1. 2 笔画增减　　C2. 2 部件增减　　B2 音近别字
C1. 3 笔画组合关系偏误　　C2. 3 部件组合关系偏误　　B3 形音皆近别字
C1. 4 汉字未有的笔画偏误　　C3（其他）上下文影响的偏误
C1. 5 笔画误断误连　　C1 笔画偏误　　C2 部件偏误

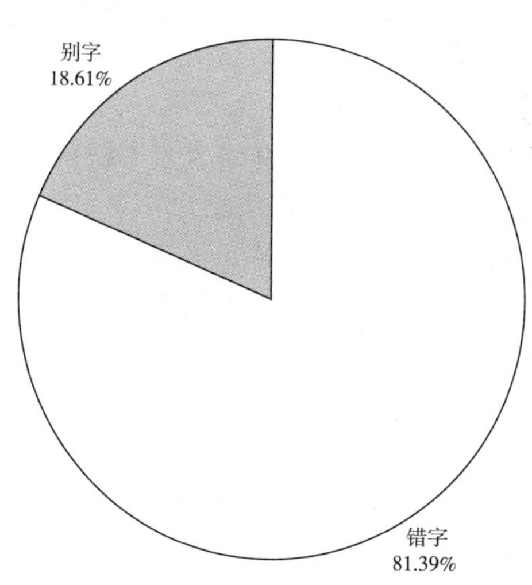

图 4　中级阶段中亚留学生错字与别字百分比图

由以上图表可知中级阶段中亚留学生汉字偏误分布的整体状况是：错字所占比例为 81.39%，而别字比例仅为 18.61%，错字是主要偏误类型；错字中笔画类偏误最多，其次是部件类偏误，上下文影响的偏误比例最少；别字中音近别字和音形皆近的别字所占比例相近，单纯的形近别字比例最低。以下是上文图、表反映的几个比较突出的特点，笔者分别对几个特点进行简单分析。

1. 错字与别字

错字出现率远高于别字，错字成为偏误字的主要来源。首先从汉字偏误第一级的分类来看，错字和别字所占比例差异非常大（见图 4）。中级阶段中亚留学生错字所占比例为 81.39%，而别字比例仅为 18.61%，前者是后者的 5 倍多。虽然错字和别字都属于学习者的中介语状态，但是正如前面所定义的：错字是不成字的偏误，而别字是将甲字写成了乙字。别字是正确的字，说明学习者已经在记忆中存储了甲字的正确写法，但是却没能将形音义正确对应，也可以理解为这是汉字使用中的错误。错字却是因为笔画部件写法、笔画部件出现的位置、笔画部件的组合关系不符合规则，反映了学习者对汉字的结构规则的认识和基本笔形部件的写法还处于比较低的层次。"从'画'字到写字，从非字、假字（都属于错字）、别字到正字，学生书写中不同层次的错误，反映了他们对汉字结构单位和组合关系的认识正在不断深化，逐步接近并达到正字法要求的发展趋势"①。

相比于别字，错字在中级阶段中亚留学生的汉字偏误中占有极高比例，这说明了学习者对汉字结构单位和组合规则的认识还停留在较低的层次上。这种认识在语言学上属于正字法意识。正字法（orthography）是指使文字的写法符合标准的方法，在国内，又被叫作正写法。正字法意识是指汉语读者对汉字的正字法或组字规则的认识。汉字正字法意识会影响学习者的汉字学习和汉语阅读学习。具备深层的正字法意识，不但有助于认读汉字，也有助于写出规范、美观的汉字，减少汉字书写的一些错误。图 4 中错字比例过大，说明中级阶段中亚留学生的正字法意识并不健全，处于较浅层次。另一方面，研究表明，学习者的别字比例会随识字量上

① 施正宇：《外国留学生形符书写偏误分析》［A］，《第六届国际汉语教学研讨会论文选》［C］，北京大学出版社，1999。

升，而错字比例会随之下降。图 4 中别字比率很低，说明中级阶段中亚留学生的识字量还有待提高。

2. 笔画偏误与部件偏误

错字中笔画偏误的比率高于部件偏误，二者共同构成错字的主要来源。错字中笔画偏误的比率高于部件偏误约 13. 36%。（见图 5）不仅如此，由于笔画是汉字部件的构形元素，不少的部件偏误是因为笔画的笔形、数量、组合关系偏误造成的。

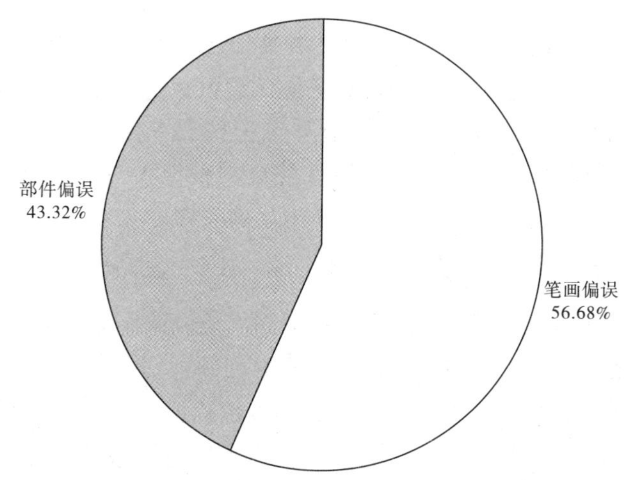

图 5　中级阶段中亚留学生错字中笔画偏误与部件偏误百分比图

例如，在部件偏误中，有不少的部件替换是因为原部件中某个笔画位置错误，如将“然”中的“犬”点错位置写成了“太”；或者原部件中的笔画被遗漏，如将“瘦”中的“病字旁”丢了两点写成“广字旁”；或者原部件中的笔画组合关系错误，如将“哪”正中部件该相交的笔画写成相切，变成了“月”。这说明中级阶段中亚留学生的汉字基础知识并不扎实，尤其是对笔画的掌握。这点在认知心理学上可以得到部分解释：“在学习者识别汉字的过程中，整体轮廓信息多于内部细节信息。”① 由于在汉字输入时笔画所提供的信息量小于整体，引起识记笔画的困难。所以当输出汉字时，就

① 冯丽萍：《汉字认知规律与汉字教学原则》，《汉字与汉字教学研究论文选》，北京大学出版社，1999。

会出现整体字形正确而具体笔画变形的偏误。既然在认知汉字时学生心理上会呈现以上特点，那么就应该加强笔画教学。根据朱志平的调查，“对汉字基本笔画，也即书写元素的概念输入与书写训练，是减少学生汉字偏误的有效方法之一。”① 笔画层次没有掌握好，就会引起恶性循环，引发部件层次的大量偏误。所以，应该扎实地教会学生正确书写基本笔形和复合笔形，正本清源，从汉字笔画这一源头上扫清汉字书写的障碍。同时，还要着重使学生感知汉字间架结构和组合规律。

3. 部件替换偏误

部件替换类偏误的比率远高于其他各类偏误，是中级阶段中亚留学生最常出现的汉字偏误。部件替换类偏误字共有470个，在全部偏误中的比率占到27.68%，已超过四分之一。居于第二位的是笔画增减类偏误，占到20.38%，二者相差7.3%。可见，部件替换类偏误占有绝对的比率，应该引起足够的关注。以下是部分部件替换偏误的例字：

腐-腐　帮-帮　菜-菜　视-视　规-规　懒-懒　康-康　晚-晚

航-航　租-租　拿-拿　别-别　望-望　怪-怪　切-切　挺-挺

笔者对这一结果出现的原因，分析如下：

（1）汉字本身特点的影响。汉字的部件也称构件，是汉字的构形单位。“汉字由哪些构件构成，这是它最重要的属性，也是决定字与字区别的关键。”② 部件是识别和书写合体字的单位。独体字之下不会再存在部件。所以合体字越多，则意味着需要记忆的更多：哪些部件是组合在一起的？组合的方式是怎样的？根据苏培成先生对7000个通用汉字的切分，得到6765个合体字，占全部通用字的96.6%。胡文华对《汉语水平考试汉字与词汇等级大纲》中的800个甲级字进行切分，合体字有606个，占75.6%。合体字数量众多，对于还未构建起部件表音表义体系的中亚留学生，只能用死记硬背来记忆合体字的写法，负担非常重，效率非常低。邢红兵对《（汉语水平）汉字等级大纲》中2905个汉字的基础部件进行统计，最后得出，2905个汉字中共使用基础部件515个，其中385个部件在甲级字中已全部出现。中级阶段的中亚留学生学习汉语的时间平均在两年以上，一般已经学习过甲

① 朱志平、哈丽娜：《波兰学生及欧美学生汉字习得的考察、分析与思考》，《北京师范大学学报》1999.6。

② 王宁：《汉字构形学讲座》，《中国教育报（语言文字版）》1995连载。

级字，熟悉这385个部件，甚至更多。在这些数量繁多的部件中，还存在着大量的形似部件，例如：

亻-彳　冫-氵　冖-宀　厂-广　广-疒　口-日　日-月

月-目　目-且　辶-廴　阝-卩　尸-户　礻-衤　贝-见

这些部件提供的分辨度相对较小，仅依靠一些细微特征，如笔画的数目、笔画的形状、笔画的关系等来相互区别，即使是汉语为母语的学习者也需要仔细分辨，对中亚留学生来说很容易出现误写替换。

（2）自身汉语程度的限制。部件不仅是比笔画更高一级的构字单位，更重要的是很多的部件具有表意和表音功能。虽然中级阶段中亚留学生认识的汉字部件比初级阶段时数量增加，但在学习汉语之初，从没有开设过独立的汉字课，零零散散、随文识字的汉字讲授又不具系统性，再加上一些学生有重语轻文和汉字难学的意识，使得他们缺乏汉字构字规律或正字法知识，而无法利用部件与整字字音、字形间的紧密联系，准确记忆每个字中该有的部件，难免张冠李戴。比如，将“菜”下的“采”写成“米”，“记”中的“己”写成“巳”，“奶”中的“乃”写成“及”或者“双耳旁”。其中被替换掉的“采、己、乃”都与整字的音节相同，具有表音作用。经询问，学生能够正确读出这三字的读音以及正确部件的读音，但是由于不懂得形声字中作为声旁的部件能够示音，只将注意放在记忆部件大致写法上，才会误将形似部件混淆替换。除此之外，部件替换中也出现了很多替换形符的偏误。“形符是结合字源分析所确定的形声字的表义部件。”① 如“把”字中的“扌”、“眼”中的“目”、“晚”字中的“日”分别提示了整字的意思与手的动作有关、与眼睛有关、与时间有关。留学生却把这些形符部件换成了“扌”、“日”、“目”。“这是由于对构形元素辨识不清，对构意不明而造成的。因此，在汉字教学中，绝不能忽视构形元素及对其位置、结构方式和构意的分析。其中对构形元素所携带的意义的掌握极其关键，要让学生明白，相似部件虽然只有微小的差异，但是意思却大相径庭。当这些构形元素与各自表示的语义建立起联系时，就很难再混淆起来。”②

① 康加深：《现代汉语形声字形符研究》，《现代汉语用字信息分析》（陈原主编），上海教育出版社，1993。

② 朱志平：《汉字构形学说与对外汉字教学》，《语言教学与研究》2002年4月。

二　初中级阶段中亚留学生错字偏误分析

笔者在中级阶段收集到的1698个汉字偏误中，对别字与错字进行分类，共得到错字1382个，别字316个。按照这些错字出现偏误的形态，我将它们分为C1（笔画偏误）、C2（部件偏误）、C3（其他）三大类。C1又分为笔画变形（C1.1）、笔画增减（C1.2）、笔画组合关系偏误（C1.3）、汉字没有的笔画偏误（C1.4）、笔画误断误连（C1.5）；C2分为部件替换（C2.1）、部件增减（C2.2）、部件组合关系偏误（C2.3）；C3主要指上下文影响的偏误等。笔者对以上各小类的错字偏误进行数量统计，然后计算它们在整个错字中的比例，统计结果见以下各阶段中亚留学生错字类型分布情况表及示意图：

表4　中级阶段中亚留学生错字类型分布情况表*

C								
C1					C2			C3
C1.1	C1.2	C1.3	C1.4	C1.5	C2.1	C2.2	C2.3	
166	346	198	14	49	470	59	62	18
9.78	20.38	11.66	0.82	2.89	27.68	3.47	3.65	1.06
45.53					34.8			1.06

说明：表中第4行为该类偏误数量，第5行与第6行为该偏误所占比例。

从表4和图6可以看出：笔画类偏误比例高于部件类偏误，占错字的一半以上。这点在上一部分已经进行分析，不再赘述。现在分别从笔画和部件两个层面入手，对它们各自的具体偏误类型进行分析。

（一）笔画偏误（C1）分析

笔画是组成现代汉字字形的最小单位，也是构成部件的基本单位。在分析笔画偏误前，认识笔画本身的性质非常必要。笔画在构成汉字时具有自身的属性，它本身在整个汉字的构成过程中承担一定特性和功能，具体来说包括笔画的形状、数目、组合关系以及笔顺四个方面。汉字笔画层次的形体特征正是通过上述四个方面来体现的（梁彦民，《笔画层次的形体区别特征初步分析》北京语言文化大学参加第七届国际汉语讨论会论文集，北京语言

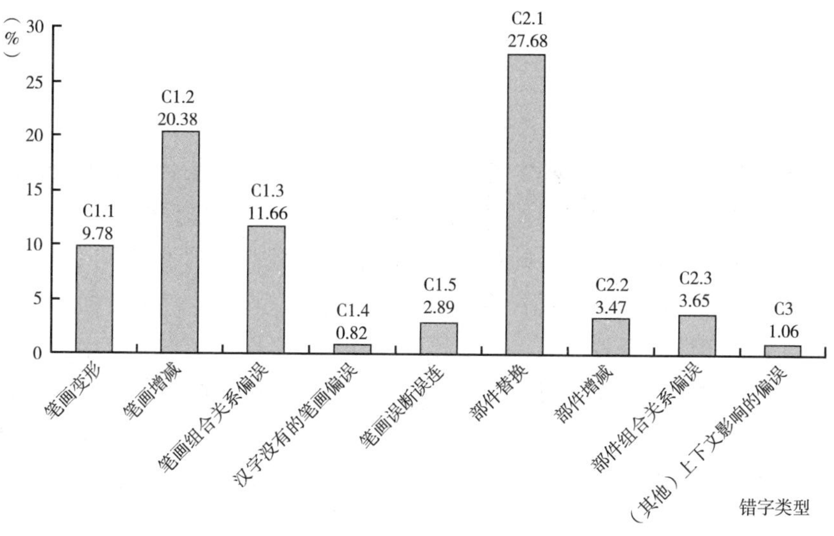

图 6　中级阶段中亚留学生错字类型分布情况示意图

说明：C1. 1 笔画变形　　C2. 1 部件替换
C1. 2 笔画增减　　C2. 2 部件增减
C1. 3 笔画组合关系偏误　　C2. 3 部件组合关系偏误
C1. 4 汉字未有的笔画偏误　　C3（其他）上下文影响的偏误
C1. 5 笔画误断误连

文化大学科研处编印第 35，36 页）。其中，笔形特征是最基本的性质。掌握笔画主要是学会辨认和书写笔形。掌握现代汉字的笔画是掌握部件和整字的基础（孙德金，《对外汉字教学研究》，21 页）。大量的部件书写错误最终实际是笔画错误所致。笔画是由点和线构成的，我们在书写中从落笔到提笔叫“一笔”或“一画”。笔形即笔画的基本形状，即笔画的形式或样式。我国学术界对于笔形的分类主要有四种。第一种分为 4 类：点、横、直、撇（蒋维崧《汉字浅说》）；第二种分为 5 类：点、横、竖、撇、捺（胡裕树《现代汉语》，张志公《现代汉语》）；第三种分为 6 类：点、横、竖、撇、捺、提（文以战《汉字的笔画和笔顺》等）；第四种分为 8 类：点、横、竖、撇、捺、提、折（郭锡良《汉字知识》等；孙德金，《对外汉字教学研究》，24 页）。张静贤先生逐个分析了《印刷通用汉字字形表》所收录的 6196 个字的各种笔形及其出现频率，然后从对外汉语教学出发，将笔形分为基本笔形和派生笔形。基本笔形就是由简单的点或线构成的笔画，派生笔形则是由两个或两个以上的基本笔形连结而成的笔画。张静贤将基本笔形分为点、横、竖、撇、捺、提六类，派生笔形分为25小类，本论文采用此种分类。

六种基本笔形是构成派生笔形的基础，所有的汉字都是在这六种基本笔形的基础上构成的。六种基本笔形通过所在位置、笔形组合、笔形变换来构成不同的汉字。比如“来”、“米”、“斗”这三个字，都是由横、竖、点三个基本笔形构成的，但是横的数目不同，点的位置和排列形式不同，则产生三个汉字。对于拼音文字背景的中亚留学生，汉字两维立体的空间结构打破了它们横向线性的书写习惯。汉字的笔画是在上下与左右两个方向上挪移变化，这种差异增加了他们记忆笔形和定位笔画的难度。下面我们看一看《汉字笔画频度统计表》，陈明远针对除“提”以外的五种基本笔形以及钩、弯进行统计，反映它们在汉字起笔和末笔中出现的频度。经过统计，五种基本笔形在起笔位置频度之和为93%，在末笔位置为66.4%。如果再加上“提”的频度百分比，相信这个数值会更大。不难看出这六种基本笔形构字量非常庞大，而它们起笔和落笔的位置情况又千变万化，不同笔形间的差异又很微小，无怪乎中亚留学生常常会“点”、“捺”、“横”不分，“撇”、“提”混用。

表5　汉字笔画频度统计表

单位：%

汉字笔画频度统计表							
	横%	竖%	撇%	点%	捺%	钩%	弯%
起笔	30.6	14.3	23.2	24.9	0	2.2	4.8
末笔	21.8	9.6	1.1	12.3	21.6	21.8	11.8

资料来源：陈明远《现代汉字笔画的统计分析》，《中国语言学报》1982年12月。

“拉丁字母系统的文字，其印刷体是由点、直线、弧线等构成，手写体除点以外，主要是弧线。”① 其他拼音文字，比如俄语或英语，也与之相似。现代汉字与拼音文字在笔形上具有如此大的差别，拼音文字背景的学习者如果不了解这些差别，就容易将汉字笔形比附于自己母语文字的笔形错误。现

① 张静贤：《汉字的笔形》［A］，孙德金主编《对外汉字教学研究》［C］，商务印书馆，2006，第121～23页。

代汉字还有很多相似的笔形，例如㇀和㇇、丨和亅、亅和㇙、㇏与㇄，丨和丨，㇆和㇆等。这些近似的笔形，区别微细，有的仅仅在于笔画长短，有的仅仅在于运笔方向是向左或是向右。此外，还有很多字极为相似，差别就在于一两笔，如“风”和“冈”、“犬”和“尤”等。

在中亚留学生错字类的笔画偏误中，共出现五个小的类型，按照比例排列：笔画增减 C1.2（20.38%）、笔画组合关系偏误 C1.3（11.66%）、笔画变形 C1.1（9.78%）、笔画误断误连 C1.5（2.89%）、汉字未有的笔画偏误 C1.4（0.82%）。

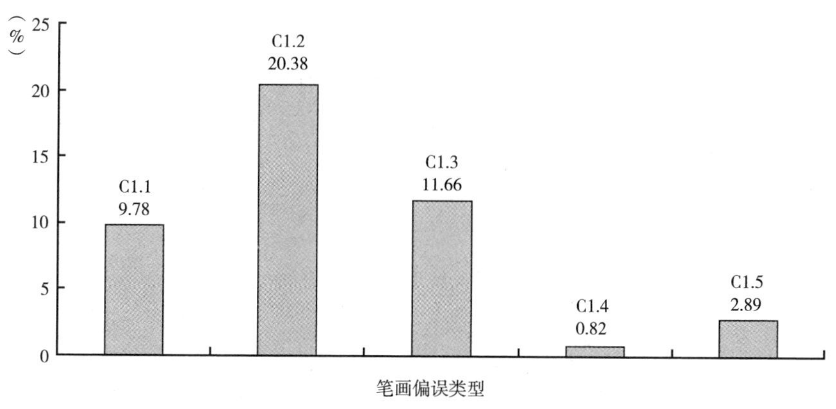

图 7　中级阶段中亚留学生错字偏误中笔画类偏误分布情况

前三个类型的偏误比例都很高，总和达到 41.82%，在笔画类偏误中占有绝对比例，现在重点对其进行分析。

1. 笔画增减偏误

笔画增减是指在原本正确的汉字上增加多余的笔画或者减少应有的笔画。在 346 个笔画增减的偏误中，共统计出 263 个笔画减少的偏误，82 个笔画增加的偏误，另有 1 个偏误存在既增加又减少笔画的现象。减笔偏误是增笔偏误的 3 倍还多，这种现象一方面是由于汉字的平均笔画数量较大，笔画组合不像拼音文字的字母是直线单向排列的。汉字中的笔画上、下、左、右可以向四面延展，笔画间的接触位置也是多种多样，有时在中间相交（如重），有时又在左侧相接（如假），有时在右下角有一撇（如或），有时右下角却空无一物（如式）。中亚留学生正字法知识本来就欠缺，又是拼音文字背景的学生，注重笔画却缺少部件意识，因而即使他们会写“与”，但是却将“写”写成写；虽然会写“寸”，但是却将“对”写成又寸；能够书写“门”字，却将“间”写成间等。这说明当留学生所书写的汉字笔画数量增加时，他们会产生一种比较焦虑的情绪，不能够利用熟字来学习新字，以至于遗忘笔画。经过统计，横笔增减的偏误字较多，横笔是最易增减的笔画。在现代汉字中，横笔是出现频率最高的笔形，常会在一个汉字中多次出现横笔，当学习者对多个横笔汉字的结构形象的认知不够透彻时，就有可能丢三落四或者画蛇添足，导致横笔增减偏误产生。这样的例字如：

再－再　斯－斯　信－信　到－到　售－售　谁－谁

果－果　幅－幅　首－首　家－家　值－值　表－表

点笔误增误减的频率也很高，这一方面是因为点笔在现代汉字中的出现频率比较高，仅次于横、竖、撇；另一方面是因为点笔比较隐秘，比如“貌”、“随”、“通”等字中的点笔；或者往往多笔同现，比如“慕”、“泳”、“糕”，不能够准确记忆便容易出错。

初级阶段笔画增减偏误分析：

笔者共收集到初级阶段中亚留学生笔画增减的偏误513例，增加笔画的有105例偏误字，减少笔画的有396例，既增加笔画又减少笔画的有12例。这说明初级阶段中亚留学生在书写笔画较多的汉字时，丢失笔画的现象非常严重。下面是部分偏误的例字：

太－太　爸－爸　准－准　们－们　茶－茶　饺－饺

住－住　练－练　过－过　雨－雨　音－音　也－也

笔者对其中的偏误字进行统计，丢失三笔以上笔画的偏误有8例，剩余偏误中，丢失一笔的较多，其次是丢失两笔和三笔的。在增加笔画的偏误中，增加笔画“横”的有51例，增加笔画“点”的有33例，增加笔画“竖”的有11例，其余的是增加笔画“撇”和“捺”的。在增加的笔画中，全部都是基本笔形，没有出现增加复合笔形的现象，但是在减少笔画的偏误中，却出现了部分复合笔形。笔者观察了增加“横”笔的偏误字，发现这些偏误字里横笔出现很频繁，容易弄错具体的横笔笔画数。通过观察增加横笔的偏误字，笔者发现这些偏误字的某些位置在增加横笔后，与其他一些常用部件很近似，例如：

甜－甜　聪－聪　商－商　宿－宿　到－到

以上偏误字中，增加横笔的位置，产生形似“目、日、立、自、王”的笔画组合。笔者认为这些部件是留学生最常接触的，无论是它们本身，还是由它们组成的汉字出现频率都非常高。在他们书写的汉字中出现类似的笔画组合后，留学生会敏感地联想到以上那些常见的部件，尤其是无法确切记得笔画数目时，推写为自己熟悉的部件，便会增加笔画。这说明初级阶段的中亚留学生已经能够注意到一些构字能力较强的常用部件，并不自觉地利用这些部件去解构汉字，方便书写和记忆。据此，笔者推测刺激中亚留学生记忆汉字的信息更多地是来自部件层面，而不是笔画层面。学者从认知心理学角度对部件的研究结果分析，也证明“部件的特点能影响知觉解体的发生，部件的激活有助于汉字的识别。”① 另外，增加的笔画中没有出现复合笔形，这说明留学生在不确定字形时，更容易求助于自己较熟悉并且简单易写的笔形，对于复合笔形这种难写的笔形，采用比较回避的态度。同时，笔者认为复合笔形形态特点很鲜明，它在每个字中出现的次数有限，不像“横、竖、点”那样高密度呈现，所以不易引起误增复合笔形的偏误。

笔画减少的偏误数量很大，共 396 例，笔者也对其进行了简单统计。其中，150 个偏误字是减少笔画“横”，127 个偏误字是减少笔画“点”，61 个偏误字是减少“撇”，28 个偏误字是减少笔画“竖”，13 个偏误字是减少复合笔形，11 个偏误字是减少笔画“提”，6 个偏误字是减少笔画“捺”。横笔成为减笔偏误中被减数量最多的笔画，从汉字系统内部来看，是因为在《印刷通用汉字字形表》的 6196 个汉字中，共有笔画总数 65535 笔，横笔占到了 27.68% 的比例，是笔画中出现频率最高的笔形。由于横笔本身特征不明显，又不像竖笔那样在一个字中起到骨架作用，一个字中往往不止出现一个横笔，又常常平行排列，所以容易被遗漏。笔者观察了减少横笔的偏误字，发现初级阶段的中亚留学生常常减少包围结构或半包围结构内的横笔，以下是这些例字：

同－冋　签－签　斯－斯　或－戓　酷－酷　再－再　偶－偶

肯－肯　吗－吗　量－量　典－典　银－银　写－写

用－用　甜－甜　果－果　首－首　电－电　度－度

① 陈传锋、黄希庭：《结构对称性汉字认知研究与应用》，新华出版社，2004.07H12，第 6 页。

这种现象可以说明初级阶段的中亚留学生识别和学习汉字时整体先于细节。这个推论与苏友瑞和刘英茂的实验结果相一致。他们采用 Prinzteal 的实验范式以四个系列实验发现了中文字识别的字优效应和字频效应。这些结果说明了在辨认汉字时，是“先整体特性、后局部特征”的过程。关于儿童辨认汉字特点的研究（曹传泳和沈晔，1965；祝新华，1993）也支持整字加工单元的观点。他们的研究发现儿童辨认汉字的顺序有以下特点：1）遵循先整体后局部的顺序，即识别汉字是一个从大范围的整体到局部的加工过程，具有整体优先性。学生识字，首先总是感知字的整体，然后辨认字的个别笔画。2）遵循先轮廓后内含的顺序，即低年级的学生往往容易掌握字形的轮廓，对内部细节难以牢记。由以上结论可以推测，汉字的整体信息要比局部信息在记忆中更清晰和深刻。汉字在自然输出时，字形准确度很大程度上依赖于记忆。初级阶段中亚留学生往往减少包围或半包围结构内的“横”笔，这说明他们对整个汉字的轮廓信息记忆得更深刻，对不太明显的局部信息不大留意，这与前人对儿童辨认汉字的研究结果一致。我们可以认为初级阶段中亚留学生在汉字输出时也具有整体优先性。

中级阶段笔画增减偏误分析：

笔者共收集到中级阶段中亚留学生笔画增减类偏误 346 例，占其全部偏误的 20. 38% 。在全部中级阶段汉字偏误类型中，仅次于部件替换类偏误而居第二。在中级阶段错字类偏误中，位居第一，且比例远高于“笔画组合关系偏误”。以下是部分例字：

身－身　还－还　试－试　热－热　那－那　进－进

鸭－鸭　纸－纸　流－流　特－特　顺－顺　列－列

其中，笔画减少类偏误共有 244 个，笔画增加类偏误共有 94 个，既增加笔画又减少笔画的偏误共有 8 例。经过对偏误字逐个统计后，笔者得出如下数据：在减少笔画的偏误中，减少“横”笔的有 97 个例字；减少“撇”笔的有 33 个例字；减少“点”笔的有 58 个例字；减少“竖”笔的有 28 个例字；减少复合笔形的有 4 个例字；减少“提”笔的有 8 个例字；减少“捺”笔的有 6 个例字。在增加笔画的偏误字中，增加“横”笔的有 44 个偏误字；增加“点”笔的有 23 个偏误字；增加“撇”笔的有 24 个偏误字；增加“竖”笔的有 13 个偏误字。中级阶段减笔偏误中，按照减少不同笔形偏误字的数量多少，依次排列如下：横笔、点笔、撇笔、竖笔、提笔、折

笔、捺笔。这个顺序基本上与初级阶段的一致。中级阶段中亚留学生的增笔偏误中也没有出现复合笔形，这与初级阶段的偏误特点相同。中级阶段的增减笔偏误总量比起初级阶段减少较多，减笔偏误的比例为70.52%，比初级阶段下降近7个百分点；增笔偏误的比例为27.17%，比初级阶段上升近7个百分点。中亚留学生在经过一段时间的汉语学习后，增加或减少笔画的总偏误数量在逐渐减少，其中，减笔偏误比例呈下降趋势，增笔偏误比例呈上升趋势。

2. 笔画组合偏误

它是指组成一字的笔画相交、相离、相切的关系改变，交点或切点位置改变。郭圣林认为“笔画组合关系可以分为几种，第一种是根据笔画与笔画之间是否接触，分出相离关系、相接关系、相交关系。第二种是根据笔画之间相对位置的不同，分出长短比例关系、上下内外关系等”。中亚留学生熟悉的俄语、母语或者英语中的字母是在一条直线方向上单向排列的。如果说部件组合成字尚能找到一些表意或表音上的理据，那么现代汉字中笔画之间组合的关系经过汉字演变发展已无理据，因为大部分汉字已经摆脱了象形、会意和指事的符号形态，比如“车”字，在甲骨文中，一目了然，中间一竖是代表车的纵轴，最下一横是连接两个轮子的横轴，自然横轴与纵轴必须相交才能构成一辆马车。中亚留学生没有单独的汉字课，无暇了解楷书之外的其他书体，因而只能通过记忆和练习学习汉字笔画的各类组合，这为这一类偏误的出现埋下了隐患。比如把“八”写作“人”，是将相离笔画写成了相接笔画；把“田”写作“由”，是误把相接关系写为相交关系。有的是混淆笔画之间的长短关系，例如把“壶”、“吉”等字的“士”部写作“土”部，没有区别“士”、“土”两字中两横的长短比例关系；把“典”写作“曲”，是因为不明白其中的横不出头的长短关系；“己”和“巳”混淆，是不懂得竖弯钩与横笔的长短关系；“日”、“曰”不分，是忽视横笔与竖笔之间的长短比例关系。还有不少的上下关系偏误，如把“或”字中横笔写在“口”字下方；里外关系偏误，如把“想”字的末笔点笔写在竖弯钩内。

初级阶段笔画组合关系偏误分析：

笔者共收集到初级阶段笔画组合关系偏误369例。其中大部分都是笔画之间相交、相离、相接关系相混淆，横笔和纵向笔画的相交关系被留学生写成相接关系的例字如下：

理-理 鞠-鞠 呀-呀 电-电 春-春 净-净

生-生 师-师 披-披 最-最 锻-锻 亲-亲

相反，留学生还会将笔画相接关系的汉字写为相交关系，例字如：

他-他 年-年 片-片 庭-庭 卫-卫 哪-哪

店-店 低-低 承-承 点-点 裙-裙 方-方

在“雨、茶”等存在“点”笔相离关系的汉字中，留学生写成相接关系，如“雨、茶”。这类偏误不像笔画增减或笔画变形那样影响着整字，基本上不影响原字的识别，但是却不正规，严格来说，还是属于错字。这类偏误产生的原因，首先是因为初级阶段中亚留学生学习汉语的时间不长，字感不强，虽然熟悉了基本的笔画，但是对笔画之间千变万化的衔接方式却不熟悉。

其次，汉字中笔画间的相接、相离、相交非常普遍，各种笔形之间都可能形成以上三种关系，并且交点和接点都因字而异，例如，同是“撇”和“捺”的相接关系，在“伞”字中，接于最上端，在“认”字中，接于中间；同是“横”与“竖”的相交关系，在“中”字中，交于横中间，在“遍”字中，交于“横”的三分之一位置；同是“点”与“竖”或“竖钩”的相离，在“尖”字中，两点间上紧下宽，在“光”字中，两点间又下紧上宽。这些关系复杂多变，却没有明确的规律可以教授给学生，而初级阶段的中亚留学生识字量有限，难以达到对此类细节的敏感捕捉和归纳记忆，所以此类偏误在初级阶段很突出。另有少部分偏误是笔画在长短比例上发生改变以及笔画的内外或上下位置上发生改变。

在初级阶段中亚留学生的笔画组合关系偏误中，长短比例发生改变的汉字主要有两类，第一类是存在多个“横”笔平行排列，而这些横笔有长短差异的汉字，如“睡、春、羊、旗、重、释”等。由于横笔在一字中复现率太高，想要准确记忆具体哪个横笔较长，哪个横笔较短，对于初级阶段中亚留学生比较困难，以致出现这类偏误。这类例字如：

笔-笔 关-关 重-重 再-再 锻-锻 译-译

第二类是多个纵向笔画平行排列的汉字，且纵向笔画长短有差异。这类偏误出现的原因与前面谈到的近似。例字如：

顺-顺 他-他\他 洲-洲

笔者还发现另有小部分偏误属于改变笔画间的相对位置。这样的例字如：

谢－谢 太－太 对－对 办－办\办 必－必 怎－怎

吵－吵 心－心 得－得 读－读 过－过 等－等

以上这些例字中笔画内移或者外移。这是由于留学生不清楚笔画内外相对位置而出错的。在不清楚笔画上下相对位置时，也会写错，如以下例字：

喝－喝 爱－爱 书－书 们－们 忙－忙

以上这些混淆笔画相对位置的偏误，在笔画组合关系偏误中虽然数量较少，但是也反映出初级阶段中亚留学生学习汉字时的难点所在。一个汉字携带的信息，仅从字形角度来讲，不仅是笔画形状、整体结构，还有具体笔画在整体中所处的位置，以及笔画间长短比例的问题。中亚留学生在书写俄语或本民族语言时，字母间的空间关系单一，都是左右排列，形成一条直线。由于字母数量只有几十个，因而学会书写字母后，就不用担心字母的每笔之间如何组合，如何构形。相反，现代汉字仅通用的就有 7000 个，所以笔画间的关系复杂多变。初级阶段的留学生主要是学习甲级字，甲级字中基础成字部件数为 151 个①，占到四级汉字基础成字部件数的 52.98%，占到甲级字字量的 19%，即差不多五分之一的甲级汉字是可以充当基础成字部件的。笔者认为，教师应该利用这一现象，重点并且优先教会这些基础成字部件，需要注意笔画组合关系的，要重点提醒，扎实训练，这样就可以事半功倍，避免在大量此类部件构成的汉字中，部件自身出现笔画组合关系偏误。例如，当学生能够正确书写“也”字时，他们便自然能够避免在写“他、她、地、池”等字时，出现笔画长短比例出错的情况。

中级阶段笔画组合关系偏误分析：

中级阶段的笔画组合偏误共有 198 例。其中，初级阶段出现的笔画之间相交、相离、相接关系偏误依然大量存在，出现此类偏误的汉字也与初级阶段相类似。这说明此类偏误比较顽固，可能从初级阶段化石化到以后的汉语学习中都会有。笔画间长短比例关系出错的偏误有 6 例，偏误字为“信、睡、再、任、海、暖”，全部是多个“横”笔平行排列的汉字。初级阶段出现过的“竖”笔平行排列长短比例出错的偏误在中级阶段没有出现。这一

① 孙德金：《对外汉字教学研究》，商务印书馆，2006，第 62 页。

方面是由于汉字中横多竖少，多个“竖”笔平行排列的汉字数量有限，远远少于多个“横”笔平行排列的汉字。另一方面，笔者个人认为，“竖”笔的长短差异比“横”笔的长短差异更易被学生所留意到，长短比例更易被学生掌握。中级阶段的偏误中，不存在笔画间上下位置改变的偏误，但是“点”笔的移位依然存在。例如在“忙、热、炼、熟、灰”等字中，“点”笔都偏离了自己本来的位置，与本来相交或相接的笔画距离拉远。另有一类“点”笔的相对位置关系改变，这在初级阶段也曾出现，即在“活、没、茫、消”等字中的“三点水”部件中，两点上下排列变成了左右并排，这在中级阶段又再次出现。在中级阶段偏误中，还有学生将“终”内的两点左右并排。这说明无论是初级阶段还是中级阶段，单个“点”笔与相近笔画的关系，以及多个“点”笔之间的相对位置关系，依然是困扰中亚留学生的问题。

3. 笔画变形偏误

它是指具体的笔画形态改变，变成其他笔画或完全走样。通过观察初中级阶段 429 个笔画变形的汉字偏误，笔者发现如下几类各阶段均存在的笔画变形现象：

（1）点笔和撇笔相混淆，分不清点的走向。

鸭－鸭　身－身　谢－谢　乌－乌　的－的　鸡－鸡

这些字上端的“撇”被留学生误写为“点”，并且是由不同的留学生写下同类这样的偏误。由于这些偏误中的“撇”都出现在字的上端，几乎都是该字或其中一个部件的起笔，而点笔不仅笔形上与“撇”非常相近，并且也常常出现在字的上端或起笔处，比如：“高、宾、家、音、郭”等。笔者认为留学生很可能是将“‘点’常出现在上端”这一感性的认识过度泛化，再加上这些字出现在印刷体中时“撇”都比较短小，容易造成和“点”笔混淆。

另一方面，“点”变成“撇”的现象在此类偏误中也不少见：

浪－浪　酿－酿　难－难　谁－谁　娘－娘　请－请　么－么　低－低

由于汉语母语者常常将这些字的相邻笔画连写，而使“点”笔向左下方向被拉长，近似“撇”的笔形，留学生生活在中国的大环境中，不仅从书本的印刷体学习汉字，还可以从教师批语板书、街头巷尾、信件票据等途径吸收汉字的信息，这些信息就会进入他们的记忆系统，被他们当作是地道的写法而模仿。由于初中级阶段的留学生在书写以上笔画较多的汉字时，并不能达到中国人的流畅程度，所以他们虽然模仿连笔字将“点”笔写成“撇”笔，但是却都与下一笔断开，而不是像中国人那样一连到底。这种因模仿连笔而变形，又因生疏而终断连写的过程，正反映了留学生学习汉字的心理过程和有限程度。

施正宇根据书写方向将“点”笔定义为：向左下或右下书写的不足以构成撇、捺的小短笔。这个定义说明点笔较为特殊，它既可以由左上向右下书写，也可以由右上向左下书写，在不同的汉字中使用不同的写法。留学生在书写“点”笔时，常常分不清点的走向，产生点的形变。以下例字左边的点或写得像短横，或由左上向右下逆向书写：

际－际　东－东　吵－吵　叔－叔　步－步

上下两点同时改变书写方向，都从右上向左下书写，几乎写成“撇”的长度：

冬－冬　寒－寒　尽－尽　终－终

部件“心”中间的一点由斜点变成平点：

感－感　心－心　悉－悉　恁－恁　想－想

还有“家、的、习”中的点笔也被逆向书写。以上点笔变形的偏误字中，点笔在每个字中出现的次数为两次或者三次。在出现两次点笔的汉字中，第一种情况是两个点笔对称分布在竖或竖钩两边，这时，两个点笔书写方向相反，与“小”字的分布相同，学生只要会正确书写“小”，加上教师总结了书写对称“点”的规律，则学生可以举一反三，避免类似错误。第二种情况是点笔上下竖列，居于两个交叉笔画间，这时两点都是自左上向右下书写，以“冬”为代表。教师应该用口诀等方式把“点”上下竖写和对称书写时的走向规律教给学生，还应该在起初教授部件时就让学生反复练习常用部件，如“心”等，这样，将会避免大量此类带“点”的汉字和带“心”部件的汉字出现“点”画的变形。

（2）斜钩（捺提）、捺与竖弯钩（竖横提）[①] 相混淆。

捺属于基本笔形，斜钩和竖弯钩属于复合笔形。斜钩实际上是由捺和提

① 括号外为《现代汉语》（黄伯荣　廖序东）中的名称，括号内为现行《汉字笔画表》中新的名称。

两笔构成的，而竖弯钩是由竖、横、提三个基本笔形组成的。这两个笔形在不同汉字的相似位置中，都会出现，比如说在“晚”字中，右下角末笔是“㇟”，而在“换”字中同样位置却是“㇏”，在“挽”字中同样位置又变成了“㇟”，而“晚、换、挽”三个字右边的部件非常相似，这三字在留学生的汉语学习中出现频率也很高，留学生在书写这些汉字时常常困惑于何时该写“㇟”，何时又该写“㇏”，但是他们也注意到二者的明显区别在于弯度及是否带“钩”。弯度掌握不好，则容易将㇟变形为㇃；不确定是否带“钩”，则容易将“㇏”写成“㇃”。因而这两个笔形非常常见，教师应该在留学生习字之初，重视基本笔形和复合笔形的训练，从前者逐渐过渡到后者的学习，并且使学生明白复合笔形的成形特点。对于常常出现“㇟”的独体字和常用部件总结归纳，例如“儿、己、屯、先、光、克、元、宛”，凡是包含这些部件的汉字都应该写有“㇟”，例如“完、玩、烷、豌、婉、碗、现、吨、妃”等，但要告诉学生只有这些部件在右边时才一定写成“竖弯钩”。如果以上部件在汉字左边出现，或者在它右边还有别的部件时，则要将“㇟”变为“㇙”，例如“顽、剜、辉、兢、赞、凯、改”等字。

（3）笔画“㇀”（提）常写成像“√”一样的捺提。

提笔是基本笔形中唯一一个由下向上书写的笔画，这是它和“撇”笔本质上的差别，除此以外，它们在外形上非常接近。提笔能够和其他笔画相结合组成复合笔形，这时，提笔的独立性已经基本消失，例如“儿、己、心”中的“㇟”，最后的“钩”实际上就是“提”，在新的笔画名称中，也是这样称谓的。提笔也能够作为具有独立性的基本笔画构成部件，如“冫”、“氵”。中亚留学生不习惯直接由下向上书写笔画，而中国人在连笔书写以上部件时“提”的变形近似“捺提”，留学生在不适应这个笔形的“倒向”书写方式时，则容易写为“捺提”。以下是这类偏误的例字：

派－派　汽－汽　决－决　渐－渐

没－没　汉－汉　浅－浅　沽－沽

（4）折笔容易出现细部漏写和整体变形。

折笔笔形都是复合笔形，多笔之间笔尾、笔首相连是折笔明确的形式特征。但是这个特点并不是充分条件。例如：“爪、臼”二字中“丿”与“㇀”、“㇀”与“丨”笔首与笔尾相连，但传统上不被看作是折笔。在“山”字中，“㇗”是折笔，但在“口”字中“丨”和“一”，是两个笔画。另外，基本笔形走向单纯而固定，折笔的走向却变化多端，以“乃”字为例，其中的“㇌”算上最后逆时针方向的一钩，总共变了四次方向。这样曲折宛转、弯直结合的笔形，在中亚留学生的语言背景中未曾出现过，是他们笔画学习中的重点和难点。折笔的特点还在于它内部的构成成分不同质，形成三种不同的折笔：无钩折（㇜）、含钩二合折（㇙）、含钩多合折（㇉）。

中亚留学生在书写折笔时频繁出现变形，以上第②点中谈到的也属于折笔变形。在中级阶段的166个笔形偏误中，笔者共发现61个改变折笔笔形的偏误，另有8个偏误是将基本笔形变形为折笔笔形。在初级阶段的258个笔画变形偏误中，有103个是折笔笔画的变形，28个基本笔形变形为折笔笔形。无论是初级阶段还是中级阶段，中亚留学生在书写折笔笔形时都出现大量改变折笔笔形的偏误，或者将基本笔形改写为折笔笔形，这一方面是由于上面谈及的折笔自身特点，如走向变化多端、折笔类型多样等；另一方面，是因为中亚留学生自身的语言背景中，缺少折笔类的符号元素，他们的拼音文字形态飘逸，曲线环绕，字母相连。相反，在汉字的24个折笔笔形中，有15个折笔由横、竖、提、钩这类较平直的笔画组成，只有9个折笔中出现“撇”和“捺”这类带弧度的笔形，这就决定了大部分折笔还是成方正形态。迥异的书写特点使中亚留学生学习折笔难上加难。当中亚留学生已经能用汉语简单交流的时候，他们大多仅仅能叫出“横、竖、撇、捺、点”这些基本笔形的名称，对于折笔，他们几乎一个也叫不出名称来。这一方面是由于折笔名称本身烦琐、含混，不够形象，加入中亚留学生的汉字教学会提升难度。另一方面，也是由于中亚留学生缺少汉字的系统学习，基本上开始学课文便随之学习其中的汉字，直接跳过了基本笔形—复合笔形—部件（或独体字）—整字（或合体字）这样一个由易到难，由基础到上层的路径。当汉字教学依附于听说、阅读、精读（或语法）这些课程时，笔画学习和汉字规律的学习不可能喧宾夺主，最终只能靠课下抄写词语、课上听写词语的方式练习巩固。如果老师在教学中能够把复杂的折笔拆分为基本笔形，讲清组合成折笔的规律，学生将不再盲目摹写，也会避免折笔的大量变形。

在笔形偏误中，我们发现有的汉字整体上正确，细究其字却又发现了偏误。这是因为留学生只掌握了笔形，却没有掌握笔形变化的规律。汉字笔画有时受邻接笔画或形体结构的影响制约，“为了保持全字的紧凑、匀称，给人以内聚、向心、平稳、端庄的形象，有的笔画在特定的场合要改变笔形”

(梁彦民《笔画层次的形体区别特征初步分析》，北京语言文化大学参加第七届国际汉语讨论会论文集，北京语言文化大学科研处编印，2002，33页)，这样可以使部件与部件之间，或上覆下托，或左抑右扬，形成整体美。(孙德金《对外汉字教学研究》，10页) 比如：

地—土也　取—耳又　辉—光军　规—夫贝

这些笔形形变是有规律可循的。张静贤总结了横、竖、撇、捺、钩这五种笔形的形变规律。(张静贤《对外汉字教学研究》，28页，2006年7月版) 但是这些规律需要具备一定的汉字结构知识，如辨别部件、偏旁，并且能清晰地掌握笔顺，确定需要变形笔画是末笔或起笔，才能运用自如。如果靠留学生自己零零散散地去记忆需要变形的汉字，不仅加重学习汉字的记忆负担，而且事倍功半。另一方面，由于我国在笔画规范方面尚存在不足，有的形变规律性并不强。比如，在相当权威的《现代汉语通用字表》中，有几处字形规范就缺乏科学性。如“敝”，第五笔是“㇆”，而当“敝”作为部件位于字的上半部时，在有些字中形变为“㇇”，如：“鳖、蹩”，可是在“弊、憋”中却保持原形，并未形变，类似的例子还有不少。我们熟悉汉语的人长期书写，可以手到擒来。但是对于外国人，汉字形变规律性不强，形变规律又非常的复杂，这是相当困难的。所以，汉字教学有必要系统地安排教学内容，深浅得当地讲授基本构字理论，用演绎法和归纳法使学生正确理解汉字书写的特殊规律，避免汉字教学中出现死角。

除了形变所引起的偏误，还大量出现了混淆笔形的偏误。我们从汉字的产生可以看出汉字构形是具有理据性的，早在春秋战国，人们就提出“六书”理论并用于教学；东汉许慎还为“六书”作了明确的说明；戴震提出了“象形、指事、会意、形声”四种造字法。这些都说明汉字的内在系统，大到部件小到笔画，所形成的笔形和关系是有依据的，因而不是可以随意改换的。在汉字本体理论基础上，我国针对字形如何规范，在1965年颁布了《印刷通用汉字字形表》，对6196个通用汉字的字形进行了规范，内容包括字的笔画数、笔画的形状、笔画的顺序以及字的结构布局方式。这些新字形的公布使汉字的形体固定下来，有利于文字交流与汉字教学。

留学生对汉字笔形的区别特征不够敏感，常常会混淆相似的笔形。竖和撇、点和短横、点和撇、撇和横，他们觉得形状上非常相似，书写时不会细究，混写混用非常普遍，以致形成错别字。另外，汉字中存在大量的形似字也为留学生识记笔形带来困难。形似字系指字形和笔画都十分相似、相近的字。它的特点在于两个或几个字笔画数目完全相同或近似相同，只是在其关键部位的那一点、撇、捺、横、竖、钩有异。例如“我”和“找”，“拆”和“折”，“没”和“设”等形似字在偏误中经常出现。根据学者对《汉语水平考试汉字与词汇等级大纲》中800个甲级字的分析，共找到形似字135组，涉及甲级字中至少200个汉字，可以认为甲级字中约有四分之一的汉字都有形似问题（胡文华《汉字与对外汉字教学》，42页）。在费锦昌的《现代汉字学》书后，列出了一份常用形似字对照表，它以国家标准GB 2321—80《信息交换用汉字编码字符基本集》中的一级字（共3755个字）为主，共列出形似字270组，涉及常用汉字540多个，占一级字的14.5%左右。大量普遍存在的形似字给教学提出了要求，我们要重视培养学要生具备汉字笔画书写和汉字笔顺知识，反复强调汉字的结构特点和拆分规则。有学者指出：“汉字构形学是探讨汉字形体构成和演变规律的学说，并且与汉字习得规律密切相关，有很强的实用性，是汉字教学可资借鉴的理论”（朱志平《汉字构形学与对外汉字教学》，《语言教学与研究》2002年第4期）。我们可以利用汉字构形理论，分析形似字声旁或形旁的差异，进而引申至字义的区别，再到字音和用字差异，通过许多形似字的对比辨析练习，形成汉字的认知能力和学习能力。

以上说到了忽略形变与混淆笔形，都是因为中亚留学生在学习汉语的过程中对目的语规则掌握不全面或因错误推断而造成的，人们将这种偏误称为语内偏误。在收集到的笔画偏误中，还有一类是汉语未有的笔画偏误，它与汉字系统完全没有交集，显然并不是语内偏误。有不少研究者在欧美学生的偏误中也发现了这类现象。比如，将“⺮”写成“KK”，“口”写成“O”，“山”写成“I+U”等。根据本字与偏误字的差异，我们发现学习者是用第一语言中或所熟悉的先于汉语的第二语言的字母来代替形似的汉字或部件，以字母去类推汉字笔画而形成同化现象。像这种由于第一语言的干扰造成的偏误被称作语际偏误。这种母语迁移多是发生在初学者中，如果不加改正，也可能会化石化而出现于高水平学习者中（肖奚强《外国学生汉字偏误分析》、《世界汉语教学》2002，2，第82页）。由于中亚的官方语言大多是俄语，除塔吉克斯坦以外，其母语多属于突厥语系。他们现在所使用的文字大都是阿拉伯字母和斯拉夫字母（周健《汉字教学理论与方法》，10页），虽然也属于拼音文字，却与欧美留学生的拉丁字母写法不同。这种不同正表现在了中亚留学生的汉字偏误中。如将“儿”写成“л”，“队”中“阝”第二笔写成“з”，“中”写成“ф”，“纸”的“纟”写成“ч”等。这种母语负迁移引起的偏误改变了笔画形状和笔画数，在初级阶段的发生频率较高。从中可以看出中亚留学生在汉字习得过程中，常借助所熟悉的语言文字来类推目的语，这是因为他们对目的语知识的积累有限，不足以语内迁移，只能够语际迁移。

4. 笔画误断误连偏误

笔画误断误连是指一字中不同笔画靠近而被连写或一个笔画被断开书写。此类偏误在初级阶段和中级阶段中亚留学生中都出现了，初级阶段共有82例，中级阶段共有49例。笔画误断会增加笔画数，笔画误连则会减少笔画数。笔画的误连一般不改变整字的字形，笔画误断会使整字看上去不紧凑，呈拼接状态，破坏整体感，有的还会改变整字的结构。比如中级阶段中亚留学生将独体字“男”中间的“撇”错误断写，变成由“田”和“力”组成的上下结构汉字。初级阶段因笔画误断误连结构改变的例字如：

翅－翅　出－出　本－本　妹－妹　果－果　哥－哥

戴－戴　农－农　专－专　棵－棵　理－理　菜－菜

中级阶段因笔画误断误连结构改变的例字如：

出－出　重－重　男－男　找－找　哥－哥

爽－爽　表－表　辣－辣　制－制　套－套

从中亚留学生的这类偏误中，笔者发现笔画误断后形成的部件都是他们熟悉的，例如：

翅－支、羽　找－千、戈　哥－可、可　男－白、力（身）出－山、山

重－千、日、土　戒－开－戈（戒）　棵－木、田、木　本－大、十

这说明中亚留学生已经认识到了部件的组字能力，并且在记忆独体字或者合体字中末级部件时，偏向于拆分成熟悉的部件，自然会使那些贯穿整字的“竖”笔断裂，形成笔画的误断。这也反映了中亚留学生书写汉字的笔顺时出现问题。笔画误连常常是由于两个笔形的走向相同，并且笔画相接，或者笔画相邻。例如：在中级阶段，“烦”字中“页”部件的两个“丿”，“很”字中“竖钩”的“𠃊”和“点”，“辣”字中“辛”部件最上端的“点”和“竖”，“表”字中的“丨”和“丿”，“暴”字中中间部件的“丨”和“丿”都被连写成了一笔。在初级阶段，“芳”字中的“丶”和“丿”，

“啤”字右上部件内的“丨”和右下部件中的“丿”，“界”字中“田”内的“丨”和下部件左边的“丿”，“题”字中“页”内的两个“丿”都连写成了一笔。刘珣认为学习策略的不当使用能够造成偏误。造成偏误的学习策略主要有迁移、过度泛化和简化。刘珣认为简化的策略指学习者故意减少他们认为的目的语的冗余部分。以上笔画误连的偏误减少了汉字中本来存在的“点”笔，或者避免了一个笔画，而又不影响对整字的辨认。留学生用这种方式减少记忆具体笔形和起落笔位置，减少书写时间。笔者认为中亚留学生在出现此类偏误时，运用了简化策略。他们采用简化策略造成笔画误连的偏误，由此可以看出他们对于与笔画相关的笔顺、笔数知识了解还不够，也不了解笔画间的衔接关系，但是重视整字的基本轮廓，在正确书写了整字大体轮廓后，可以忽略具体笔画的细节。尤其遇见笔画数多的汉字时，他们会通过误连来减少笔画，减轻书写中的心理焦虑和记忆负担。这点对我们的教学有很大启示。教师应该充分认识到中亚留学生的拼音文字背景，加强他们笔画形状和笔画数量的认识，引导他们注意区别汉字的细微差异。从初级阶段开始，集中时间教授笔画层次的相关知识，如：笔顺、笔数、笔形、笔画组合关系等，为学习部件、整字，以及正字法意识的培养奠定基础。

（二）部件偏误（C2）分析

部件是汉字的基本构字单位，介于笔画和整字之间。它大于或等于笔画，小于或等于整字。在合体字中，部件小于整字；在独体字中，部件等于整字。① 在切分部件时，依据就是部件的功能，部件一般大于笔画。但是，个别特殊的单笔画也能够单独充当部件。例如“一”和“乙”。由于本章的偏误分析针对部件，而不是笔画，所以必须对偏误字进行部件切分，偏误位置确实属于部件层级，才纳入本章内容。部件切分就是依据组合层次对合体字逐层进行分解，以至分到末级部件。末级部件是最小的构字部件，再分只能分解为笔画。拆分部件时笔者参照了邢红兵的原则。（1）字形结构符合理据的，按理据进行拆分。（2）按理据拆分时，属于层次结构的，依层次拆分；属于平面结构的，一次性拆分。（3）无法分析理据或形与源矛盾的，依形进行拆分。（4）交重不拆，极少数不影响结构和笔数的笔画搭挂可拆。

① 孙德金：《对外汉字教学研究》，商务印书馆，2006，第49页。

(5)拆开后的各部分均为非字部件或均不再构成其他汉字的，即使是相离或相接，也不拆分。(6)因为构字造成独体字部件相离的，拆分后仍将相离部分合一，保留独体字的原形。①

部件是汉字的构形单位，笔画是汉字的书写单位。部件比笔画更高一个层次。只有全面地认识汉字的构形元素——部件，汉字的书写过程、识别过程才能真正实现理性化。所以对部件偏误的研究对留学生汉字教学意义重大。

笔者按照偏误形式将部件层面的偏误分为部件替换、部件增减、部件组合关系偏误三类。在对初级阶段的部件偏误分类统计后，共得到部件替换类偏误594例，部件增减类偏误64例，部件组合偏误109例；在对中级阶段的部件偏误统计后，共得到部件替换类偏误470例，部件增减类偏误59例，部件组合类偏误62例。无论中亚留学生处于初级阶段还是中级阶段，在部件层次的偏误中，部件替换类偏误的数量远胜于其他部件偏误量，居首位。下面笔者从三个不同类型分别对初中级阶段的中亚留学生部件偏误作出分析。

1. 部件替换类偏误

部件替换是指构成正字的原部件被写成其他部件。部件替换类偏误的特点与别字的特点近似，即原部件和替换部件本身在汉字系统都是存在的，可以理解为是将正确的部件写在了错误的位置上。由这点我们可以知道，此类偏误与留学生的母语背景关系不大，应该将其划归为语内偏误。“语内偏误是指第二语言学习者在学习过程中由于对目的语的规则掌握不全面或因错误推断而造成的偏误。”② “部件组合的方式多种多样，仅首层结构可以分为：左右结构、上下结构、右上包围结构、左上包围结构、左下包围结构、上三包围结构、下三包围结构、左三包围结构、全包围结构、框架结构、左中右结构、上中下结构和独体结构。”③ 因为研究部件层面，所以独体结构不参与分析。笔者重点想要了解部件位居上下、左右、内外位置时部件替换偏误出现率是否会随之变化。所以笔者将右上包围结构、左上包围结构、左下包围结构、上三包围结构、下三包围结构、左三包围结构、全包围结构、框架

---

① 邢红兵：《（汉语水平）汉字等级大纲》，《世界汉语教学》2005年第2期。

② 刘珣：《对外汉语教育学引论》，北京语言大学出版社，2000年1月，H195.1。

③ 邢红兵：《（汉语水平）汉字等级大纲》，《世界汉语教学》2005年第2期。

结构统归为内外结构，以避免分类过于琐细，便于研究。以下是部分偏误例字：

校－校　怪－怪　吧－吧　分－分　男－男　能－能

被－被　试－试　经－络　懒－懒　好－好　述－述

笔者对初级阶段中亚留学生书写的594例部件替换偏误逐一统计，按照被替换的部件原先所处的位置进行分类统计，得到以下数据：160个偏误字的右边部件被替换，138个偏误字的左边部件被替换，99个偏误字的下边部件被替换，74个偏误字的上边部件被替换，46个偏误字的中间部件被替换，43个偏误字的内部部件被替换，34个偏误字的外部部件被替换。以上数据说明初级阶段中亚留学生部件替换偏误出现最多的汉字结构为左右结构，其次是上下结构，最后是上中下结构、左中右结构和内外结构。笔者在对中级阶段470例部件替换偏误例字分析之后，共得到248个左右结构的偏误字，114个上下结构的偏误字，51个内外结构的偏误字，37个左中右结构的偏误字，28个上中下结构的偏误字。从部件组合结构来看，左右结构的部件替换偏误字最多，其次是上下结构，其他结构类型偏误字数量比较少。这与初级阶段的分布情况相同。

笔者认为这个结果符合其他学者对汉字首层结构比例的研究。邢红兵已经对《汉字等级大纲》中2905个汉字的首层结构进行统计，得到的数据显示：左右结构共1642例，占56.52%，在全部等级汉字中占大多数；其次是上下结构，共677例，占23%；内外结构（右上包围结构、左上包围结构、左下包围结构、上三包围结构、下三包围结构、左三包围结构、全包围结构、框架结构比例之和）占9.4%；其他结构的比例相对较小。因为不同结构的汉字数量的分布存在较大差异，汉字数量多的结构类型偏误量相应也较大，例如“左右结构”和“上下结构”。初级阶段所学的汉字主要是《汉字等级大纲》中的甲级字。在甲级字中，各种的结构类型都已经出现，但是独体字所占比例要比其他等级的比例大很多。在邢红兵的汉字首层结构比例调查表中，乙、丙、丁级汉字里左右结构的汉字比例高于甲级字十个百分比以上。所以，笔者推论，随着中亚留学生进入中高级阶段汉字学习，乙、丙级字会越来越多，其中的左右结构汉字也将大量增加，那么部件替换类偏误的数量可能还会继续增加。从收集到的偏误数量来看，部件替换类偏误数量高居第一。为了找到此类偏误出现的原因，笔者分析了此类偏误中的原部件与替换部件的关系。

原部件与替换部件形似：如“口—日、匀—勺、乞—气、令—今、予—子、土—士、土—工、目—日、日—口、子—了、九—丸、目—月、力—刀、主—王、见—贝、户—尸、田—日、东—车、白—日、白—百、并—开、旦—日、白—自、巾—中、乃—及、广—厂、厅—斤、干—于、牛—午、己—巳、耳—其、禾—木、占—古、石—右、采—米、耳—且、不—木、马—鸟、氏—民、丙—内、甬—角、示—元、耳—其、采—菜、可—句、良—艮、矢—天、申—甲、戊—戈、日—臼、巴—巳、且—目、寺—手、万—方、巾—币、未—末、大—太、元—无、舌—吾、术—木、官—宫、大—木、页—贝、矢—失、儿—几、采—禾、奂—央、扁—届、夭—禾、失—夫、犬—大、且—具、牛—生”等。

以上每对都是出现在初级阶段中亚留学生汉字偏误中互相替换的部件，它们之间的差异可以微细到一个“点”笔、一个“撇”笔，甚至一个“竖”笔是否出头，这给使用拼音文字的中亚留学生带来非常大的记忆困难。

原部件与替换部件位置相同：如“起”中的“走”和“题”中的“是”；“⺮”和“艹”；“明”中的“日”和“睛”中的“目”；“村”中的“木”和“种”中的“禾”、“广”与“厂”和“疒”字旁；“讠”、“忄”、“氵”与“冫”、“扌”；“辶”和“廴”；“户”和“尸”；“灬”和“心”等等。由于初级阶段中亚留学生还不能建立起部件与整字的意义关联，所以他们的书写线索主要是字形，当对具体部件记忆模糊时，就会拿常常出现在同样位置的其他部件来替换。这实际上是留学生使用类推策略的结果。

2. 部件增减偏误

部件增减类偏误是指在原本正确的汉字上增加多余的部件或者减少应有的部件。笔者共收集到初级阶段中亚留学生部件增减类偏误 64 例，中级阶段 59 例。在初级阶段的部件增减偏误中，增加部件的有 5 个偏误字，其余 59 例都是部件减少的偏误。在中级阶段的部件增减偏误中，增加部件的偏误有 7 例，其余 52 例为减少部件的偏误。由此数据可以知道，初中级阶段的中亚留学生减少部件的频率远高于增加部件的频率，这与笔画层面的统计结果相同，即减少笔画的偏误远多于增加笔画的偏误。以下是增加部件的偏误字：

远－逺　费－费　反－叛　育－唷　阳－陽　药－嗬

极－極　细－细　累－㵾　汉－洛　数－數　言－訁

留学生在书写汉字时大都已经知道这些字意，知道大部分“药”是需要口服的，嘴巴可以发音也可以唱出音乐，于是在这两个字的前面增加了“口”这个部件；“累”是人身体和心理的一种感觉，“忄”和心理有关，于是在“累”前增加“忄”这一部件；“果”属于植物，“艹”与植物有关，留学生在“果”字上添加了“艹”。这类偏误说明中亚留学生已经了解了部分常用部件的意义，并且试图建立整字与部件之间的意义关联。他们尝试在相关汉字前添加带有标示作用的部件，这种过度泛化的学习策略很容易造成偏误。因为虽然“忄”表示与人心理有关，但是有的表示人心情或感受的汉字也可以没有“忄”。例如“忧”虽然有“忄”，但是“愁”却是“心字底”；“愉”虽然有“忄”，但是“乐”却是独体字；“忙”虽然有“忄”，而“闲”却不带“忄”。所以，教师在讲解形符的意义时，同时要告诉学生并非与此意义相关的字都要带有此形符。

在减少部件的偏误中，偏误字大多都包含三个到四个末级部件，如“然、候、倒、能、貌、盒、照、疆、路、博、激、默、鞠、娜、噪”等字。单个字的部件数量增多，增加了留学生记忆部件和组合部件的难度。教师在教授多部件的汉字时，应该尽量引导学生学会“化零为整”。如“娜”字，避免将其分成三个部件，而是分成“女”和“那”两个部件；如“照”字，避免分成四个部件，而是分成“日、召、四点水”三个部件。这样不仅便于记忆字形，还便于记忆字音。

3. 部件组合偏误

部件组合偏误是指组成一字的部件间位置关系或结构关系改变。汉字部件的组合样式包括部件的置向、部件相对位置等内容。方向与相对位置是典型的形体信息。早期汉字大多是采用“形合”的方式组成的，上下左右的方向与相对位置是汉字必须的表达手段，是汉字表义性的必然特点。汉字部件的置向是指部件放置的方向。例如“扫”字和“雪”字下边的部件都是开口向左。各部件摆放的相对位置也是构成字间差异的重要特征。如“陪”的左右两个部件点到过来就变成了形、音、义完全不同的另外一个字“部”，大部分部件调换位置后只能形成错字和非字。

笔者共收集到初级阶段中亚留学生的部件组合偏误 109 例，中级阶段部件组合偏误 62 例。这些偏误可以分为以下几小类：第一种是部件组合松散，如拉开左右结构汉字两个部件之间的距离，好像变成两个汉字。以下是这类例字：

硕－石页　折－扌斤　期－其月　确－石角　境－土竟　幅－巾畐

样－木羊　蝴－虫古月　影－景彡　到－至刂　栋－木东　理－王里

这是因为留学生对于汉字方块形状的形态特点以及汉字部件的布局图式认识不够造成的。从文字的性质来看，方块汉字的形状特点是汉字表义形的必然结果。为了体现匀称、均衡的美学原则，组构成字的部件之间还要互相避就、补充。对于母语是拼音文的留学生来说，短时间内处理好立体结构的汉字不同部件之间的空间关系，不是一件容易的事。

第二种是部件位置调换，如：

或－戓　和－咊　做－[illegible]　架－[illegible]　贴－[illegible]　给－[illegible]

知－[illegible]　没－[illegible]　鸭－[illegible]　如－[illegible]　阳－[illegible]　感－[illegible]

汉字由有限的形素组成数以万计的成字，其组合类型主要有平面结构和层次结构两种。如“解”字就是由“角、牛、刀”三个部件一次性组构而成的，属平面结构。而大量汉字的组合是层次组合，这些汉字的构意不是一次性表现出来的，而是逐层生成的，不同的形素处在不同的层次上，不处在同一层次上的形素之间并不发生任何关系。混淆这种组合的层次性，就会写成错字。以上偏误中，“园”中的一级部件为“口”和“元”，二级部件为“二”和“儿”，留学生将二级部件拆分为“一”和“兀”，再交换它们的上下位置，这属于层次结构上的部件组合偏误，其他的偏误字属于平面结构的偏误。

第三种是部件组合结构改变，如“翅－支羽”、“超－走召”、“题－是页”、“匙－是匕”、“起－走己”、“趣－走取”，都是将半包围结构汉字变成了左右结构。这些汉字的左边部件都是独体字，也很常用，但是当它们组成半包围结构的汉字时，“捺”笔会发生形变，会向右延长，将右边部件包围。留学生对形变规律很陌生，但是对左边部件非常熟悉，所以改变了原字的结构。

以下是其他组合结构改变的偏误字：

樱－[illegible]　望－[illegible]　励－[illegible]　蕉－[illegible]　菠－[illegible]　剪－[illegible]

从构形模式来说，这些字是形声字。以上汉字中的声符依次是“婴、

王、厉、焦、波、前”，其余部件承担表意形符的功能。留学生的错误写法既不合于汉字部件的布局图式，同时也扰乱了声符、音符的结构。这些偏误反映了中亚留学生汉字结构方面的知识极为欠缺。这点在范祖奎老师的研究中也提出过，他对中亚留学生的汉字学习进行研究，认为“绝大部分中亚学生对汉字的基本结构与特征没有感性认识，几乎没有任何汉字结构方面的心理图式。”①

通过以上中亚留学生的部件偏误分析，笔者认为对于汉字整体形体特点、结构部件的基本规则的讲授应该是汉字理据性教学的有机组成部分，这些讲授对于已经成年的留学生来说是必要的，而且越在教学对象接触汉字初期越应该不断强调。只有这样才能帮助中亚留学生在最短的时间内树立方块汉字结构布局的心理意识，最终把汉字写得正确，写得美观。

三　初中级阶段中亚留学生别字偏误分析

别字是指把甲字当作乙字。别字是汉字系统中存在的汉字，它自身在形、音、义上都具有正确性，但是在用字过程中，使用者将形、音、义错误组合，于是形成了别字。这点决定了错字与别字研究的侧重点是不同的。错字的研究集中在学习者掌握汉字构形成分的情况，而对别字的研究应更加侧重汉字作为记录汉语的工具时音、形、义的统一性。汉字的形、音、义在相互交叉时，就形成了形音关系、义音关系、形义关系。汉字中的同音字、多音字、多义字就反映了一音多形、一形多音、一字多义的复杂关系。中亚留学生在使用这些汉字时，常常难以厘清这三者间的关系，造成混淆，以致形成别字。因为汉字的字义非常复杂，如果纯粹从字义角度去分析偏误，难度很大。所以本文主要从字形和字音对于造成别字偏误所起的作用进行分类，将别字偏误分为形近别字（B1）、音近别字（B2）、形音别字（B3）三类。

（一）别字偏误整体情况

对别字偏误进行分类统计，得出初级阶段中亚留学生的别字偏误共有334例，形近别字共162例，形音别字共130例，音近别字仅有42例。中级阶段中亚留学生的别字偏误共有316例，其中，形音别字最多，共141例，

① 范祖奎：《中亚留学生汉字学习特点调查分析》，《民族教育研究》2009年第3期。

形近别字次之，共 128 例，音近别字仅有 47 例。笔者计算了每类偏误数量的百分比，见表 6，并且从中发现以下特点：

表 6　初中级阶段各类别字偏误数及百分比表

初中级阶段各类别字偏误数及百分比表				
	初级阶段		中级阶段	
	偏误字数	百分比(%)	偏误字数	百分比(%)
B1	162	48.5	128	40.51
B2	42	12.58	47	14.87
B3	130	38.92	141	44.62
总　和	334	100	316	100

说明：表中数字为该类偏误字的数量，百分比为该阶段该类偏误的比例。

1. 别字发展趋势

别字偏误随着阶段上升呈增加趋势。在各阶段的偏误总量中，初级阶段别字偏误占 14.77%，中级阶段别字偏误占 18.61%。由于别字偏误是字与字之间的替换，属于整字层面的偏误。在初级阶段的偏误字中，笔画层面的偏误比重很大，是主要的偏误，而整字层面的偏误数量最少。在中级阶段的偏误字中，别字偏误数量很多。因为中级阶段的识字量一般远高于初级阶段识字量，这会增加学习者习得的汉字中形近字与音近字的数量，增加别字产生的可能性。

2. 形近别字与音近别字

初级阶段形近别字的比例为 48.51%，音近别字的比例为 12.57%；中级阶段形近别字比例为 40.51%，音近别字比例为 14.87%，形近别字比例比音近别字比例高出 35% 和 25% 左右。这说明字音和字形因素对偏误的形成都有影响，但是字形的作用更大。人们对笔画断裂或笔画模糊的汉字仍然可以较好地认出，证明了人的认字过程并不一定需要笔画的提取。实践经验也说明了，人们在阅读认字的时候，是把整个汉字图像作为一个整体，一眼看去，就可基本辨识，而无须把每一个笔画都数过才认识一个汉字。可见，人们是根据笔画组合或字的整体轮廓进行格式塔加工而认出汉字的。我们在形近别字中能够看到很多组这样的别字，它们的结构形式相同，具有共同的部件，无论整体轮廓或者局部特征都很相似。汉字认知主要不是根据笔画而

是整体轮廓或者笔画组合，所以，形近别字大量出现，数量远多于音近别字。

（二）形近别字分析

形近别字是指因为字形接近而将甲字写成乙字。初级阶段形近别字的比例最高，为48.51%。中级阶段形近别字比例仅次于形音别字，为40.51%，和初级阶段相比，下降了8%。随着学习汉语的时间变长，单纯的形近别字比例下降，而音近别字和形音别字比例上升。这说明中级阶段中亚留学生对字音线索的利用开始增加，单纯因为字形相近导致的别字比初级阶段减少，同时利用字形和字音两种线索识别汉字的现象增加。下面对形近别字的具体特点展开分析。

1. 初级阶段

初级阶段中亚留学生形近别字出现的原因主要来自部件层面。在初级阶段的162个形近别字中，有46例减少了原字中的一个部件，如“读－卖”、“课－果”、“朋－月”、“做－估”、“体－本”、“始－台”、“语－吾”、“等，可以算作遗漏或书写不全造成的；有49例替换了原字中的一个部件，如“话－识”、“期－明”、“话－适”、“地－他”、“近－返”等，这些相互替换的部件出现位置相同，别字与原字都是高频字，容易造成形、音、义之间对应差错；有35例笔形相近而混淆的别字，如“人－八”、“习－刃”、“乐－东”、“里－星”、“写－马”，其中，“乐－东”出现两次偏误。有23例在原字上增加或减少笔画造成的别字，如“乌－马”、“米－来”、“了－子”、“良－艮”、“具－且”。在初级阶段的别字偏误中，我们依然可以看出初级阶段中亚留学生容易遗漏部件和替换部件，由此造成的别字偏误数量较多。遗漏部件和替换部件都属于部件层面的原因导致别字产生，共出现95例此类别字，占58.64%。笔形相近和增加笔画都属于笔画层面的原因导致别字产生，共有此类别字58例。由此，笔者认为初级阶段中亚留学生的形近别字，其出错原因主要是来自部件层面的，笔画层面的影响次之。

2. 中级阶段

中级阶段部件层面形近别字比初级阶段减少。在中级阶段的128个形近别字中，有37个增加部件或减少部件的别字，如“酷－酉”、“的－勺”、“本－体”、“俗－谷”、“都－者”、“许－午”、“次－欠”、“念－令”、

“普－晋”、“师－币”等等；有37个替换原字中部件的别字，如“宗－完”、“实－买”、“吉－古”、“位－拉”、“牌－版”、“期－斯”、“休－体”、“徙－徒”等；有32个与原字笔形相近的别字，如“无－天”、“处－外”、“干－千”、“土－士”、“亡－云”、“午－牛”、“贝－见”、“东－车”等；有22个在原字上增加或减少笔画的别字，如“白－自”、“今－令”、“乌－鸟”、“了－子”、“大－太”、“水－永”等。经过统计，增减部件和替换部件的别字共有74个，这些都属于是部件层面。笔形相近和增减笔画的别字共有54个，这些属于笔画层面的别字。部件层面的别字数量比初级阶段减少，但是比例没有发生大的改变。

3. 形近别字成因分析

在初级阶段和中级阶段中亚留学生的形近别字中，部件增减和替换比例都很高。中亚留学生将“提土旁”写成“王”，把“目、日、曰”混淆等这类偏误现象，究其实质，并不仅仅是笔画增减和变形的原因，反映的是书写者对这些意符的表义功能或者说对它们表示什么义类还不是很清楚。例如在讲“土”与“王”两个意符的区别时，我们知道凡是“土”字旁的字绝大部分都与泥土有关，如：“地、场、坛、坝、坎、坳”等。通过这样讲授之后，他们不会再将“堤坝”的“堤”写作“王字旁”了，并且也能够很好地将“土”与“士”字旁相区别。对此，我们在教学中，一要加强形声字意符与音符的训练，解释清楚意符、音符的具体作用。二是正字训练。正字训练指的是使用规范化、标准化的汉字，纠正学生书写中出现的错别字和不规范字。教师应该把书写者经常写错意符、音符的字进行集中，并且归类，与正确的形声字进行对照分析，这样可以从反面让外国学生知道这些写错的字中，哪些是意符的替换，哪些是音符的替换，哪些又是意符的类推，哪些又是误用。

（三）音近别字分析

音近别字是因为单纯字音相近而将甲字写成了乙字。所谓的音近，笔者从音节的角度来考虑，声母相同、韵母相同、声母和韵母都相同都可以视为字音相近。

汉字可以用不同的字形表示同样的读音，汉字中存在很多的同音字，如“机鸡积击激肌基饥奇”等不同的汉字读音都是“jī”。汉字字形表音也不准确。大部分不认识的汉字，都无法读出它的音。因为汉字在造字之初就是以字形表意为主的，而形声字中的音符又不固定，古今语音变化也很大。在“签迁谦”三个字中，读音相同，而音符全都不一样。同一个充当音符的部件，也可以表示很多不同的音。汉字的这些特点就为字形与字音准确搭配带来了困难。有学者对音别字进行研究，发现中高级阶段的留学生比初级阶段时书写的音别字数量增多，并且认为随着留学生汉语学习程度提高，对字音的依赖渐渐增强。

1. 初级阶段

笔者收集到初级阶段中亚留学生音近别字 42 例，例字如下（前面是原字，后面是别字）：

声母韵母均相同：翅－吃　每－没　余－于　公－工　猜－菜　刻－课　公－共　记－基　摩－莫　件－简　结－接　的－得　回－会　道－到　东－冬　再－在　颜－眼　再－在　述－术　侯－后　时－是　候－后　歌－个　回－会　答－大　题－体　只－支　长－常　伞－散　始－是　期－起　贺－合　以－一　史－始

声母相同：兴－心　亲－请　因－应　明－每

韵母相同：动－通　研－现　完－全

声母相近：车－乞

经过统计分析后，在初级阶段的 42 例音近别字中，有 34 例是声母韵母均相同，有 4 例仅声母相同，有 3 例韵母相同，还有 1 例声母发音相近，是“车－乞”，其中的声母“ch”和“q”发音部位相近，一个在舌前，一个在舌中，发音方法相同，都是擦音。即使是在四个声母相同的别字中，不同的韵母也很相似，如“心－兴、亲－请、因－应”，它们的韵母一个是前鼻音，一个是后鼻音，只有细微的差别。中亚留学生分辨这两个韵母存在很大的困难，他们有可能在听的时候误当作相同的韵母，从整个音节上混淆了二者。这点也说明了中亚留学生对前后鼻音掌握不够好。在 3 例仅韵母相同的音近别字中，有 1 例原字声母与别字声母也非常相近，如“动－通”，声母“d”和“t”都是舌尖中音。[①] 另有 1 例是“研－现”，“研”的声母“y”与“现”的韵头“i”相同。通过以上数据及分析，笔者认为初级阶段中亚留学生在通过字音提取汉字字形时，对声母和韵母拼合后的音节依赖较多，而单方面只依赖声母或韵母的现象非常少。

① 黄伯荣、廖序东：《现代汉语》，高等教育出版社，2007。

2. 中级阶段

笔者共收集到中级阶段中亚留学生音近别字47例，例字如下：

声母和韵母均相同：治－制　侯－后　背－备　有－又　长－常　只－之　是－时　以－意　侯－后　过－国　慢－满　始－是　每－没　父－夫　原－远　收－手　不－部　父－夫　解－姐　识－十　律－虑　良－凉　疑－仪　怜－莲　减－建　可－克　中－重　每－没　识－是
认－人　像－想　再－在　广－光　场－厂　力－利　左－做　座－做　律－虑　到－道

声母相同：音－英　筋－精　生－身　省－山　位－文

韵母相同：揖－犄

统计结果显示，有41例音别字是声母、韵母均相同，有5例仅声母相同，1例仅韵母相同的音别字。与中级阶段相同的是，声母和韵母均相同的别字数量最多，仅韵母相同的别字数量极少。在5例声母相同而韵母不同的音近别字中，有3例的韵母都是前鼻音和后鼻音相混淆，即韵母虽然不同却非常相近。

3. 音近别字成因分析

笔者认为，中亚留学生因为受到自己拼音文字背景的影响，习惯通过整个音节的读音来建立与字形的关联，因为拼音文字中，一个音节或一组音节组合对应一个词汇，也对应一个意思，而音节的读音是字母之间组合的结果，所以中亚留学生书写单词凭借的主要是单词读音，只要知道读音，他们就能够写出对应的字母组合。音别字的产生正是因为中亚留学生习惯通过字音线索书写字形，但是汉字的特点是同一音节可以对应不同的汉字，从这个角度来讲，音别字与母语负迁移有关。但是另一方面，笔者也观察到初中级阶段的音别字中，很多别字字形要比原字简单，例如"翅－吃、猜－菜、歌－个、候－后、疑－仪、答－大、识－十、场－厂、省－山、位－文"等，这些别字不仅字形简单而且都是常用字，在字义上几乎与原字没有一点联系，笔者在询问学生原字的读音和意思时，他们的回答接近正确答案，但是在之前的听写中，他们或者将原字写成了别字或者写成了错字。由此，笔者认为，中亚留学生书写音别字，有时是因为分不清具体位置到底应该书写哪个汉字，有的时候，是知道需要书写哪个汉字，但是因为记不清字形，无法准确书写，所以用字形更加简单的同音字来代替。这说明中亚留学生可能使用了回避策略以避免书写错字，也说明中亚留学生不善于在字形与字义间建立联系，更乐于接受字音传达字形的方式。在陈文博的研究中，他认为“中亚留学生受实用型学习目的、汉字难学论和汉语教学模式等因素的影响，在学习汉语时出现了重‘音’轻‘字’”的现象，[①] 即重视汉语听说而忽视汉字书写。笔者通过对音别字的分析，也发现中亚留学生对字音的依赖很强。在部件层面偏误的分析中，大量替换意符和增减意符的现象说明中亚留学生没有了解字形的表意作用，没有利用字形来构建字义体系。

（四）形音别字分析

形音别字是指甲字的字形和字音都与乙字相近，同时兼属形别字和音别字。形音别字是留学生同时混淆字形和字音而产生的。但是与以上两类都不同，形别字往往字形相似而读音毫无关联，音别字总是字音相同或相近而字形大相径庭。形音别字字形上或者具有相同的部件，如“但－担”、“玩－元”，或者只在笔画上有细微差别，如“李－季”、“今－令”，同时，在字音上，往往读音相同或相近，如“认－人”、“昨－咋”。

汉字是同时使用意符、音符和记号三种字符的文字体系。由于汉字中80%左右是形声字，形旁即意符，声旁即音符，因此也可以说，汉字使用的主要是音符和意符。[②] 音符即表音偏旁，有广义与狭义之分，本文采用广义的定义：广义的表音偏旁指合体汉字中所有携带读音信息的偏旁，包括表义兼表音偏旁在内，即一般所谓的形声字的声旁。形符又叫形旁，是结合字源分析所确定的形声字的表义部件，是依据在形声字中是否具有表义作用而确认的。不能把它和供检索使用的部首混为一谈，二者是有区别的，又是相互关联的。如在“刚”字中，形符和部首都是“立刀旁”，而在“锦”字中，形符是“帛”，部首却是“金字旁”。

1. 初级阶段

笔者共收集到初级阶段中亚留学生形音别字 129 例，形声字共有 99 例，列举如下：

替换形旁：脸－险　饺－校　静－净　题－提　炼－练　快－块　幸－

① 陈文博：《中亚留学生汉语学习重“音”轻“字”现象分析》，《语言与翻译》（汉文）2008 年第 2 期。

② 万业馨：《略论形声字声旁与对外汉字教学》，《世界汉语教学》2000 年第 1 期。

辛 住－注 请－情 奖－桨 荒－慌 桨－奖 弟－第 现－玩 遍－徧 住－注 住－注 情－请 但－担

增减形旁：愿－原 作－乍 饭－反 菜－采 政－正 英－央 字－子 百－白 管－官 酒－西 吧－巴 极－及 点－占 字－子 教－孝 酒－西 新－亲 听－斤 子－字 建－健 诺－若 酱－奖 东－冻 孝－教 荒－慌 荒－慌 贯－惯 管－官 莫－模 剧－居 弟－第 里－理 孰－熟 求－救 教－孝 院－完 汽－气 就－京 歌－哥 放－方 匙－是 旺－王 遍－徧 住－注 司－词 住－注 洲－州 停－亭 点－占 知－矢 孩－亥 吧－巴 故－古 认－人 馆－官 预－予 意－音 和－禾 亲－新 汽－气 苹－平 期－其 哪－那 饭－反 哪－那 新－亲 和－禾 期－其 们－门 妈－马 剧－居 云－动 分－份

替换声旁：换－挽 拌－搬 边－遍 现－玩 作－做 友－有 友－有

改变非声旁、形旁部件：日－时 设－识 然－热 话－活

笔画层面的改变：末－木 今－令（7）[①] 市－币 人－入 牛－年 刁－刀 来－采 已－己（4） 已－巳（3）人－入 市－币 人－入 觉－学 欢－观 李－季

初级阶段中亚留学生共有92例形声字，声旁书写正确，但是形旁改变，占71.32%；仅有7例形声字是正确书写了形旁而改变声旁的，占5.43%。在改变形旁的形音别字中，有73例别字在声旁上增加或减少了形旁，有19例别字写出声旁、替换了形旁。这些数据说明了初级阶段中亚留学生声旁书写正确率也远高于形旁正确率，与中级阶段一样，他们对于字音的依赖大于对字义、字形的依赖。

2. 中级阶段

笔者统计了中级阶段中亚留学生所书写的140个形音别字，其中，形声字有115例，占82.14%。在这些形声字中，110个别字与原字声旁相同、形旁改变，别字在原字上增减了形旁或者替换了形旁，前者如“亲－新”、“和－禾”（前面是原字，后面是别字），后者如“低－底”、“玻－波”等等。另有5个是改变了声旁，如“吃－吹”、“喉－吼”、“运－远”（2）、“现－玩”。以上数据说明中级阶段中亚留学生在书写形声字时，对声旁比

① 括号中的数字是该别字的数量。

较敏感，往往能够准确书写，但是却常常增减或者替换原字中的形旁，对形旁的记忆非常不准确。以下是笔者陈列的110个改变形旁的形音字偏误：

替换形旁：讲－进　昨－咋（2）模－摸　玻－波　玩－完　何－河　打－灯（2）情－请　但－担（2）租－组　饿－俄　蓝－篮　辆－俩　园－院　花－华　请－情　肤－扶　坦－但　低－底　放－仿　妈－姆　境－竟　评－抨　把－吧

增减形旁：汽－气　点－占　菜－采　羊－样　舒－舍　期－其　就－京　把－巴　票－漂　那－哪　膀－旁　聪－总　分－份　馆－官　试－式　理－里　子－字　玩－元　运－云　们－门　每－母　想－相　玩－元　馆－官　较－交　请－青　卖－买　们－门　菜－采　就－京　熟－孰　通－甬　和－禾　认－人　眠－民　孩－亥　汽－气　吗－马　像－象　馆－官　哪－那　采－菜　扣－口　孝－教　亲－新　子－字　官－馆　夫－肤　奇－骑　齐－济　亲－新　先－选　化－花　校－交　们－门　翻－番　教－孝　剩－乘　那－哪　客－各　院－元　子－字　字－子　迷－米　字－子　字－子　惯－贯　认－人　懂－董　护－户　境－竟　沙－莎　字－子

以上例字中，替换形旁的有27例，增减形旁的有83例，占74.11%。增减形旁的形音别字数量非常大，比例也很高。笔者认为以上原字与别字声旁相同，读音相同或相近，对于拼音文字背景的中亚留学生来说，字音的相近已经给他们造成了区分上的困难。具有同样的声旁，那么原字与别字具有一个相同的部件，这从字形上又给他们带来辨识的困扰。为什么中亚留学生写出声符的形音别字有110个，占到78.57%，而写出形符的形音别字仅有5例，占3.57%。这么大的差距说明了中级阶段中亚留学生正确记忆和书写声旁的能力很强，而正确记忆和书写形旁的能力比较差。声旁表音能力很强，而形旁的表义能力较强，笔者认为这印证了上面的推论，即中亚留学生在汉字学习中对字音的依赖比对字义、字形更大。

3. 形音别字成因分析

从以上对于初级阶段和中级阶段中亚留学生形音别字的分析中，笔者发现中亚留学生普遍对于形声字中声旁的理解与利用程度比较高，并且书写的准确率较高；同时，他们对于形声字中的形旁常常错误替换或者误增误减，对形旁的理解和利用程度非常低。由此，笔者还认为他们受到了中亚留学生母语或者第一外语的影响，因为以上两种语言都是拼音文字的语言，单词读音与单词拼写之间联系紧密，他们习惯上对于文字中语音的依赖程度非常高，所以在学习汉字时因为母语的负迁移，对于声旁的依赖大于形旁，即对于字音的依赖远大于字义。这个现象的产生还与对外汉语教学界本身的教学特点有关。据万业馨的观点，“基础阶段的语音教学常将注意的重点放在字、词与语音的关系上，而较少深入到字符这一层次。”① 他和石定果还对欧洲及西亚学生作了调查，这些非汉字圈的学生明确提出要“重视声旁”，要“了解汉字体系的规律”，“从一开始就要了解它由哪些部分组成”。并且在选择题中，他们对声旁、形旁的判断准确率达到100%，明显高于同时被测的汉字文化圈留学生。他们对一些初学者的听写情况也作了调查，两组学生的别字中，一组仅写了声旁、没写形旁，另一组在声旁上增加形旁。据此，他们推测也许是被试下意识地选择了声旁而忽视了形旁，或者认为形旁有没有都不影响记音。他们怀疑非汉字圈学生，因为母语负迁移而对声旁有一种下意识的敏感，提倡因势利导，帮助他们对汉字的读音乃至汉字的全貌有进一步的了解。② 这与笔者发现的中亚留学生侧重声旁、忽视形旁的现象相同。

结　语

笔者通过随机抽取初中级阶段204名中亚留学生，以这些学生的汉字偏误作为研究对象，从笔画、部件、整字三个层面进行大的分类，在每类之下根据留学生偏误呈现的具体形式分类。经过对各类偏误数量和比例的统计，分别得出初级阶段和中级阶段各类偏误的分布特征。在对比分析的基础上，笔者发现了初中级阶段中亚留学生偏误分布的共性和差异。差异主要表现在不同阶段相同偏误类型的比例升降，笔者认为这些偏误的比例变化，可以反映中亚留学生的偏误随着阶段升高而发展的趋势。

1. 共性

（1）错字与别字

各阶段的错字比例高于别字比例26%以上，中亚留学生书写错字的现象远多于别字。

在别字偏误中，各阶段形近别字比例高于音近别字约5%，中亚留学生

① 万业馨：《略论形声字声旁与对外汉字教学》，《世界汉语教学》2000年第1期。

② 石定果、万业馨：《对外汉字教学的调查报告》，《语言教学与研究》1998年第1期。

受到相似字形的干扰大于相似字音。

（2）笔画类偏误

在错字偏误中，各阶段笔画偏误比例高于部件偏误比例10%以上，中亚留学生在笔画层面上出现的偏误更多。

在笔画偏误中，各阶段笔画增减偏误最常出现，其次是笔画组合偏误和笔画变形偏误，以上三类偏误出现较多，而“笔画误断误连”与“汉字没有的笔画”依次出现较少。

（3）部件类偏误

在部件偏误中，各阶段部件替换类偏误比例高于部件增减、部件组合偏误约22%，并且是中亚留学生各类型偏误中最常出现的偏误。

在部件偏误中，各阶段表音部件出现率和准确率远高于表意部件。中亚留学生错误替换与错误增减最多的部件是表意部件。

2. 差异及趋势

（1）错字与别字

中级阶段的别字比例比初级阶段上升了3.84%，而错字比例比初级阶段下降了4.68%。随着学习阶段升高，中亚留学生书写错字的现象减少，而书写别字的现象增加。

中级阶段形音别字、音近别字比例高于初级阶段；形音别字的比例在别字类型中由初级阶段的第二上升至中级阶段的第一，超出了形近别字的比例。随着学习阶段升高，相似字音对中亚留学生的干扰呈上升趋势。

（2）笔画类偏误

中级阶段笔画偏误比例低于初级阶段5.56%，部件偏误比例高于初级阶段0.88%。随着学习阶段升高，笔画层面的偏误呈明显减少趋势，而部件层面的偏误有略微增加的趋势。

中级阶段笔画变形和笔画组合偏误比初级阶段下降1.85%和4.88%，笔画增减偏误比初级阶段上升1.58%。随着学习阶段升高，中亚留学生笔画变形和笔画组合偏误呈减少趋势，而笔画增减偏误略呈增加趋势。（见表结语1）

（3）部件类偏误

中级阶段部件组合偏误比初级阶段下降1.17%，约为初级阶段比例的1/4；中级阶段部件替换和部件增减偏误比例比初级阶段上升1.41%和0.64%，0.64%为初级阶段比例的五分之一还多。随着学习阶段升高，中亚

留学生部件组合偏误呈减少趋势，部件替换和部件增减偏误呈增加趋势。(见表结语1)

表结语1　初中级阶段中亚留学生偏误比例阶段差异表

单位：%

初中级阶段中亚留学生偏误比例阶段差异表				
偏误大类	偏误小类	初级阶段	中级阶段	中初阶段比例差
笔画偏误	笔画组合	16.54	11.66	-4.88
	笔画变形	11.63	9.78	-1.85
	笔画增减	18.80	20.38	1.58
部件偏误	部件替换	26.27	27.68	1.41
	部件组合	4.82	3.65	1.17
	部件增减	2.83	3.47	0.64

说明：表中带负号的比例差表示该偏误随阶段呈下降趋势。

3. 建议

(1) 改变只重视字形教学的情况，结合语境建立汉字形、音、义相联接的三维教学，初级阶段开始形近字教学；中级阶段大力增加同音字教学，开展声符、形符等部件教学，以减少在中级阶段逐渐增多的音别字、形音别字偏误。

由于初中级阶段中亚留学生的别字偏误率都远高于错字偏误率，所以教师不仅要教学生正确书写汉字，也应该从初级阶段开始就教学生如何正确使用汉字。这需要教师不再只是注重汉字字形的操练，例如布置机械抄写汉字的作业，而是要帮助学生建立起汉字字形、字音、字义之间正确的对应关系。从语言的认知规律出发，笔者认为教师将汉字放入一定语境教授会提高效率。教师可以将单个的汉字置于词语中、对话中、短文中，例如朗读课文、听写单词有助于建立字形和字音的关联，背诵课文、分角色对话这些环节有助于学生建立字音和字义之间的关联，还有短文填空、形近字组词、填空组词等方式都会提供很好的语境，有利于记忆字义和区别形近字。中亚留学生的作业中频繁出现机械的单个汉字抄写，有时首位汉字写错，则后面照错写错。笔者建议减少单纯抄写汉字的作业，增加带有语境的练习和作业，尤其是形近字组词在中亚留学生的作业中很少见到，而本研究发现中亚留学生受到相似字形的干扰大于相似字音，形近别字在各阶段的比例都远高于音近别字比例，所以区别形近字的音、形、义对于中亚留学生减少别字尤为重要。

初中级阶段中亚留学生形近别字多是由于部件层面的错误所致，例如部件增减和部件替换。部件增减的别字有一个共同的部件，这个相同的部件书写时往往被保留下来，另一个担当意符的部件却常常被增减。笔者认为由于中亚留学生缺乏部件方面的知识，例如意符、声符的功能、特点等知识，无法充分重视及理解这些部件的特殊作用，所以由增减部件而引起别字偏误。据此，笔者提倡改变目前对中亚留学生的汉语教学中随文识字、不设汉字课的教学状态，提倡开设短期集中的汉字课，引入汉字基本常识的讲授，如笔画、部件、组合结构、形符、声符、造字法等类知识，使学生对汉字有比较系统的认知。部件、声符、形符的教学还可以通过游戏或练习的方式贯穿于汉字学习的整个过程，例如可以组织一些游戏，像“拼字扑克”、“部件拼字”、“偏旁部首搭配”、“拆部首组新字”、“拆字组字”等[①]。这些游戏既符合中亚留学生活泼外向、爱好活动的性格特点，增加了课堂的生动性和趣味性，又能够帮助学生建立部件模块意识，轻松记忆部件之间互相组合的不同形式，充分利用特殊部件提示音义的功能记忆汉字形、音、义。

形别字比例随阶段升高而下降，音别字和形音别字比例却随阶段升高而升高，中亚留学生对字音线索的依赖随学习程度升高而增加。所以，对中级阶段中亚留学生的汉字教学必须加大同音字教学的比重，课上重点区别同音字字形和字义的差异，课下用同音字组词等练习巩固加强，而形近的同音字是中级阶段中亚留学生比例最高的别字偏误，例如：们－门－扪、吧－把－巴、仍－扔、分－份－粉－芬等。教师在备课时要重点准备，反复强调，抓住形近同音字的相异部件，讲清这些相异部件意义类属的不同，如“提手旁”与动作有关，所以“把”字后面常加名词，表示对其施加某种动作，而“口字旁”不具有这样的意义类属，常与嘴巴的动作或语言有关，如语气词“吧”。教师结合意符、声符来引导学生区别同音字或者记忆形声字都是非常有效的方法。

（2）培养初中级阶段中亚留学生的字感，引导他们利用部件合理、高效地分解整字和记忆字形，避免因不能记忆整字中琐细的笔画而造成的笔画增减偏误。

① 周健：《汉字教学理论与方法》，北京大学出版社，2007，第155～158页。

对初级阶段的中亚留学生展开系统的笔画教学，从笔形、笔顺、笔画数、笔画组合关系这四方面重点展开，安排充足的课时量和课后作业，扎实掌握笔画。

初中级阶段笔画偏误比例均高于部件偏误比例10%以上，中亚留学生在笔画层面上出现的偏误更多。汉字教学大多随文识字，没有单独开设专门的汉字课，中亚留学生还未学习笔画便直接开始进入课文中的生词学习，课时的限制使教师无暇讲解字形，学生便照猫画虎，一笔一画地摹写，习惯于将汉字分解成笔画来记忆。课程设置中缺少汉字课，则正字法方面的知识始终未系统讲授，中亚留学生大多无从知道何谓部件及部件的性质、特点，他们也就难以将汉字有意分解成部件来记忆。在笔画偏误中，各阶段笔画增减偏误最常出现，其次是笔画组合偏误和笔画变形偏误。笔画最多的汉字有36画，部件最多的汉字只有8个部件，由笔画来记住整字比由部件来记忆困难得多。教师应该在课上示范部件的层层拆分和组合，有意引导学生运用整字中的部件记住字形，因为部件已经是笔画合理组合的“成品”，甚至还是学生已经习得的汉字。这样就会减少学生记忆逐个笔形及笔画组合的负担。学生在书写由已经习得的部件组合成的汉字时，逐个部件和组合方式只要书写正确，整字的书写便水到渠成。认知汉字的单位由笔画改成了部件，增减笔画的偏误也会相应减少。笔者提倡教师采用“找字中字”、“拆字组字”这类游戏来培养学生部件意识，熟悉部件组合的不同层次。教师还可以采用“错字改正”（改正增减笔画的错字）、“数笔画数”等方式使学生注意到隐蔽的笔画，布置汉字作业，巩固学生对字形的记忆。

对初级阶段的中亚留学生，要扎实打好汉字书写的基础——笔画。首先，教师应该循序渐进地教授笔形，先教基本笔形，即点、横、竖、撇、捺、提六类，再教25类由基本笔形组成的派生笔形。教师应该讲清各个笔画的走向，如“提”笔应该从左下向右上写，“撇”笔应该从右上向左下写，这样有助于掌握正确笔顺，便于流畅和熟练书写汉字，同时，也能区别形似的笔画。派生笔形数量较多，基本都是折笔，笔画走向变化很大，弯折度不同，需要教师作为难点教授。教师最好采用先分后合的方法，利用笔形新名称来教派生笔形。如教“㇙”前先分解为“竖”、“横”、“提”三个基本笔形，再示范三个基本笔形如何组合衔接，最后按照书写顺序称名为“竖横提”，即派生笔形的名称。这样由浅入深，通过旧知识带动新知识的学习，可以化难为易，然后结合“文中寻宝”（在给定文本中找出带有所学派生笔形的汉字）、“加笔组字”（在给定派生笔形上加定量或不定量的笔画组成汉字）等游戏及大量作业巩固笔形的写法。教师要把笔形教学当作汉字学习的基础之基或首门之钥，分配充足的课时，投入大量精力，督促学生努力学习掌握，避免笔画变形偏误出现。

中亚留学生书写的笔画组合偏误比例大于笔画变形偏误，所以教师也应该教授笔画组合关系。教师在笔形教学后可以展开笔画组合的教学，结合例字分析和板书示范来讲笔画相接、相离、相交的三种关系，以及一字中出现多个相同笔形时，这些笔形长短比例的差异。由于初中级阶段笔画增减偏误在笔画偏误中比例最高，教师也应该加强笔顺和笔画数教学。笔顺的规律性很强，教师可以兼用演绎法和归纳法来讲笔顺书写规律，当然，教师自身首先要能正确书写笔顺。教师先通过板书或汉字学习软件，帮学生建立对笔顺的初步理解，然后结合汉字的结构归纳笔顺的规律，再让学生说汉字，教师在黑板上演绎这些汉字的笔顺。中亚留学生的作业中有部分按笔顺分步书写汉字的作业，这虽然对记忆笔顺有效果，但是较为枯燥，学生并不喜欢。教师应该利用多媒体和游戏来吸引学生学习笔顺，如“十全十美”游戏，六个学生，三人一组，每个学生说出某个汉字中的一个笔画，三个学生所说笔画的笔顺相加为十，则先为十的一组获胜。教师在教学生笔顺的同时，也应该特别讲授派生笔形的笔顺特点，即派生笔形是一组基本笔形的连接组合，每个派生笔形只能算一笔，这样，学生就能正确判断笔画数，不会主观臆断将派生笔形分解成多笔，以致造成笔画增减和笔画误断误连的偏误。

（3）对形声字重点教学，教授形符、声符表音示意的功能；初级阶段加强形符教学，要使学生掌握其表示的意类，围绕相同形符展开字族教学；对于相似部件，从书写差异及表意差异上区分，这在中级阶段尤其重要；从初级阶段开始讲授部件的布局图式、构意功能，及汉字字符的拓扑性质和正字法。

《汉字等级大纲》中的2905个汉字中，有1920个形声字，占66.1%，这类汉字具有较强的表音和示意特点，使拼音文字背景的中亚留学生较易掌握，而且比重大，教师教会形声字的特点后，学生学习时会事半功倍。初中级阶段中亚留学生的形音别字大部分都是形声字。所以，在初中级阶段，要将形声字作为重点进行教学。形声字教学关键在于教授形符、声符的功能，使学生能利用形符、声符巧妙认读、记忆形声字。《大纲》中的汉字，声符和整字声韵全同被称作规则字，占37.2%，仅声母或韵母相同为不规则字，占42.5%。教学中应该结合规则字讲解声符的表音功能，同时也要讲明声符表音有三种形式：表声母、表韵母、表声韵母。形声字存在着一致性效应，如果由同一声旁构成的所有形声字读音都相同，则这些字称为一致字，如以“析”为声旁的“晰、淅、蜥”。[①] 教师分别对《大纲》中四个等级的形声字挑选归纳出一致字，按照声符的字频高低和友字数[②]（由同声旁构成的形声字中与该字读音相同的字的数量）分配到初中级各阶段教学。一致字只需记忆一个声旁，便可以认读一组形声字，减轻了学生的负担，可以高效提高识字量。

在初中级阶段中亚留学生的形音别字中，相比于声符，更多的形声字因为增减形符成为别字。初中级阶段中亚留学生对形符在汉字中的作用认识远不及声符，教师应该利用形符示意的特点帮助学生理解字义和记忆字形。形符等级集中在初等；高表义能力和高构字能力集中在部分常见的形旁身上。[③] 形符集中在初等，中亚留学生在学习初等形声字的形符后，学习中高等形声字具有一定熟悉度；那些同时具有高表义能力和高构字能力的形旁，学习起来有较强的规律。初级阶段应该重点选择高表义能力和高构字能力的形旁教授，例如：提手旁、三点水、单人旁、竖心旁、口、言字旁、木、绞丝旁、走之底、草字头、土、月、贝、女、火、日、金字旁、立刀旁、足、病字旁、竹字头、禾、左耳旁、衣字旁等。这些形旁的构字数大于20，并且表义度大于或等于70%。[④] 教师要由易到难讲解形符，用演绎法展示一组学生熟悉的同形符字，分析各字字义，归纳这组字义中相关或共同之处，揭示形符的意义类属，例如：三点水——表示与水、液体相关的事物、性质或动作行为，如：淡、液、洞、洗、洁、浊等；竖心旁——表示心理活动、情感或心智等方面的意义，如：懂、愤、感、怪、忽、恨等。教师应该将这些常用形符的意义类属、例字、名称写成表格，类似于数学中的公式，贴在教室，学生可以不断复习和使用。教室在教授一个形符后，就可以展开以这个形符为中心的字族教学，如教师讲授了“提手旁”后，可以在一段时间内反复教授含有“提手旁”的汉字，当然，这些汉字本身应该适合学生的水

---

① 孙德金：《对外汉字教学研究》，商务印书馆，第114页。

② 孙德金：《对外汉字教学研究》，商务印书馆，第116页。

③ 孙德金：《对外汉字教学研究》，商务印书馆，第188页。

④ 孙德金：《对外汉字教学研究》，商务印书馆，第188~192页。

平，如对初中级中亚留学生讲授初等形声字中带有“提手旁”的汉字——“按、抱、打、扮、把、抄、掉、拔、拉、扑、扣、指”等。通过字族教学，学生能充分理解形符的意义类属，养成归纳记忆同形符汉字的学习习惯，利用形与义间的逻辑关系巧妙记忆汉字。

在初中级阶段中亚留学生的各种汉字偏误中，部件替换偏误数量最多，比例最高。被替换的部件与替换部件在形态上或位置上多有相似之处，如：日 - 目、三点水 - 两点水、单人旁 - 双人旁、四点水 - 心字底（位置都可在下）等。部件替换偏误随着学习阶段升高而呈增加趋势。中亚留学生容易因为两个部件出现在汉字结构中的同一位置，或者两个部件形态近似而混淆彼此。教师应该在初级阶段的教学中就注意到形似部件的对比区分问题。教师要对先后出现的新部件有一定敏感度，对比它和以前所学部件的相似点，预测是否能够给学生造成混淆，然后从书写差异及表意差异上区分。书写差异可以通过摹写、描红、部件配对游戏来加强认识。表意差异需要学生积累一定的汉字量，这就要求汉字教师要提高学生的阅读量，并且归纳部分部件表示的意义类属，使学生通过记忆典型例字，记住例字中部件的意义类属，如记住“脸”和“眼”，便会了解“月”与“目”的意义类属，可以避免像“月 - 目”这样的部件替换偏误。中级阶段部件替换偏误比初级阶段增多，当所学部件量增多时，更容易出现部件替换偏误。所以，区分形似部件在中级阶段尤其重要，教学中要注意。

在初中级阶段中亚留学生的部件层面偏误中，部件组合偏误仅次于部件替换偏误，比例居第二位。部件组合松散、部件调换位置、部件组合结构改变是中亚留学生部件组合偏误的三种形式。部件组合松散和部件组合结构改变是由于学生不熟悉汉字方块形状的形态特点和部件布局图式。部件调换位置是因为不了解汉字部件的组合样式。教师应从初级阶段开始讲授部件的布局图式、组合样式、构意功能，及汉字字符的拓扑性质。这些都是汉字理据性教学的有机组成部分，在留学生接触汉字初期越应该及早强调。教师应该讲授汉字部件的两种组合类型：平面结构和层次结构。学生明白了汉字中不同部件可能处于不同层次，不在同一层次的部件间不发生任何关系。这样，学生就不太可能将“喂”字写成上下结构，改变部件组合结构。教师要结合例子教授中亚留学生汉字首层结构类型：左右结构、上下结构、右上包围结构、左上包围结构、左下包围结构、上三包围结构、下三包围结构、左三包围结构、全包围结构、框架结构、左中右结构、上中下结构、独体结构。

教师应该同时讲清楚在书写包围结构时内部与外部的相对位置，以及书写上下结构时上部与下部的比例关系，避免学生将汉字写得上大下小、内大外小，缺少规范和美感。教师可以结合汉字的结构图形讲授汉字结构，采取以下三个步骤：字图同出、析字画图、由图归字。这样，有助于学生建立明确的方块汉字意识和部件有机组合的观念，从而自觉地分析结构以记忆汉字，有机地组合以书写汉字。

中亚留学生常常容易增减和替换部件，部件自身构意的特点并未被他们重视和利用。“汉字构形的最大特点是它要根据所表达的意义来构形，因此，汉字的形体总是携带着可供分析的意义信息”。[①] 教师应该从部件表形、表义、示音、标示四种类型讲授汉字部件承担的构意类别。学生理解了各个部件在汉字中的构意功能，也就理解了每个部件的不可或缺性和不可替代性。例如，中亚留学生的别字中出现了“忧－优”，学生掌握了“竖心旁”的表义功能和“尤”的示音功能，也就不会将“忧”写成“优”，或写成“怀”。汉字的拓扑性质是指汉字的书写单位与结构元素组合在一起的协调关系，是汉字符号所具有的一种自然属性。它主要表现在不变特征与可变特征两个方面。[②] 教师重点要教中亚留学生区别汉字的不变特征与可变特征，因为他们在书写中比较随意，笔形或笔画间的相对位置随性而变，甚至变成一个新的字符。教师要使学生明白任何笔画的大小、数量、粗细、距离上的变化都以保持笔画和部件的种类、数量及其相对位置和结构类型的基本稳定为前提。中亚留学生的偏误字中，出现了将“这”字写成左右结构的偏误，而按照汉字的正字法，“走之底”是不能在字符的左边作偏旁的，还有学生将“她”字中的“也”换成“单人旁”，“单人旁”不能出现在字符的右边。教师应该将培养学生正字法知识融入汉字教学中。

4. 本文的创新与不足

本文的创新之处有以下几点：

(1) 将中亚留学生作为研究对象，研究其汉字偏误，填补了对中亚留学生汉字偏误研究的空白，扩展了汉字偏误研究中拼音文字背景的留学生的范围。

(2) 从字音和字形两个角度分析偏误字，对笔画层面的偏误和部件层

---

① 王宁：《汉字构形理据与现代汉字部件拆分》，《语文建设》1997 年第 3 期。

② 施正宇：《论汉字能力》，《世界汉语教学》1999 年第 2 期。

面的偏误进行数量统计，揭示了每一阶段不同层面偏误的分布比例，以及比例对比关系随中亚留学生学习阶段升高时的发展趋势。

（3）对偏误字进行详尽的分类，对每一类型的偏误数量都进行量化统计和数据对比，发现了中亚留学生汉字偏误的主要和次要类型。

（4）将初中级阶段同类偏误的偏误率进行纵向对比，预测了中亚留学生各类偏误随着学习阶段升高而呈现增减的趋势。

由于研究角度或自身科研能力有限，本文存在一些不足之处，主要是：

（1）本文只研究了初级和中级阶段的中亚留学生，对高级阶段中亚留学生汉字偏误没有研究，对他们汉字偏误的特点还不了解，所以文中结论和教学建议并非对全部中亚留学生都适用。

（2）在收集个别学生的偏误时，由于作业本遗失等原因，而未能保证对该生偏误的完整收集。

（3）在进行偏误分类时，由于偏误字形态多样，一字中会出现多个偏误点，笔者按照各类偏误的定义进行归类，可能带有主观性；在推断偏误成因时，结合了相关理论，但不免渗透了个人的主观经验。

附　录

1. 初级阶段错字

1.1 笔画类偏误

1.1.1 笔画变形

马 般 鸭 纟 貌 代 点 饭 烦 聊 犹 手
谢 来 寻 饭 冬 管 身 爬 没 班 获 手
汐 管 其 租 浅 商 北 报 书 那 怎 饭 劳
带 完 师 候 独 您 采 乌 导 菜 净 旁 很
事 商 汉 狗 洲 用 钱 绿 气 呢 写 预 等
为 友 暖 蛋 服 习 这 练 猫 [illegible] [illegible] 很 学
打 钱 事 机 声 瓶 为 念 窗 旁 皮 报 疼 事
独 遍 找 家 铃 声 傻 练 尽 饿 波 终 民

录 惊 炒 流 蛋 片 脸 皮 般 顿 终 把 莲
冬 滑 激 份 换 民 道 浪 皮 可 乐 浪 吃
根 尽 每 终 感 浪 码 栋 没 汽 风 面 雪
平 冷 吉 的 馆 吧 附 点 蓝 饭 班 就 晚 想
校 过 就 多 歌 吹 气 试 放 图 晚 手 晚 亮
把 师 就 被 没 运 饭 你 晚 歌 我 遍 过
遍 这 了 想 互 浪 饭 商 低 印 临 洲 却
烫 友 妹 乘 饭 的 享 极 亮 的 热 寒 事 全 堂
手 蛋 申 蛋 魔 蛋 视 报 瓶 手 习 纸 报 介 纸
电 忙 瓶 的 鸡 络 碗 留 饭 觉 留 用 范
的 伞 饭 片 雨 买 申 戏 几 李 忙 师 练 觉 你
我 左 鸡 礼 轮 友 迎 爸 家

1.1.2 笔画增减

很 校 回 帮 就 想 把 窗 他 漂 颜 被 准
孩 戴 跟 颜 到 期 说 爸 买 好 懂
里 挂 在 就 男 戴 我 咱 等 颜 前 礼 我
经 晚 头 跑 意 颜 苹 老 事 我 懂 得 孩
孩 词 记 话 你 前 明 以 这 食 婚 离 事 做
钱 马 统 西 慰 度 收 钱 书 甲 该 渴 发 级 音
乘 买 睡 要 碎 连 急 试 真 尽 糕 多 钱 瘦
痛 遇 答 法 准 的 身 便 流 甜 伤 老 膀
参 晚 酸 钱 带 钱 遭 皇 星 视 妈 的 啤
酒 音 啤 民 是 常 图 视 天 星 星 忙 吗 我 的

也芳唱 、 咽吗留喝找买唱俩破
发我星也留买道再觉高东新偵聘
较静住米家零新雨辆万有跟们再
电书诵练音我过吗会课点睡睡当
要辅到道篮贵住疆她怎找楼红汁
吗生饺们茶菜弟在
葡吾同业就广右论 高签昨你笔果在
觉混竟聪外常斯很屋斯行快差优胃钱
辩聪望辫残酷党候贵买写特
最或门党菜漂邀 踩长貌佛到
离帮乐泰烤钱再礼试貌之忌奥
题偶点事甘夏说职学来家饭家汉
街身物商静看就统仿弃老瘦
直发统试算西警容信便常肯承
瘦敲武票饺其寒概穿音距会
留谢吗名前然候用点泳音
宿辅吗候菜萝茉界磁量摇西差
写兴屋便点业紧留平傅净金银
找商画 票推典汽在赛鞋用电
词朋 左等发表赏鞋夜拳武饭
甜表售晚漂发暖典兴每看写首
谢老是谁疑南愿面斯斯的题本
你典甫到啤等给造零谁喂推尽
啤零画牙傅舒屋间共事家读果看無

杯李璃高籍睡真莫愿影 实痛境
谎真值良巢搬民幅离然具首飞浪
续戚警低最幽阶烧通村对然些
歉动同得美成轻家尽确爱道降
重定唱修美疯前伤根换迷穹校最

1.1.3 笔画组合

理 睡候般羊他晚缺言 鞠
缺黛是重消在望朕廿辞米身运
静请黄镜好外原票着玩玛母常
谢生谢自啤般生范惯服太呢
绍哪息船晚吾呀玩興零傳芳冗
点净电乐西帮票興窗专分便空
国玩裙超力对缘雨 旗必看垂
映电北国興弟量每哪睡诉谢生
就典 万苑在新 兵南啤等甬怎
层立磁舍没画电师屋要们玩力窗
杯伟唤寒睡自最折除庭帮浪水年
容录星他电秦年麦片歉鸡胗他兔
地极我女考顺亲吵尽巧吵可激
乐承年录方功换爱心惯裙不锻减
狗人夏怎名真最夏滑寻黄思常命惠
围绍屋水事九点便读兴梨甜图笔
谁昨话关想有菜在店映认想过树
饭唱没活认站窗好漂被播认停青

1.1.4 笔画误断误连

1.1.5 汉字没有的笔画

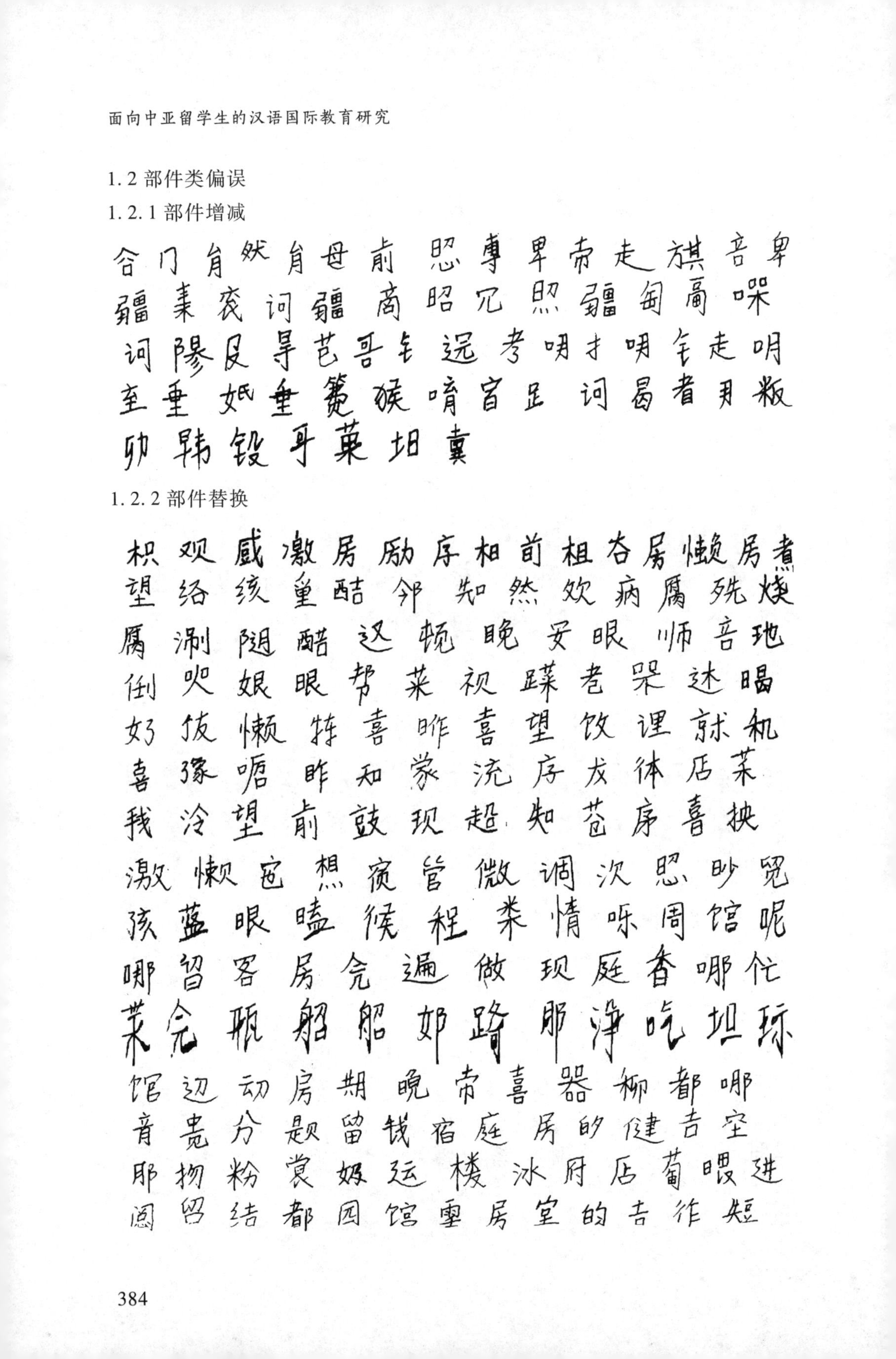

1.2 部件类偏误

1.2.1 部件增减

1.2.2 部件替换

首 哪 红 货 疆 宿 影 骑 香 瓶 零 骑 教
镑 拳 周 分 起 然 特 音 秧 航 韵 声 桌 完
星 院 预 哪 取 额 查 收 狐 烤 聚 暧 噪
种 看 意 触 铁 病 遍 没 认 然 春 历 孤
声 努 拳 康 庫 被 结 影 周 解 寅 远 警 温
鼓 傲 诞 结 第 冷 紫 辩 替 释 稀 声 路
热 趣 房 起 规 群 租 响 足 意 慕 激 度
趣 信 房 等 暧 点 的 吃 筐 零 斯 馒
激 根 慕 序 童 说 吧 的 舒 喜 预 基 睦 范
态 怪 留 芭 昔 校 图 旁 宿 问 直 高 放 激 睡
棵 笔 党 喝 能 睡 哪 分 起 好 考 摘 照 哪
准 观 提 着 妒 好 操 都 哪 欢 停 着 敢 觉
操 学 矬 遍 就 课 笔 着 次 越 男 好 遍
哪 树 种 馆 带 男 谅 掉 这 望 帽 任 过
谅 着 照 停 哪 怕 奴 伸 拿 遍 冷 着 和 明
刖 讨 差 愧 菜 有 惯 篇 着 春 兜 的 播 好
范 低 香 喝 算 房 算 那 机 张 学 语 初 翻
妹 斯 竞 语 管 件 星 到 照 希 整 想 昨 影
昨 明 斯 国 脚 通 念 博 宽 的 服 作 健 没
讲 题 臭 属 道 糊 芸 度 晴 房 新 结 招
访 的 涮 妹 话 听 势 终 潮 冷 叠 历
墓 舍 啃 妈 呢 施 等 志 魔 看 咱 星 星 星 期
都 明 星 贷 绍 喝 留 妹 看 吗 留 学 觉

1.2.3 部件组合

1.3 其他（上下文影响）

2. 中级阶段错字

2.1 笔画类偏误

2.1.1 笔画变形

2.1.2 笔画增减

越通首填穿进鸭钱票谍派催
接触发澳兔重纸面量鼻吨情
唇霜流反重察察带夸警持幕等
票更泄貌屁肚特报暖祝忙
室爱醋然童直具双通混家草
解老易其任写眼其戚糕孩贵
来列寒或或鸡重顺家试夜就
蜜盘懂肉求平夸卧夜猴痛找首
或武接博球直诵或聊般候然层
胖试红蒜窑售象液停农拳接
颈喂门找浅身发令吧试少谢
宿谋算饯起参买子早齐很准哥
译绒演泉课底佳底谎买劝董部室
段概喂寻疑询籍发读谎绪幼试
疗直通直来疆刮段笔

表高钱恐信幽民散愿洗浮或蔬
通直灰具厨烫厕没号嘴穿号现
奉候难烧街然寸或磨炼隆愁
隆冠隆貌隆痒摇议试苗钱唱美
蛋蛋得节貌重重食应该写忽
说远珠左通假充星告肖浅蔬
炎救家课酱喊豆寒貌该洗成
乐统物临塑样愿甜鸭们场段
特觉情

2.1.3 笔画组合

2.1.4 笔画误断误连

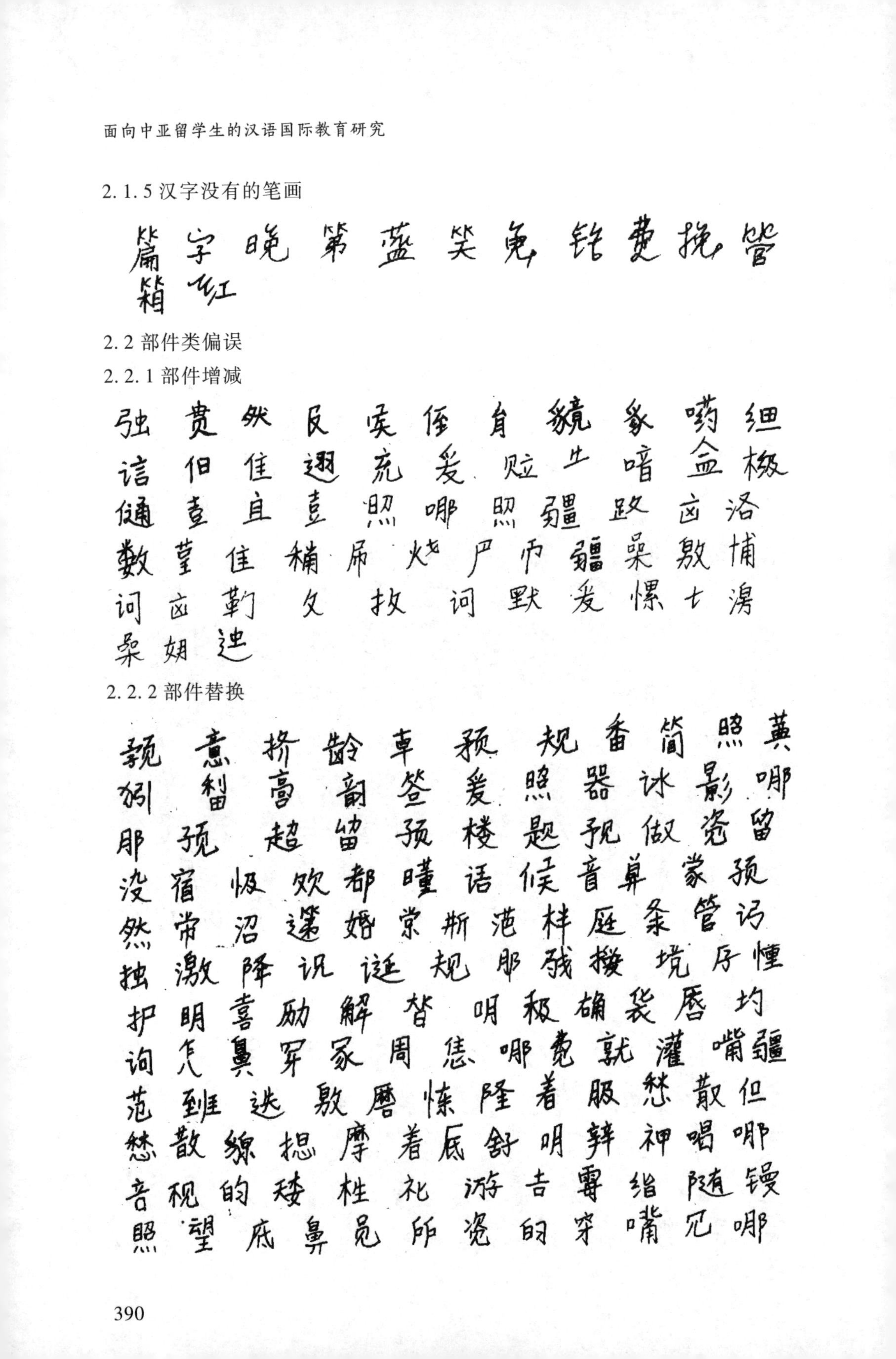

2.1.5 汉字没有的笔画

2.2 部件类偏误

2.2.1 部件增减

2.2.2 部件替换

箩 柿 眼 觋 佰 傲 宣 价 输 调 菓 知
滚 结 庭 挺 弧 情 阳 碟 想 拍 足 店
说 狐 第 曾 敢 序 抓 释 都 助 照 饪
吉 热 春 暖 熬 侔 辩 欲 邕 孩 述 说
真 煤 架 激 码 髦 微 物 祝 功 烧 第
和 旅 宿 傲 诉 学 解 记 昆 棺 停 病
奶 段 暧 惊 楚 楚 喜 椿 眼 疆
察 周 然 替 结 都 延 过 被 遍 勤 蜂
铢 婚 那 粉 唱 结 饮 亮 笨-笑 苦 算 周
舍 尝 武 周 馥 菜 这 招 结 膀 涮
瘸 殊 琓 帮 菜 视 婚 貌 规 貌 吉
旅 吉 家 康 害 拿 懒 聊 聊 航 简
聊 航 耗 航 许 许 幸 喜 采 相 喔
道 视 庭 去 第 那 新 房 晚 桌 帮 完
任 每 联 视 师 别 酸 突 家 惯 冷
听 观 望 伞 通 准 规-现 料 努-努
有 序 牢 利 怪 冷 牢 张 利 惊 牢 音
流 热 那 结 婚 样 坦 扱 功 浪 课 种
把 撑 能 校 肚 栽 强 序 结 意 德
知 诉 凉 错 贩 早 冷 到 聊 压 然
然 架 锹 解 周 挺 深 迈 查 都 微
那 慕 完 椁 吴 衫 票 哪 搂 高 奴
装 址 馆 锻 功 房 赌 旧 抓 省 补 结

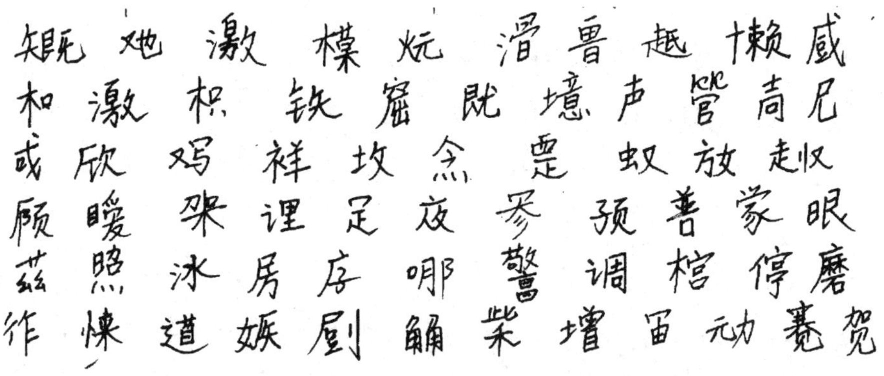

2.2.3 部件组合

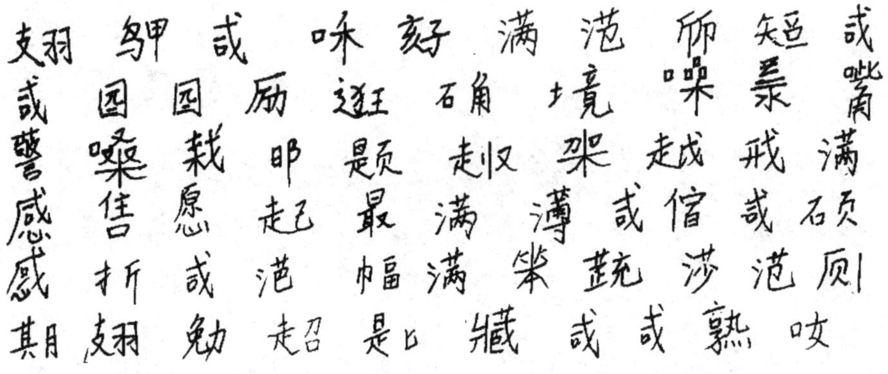

参考文献

孙德金：《对外汉字教学研究》，商务印书馆，2006。

王建勤：《汉语作为第二语言的习得研究》，北京语言文化大学出版社，1997。

周小兵、李海鸥：《对外汉语教学入门》，中山大学出版社，2007。

张清源：《现代汉语知识词典》，四川人民出版社，1990。

黄伯荣、廖序东：《现代汉语》，高等教育出版社，2007。

骈宇骞：《中华字源》，万卷出版公司，2007。

刘珣：《对外汉语教育学引论》，北京语言大学出版社，2000。

苏培成：《现代汉字学纲要》，北京大学出版社，1994。

傅永和：《汉字七题》，河南教育出版社，1993。

戴汝潜：《汉字教与学》，山东教育出版社，1999。

柴世森：《漫谈错别字问题》，语文出版社，1999。

赵克勤：《错别字例释》，商务印书馆，1998。

昌学汤：《汉语错别字心理分析》，中国文史出版社，1991。

张静贤：《现代汉字教程》，现代出版社，1992。

裘锡圭：《文字学概要》，商务印书馆，1998。

彭聃龄：《语言心理学》，北京师范大学出版社，1991。

彭聃龄：《汉语认知研究》，山东教育出版社，1997。

李保江：《错别字词鉴析》，新华出版社，1991。

戴汝潜：《汉字教与学》，山东教育出版社，2000。

陈天泉：《汉字正字法》，湖北教育出版社，1983。

吕淑湘：《语文常谈》，三联书局，1982。

孙钧锡：《汉字和汉字规范化》，教育科学出版社，1990。

吕必松：《对外汉语教学概论（讲义）》，国家教委对外汉语教师资格审查委员会办公室，1996。

胡文华：《汉字与对外汉字教学》，学林出版社，2008。

周健：《汉字教学理论与方法》，北京大学出版社，2007。

王玉新：《汉字部首认知研究》，山东大学出版社，2009。

黄希庭：《结构对称性汉字认知研究与应用》，新华出版社，2004。

尉万传：《东南亚华裔留学生汉字偏误综合考察》，暨南大学出版社，2004。

安藤亮大：《留学生汉字书写错误的综合考察与成因分析》，北京语言文化大学出版社，2000。

施正宇：《外国学生形符书写偏误分析》，第六届国际汉语教学讨论会论文选，北京大学出版社，2000。

鲁健骥：《中介语理论与外国人学习汉语的语音偏误分析》，《对外汉语教学思考集》，北京语言文化大学出版社，1999。

施正宇：《外国留学生汉字书写偏误分析》，第六届国际汉语教学讨论会论文选，北京大学出版社，2000。

赵果、江新：《什么样的汉字学习策略最有效》，北京语言文化大学参加中国对外汉语教学学会第七届学术讨论会论文汇编，2001。

高立群：《外国学生形声字偏误分析》，中国对外汉语教学学会第七届学术讨论会文选，人民教育出版社，2002。

张静贤：《现代汉字笔形论》，第二届国际汉语教学讨论会论文选，北京语言学院出版社，1988。

鹿士义：《母语为拼音文字的学习者汉字正字法意识发展的研究》，《语言教学与研究》2002 年第 2 期。

吕必松:《汉语教学路子研究刍议》,《暨南大学华文学院学报》2003 年第 1 期。

李大遂:《从汉语的两个特点谈必须切实重视汉字教学》,《北京大学学报》1998 年第 3 期。

范祖奎:《中亚留学生汉字学习特点调查分析》,《民族教育研究》2009 年第 3 期。

万业馨:《汉字字符分工与部件教学》,《语言教学与研究》1999 年第 4 期。

王宁:《汉字构形理据与现代汉字部件拆分》,《语文建设》1997 年第 3 期。

易洪川:《字音特点及其教学策略》,《语言文字应用》1999 年第 4 期。

石定果、万业馨:《关于对外汉字教学的调查报告》,《语言教学与研究》1998 年第 1 期。

施正宇:《现代形声字形符意义的分析》,《语言教学与研究》1994 年第 3 期。

陈绂:《日本学生书写汉语汉字的讹误及其产生原因》,《世界汉语教学》2001 年第 4 期。

江新:《初级阶段外国留学生汉字学习策略的调查研究》,《语言教学与研究》2001 年第 4 期。

江新:《不同母语背景的外国学生汉字知音和知义之间关系的研究》,《语言教学与研究》2003 年第 6 期。

李俊红、李坤珊:《部首对于汉字认知的意义——杜克大学中文起点班学生部首认知策略测查报告》,《世界汉语教学》2005 年第 4 期。

徐彩华、刘芳、冯丽萍:《留学生汉字形误识别能力发展的实验研究》,《语言教学与研究》2007 年第 4 期。

冯丽萍、陆华岩:《部件信息在留学生汉字加工中的作用》,《语言教学与研究》2005 年第 3 期。

徐子亮:《汉字背景与汉语认知》,《汉语学习》2003 年第 12 期。

王建勤:《外国学生汉字构形意识发展模拟研究》,《世界汉语教学》2005 年第 4 期。

喻柏林、曹河圻:《笔画数配置对汉字认知的影响》,《心理科学》1992 年第 4 期。

费锦昌:《对外汉字教学的特点、难点及其对策》,《北京大学学报》1998 年第 3 期。

施正宇:《外国留学生形符书写偏误分析》,《北京大学学报》1999 年第 4 期。

徐彩华:《汉字教学中的几个认知心理问题》,《北京师范大学学报》2000 年第 6 期。

马明艳:《初级阶段非汉字圈留学生汉字学习策略的个案研究》,《世界汉语教学》2007 年第 1 期。

万业馨：《文字学视野中的部件教学》，《语言教学与研究》2001年第1期。

朱志平：《汉字构形学说与对外汉语教学》，《语言教学与研究》2002年第4期。

肖奚强：《外国学生汉字偏误分析》，《世界汉语教学》2002年第2期。

冯丽萍：《非汉字背景留学生汉字学习中的负迁移及对策》，《汉字文化》2002年第3期。

朱志平、哈丽娜：《波兰学生暨欧美学生汉字习得的考察、分析与思考》，《北京师范大学学报（社会科学版）》1999年第6期。

万业馨：《略论形声字声旁与对外汉字教学》，《世界汉语教学》2000年第1期。

王碧霞、李宁、种国胜、徐叶首：《从留学生识记汉字的心理过程探讨基础阶段的汉字教学》，《语言教学与研究》1994年第3期。

施正宇：《现代汉字的几何性质及其在汉字教学中的意义》，《语言文字应用》1998年第4期。

陈文博：《中亚留学生汉语学习现状及新疆对外汉语教学对策》，《新疆大学学报（哲学人文社会科学版）》2007年第7期。

陈文博：《中亚留学生汉字学习重“音”轻“字”现象分析》，《语言与翻译》2008年第2期。

中亚留学生黏合式补语使用情况调查研究

梁 云 刘 晨

补语是最能体现现代汉语特点的语法成分之一，现代汉语补语语法体系具有复杂性、灵活性和节约性等特点。吕文华（2001）在谈到对外汉语教学问题时指出："汉语中的补语结构因其本身的复杂性历来是语法学界关注的热点，也是汉语教学尤其是对外汉语教学的重点和难点。" 多年以来，在对外汉语教学中补语系统因其意义丰富、形式多变、规则复杂，已成为影响教学的不利因素。另一方面，语法学界对补语分类一直存在分歧，使得对外汉语教材不能统一，这也是造成补语教学困难的原因。在对外汉语教学语法体系中，很成功地采取了按结构特点划类、按意义命名的办法，在教学中取得了很好的效果。但是"既然是按结构特点划类，就要贯彻到底；既然是按意义命名，就要取某个形式所表达的最主要、最有代表性的意义为名称。"（吕文华，2001）[①] 补语在分类上还存在一些问题，如：V + 上类词，到底应归为趋向补语还是结果补语；得字补语应归为程度补语还是状态补语等问题，始终没有定论。

加之俄语中没有汉语所谓的补语成分，这又给中亚留学生的学习带来了不小的障碍。在习得补语过程中，中亚留学生会表现出不同于其他母语背景学习者的规律及特点，可是，就研究资料而言，大多数是以日本、韩国、越南、泰国及操英语国家的学习者为研究对象进行的补语研究，且大部分研究也多从汉语补语的某一类型入手，较少着眼于一类或整个补语系统。目前，针对中亚留学生习得补语的研究还没有。然而现在新疆高校的中亚留学生人数众多，研究资料丰富，因此，笔者将基于前人的研究成果，对中亚留学生黏合式补语的使用情况进行调查研究。

---

① 吕文华：《关于对外汉语教学中的补语系统》，《语言教学与研究》1995 年第 4 期。

一　中亚留学生粘合式补语使用现状调查分析

（一）粘合式补语正确使用情况统计分析

表 1　粘合式补语正确使用情况统计表

	句子(个)	频数(次)
结果补语	786	814
趋向补语	408	421
数量补语	212	218
介词短语作补语	202	213

能够正确使用结果补语的句子中，76.34%是“V+到/不到”这一述补结构，使用频率相对较高的还有“V好”、“V完”。对于“到、好、完”这三个结果补语留学生使用频率高；其次，“V懂”、“V成”、“V见”、“V掉”、“V下”也是留学生愿意选择使用的结果补语。如：

我遇到了很大的困难。/你看到的那个人并非是我的朋友。

我要努力学好汉语。

作业我已经做完了。

他说的汉语我没听懂。

我们五个人组成了一个团队。

我今天早晨看见他了。

打扫卫生的大妈总是把我的喝水瓶子扔掉。

这个老师给我留下了很深的印象。

能够正确使用趋向补语的句子中，简单趋向补语“来”、“去”的正确使用率较高，显然留学生对“来”、“去”的立足点和动作方向比较容易掌握；复合趋向补语“上去”、“下来”、“进去”、“进来”、“出去”、“出来”等只要不加宾语，其正确率也相对较高；趋向补语的本义比引申义用法的正确率要高。如：

过去的时间不能再回来了。

周末一起出去玩。

这首诗是他写出来的。

这个衣服不合适，赶快脱下来。

留学生数量补语的掌握情况整体较差，数量补语的使用率较高，但正确率偏低，正确的句子中大部分为“不及物动词+时量补语”的组合，对于时量补语与谓语和宾语的位置关系，留学生的掌握情况明显不好；动量补语使用频率高的有“次”和“下”，但正确率仍然不高。如：

劳动节，我们休息了三天。

我在上海待了一个星期。

红山公园我已经去过两次了。

你能帮我念一下这句话吗？

能够正确使用介词短语作补语的句子中，“V在”的使用率较高，“V到”的次之，如：

我住在十一楼。

毕业后我想留在中国。

我被分到11（2）班了。

我把妈妈送到了火车站。

（二）粘合式补语使用偏误分析

鲁健骥在《外国人汉语语法偏误分析》（1994）中探究初学汉语的外国人在语法形式上表现出的语法偏误，将母语为英语的学生的偏误归纳为遗漏、误加、误代、错序四大类。本文也依照这一基本框架，按偏误的结构形式，对自然语料中出现偏误的句子进行了穷尽的整理和归类、统计，在1048个偏误句子中，各类补语的偏误数量及偏误率如表2所示：

表2　粘合式补语偏误句及偏误率情况统计表

	偏误句子(个)	偏误率(%)
结果补语	421	32.81
趋向补语	201	33.01
数量补语	278	56.73
介词短语作补语	148	42.29

1. 结果补语偏误分析

（1）结果补语自然语料偏误分析

①结果补语遗漏

常被遗漏的结果补语有“见、到、上、完、好、成”等，缺失的补语格常用“了”来补位。

＊我在校门口看了王老师。——我在校门口看见/到了王老师。

＊早晨起床了，我听喜鹊的声音。——早晨起床后，我听见/到喜鹊的声音。

＊我根本没想有这样好看的舞蹈。——我根本没想到有这样好看的舞蹈。

＊我考了一个好大学。——我考上了一个好大学。

＊老师在纸上写所有课的名字。——老师在纸上写上所有课的名字。

＊吃饭以后我有空，你来找我吧。——吃完饭以后我有空，你来找我吧。

＊我没有空时间，所以没有写了。——我没有空时间，所以没有写完。

＊你要做了心理准备。——你要做好心理准备。

＊唱片烧了之后，可以做各种形状的东西。——唱片烧掉之后，可以做成各种形状的东西。

汉语的一些“动结”结构，如“看见、听到、写上、吃完、做好”等，与不含结果补语的单纯动词的主要区别就在于动作是否有持续意义。凡是“动结”结构，都是非持续性的，反之则是持续性的。上述例句中的“看、听、想、考、写、吃、做、烧”都是持续性动作，加结果补语后，就变为非持续性动作。由于学生对这一语法意义缺乏认识，造成了偏误。

②动词中心语遗漏

在“动结”结构中，留学生会出现动词缺失的偏误，补语直接代替谓语的位置，充当谓语的功能。

＊“换”字错了。——“换”字写错了。

＊我在教室门口见卡米拉了。——我在教室门口看见卡米拉了。

＊迪力烁德的破了头。——迪力烁德摔破了头。

＊我们赢了。——我们打赢了。

詹人凤（1989）指出，述补结构的语义重心是补语，含结果补语的句子只有一个表述时，述语才是中心。鲁健骥（1999）认为，学生容易遗漏不重要或次要的部分。在结果补语中，如果语义重心是补语，学生会容易遗漏述语；当述语是及物动词，能直接和宾语搭配或受事同时出现在句子中，补语语义和述语语义近似时，学生遗漏述语的可能性更大。上述偏误例句中，“错、见、赢”都可以直接和“字、卡米拉、我们”搭配；“破”虽不能直接和“头”组成动宾短语，但可以别用作“头破了”，意思十分接近，这时学生容易遗漏动词中心语，造成语义或结构的不完整。

③结果补语误加

留学生会在不需要结果补语的句子中，误加结果补语，使得句子出现偏误。

*希望明年能回学校看见她。——希望明年能回学校看她。

*很多人不想考上研究生。——很多人不想考研究生。

*找到工作有点儿难。——找工作有点儿难。

*父母买好小狗做礼物。——父母买了小狗做礼物。

*昨天我丢掉了 100 元钱。——昨天我丢了 100 元钱。

结果补语通常表示完成，而对于没有完成甚至还未发生的事情，通常不使用结果补语。如例句中“来这里”、“回学校”、“考研究生”都是还未发生的事情，所以不能在动词中心语后再加上表完成的结果补语。而后三例的“V + 结果补语 + 宾语”与“V + 宾语”存在明显的意义差别，加上结果补语就造成了成分的赘余。

④结果补语可能式的误代

对于结果补语的可能式“V + 不 + 补”，留学生经常把“V + 不了”泛化，用于结果补语可能式的句子中，表示“不能 V 补”；另一种情况是“动结”之前缺少“能/可以”这类能愿动词，使“能力义”变成了“结果义”，造成了语义差别；第三种情况是“不能 V”经常代替“V 不补”，造成了句子的偏误。

*我很怕，因为觉得考不了。——我很怕，因为觉得考不过。

*在教室很响声，所以老师说的话听不了。——教室里很吵，所以老师说的话听不到。

*最近她没有钱了，一件衣服也买不了。——最近她没有钱了，一件衣服也买不起。

*他问我已经会听懂中国人说的话了吗？——他问我已经能听懂/听得

懂中国人说的话了吗?

＊我听懂你说什么。——我能听懂/听得懂你说什么。

＊中国的菜很辣，开始我不能吃，然后我习惯了。——中国的菜很辣，开始我吃不惯，后来习惯了。

关于可能式否定形式的意义，张旺熹（1999）概括为“愿而不能”，“这一结构的核心意义在两点：一是‘愿’，即整个结构表达人们主观上企望执行某种动作行为或实现某种结果的意义——企望性；二是‘不能’，即整个结构表达由于客观原因而使结果不能实现的意义——可能性。”因此，可能式的否定形式一般出现在具有企望义或原因义的句子里。

⑤结果补语的否定式与可能式的否定形式混淆

结果补语的否定式一般为“没＋动结”，只有在表示假设情况时才用“不＋动结”，而且否定副词一般放在动词前。而留学生却常因否定副词的摆放位置以及混用“没”和“不”，把结果补语否定式与可能式的否定形式相混淆了。

＊中国人听不太懂你说话。——中国人没太听懂你说话。

＊他真想不到这么多年居然是听错了。——他真没想到这么多年居然是听错了。

＊上次的 HSK 我考不过。——上次的 HSK 我没考过。

＊如果我通不过笔试，就不能面试。——如果我没通过笔试，就不能面试。

＊我不听见这个声音。——我听不见这个声音。

＊我不好听懂中国人的话。——我听不懂中国人的话。

郭锐（1997）认为“没”和“不”的对立是过程性和非过程性上的对立。所谓“过程”，卢福波（2004）认为“就是在时间轴上有流程的动态过程，即一是在时间轴上的表现；二是有节点的或无节点的线性表现。”① 而动结式表现的行为始于一个动作终于一个结果，在线性过程中经历了一段时间流程，并且客观存在该过程的终结点，因此接受“没”的否定，前三例强调的是没有达到结果，否定形式应为“没太听懂”、“没想到”、“没考过”、“没通过”。和“过程”相对立的是“非过程”，表达的是“点”的概念，从广义上说，“大多的确可以把它看作主观范畴领域的东西，因为它们

① 卢福波：《对外汉语教学语法研究》，北京语言大学出版社，2004，第 99 页。

跟客观的线性流程没有直接关系，它们属于认识世界里的东西，可以包括主观的意志愿望、主观的情感态度、主观对客观世界的认识、判断、评价或者跟判断、认识、意愿等有关的可能性等。"[①] 可能式属于"非过程"，因此接受"不"的否定，后两例"听不见"、"听不懂"强调的是"不能"而非结果。

⑥结果补语带宾语的错序

留学生常出现的结果补语带宾语的错序情况一般有三种：一是"V+O+补"；二是"离合词+补"；三是"不及物动结+O"。如：

*我打电话通了。——我打通电话了/打电话打通了。

*古洛木昨晚喝酒醉了。——古洛木昨晚喝醉酒了/喝酒喝醉了。

*我一考试完就回国。——我一考完试就回国/考试一考完就回国。

*我刚洗澡完。——我刚洗完澡/洗澡洗完。

*地震的时候倒塌了很多房屋。——地震的时候很多房屋倒塌了。

*你买贵了这个鞋子。——这双鞋子你买贵了。

结果补语带宾语时，宾语只能放在补语后面，或者述语先带上宾语，重复述语后再带上补语，如前两例"打通电话"、"喝醉酒"或"打电话打通"、"喝酒喝醉"；离合词的规律相同，如例句三、四"考完试"、"洗完澡"还可以说"考试考完"、"洗澡洗完"。留学生常把宾语放在述补之间或不重复述语直接在离合词后加补语，造成了偏误，而后两例的偏误是在不及物"动结"后加上了宾语。关于"动结式"的及物性，朱德熙（1981）认为，"带结果补语的述补结构跟动词一样，也有及物与不及物的区别。"[②] 李小荣（1994）发现，影响"动结式"带宾语的主要因素有补语的语义指向、音节的数目和句法环境。[③] 补语指向施事，说明施事自身运动变化的结果，一般不能带宾语，如例句中的"倒塌"；补语指向动作，说明动作本身的客观情况，不涉及名词性成分，因此不能带宾语；补语指向受事，表示与理想相反的结果或偏离了某项预期标准的结果，一般不能带宾语，如例句中的"买贵"；此外，大多数双音节词语的"动结式"不能带宾语。

---

① 卢福波：《对外汉语教学语法研究》，北京语言大学出版社，2004，第100页。

② 朱德熙：《语法讲义》，商务印书馆，2002，第126页。

③ 李小荣：《对述结式带宾语功能的考察》，《汉语学习》1994年第5期，第34页。

⑦动补之间误加副词、“到”、“的”等

留学生时常在动补之间插入其他成分或词语，造成语法偏误。如：

*不学非常好汉语怎么会当汉语老师呢？——不学好汉语怎么能当汉语老师呢？

*我吃很饱了。——我吃饱了。

*小心别把牛奶热到坏了。——小心别把牛奶热坏了。

*学习的完了以后，我想去大使馆工作。——学完习以后，我想去大使馆工作。

结果补语主要用来表示动作或状态变化而产生的结果，与述语结合紧密，中间不能插入其他成分（“得/不”除外），尤其当形容词充当结果补语时，述补之间不能插入程度副词“很、太、非常”等。

⑧结果补语自然语料各偏误类型的数据分布

表3　三个阶段结果补语偏误类型的分布及百分比

偏误类型 所占比例(%)	初级	中级	高级	合计
补语遗漏	46	72	17	135
	31.51	35.29	23.94	32.07
动词中心语遗漏	9	18	5	32
	6.16	8.82	7.04	7.60
补语误加	31	25	14	70
	21.23	12.25	19.72	16.53
可能式误代	22	36	8	66
	15.07	17.65	11.27	15.68
否定式与可能式的否定形式混淆	20	29	9	58
	13.70	14.22	12.68	13.78
补语带宾语错序	7	16	14	37
	4.79	7.84	19.72	8.79
动补之间误加副词“到、的”等	9	3	2	14
	6.16	1.47	2.82	3.33
其他偏误	2	5	2	9
	1.37	2.45	2.82	2.14
总用例	146	204	71	421
	34.68	48.46	16.86	32.81

(2) 结果补语测试卷统计描写

①结果补语的不定项选择

表 4　动词中心语与结果补语位置的考查

题目	“对不起,我(　　)了。” A. 来晚　B. 晚来　C. 来得晚				
选项		A	B	C	AC
初级	人数	26	32	10	0
	百分率(%)	38.24	47.06	14.71	0
中级	人数	58	11	14	2
	百分率(%)	68.24	12.94	16.47	2.35
高级	人数	73	6	4	2
	百分率(%)	85.88	7.06	4.71	2.35
合计	人数	157	49	28	4
	百分率(%)	65.97	20.59	11.76	4.70
题目	“大家都(　　)。” A. 打了开书　B. 打开了书　C. 打开书了				
选项		A	B	C	BC
初级	人数	20	28	20	0
	百分率(%)	29.41	41.18	29.41	0
中级	人数	4	42	38	1
	百分率(%)	4.70	49.41	44.71	1.18
高级	人数	2	31	40	12
	百分率(%)	2.35	36.47	47.06	14.12
合计	人数	26	101	98	13
	百分率(%)	10.92	42.44	41.18	5.46

这两道题考查的是学生对动词中心语与结果补语位置的掌握情况，结果补语和动词联系紧密，表示动作或行为产生的结果，其位置通常紧跟在动词后面，中间不能插入任何成分及词语。“晚来”从成分上分析属于状中结构，“晚”置于“来”之前是用来修饰限制“来”的；“来得晚”从种类上说属于情态补语，“晚”是用来描述动词“来”的情态。初级阶段留学生

“B”项的选择率最高，正确率较低，只占38.24%；中级阶段留学生正确率有所升高，达到68.24%；高级阶段留学生正确率较高，达到85.88%，只有少数人选择错误。同样，“打开书”中间不能插入“了”，只有10.92%的留学生选择了错误选项，其中初级学生居多。不过，此题BC两项均正确，全部选对的只有13人，其中12人都为高级阶段学生。从总体上看，留学生对于“动结”位置的掌握会随着汉语水平的升高而减少偏误，趋于正确。

表5　对结果补语选择的考查

题目	杯子打(　　)了。 A. 倒　B. 碎　C. 破					
选项		A	B	C	BC	AB
初级	人数	19	38	11	0	0
	百分率(%)	27.94	55.88	16.18	0	0
中级	人数	11	49	25	0	0
	百分率(%)	12.94	57.65	29.41	0	0
高级	人数	6	54	21	3	1
	百分率(%)	7.06	63.53	24.71	3.53	1.18
合计	人数	36	141	57	3	1
	百分率(%)	15.13	59.24	23.95	1.26	0.42
题目	老师已经讲(　　)第八课了。 A. 完　B. 好　C. 到					
选项		A	B	C	AC	AB
初级	人数	28	14	26	0	0
	百分率(%)	41.18	20.59	38.23	0	0
中级	人数	46	6	33	0	0
	百分率(%)	54.12	7.06	38.82	0	0
高级	人数	55	3	21	5	1
	百分率(%)	64.70	3.53	24.71	5.59	1.18
合计	人数	129	23	80	5	1
	百分率(%)	54.20	9.66	33.61	2.10	0.42

这两道题考查的是留学生对结果补语的选择。各阶段留学生选择“杯子打碎了”的比例相对较大，其次是“杯子打破了”，然后是“杯子打倒

了”。当“杯子”作为受事主语时，跟“打”搭配的结果补语可以有很多，此题的三个选项都是正确的。但从义项的角度说，“碎”的意义最为单一，表示完整的东西破成零片零块；“破”除了表示完整的东西受到损伤变得不完整之外，还有突破、揭穿、破烂等意义，除了可以搭配“杯子破了”，还可以说“衣服破了”，而“碎”就不能和“衣服”搭配；“倒”的意义最多，除了表示（人或竖立的东西）横躺下来之外，还表示失败垮台、转一转换、腾挪、出倒、倒买倒卖等意思。所以，留学生在选择与主语和动词相搭配的结果补语时，多用义项单一的词语，而选择意义较多的词语的比例相对较小。

各阶段留学生选择“老师已经讲完第八课了”的比例相对较大，其次是“老师已经讲到第八课了”，再次是“老师已经讲好第八课了”。动词加“好”和“完”都能表示动作或行为的完成，比如：“衣服洗好了”可以说成“衣服洗完了”。而留学生对于表示完成义的动结结构中，最常使用的就是“V＋完”，这一点不难理解，因为“完”是最直观、最直接表示完成的词语。而“V＋好”除了表示完成还表示动作行为达到完善的地步；“讲到第八课”中“到”为介词，做结果补语时不仅表示动作有了结果，还表示此结果具体达于某一点。当问及一些选择“到”的33.61%的留学生选择此项的原因时，有同学表示“因为常听老师说这句话”，说明补语高频重现有助于其掌握补语。这道题“完”和“道”都为正确选项，而完全答对的留学生只有高级阶段的5人，完全正确的比率只有2.10%，大部分只选择了其中的一项。

表6　结果补语带宾语次序的考查

题目	我(　　)。 A. 打电话通了　　B. 打通电话了　　C. 电话打通					
选项		A	B	C	BC	AC
初级	人数	30	26	12	0	0
	百分率(%)	44.12	38.23	17.65	0	0
中级	人数	24	46	13	0	2
	百分率(%)	28.23	54.12	15.29	0	2.35
高级	人数	12	62	9	2	0
	百分率(%)	14.12	72.94	10.59	2.35	0
合计	人数	66	134	34	2	2
	百分率(%)	27.73	56.30	14.29	0.84	0.84

续表

题目	你(　　)吗？ A. 做完作业了　　B. 做作业完了　　C. 做了作业完了					
选项		A	B	C	AB	AC
初级	人数	25	38	5	0	0
	百分率(%)	36.76	55.88	2.10	0	0
中级	人数	53	29	1	1	1
	百分率(%)	62.35	34.12	1.18	1.18	1.18
高级	人数	66	19	0	0	0
	百分率(%)	77.65	22.35	0	0	0
合计	人数	144	86	6	1	1
	百分率(%)	60.50	31.13	2.52	0.42	0.42

这两道题考查的是结果补语带宾语的次序。从总体来看，这两道题的正确率分别为56.30%和60.50%，其中初级阶段学生的错误比率相对较高。动结结构加宾语的正确顺序应该为“V＋结果补语＋O”，初级阶段留学生通常会出现“V＋O＋结果补语”这种偏误顺序，是因为初级阶段留学生最先习得的语法顺序是“S＋V＋O”，当出现补语时，他们往往把动宾结构过度泛化，把结果补语置于宾语之后，如数据显示，44.12%的初级阶段学生选择了“打电话通了”，55.88%的学生选择了“做作业完了”。而从中级阶段开始正确选项“打通电话”和“做完作业”的选择率逐渐升高。

表7　结果补语否定式与可能式的否定形式的考查

题目	“屋子太暗，我(　　)黑板上的字。” A. 没看清楚　　B. 看不清楚　　C. 不看清楚				
选项		A	B	C	AB
初级	人数	5	46	17	0
	百分率(%)	7.35	67.65	25.00	0
中级	人数	6	70	8	1
	百分率(%)	7.06	82.35	9.41	1.18
高级	人数	3	78	1	3
	百分率(%)	3.53	91.76	1.18	3.53
合计	人数	14	194	26	4
	百分率(%)	5.88	81.51	10.92	1.68

续表

题目	今天他(　　)皮鞋就出门了。 A. 擦不干净　　B. 没擦干净　　C. 擦得不干净						
选项		A	B	C	AB	BC	AC
初级	人数	17	34	16	0	0	1
	百分率(%)	25.00	50.00	23.53	0	0	1.47
中级	人数	24	37	22	0	2	0
	百分率(%)	28.24	43.53	25.88	0	2.35	0
高级	人数	13	54	16	2	0	0
	百分率(%)	15.29	63.53	18.82	2.35	0	0
合计	人数	54	125	54	2	2	1
	百分率(%)	22.69	52.52	22.69	0.84	0.84	0.42

题目	我(　　)做完作业(　　)吃饭。 A. 不　不　　B. 没　没　　C. 不　没						
选项		A	B	C	AB	BC	没不
初级	人数	12	36	14	4	0	2
	百分率(%)	17.65	52.94	20.59	5.88	0	2.35
中级	人数	39	35	8	1	2	0
	百分率(%)	45.88	41.18	9.41	1.18	2.35	0
高级	人数	44	29	9	3	0	0
	百分率(%)	51.76	34.12	10.59	3.53	0	0
合计	人数	95	100	31	8	2	2
	百分率(%)	39.92	42.02	13.02	3.36	0.84	0.84

结果补语的否定式表示动作或行为没有达到某一结果，而结果补语可能式的否定形式则表示动作或行为不能够达到某一结果，留学生对这两种形式经常混淆。“屋子太暗，我没看清楚黑板上的字”经历了一个线性过程，最终达到“没看清楚”这一结果；“屋子太暗，我看不清楚黑板上的字”属于非过程性的，强调的是“不能看清楚”而非结果；“屋子太暗，我不看清楚黑板上的字”属于病句，对于过程性的否定只能用“没”不能用“不”。从总体来看，81.51%的学生选择了“看不清楚”，且初、中、高的比重逐渐增大，而只有5.88%的学生选择“没看清楚”；其次初级阶段对于结果补语的否定式掌握得不够扎实，25.00%的学生选择了“不看清楚”，中、高级学生的错误率明显降低；再次，完全选对的学生只有4人，占总人数的1.68%，其中3人为高级阶段

学生。

当情态补语和这两种补语同时出现时，留学生同样也被情态补语迷惑混淆。虽然52.52%的学生能选择正确选项“没擦干净”，但初、中、高各个阶段学生选择“擦不干净”和“擦得不干净”的比例基本相当。情态补语具有描述性，其主语应是“鞋子”而非“他”。

通常情况下动结结构的否定词必须用“没”，而第三道题“我不做完作业不吃饭”，是假设复句“如果我不做完作业，就不吃饭”的紧缩句，留学生对于紧缩句的知识点一知半解，造成了该题正确率仅有39.92%。从这三个表格的数据中我们可以看出，留学生对于结果补语否定形式及其混淆项的掌握还需加强。

表8　多重补语次序的考查

题目	“这杯咖啡的味道不错，可是（　　）。” A. 糖放多了点儿　B. 多点儿放糖了　C. 多放点儿糖了					
选项		A	B	C	AB	AC
初级	人数	20	29	19	0	0
	百分率（%）	29.41	42.65	27.94	0	0
中级	人数	50	15	17	2	1
	百分率（%）	58.82	17.65	20.00	2.35	1.18
高级	人数	53	11	19	1	1
	百分率（%）	62.35	12.94	22.35	1.18	1.18
合计	人数	123	55	55	3	2
	百分率（%）	51.68	23.11	23.11	1.26	0.84

本题考查的是多重补语的次序。正确选项“糖放多了点儿”的语法结构是“主（糖）+谓（放）+结果补语（多）+程度补语（点儿）”，其中“点儿”是进一步补充“多”的程度的。“多点儿放糖了”是状中结构，用“多点儿”来修饰限制“放糖”的动作，“多放点儿糖了”的结构是“状（多）+谓（放）+定（点儿）+宾（糖）”。初级阶段学生中选择率最高的为“多点儿放糖了”，占该阶段总人数的42.65%，中、高级阶段的正确率逐渐提高，分别为58.82%和62.35%。

②结果补语的改错

表 9　对结果补语缺失的考查

题目	我每天复习以后，就去打篮球。		
偏误类型	结果补语缺失（应改为“复习完以后”）		
	初级	中级	高级
正确频数（次）	2	9	20
正确率（%）	2.94	10.59	23.53
题目	有一天我在学校看了一只小狗。		
偏误类型	结果补语缺失（应改为“看见了一只小狗”）		
	初级	中级	高级
正确频数（次）	8	28	38
正确率（%）	11.76	32.94	44.71

表 10　对结果补语否定式中否定副词的考查

题目	小红不吃完饭就走了。		
偏误类型	否定副词的误用（应改为“没吃完饭”）		
	初级	中级	高级
正确频数（次）	5	28	41
正确率（%）	7.35	32.94	48.24

表 11　对结果补语与宾语位置关系的考查

题目	他洗衣服干净了。		
偏误类型	宾语位置不当（应改为“把衣服洗干净了/洗干净了衣服”）		
	初级	中级	高级
正确频数（次）	1	15	31
正确率（%）	1.47	17.65	36.47

表 12　对动结式分开表达的考查

题目	他写名字，名字错了。		
偏误类型	动结式分成两个句子表达（可改为“他把名字写错了/他写错名字了/他名字写错了”）		
	初级	中级	高级
正确频数（次）	9	35	58
正确率（%）	13.24	41.18	68.24

从整体上来说，大部分中亚留学生找不出病句中的错误，对于结果补语的偏误句子并不敏感，五道题的正确率整体较低；初、中、高三个阶段每道题的正确率呈明显梯度，正确率随学习等级的升高而逐层升高。

在对结果补语缺失的病句改错中，很多留学生或忽视了动词“复习”和“看”的结果，而把注意力放在了句子的其他正确成分上，或挑不出错误之处，认为这两个句子是对的。“复习”和“看”都为持续性动词，只有加上结果补语“完”和“见”后才变为表结果义的非持续动词。在对结果补语否定式中否定副词“不”、“没”的区分中，很多留学生或把结果补语否定式与可能式混淆，改成“吃不完饭”，或直接把“不”删去，回避否定副词的选择，或认为此句话是正确的。通常，“没”和“不”都可否定动词中心语，其区别在于“没”否定的是已然动词，而“不”则否定未然动词，动结式显然表示已发生的动作产生的结果，所以应用“没”来否定。在对结果补语与宾语错序的病句改错中，很多留学生或把补语“干净”作谓语，改为“他洗的衣服干净了”，或把“干净”当作情态补语，改为“他的衣服洗得很干净了”，或认为此句话是对的。“干净”是形容词，具有描述性，作谓语或情态补语时，其主语应该是“衣服”，而此题中的主语是“他”，所以“干净”应修饰动词“洗”，改为“他洗干净衣服了”或“他把衣服洗干净了”。对于动结式分开表达的病句改错，正确率与前四题相比稍高一些，常出现此类错误的多为初级阶段学生。除此之外，部分学生会把两个分句杂糅，改为“他写名字错了”，这一答案同样属于结果补语与宾语错序的偏误。

（3）小结

从整体来看，中亚留学生使用结果补语时除了存在自然语料整理出的七种偏误之外，通过测试卷考查，他们还存在动补错序，对于作结果补语的词语的掌握和使用都比较有限，结果补语否定式中否定词的误用，以及结果补语与其他补语同时出现时的错序问题等。对于结果补语遗漏以及与宾语错序的偏误，自然语料显示中级学生偏误比例相对较高，而测试结果显示其偏误率随学习等级的提高而逐层降低，而对于结果补语其他几类偏误的考查结果与自然语料的整理结果基本一致。

2. 趋向补语偏误分析

（1）趋向补语自然语料偏误分析

①趋向补语误加

趋向补语的语义丰富，适用面广。留学生接触了一些趋向补语后，就开始用已知的知识联想、推断，导致一些趋向补语的使用不当，出现了泛化偏误，趋向补语误加是其中的表现之一。

*趁早给自己找个台阶下去。——趁早给自己找个台阶下。

*按照医院的规定，我们不能带来东西给爸爸吃。——按照医院的规定，我们不能带东西给爸爸吃。

*我的深深的祝福与爱送上给你。——我的深深的祝福与爱送给你。

*一个小孩自从出生下来就没有妈妈了。——一个小孩自从出生就没有妈妈了。

*我看了一个忧郁的电影，所以哭了起来。——我看了一个忧郁的电影，所以哭了。

前三例是简单趋向补语“去”、“来”和“上”的赘余，“下去”具有不及物的特性，后面不能带宾语，我们只能说“下台阶”；“带来”和“送上”虽是及物的，但它们也带有一定的“实现性”，而句子原本想说明的只是“带东西”这件事和“送给你”这一动作。后两例是复合趋向补语“下来”和“起来”的赘余，“出生”本来就有“生下来”的意思，后面再加上“下来”显然是多余的，而例句中的“起来”属于复合趋向补语的引申用法，“哭了起来”表示开始哭，强调由不哭转入哭的过程，但句子的本意是说明“哭了”这件事。

②趋向补语与宾语位置错序

谓语动词同时带趋向补语和宾语时，补语和宾语的位置是一个比较复杂的问题。一般受以下几个因素的影响：谓语动词表示的动作是否实现，宾语的性质及谓语动词的性质。留学生出现的宾语位置的偏误十分突出，且一直持续到高级阶段。

*在一部电影我们可以看出来三个不同场景。——从这部电影中我们可以看出三个不同场景来。

*我们没有带来精读课本——我们没有把精读课本带来。

*老师拿去这个U盘了。——老师把这个U盘拿去了。

*我要立刻拿回去这个。——我要立刻把这个拿回去。

*我想起来这个问题。——我想起这个问题来。

*我们可以看出来人的丰富。——我们可以看出人的复杂来。

*阿扎马特急急忙忙进来我们的班。——阿扎马特急急忙忙进我们的

班来。

＊我要回去哈萨克斯坦。——我要回哈萨克斯坦去。

＊我不想回去宿舍。——我不想回宿舍去。

“来”、“去”作简单趋向补语带一般宾语时，宾语位置通常比较灵活，既可以在“来、去”前，又可以在其后，而当宾语为确指时通常只能放在“来、去”之前，前两例的“精读课本”和“U盘”都为确指，所以只能放在“来”、“去”的前面。同时，金立鑫（2002）认为“来”、“去”具有标记主要动词时体的功能。[①] 表示动作实现并结束的句子，宾语一般在“来、去”之后，有确指宾语的句子要表示已然动作，则必须采用“把”字句；表示动作未实现的句子，宾语一般在“来、去”之前；如果是处所宾语，则只能放在“来、去”之前。在复合趋向补语中，如果宾语为一般宾语，宾语不确指时位置比较自由，可以放在补语前、补语后、或者补语中间，如：拿出来一本书/拿出一本书来/拿一本书出来。由于“来、去”是动词的时体标记，所以这三个句子的区别还是在动作的时体意义上：“拿出来一本书”表示动作实现并已结束；“拿出一本书来”表示动作实现了但还在持续；“拿一本书出来”表示动作还未实现。如果宾语是确指的，则只能放在补语之前或中间，其区别还是在于动作的时体意义不同，如果要表示动作实现并已结束，则需用“把”字句。如果是处所宾语，则只能放在复合趋向补语之间。

根据已有研究，不仅是中亚留学生，很多其他国家的学生在使用趋向补语带宾语（尤其是处所宾语）时都出现了同样的偏误。当询问出现此类偏误的留学生为什么这样表达时，有学生认为，他们分不清宾语是否为确指，也不会考虑动作的时体意义，因为不带宾语的趋向补语先学习，并把该结构当作一种固定表达，所以再加上宾语时，自然而然会直接放在动补之后，而不会放在述补之间或复合趋向补语之间。

③趋向补语遗漏

该用趋向补语而没用，也是留学生在学习趋向补语时比较普遍的偏误现象。既有简单趋向补语的遗漏又有复合趋向补语的遗漏，既有表趋向义补语的遗漏又有表结果义补语的遗漏，也有表引申意义补语的遗漏。如：

---

① 金立鑫：《趋向补语和宾语的位置关系》，华东师范大学出版社，2002。

＊他把钱包塞了口袋。——他把钱塞进了口袋。

＊拿一个厚厚的笔记本。——拿出一个厚厚的笔记本。

＊又一天过了。——又一天过去了。

＊在一页写所有课的名字。——在这一页写上所有课的题目。

＊他们要继续生活着。——他们要继续生活下去。

＊即使失败，我也要坚持。——即使失败，我也要坚持下去。

＊万一别人问，你就说是他的主意。——万一别人问起来，你就说是他的主意。

＊不一会儿天就下雨，我们没有带伞。——不一会儿天就下起雨来，我们没有带伞。

前四例为简单趋向补语的缺失，其中“塞进”表示趋向义，“拿出”、“过去”、“写上”表示结果义；后四例是复合趋向补语的缺失，缺失的补语都为引申用法的补语，“下去”的述语是动词则表示动作的继续，述语是形容词则表示出现的状态的弱化，“起来”的述语是动词则表示动作由静态进入动态，述语是形容词则表示进入某状态并逐渐强化。

④趋向补语误代

留学生虽然有使用趋向补语的意识，但在使用时未能分清趋向补语子系统内具体词语之间的语义区别、在趋向补语误用中，最常出现的是“来”的泛化和“起来”的泛化。

＊回来国家的时候，我始终想用筷子吃饭。——回到祖国的时候，我始终想用筷子吃饭。

＊儿子在外面还没进来家里。——儿子在外面还没进到家里。

＊我一听就吓了起来。——我一听就吓了一跳。

＊这个答案我想不起来。——这个答案我想不出来。

前两例是简单趋向补语“来”与结果补语“到”误代了，虽然“回来”、“进来”有结果义，但句中的“国家”和“家里”是动作结束的终点，所以应该用“到”而非“来”；后两例是复合趋向补语的误用，“吓”是非持续动词，不能搭配“起来”，而“想不起来”意为“知道答案，只是一时忘了”，“想不出来”意为“不会做，不知道答案”。

⑤趋向补语各偏误类型的数据分布

表 13　三个阶段趋向补语偏误类型的分布及百分比

偏误类型 所占比例(%)	初级	中级	高级	总计
补语误加	34	19	9	62
	37.36	23.75	30.00	30.85
补语与宾语位置错序	28	38	15	81
	30.77	47.50	50.00	40.30
补语遗漏	21	13	2	36
	23.08	16.25	6.67	17.91
补语误代	4	7	3	14
	4.40	8.75	10.00	6.97
其他偏误	4	3	1	8
	4.40	3.75	3.33	3.98
总用例	91	80	30	201
	45.27	39.80	14.93	33.01

(2) 趋向补语测试卷统计描写

①趋向补语的不定项选择

表 14　对复合趋向补语选择的考查

题目	我一打开窗,一只小鸟飞(　　)了。 A. 进　B. 进来　C. 去				
选项		A	B	C	ABC
初级	人数	8	43	16	1
	百分率(%)	11.76	63.24	23.53	1.47
中级	人数	4	73	8	0
	百分率(%)	4.71	85.88	9.41	0
高级	人数	12	71	2	0
	百分率(%)	14.12	83.53	2.35	0
合计	人数	24	187	26	1
	百分率(%)	10.08	78.57	10.92	0.42

题目	下个月我要回国了,想把房子租(　　)。 A. 上去　B. 进来　C. 出去					
选项		A	B	C	AC	BC
初级	人数	13	13	41	1	0
	百分率(%)	19.12	19.12	60.29	1.47	0

续表

题目	下个月我要回国了，想把房子租（　　）。 A. 上去　　B. 进来　　C. 出去					
选项		A	B	C	AC	BC
中级	人数	11	7	66	0	1
	百分率(%)	12.94	8.24	77.65	0	1.18
高级	人数	10	3	71	1	0
	百分率(%)	11.76	3.53	83.53	1.18	0
合计	人数	34	23	178	2	1
	百分率(%)	14.29	9.66	74.79	0.42	0.42

题一选项中“进”着眼于动作“飞”本身，是对动作移动方向的描写，与说话人所在位置没有必然关系，而句子本身是以“我”的位置为立足点的，也没有强调“飞”的终点，所以“去”也不能选。从整体来看，这道题正确率较高，并随语言水平的升高而逐渐升高；中级留学生正确率最高，达到85.88%，高级阶段留学生对于错误选项“进”的选择率比初、中级都高，达到14.12%，出现了明显的偏误反复。

题二是对复合趋向补语本义的考查，“上去”表示由低到高、由近及远，或由主体向对象；“进来”表示从外到里；“出去”表示由里向外离开说话的人。从整体看，此题的正确率比较高，74.79%，并且正确率随着学习等级的升高而逐渐升高，错误率也随之降低。数据表明，学生对于趋向动词本义的立足点和动作方向掌握情况良好，与自然语料考察结果相符。

表15　复合式趋向补语引申用法的考查

题目	这道题太难了，我（　　）。 A. 答不上来　　B. 答不下去　　C. 答不起来					
选项		A	B	C	BC	AC
初级	人数	26	12	29	1	0
	百分率(%)	38.24	17.65	42.65	1.47	0
中级	人数	21	16	48	0	0
	百分率(%)	24.71	18.82	56.47	0	0
高级	人数	27	20	37	0	1
	百分率(%)	31.76	23.53	43.53	0	1.18
合计	人数	74	48	114	1	1
	百分率(%)	31.09	20.17	47.90	0.42	0.42

续表

题目	早上我醒（　　）的时候，大家已经去上课了。 A. 起来　　B. 出来　　C. 过来					
选项		A	B	C	AB	AC
初级	人数	34	13	20	1	0
	百分率（%）	50.00	19.12	29.41	1.47	0
中级	人数	45	11	28	0	1
	百分率（%）	52.94	12.94	32.94	0	1.18
高级	人数	42	2	39	1	1
	百分率（%）	49.41	2.35	45.88	1.18	1.18
合计	人数	121	26	87	2	2
	百分率（%）	50.84	10.92	36.55	0.84	0.84

题目	他说（　　）话（　　）快极了。 A. 出来　　B. 起来　　C. 上来						
选项		A	B	C	AB	AC	BC
初级	人数	26	20	15	3	3	1
	百分率（%）	38.24	29.41	22.06	4.41	4.41	1.47
中级	人数	43	26	12	3	0	1
	百分率（%）	50.59	30.59	14.12	3.53	0	1.18
高级	人数	49	26	7	1	2	0
	百分率（%）	57.65	30.59	8.24	1.18	2.35	0
合计	人数	118	72	34	7	5	2
	百分率（%）	49.58	30.25	14.29	2.94	2.10	084

选项中“上来、出来、下去、起来、过来”五个复合趋向动词都有表示结果的意义，但它们之间存在一定的差异：“上来”本义为“从下到上，位置升高，数量增多”，由此引申为动作的“量”增多，强调一种从无到有的结果；“出来”本义指动作由里向外朝着说话的人，后引申为动作完成或实现，或表示由隐蔽到显露；“下去”本义为“从上到下，位置降低，数量减少”，由此引申为动作的“量”减少，进一步引申为动作趋于停滞，直到结束；“起来”强调由隐到显的过程，在修饰动词时，“起来”表示动作开始，并继续下去，主要强调动作的开始；“过来”在动词后做趋向补语的语义比较多，表示来到自己所在的地方（如：走过来），表示正面对着自己（如：把脸转过来），表示时间、能力、数量充分（如：一个人忙不过来），表示回到原来的、正常的状态（如：醒过来）。

从整体来看，此类题正确率较低，分别仅有 31.09%、36.55% 和 30.25% 的学生选对。其中“这道题太难了”，“我”的想法和意识在看到题之前并未形成，只能在答题过程中慢慢成形，经历的是从无到有的过程，所以选择“答不上来”；如果要表达从隐到显的过程，我们只能说“想不起来”，即不能把封存的记忆转化为鲜活的意识。从睡眠的状态回到清醒的状态只能搭配“醒过来”，由于“过来”的语义较多，学生对其的理解大多只停留在基本义上，所以此题正确率仅有 36.55%，其中错误项“起来”的选择率较高，达到 50.84%，有留学生解释说“老师说过‘起来’中含有‘起床’的意思”，所以认为“起来”可以和“醒”搭配，完成“早晨起床”的语义。“他说起话来”强调的动作“说”的开始，“他说出话来”强调的“说”的结果或“说出的话”，而“说话”和“上来”不能搭配，此题选项“出来”在初、中、高各个阶段的选择率逐渐上升且都是最高，占总比例的 49.58%，“上来”的选择率随学习等级的升高而逐渐降低，占总比例的 14.29%。数据表明，留学生对于复合式趋向补语的引申义掌握不够好。

表 16　趋向补语加宾语次序的考查

题目	她的话给我(　　)。 A. 带来了希望　B. 带希望来了　C. 带了希望来					
选项		A	B	C	AB	AC
初级	人数	36	26	5	1	0
	百分率(%)	52.94	38.24	7.35	1.47	0
中级	人数	67	13	4	0	1
	百分率(%)	78.82	15.29	4.71	0	1.18
高级	人数	71	10	2	1	1
	百分率(%)	83.53	11.76	2.35	1.18	1.18
合计	人数	174	49	11	2	2
	百分率(%)	73.11	20.59	4.62	0.84	0.84

题目	我们(　　)。 A. 爬山上去　B. 爬上山去　C. 爬上去山				
选项		A	B	C	AB
初级	人数	35	24	7	2
	百分率(%)	51.47	35.29	10.29	2.94
中级	人数	51	28	4	2
	百分率(%)	60.00	32.94	4.71	2.35

续表

题目	我们（　　）。 A. 爬山上去　　B. 爬上山去　　C. 爬上去山				
选项		A	B	C	AB
高级	人数	50	31	4	0
	百分率(%)	58.82	36.47	4.71	0
合计	人数	136	83	15	4
	百分率(%)	57.14	34.87	6.30	1.68

题目	看到照片，我（　　）了。 A. 想起来她　　B. 想起她来　　C. 想她起来					
选项		A	B	C	AB	AC
初级	人数	29	17	21	0	1
	百分率(%)	42.65	25.00	30.88	0	1.47
中级	人数	63	13	8	1	0
	百分率(%)	74.12	15.29	9.41	1.18	0
高级	人数	70	8	6	1	0
	百分率(%)	82.35	9.41	7.06	1.18	0
合计	人数	162	38	35	2	1
	百分率(%)	68.07	15.97	14.71	0.84	0.42

题一考查的是简单趋向补语加宾语的位置顺序。简单趋向补语带宾语时，如果宾语为一般宾语，则位置比较自由，置于补语前后均可，只是表示的时体意义有所差别；如果宾语为抽象名词，则只能位于补语之后。从整体上看，此题正确选项“带来了希望”的选择率为 73.11%，相对较高，选项“带希望来了”的选择率次之；初级阶段留学生的正确率较低，仅有 52.94%，但随汉语水平的提高，正确率逐渐提高，错误选项的选择率也逐渐降低。

题二、三考查了复合式趋向补语带宾语的位置顺序。当复合式趋向补语加地点宾语时，宾语的位置只能在补语中间；复合式趋向补语的引申用法带宾语时，无论宾语是地点宾语还是一般宾语，位置也只有一种“中宾式”，同样是把宾语置于复合补语之间。显然，留学生对于复合式趋向补语与宾语位置顺序的掌握情况不够好，这两道题的正确率仅有 34.87% 和 15.97%；并且越是中、高级阶段学生越容易出错，而选择“S + 复合趋向补语 + O”结构，选项中“爬上去山”的总选择率为 57.14%，“想起来她”的选择率更是高达 68.07%，且有明显的初、中、高递升趋势。

表 17　趋向补语否定式和可能式的否定形式的考查

题目	电话里我(　　)她的声音。 A. 听不出　　B. 没听出　　C. 不听出					
选项		A	B	C	AB	AC
初级	人数	38	15	12	3	0
	百分率(%)	55.88	22.06	17.63	4.41	0
中级	人数	55	26	4	0	0
	百分率(%)	64.71	30.59	4.71	0	0
高级	人数	41	40	2	1	1
	百分率(%)	48.24	47.06	2.35	1.18	1.18
合计	人数	134	81	18	4	1
	百分率(%)	56.30	34.03	7.56	1.68	0.42

趋向补语否定式和可能式的否定形式的区别与结果补语否定式和可能式的否定形式的区别基本相同，对于动趋结构的否定应用否定副词“没”，表示没有达到动趋这一结果，而可能式的否定则必须用否定副词“不”，表示不能够达到动趋的效果。此题没有前后语义限制，所以“听不出”和“没听出”都为正确选项，虽然这两项的选择率较之“不听出”要高很多，错误选项“不听出”的选择率为7.56%，并随初、中、高阶段的变化而逐渐降低，但是全部选对的只有4人，正确率只有1.68%。

表 18　趋向补语带宾语时，对宾语的考查

题目	我的同屋经常买回来(　　)。 A. 一些东西　　B. 东西　　C. 吃的东西						
选项		A	B	C	AC	BC	ABC
初级	人数	23	22	20	4	0	3
	百分率(%)	33.82	32.35	29.41	5.88	0	4.41
中级	人数	42	11	24	6	2	0
	百分率(%)	49.41	12.94	28.24	7.06	2.35	0
高级	人数	40	7	31	3	1	3
	百分率(%)	47.06	8.24	36.47	3.53	1.18	3.53
合计	人数	105	40	75	13	3	6
	百分率(%)	43.39	16.53	30.99	5.37	1.24	2.48

任何一个名词成分在话语中都有不同的指称性质，“发话人在使用某个名词性成分时，如果预料受话人能将所指对象与语境中某个特定的事物等同起来，该名词成分为定指成分，反之，发话人预料受话人无法将所指对象与语境中某个特定事物区分开来，这一名词性成分为不定指成分”。[①] 句子的编排一般遵循已知信息先于新信息的原则，选项中的宾语放在句末为新信息，应该为有所指的名词性成分，所以可以说“买回来一些东西”和“买回来吃的东西”，而不能说“买回来东西”。错误选项“东西”的选择率为16.53%，由初、中、高级逐渐降低，但完全选对的仅有13人，占总人数的5.37%。

②趋向补语的改错

表19　趋向补语与宾语位置关系的考查

题目	我们走回去宿舍。		
偏误类型	复合趋向补语与宾语位置不当(应改为“走回宿舍去/走回宿舍”)		
	初级	中级	高级
正确频数(次)	0	7	15
正确率(%)	0.00	8.24	17.65
题目	弟弟经常给我带很多麻烦来。		
偏误类型	简单趋向补语与宾语位置不当(应改为“带来很多麻烦”)		
	初级	中级	高级
正确频数(次)	8	31	48
正确率(%)	11.76	36.47	56.47

表20　对趋向补语误用的考查

题目	小明一回家就跑出了。		
偏误类型	简单趋向补语误用为复合趋向补语(应改为“跑出去/跑出来”)		
	初级	中级	高级
正确频数(次)	5	18	33
正确率(%)	7.35	21.18	38.82
题目	他轻轻地走出来房间。		
偏误类型	复合趋向补语误用为简单趋向补语(应改为“走出房间”)		
	初级	中级	高级
正确频数(次)	1	11	19
正确率(%)	1.47	12.94	22.35

① 张伯江、方梅：《汉语功能语法研究》，江西教育出版社，2001，第115页。

表 21　对复合趋向补语引申用法的误用

题目	音乐一响，我们就唱了下来。		
偏误类型	复合趋向补语引申用法误用（应改为“唱了起来”）		
	初级	中级	高级
正确频数（次）	4	27	42
正确率（%）	5.88	31.76	49.41

从整体上来说，趋向补语改错题在这四种粘合式补语的改错题中正确率最低，错误最多，改法也最五花八门。留学生对趋向补语这五个病句的敏感程度和结果补语的病句相比有所提高，但这仍然不能改变其正确率很低的现实，很多学生都存在能够找出错误但不能改对错误的问题。

复合趋向补语“回去”与宾语“宿舍”位置不当这一病句中，大部分学生的改法是删去动词中心语“走”而直接使趋向补语与宾语结合，成为“我们回去宿舍”，或把“去”也删去，直接说成“我们回宿舍”，剩下部分学生认为此句没有错误。因为“宿舍”为地点宾语，它的位置只能在复合趋向补语中间，应改为“走回宿舍去”。简单趋向补语“来”与宾语“麻烦”位置不当这一病句中，大部分学生的改法是删去“来”，使动宾直接结合。他们已经意识到错误之处在“来”上，但很多留学生都未能改对。此题的正确改法应该是“弟弟经常给我带来很多麻烦”。很多留学生都会出现简单趋向补语与复合趋向补语混用的偏误，在对简单趋向补语误用为复合趋向补语的病句改错中，很多留学生或直接删去“出”，或把“出”换成“走”、“回”等其他词语。其正确改法应该是“小明一回家就跑出去了”或“小明一回家就跑出来了”。在对复合趋向补语误用为简单趋向补语的病句改错中，很多学生或删去动词中心语“走”，或把复合趋向补语“出来”改为“进来”、“进去”、“出去”，或认为这句话没有语病。其正确改法应该是“他轻轻地走出房间”。在对复合趋向补语引申用法误用的病句改错中，很多留学生或在“了”字上做文章，把它移至末尾，变为“我们就唱下来了”，或找出错误但未能改对，把“下来”改为“下去”、“出来”等。此题正确改法为“音乐一响，我们就唱了起来”，符合趋向补语“起来”在这里修饰“唱”，表示动作的开始，并继续下去。

（3）小结

自然语料整理结果显示，中亚留学生使用趋向补语主要存在趋向补语误

加、遗漏、误代以及与宾语错序这四种偏误。通过测试卷的进一步调查，笔者发现，在趋向补语与宾语位置的问题上，留学生对复合趋向补语加宾语后的位置掌握得不好；同时，留学生对复合趋向补语的引申用法的使用情况也不好。自然语料的整理结果与测试卷的统计结果基本一致。

3. 数量补语偏误分析

（1）数量补语自然语料偏误分析

①补语与动词中心语错序

留学生在使用数量补语时，无论是时量补语还是动量补语偏误最多的就是把数量补语置于动词前，占据了状语的位置，使得数量补语与状语相混淆了。

*我在这儿已经四年读书了。——我在这儿已经读了四年书了。

*我一个月喝了石榴汁。——我喝了一个月的石榴汁。

*班里头都是以前三四年学汉语的学生。——班里头都是以前学过三四年汉语的学生。

*昨天我们两个小时左右散步了。——昨天我们散步散了两个小时左右。

*他们俩很长时间讨论了。——他们俩讨论了很长时间。

*十年内我们班只一次聚会。——十年内我们班只聚过一次会。

*我一连三次说了。——我说了一连三次。

*他一番折腾以后。——他折腾一番以后。

关于时间词语的句法位置，石毓智认为："表示时间点和时间段的时间词语只能用在谓语动词前，而表示维持长度的时间词语要在谓语动词之后。"① 即表示动作行为发生的时间位于动词之前作状语，而表示动作持续的时间位于动词之后作补语。时量补语和一部分时间状语都表示与动作有关的时间，时间点和时间段说明了动作行为的时间位置，而持续时间说明了动作进行的数量特征。"读书、喝石榴汁、学汉语、散步、讨论"都是持续动词，而例句中的时间词不表示动作发生的时间，而是指动作行为持续的时间，所以时间词应放在动词后作时量补语。后三例的偏误是把动量补语提前了，当问及留学生为什么要把动量补语提前时，有的说是因为他们以为时量补语和动量补语都属于数量补语，当习惯了把时量补语放在动词前以后，他们会不自觉地把动量补语也置于动词之前。

① 石毓智：《现代汉语语法系统的建立——动补结构的产生及其影响》，北京语言大学出版社，2003，第165页。

②时量补语与宾语错序

当时量补语与宾语同时出现时，时量补语的位置由多各方面因素共同决定，由于留学生不明白其中的规律，时常造成了错序的偏误。如：

*昨天我看书了两个小时。——昨天我看了两个小时的书/看书看了两个小时。

*你学汉语了多长时间？——你学了多长时间汉语/你学汉语学了多长时间？

*我来一年多中国了。——我来中国一年多了。

*我们住三年这里了。——我们住这里三年了。

马庆株（1984）对动词后面时量成分与名词宾语的先后次序问题做了深入剖析，他认为："时量成分前置还是后置，决定于许多因素：从组合成分的性质上看，时量成分的位置既与时量成分自身的类有关，又与动词的小类有关，有时还与名词性成分有关；从语义表达上看，时量成分的位置既与这个时量成分的所指（是指动作持续的时间量，还是指动作完成以后经历的时间量）有关，又与 V—N 的语义关系有关。"[①] 所以，如果非持续性动词带宾语，宾语应放在时量补语之前，一般在末尾加"了"，如："到乌鲁木齐两天了"，"丢了钱包三天了"。如果持续性动词带表处所意义的宾语，当处所成分是名词时，宾语的位置可前可后；当处所成分是代词或方位词时，宾语放在时量补语前，如："存一年银行/存银行一年"，"住这儿好几年了"、"放抽屉里四天了"；当宾语是一般名词，通常放在时量补语后面或采用重动句的形式，如："看了一天的书/看书看了一天"；当宾语是人称代词或称呼语，则放在时量补语前面，如："等她半天了"。前两例是持续性动词加一般宾语，所以时量补语应放在宾语前或采用重动句形式；第三例是非持续性动词加宾语，所以时量补语应放在宾语后；第四例是持续性动词加方位词作宾语，所以时量补语应放在宾语后。

③补语与离合词错序

离合词是汉语的一类特殊动词，也是中亚留学生习得汉语的难点之一。留学生往往把离合词看作一个整体，带补语时，或放在离合词之前，或放在离合词之后。

*昨天老师和我聊天一会儿。——昨天老师和我聊了一会儿天/聊天聊

① 马庆株：《汉语动词和动词性结构》，北京大学出版社，2004，第 123 页。

了一会儿。

＊每天我们都要洗澡一次。——每天我们都要洗一次澡。

＊我们一小时开会了。——我们开了一小时的会/开会开了一小时。

＊我一整天睡觉了。——我睡了一整天的觉/睡觉睡了一整天。

离合词本身就是动宾结构，宾语是一般的名词，数量补语应放在离合词之间，有时还在数量补语之后加上“的”或“了”来连接句子，构成“V＋（了）＋补＋（的）＋O”格式；或采用重动句形式，构成“V＋O＋V＋（了）＋补（了）”格式。例句中“聊天”、“洗澡”、“开会”和“睡觉”均属离合词，所以带数量补语后要符合上述两种格式。

④“了”的遗漏和错序

“了”在对外汉语教学中是个难点，“了”与数量补语的次序问题也尤为重要。留学生在使用数量补语尤其是时量补语时，常常遗漏“了”或者把“了”放置在不对的位置上。如：

＊我给家人介绍一下我在中国的日子。——我给家人介绍了一下我在中国的日子。

＊我待一会儿就回去了。——我待了一会儿就回去了。

＊我学汉语了一年——我学了一年汉语了。

＊我在中国留学了两年。——我在中国留了两年学了。

＊我们看电影了两个小时。——我们看了两个小时（的）电影。

＊我三次去北京了。——我去了三次北京。

＊我到中国已经十六天。——我到中国已经十六天了。

当动词表示过去的动作，同时句中有数量补语时，“了”首先是必不可少的，而且位置应该紧随动词后，因为动词态助词“了”与动词是密不可分的，中间不能插入任何其他成分，所以前六例的格式应该为“V＋了＋补＋O”。如果动词后边有“了”，句末还有语气助词“了”时，则表示动作仍在进行，如“我学了一年汉语了”表示现在还在继续学汉语，“我在中国留了两年学了”表示现在仍在中国留学。

⑤时量补语表达有误

部分留学生对于时量补语表达有误，这种偏误经常在初级和中级阶段出现，高级阶段很少出现。

＊我在学校的林荫道坐了一刻钟时间。——我在学校的林荫道坐了一刻钟/一会儿。

＊我待在中国第二年。——我待在中国一年多了。

＊虽然她工作很忙，但是她每天一点时间看书。——虽然她工作很忙，但是她每天都看一会儿书。

＊我到中国两个小时。——我到中国两天了。

＊由于很多学习，所以他累了。——由于学习了很长时间，所以他累了。

在此类偏误语料中相当一部分都是“很多”和“一点”的泛化，由于留学生对数量词语掌握不扎实，所以经常用表数量的“很多”来表示“很长时间”，用“一点”来表示“一会儿”。

⑥动量补语误用

使用动量补语时，留学生常出现动量补语的误用，包括：动量补语与动词不搭配，留学生比较熟悉的动量词是“次”和“下”，其使用频率很高，造成了动量补语泛化的偏误；有时还在不该用动量补语的时候使用了动量补语，产生偏误；还有动量补语表达有误。

＊他们说晚上节目很好，我决定看一次。——他们说晚上节目很好，我决定看一下。

＊我迟到了，老师骂了我一遍。——我迟到了，老师骂了我一顿。

＊她看了我一下。——她看了我一眼。

＊别克狠狠的打了我一下。——别克狠狠地打了我一拳。

＊她先擦了桌子，然后把碗洗一下——她先擦了桌子，然后把碗洗干净了。

＊他们坐一下旁边。——他们坐在了旁边。

＊我希望多一点去图书馆复习。——我希望多去几次图书馆复习。

传统语法把动量词一般分为两大类：专用动量词和借用动量词。专用动量词主要是“下、回、次、遍、趟、顿、场、番、通”等。动量词自身的语义特点决定了与之搭配的动词的类型：“下、回、次”与一般的动作动词都能搭配，“下”强调动量小，“回”和“次”是对动作发生次数的计量，“回”多用于书面语，而“次”多用于口语；和“遍”的动词一般含有过程性和完整性的语义特征；与“顿”搭配的动词多表示饮食、打骂等行为；与“趟”搭配的多位移动动词，具有行走的语义；与“场”搭配的动词多具有“长时”的语义特征，多表示自然现象、社会活动、个人行为；“番、通”搭配费时费力的复杂行为动词，“番”含有褒义倾向而“通”含有贬义倾向。所以例句一的“看一次”虽然能够搭配，但是不能表达动量小的特点，所以要用“看一下”；例二中“骂”一般与“顿”搭配。借用动量词

包括借用器官名词和借用工具名词。这些具有器官论元和工具论元含义的名词，在事件具体化过程中语义贡献小，因此有量词化的倾向，又因为本身的论元含义没有完全消失，因此，它们与数词构成的数量结构在表示动作的量时总带有事件本身的特征。[①] 借用动量词包括借用器官名词“眼、手、巴掌、拳、脚、口”等，还包括借用工具名词“刀、筷子、笔、棍、针”等。器官、工具名词与动词之间的相互选择关系使得汉语表达丰富多变，例三的“看”要借用器官“眼”，“打”要借用“拳”，所以应搭配动量补语“一眼”和“一拳”。而后三例中，“把碗洗一下”应换成结果补语“洗干净”，“坐一下旁边”应换成介词短语做补语“坐在旁边”；最后一例中的“多一点”实际是想表达“多几次”的含义。

⑦数量补语各偏误类型的数据分布

表 22　三个阶段数量补语偏误类型的分布及百分比

偏误类型 所占比例(%)	初级	中级	高级	合计
补语与动词中心语错序	39	40	36	115
	42.39	39.60	42.35	41.37
时量补语与宾语错序	9	24	31	64
	9.78	23.76	36.47	23.02
补语与离合词错序	6	12	10	28
	6.52	11.88	11.76	10.07
“了”的遗漏与错序	19	10	6	35
	20.65	9.90	7.06	12.59
时量补语表达有误	12	5	2	19
	13.04	4.95	2.35	6.83
动量补语误用	4	9	0	13
	4.35	8.91	0.00	4.68
其他偏误	3	1	0	4
	3.26	0.99	0.00	1.44
总用例	92	101	85	278
	33.09	36.33	30.58	56.73

① 车慧：《韩国留学生习得汉语补语的偏误分析》，辽宁师范大学硕士毕业论文，第30页。

（2）数量补语测试卷统计描写

①数量补语的不定项选择

表 23 时量补语带宾语的位置考查

题目	我学了（ ）。 A. 汉语三年　B. 三年汉语　C. 三年了汉语				
选项		A	B	C	AB
初级	人数	44	17	5	2
	百分率（%）	64.71	25.00	7.35	2.94
中级	人数	41	43	0	1
	百分率（%）	48.24	50.59	0	1.18
高级	人数	31	54	0	0
	百分率（%）	36.47	63.53	0	0
合计	人数	116	114	5	3
	百分率（%）	48.74	47.90	2.10	1.26

题目	我昨天（ ）。 A. 一下午看电视　B. 看了一下午电视　C. 看电视看了一下午							
选项		A	B	C	AB	AC	BC	ABC
初级	人数	29	22	15	0	0	1	1
	百分率（%）	42.65	32.35	22.06	0	0	1.47	1.47
中级	人数	21	39	21	2	1	0	1
	百分率（%）	24.71	45.88	24.71	2.35	1.18	0	1.18
高级	人数	22	33	26	1	1	2	0
	百分率（%）	25.88	38.82	30.59	1.18	1.18	2.35	0
合计	人数	72	94	62	3	2	3	2
	百分率（%）	30.25	39.50	26.05	1.26	0.84	1.26	0.84

题目	我（ ），你去哪儿了？ A. 等你半天了　B. 等半天你了　C. 等了你半天						
选项		A	B	C	AC	BC	ABC
初级	人数	25	12	30	0	0	1
	百分率（%）	36.76	17.65	44.12	0	0	1.47
中级	人数	22	8	52	3	0	0
	百分率（%）	25.88	9.41	61.18	3.53	0	0
高级	人数	35	0	42	6	1	0
	百分率（%）	41.18	0	49.41	7.06	1.18	0
合计	人数	82	20	124	9	1	1
	百分率（%）	34.45	8.40	52.10	3.78	0.42	0.42

当持续性动词加一般宾语时，时量补语应该置于宾语的后边，或者采用重动句的形式，所以题一正确的说法可以是“我学了三年汉语”，或者是“我学汉语学了三年了”，题二的正确说法应是“我昨天看了一下午电视”或者“我昨天看电视看了一下午”。数据显示，初级阶段留学生选择宾语在前补语在后的情况比较普遍，到了中、高级阶段错误率有所降低。总体来说，这两道题正确率偏低，当动词为持续性动词时，相当一部分留学生会错误地把一般宾语放在时量补语的前面，或者把时量补语放在了动宾结构之前。

持续性动词带宾语，如果宾语是人称代词，那么通常放在时量补语的前面，所以题三选项中“等你半天了”和“等了你半天”均可带入句中，多数留学生的选择基本为这两项，只有17.65%的初级学生和9.41%的高级学生选择了“等半天你了”。不过，两项都选对的人数仍然很少，只有3名中级阶段学生和6名高级阶段学生。

表24　动量补语带宾语位置的考查

题目	今天我（　　）。 A. 去了书店一趟　B. 去了一趟书店　C. 去书店了一趟					
选项		A	B	C	AB	AC
初级	人数	21	25	19	3	0
	百分率（%）	30.88	36.76	27.94	4.41	0
中级	人数	34	41	7	2	1
	百分率（%）	40.00	48.24	8.24	2.35	1.18
高级	人数	31	46	7	0	1
	百分率（%）	36.47	54.12	8.24	0	1.18
合计	人数	86	112	33	5	2
	百分率（%）	36.13	47.06	13.87	2.10	0.84

题目	我（　　）。 A. 去过三次北京　B. 去过北京三次　C. 三次去过北京							
选项		A	B	C	AB	AC	BC	ABC
初级	人数	23	22	20	0	1	2	0
	百分率（%）	33.82	32.35	23.53	0	1.47	2.94	0
中级	人数	25	25	31	2	0	2	0
	百分率（%）	29.41	29.41	36.47	2.35	0	2.35	0
高级	人数	19	28	29	1	2	5	1
	百分率（%）	22.35	32.94	34.12	1.18	2.35	5.88	1.18
合计	人数	67	75	80	3	3	9	1
	百分率（%）	28.15	31.51	33.61	1.26	1.26	3.78	0.42

受动量补语修饰的动词若带宾语，宾语一般为名词或代词，若宾语为代词，则遵循“V + O + 动补”结构；若宾语为名词，则通常遵循“V + 动补 + O”结构，但当宾语为处所或称人名词时，动补可以放在宾语前，也可以放在宾语后。这两题选项中通常我们会说“去了一趟书店”和“去过三次北京”，但“图书馆”和“北京”都为处所名词，所以也可以说“去了书店一趟”和“去过北京三次”。同时量补语的偏误相似，部分学生会把动量补语置于动宾结构之前，各阶段留学生均表示“对于数量补语在句中的位置并不清楚，多数情况都是凭语感来判断”，完全选对这两道题的人数分别只有5人和3人，从表格中可以看出，学生对数量补语加宾语的次序问题整体掌握不够理想。

表25　对动量补语选择的考查

题目	我看了她一(　　)。 A. 眼　　B. 次　　C. 遍							
选项		A	B	C	AB	AC	BC	ABC
初级	人数	7	54	5	0	0	1	1
	百分率(%)	10.29	79.41	7.35	0	0	1.47	1.47
中级	人数	26	49	7	0	1	2	0
	百分率(%)	30.59	57.65	8.24	0	1.18	2.35	0
高级	人数	36	39	2	3	2	2	1
	百分率(%)	42.35	45.88	2.35	3.53	2.35	2.35	1.18
合计	人数	69	142	14	3	3	5	2
	百分率(%)	28.99	59.66	5.88	1.26	1.26	2.10	0.84

题目	他拍了我一(　　)。 A. 次　　B. 下　　C. 会儿					
选项		A	B	C	AB	BC
初级	人数	20	29	18	0	1
	百分率(%)	29.41	42.65	26.47	0	1.47
中级	人数	25	44	15	1	0
	百分率(%)	29.41	51.76	17.65	1.18	0
高级	人数	33	44	7	0	1
	百分率(%)	38.82	51.76	8.24	0	1.18
合计	人数	78	117	40	1	2
	百分率(%)	32.77	49.16	16.81	0.42	0.84

续表

题目	我迟到了，老师说了我一(　　)。 A. 遍　B. 回　C. 顿						
选项		A	B	C	AB	AC	BC
初级	人数	34	13	19	0	2	0
	百分率(%)	50.00	19.12	27.94	0	2.94	0
中级	人数	44	4	36	0	1	0
	百分率(%)	51.76	4.71	42.35	0	1.18	0
高级	人数	43	5	33	1	2	1
	百分率(%)	50.59	5.88	48.53	1.18	2.35	1.18
合计	人数	121	22	88	1	5	1
	百分率(%)	50.84	9.24	36.97	0.42	2.10	0.42

题目	他看了一(　　)书。 A. 眼　B. 遍　C. 会儿						
选项		A	B	C	AB	BC	ABC
初级	人数	9	42	15	0	1	1
	百分率(%)	13.24	61.76	22.06	0	1.47	1.47
中级	人数	13	48	22	1	1	0
	百分率(%)	15.29	56.47	25.88	1.18	1.18	0
高级	人数	7	56	18	0	3	1
	百分率(%)	8.24	65.88	21.18	0	3.53	1.18
合计	人数	29	146	55	1	5	2
	百分率(%)	12.18	61.34	23.11	0.42	2.10	0.84

选项中的“眼”为借用动量词，“次”、“遍”、“回”、“下”、“顿”为专用动量词，“次”、“回”是对动作发生次数的计量，和“遍”搭配的动词一般含有过程性和完整性的含义，“下”强调动量小，与“顿”搭配的动词一般跟打骂和饮食有关。所以前三道题的正确搭配应是“我看了她一眼”，“他拍了我一下”，“老师说了我一顿”。这三道题的正确率都比较低，分别为28.99%、49.16%和36.97%，选项中选择率较高为“次”，留学生表示“‘次’比其他动量词要使用得多”。

题四中的三个选项都能和动词“看”搭配，只是意义有所区别，“看了一眼书”表示动作小、时间段，“看了一遍书”表示把书从头到尾翻看的完整过程，“看了一会儿书”表示看书这一动作进行了一段时间。从表格中可以看出，与借用动量词相比，留学生对专用动量词的熟悉程度相对较高，掌握情况相对较好。此题选择率最高的为“遍”，达到61.34%，时量补语“一会儿”次之，达到23.11%，而借用动量词“眼”的选择率最低，为12.18%，且初、中、高三个阶段在每个选项的选择率上没有明显差别。根据表格数据以及个别访谈，各阶段留学生掌握动量补语的数量较少，对各动量补语的用法差别不甚了解，动量补语仍需进一步习得。

表26　时量补语与“了”的位置的考查

题目	他去世(　　)。 A. 一年多了　　B. 了一年多　　C. 一年了多				
选项		A	B	C	AB
初级	人数	40	23	3	2
	百分率(%)	58.82	33.82	4.41	2.94
中级	人数	64	17	3	1
	百分率(%)	75.29	20.00	3.53	1.18
高级	人数	66	14	1	4
	百分率(%)	77.65	16.47	1.18	4.71
合计	人数	170	54	7	7
	百分率(%)	71.43	22.69	2.94	2.94

此题中“去世”为非持续性动词，要表示动作完成后所经历的时间，“了”只能放在动补之后；“去世了一年多”是错误搭配，只有持续动词之后表示动作还在进行当中时，才能把“了”置于动词和时量补语之间；“去世一年了多”是比较明显的错误，大部分留学生都看出来了，时量补语“一年多”中间不能插入其他成分。从整体来看，71.43%的学生选择了正确选项，且正确率随着学习水平的升高而逐渐升高，但中、高级留学生的正确率与错误率没有明显差别，“了”与动补位置关系的知识点留学生应进一步习得。

②数量补语的改错

表27　对时量补语与宾语位置关系的考查

题目	我看电视了两个钟头。		
偏误类型	时量补语与宾语错序(应改为“看了两个钟头的电视/看电视看了两个钟头”)		
	初级	中级	高级
正确频数(次)	0	12	14
正确率(%)	0.00	14.12	16.47

表 28　对离合词与补语位置关系的考查

题目	我一整天睡觉了。		
偏误类型	离合词与补语错序（应改为"睡觉睡了一整天/睡了一整天的觉"）		
	初级	中级	高级
正确频数（次）	2	19	22
正确率（%）	2.94	22.35	25.88

表 29　对比况数量补语的考查

题目	哥哥大比弟弟五岁。		
偏误类型	动补与比较状语错序（应改为"哥哥比弟弟大五岁"）		
	初级	中级	高级
正确频数（次）	28	65	70
正确率（%）	41.18	76.47	82.35

表 30　对动量补语选择情况的考查

题目	妈妈今天骂了我一下。		
偏误类型	动量补语误用（应改为"骂了我一顿"）		
	初级	中级	高级
正确频数（次）	2	12	26
正确率（%）	2.94	14.12	30.59

表 31　对连动式加补语与宾语位置关系的考查

题目	昨天我去两次找王老师了。		
偏误类型	连动式加动量补语与宾语的位置错序（应改为"去找了王老师两次/去找了两次王老师"）		
	初级	中级	高级
正确频数（次）	4	15	27
正确率（%）	5.88	17.65	31.76

从整体上来看，各阶段留学生对这五道数量补语的病句不够敏感，正确率整体较低，而对于数量补语与宾语位置不当这类偏误，能找出错误并改正过来的初级阶段学生数量微乎其微，中级阶段的正确率有明显提高，而高级阶段正确率的升高并不明显。

在对时量补语与宾语错序的病句改错中，大部分留学生或把注意力放在“了”字上，改变“了”的位置，写成“看了电视两个钟头”，或把时量补语提至动宾之前，写成“两个钟头看了电视”，或认为这句话正确无误。病句中“看”是持续性动词，一般名词“电视”作宾语，其位置要不就在时量补语的后面，要不就采用重动句形式，所以此题的正确改法为“我看了两个钟头（的）电视”或“我看电视看了两个钟头”。在对离合词与宾语错序的病句改错中，很多学生或把时量补语“一整天”移至离合词“睡觉”之后，写成“我睡觉一整天了”或“我睡觉了一整天”，或在时量补语本身做文章，改为“一天”或“一天整”，还有相当一部分学生认为这个句子没有任何错误。离合词本就是动宾式的，加上时量补语时，其位置关系与一般名词作宾语是基本相同，此病句应该为“我睡了一整天的觉”或“我睡觉睡了一整天了”。改正比况数量补语病句的正确率相对较高，有留学生表示“比况句在我们心中已经是固定的了”，“A 比 B + V + 补语”，他们会把比况句的结构当作固定句型去使用。在对动量补语误用的病句改错中，大部分留学生对错误的动量补语毫无察觉，对此偏误很不敏感，由此可见留学生对动量补语的掌握情况不是很好，习得动量补语的个数极其有限。在对连动式与补语、宾语位置不当的病句改错中，留学生或把“了”字提前，写成“我去了两次找王老师”，或是把动量补语“两次”提至动词前，写成“两次去了找王老师”。我们可以把连动式看作一个整体，相当于一个谓语动词，因为宾语“王老师”是称人名词，所以动量补语在宾语的前后均可。而在正确改法中，把动量补语“两次”置于宾语之后的居多。

（3）小结

通过自然语料和补语测试卷的考查，中亚留学生使用数量补语的偏误主要集中在动词和补语错序，补语和宾语错序，补语和离合词错序，“了”的遗漏和错序，动量补语误用，动量词语掌握数量不够（尤其缺乏对借用动量词的掌握），以及时量补语表达有误这几种偏误上。自然语料的整理结果与测试卷的统计结果基本一致。

4. 介宾短语做补语偏误分析

（1）介宾短语作补语自然语料偏误分析

①介词遗漏或被“着”、“了”、“的”等误代

介宾短语作补语表示动作完成之后使人或事处于某时某地，或指向动作前进的方向、针对的对象等，表示的动作如果是经常性的或经历态，则不能

用介宾结构作补语。常用的介词有：在、到、于、上、自、向等。留学生常常出现的偏误是介词的遗漏，遗漏最多的是“到”。

＊你只需把它送邮局。——你只需把它送到邮局。

＊谁也不知道他跑哪去了。——谁也不知道他跑到哪儿去了。

＊我每天学习 7 点左右。——我每天学习到 7 点左右。

＊爸爸坐椅子上等着儿子。——爸爸坐在椅子上等着儿子。

＊这件事怎么做取决领导的意思。——这件事怎么做取决于领导的意思。

＊他把包放着桌子上就跑了。——他把包放在桌子上就跑了。

＊我们把剪纸贴了在窗子上。——我们把剪纸贴在了窗子上。

＊这病蔓延的整个世界。——这病蔓延至整个世界。

“到”字结构位于动词后作补语，可表示某事物通过某一动作，结果到达某处所。“到”字结构修饰的中心语具有位移义，介宾补语表示动作的结果位移的终点，深层语义隐含着与之对应的位移起点，但人们往往关注位移的终点，所以对起点避而不谈。留学生在使用介宾短语作补语时由于急于想表达动作的结果，往往遗漏了介词，除此之外，留学生还经常在用“着”、“了”、“的”来代替介词，造成偏误。“V 着”具有黏着义，“V 了”具有结果义，如例句中留学生造出“把包放着桌子上”这样的句子，实际想说明“包”与“桌子”的黏着关系，而“把剪纸贴了窗子上”，实际想表达“已经贴好剪纸”这一结果，但由于对介宾短语作补语这一语法点掌握不好，所以产生了偏误。

②介宾短语作补语与状语混淆

留学生在使用介宾短语作补语时经常与状语相混淆，或把补语置于动词前，或把状语置于动词后，产生很多偏误。

＊我学习汉语在新疆师范大学。——我在新疆师范大学学习汉语。

＊我第一次准备过年在中国。——我第一次准备在中国过年。

＊我们一起吃在学校食堂。——我们一起在学校食堂吃饭。

＊她以后工作在医院。——她以后在医院工作。

＊在班很多学生来从吉尔吉斯斯坦和塔吉克斯坦。——班里的很多学生是从吉尔吉斯斯坦和塔吉克斯坦来到这里的。

＊晚上十二点钟学生们滑轮滑。——学生们滑轮滑滑到晚上十二点钟。

＊我们到 4 月 20 号上课。——我们上课上到 4 月 20 号。

＊我打算了买词典，但是在房间忘了钱，所以买不了。——我打算买词典，但是把钱忘在房间了，所以买不了了。

有些介宾结构既可以作状语也可以作补语，但两者的意义有差别，“什么时候作状语什么时候作补语，要看强调的是哪一部分，若强调动作发生的处所译为状语，强调动作使人或事处于某处译成补语。”① 两者的述语动词也有区别，介宾结构作补语时述语一般是非离合词、非带宾语的动词，且以表静态的、单音节的动词为多；作状语时动词既可以是表动态的又可以是表静态的，如果述语是离合词或带了宾语，介宾结构也一般用作状语。偏误例句中，前五例是介宾短语应该作状语而被误用为补语，后三例为介宾短语应该作补语而被误用为状语。

③方位名词“上”与介词混淆

＊我们一起开车开上山。——我们一起把车开到了山上。

＊儿子坐上椅子。——儿子坐在椅子上。

＊阿扎马特站上讲台介绍他的国家。——阿扎马特站在讲台上介绍自己的国家。

“上”在动词中心语后构成了简单动趋式结构，“V上”所在句式所表示的意义可以分为三类：一是表示人或事物达到某一处所，或主体动作的结果使其受事从一处移到另一处；二是表示主体动作或某物处于某种状态中；三是表示主体的动作行为已经开始并将继续。② 偏误例句中“开上山”、“坐上椅子”和“站上讲台”为动趋结构，而留学生实际要表达的是表地点的介宾短语作补语构成的动补结构“开到山上”、“做在椅子上”、“站在讲台上”。

④处所宾语方位词的遗漏或误用

介宾短语作补语的自然语料中，留学生对地点宾语的表达有时会出现偏误，或缺少方位词或错用方位词。如：

＊我们跑到操场开始表演。——我们跑到操场中央开始表演。

＊老师的书放在多媒体就走了。——老师把书放在多媒体上就走了。

＊晚上我和她坐在草地里面聊天。——晚上我和她坐在草地上聊天。

＊我每天住在宿舍里面。——我每天都住在宿舍。

前两例属于方位词的遗漏，“操场”和“操场中央”虽然能作处所宾

---

① 田善继：《非对比性偏误浅析》，《汉语学习》1995年第6期。

② 陈昌来：《V上结构的分析》，《青岛教育学院学报》1991年第2期。

语，但表达的位置有很大的差别，“操场”涵盖范围较大，而“中央”表示操场上具体的位置；“多媒体”只是一般名词，只有加上方位词成为“多媒体上”才能表处所。第三例属于方位词的误用，“里面”是指“在草丛之内”，“上面”是指“在草丛之上，位于表面”，所以应该为“我和她坐在草地上”。第四例为方位名词的赘余，“宿舍里面”就是指“宿舍”。留学生出现此类偏误，与方位名词掌握不扎实有很大关系。

⑤动补中间误加“着”、“了”等其他成分

在动词中心语和介宾短语作补语之间插入其他成分，也是留学生有时会出现的偏误。如：

*老师给作业本放了在桌子上。——老师把作业本放在了桌子上。

*他把照片挂着在墙上。——他把照片挂在墙上。

*我们把箱子搬着到一楼。——我们把箱子搬到一楼。

动词与介宾短语作补语构成一个整体，联系紧密，中间一般不能插入其他成分，留学生出现这一偏误是把“V着”、“V了”的一般情况泛化到动补结构中来了。

⑥介宾短语作补语各偏误类型的数据分布

表32　三个阶段介宾短语作补语偏误类型的分布及百分比

偏误类型 所占比例(%)	初级	中级	高级	合计
介词遗漏或误代	25	12	5	42
	31.25	25.53	23.81	28.38
补语与状语混淆	30	21	12	63
	37.50	44.68	57.14	42.57
方位名词“上”与介词混淆	6	7	2	15
	7.50	14.89	9.52	10.14
处所宾语方位词的遗漏和误用	8	4	1	13
	10.00	8.51	4.76	8.78
动补中间误加其他成分	7	2	0	9
	8.75	4.26	0.00	6.08
其他偏误	4	1	1	6
	5.00	2.13	4.76	4.05
总用例	80	47	21	148
	54.05	31.76	14.19	42.29

（2）介宾短语作补语测试卷统计描写

①介宾短语作补语的不定项选择

表 33　对介词缺失或趋向补语多余的考查

题目	他把书包（　　）。 A. 放下在桌子上　　B. 放桌子上　　C. 放在桌子上					
选项		A	B	C	AC	BC
初级	人数	10	27	30	1	0
	百分率（%）	14.71	39.71	44.12	1.47	0
中级	人数	5	21	57	0	2
	百分率（%）	5.88	24.71	67.06	0	2.35
高级	人数	4	15	64	0	2
	百分率（%）	4.71	17.65	75.29	0	2.35
合计	人数	19	63	151	1	4
	百分率（%）	7.98	26.47	63.45	0.42	1.68

这道题主要考查留学生对介宾短语作补语中的介词是否会出现遗漏或误加趋向补语。虽然正确选项“放在桌子上”的选择率在各个学习阶段均为最高，但初级阶段有39.71%的学生选择了遗漏介词的“放桌子上”，选择率仅次于正确选项；中、高级阶段错误选项的选择率逐渐下降，而正确率逐渐升高，达到67.06%和75.29%，此结果与自然语料的考查结果基本符合。

表 34　对介词选择的考查

题目	我们用了一个小时才走（　　）。 A. 到学校　　B. 进来学校　　C. 在学校					
选项		A	B	C	AB	BC
初级	人数	40	17	10	1	0
	百分率（%）	58.82	25.00	14.71	1.47	0
中级	人数	68	13	7	0	0
	百分率（%）	80.00	15.29	8.24	0	0
高级	人数	68	10	3	0	1
	百分率（%）	80.00	11.76	3.53	0	1.18
合计	人数	176	40	20	1	1
	百分率（%）	73.95	47.06	23.53	0.42	0.42

续表

题目	本次航班飞（　　）上海。 A. 往　　B. 向　　C. 到						
选项		A	B	C	AB	AC	BC
初级	人数	17	4	46	0	1	0
	百分率(%)	25.00	5.88	67.65	0	1.47	0
中级	人数	21	10	54	0	0	0
	百分率(%)	24.71	11.76	63.53	0	0	0
高级	人数	30	9	44	1	0	1
	百分率(%)	35.29	10.59	51.76	1.18	0	1.18
合计	人数	68	23	144	1	1	1
	百分率(%)	28.57	9.66	60.50	0.42	0.42	0.42

“到”的介词用法是动词语法化的结果，它的介词义也含有“到达”和“达到”的完成义和位移义，“到”后跟的是动作终止的时间或地点；“在”字结构位于动词后做补语同样可以表示事物通过某一动作到达某处所，但它具有附着义和持续义，不强调变化或完成；同时选项中的“进来”为非持续性动词，与“用了一个小时”相违背，因此应为“我们用了一个小时才走到学校”。“往”和“向”在动词后都表示动作行为的方向，但“‘V向’的宾语主要是表示V的方向的，不一定表示V的终点；而‘V往’的宾语则不仅表示V的方向，而且一定表示V的终点。”① 所以题二中“上海”不仅是“飞”的方向，也是“飞”的目的地，因此应为“本次航班飞往上海”。留学生认为“自己对‘到’字的用法最熟悉”，有时也造成了泛化。数据显示，两题中“到”的选择率均为最高，分别为73.95%和60.50%。且初、中、高级学生没有明显的选择差异，而题二的正确率比较低，仅有28.57%的学生选对，说明相当一部分留学生对于介词“到”、“往”、“向”等的用法仍然不清楚，时常出现混淆。

题目中“在食堂”表示“吃午饭”这一动作发生的地点，是状语，应放在动词之前，所以正确位置应该为“我在食堂吃午饭”。虽然各阶段留学

① 方绪军：《“V向……”和“V往……”》，《语言教学与研究》2002年第2期。

表 35　对介宾短语做补语与状语混淆的考查

题目	我(　　)。 A. 吃午饭在食堂　B. 在食堂吃午饭　C. 午饭吃在食堂							
选项		A	B	C	AB	AC	BC	ABC
初级	人数	26	30	10	1	0	0	1
	百分率(%)	38.24	44.12	14.71	1.47	0	0	1.47
中级	人数	20	56	6	1	1	1	0
	百分率(%)	23.53	65.88	7.06	1.18	1.18	1.18	0
高级	人数	9	66	7	0	1	2	0
	百分率(%)	10.59	77.65	8.24	0	1.18	2.35	0
合计	人数	55	152	23	2	2	3	1
	百分率(%)	23.11	63.87	9.66	0.84	0.84	1.26	0.42

生对正确选项的选择率均较相对较高，且正确率呈上升趋势，分别为 44.12%、65.88%和 77.65%，但仍然有部分学生混淆了补语和状语的位置，把状语置于了动词之后，选择了“吃午饭在食堂”和“午饭吃在食堂”。

表 36　介宾短语做补语带宾语位置的考查

题目	我(　　)。 A. 看书看到一点　B. 一直到一点看书了　C. 看到一点的书				
选项		A	B	C	AB
初级	人数	29	18	20	1
	百分率(%)	42.65	26.47	29.41	1.47
中级	人数	41	30	13	1
	百分率(%)	48.24	35.29	15.29	1.18
高级	人数	44	26	15	0
	百分率(%)	51.76	30.59	17.65	0
合计	人数	114	74	48	2
	百分率(%)	47.90	31.09	20.17	0.84

根据时间顺序原则，动作行为在前，结果在后，带时间宾语的“到”字短语应该放在动词之后表示动作终止的时间或动作继续到什么时候，且一般使用重动句形式，所以此题的正确表达应该为“我看书看到一点”。虽然正确选项的选择率在各个阶段均为最高，分别为 42.65%、48.24% 和

51.76%，但本题正确率总体偏低，仅有47.90%。31.09%的学生把介宾短语置于了动宾结构之前，把补语与状语的位置混淆了，还有20.17%的学生虽然把介宾短语作补语置于了动词之后，但未重复动词，而是直接把宾语放在了补语之后。

②介宾短语作补语的改错

表37　对介宾短语作状语与补语混淆的考查

题目	我喜欢看DVD在家里。		
偏误类型	介宾短语做状语与补语相混淆（应改为"在家里看DVD"）		
	初级	中级	高级
正确频数（次）	21	62	70
正确率（%）	30.88	72.94	82.35

表38　对介词缺失与误用的考查

题目	他把画儿贴大门的两侧。		
偏误类型	介词缺失（应改为"把画儿贴在大门的两侧"）		
	初级	中级	高级
正确频数（次）	1	16	58
正确率（%）	1.47	18.82	68.24
题目	她站河边哭泣着。		
偏误类型	介词缺失（应改为"她站在河边哭泣着"）		
	初级	中级	高级
正确频数（次）	0	14	54
正确率（%）	0.00	16.47	63.53
题目	我住朋友家里。		
偏误类型	介词缺失（应改为"我住在朋友家里"）		
	初级	中级	高级
正确频数（次）	6	54	66
正确率（%）	8.82	63.53	77.65
题目	他坐椅子上等着儿子。		
偏误类型	介词缺失（应改为"他坐在椅子上等着儿子"）		
	初级	中级	高级
正确频数（次）	3	14	60
正确率（%）	4.41	16.47	70.59

从整体来看，初中级阶段留学生对介宾短语作补语的病句不够敏感，正确率较低，而高级阶段学生这组题的正确率有明显提升，对介宾短语作补语的掌握情况相对较好。

在对介宾短语作状语与补语混淆的病句改错中，一部分留学生认为此句没有错误，大部分留学生能够把状语“在家里”放回正确的位置，地点状语“在家里”的位置比较灵活，可在句首、主语后面、能愿动词“喜欢”后面。在对介词缺失或误用的病句改错中，留学生常出现的改法是在动词中心语之后加上“着”、“了”、“上”等词语来代替介词，如“他把画儿贴了大门的两侧”、“她站着河边哭泣”、“他坐上椅子等着儿子”、“他坐着椅子上等儿子”等。除此之外，出错的学生中相当一部分都认为缺少介词的句子是正确的。

（3）小结

通过对自然语料的整理和对补语测试卷的统计，中亚留学生使用介宾短语作补语的偏误主要集中在介宾短语作补语与状语混淆，介词遗漏或被其他词语误代，动补中间误加其他成分，方位名词“上”与介词混淆，动补之间误加其他成分这几个方面。自然语料的整理结果与测试卷的统计结果基本一致。同时，在对补语测试卷的统计分析中，笔者发现，留学生对“到”字短语作状语加时间宾语也存在错序的偏误。

（三）补语学习态度及策略调查分析

1. 补语难易度的主观评价

借鉴前人的研究成果，把补语的难易度分为“很容易”、“容易”、“一般”、“有点难”、“很难”5个等级，留学生对汉语补语难易度的主观评价如表39：

表39　补语难易度主观评价

	很容易	容易	一般	有点难	很难
初级	0	0	2	39	27
中级	0	2	9	61	13
高级	1	8	32	40	4
总计	1	10	43	140	44

留学生对汉语补语难易度的主观评价主要集中在“有点难”这一选项上，其次是“很难”和“一般”这两个选项，58.82%的学生认为汉语补语

"有点难"，18.49%的学生认为汉语补语"很难"，18.07%的学生认为汉语补语难度"一般"。"很容易"和"容易"这两个选项所占比例非常小，分别为0.42%和4.20%。从各个阶段来看，初、中、高级选择"有点难"的比重均为最大，初级留学生中还有相当一部分学生认为汉语补语"很难"；到了中级阶段后，主要选择虽仍集中在"有点难"上，但选择"很难"的比例下降，选择"一般"的比例上升；高级阶段留学生认为汉语补语难度"一般"的人明显增多，还有一小部分认为汉语补语"容易"或"很容易"，仅有4人认为汉语补语"很难"。这说明，随着学习时间的增加学习汉语补语的难度系数在逐渐降低。

2. 补语重要性的主观评价

表40　补语重要性主观评价

	很重要	重要	不太重要	不重要	无法回答
初级	8	34	12	4	10
中级	26	49	5	2	3
高级	30	52	3	0	0
合计	64	135	20	6	13

数据显示，56.72%的学生认为学习汉语补语"重要"，会影响与中国人的正常交际，26.89%的学生认为学习汉语补语"很重要"，与汉语的主语、谓语、宾语同等重要，8.40%的学生认为学习汉语补语"不太重要"，不会影响和中国人的正常交际，2.52%的学生认为学习汉语补语"不重要"，可以省略不用，5.46%的学生"无法回答"这一问题。从各个阶段来看，初、中、高级选择"重要"的比例均为最大，初级阶段留学生中选择"不太重要"和"无法回答"这两项的比例次之；中级阶段留学生开始有相当一部分认为学习汉语补语"很重要"，只有少数学生认为"不重要"；到了高级阶段，留学生对这一问题的选择主要集中在"很重要"和"重要"这两项上，"不重要"和"无法回答"这两项的选择率为零。总体来说，随着学习阶段的升高，留学生对汉语补语越来越重视。

3. 补语学习策略的使用情况

笔者借鉴Oxford（1990）的语言学习策略量表，在课堂观察的基础上，编制《汉语补语学习策略调查问卷》共7小题。各阶段留学生学习汉语补语所使用策略的差异如表41所示：

表41　各阶段补语学习策略使用情况

单位：%

	初级	中级	高级	总体使用均值
记忆策略	75.31	62.45	46.48	61.41
词典策略	89.27	85.64	87.06	87.32
补偿策略	24.06	41.56	44.12	36.58
回避策略	55.63	37.81	28.47	40.64
借用母语策略	78.58	71.67	70.42	73.56
社会策略	76.67	74.09	71.36	74.04
元认知策略	19.08	45.84	62.11	48.70

从总体来看，留学生学习补语时使用最多的策略依次为：词典策略、社会策略、借用母语策略、记忆策略、元认知策略、回避策略和补偿策略。首先，遇到不认识的补语词时，大多数初、中、高级留学生都会选择查词典；各级留学生的大部分人都会主动和中国人交流，在交流中学习汉语补语，在学习中都经常把汉语中的补语翻译成母语中的相应词语。其次，随着汉语水平等级的升高，留学生对于记忆策略和回避策略的使用率会逐渐降低，初级、中级阶段的大多数会选择记住所学补语的用法，并定期复习，可到了高级阶段，留学生开始更多地选择其他方式学习补语；初级阶段留学生在平时说话、写文章时会尽量不用或少用补语，避免差错，而中、高级阶段留学生表示“并不害怕出错，越是出错越能快速进步，学好汉语”。最后，随着汉语水平的提高，留学生对补偿策略和认知策略的使用率会逐渐升高，初级阶段留学生因为掌握汉字的词汇量有限，遇到不会的补语词时不知道能用哪些其他的词语代替，而中、高级留学生则开始慢慢选择用同义词或其他词语代替表达；随着汉语水平的升高，越来越多的留学生还开始选择通过听汉语广播、看中文电视、阅读中文书刊来学习汉语补语。

二　中亚留学生粘合式补语使用偏误成因

偏误产生的原因，各学者表述不一。总体来看，中亚留学生使用粘合式补语产生偏误的原因有内部因素和外部因素两个方面。内部因素主要包括：母语负迁移，目的语知识负迁移以及学习策略的影响；外部因素主要包括：教师补语知识掌握不扎实，教材中关于粘合式补语的知识编排不够系统和详细，学习工具书的缺失与不足等。

（一）内部因素

1. 母语负迁移

母语负迁移也被叫作语际偏误（Interlinguai Error），指学习者将母语语法规则搬到目的语里面出现的偏误。中亚留学生在习得粘合式补语的过程中，头脑里已有的语言系统已经固化，无疑会对其习得此知识产生影响，这种影响有正迁移作用也有负迁移作用。由于政治历史原因，俄语是中亚国家的官方用语，中亚留学生受俄语影响非常大，绝大多数是把俄语作为母语来习得的。然而俄语语法中没有与汉语补语相对应的项，俄语中的补语实为汉语中的宾语，所以粘合式补语是以全新的语法项目出现在留学生的学习过程中的。

首先，留学生在学习汉语补语时，把汉语和俄语进行不恰当的比附，造成了很多偏误。比如用俄语的一些词语和语法形式错误地代替汉语补语，俄语中的"工作"一词对应了汉语中的很多义项，如"运转"、"上班"等等，而其反义词在汉语中也可翻译为"坏了"、"报废了"，有的初级阶段留学生只是生搬硬套地造出"我把电脑弄不工作了"这样的句子，实则为"我把电脑弄坏了/我把电脑弄死机了。"同时，一些汉语动词带补语与不带补语都与俄语的同一动词相对应，所以留学生在学习汉语的过程中常会遗漏动词中心语或补语。如"迪力烁德的破了头"中的"破"对应成汉语应该是"摔破"；"我们回去宿舍"中的"回去"对应成汉语应该是"走回去"，而加宾语后位置出现变化，变为"我们走回宿舍去"。其次，汉语的动词有持续性和非持续性之分，而俄语的这种区别常不表现在词语本身，而是通过句法形式表现出来的，因此汉语的持续性和非持续性动词常与俄语中的一个动词相对应，学生因为受俄语的影响会造出"我在街上看了玛丽卡"、"我学会汉语了一年"，实则为"我在街上看见/到了玛丽卡"、"我学汉语学了一年了/我学了一年汉语了"。再次，俄语中没有补语成分，而留学生常用状语代替汉语的补语，造出"我以后工作在哈萨克斯坦"、"我三次去过北京"、"她写很好了"这样的句子，实则为"我以后在哈萨克斯坦工作"、"我去过三次北京/我去过北京三次"、"她写好了"。最后，词序在汉语中起了很重要的作用，而俄语是有很丰富形态变化的语言，词序较为灵活，留学生常把俄语的词序套用在汉语上，出现了偏误。如"每天我们都要洗澡一次"、"我们很长时间讨论了"实则为"每天我们都要洗一次澡"、"我们讨论了很长时间”。

综上所述，俄语对中亚留学生学习汉语粘合式补语的干扰是产生偏误的原因之一。特别是在初级阶段，学生常不自觉地与俄语对比，寻找汉俄对等关系，简单生硬地套用一些他们认为对等的语法规则，用俄语思维对汉语进行翻译，从而造成偏误。然而偏误产生的原因不是单一的，而是多种因素的交叉。

2. 目的语知识负迁移

目的语知识负迁移也被称为“过度概括”或“过度泛化”（over-generalization），指学习者把所学不充分的目的语知识，用类推的办法不适当地套用在目的语上造成的偏误。① 这种偏误一般在其母语中找不到根源，这是学习者在习得过程中对目的语规则的归纳，经过归纳的规则一部分会逐渐与目的语规则重合，这种现象被称为“化石化”或“僵化”（fossilization）。偏误例句“这道题太难了我答不起来”，实则为复合趋向补语“起来”引申用法的泛化，留学生把“想不起来”和“答不出来/答不上来”杂糅在了一起；再如留学生对动量补语的数量掌握不多，经常泛化使用“下”和“次”，造出偏误。其次，留学生在习得粘合式补语的过程中，一方面受补语结构本身的复杂性和语法意义的虚实性等客观因素的影响；另一方面又囿于主观的畏难情绪，往往将结构形式和语法意义有差别的语法项目自行简化使用。动补结构带宾语时，因动词或宾语的不同，必须对宾语的位置进行详细讨论，而学生常常忽略了这些规则对宾语位置的限制条件，想当然地只按一种位置来使用这一结构，从而造成了动词中心语与补语、宾语的错序。

3. 学习策略的影响

文秋芳（1995）对学习策略进行了定义，认为学习策略是学习者在语言学习的过程中为了更有效地解决学习过程中遇到的问题而采取的措施。中亚留学生在学习汉语粘合式补语的过程中会选择一定的方法。在《汉语补语学习策略调查问卷》的第三题是对中亚留学生补语学习策略的调查，从问卷调查的结果来看，策略的选择和学生汉语学习阶段的高低存在一定关系。

俄语中没有补语一类，73.56%留学生在习得补语的过程中经常把汉语翻译成俄语来理解和记忆，使用借用母语策略把俄语的语法规则搬到汉语

① 刘珣：《对外汉语教育学引论》，北京语言大学出版社，2000，第195页。

中，出现动补不搭配、补语缺失或动词中心语缺失等偏误现象。87.32%的留学生在遇到不认识的词语作补语时会查字典，虽然前人许多研究都表明，使用词典策略越多学习效果越好，但笔者在课堂观察中发现，中亚留学生使用的词典大多不是汉语字典，而是俄汉、汉俄双语词典，他们查阅词典是为了用俄语来理解和记忆不认识的汉字。然而俄语中的词与汉语中的词的义项并非简单的一一对应关系，留学生还会把动词和补语分开查阅进行解释，因此有时过度使用词典可能造成对动补结构理解的偏差。同时，词典中只是对单个字词进行翻译和解释，留学生对其用法往往不甚了解，所以过度使用词典可能不利于留学生对补语语法规则的习得。由于学习者的性格差异，有些留学生天性腼腆，在使用汉语进行交际时害怕出错，所以平均40.64%的留学生对于不熟悉或不习惯的补语会在平时说话、写文章时尽量少用或不用，即采用了回避策略。这样会造成补语缺失的偏误现象。36.58%的留学生遇到不会的汉语补语时，会用其他词语进行代替，使用了补偿策略。过度使用此策略可能会产生补语的语法规则泛化的偏误现象。

综上所述，中亚留学生使用汉语粘合式补语产生偏误的内部因素主要有母语负迁移、学习策略的影响以及目的语知识负迁移。初级阶段学生母语负迁移造成的偏误比例相对较大，随着留学生汉语认知能力的提高，学习策略造成的偏误比例逐渐增大。而作为外部因素的教师、教材和学习工具书也是产生偏误的原因。

（二）外部因素

1. 教师

教师是教育活动的具体实施者。对外汉语教师的语言素质是教学过程中的关键因素之一，教师的语言素质包括汉语和留学生母语的知识。通过对新疆师范大学、新疆大学和新疆农业大学对外汉语教师语言背景调查发现，三所学校对外汉语教师的专业大多是以少数民族语言（维吾尔语、哈萨克语）、英语、汉语为主，以俄语专业为背景的教师比较少。

笔者对新疆师范大学国际文化交流学院的11位对外汉语教师进行了访谈，包括5位精读课教师、2位口语课教师、2位写作课教师、1位听力课教师和1位阅读课教师。其中，只有2位教师认为自己对俄语语法比较了解。访谈过程中，4位精读课教师都表示他们会“详细讲解教材上出现的粘合式补语的意义，但对其用法通常只是简单介绍”，即使教学对象是高级阶段留学生，老师们也表示“不愿意过多地解释这些补语的用法”，“因为各种补语的搭配规则和用法太多，不想把留学生绕进去，使他们更糊涂；还有课堂时间有限，我们讲得太多，学生就练得少了”。而除精读课以外的其他教师则认为“详细讲授语法知识应该是精读课的主要任务和目的，我们的课型决定了我们在教学中如果遇见粘合式补语，只能粗略地向学生解释其语句的含义，不会停留太多时间讲授它”。对于学生在书面作业和口头练习中明显出现的补语偏误现象，三位精读教师表示“只要我听出有错误，就会给学生指正出来”，而指正的方式主要是“直接告诉留学生正确的说法，很少引导学生自己发现和纠正错误”。其他教师则表示“留学生在学习汉语时出现错误是难免的，补语知识点本来就又多又难，只要不影响交际，我一般不会太过苛求”。当问到教师自身对粘合式补语是否掌握时，大部分教师对补语的概念、分类及用法都不是完全了解，所有教师都表示“不可能像专业的现代汉语研究者那样精通，必须得依赖教参来备课授课”。

笔者于2011年5月至12月在新疆师范大学国际文化交流学院共听课22节（其中包括12节精读课、2节阅读课、4节口语课、2节听力课、2节写作课），在听课过程中发现，教师在课堂教学中的讲解重点往往是生字词，而非语法点。在学时安排上，生字词的讲解占用了相当一部分时间，有些补语语法点的讲解只用不到两分钟的时间，就开始让学生做练习，导致很多粘合式补语的知识点根本没有讲透。精读课的教学过程中，即使采用了多媒体教学，但多数教师只是把教材中对语法点的描述原封不动地放在课件上，并没有收到很好的效果。同时，课堂上学生造句或口语练习时出现的有些补语偏误的句子，教师并没有听出错误，更没有及时纠正。甚至个别教师虽然听出了错误之处，但给学生改正后的仍然是一个病句。在搜集到的留学生造句、作文的作业中，同样也存在这种教师不纠错或者纠正后仍然有错的现象。比如，学生的作文中句子“一个星期我找这个书了”，教师虽然发现其中的时量补语位置不对，但只是把“一个星期”圈出来或者随意地打一个向后移的箭头，这句话的正确改法应该是“我找这本书找了一个星期了”。

总之，调查发现，有些对外汉语教师在理论知识上，欠缺对粘合式补语的深入了解；在教学方法上，绝大部分教师仍然习惯于采用传统的课堂教学模式；在思想意识上，对粘合式补语的用法重视不够；在练习上，大多只是对单个补语知识的反复操练和机械记忆，很少做到几个补语知识点同时出现，融会贯通；在对待学生补语偏误的态度上，教师的过度宽容也是造成留

学生出现偏误的原因。

2. 教材

对外汉语教材的建设在对外汉语教学中占有举足轻重的地位。对教师来说，教材是备课和课堂教学的基础和依据，特别是缺乏教学经验的教师，主要都是依照教材的注释和说明给学生进行讲解的；对学生来说，教材更是他们学习的最主要依据。所以教材的质量会对教学产生直接的影响。

笔者对新疆师范大学、新疆大学和新疆农业大学三所高校所使用过的教材中的其中三种进行了整理，包括：北京大学出版社2006年出版的《博雅汉语系列》、北京大学出版社2006年出版的《汉语教程》、北京语言大学2008年出版的《新实用汉语课本》。虽然这三种教材都成功地按结构特点对粘合式补语下项的各类进行细化，再按意义来命名，但每种教材在补语的编排上都有其不尽如人意的地方。如：《汉语教程》（第二册上）中对结果补语的否定式是这样讲解的："否定式：没（有） + 动词 + 结果补语，否定句的结果补语后要去掉'了'。"[①] 这很容易让学生认为结果补语的否定形式任何时候都只能用"没（有）"，但实际在假设句中，通常用"不"来否定结果补语，例如："我不做完作业就不吃饭"。《汉语教程》（第二册上）第四十课是这样解释做结果补语的"住"的："'住'作结果补语，表示通过动作结束或固定。"可实际上"住"作结果补语时还有一种抽象意义，表示思维感情的停顿或静止，例如："听了我的话，他愣住了"。书上只对"住"的含义解释了一半。《汉语教程》在对动量词的讲解中，只是说明了动词后动量补语和宾语的几种位置关系，却没有说明动词为离合词的情况，于是就出现了"我们每天洗澡一次"这样的偏误句子。关于处所宾语和趋向补语"来/去"的位置关系，《博雅汉语》系列和《新实用汉语课本》中的解释都很简单，都只强调了处所宾语应该放在"来/去"之前，但并没有明确指出哪类处所宾语才能放在"来/去"前。杨德峰曾指出："汉语地点宾语放在复合趋向补语之间是有条件的，一般情况下表示起点、终点和路径的才行。"[②] 如"跑出班级来"意为从班级跑出来，"班级"为起点；"跑上楼去"意为跑到楼上去，"楼上"为终点。《新实用汉语课本2》第80页，对

---

① 杨寄洲：《汉语教程》，北京语言大学出版社，1996，第56页。

② 杨德峰：《英语母语学习者趋向补语的习得顺序——基于汉语中介语语料库的研究》，《世界汉语教学》2003年第2期。

结果补语的操练只是采用简单的“替换练习”，即学生用所给的词或短语来替换例句中画横线的部分。这种练习形式对学生熟悉结果补语的结构有一定帮助，但仅仅依靠这种机械练习不利于学生掌握动词中心语与结果补语之间的意义搭配关系。

总体来说，很多对外汉语教材都存在着对粘合式补语特点、用法讲解不够透彻，只把补语语法点化为简单的“公式”让留学生记忆，而并没有对这些“公式”进行归类总结，即只有分没有总。同时课后练习过于单一，教材中补语重新率不够各补语语法点的编排顺序是否符合中亚留学生的习得顺序等原因都造成了留学生习得粘合式补语时的偏误。

留学生在学习汉语的过程中对教师及教材存在较大程度的依赖性。如果教材编排不合理，解释不透彻，或者教师讲解不清，训练不当，学生便会依葫芦画瓢，错误地总结出一些规律，从而产生偏误。

三　教学对策及建议

（一）从教师的角度

1. 加强俄汉对比分析及对比教学

对比分析（Contrastive Analysis）是将两种语言系统进行共时比较，揭示其相同点和不同点的一种语言分析方法。王力先生早就指出：“对外汉语教学，我以为最有效的方法是中外语言的对比教学，要突出难点。所谓难点，就是中国人看来容易，外国人学起来困难的地方。”① 所以教师应当在一定程度上了解俄语，加强俄汉语法对比研究，预测母语可能产生的正负迁移的影响。汉语补语是俄语中所没有的语法成分，因此学生在学习时常常感到困难，他们一般先用俄语思维，然后再翻译成汉语说出来，因此套用俄语的现象不可避免。教师不应回避俄语的负面影响，应该把它们作为对比研究的突破口，并采取各种手段排除负迁移的干扰。汉语的补语形式一般与俄语的状语结构和动词等形式对应。那么，俄语中的状语何时能转化为汉语的补语，哪些俄语动词能代替汉语的动补结构等这些问题都值得对外汉语教师认

---

① 王力：《第一届国际汉语教学讨论会讲话论文选登》，《语言教学与研究》1985 年第 4 期，第 94 页。

真思考与研究。通过对比分析，找出俄汉两种语言之间的共同点和个性差异。这样，教师就可以预测出中亚留学生学习的难点以及可能出现的偏误，及时修正教学大纲，排列教学顺序，弥补教材的不足，在教学中有意识地引导学生避免出错，使教学更有针对性。对学生来说，也能对目的语的特征有更明确、更清晰的认识，不至于在应用时生搬硬套母语的语言规则。

2. 加强汉语本体研究

对外汉语教学和汉语的本体研究是密不可分的。在教学过程中遇到的问题，都必须回归本体来寻求答案。所以汉语本体研究必须不断深入发展，才能加快对外汉语教学的发展，成为其坚实的后盾。笔者调查的这三所高校中，对外汉语教师很多都是非本专业出身，大多以维语、英语专业为主，甚至还有数学、艺术专业出身的。这些教师对于汉语本体的理论知识掌握远远不够。如果教师自身对汉语补语系统都不甚了解或了解不透彻，在教学过程中就只能依赖教材中给定的补语格式和解释进行教学，就不能及时地完全地找出并纠正学生在口语及作业中出现的补语偏误，对于学生提出的关于粘合式补语的问题就不能做出合理详细的解释。无疑这是不利于补语教学的。所以，对外汉语的补语教学与汉语本体的补语研究是互相促进、共同发展的。以往汉语补语的本体研究往往是从本族人的角度出发，这种视角是单向的、狭窄的，而从语言对比的角度、从外国人学汉语的角度去发现问题，无疑为我们继续深造汉语补语的本体研究提供了新视角。

3. 采用科学的教学方法

根据笔者对对外汉语教师进行的访谈，精读教师讲授粘合式补语时主要采用的是“整合”和“分解”两种方法，前者是将动词中心语和补语当做一个整体结构来讲解，让学生用记“公式”的方式来掌握这一结构；而后者是将粘合式述补结构分解成动词中心语和补语两个部分，分别进行讲解。其实除了这两种方法以外，还可以采用设置具体情境或多媒体演示等方式来引导学生学习和使用粘合式补语。课堂教学中，过多脱离语境的机械、单调的训练，常使学生感到枯燥乏味，达不到最佳的教学效果。教师应精心设计课堂语言，利用现有的教学环境引出粘合式补语的表述，具体语境便于学生理解，同时可以培养学生的语感。

中亚留学生在使用本文研究的这四种补语类型时，都有各自的偏误特点，教师应依照这些偏误语料，对学生常出错的地方加以重视，进行重点讲解。结果补语结构较简洁，虽然留学生常出现遗漏等偏误，但由于规则单一，教师加以提醒，就比较容易纠正。习得的难点和重点在于补语语义的辨别和补语词汇量的扩充。结果补语的述语几乎可以是任何动词，师生对此似乎无能为力。教师应该让学生以补语核心词为中心扩大补语量，同时以部分与补语词结合能力强的动词为轴心，帮助学生从动词中心语和补语词双向扩展以扩大学生的补语量。趋向补语、时量补语带宾语时的错序是留学生常出现的偏误，尤其是复合趋向补语带宾语。趋向补语、时量补语与宾语的位置关系受多种因素的制约，既跟动词的性质有关，与补语的性质有关，更与宾语的性质有关。所有这些规则在教学过程中全部让留学生掌握是不可能的，给学生讲解过多的述语规则也行不通。所以，在趋向补语的教学中教师可以选择一些地点宾语的优势位置先教学生，随着学习等级的升高再教其他位置；在时量补语的教学中教师可以从使用频率较高的持续性动词加一般宾语的用法入手，随着学生汉语水平的提高再讲授其他位置应该有利于学生的习得。关于动量补语的教学，学生主要存在掌握的动量词语有限，所以有"次"和"下"的泛化使用现象以及动词中心语与动量补语不搭配的偏误，教师应该对专用动量词和借用动量词这两大类进行整理，在教学中循序渐进，分阶段、分步骤地适当地对教材中出现的动量词进行扩展，区别各动量词之间的差别，从而强化动词中心语与动量补语之间的搭配。介宾短语作补语通常与状语混淆，教师在教学过程中应该从补语和状语在句中的不同位置、意义以及什么形态的介宾短语通常作补语，什么形态的介宾短语通常作状语等几个方面把补语和状语的区别清晰地展示给学生，以加深他们对补语和状语的区别认识。同时，介宾短语作补语中介词的遗漏现象也时有发生，且大多出现在初、中级阶段，而高级阶段留学生的这一偏误率明显降低，这说明这一语法知识学生是可以很好掌握的，只是需要教师对介词遗漏的偏误加以重视，进行强调，来降低偏误率。

（二）从教材的角度

1. 采用俄语注释，分散与系统相结合的方式讲解补语知识

目前很多中亚留学生所使用的教材仍是英语注释的通用型教材，已有的俄语注释的国别化教材还远远不够。由于中亚留学生的英语水平参差不齐，对于英语注释常常一知半解，会造成理解的偏差。所以，应该尽可能地多编写开发俄语注释的教材，方便学生理解词语和语言点的意义及用法，也方便了教师的课堂讲解，提高了教学效率。

因为粘合式补语的种类较多，规则用法也相当繁复，如果这些语法项目的安排过于集中，势必会增加学习者的压力，而产生补语难学的畏难情绪，同时也会增加教师的教学压力，影响教与学的双向效果。中亚留学生现在使用的精读课教材中对于粘合式补语知识点的编排没有过于集中，而是成功地分散到了每一册的不同课文中。而不足之处在于，这些教材只做到了分散粘合式补语知识点，而之后却没有对每一类补语进行归类整合，以至于学生在学完了整个粘合式补语之后，还不知道每一类的下项都包括哪些补语类型，有的甚至只知道"V + 完"的意义，而并不知道它属于结果补语，只知道"V + 来/去"的意思，却不知道它属于趋向补语。所以，笔者认为，教材中对于粘合式补语内容的编排不仅要做到语言点相对分散，在高级阶段还应该做到分散后的系统梳理。这样，横向学习纵向梳理可以加快留学生习得粘合式补语的进程。

2. 课后练习形式要多样化，有针对性

通过考查中亚留学生现用精读教材的课后练习，我们发现，关于粘合式补语的练习题形式主要集中在"组句"和"替换练习"这两种题型上。笔者不否认这两种练习有利于学生掌握粘合式补语的结构形式，对学习复习、巩固补语这一知识点有一定的帮助作用。但是，如果仅仅依赖这样的练习形式未免过于单调、机械。蒋祖康在《第二语言习得研究》中借鉴 Trahey 和 White 的研究成果认为：课堂中单纯提供正面证据是不够的，还要充分发挥负面证据在第二语言习得中的作用。然而纵观中亚留学生现用的对外汉语教材，课后练习题的形式基本上是从掌握粘合式补语自身的用法和特点出发的，很少从留学生的偏误出发设计练习。而中亚留学生在使用粘合式补语时出现的偏误语料都可以作为教材练习题的依据，从而使教材的练习更有针对性。所以，在题型上可以有针对中亚留学生常见偏误的补语改错题、汉俄翻译题、选词填空题以及会话和作文。

（三）从学习者自身的角度

1. 纠正学习策略引起的使用偏差

不同阶段的中亚留学生使用粘合式补语的学习策略存在差异。学习策略的掌握是成功学习粘合式补语的关键，它能同时提高教与学的效果。大部分留学生在学习粘合式补语的过程中都会选择使用词典这一策略，随着汉语水平的提高，中高级阶段的留学生可以慢慢摆脱俄汉、汉俄双译词典而尽量使用汉语词典，这样有利于更好地理解生字词的含义，减少不必要的理解偏差。同时，留学生还应该减少借用母语这一策略，积极地用汉语思维来学习补语；积极地与中国人进行交流，在日常的交流中培养汉语语感；交际中应大胆使用汉语补语，对不熟悉不习惯的补语知识也不要刻意回避，熟能生巧。此外，调查显示只有48.70%的留学生会使用认知策略来学习粘合式补语，其中大部分是高级阶段留学生。所以，留学生还应该在日常生活中多看汉语电视节目，多听汉语广播，多阅读中文书刊来加快粘合式补语的习得进程。

2. 树立信心，努力克服畏难心理

调查显示，58.82%的学生认为汉语补语“有点难”，18.49%的学生认为汉语补语“很难”，只有0.42%和4.20%的学生认为汉语补语“很容易”和“容易”。诚然，汉语补语系统种类繁多、意义丰富、形式多变、规则复杂，留学生在学习时必然会碰到这样或那样的困难。如果面对这些难懂的补语语法，失去信心或“害怕麻烦”，一味地避难就易、避繁就简，则会导致学生语言水平的停滞不前。所以，留学生在学习粘合式补语的过程中首先要树立自信心，用积极主动的态度去学习，用平和的心态去面对偏误，用大胆的勇气多和中国人交流，主动利用网络、书籍和人力资源来获取汉语知识，增进对汉文化的了解，提高汉语学习的兴趣。

结　论

本研究以第二语言习得理论为基础，借鉴前人的研究成果，通过自然语料的整理和问卷调查的分析，对中亚留学生汉语粘合式补语使用情况进行了初步探讨，具体结论如下。

第一，通过对自然语料和调查问卷的整理统计，中亚留学生使用粘合式补语时出现的偏误主要如下几类。结果补语的偏误：结果补语遗漏，动词中心语遗漏，结果补语误加，结果补语可能式误代，结果补语的否定式与可能式的否定形式混淆，结果补语带宾语的错序，动补之间误加副词、“到”、“得”，动补错序，对于作结果补语的词语的掌握和使用都比较有限，结果补语否定式中否定词的误用，以及结果补语与其他补语同时出现时的错序等；趋向补语的偏误：趋向补语误加，趋向补语与宾语位置错序，趋向补语

遗漏，趋向补语误代以及复合式趋向补语引申用法的误用；数量补语的偏误：补语与动词中心语错序，时量补语与宾语错序，补语与离合词错序，“了”的遗漏和错序，时量补语表达有误，动量补语误用，动量词掌握数量不够；介宾短语作补语的偏误：介词遗漏或被“着”、“了”、“的”等误代，介宾短语作补语与状语混淆，方位名词“上”与介词混淆，处所宾语方位词的遗漏或误用，动补中间误加“着”、“了”等其他成分，“到”字短语与时间宾语错序。

第二，中亚留学生在学习汉语粘合式补语的过程中较常使用的学习策略依次为词典策略、社会策略和借用母语策略；随着汉语水平的提高而逐渐减少使用的学习策略为记忆策略和回避策略；随着汉语水平提高而逐渐增加使用的学习策略为补偿策略和认知策略。

第三，在粘合式补语的习得过程中，造成中亚留学生产生偏误的原因有内部原因和外部原因两个方面。母语负迁移，目的语知识负迁移和学习策略的影响是主要的内部原因；教师和教材都存在不足之处是主要的外部原因。

第四，针对上述问题及原因，在粘合式补语的教学中，首先，教师应加强俄汉对比研究及对比教学，加强汉语本体研究，采用科学的教学方法进行粘合式补语教学。其次，教材应采用俄语注释，分散与系统相结合的方式讲解补语知识，课后练习形式应多样化，且有针对性。最后，中亚留学生自身也应纠正学习策略引起的使用偏差，树立信心，克服畏难心理。

附　录

附录 1

中亚留学生汉语补语学习态度及策略调查问卷

亲爱的同学：

你好！这是一份调查问卷，调查结果只做研究用，和你的学习成绩及老师对你的评价没有任何关系，不会给你带来任何麻烦，希望你能配合我们。填写问卷时，请不要与人商量。谢谢你的合作！

基本情况调查

姓名：__________ 年龄：______ 性别：______ 年级：______
国籍：__________ 汉语 HSK 水平：______ 学习汉语时间：______

（一）补语的认识

1. 你觉得学习汉语补语容易吗？
   A. 很容易 B. 容易 C. 一般 D. 有点难 E. 很难 F. 无法回答
2. 在学习汉语初级阶段你觉得学习汉语补语重要吗？
   A. 很重要，与汉语的主语、谓语、宾语同等重要
   B. 重要，会影响与中国人的正常交际
   C. 不太重要，不会影响和中国人的正常交际
   D. 不重要，可以省略不用
   E. 无法回答

（二）补语的学习策略

请根据实际情况在括号内打“√”选择你学习汉语补语的方式。（可多选）

（ ）我会记住所学补语的用法，并定期复习。
（ ）遇到不认识的补语词时，我会马上查词典。
（ ）遇到不知道的补语词时我会用其他词语代替。
（ ）在平时说话、写文章时尽量不用或少用补语。
（ ）在学习中经常把汉语中的补语翻译成母语中的相应的词语学习。
（ ）我会和中国人交流，在交流中学习汉语补语。
（ ）我会在听汉语广播、看中文电视、阅读中文书刊的过程中学习汉语补语。
（ ）其他方式（请写出）

附录 2

基本情况调查

姓名：__________ 年龄：______ 性别：______ 年级：______
国籍：__________ 汉语 HSK 水平：______ 学习汉语时间：______

补语测试题

一、结果补语

（一）选择

1. “对不起，我（　　）了。”

A. 来晚　　B. 晚来　　C. 来得晚

2. 杯子打（　　）了。

A. 倒　　B. 碎　　C. 破

3. 老师已经讲（　　）第八课了。

A. 完　　B. 好　　C. 到

4. 大家都（　　）。

A. 打了开书　　B. 打开了书　　C. 打开书了

5. 我（　　）。

A. 打电话通了　　B. 打通电话了　　C. 电话打通

6. 你（　　）吗？

A. 做完作业了　　B. 做作业完了　　C. 做了作业完了

7. 屋子太暗，我（　　）黑板上的字。

A. 没看清楚　　B. 看不清楚　　C. 不看清楚

8. 今天他（　　）皮鞋就出门了。

A. 擦不干净　　B. 没擦干净　　C. 擦得不干净

9. 我（　　）做完作业（　　）吃饭。

A. 不　不　　B. 没　没　　C. 不　没

10. “这杯咖啡的味道不错，可是（　　）”。

A. 糖放多了点儿　　B. 多点儿放糖了　　C. 多放点儿糖了

（二）改错

1. 我每天复习以后，就去打篮球。

改：

2. 小红不吃完饭就走了。

改：

3. 有一天我在学校看了一只小狗。

改：

4. 他洗衣服干净了。

改：

5. 他写名字，名字错了。

改：

二、趋向补语

（一）选择

1. 我一打开窗，一只小鸟飞（　　）了。

A. 进　　B. 进来　　C. 去

2. 她的话给我（　　）。

A. 带来了希望　　B. 带希望来了　　C. 带了希望来

3. 我们（　　）。

A. 爬山上去　　B. 爬上山去　　C. 爬上去山

4. 这道题太难了，我（　　）。

A. 答不上来　　B. 答不下去　　C. 答不起来

5. 电话里我（　　）她的声音。

A. 听不出　　B. 没听出　　C. 不听出

6. 早上我醒（　　）的时候，大家已经去上课了。

A. 起来　　B. 出来　　C. 过来

7. 他说（　　）话（　　）快极了。

A. 出　来　　B. 起　来　　C. 上　来

8. 下个月我要回国了，想把房子租（　　）。

A. 上去　　B. 进来　　C. 出去

9. 看到照片，我（　　）。

A. 想起来她　　B. 想起她来　　C. 想她起来

10. 我的同屋经常买回来（　　）。

A. 一些东西　　B. 东西　　C. 吃的东西

（二）改错

1. 我们走回去宿舍。

改：

2. 小明一回家就跑出了。

改：

3. 他轻轻地走出来房间。

改：

4. 音乐一响，我们就唱了下来。

改：

5. 弟弟经常给我带很多麻烦来。

改：

三、数量补语

（一）选择

1. 我学了（　　）。

A. 汉语三年　B. 三年汉语　C. 三年了汉语

2. 他去世（　　）。

A. 一年多了　B. 了一年多　C. 一年了多

3. 我看了她一（　　）。

A. 眼　B. 次　C. 遍

4. 他拍了我一（　　）。

A. 次　B. 下　C. 会儿

5. 我迟到了，老师说了我一（　　）。

A. 遍　B. 回　C. 顿

6. 他看了一（　　）书。

A. 眼　B. 遍　C. 会儿

7. 今天我（　　）。

A. 去了书店一趟　B. 去了一趟书店　C. 去书店了一趟

8. 我（　　），你去哪儿了？

A. 等你半天了　B. 等半天你了　C. 等了你半天

9. 我昨天（　　）。

A. 一下午看电视　B. 看了一下午电视　C. 看电视看了一下午

10. 我（　　）。

A. 去过三次北京　B. 去过北京三次　C. 三次去过北京

（二）改错

1. 我看电视了两个钟头。

改：

2. 我一整天睡觉了。

改：

3. 哥哥大比弟弟五岁。

改：

4. 妈妈今天骂了我一下。

改：

5. 昨天我去两次找王老师了。

改：

四、介词短语作补语

（一）选择

1. 他把书包（　　）。

A. 放下在桌子上　　B. 放桌子上　　C. 放在桌子上

2. 我们用了一个小时才走（　　）。

A. 到学校　　B. 进来学校　　C. 在学校

3. 我（　　）。

A. 吃午饭在食堂　　B. 在食堂吃午饭　　C. 午饭吃在食堂

4. 本次航班飞（　　）上海。

A. 往　　B. 向　　C. 到

5. 我（　　）。

A. 看书看到一点　　B. 一直到一点看书了　　C. 看到一点的书

（二）改错

1. 我喜欢看 DVD 在家里。

改：

2. 他把画儿贴大门的两侧。

改：

3. 她站河边哭泣着。

改：

4. 我住朋友家里。

改：

5. 他坐椅子上等着儿子。

改：

参考文献

著作：

黄伯荣、廖序东：《现代汉语（下）》，高等教育出版社，（2002 增订三版）。

吕叔湘：《现代汉语八百词（增订本）》，商务印书馆，1999。

刘月华等：《实用现代汉语语法》，商务印书馆，2001。

刘珣：《对外汉语教育学引论》，北京语言文化大学出版社，2002。

黎锦熙：《新著国语语法》，商务印书馆，1992。

孙德金：《对外汉语语法及语法教学研究》，商务印书馆，2006。

朱德熙：《语法讲义》，商务印书馆，1982。

学位论文：

车慧：《韩国留学生习得汉语补语的偏误分析》，辽宁师范大学硕士毕业论文，2006。

金善熙：《韩国学生使用汉语趋向补语的偏误分析》，华东师范大学硕士毕业论文，2004。

金宗燮：《韩国留学生使用汉语结果补语的情况考察》，北京语言大学硕士毕业论文，2006。

何戎：《从汉语趋向补语出发的汉俄对比及对对外汉语教学的启示》，上海外国语大学硕士毕业论文，2005。

洪婷：《外国学生使用汉语趋向补语习得研究》，南京师范大学硕士毕业论文，2006。

刘玉川：《泰国初级学生汉语补语习得偏误分析》，厦门大学硕士毕业论文，2008。

刘永君：《汉语补语在泰语中的对应表达形式及偏误分析》，暨南大学硕士毕业论文，2008。

刘娟：《越南留学生“得”字情态补语句习得情况研究》，暨南大学硕士毕业论文，2006。

李艳杰：《母语为英语的留学生汉语趋向补语习得偏误分析》，中央民族大学硕士毕业论文，2004。

李锦姬：《现代汉语补语研究》，复旦大学博士毕业论文，2003。

龙娟：《对外汉语教学趋向补语偏误分析》，华中科技大学硕士毕业论文，2005。

李建成：《韩国留学生汉语趋向补语习得过程中的言语加工策略研究》，北京语言大学硕士毕业论文，2007。

宋卫卫：《母语为英语的留学生汉语趋向补语的偏误分析与研究》，厦门大学硕士毕业论文，2006。

唐玲：《印尼留学生粘合式述补结构习得状况研究》，暨南大学硕士毕业沦文，2004。

杨春雍：《越南学生汉语补语习得偏误分析》，云南师范大学硕士毕业论文，2005。

张传立：《"得"字补语句考察及留学生"得"字补语句偏误分析》，广西大学硕士毕业论文，2006。

期刊论文：

陈小红：《数量补语的用法和位置》，《暨南大学华文学院学报》2002 年第 3 期。

陈金香：《对外汉语教学中的趋向补语教学》，《内蒙古电大学刊》2007 年第 12 期。

郭继懋、王红旗：《粘合补语和组合补语表达差异的认知分析》，《世界汉语教学》2001 年第 2 期。

黄玉花：《韩国留学生汉语趋向补语习得特点及偏误分析》，《汉语学习》2007 年第 4 期。

霍静宇：《哈萨克族汉语补语习得研究》，《民族语文》2004 年第 1 期。

火玥人：《对外汉语教学中的可能补语与状态补语》，《华北电力大学学报（社会科学版）》2007 年第 1 期。

金立鑫：《解决汉语补语问题的一个可行性方案》，《中国语文》2009 年第 5 期。

陆俭明、马真：《形容词作结果补语情况考察（一）》，《汉语学习》1997 年第 1 期。

陆俭明、马真：《形容词作结果补语情况考察（二）》，《汉语学习》1997 年第 4 期。

陆俭明、马真：《形容词作结果补语情况考察（三）》，《汉语学习》1997 年第 6 期。

陆俭明：《动词后趋向补语和宾语的位置问题》，《世界汉语教学》2002 年第 1 期。

陆世光：《对外汉语补语教学》，《天津师大学报（社会科学版）》1997 年第 1 期。

吕文华：《关于对外汉语教学中的补语系统》，《语言教学与研究》1995 年第 4 期。

李江：《从〈汉语初级教程〉看对外汉语教学补语体系》，《北京邮电大学学报（社会科学版）》2001 年第 1 期。

李劲荣：《组合式述补结构的语义基础及类型》，《云梦学刊》2005 年第 5 期。

李建成：《趋向补语第二语言习得研究回顾》，《南宁师范高等专科学校学报》2009 年第 3 期。

李淑红：《留学生使用汉语趋向补语的情况调查及分析》，《民族教育研究》2000 年第 4 期，第 87 ~ 91 页。

廖玉萍：《论能带结果宾语的动结式中的结果补语》，《河南师范大学学报（哲学社会科学版）》2009 年第 2 期。

钱旭菁：《日本留学生汉语趋向补语的习得顺序》，《世界汉语教学》，1997。

齐春红、秋兰：《泰国学生汉语可能补语习得情况考察》，《西南石油大学学报（社会科学版）》2011年第5期。

阮兰芳：《HSK（初中高）语法教学创新案例》，《青岛职业技术学院学报》2011年第6期。

孙利萍：《汉语可能补语的语法意义》，《江南大学学报（人文社会科学版）》2007年第1期。

沈家煊：《有界和无界》，《中国语文》1995年第5期。

王还：《汉语结果补语的一些特点》，《语言教学与研究》1979年第2期。

王邱王、施建基：《补语与状语的比较》，《语言教学与研究》1992年第4期。

王维贤：《现代汉语带“得”的补语句》，现代汉语语法学国际学术会议论文，1998。

王红旗：《动结式述补结构在把字句和重动句中的分布》，《语文研究》2001年第1期。

汪翔、农友安：《近五年外国学生汉语趋向补语习得研究述评》，《广西教育学院学报》2001年第2期。

魏立湘：《可能补语与结果补语》，《徐州师范学院学报》，1983。

辛永芬：《论能够做结果补语的动词》，《河南大学学报（社会科学版）》2003年第1期。

杨文娟：《浅议带“得”字的程度补语和状态补语》，《萍乡高等专科学校学报》2010年第4期。

杨石泉：《结果补语与程度补语的纠葛》，《逻辑与语言学习》1985年第3期。

杨德峰：《英语母语学习者趋向补语的习得顺序——基于汉语中介语语料库的研究》，《世界汉语教学》2003年第2期。

岳中奇：《时量补语句中“了2”的语法功能考释》，《韶关学院学报（社会科学）》2006年第5期。

游汝杰：《补语的标志“个”和“得”》，《汉语学习》1983年第3期。

张纯鉴：《关于“介词结构作补语”的几个问题》，《甘肃师大学报》1980年第3期。

朱子良：《补语语义上的多指向》，《衡阳师范学院学报》1992年第4期。

对外汉语教材语音体系编排研究

周 珊　殷佩蓓

目前，对于对外汉语语音教学的认识并不十分一致，对外汉语语音教学的效果也并不十分理想，语音教学的内容也逐渐被压缩。而语音教学作为对外汉语教学的源头和基础，它在对外汉语教学中有着十分重要的作用。

由于教材是教学的参考和依据，它往往能够比较集中地反映编写者的教学指导思想，并且教材所编写的内容、体例和方式等也会在很大程度上影响，甚至决定教学的内容、方式以及效果。本研究试图从教材入手，通过对所选取的对外汉语教材中语音体系编排情况的考察与分析，为汉语语音大纲及对外汉语教材的编排提供理论依据，同时也为提高对外汉语语音教学的效果提供参考和借鉴。

一　对外汉语教材中语音体系编排情况的描写

（一）研究对象及方法

1. 研究对象

语音和词汇、语法、汉字、文化等一样，都有各自独特的体系，语音体系是一个独特的整体，它应该贯穿于对外汉语教学的各个阶段。而在对外汉语教学的各阶段中，综合课起着主导作用，学习者对综合课的接受情况会直接影响到其他课型的学习和接受。鉴于此，本研究选取了三套编写于 20 世纪 90 年代的对外汉语长期进修综合课教材作为研究对象，即《博雅汉语》、《发展汉语》和《新实用汉语课本》。本研究之所以选取这三套对外汉语教材为研究对象，首先是因为这三套教材是成体系的系列型教材，其次因为这三套教材在使用地域和使用范围上是比较广泛的，并且它们在基础理论框架和编写体例上是存在差异的。本研究选取的三套对外汉语教材具体如下（详情见附录）：

（1）由李晓琪主编，北京大学出版社出版的《博雅汉语》系列教材，该教材分为初级、准中级、中级和高级四个级别，其中初级、准中级和中级各两册，高级三册，全套书共九册。

（2）由北京语言大学出版社出版的《发展汉语》，该教材分为初级、中级和高级三个级别，每个级别包括上、下两册，全套书共六册。

（3）由刘珣主编，北京语言大学出版社出版的《新实用汉语课本》，该教材分为初级、中级前和中级三个级别，每个级别包括两册，全套书共六册。

2. 研究方法

本研究采用宏观和微观结合，描写与解释结合，静态和动态结合的方法，对选取的《博雅汉语》、《发展汉语》和《新实用汉语课本》这三套对外汉语长期进修综合课教材中的语音体系编排情况进行考查，对其从声、韵、调、音节、轻声、儿化、变调、停顿、重音、句调、语气语调等方面作出分析和研究。

（1）宏观与微观相结合

对语言现象的研究既要立足于宏观，又要着手于微观，要将宏观与微观结合起来。本研究从对外汉语教材入手，着眼于宏观的语音体系，并从声母、韵母、声调、音节，轻声、儿化、变调，停顿、重音、句调、语气语调等各具体方面对其编排情况进行考查和研究，不仅从宏观方面对语音体系的整体编排情况进行描写和分析，而且从微观方面对语音体系中的各具体内容进行描写和分析，做到宏观与微观的有机结合。

（2）描写与解释相结合

描写与解释是语言研究的重要方法，二者要有机地结合起来。描写是解释的基础，对语言现象的描写是对其进行解释的前提条件。要对所选取的对外汉语教材中语音体系的编排情况进行解释，就必须先将其描写出来，这样才能充分占有材料，描写越准确，解释也就越科学。本研究首先对所选取的对外汉语教材中语音体系的编排情况进行了描写，以为之后的解释打好基础。

（3）静态与动态相结合

语言作为社会发展的产物，是静态和动态的统一体，静态可以转化为动态，动态亦可转化为静态。因此，在对对外汉语教材中语音体系编排情况进行研究时，既要描写其静态体系的编排情况，又不能将其作为一成不变的僵死的东西来看待，而是要在静态研究中运用动态发展的观点来分析认识语音体系的编排。本研究通过对语音体系编排情况的静态梳理，试图对编写汉语语音大纲提出建议，以期为今后对外汉语教材中语音内容的编排及汉语语音教学的有效开展提供指导和依据。

（二）对外汉语教材中语音内容的整体编排情况

语音内容作为一个系统的整体，它应该贯穿于整个对外汉语教学的始终，而语音的内容往往集中于初级阶段的教材中，到了中、高级阶段，由于教学任务及教学重、难点的转变，这一阶段的教材几乎不涉及语音的内容。以下是对本研究所选取的《博雅汉语》、《发展汉语》和《新实用汉语课本》这三套教材中语音内容的整体编排情况的描写。

1.《博雅汉语》中语音内容的整体编排情况

《博雅汉语》在初级起步篇Ⅰ所有课文开始之前安排有独立的语音部分，该部分在编排上，先是声调、声母和韵母，然后是儿化，再是拼写规则，最后是总复习。该教材在独立的语音部分之后（包括初级起步篇Ⅱ）的课文中没有语音知识的讲解和说明，每课的课题之下标注有汉语拼音，课文之后有汉语拼音的译文，每个生词（包括专有名词）之后也标注有汉语拼音，并且该教材在每课的课后练习中安排有语音练习的内容，但初级起步篇Ⅱ中不再有语音练习的内容。

《博雅汉语》准中级部分在单元开始前的单元热身活动中，对个别词语标注有汉语拼音。该教材在每个词语（包括专有名词）之后标注有汉语拼音。

《博雅汉语》中级部分对生词标注有汉语拼音，但拼音是标注在生词之下的，并且生词之后的释义也是中文释义在上，英文释义在下，这些都是为了帮助学习者逐渐摆脱对母语的依赖，专有名词之后也标注有汉语拼音。该教材的词语练习中有根据拼音写汉字的练习。综合练习部分的副课文中，对个别词语标注有汉语拼音，冲刺篇Ⅱ在副课文中不再对个别词语标注汉语拼音，而是在课文旁边对词语进行解释时，在词语之后标注汉语拼音。

《博雅汉语》高级部分在词语之后标注有汉语拼音，注释部分的词语之后也标注有汉语拼音（拼音按词组节奏分开，专有或固定名词开头字母大写)，词语辨析部分有对词语的语义轻重及语体（书面语、口语）的辨析，阅读与理解部分的课文中，对个别词语标注有汉语拼音。另外，该教材在飞翔篇Ⅱ第九课的注释部分中，对阴平与阳平，圆唇元音与非圆唇元音，以及韵母进行了解释和说明。

综上所述，我们可以看出《博雅汉语》在初级阶段一册的教材中安排有语音的内容，并且该内容是独立的，并没有纳入教学过程之中。该教材在准中级、中级和高级部分中都没有涉及语音的内容，而只是在单列的词语，副课文中的词语，以及注释部分零星地出现了语音的内容。

2.《发展汉语》中语音内容的整体编排情况

《发展汉语》初级部分在上册所有课文开始之前安排有预备部分，该部分在常用语之后标注有汉语拼音，在汉字部分的结构类型、基本笔画和笔顺规则等名称，以及列出的例字之后，都标注有汉语拼音。并且该部分安排有语音知识的内容，主要是对汉语拼音知识的讲解和说明，该部分一开始先简单地介绍了汉语的音节，在编排上该部分包括六项内容，即声母、韵母、声母、韵母拼读规律、音节拼写规则、声调以及声调符号的标注，并且该教材在音节拼写规则部分之后附有两个汉语声韵拼合表。该教材中语音知识的内容除了安排在上册独立的预备部分之外，其余主要集中在上册前 11 课（第 5 课和第 10 课除外），第 14、19、20 课也有语音知识的内容，该教材在课后练习中也有语音知识的内容，但从第 11 课开始，逐渐取消了语音的内容，语音练习的内容也有明显减弱的趋势。该教材上册前 25 课课文之后均有汉语拼音的译文，后 10 课以及下册的课文均没有汉语拼音译文。另外，该教材在生词之后也标注有汉语拼音。

《发展汉语》中级部分在课文之后的词语（包括专有名词）部分，和对话之后的生词（上册包括专有名词）部分都标注有汉语拼音。

《发展汉语》高级部分在词语（包括专有名词）之后标注有汉语拼音。

由以上可以看出，《发展汉语》在初级阶段一册的教材中安排有语音的内容，而该教材对语音内容的安排呈现于独立的预备部分和前 20 课中。该教材在中级和高级部分，除了对生词标注汉语拼音外，均没有安排语音的内容。

3.《新实用汉语课本》中语音内容的整体编排情况

《新实用汉语课本》初级部分中语音知识的内容主要集中在第一册的前 6 课，这 6 课主要针对汉语语音的特点及难点，有重点地介绍汉语语音规律以及发音、拼写的方法等，并且在第 6 课文化知识部分之前附有普通话声母韵母拼合总表。该教材课题之上标注有汉语拼音，课文之上逐行标注有汉语拼音。该教材中的生词、注释部分需要注释的内容，以及语音练习和会话练习中的内容基本都是以拼音的形式呈现的，语法部分的例字、例词上，以及汉字部分的基本笔画和例子上也都标注有汉语拼音。该教材从第 7 课开始，弱化了汉语拼音，取消了语音练习、会话练习和专门的语音部分，并且课题上的拼音和课文中逐行标注的汉语拼音都标注在下面，生词不再以拼音的形式呈现，而是以汉字的形式呈现，在汉字（即词语，包括补充生词）之后标注有汉语拼音。注释部分需要注释的内容也是以汉字的形式呈现的，语法部分基本不再出现汉语拼音。该教材第二册对课题不再标注拼音，并且课文之上只留有声调。

《新实用汉语课本》中级前部分的课文不再留有声调，生词和补充生词（第三册在所有生词之后，第四册在阅读和复述部分）之后都标注有汉语拼音。

《新实用汉语课本》中级部分的课文不再留有声调，生词（包括第六册的专有名词）和阅读、会话、听力部分的补充生词之后都标注有汉语拼音，该教材在第五册的练习中有注音组词练习的内容。

由以上可知，《新实用汉语课本》在初级阶段一册的教材中安排有语音的内容，并且该教材对语音内容的安排主要集中于前 6 课。而该教材在中级前部分和中级部分除了对生词标注汉语拼音之外，均没有安排语音的内容。

（三）对外汉语教材中声、韵、调、音节的编排情况

本研究选取的《博雅汉语》、《发展汉语》以及《新实用汉语课本》这三套教材，对于语音体系中声母、韵母、声调、音节的编排，均安排在初级阶段一册的教材中，具体编排情况如下。

1. 声母的编排情况

《博雅汉语》在初级起步篇 I 中以声韵配合的形式在表格中列出声母，共有 21 个，该教材没有对声母进行任何的解释和说明。另外，该教材在独立语音部分的声韵拼合表中呈现的声母排序如下：① b p m f d t n l g k h；② z c s zh ch sh r g k h；③ b p m f d t n l z c s zh ch sh r g k h；④ j q x n l；⑤ b d z zh j g；⑥ p t c ch q k。

《发展汉语》在初级汉语上册中也说明“汉语普通话共有21个声母”①，并且该教材在独立的预备部分中对声母进行了举例说明，“音节开头的辅音是声母，例如音节li，l是声母。汉语的声母都是由一个辅音来充当的。”②此外，该教材还对声母的发音进行了国际音标的标注，如b［p］p［pʰ］。除独立的预备部分之外，该教材又在第九课中对声母进行了简单的小结，说明了声母g，k，h的发音部位，并举例指出需要注意不送气音和送气音，非卷舌音和卷舌音，以及边音l和卷舌音r的区别。“大多数声母的发音部位比较靠前，只有g，k，h发音靠后。在发音时，首先要注意不送气音和送气音的区别，如：b和p，d和t，g和k，j和q，z和c，zh和ch；同时也要注意非卷舌音和卷舌音的区别，例如：z和zh，c和ch，s和sh；还要注意边音l和卷舌音r的区别。”③ 该教材在初级汉语上册独立的预备部分中，列出了所有的声母，其编排顺序如下：b p m f；d t n l；g k h；j q x；zh ch sh r；z c s。

《新实用汉语课本》在第一册中用英文对语音知识进行了解释和说明，该教材在第一课的语音部分中指出“在现代汉语中，共有21个声母”，并对声母进行了举例说明，“音节的开始部分是声母”，“如在‘píng’这个音节中，‘p’是声母”④。该教材在前五课的语音部分中，对照英语单词的发音，对汉语语音体系中声母的发音要领进行了举例说明，如“m，n，l，h的发音类似于在英语中的发音。”，“b的发音像单词‘speak’中的‘p’”，“p的发音像单词‘park’中的‘p’”⑤，并且该教材分别在后面的括号中注明b是“不送气音”，p是“送气音”。此外，该教材分别在第一课和第二课的语音部分中指出，要“特别注意送气和不送气音b－p的发音。”⑥，要“特别注意送气和不送气音d－t，g－k的发音。”⑦ 该教材在语音练习部

① 荣继华编著《发展汉语初级汉语·上册》，王瑞译，北京语言大学出版社，2007，第5页。

② 荣继华编著《发展汉语初级汉语·上册》，王瑞译，北京语言大学出版社，2007，第5页。

③ 荣继华编著《发展汉语初级汉语·上册》，王瑞译，北京语言大学出版社，2007，第89页。

④ 刘珣主编《新实用汉语课本·第一册》，北京语言大学出版社，2010，第8页。

⑤ 刘珣主编《新实用汉语课本·第一册》，北京语言大学出版社，2010，第8页。

⑥ 刘珣主编《新实用汉语课本·第一册》，北京语言大学出版社，2010，第8页。

⑦ 刘珣主编《新实用汉语课本·第一册》，北京语言大学出版社，2010，第20页。

分和语音部分对声母的排序如下：（一课5页）b p m n l h（一课8页）m n l h b p；（二课16页）d t g k f（二课20页）f d t g k；（三课27、32页）zh ch sh r；（四课39、43页）j q x；（五课51、57页）z c s。

2. 韵母的编排情况

《博雅汉语》在初级起步篇Ⅰ独立的语音部分中，以声韵配合的形式在表格中列出韵母，共有35个，该教材除了有如下标注“zi = z ci = c si = s zhi = zh chi = ch shi = sh ri = r”[①] 之外，没有对韵母进行任何解释和说明。该教材在独立语音部分的声韵拼合表中呈现的韵母顺序如下：① ɑ o e i u；② ai ao ou ei ua uo uai uei（ui）；③ ɑ ai ao o ou e ei u ua uo uai uei（ui）i；④ i ü ia ie iao iou（iu）üe；⑤ an en in ian uen（un）uan ün üan；⑥ ang eng ing iang iong uang ong ueng。

《发展汉语》在初级汉语上册独立的预备部分中，指出汉语普通话中有“36个韵母”，并且该教材对韵母及韵母的分类进行了举例说明，“音节开头的辅音是声母，其余部分是韵母。例如音节li，l是声母，i是韵母。汉语的韵母有的是单元音（叫单韵母，如e），有的是复合元音（叫复韵母，如ou），有的是元音加鼻辅音（叫鼻韵母，如en，eng）。”[②]，并且该教材对韵母的发音进行了国际音标的标注，例如ɑ［a］。此外，该教材分别在第七课和第九课中对鼻韵母和韵母进行了小结。第七课从鼻韵母的分类、发音部位及发音方法等角度，对鼻韵母进行了简单的小结，并且分别列出了8个前鼻韵母和8个后鼻韵母，“鼻韵母的鼻音分为前鼻音和后鼻音两种，‘-n’发音时，发音部位靠前，用舌尖顶上齿龈，然后让气流从鼻腔出来；而‘-ng’发音时，发音部位靠后，用舌根顶住软腭，然后让气流从鼻腔出来。前鼻韵母有：ɑn，en，iɑn，in，uɑn，un，üɑn，ün；后鼻韵母有：ɑng，eng，ong，iɑng，ing，iong，uɑng，ueng。”[③] 第九课从主要元音的发音特点上对韵母进行了小结，“在复合韵母和鼻韵母中，发音的重点在ɑ，o，e，i，u，ü上，这些主要元音在复合韵母和鼻韵母中的发音长而响亮。”[④] 该教

① 李晓琪主编《博雅汉语初级·起步篇Ⅰ》，北京大学出版社，2004。

② 荣继华编著《发展汉语初级汉语·上册》，王瑞译，北京语言大学出版社，2007，第5期。

③ 荣继华编著《发展汉语初级汉语·上册》，王瑞译，北京语言大学出版社，2007，第71页。

④ 荣继华编著《发展汉语初级汉语·上册》，王瑞译，北京语言大学出版社，2007，第89页。

材第八课对韵母 iou，uei，uen 的拼写规则进行了举例说明，“iou，uei，uen 在单独成为音节时，分别写成 you，wei，wen；当它们的前面有声母时，分别写成 iu，ui，un，例如：niú，shuǐ，lún。”[①] 该教材在初级预备部分中列出了所有韵母，其编排顺序如下：ɑ o e i u ü er；ɑi ei ɑo ou；ɑn en ɑng eng ong；iɑ ie iɑo iou；iɑn in iɑng ing iong；uɑ uo uɑi uei；uɑn uen uɑng ueng；üe üɑn ün。

《新实用汉语课本》在第一册第一课中指出，“在现代汉语中，共有 38 个韵母。”，并且该教材对韵母进行了举例说明，“音节的开始部分是声母，剩下的部分是韵母，如在‘píng’这个音节中，‘p’是声母，‘ing’是韵母。一个音节可以没有声母，如‘yě’，但是所有的音节必须有一个韵母。”[②] 此外，该教材在前五课中，对 e，ie，－ng（一课 8 页）；ei，ou，ɑn（二课 20 页）；ɑi，－i［后］（三课 32 页）；－r（五课 57 页）等 9 个韵母的发音要领进行了举例说明，如“e 的发音像单词‘her’中的‘e’，ie 的发音像单词‘yes’中的‘ye’，－ng 的发音像单词‘bang’中的‘ng’，但是不发‘g’的音。”[③] 此外，该教材在第一课中对韵母发音要领进行说明时，指出“‘e’在复合韵母中的发音与单韵母‘e’的发音不同。”[④] 该教材第一册前五课在语音练习部分和语音部分列出所有韵母，其排序如下：ɑ o e i u ü；ɑo en ie in ing uo（一课 5 页）；ei ou ɑn ɑng eng iɑo iou（－iu）（二课 16 页）；－i［后］；ɑi uɑi ong（三课 27 页）；iɑ iɑn iɑng uei（－ui）uen（－un）üe üɑn（四课 39 页）；－i［前］er；iong uɑ uɑn uɑng ün（五课 51 页）。

3. 声调的编排情况

《博雅汉语》在初级起步篇Ⅰ独立的语音部分中，点明了声调具有辨义作用，“声调不同，意义就可能不一样。”[⑤] 该教材指出汉语普通话中“一共有五个声调”[⑥]，即第一声、第二声、第三声、第四声和轻声，并分别举出了示例，如 mā má mǎ mà mɑ，给出了调值 55，35，214，51（轻声除外）。该教材还按单元音的标注顺序对声调的标写规则进行了举例说明，并且该教材指出

① 荣继华编著《发展汉语初级汉语·上册》，王瑞译，北京语言大学出版社，2007，第 80 页。
② 刘珣主编《新实用汉语课本·第一册》，北京语言大学出版社，2010，第 8 页。
③ 刘珣主编《新实用汉语课本·第一册》，北京语言大学出版社，2010，第 8 页。
④ 刘珣主编《新实用汉语课本·第一册》，北京语言大学出版社，2010，第 8 页。
⑤ 李晓琪主编《博雅汉语初级·起步篇Ⅰ》，北京大学出版社，2004。
⑥ 李晓琪主编《博雅汉语初级·起步篇Ⅰ》，北京大学出版社，2004。

“声调要标写在音节的主要元音上（发音时开口度大、声音响亮的元音）。”①

《发展汉语》在初级汉语上册预备部分中对声调进行了说明，该教材首先点明了声调的辨义作用，“汉语是有声调的语言，声调具有区别意义的作用。”② 其次，该教材举例说明“汉语普通话有四个基本声调”，如：mā，má，mǎ，mà，并且给出了表示声调的符号，即“ˉ”表示第一声；“ˊ”表示第二声；“ˇ”表示第三声；“ˋ”表示第四声。该教材还配有声调图，声调图呈现出了每个调号的调值（55 35 214 51）。另外，该教材按单韵母、复韵母和鼻韵母的韵母类别对声调符号的标注情况进行了举例说明。

《新实用汉语课本》在第一册第一课的语音部分对声调进行说明时，也指出了声调的辨义作用，并对其进行举例说明，“汉语是有声调的语言，在汉语中不同的声调有不同的意义。”③，如：“八（bā）拔（bá）靶（bǎ）爸（bà）”。其次，该教材指出“一般来说汉语有4个基本声调，‘ˉ’第一声，‘ˊ’第二声，‘ˇ’第三声，‘ˋ’第四声。”，该教材还按单韵母、复韵母两类对声调符号的标注情况进行了举例说明。

4. 音节的编排情况

《博雅汉语》在初级起步篇Ⅰ独立的语音部分一开始就说明“汉语的音节由三部分组成：声母、韵母和声调。”④，并且标出“声母（initial）+韵母（final）+声调（tone）=音节（syllable）”。该教材以声韵配合表的形式呈现出了声母和韵母，同时也呈现出了声韵拼合规律，但该教材只是在声韵拼合的相应位置标上“＊”号，以示该声母和韵母不能相拼，除此之外没有任何解释和说明。另外，该教材列出了一些音节拼写规则，并对其进行了举例说明。

《发展汉语》在初级汉语上册预备部分对音节进行了说明，“汉语普通话有四百多个基本音节，汉语的大多数音节是由声母和韵母拼合而成的（少数音节只有韵母），音节开头的辅音是声母，其余部分是韵母。例如音节li，l是声母，i是韵母。”⑤ 该教材又在第九课的语音部分中对音节进行

① 李晓琪主编《博雅汉语初级·起步篇Ⅰ》，北京大学出版社，2004。

② 荣继华编著《发展汉语初级汉语·上册》，王瑞译，北京语言大学出版社，2007，第9页。

③ 刘珣主编《新实用汉语课本·第一册》，北京语言大学出版社，2010，第9页。

④ 李晓琪主编《博雅汉语初级·起步篇Ⅰ》，北京大学出版社，2004。

⑤ 荣继华编著《发展汉语初级汉语·上册》，王瑞译，北京语言大学出版社，2007，第5页。

了小结，指出音节的构成和零声母音节及其拼写规则，“音节一般由元音和辅音共同构成，但汉语中零声母音节的情况也很多，应该注意它们的拼写。i，u，ü 自成音节时，要写成 yi，wu，yu；以 i，u，ü 开头的音节，也要写成 ya，yan，yang，yin，ying，yong，ye，wa，wo，wai，wei，wan，wen，wang，yuan，yue，yun 等”①。该教材不仅对声母和韵母拼读规律进行了举例说明，而且还在预备部分结束之后附有两个声韵母拼合表，并且该教材有对音节拼写规则的说明。

《新实用汉语课本》在第一册第一课的语音部分中，对汉语音节进行了说明，“在现代汉语中，音节包含声母和韵母两部分，音节的开始部分是声母，剩下的部分是韵母。如在‘píng’这个音节中，‘p’是声母，‘ing’是韵母。一个音节可以没有声母，如‘yě’，但是所有的音节必须有一个韵母。”② 该教材又在第六课的语音部分中指出，“在现代汉语中有四百多个音节，如果我们把四个声调添加到这些音节上，我们可以得到 1200 多个音节。”③，可见声调并不是音节的组成部分。此外，该教材还对一到六课的音节进行了表格形式的梳理和总结，并且该教材在此部分附有普通话声母韵母拼合总表，但没有对其进行标注或说明。该教材分别在一课、二课和四课的语音部分中，对音节拼写规则进行了举例说明。

（四）对外汉语教材中轻声、儿化、变调的编排情况

本研究选取的《博雅汉语》、《发展汉语》以及《新实用汉语课本》这三套教材，对于语音体系中轻声、儿化、变调等语流音变内容的编排，均安排在初级阶段一册的教材中，具体编排情况如下。

1. 轻声的编排情况

《博雅汉语》在初级起步篇 I 独立的语音部分中，指出汉语普通话“一共有五个声调”④，其中就包括轻声，并举出示例“ma”，除此之外，该教材没有对轻声进行任何解释和说明。

《发展汉语》初级汉语上册在第一课的语音部分中，对轻声的界定和形

① 荣继华编著《发展汉语初级汉语·上册》，王瑞译，北京语言大学出版社，2007，第 89 页。

② 刘珣主编《新实用汉语课本·第一册》，北京语言大学出版社，2010，第 8 页。

③ 刘珣主编《新实用汉语课本·第一册》，北京语言大学出版社，2010，第 71 页。

④ 李晓琪主编《博雅汉语初级·起步篇 I》，北京大学出版社，2004。

成进行了简单的说明，并给出了轻声音节的例子，“汉语里有些音节不带声调，念得很轻、很短，拼写时不标调号，这样的音节叫轻声。轻声是后一个音节受前面一个音节声调的影响而产生的变化。”①

《新实用汉语课本》在第一册第二课的语音部分中对轻声做了简单的说明，并给出了示例，该教材指出“一般来说在现代汉语中，有许多音节不标调，并且发音时是一个微弱的调子。这就是我们所说的轻声，它是不标声调的。例如：吗 ma 呢 ne 们 men。”②

2. 儿化的编排情况

《博雅汉语》在初级起步篇 I 独立的语音部分中，对 er 和儿化韵进行了举例说明。该教材首先对 er 的发音方法进行了简单的说明，“发音时将舌头从发 e 的位置稍向前伸并抬起，使舌尖靠近硬腭。”③其次，该教材对儿化韵及其标写进行了解释和说明，“其他韵母可以与 er 结合形成儿化韵。汉语有很多词有儿化韵尾，我们用 r 来标写。”此外，该教材还对儿化韵做了如下注释，“以‘i’或‘n’结尾的韵母儿化时，‘i’或‘n’不发音。”④该教材在第二十五课的语音练习中，有关于儿化音的练习。

《发展汉语》在初级汉语上册第三课的语音部分中，对儿化韵、儿化韵的作用及标写进行了解释说明，该教材指出，“卷舌元音 er 与其他韵母结合成儿化韵，这种语音现象称为‘儿化’。‘儿化’现象具有区别词义、区分词性和表示感情色彩的作用。拼写儿化韵时，是在原来的韵母后边加上‘r’（表示卷舌），汉字写法是在原来的汉字后边加‘儿’。”⑤

《新实用汉语课本》在第一册第五课的语音部分中，对儿化韵及其标写进行了说明，该教材指出，“韵母‘er’有时候不能自成音节，但是它可以和另一个韵母形成一个儿化韵。儿化韵是把字母‘r’加到韵母上而形成的，‘儿’加到汉字上，例如：‘nǎr（哪儿）’。”⑥

---

① 荣继华编著《发展汉语初级汉语·上册》，王瑞译，北京语言大学出版社，2007，第 20 页。

② 刘珣主编《新实用汉语课本·第一册》，北京语言大学出版社，2010，第 20 页。

③ 李晓琪主编《博雅汉语初级·起步篇 I》，北京大学出版社，2004。

④ 李晓琪主编《博雅汉语初级·起步篇 I》，北京大学出版社，2004。

⑤ 荣继华编著《发展汉语初级汉语·上册》，王瑞译，北京语言大学出版社，2007，第 37 页。

⑥ 刘珣主编《新实用汉语课本·第一册》，北京语言大学出版社，2010，第 57 页。

3. 变调的编排情况

（1）三声变调

《博雅汉语》这一教材在独立的语音部分中，没有涉及“三声变调”这一内容，但该教材在语音内容结束后的总复习中有关于“三声变调”的练习。该练习主要是两个三声连读时，前一个三声要读成第二声，如 shǒubiǎo→shóubiǎo yǔsǎn→yúsǎn hǎomǐ→háomǐ 等。

《发展汉语》初级汉语上册在第一课的语音部分中，对三声的变化情况进行了举例说明，“两个三声字连读时，前一个三声读成第二声，第二个三声不变。例如：‘李老师’读做‘Lí lǎoshi’，而不是‘Lǐ lǎoshi’；‘你好’读做‘ní hǎo’。”①

《新实用汉语课本》第一册在第一课和第三课的语音部分，对“三声变调”情况进行了举例说明，“当一个第三声与另一个第三声相连时，这个第三声要读成第二声，但写的时候仍然写成第三声。”②，“当第三声与第一声、第二声、第四声或者轻声音节组合时，通常变为半三声，即只降不升的一个调子。”③

（2）“不”的变调

《博雅汉语》这一教材在独立的语音部分，没有涉及“不”的变调这一内容，但该教材在第十二课的语音练习中，有关于“不”的变调的练习。

《发展汉语》初级汉语上册在第二课的语音部分中，对“不”的声调进行了举例说明，“副词‘不’本来是第四声，在第一声、第二声、第三声前面声调不变，但在第四声前面时，变为第二声。”④

《新实用汉语课本》第一册在第三课的语音部分中，对“不”的变调情况进行了举例说明，“当‘不’自成音节时是第四声，当它与第四声组合时变为第二声。”⑤

（3）“一”的变调

《博雅汉语》这一教材在独立的语音部分，没有涉及“一”的变调这一内容，但该教材在初级起步篇Ⅰ第十一课的语音练习中，有关于“一”的变调的练习。

---

① 荣继华编著《发展汉语初级汉语·上册》，王瑞译，北京语言大学出版社，2007，第 20～21 页。

② 刘珣主编《新实用汉语课本·第一册》，北京语言大学出版社，2010，第 9 页。

③ 刘珣主编《新实用汉语课本·第一册》，北京语言大学出版社，2010，第 32 页。

④ 荣继华编著《发展汉语初级汉语·上册》，王瑞译，北京语言大学出版社，2007，第 28 页。

⑤ 刘珣主编《新实用汉语课本·第一册》，北京语言大学出版社，2010，第 32 页。

《发展汉语》初级汉语上册第六课的语音部分，对“一”的变调情况进行了举例说明，“数词‘一’的本调是第一声，在单独念、数数或读号码时，读本调。‘一’后边跟别的词语时，它的声调会发生变化。如果‘一’后边跟第一声、第二声、第三声的音节，‘一’读为第四声；如果‘一’后边是第四声的音节，‘一’读为第二声。”①

《新实用汉语课本》第一册在第六课的语音部分中，对“一”的变调进行了举例说明，“通常当‘一’在词、句的末尾，或者用作日常数字时，读第一声。而当‘一’与第一、二、三声连接时，读第四声。当它与第四声相连时，读第二声。”②

（4）“啊”的音变

在三套教材中，只有《发展汉语》对“啊”的音变这一内容进行了说明。《发展汉语》初级汉语上册在第九课和第十一课的语音部分中，分别对“啊”的声调和“啊”的音变情况进行了举例说明。该教材在第九课中指出，“‘啊’有四个不同的声调，还有一个用在句子末尾，读轻声。ā第一声，表示赞叹或惊异。á第二声，表示疑问或反问。ǎ第三声，表示惊疑。à第四声，表示答应或领会，也可表示赞叹或惊异，音较长。”③ 该教材在第十一课中指出了“啊”发生音变的原因，并且对“啊”的六种音变现象进行了举例说明。该教材指出，“‘啊’用在句子末尾时，读轻声。它的读音往往受前面音节的影响而发生变化。变化的情况如下：（1）在ɑ o e i ü后面，读yɑ，可以写做‘呀’。（2）在u，ɑo，ou后面读wɑ，可以写做‘哇’。（3）在 - n后面读nɑ，可以写做‘哪’。（4）在 - ng后面读ngɑ，仍写做‘啊’。（5）在zhi，chi，shi，ri后面读做rɑ，仍写做‘啊’。（6）在zi ci si后面读zɑ，仍写做‘啊’。”④

（五）对外汉语教材中停顿、重音、句调、语气语调的编排情况

在本研究选取的《博雅汉语》、《发展汉语》和《新实用汉语课本》这三套教材中，只有《发展汉语》这一教材安排有语音体系中停顿和句调的

① 荣继华编著《发展汉语初级汉语·上册》，王瑞译，北京语言大学出版社，2007，第61页。
② 刘珣主编《新实用汉语课本·第一册》，北京语言大学出版社，2010，第70页。
③ 荣继华编著《发展汉语初级汉语·上册》，王瑞译，北京语言大学出版社，2007，第90页。
④ 荣继华编著《发展汉语初级汉语·上册》，王瑞译，北京语言大学出版社，2007，第110页。

内容，并且这两部分内容均安排在初级阶段一册的教材中。而对于语音体系中重音和语气语调的内容，这三套教材在编排上均没有涉及。但这三套教材在其初、中、高各部分教材的语法部分，均提到了语音体系中停顿、重音、句调、语气语调等语句韵律的内容。

1. 停顿的编排情况

《发展汉语》在初级汉语上册第十九课和第二十课的语音部分中，对停顿进行了详细的说明。该教材在第十九课中点明了停顿的概念、停顿的目的和意义，以及停顿的分类，该教材指出“停顿是指说话时语句之间的间歇。”，“停顿既是人在生理上的需要，也是语意表达的需要。语句里的停顿有两种，一种是语法停顿，一种是强调停顿。”[①] 并且该教材对语法停顿及停顿时间与标点符号的关系进行了说明，“语法停顿反映语句里的语法关系，书面上用标点符号表示，朗读时按标点来停顿。语法停顿的时间长短与标点符号有关。一般来说，省略号（……）最长，然后是叹号（!）、问号（?）和句号（。）；再次是分号（;）、冒号（:）、逗号（,）；顿号（、）最短。破折号（——）灵活，停顿时间的长短取决于这个语法单位含义的重要程度。”[②] 该教材在第二十课中对长句中的几种不同语法位置的停顿进行了举例说明，该教材指出“长句中间没有标点，一口气读下来很累，中间要有短暂的间歇，这种间歇一般按照语法成分作短暂的停顿。（用“｜”表示停顿）主语或谓语较长时，主语和谓语之间要有停顿。如果宾语较长，动词和宾语之间要有停顿。如果定语太长，距中心语较远的那个定语后边稍有停顿。如果状语较长，那么在状语后要有停顿。如果补语较长，那么在补语前边要有停顿。”[③]

另外，《博雅汉语》、《发展汉语》和《新实用汉语课本》这三套教材在其语法部分，即在讲解语法内容的过程中有对能停顿和不能停顿这两种停顿位置的说明。《博雅汉语》是在准中级和中级教材的语法部分出现对停顿位置的说明，《发展汉语》在初、中、高级教材的语法部分都有对停顿位置的说明，《新实用汉语课本》是在中级前教材的语法部分有对停顿位置的说明。

---

① 荣继华编著:《发展汉语初级汉语・上册》，王瑞译，北京语言大学出版社，2007，第200页。

② 荣继华编著《发展汉语初级汉语・上册》，北京语言大学出版社，2007，第200～201页。

③ 荣继华编著《发展汉语初级汉语・上册》，王瑞译，北京语言大学出版社，2007，第211～212页。

2. 重音的编排情况

本研究选取的《博雅汉语》、《发展汉语》和《新实用汉语课本》这三套教材，在编排上均没有涉及重音的内容，但《发展汉语》和《新实用汉语课本》这两套教材，在其各阶段教材的语法和注释部分都有对轻重音的说明，当然，这也只是作为教学暗线的内容出现的。

3. 句调的编排情况

本研究选取的《博雅汉语》、《发展汉语》和《新实用汉语课本》三套教材中，只有《发展汉语》这一教材对语音体系中句调的内容进行了说明。《发展汉语》在初级汉语上册第十四课的语音部分中，对句调及其形式进行了解释说明。该教材首先指出了句调的概念及其表现，“句调是指整句话的音高升降的变化。它在句末音节上表现得特别明显。”① 其次，该教材对句调的两种主要形式升调和降调，及其所表示的语气进行了举例说明，该教材指出升调是“调子由平升高，常用来表示反问、疑问、惊奇等语气”，降调是“调子先平后降，常用来表示陈述、感叹、请求等语气”②。此外，除了升调和降调之外，该教材还指出，“根据不同的语境和表达需要，还有平调、曲调等。”③ 该教材在其语法部分，对用疑问语气来表达疑问的是非问句进行说明时，指出这种问句“说的时候句尾句调要上扬，为升调。”④

4. 语气语调的编排情况

本研究选取的《博雅汉语》、《发展汉语》以及《新实用汉语课本》这三套教材，均没有将语气语调及口气语调等作为语音内容进行编排，但这三套教材在其各阶段教材的语法和注释部分，均有对语气语调的说明。

《博雅汉语》、《发展汉语》和《新实用汉语课本》这三套教材中涉及的语气语调和口气语调分别如下所示。

---

① 荣继华编著《发展汉语初级汉语·上册》，王瑞译，北京语言大学出版社，2007，第142页。

② 荣继华编著《发展汉语初级汉语·上册》，北京语言大学出版社，王瑞译，2007，第143页。

③ 荣继华编著《发展汉语初级汉语·上册》，王瑞译，北京语言大学出版社，2007，第143页。

④ 荣继华编著《发展汉语初级汉语·上册》，王瑞译，北京语言大学出版社，2007，第145页。

（1）语气语调

1）初级：疑问、确定/不确定、赞许、答应、结束、夸张、建议、委婉、强调、舒缓

2）中级前：肯定、反问、吃惊、夸张、正式与非正式、轻松、转折

3）中级：反驳、肯定、反问、恭敬、吃惊、夸张、禁止、委婉、正式与非正式、舒缓、转折、亲切

4）高级：反问、庄重、猜测、无奈、意外、看不起、夸张、商量、委婉、强调、转折、生动

（2）口气语调

1）初级：缓和

2）中级：反问、惊讶

3）高级：委婉、劝告

二 对外汉语教材中语音体系编排情况的分析

（一）对外汉语教材中语音内容整体编排情况的分析

本研究选取的《博雅汉语》、《发展汉语》和《新实用汉语课本》这三套对外汉语教材，在语音内容的编排上既存在差异，也存在共性特征，以下就初级阶段和中、高级阶段教材在语音内容编排上的异同性，以及语音体系中具体语音内容的整体编排情况进行分析。

1. 各教材中语音内容整体编排情况的分析

从对《博雅汉语》、《发展汉语》和《新实用汉语课本》这三套对外汉语长期综合课教材中语音内容整体情况的描述可以看出，这三套教材在语音内容的编排上既存在差异，也存在共性特征。《博雅汉语》这一教材是在初级起步篇Ⅰ所有课文开始之前安排有独立的语音内容，《发展汉语》是在初级汉语上册所有课文开始之前的预备部分及所有课文开始后的前二十课安排有语音的内容，《新实用汉语课本》则是在初级一册前六课安排有语音的内容，而这三套教材在其中、高级阶段的教材中，均没有对语音内容进行编排，而是在对其他教学内容进行说明的过程中出现了语音的内容。由此可以看出，《博雅汉语》、《发展汉语》和《新实用汉语课本》这三套教材在对语音内容进行集中独立编排还是相对分散编排这一问题上存在差异，而对中、高级阶段教材中是否应该安排语音内容这一问题上呈现出了共性特征。

从《博雅汉语》、《发展汉语》和《新实用汉语课本》这三套教材中语音内容的编排情况来看，语音的内容主要集中在初级阶段的教材中，而对于初级阶段教材中语音内容的编排，又存在着集中独立编排还是相对分散编排的问题。但在这之前，首先要明确语音内容是否应该纳入教学过程，在本研究所选取的三套教材中，《博雅汉语》这一教材对语音内容进行了集中独立编排，它是在所有课文开始前安排了独立的语音部分，但该教材在编排上没有将语音的内容真正地纳入教学过程之中，该教材中的语音部分只对语音的基本知识进行了简单的说明，如果将其作为对语音知识的学习，还是有限的。而教材是教学的依据和指导，教材的编排方式、内容等也会在很大程度上影响教学的方式和内容等。在对老师和学生的调查中，我们发现在使用《博雅汉语》这一教材时，语音部分在教学过程中往往被忽略，很大一部分原因是该教材中的这部分内容没有被纳入教学过程。由此可见，在对语音内容进行编排时，首先要明确地意识到语音内容作为对外汉语教学的源头和基础，应该和其他教学内容一样纳入教学过程之中，在此基础上再考虑应该对其进行集中独立编排还是相对分散编排。对语音内容进行集中独立编排，反映到教学上可能会对语音的学习起到集中训练和强化的作用；但语音的学习不是一蹴而就的，它是一个长期训练和巩固的过程，对语音内容进行相对分散的编排，如《发展汉语》和《新实用汉语课本》则分别将语音内容安排在前 10 课和前 6 课，而不是像《博雅汉语》那样将语音内容独立安排在所有课文开始之前，像《发展汉语》和《新实用汉语课本》这样将语音内容进行相对分散的编排，不仅可以起到提示的作用，让学习者意识到语音的内容也是要学习的内容，同时也有利于对语音内容进行阶段性的训练和巩固。

另外，根据《对外汉语教学初级阶段课程规范》，初级阶段的综合课教学可以分为三个阶段，即语音阶段、语法阶段和短文阶段。语音阶段是进行语音内容的学习和语音训练的关键时期，而在语音阶段结束之后的语法阶段和短文阶段同样要加强对语音内容的学习和训练，《对外汉语教学初级阶段课程规范》明确指出，“语音在整个教学中应常抓不懈。”① 本研究选取的《发展汉语》和《新实用汉语课本》这两套教材，都在语音阶段呈现出了语音的内容，在语法阶段和短文阶段的编排上，基本没有涉及语音的内容，而

① 王钟华主编《对外汉语教学初级阶段课程规范》，北京语言文化大学出版社，1999。

在这两个阶段，语音的内容仍然需要加深和巩固，那么在实际教学的过程中，教师也应该有意识地对学习者进行语音训练。

《博雅汉语》、《发展汉语》和《新实用汉语课本》这三套教材在语音内容的编排上，也呈现出了共性特征，即这三套教材在中、高级教材中都没有对语音内容进行编排，而只是在对注释或语法内容进行说明的过程中涉及到了语音的内容。教材所呈现出的这种共性特征，只能说明不同阶段的侧重点的不同，并不代表可以忽略语音的内容。中、高级阶段的教学重点不再是语音，而是词汇和语法、语篇的内容，语音内容与词汇、语法等内容一样，都是系统的整体，并且语音是对外汉语教学的基础，它应该贯穿对外汉语教学的始终，教材所反映出来的这种教学重点的转变与语音内容贯穿整个对外汉语教学的始终并不矛盾，因此，即使在中、高级阶段，也不应该忽视语音的内容。

2. 各教材中语音内容具体编排情况的分析

从各教材中语音内容的具体编排情况来看，语音体系中的声母、韵母、声调、音节，轻声、儿化、变调等内容均安排在初级阶段一册的教材中，而停顿、句调等内容虽然也安排在初级阶段一册的教材中，但只有《发展汉语》这一教材对该内容进行了编排，并对其作了详细的说明。重音、语气语调、停顿等内容则零零散散地出现在中、高级阶段的教材中，但这些内容都是在对语法或注释等其他教学内容进行说明的过程中出现的，并不进行专项编排。

根据《对外汉语教学初级阶段课程规范》和《高等学校外国留学生汉语教学大纲：长期进修》等的规定，声母、韵母、声调、音节，轻声、儿化、变调，停顿、重音、句调、语气语调等语音内容在初级阶段就应该进行教授和学习。从本研究选取的三套教材中语音体系各具体内容的编排情况来看，《发展汉语》这一教材基本落实了课程规范和教学大纲的要求，而《博雅汉语》和《新实用汉语课本》这两套教材对于停顿、重音、句调、语气语调等语音内容没有进行讲解和说明，只是在对语法和注释等其他教学内容进行说明的过程中出现了这些内容，这些都是作为教学暗线的内容出现的。

尽管《博雅汉语》、《发展汉语》和《新实用汉语课本》这三套教材中都安排有声母、韵母、声调、音节，轻声、儿化、变调等语音内容，但各教材对这些内容进行说明时，不仅存在具体说明内容的差异，而且说明的详尽程度也有所不同，如在三套教材中，相对来说《发展汉语》这一教材对各具体语音内容的说明较为详尽一些，其次是《新实用汉语课本》，最后是

《博雅汉语》。当然，这不仅仅是编排内容多少的问题，这与编排的指导思想、篇幅、体例、方式等都有一定的关系。《博雅汉语》是在所有课文开始前列出了该教材所涉及的所有语音内容，可以说该教材没有将语音内容纳入整个教学过程，而《发展汉语》和《新实用汉语课本》则分别将语音内容分散在一册的前10课和前6课，并且《发展汉语》这一教材在所有课文开始前的预备部分也安排有语音的内容。

本研究选取的《博雅汉语》、《发展汉语》和《新实用汉语课本》这三套教材在中、高级阶段的教材中，均没有对语音体系的各具体内容进行编排，但这也是符合对外汉语教学的阶段性特征的。根据《对外汉语教学中高级阶段课程规范》及《高等学校外国留学生汉语教学大纲：长期进修》中的规定，在中、高级阶段，对外汉语教学的重点是词汇、语法、语篇等内容，而在语音上，主要是注重正音正调，并进行语音语调的训练，但这并不意味着在中、高级阶段可以忽视语音的内容，熟练地掌握语音体系中声、韵、调、音节，轻声、儿化、变调，停顿、重音、句调、语气语调等内容，是有效地进行语音语调训练的前提和基础，因此语音的内容应该贯穿对外汉语各阶段教学的始终，在初级阶段学习完语音内容之后，在中、高级阶段应该进一步地进行训练和巩固。

（二）对外汉语教材中声、韵、调、音节编排情况的分析

声母、韵母、声调、音节等内容是语音体系的基础内容，本研究主要从声、韵、调、音节的具体编排情况、编排顺序、拼写规则等方面，对《博雅汉语》、《发展汉语》和《新实用汉语课本》这三套教材中声母、韵母、声调、音节等内容进行分析。

1. 声母编排情况的分析

从声母的具体编排情况来看，《博雅汉语》、《发展汉语》和《新实用汉语课本》这三套教材对于语音体系中声母体系的选择和编排是较为一致的，即都有21个声母，这也与《汉语拼音方案》声母表中所录入的声母相同。但实际上，在现代汉语普通话中共有22个辅音，有21个可以位于音节的开头部分，充当声母，还有一个比较特殊的辅音ng，它只能放在音节的末尾，作韵尾的鼻音，与韵母构成带舌根鼻音韵母，在现代汉语普通话中不作声母。在三套对外汉语教材中，只有《发展汉语》这一教材在描述声母时提到了辅音的概念，其余两套教材在描述声母时均没有涉及辅音。《发展汉

语》在初级汉语上册的预备部分中指出“音节开头的辅音是声母”，“汉语的声母都是由一个辅音来充当的。”①，可见，对于辅音和声母的区别，该教材并没有作明确说明。另外，由于辅音 ng 只能放在音节的末尾，与韵母构成带舌根鼻音韵母，因此《发展汉语》和《新实用汉语课本》这两套教材都把辅音 ng 作为韵尾鼻音来处理。《发展汉语》在初级汉语上册第七课中对鼻韵母进行小结时，从发音部位和发音方法上，对 n 和 ng 的发音进行了对比说明，“‘ - n’发音时，发音部位靠前，用舌尖顶上齿龈，然后让气流从鼻腔出来；而‘ - ng’发音时，发音部位靠后，用舌根顶住软腭，然后让气流从鼻腔出来。”②《新实用汉语课本》在第一册第一课的语音部分中，把 - ng 作为鼻音韵母，对其发音要领进行说明，“听起来像‘bang’中‘ng’不发‘g’的鼻音”③，这些简短的说明会有助于学习者对鼻音韵母发音的学习和掌握，若《博雅汉语》这一教材中也有此类说明，那么这将对学习者学习和掌握汉语语音也是有益的。

《发展汉语》和《新实用汉语课本》这两套教材中都提到了不送气和送气音，前者是在初级汉语上册第九课中对声母进行小结时，列举出了 b 和 p，d 和 t，g 和 k，j 和 q，z 和 c，zh 和 ch 六组不送气和送气音，并且该教材指出，“在发音时，首先要注意不送气音和送气音的区别”④。后者是在第一册前五课中依次给出了 b 和 p（一课 8 页）；d 和 t，g 和 k（二课 20 页）；zh 和 ch（三课 32 页）；j 和 q（四课 43 页）；z 和 c（五课 57 页）六组不送气和送气音，该教材在第一课中对声母 b 和 p 的发音要领进行说明时，分别在后面的括号中注明 b 是“不送气音”，p 是“送气音”，并且提示要“特别注意送气和不送气音 b – p 的发音。”⑤，该教材在第二课中对声母的发音要领进行说明时，也指出要“特别注意送气和不送气音 d – t，g – k 的发音。”⑥ 由此可见，这两种教材都认为汉语送气和不送气音是需要特别注意的，并且像这样在教材中有意识地对汉语语音所具有的特殊性进行讲解和说

① 荣继华编著《发展汉语初级汉语·上册》，王瑞译，北京语言大学出版社，2007，第 5 页。

② 荣继华编著《发展汉语初级汉语·上册》，王瑞翻译，北京语言大学出版社，2007，第 71 页。

③ 刘珣主编《新实用汉语课本·第一册》，北京语言大学出版社，2010，第 8 页。

④ 荣继华编著《发展汉语初级汉语·上册》，王瑞译，北京语言大学出版社，2007，第 89 页。

⑤ 刘珣主编《新实用汉语课本·第一册》，北京语言大学出版社，2010，第 8 页。

⑥ 刘珣主编《新实用汉语课本·第一册》，北京语言大学出版社，2010，第 20 页。

明，或许只是一句提示性的话语，对语音教学也会有所启发，有所帮助。在汉语普通话中，有送气和不送气的对立，这对外国留学生来说是汉语语音学习的一个难点。而《博雅汉语》初级起步篇Ⅰ在独立的语音部分中也分别呈现出了以上六组不送气与送气音，但该教材对此没有作任何解释与说明。

声母g，k，h和j，q，x也是应该注意的，g，k，h属于舌根音，也叫舌面后音，与其他声母相比这三个声母的发音比较靠后，学习起来有些困难，容易产生发音错误。《博雅汉语》初级起步篇Ⅰ在编排声母的过程中，对声母g，k，h进行了重复呈现。《发展汉语》在初级汉语上册第九课中对声母进行小结时，从发音部位的角度对声母g，k，h与其他声母进行了简单的说明和区分，“大多数声母的发音部位比较靠前，只有g，k，h发音靠后。”① 而对于声母j，q，x，在学习的过程中会涉及与i，ü等韵母相拼时的拼写规则问题。声母zh，ch，sh，r在汉语普通话中属于舌尖后音，对外国留学生来说，这组音也是比较难发的，因为在其母语中没有与之相对应的辅音，因而也很难找到正确的发音部位。此外，声母n，l也是应该注意的，在汉语普通话中，n是鼻音，l是边音，这组音是对立的，它们跟相同的韵母组成音节时，会分别表示不同的意义，这对外国留学生来说也是有难度的。因此，对于以上这些声母难点，教材在编排的过程中应加以说明，即使是简洁的注释或提示性的话语，对学生的学习以及汉语语音教学都会有很大的帮助。

从各教材中声母的编排顺序来看，《博雅汉语》在对声母进行编排时，结合了声母发音部位的顺序，在遵循语音规律的同时，也遵循了由易到难的教学原则，并且也基本符合《汉语拼音方案》声母表的顺序，但与其相比又略有不同。《发展汉语》这一教材对声母的编排是按照语音系统的顺序来进行的，它与《汉语拼音方案》声母表中的顺序完全一致，这样读起来比较顺口，容易背诵和强化记忆，但这也存在一些弊端，学习者容易对这种固定的顺序产生厌烦情绪，这样也会影响语音教学的效果。《新实用汉语课本》在对声母进行编排时，在遵循语音规律的同时，又考虑到了循序渐进的教学原则，该教材把声母分列在了第一册的前五课，而《博雅汉语》和《发展汉语》这两套教材都是在第一册所有课文开始之前列出所有的声母。

---

① 荣继华编著《发展汉语初级汉语·上册》，王瑞译，北京语言大学出版社，2007，第89页。

2. 韵母编排情况的分析

从韵母的具体编排情况来看，《博雅汉语》、《发展汉语》和《新实用汉语课本》这三套教材，对于语音体系中韵母的选择和编排是存在差异的。《博雅汉语》初级起步篇Ⅰ中有35个韵母，《发展汉语》初级汉语上册中有36个韵母，《新实用汉语课本》第一册中有38个韵母，实际上在现代汉语普通话中共有39个韵母，其中单元音韵母10个，复元音韵母13个，带鼻音韵母16个。与现代汉语普通话中的韵母相比，《博雅汉语》初级起步篇Ⅰ在独立的语音部分中所列出的韵母少了ê、-i［前］、-i［后］、er四个单元音韵母，其中后三个韵母又称为特殊韵母，这与《汉语拼音方案》韵母表中所录入的韵母是一致的，由此可见，《博雅汉语》初级起步篇Ⅰ中韵母的选择和编排是有据可循的。《发展汉语》在初级汉语上册的预备部分中列出的韵母与汉语普通话中的韵母相比，少了ê、-i［前］、-i［后］3个单元音韵母，《新实用汉语课本》在第一册前五课中列出的韵母与汉语普通话中的韵母相比，少了1个单元音韵母ê。

三套教材在韵母体系编排上存在的差异是显而易见的，但同时又呈现出共性的特征。以下就单元音韵母ê、-i［前］、-i［后］、er的问题进行分析。在教材编排中是否应该纳入舌尖元音-i和ê，在实际的教学中是否要教这几个元音的发音。在汉语普通话中，汉语拼音字母e代表两个不同的元音，单元音韵母ê是不能单用的，它只能和i、ü组合成复韵母，在复韵母ie、üe中的e实际上是ê，对于这一问题，只有《新实用汉语课本》在第一册第一课中对韵母发音要领进行说明时，指出“‘e’在复合韵母中的发音与单韵母‘e’的发音不同。”①，其余两套教材均没有进行解释和说明。另外，汉语拼音字母i实际上代表了i［i］、-i［前］、-i［后］三个不同的元音，这对外国留学生来说是有难度的，他们往往找不准两个舌尖元音的发音位置。对于这一情况，《博雅汉语》这一教材在对韵母进行编排时，把单元音韵母i和ü放在了第三组和第四组，并且在这两组中重复列出单元音韵母i，而单元音韵母ü是在第四组中才列出的。《博雅汉语》中有如下标注“zi = z ci = c si = s zhi = zh chi = ch shi = sh ri = r”，《新实用汉语课本》在第一册第三课的语音部分中，对-i［后］的发音要领进行了说明，“‘zhi’，‘chi’，‘shi’和‘ri’中‘-i［后］’的发音与单韵母‘i［i］’不同。在

① 刘珣主编《新实用汉语课本·第一册》，北京语言大学出版社，2010，第8页。

发声母‘zh’，‘ch’，‘sh’和‘r’之后，舌头不动。必须小心不要发单韵母‘i [i]’的音，它从来不会出现在‘zh’，‘ch’，‘sh’和‘r’之后。”① 以汉语为母语的人不会在声母 zh、ch、sh、r、z、c、s 之后发独立的 i [i]，但对留学生来说，拼读时却会犯这样的错误，他们不会发 zhi、chi、shi、ri、zi、ci、si 的音，所以教材应该明确说明 i [i]、-i [前]、-i [后] 三者发音的区别，并能单独列出进行逐个教学，以尽量减少学生在音节拼读中的错误。er 是卷舌元音，在汉语普通话中 er 作单韵母时，不跟任何声母相拼，自成音节。虽然在汉语普通话中儿韵字并不多，但外国留学生常常发不好 er 音。

另外，在汉语普通话中，单元音韵母有圆唇和不圆唇的区别，而其中 i 和 ü 在圆展上形成对立，普遍的问题是 ü 的圆唇度不够。在汉语普通话中单元音韵母 i、ü 还可以作介音。在汉语普通话中，前后鼻音是一个很大的难点，即使是母语为汉语的人也存在前后鼻音的问题，更何况母语为非汉语的人。在汉语普通话中，有两个鼻音韵尾，一个是舌尖鼻音，前鼻音韵尾 -n，一个是舌根鼻音，后鼻音韵尾 -ng，这两个鼻音韵尾同元音构成鼻韵母。外国学习者发鼻韵母时，往往找不准韵尾的鼻音位置，并且有时韵腹元音舌位配合也不是很好。

从各教材中韵母的编排顺序来看，《博雅汉语》、《发展汉语》和《新实用汉语课本》这三套教材基本是按照单元音韵母、复元音韵母和带鼻音韵母的韵母系统顺序进行的，这样有利于学习者按系统进行诵读和强化记忆，但这种程序性的排序也容易使学习者产生厌烦情绪。从各类韵母的具体编排情况来看，《博雅汉语》这一教材对复韵母和带鼻音韵母的编排是按照以六个单元音韵母 ɑ，o，e，u，i，ü 打头韵母的顺序进行的，并且先是前后响二合元音，再是中响三合元音，这样就形成一种秩序性和条理性，学习者在学习和记忆的过程中也就不容易遗漏，易于学习者进行有效记忆。《新实用汉语课本》这一教材对单元音韵母的编排是按照韵母系统进行的，对复元音韵母和带鼻音韵母的编排是遵循了由易到难的教学原则而进行的。另外，《新实用汉语课本》这一教材对韵母的编排与其他两套教材有所不同。该教材是把韵母分散编排在第一册前五课中，并且基本上每课都安排有单元音韵母和复元音韵母以及带鼻音韵母（除第二课和第四课没有安排单元音韵母），而《博雅汉

① 刘珣主编《新实用汉语课本·第一册》，北京语言大学出版社，2010，第 32 页。

语》和《发展汉语》都是在一册所有课文开始之前对韵母进行集中编排，并且基本上是把单元音韵母和复元音韵母以及带鼻音韵母分别排列开来。

3. 声调编排情况的分析

从声调编排的具体情况来看，《博雅汉语》、《发展汉语》和《新实用汉语课本》这三套教材对于声调的编排是基本一致的，它们都指出了声调的辨义作用，并且都举出了示例。其中，《发展汉语》这一教材中的说明是最为详细的，该教材不仅举出了示例，还配有声调图。

从声调标注情况来看，《发展汉语》这一教材对于声调标注情况的说明与《新实用汉语课本》中的较为一致，即都是按照韵母的分类进行说明的，并且声调标写的顺序都是 ɑ、o、e、i、u、ü，而《博雅汉语》中是根据单韵母逐个进行说明的，并且这一教材中声调标写的顺序与其他两套教材不同，其顺序不是 ɑ、o、e、i、u、ü，而是 ɑ、e、o、i/u。

汉语是有声调的语言，声调体现了汉语的特殊性，汉语音节和音节之间的差异不仅体现在各自所包含的声母和韵母的差异上，而且还体现在声调的不同上，可以说，声调的学习同声韵母的学习同样重要。特别是对于那些以非声调语言为母语的学习者，他们在学习汉语声调时需要克服从无到有再到会的一系列困难，而教材是教学的依据，也是知识的载体和媒介，因此教材应该对声调的发音、调值及调型进行一些讲解，因为“洋腔洋调”的重要表现之一就是汉语声调调值和调型的不准确和不稳定，如第一声是高平调，发音时声音要保持高且平，并且给出音高图，这样学习者就会对声调形成一种感性的认识。除此之外，教材在说明声调有辨义作用的同时，应该举出相应的示例，让学习者有一个具体的概念，这样不仅对教师的教学有所帮助，而且也有利于学习者对声调的学习和掌握。

4. 音节编排情况的分析

从音节的具体编排情况来看，《发展汉语》和《新实用汉语课本》这两套教材，对于汉语音节的解释和说明是较为一致的，即汉语音节是由声母和韵母两部分组成的，而《博雅汉语》这一教材指出汉语音节是由声母、韵母和声调三部分组成，这一说法是不准确的，在《现代汉语》的音节部分明确指出，“声调不是音节的组成成分”，“普通话的音节都带有特定的声调，英语音节就没有特定的声调。”①，而“汉语音节不能没有声调”只是汉

① 黄伯荣、廖旭东:《现代汉语（上册)》，高等教育出版社，2002，第 90 页。

语普通话音节结构的一个重要特点。由此可见，声调是音节必不可少的，但它并不是音节的组成部分。另外，《发展汉语》这一教材还提到了元辅音以及零声母音节，并且该教材和《新实用汉语课本》都说明了汉语音节可以没有声母，但必须要有韵母的结构特点。

从音节声韵拼合方面来看，三套教材中只有《博雅汉语》没有给出完整的声母韵母拼合表，《发展汉语》和《新实用汉语课本》中都附有完整的声母韵母拼合表，这样会给学习者一个声韵母拼合的整体概念，同时，也会让学习者对汉语音节有一个相对全面的了解，这对汉语语音的学习和语音教学都会有所帮助。另外，《发展汉语》还对声韵母的拼读规律进行了举例说明，这是有必要的，因为在汉语中，声韵母的拼合是有一定规律的，声母与韵母能否拼合，取决于韵母属于开、齐、合、撮四呼中的哪一类，学习者了解和掌握了这些规律，会有助于拼音的学习。例如《发展汉语》中的第一条拼读规则，b，p，m，f 与 eng 相拼，不与 ong 相拼。例如：有 beng，没有 bong；有 peng，没有 pong；有 meng，没有 mong；有 feng，没有 fong。该规则做到了明确化，让学习者更容易理解和掌握。另外，教材还可以对复韵母的拼写规则加以说明，如 i 与 u 不能直接相拼，所以有 uei，实际上是 ui 等。

从音节的拼写规则方面来看，整体而言，《博雅汉语》和《发展汉语》都是对音节的拼写规则进行集中讲解，而《新实用汉语课本》则是将其分散在第一、二、四三课中进行逐步讲解。在内容上，三套教材对于音节拼写规则的说明基本一致，大致总结为以下三点，即单韵母 i、u、ü 的拼写规则，复韵母 iou、uei、uen 的拼写规则，以及特别强调的声母 j、q、x 与韵母 ü 的拼写规则。具体来看，对于音节的拼写规则，相比较而言，《发展汉语》讲解得更为详尽一些，该教材提到了零声母，并对零声母进行了简单说明。此外，该教材还涉及韵母 -i 和 er，对于这些，其他两种教材均没有进行说明。但是该教材对于 zh，ch，sh，r，z，c，s 之后的韵母都是 i 的说法并不是很明确，因为 zh，ch，sh，r，z，c，s 这七个声母之后的韵母 -i 和汉语拼音字母 i 并不是同一个 i，汉语拼音字母 i 代表了 i［i］、-i［前］、-i［后］三个元音，zh、ch、sh、r 后面的韵母是 -i［后］，z、c、s 后面的韵母是 -i［前］。另外，《发展汉语》教材中关于 i、u、ü 改写的说法和《新实用汉语课本》教材中关于 i、u 改写的说法不是很清晰，正如《博雅汉语》中所描述的，对于 i、u、ü 的添加和改写是两个概念，这就形成两种

拼写规则，而《发展汉语》和《新实用汉语课本》这两种教材中没有添加和改写这两种拼写规则的区分，一律是“写成”。因此，教材在对语音知识进行讲解的过程中，应该尽可能地做到清晰、准确，简单易懂，这样不仅有助于学习者对语音知识的准确理解和把握，也有利于语音教学的顺利进行。

（三）对外汉语教材中轻声、儿化、变调编排情况的分析

轻声、儿化、变调等属于语流音变的内容，本研究主要从轻声、儿化、变调等的描述、界定、标写、发音、作用等方面对其进行分析，具体情况如下。

1. 轻声编排情况的分析

从轻声的编排情况来看，《博雅汉语》这一教材除了将轻声归为四声之外的第五个声调外，没有对轻声进行解释和说明，而其余两套教材都对轻声作了说明。《博雅汉语》把轻声同其他四声同时列出，并指出“一共有五个声调”，而实际上，在汉语普通话中有四个基本声调，即第一声、第二声、第三声和第四声，轻声并不是四声之外的第五个声调，它是一种特殊的语流音变现象。《博雅汉语》这一教材对轻声的描述容易误导学习者，让学习者误认为在汉语普通话中，轻声是第五个声调，即使学习者记住了四声除外的轻声这样一个声调，但同时也会在语音声调方面形成知识性的错误，这样也不利于学习者对汉语语音的学习。《新实用汉语课本》对轻声的描述更多地是偏重于轻声的“不标调”，说轻声发音时是一个“微弱的调子”，这样的描述并不是很明朗，对学习者来说这是一个模糊的界定，到底怎么发，要弱到什么程度，而《发展汉语》这一教材对轻声的描述是“念得很轻、很短”，这样的描述相对来说要清楚得多。

2. 儿化编排情况的分析

《博雅汉语》、《发展汉语》和《新实用汉语课本》这三套教材，都对儿化韵的形成和标写进行了简单的说明，即 er 与其他韵母结合形成儿化韵，但实际上儿化韵是原韵母与儿韵结合而成，并且这种结合并不是简单的相加，在结合的过程中总会减少或增加一些音素，因此，儿化韵与原来韵母的发音是不同的，并且不同的韵母有不同的儿化，这在一定程度上给学习者学习儿化韵带来了困难。而除了《博雅汉语》对儿化韵的发音进行举例说明以外，其他两种教材均没有对此情况进行说明。《博雅汉语》初级起步篇I指出，

“以‘i’或‘n’结尾的韵母儿化时，‘i’或‘n’不发音。”① 此外，儿化这种语音现象，具有区别词性和词义，以及表达感情色彩的重要作用，而三套教材中只有《发展汉语》这一教材说明了“儿化”的作用，“‘儿化’现象具有区别词义、区分词性和表示感情色彩的作用。”② 对于此，教材都应该加以说明，并且可以举出示例，讲解和说明应该从外语学习者的角度出发，尽量细化和量化，既不遗漏应有的知识点，又要做到讲解清晰明确，简单易懂，尽量不用语音学术语。

3. 变调编排情况的分析

（1）三声变调

《发展汉语》和《新实用汉语课本》这两套教材对于“三声变调”情况的说明有同有异，相比较而言《新实用汉语课本》中的说明更为详尽一些。两套教材都说明了两个三声相连时的变调情况，并且《新实用汉语课本》中对变调后声调的实际标注情况也做了简单的说明，而《发展汉语》这一教材中只说明了变读情况，没有说明变调后实际的调号标注情况。此外，《新实用汉语课本》还说明了半三声的变调问题，而《发展汉语》对此情况并没有进行说明，但在实际的语言中，半三声的使用频率要远远大于全三声，因此，对于半三声的变调情况，教材还是应该加以说明。在语流中，声调并不是孤立存在的，它往往和前面的其他声调组成连调组，在连调组内部，单字调和单字调在结合的过程中或多或少会发生一些变化，这种变化可能会导致调位的改变。如果连调念不好，就会影响语流的自然度。

（2）“一”和“不”的变调

《发展汉语》和《新实用汉语课本》这两套教材都指出了“一”和“不”在不同声调前的两种变调情况，相比较而言，《发展汉语》这一教材中对“一”和“不”的变调情况的说明更为详细一些，而《博雅汉语》这一教材在编排上没有涉及“一”和“不”的变调的内容。

（3）“啊”的音变

在三套教材中，除《发展汉语》对“啊”的音变进行了详细说明外，其余两套教材在编排上均没有涉及此内容，这样容易造成在教学中忽略该内容。汉语语流是由一连串独立的音节组成，并且汉语音节的界限是很清楚

---

① 李晓琪主编《博雅汉语初级·起步篇Ⅰ》，北京大学出版社，2004，第8~9页。

② 荣继华编著《发展汉语初级汉语·上册》，王瑞译，北京语言大学出版社，2007，第37页。

的，规范的汉语普通话中不会出现一个音素分属两个音节，或连缀于两个音节之间的情况。因此，汉语音节之间一般不会发生像英语那样的连词连诵现象，但是，“啊”的音变却是一个例外。它的读音在语流中往往受前面音节韵母的影响而发生相应的变化，对于这种音变现象，外国学习者往往并不是很了解，在语流中应该发生音变时他们却没有发生音变，这对他们来说是汉语语音学习的一个难点。因此，对于“啊”的音变内容，教材应该进行讲解和说明。

（四）对外汉语教材中停顿、重音、句调、语气语调编排情况的分析

停顿、重音、句调、语气语调等属于语句韵律的内容，本研究主要从停顿的位置，轻重音和句调的作用，以及语气语调和口气语调等方面对其进行分析。

1. 停顿编排情况的分析

在三套教材中，只有《发展汉语》这一教材安排有停顿的内容，《博雅汉语》和《新实用汉语课本》这两套教材均没有涉及该内容，但这三套教材在其语法和注释等部分都出现了对停顿位置的说明。停顿的位置大致包括能停顿的位置和不能停顿的位置两种，停顿的位置往往会影响对意义的理解，而外国学习者往往在应该出现停顿的地方没有出现停顿，在不应该出现停顿的地方出现停顿，这样就会造成理解上的障碍。因此，对于语音体系中停顿这一内容，教材应该对其加以说明，并使之与练习结合起来，让学习者在练习的过程中得以掌握，或者是在学习者基本掌握了语音知识后，作为注释列出，即使是简洁的提示性的话语，都会对学习者有所帮助。

2. 重音编排情况的分析

《博雅汉语》、《发展汉语》和《新实用汉语课本》这三套教材在编排上都没有涉及重音这一内容，但《发展汉语》和《新实用汉语课本》这两套教材，在其各阶段教材的语法和注释部分有对轻重音的说明，而这也只是作为教学暗线的内容出现的。汉语有句重音，句重音有辨别意义的作用，句中不同位置的重音可以表达不同的语法意义，句重音在语流中可以表现在句中的词语上，此时这一词语就是语句的核心。对于学习者来说，应该了解语音中重音的内容及其辨义作用，而对外汉语教材也应该对此内容作一些说明。

3. 句调编排情况的分析

在《博雅汉语》、《发展汉语》和《新实用汉语课本》这三套教材中，只有《发展汉语》这一教材对句调进行了解释和说明，另外两套教材均未涉及句调这一内容。句调不同，所表达的语气语调也会不同，教材对此内容应该进行说明，以有助于学习者准确地把握句调，并能理解不同类型的句调所表达的不同的语气语调。

4. 语气语调编排情况的分析

语调大致可以分两种，一种是由语法结构决定的，如陈述句、疑问句、祈使句和感叹句等的语调；另一种则是由表情达意的语用功能决定的，如惊讶、夸张等语调。而本研究选取的《博雅汉语》、《发展汉语》和《新实用汉语课本》这三套教材只是在其语法和注释部分出现了语气语调和口气等的内容，可以看出，这是作为教学暗线的内容出现的。叶军先生在“语音项目的初步设计”中，将语气与口气分别列出，由此可以看出，叶军先生认为语气和口气是有区别的，《博雅汉语》、《发展汉语》和《新实用汉语课本》这三套教材在其语法部分提到了口气，但对于该内容的说明并不多。

汉语是有声调的语言，对外国学习者而言，要达到声调和语调的有机结合，是汉语语音学习的一个难点，语气语调可以表达说话者的态度和情感等，这往往是词汇和语法所不能替代的，对于学习者来说，应该理解语气语调中隐含的意义，这会有助于交际。因此，在初级阶段和中、高级阶段都要进行语调的学习和训练。

三　对外汉语教材中语音体系编排情况的思考及对策

（一）确定汉语语音教学大纲的思考及建议

汉语语音大纲是编写对外汉语教材和开展汉语语音教学的参考和依据，汉语语音大纲的确定对对外汉语教学工作有着重要意义，对外汉语教材中语音内容的确定与编排，对外汉语教学中语音教学内容的取舍与教授，以及汉语语音教学的有效开展等，都需要以汉语语音大纲作为指导和借鉴。因此，确定汉语语音大纲是对外汉语教学的一项基本工作。

1. 确定汉语语音教学大纲的思考

本研究基于对选取的《博雅汉语》、《发展汉语》和《新实用汉语课本》这三套对外汉语教材中语音体系编排情况的分析和研究，试确定对外汉语语音教学大纲。本研究首先根据语音体系的特点和内容，在参考对外汉语语音测试难点和重点的基础上，将汉语语音教学大纲确定为声母、韵母、声调、音节、汉语拼音方案和语句韵律等六部分。

在声母方面，现代汉语普通话中共有21个辅音声母，对声母发音特征的描述一般是综合发音部位和发音方法两方面进行的。在韵母方面，现代汉语普通话中共有39个韵母，这39个韵母可以分为单元音韵母、复元音韵母和带鼻音韵母，对韵母的描述一般是从舌位的高低和唇形的圆展这两方面来进行的。在声调方面，汉语普通话中共有4个基本声调，这4个声调还可以两两组合，形成16种连调组。在音节方面，声母和韵母相互组合，形成音节，但这种组合并不是任意的，而是有规律可循的，音节的组合不仅包括音节内部的组合，还包括音节之间的组合。汉语拼音方案也属于语音体系不可或缺的部分，汉语拼音方面是语音学习的辅助工具，它对教材中语音内容的编排及汉语语音学习有着重要的指导作用，并且汉语拼音方案中的内容在教材中可以反映出来。语句韵律也是语音体系的重要组成部分，它包括轻重音、停顿、节奏、语调等内容。

2. 确定汉语语音教学大纲

（1）声母

1）塞音 b、p、d、t、g、k（不送气和送气问题）

塞擦音 z、c、zh、ch、j、q（不送气和送气问题）

2）舌尖后音 zh、ch、sh、r 和舌尖前音 z、c、s

舌尖后音 zh、ch、sh 和舌面音 j、q、x

3）擦音 f、h

4）鼻音 m、n

鼻音 n 和边音 l

擦音 r 和边音 l

5）z、zh 和 r（清浊问题）

j 和 i（清浊问题）

擦音 sh、r（清浊问题）

（2）韵母

1）单韵母 ɑ

单韵母 o 和 e（唇形的圆展）

单韵母 i 和 ü（唇形的圆展）
单韵母 u 和 ü（舌位的前后）
单韵母 -i［前］（zi、ci、si）和 -i［后］（zhi、chi、shi、ri）
单韵母 er
单韵母 er 和 e
单韵母 ê
元音的松紧问题
2）复韵母 ai、ei、ao、ou
复韵母 ua、uo、uai、uei
复韵母 ia、ie、iao、iou、üe
复韵母 uo 和单韵母 o
复韵母 ou 和单韵母 o
3）鼻韵母 an、ang
鼻韵母 en、eng、in、ing
鼻韵母 ang、eng
鼻韵母 ang、ong
鼻韵母 ian、iang、uan、uang
鼻韵母 uen、ueng、ong
鼻韵母 in、ian、ün、üan
(3) 声调
1）单字调（阴平、阳平、上声、去声）
单字调的调值和调型：阳平和上声
单字调的调值和调型：阴平和去声
2）二字连调："阳+阳"和"去+去"连调组等
二字连调：包含上声的连调组
三字连调
四字连调
(4) 音节
1）r 与开口呼韵母的拼合
音节 ri 和 yi
声母（b、p、m、f 除外）与合口呼或撮口呼韵母相拼
2）以 n 为韵尾的音节后跟零声母音节（音节界限问题）

“啊”的音变

3）儿化韵

轻声

“一”和“不”的变调

（5）汉语拼音方案

1）拼音认读

2）ju、qu、xu（有关 ü 的拼写规则）

－iu、－ui、－un（有关 iou、uei、uen 的拼写规则）

3）字母 i 的读法

字母 e 的读法

（6）语句韵律

1）轻声词

轻读成分

词语重音

语句重音

2）停顿的位置

不能停顿的位置

3）节奏的制约

二字格

三字格

四字格

4）语气语调：陈述

语气语调：疑问

语气语调：祈使

语气语调：感叹

口气语调：表示态度类

口气语调：表达情感类

口气语调：表达使令类

口气语调：其他

3. 对汉语语音教学大纲的对比分析

本研究所确定的汉语语音教学大纲与叶军先生提出的汉语语音教学大纲相比同中有异。从整体结构上来看，两个大纲都包括声母、韵母、声调、音节、汉语拼音方案和语句韵律六部分，所不同的是叶军先生的语音教学大纲将韵母部分放在了声母部分之前。元音占优势是汉语语音的重要特征，可以说韵母在汉语语音中有着十分重要的作用，从这一点来看，叶军先生的语音教学大纲将韵母部分放在首位也是符合汉语语音特点的。而在本研究中笔者将声母部分置于首位，是出于按声母、韵母的顺序组成音节的考虑，这也是符合语音系统规律的。从各部分的结构来看，本研究确定的汉语语音教学大纲与叶军先生的语音教学大纲基本一致，不同的是本研究对相近的易混淆的语音项目进行了归类，对同类项目进行排序，而叶军先生的语音教学大纲也对语音项目进行了归类，但他是对列出的每个语音项目进行逐个排序。

从语音教学大纲各部分的具体内容来看，也是同中有异。本研究确定的语音教学大纲中选取的大部分语音项目与叶军先生的语音教学大纲基本一致，至于不同的语音项目，则要具体到各部分内容中。在声母方面，本研究列出了擦音 sh、r（清浊问题），在韵母方面，本研究确定的语音教学大纲将复韵母按介音的不同分为了三部分，而在叶军先生提出的语音大纲中，复韵母是两部分。在声调、音节和汉语拼音方面，本研究确定的汉语语音大纲与叶军先生的基本一致。在语句韵律方面，差异比较明显。本研究确定的汉语语音大纲将轻重音分为轻声词、轻读成分和词语重音、语句重音两部分，而叶军先生的汉语语音大纲则按词类列出了轻读成分及重音类别。另外，本研究参考功能项目的分类将口气语调分为表示态度类，表达情感类和表达使令类及其他四类，毛世桢在《对外汉语语音教学》一书中提出，“我们建议，语调项目无论是在语气还是口气方面，都可以跟功能项目融合起来在语流教学过程完成任务。”①而叶军先生在其语音大纲中并没有对口气语调进行分类，而是列出了具体的一些口气语调，如不满等。

（二）汉语语音教学大纲在教材编写和对外汉语教学实践中的应用

教学大纲作为编写教材和开展教学的指导和依据，它在教学工作中有着重要的作用。汉语语音教学大纲在对外汉语教学中同样有着十分重要的作

① 毛世桢：《对外汉语语音教学》，华东师范大学出版社，2008，第165页。

用，它不仅为教材的编写提供依据，同时也为汉语语音教学的有效开展提供理论参考，而只有将汉语语音教学大纲有效地应用到教材编写和教学实践中，这种作为参考和依据的指导意义才会真正地发挥并体现出来。以下将从宏观与微观相结合的角度，就汉语语音教学大纲在教材编写和教学实践中的应用问题进行分析。

1. 汉语语音教学大纲在教材编写中的应用

（1）语音项目的取舍

汉语语音教学大纲作为语音教学工作的指导和依据，它是一个系统的整体，几乎包含了语音体系的所有内容，但又有详有略，有所侧重，因此，在将汉语语音教学大纲应用于教材编写过程时，首要的问题是语音项目的取舍问题。首先就宏观的语音教学大纲来说，教材对语音教学内容的编排是有限的，一本教材不可能对所有的语音内容面面俱到，并且不同教材，即使是同一教材的不同阶段，由于侧重点的不同，对语音教学内容的取舍也会随之呈现出差异性。具体到语音各教学内容上，在声母和韵母方面，汉语语音教学大纲包括了汉语普通话的 21 个辅音声母和 39 个韵母，教材在对其进行编排时是要将声母全部纳入的，因此在声母方面不存在取舍问题，而在韵母方面，单元音韵母 ê 使用得并不多，这一韵母是不能单用的，它只能和 i、ü 组合成复韵母，因此，教材在对韵母进行编排时，可以考虑是否需要纳入单元音韵母 ê。在声调方面，汉语语音教学大纲包括了单字调和连调等内容，而对于这些内容，教材在编排过程中不可能将其全部纳入，而应该是有选择的，同样，在汉语拼音方面和语句韵律方面亦如此。

（2）语音项目的侧重点

在将汉语语音教学大纲应用于教材编写中时，除对语音项目的取舍外，还有语音项目的侧重点问题。汉语语音教学大纲对语音项目的安排是有所侧重的，它将重点掌握的语音项目及易混淆、相对立的语音项目对举列出，以示出教学重难点所在，如在声母方面，主要侧重于送气和不送气声母，即擦音和塞擦音声母，舌尖前音和舌尖后音及舌面音等；在韵母方面，主要侧重在唇形圆展上形成对立的韵母和前后鼻音韵母等；在声调方面，主要侧重于单字调和连调中的上声相连等内容；在音节和汉语拼音方面，主要是音节的一些基本拼写规则；在语句韵律方面，主要侧重语流中语调训练等内容，对于以上这些内容，教材在编排的过程中可以考虑将其作为侧重点。

（3）语音项目的详略

在将汉语语音教学大纲应用于教材编写过程时，还涉及具体语音项目的详略问题。语音教学大纲中所包含的语音项目是有详有略的，对于那些重点的语音教学项目，教材在编排过程中应该详细说明。如在声母方面，对塞音和塞擦音及舌尖前音、舌尖后音、舌面音等语音项目的发音特征进行详细说明，在韵母方面，对圆唇元音及前后鼻音等语音项目的发音特征进行详细说明，因为这些语音项目是语音学习中的重点，也是难点，如何区分，如何正确发音，都是应该说明的。但教材对教学内容的编排又具有有限性，它要尽可能地涉及教学各方面的内容，具体到语音方面，自然不能穷尽，要有详有略。并且不同的教材有不同的编排理论和指导思想，即使对同一个重点项目，其说明也不尽相同，如本研究选取的三套教材对“一”和“不”的变调情况的说明就是如此，并且其中《发展汉语》这一教材中的说明最为详尽，因此，在将汉语语音教学大纲运用于教材编写时，在考虑详略问题的同时，也可以依实际情况灵活处理。

2. 汉语语音教学大纲在对外汉语教学实践中的应用

（1）语音教学内容的取舍

在将汉语语音教学大纲应用于对外汉语教学时，也要考虑语音项目的取舍问题，这里所说的取舍即依据汉语语音教学大纲确定语音教学的核心和重难点。汉语语音教学大纲几乎包含了语音体系各方面的内容，但同时也呈现出了语音内容的侧重点，因此在开展汉语语音教学时，可以依据汉语语音教学大纲确定语音教学的核心和重难点。如在声母方面，21 个辅音声母是语音教学的核心内容，其中塞音和塞擦音，舌尖前音、舌尖后音和舌面音，以及舌根音等语音项目可以作为语音教学的重点内容，尤其是塞音和塞擦音，因为这一语音项目涉及声母的送气和不送气音的问题，送气和不送气音可以说是语音学习的一大难点，因此塞音和塞擦音这一语音项目既可以作为语音教学的重点，又可以作为语音教学的难点。在韵母方面，汉语语音教学大纲包括单韵母、复韵母和鼻韵母三部分，在单韵母中涉及唇形的圆展对立问题，复韵母中主要是发音的动程问题，在鼻韵母中主要涉及前后鼻音问题。在声调方面，主要是单字调和上声等连调组，在音节和拼音方面主要涉及一些基本的拼合规则等，在语句韵律方面，主要是语调句调训练等，在实际的教学过程中，可以将这些语音项目作为语音教学的重点，当然也可以根据教学进度、学习者的接受程度等实际情况进

行调整。

(2) 语音教学的层递性

汉语语音教学大纲对语音项目的编排是有顺序性的，在将语音教学大纲应用于语音教学过程时，要注意语音教学的层递性。汉语语音教学的层递性不仅体现在各阶段的教学上，还体现在教学的具体内容上。汉语语音教学大纲依次列出了声母、韵母、声调、音节、汉语拼音和语句韵律六部分内容，可以看出这六部分内容是逐步深入的。声、韵、调、音节及汉语拼音内容是语音体系的基础内容，这些内容应该在初级阶段教学中教授和学习，语句韵律是在掌握了语音基础内容之后需要学习的内容，它是中、高级语音教学重点训练的内容。在具体教学内容上也要注意层递性，汉语语音教学大纲对各具体语音项目的编排也是有顺序性的，如在韵母部分，按单韵母、复韵母和鼻韵母的顺序对韵母项目进行排列；在声调部分，按单字调和连调对声调项目进行排列；在音节部分，按音节内组合和音节间组合的由内到外的顺序对音节项目进行排列，因此，在将汉语语音教学大纲应用于语音教学时，也要注意教学的层递性。

(3) 语音教学的灵活性

对外汉语教材和汉语语音教学大纲是汉语语音教学的参考和依据，可以说汉语语音教学内容在很大程度上来源于教材和教学大纲，但教学又不同于教材和教学大纲，它具有灵活性和自调整性，因此，在将汉语语音教学大纲应用于教学实践时，要注意灵活性，在遵循汉语语音教学大纲的同时又不能拘泥于语音教学大纲，而是应该根据教学的实际作应有的调整。如在教学过程中学习单韵母 i 时，可以同时学习声母 z、c、s 和 zh、ch、sh、r，因为汉语拼音字母 i 代表 i [i]、-i [前]、-i [后] 三个不同的元音，在学习的过程中不易区分，z、c、s 后的元音是 -i [前]，zh、ch、sh、r 后的元音是 -i [后]，并且声母 z、c、s 和 zh、ch、sh、r 在发音部位上形成对立，容易混淆，前者是舌尖前音，后者是舌尖后音，将单韵母 i 与声母 z、c、s 和 zh、ch、sh、r 一起学习，既可以区分汉语拼音字母 i 代表的 i [i]、-i [前]、-i [后] 三个元音，又可以区分声母 z、c、s 和 zh、ch、sh、r，同时还可以辨别单韵母 i 与声母 z、c、s 和 zh、ch、sh、r 的组合。由此看来，在将汉语语音教学大纲应用于汉语语音教学实践时，灵活性是应该注意的，它对提高汉语语音教学的效果有着十分重要的作用。

结 语

文章对《博雅汉语》、《发展汉语》和《新实用汉语课本》这三套对外汉语长期进修综合课教材中语音体系的编排情况进行了系统地考查和研究，在研究过程中，笔者对语音体系中声母、韵母、声调、音节、轻声、儿化、变调、停顿、重音、句调、语气语调等内容进行了描写和分析，并在此基础上确定了汉语语音大纲，以期为今后对外汉语教材中语音内容的编排及对外汉语语音教学的有效开展提供参考和理论依据。

随着对外汉语教学事业的发展，对外汉语教材也在不断更新，并且不同的教材由于指导思想、理论基础等的不同，必然会在编排方式、体例、内容等方面呈现出个性特征和差异性，而本研究选取的《博雅汉语》、《发展汉语》和《新实用汉语课本》这三套对外汉语教材尽管不能代表所有的对外汉语教材，但通过对这些个体教材的分析可以揭示出对外汉语群体教材编排中的共性特征。

我们要全面正确地认识汉语语音体系，语音作为对外汉语教学的源头和基础，它在整个对外汉语教学中有着重要的作用，语音基础打不好，会影响整个对外汉语教学的顺利进行，词汇的学习离不开语音，语法的学习同样离不开语音，而教材是教学的直接参考和依据，不仅要在思想上重视语音，意识到语音的重要性，而且要将这种思想反映到教材中，教材在编排上也不能忽视语音的内容，对外汉语教学亦不能不重视语音教学。

附 录

本研究所使用的教材：

一 普通高等教育“十一五”国家级规划教材，北大版新一代对外汉语教材基础教程系列 博雅汉语 李晓琪主编 北京大学出版社

1. 博雅汉语 初级·起步篇Ⅰ 李晓琪主编 北京大学出版社，2004.8
2. 博雅汉语 初级·起步篇Ⅱ 李晓琪主编 北京大学出版社，2005.2
3. 博雅汉语 准中级·加速篇Ⅰ 李晓琪主编 北京大学出版社，2004.9
4. 博雅汉语 准中级·加速篇Ⅱ 李晓琪主编 北京大学出版社，2005.10
5. 博雅汉语 中级·冲刺篇Ⅰ 李晓琪主编 北京大学出版社，2005.2
6. 博雅汉语 中级·冲刺篇Ⅱ 李晓琪主编 北京大学出版社，2006.1

7. 博雅汉语 高级·飞翔篇Ⅰ 李晓琪主编；金舒年，陈莉编著 北京大学出版社，2004.9

8. 博雅汉语 高级·飞翔篇Ⅱ 李晓琪主编 北京大学出版社，2006.1

9. 博雅汉语 高级·飞翔篇Ⅲ 李晓琪主编 北京大学出版社，2008.3

二　对外汉语长期进修教材 发展汉语 北京语言大学出版社

1. 初级汉语·上册 荣继华编著，王瑞翻译 北京语言大学出版社，2007 重印（发展汉语）

2. 初级汉语·下册 徐桂梅，陈满华编著 北京语言大学出版社，2008 重印（发展汉语）

3. 中级汉语·上册 徐桂梅，牟云峰编著 北京语言大学出版社，2007 重印（发展汉语）

4. 中级汉语·下册 武惠华编著 北京语言大学出版社，2009 重印（发展汉语）

5. 高级汉语·上册 岑玉珍编著 北京语言大学出版社，2007 重印（发展汉语）

6. 高级汉语·下册 杨存田编著 北京语言大学出版社，2006 重印（发展汉语）

三　中国国家汉办规划教材 北京高等教育精品教材 新实用汉语课本 刘珣主编 北京语言大学出版社

1. 新实用汉语课本·第一册 刘珣主编 北京语言大学出版社，2010 重印

2. 新实用汉语课本·第二册 刘珣主编；张凯等编 北京语言大学出版社，2009 重印

3. 新实用汉语课本·第三册 刘珣主编 北京语言大学出版社，2010 重印

4. 新实用汉语课本·第四册 刘珣主编 北京语言大学出版社，2009 重印

5. 新实用汉语课本·第五册 刘珣主编 北京语言大学出版社，2009 重印

6. 新实用汉语课本·第六册 刘珣主编；张凯等编 北京语言大学出版社，2009.12

参考文献

一　著作、学位论文

林焘、王理嘉著：《语音学教程》，北京大学出版社，1992。

赵金铭、孟子敏：《语音研究与对外汉语教学》，北京语言文化大学出版社，1998。

李杨、王钟华、陈灼：《对外汉语教学课程研究》，北京语言文化大学出版社，1998。

赵永新主编《汉外语言文化对比与对外汉语教学》，北京语言文化大学出版社，1998。

王钟华主编《对外汉语教学初级阶段课程规范》，北京语言文化大学出版社，1999。

鲁健骥：《对外汉语教学思考集》，北京语言文化大学出版社，1999。

杨寄洲主编《对外汉语教学初级阶段教学大纲（2）》，北京语言文化大学出版社，1999。

赵建华主编《对外汉语教学中高级阶段功能大纲》，北京语言文化大学出版社，1999。

吴洁敏著：《汉语节律学》，语文出版社，2001。

中华人民共和国教育部制定《语文课程标准》，北京师范大学出版社，2001。

劲松：《现代汉语轻声动态研究》，民族出版社，2001。

黄伯荣、廖旭东：《现代汉语（上册）》，高等教育出版社，2002。

毛世桢、叶军：《对外汉语教学语音测试研究》，中国社会科学出版社，2002。

杨寄洲主编《对外汉语教学初级阶段教学大纲（1）》，北京语言大学出版社，2003。

刘珣、田善继、冯惟钢：《对外汉语教学概论》，北京语言大学出版社，2004。

黄锦章、刘焱：《对外汉语教学中的理论和方法》，北京大学出版社，2004。

陈田顺主编《对外汉语教学中高级阶段课程规范》，北京语言大学出版社，2005。

李泉：《对外汉语教学理论思考》，教育科学出版社，2005。

程裕祯：《新中国对外汉语教学发展史》，北京大学出版社，2005。

刘珣：《对外汉语教育学引论》，北京语言大学出版社，2005。

国家对外汉语教学领导小组办公室《汉语作为外语教学能力等级标准及考试大纲》，北京大学出版社，2005。

赵金铭：《汉语与对外汉语研究文录》，外语教学与研究出版社，2005。

赵金铭：《对外汉语教学概论》，商务印书馆，2005。

潘文国：《对外汉语教研论丛（第三辑）》，华东师范大学出版社，2005。

盛炎：《语言教学原理》，重庆出版社，2006。

李晓琪主编《对外汉语综合课教学研究》，商务印书馆，2006。

张辉、杨楠：《汉语综合课教学法》，北京语言大学出版社，2006。

李泉：《对外汉语教材研究》，商务印书馆，2006。

张和生主编《对外汉语课堂教学技巧研究》，商务印书馆，2006。

王远新：《语言理论与语言学方法论》，教育科学出版社，2006。

张和生主编，白荃等编《汉语可以这样教——语言要素篇》，商务印书馆，2006。

刘广徽编著《汉语普通话语音教程：新疆版》，北京语言大学出版社，2006。

国家对外汉语教学领导小组办公室编《高等学校外国留学生汉语教学大纲（长期进修）》，北京语言大学出版社，2007。

刘珣：《汉语作为第二语言教学简论》，北京语言大学出版社，2007。

陈昌来：《应用语言学导论》，商务印书馆，2007。

毛世桢：《对外汉语语音教学》，华东师范大学出版社，2008。

曹文编著《汉语语音教程》，北京语言大学出版社，2008。

欧洲理事会文化合作教育委员会编，《欧洲语言共同参考框架：学习、教学、评估》，刘骏、傅荣等译，外语教学与研究出版社，2008。

杨晓黎：《对外汉语实习教程》，安徽大学出版社，2009。

郑映璇：《试论初级对外汉语教材的发展》，北京语言文化大学硕士毕业论文，2001。

二　期刊论文

王力：《汉语语音的系统性及其发展的规律性》，《语言学研究》1980 年第 1 期。

赵金铭：《近十年对外汉语教学研究述评》，《语言教学与研究》1989 年第 1 期。

程棠：《对外汉语语音教学中的几个问题》，《语言教学与研究》1996 年第 3 期。

赵金铭：《对外汉语教材创新略论》，《世界汉语教学》1997 年第 2 期。

赵金铭：《论对外汉语教材评估》，《语言教学与研究》1998 年第 3 期。

贾宝书：《浅谈普通话语音系统的组合关系》，《淄博学院学报》1998 年第 4 期。

王建勤：《对外汉语教材现代化刍议》，《语言文字应用》2000 年第 2 期。

李泉：《近 20 年对外汉语教材编写和研究的基本情况述评》，《语言文字应用》2002 年第 3 期。

齐沛：《对外汉语教材再评述》，《语言教学与研究》2003 年第 1 期。

郭丽：《关于初级汉语精读课的改革设想》，《云南师范大学学报》2003 年第 2 期。

叶军：《对外汉语教学语音大纲初探》，《云南师范大学学报（对外汉语教学理论研究）》2003 年第 4 期。

杨寄洲：《编写初级汉语教材的几个问题》，《语言教学与研究》2003 年第 4 期。

赵新、李英：《汉语中级精读教材的分析与思考》，《暨南大学华文学院学报》2004 年第 4 期。

肖路：《从学习者的视角谈高级精读教材编写》，《语言教学与研究》2005 年第 1 期。

杨洪荣：《对外汉语语音教学研究述评》，《邯郸学院学报》2008 年第 4 期。

朱志平、江丽莉、马思宇：《1998～2008 十年对外汉语教材述评》，《北京师范大学学报（社会科学版）》2008 年第 5 期。

陈文博：《中亚留学生汉语语音教学浅探》，《语言与翻译（汉文）》2009 年第 3 期。

韩萱：《全球视阈下的对外汉语教材评述》，《云南师范大学学报（对外汉语教学与研究版）》2009 年第 4 期。

中级汉语水平中亚留学生声调偏误实验分析

梁云　郑琪

中国与中亚毗邻接壤，从古至今都有着悠久而密切的联系。近几年，中亚国家与中国在经济、贸易、教育、文化交流等方面往来频繁，而地处祖国西北边陲的新疆以其独特的物质文化吸引了众多中亚国家的学生来此学习汉语或深造。

笔者通过教学，发现中亚国家留学生对汉字声调的发音比较困难，很难把握汉语普通话中声调升降曲直的变化。中亚各民族语言及俄语是中亚国家各民族使用的母语或第一语言，而且每种语言都分属于不同的语族。隶属于阿尔泰语系突厥语族的中亚民族语言成为大多数中亚人民使用的语言，他们还使用印欧语系斯拉夫语族的俄语和印欧语系伊朗语族的塔吉克语。中亚国家几乎每个人都通晓三四种语言，语言背景相当复杂，这对他们学习汉语声调产生了诸多干扰因素。由于声调对于母语是非声调语的学生来说是有特殊困难的[①]，这就决定了我们在对母语为非声调语言国家的留学生进行汉语语音教学时，更要注重其声调的学习。

通过查阅大量的文献资料，我们发现，关于留学生习得汉语声调的研究主要集中在英、美、韩、日、越南和泰国的学生上，而很少有学者对中亚留学生进行这方面的研究，借助实验语音学手段对中亚留学生汉语声调偏误现象的研究几乎没有，因此，本研究以此作为切入点和创新点。文章以汉语单字调和双字调作为实验语音材料，通过采用实验语音软件，结合语音学方法对中亚留学生发音特点进行系统的声学分析。实验研究结果不仅可以为汉语声调偏误研究和对外汉语教学提供客观依据，而且会大大促进第二语言为汉语的声调教学，有利于中亚留学生掌握纯正地道的汉语。

① 鲁健骥：《中介语理论与外国人学习汉语的语音偏误分析》，《语言教学与研究》1984 年第 3 期。

一　实验设计

（一）研究对象

本实验拟对中级汉语水平中亚留学生（HSK3～4 级水平）进行不完全随机抽样，样本数为 30 人（其中男 15 人，女 15 人），所有留学生均来自通用语为俄语的中亚国家，年龄在 18～23 岁之间。另外，标准音材料是由新疆师范大学的四名中国学生（其中男 2 人，女 2 人）提供，普通话水平均达到一级乙等。

（二）语音材料

单音节声调是汉语声调学习的基础，双音节在汉语语音结构中又占大多数，是各层次语音实现的基础，因此本实验以单音节和双音节为测试材料来调查中级汉语水平中亚留学生习得汉语声调的偏误现象，下面将实验材料分为汉语单音节字表和双音节字表两部分。

1. 单音节字实验测试字表

语音测试材料以《汉语水平考试甲级词汇》和《汉语水平考试乙级词汇》为依据，普通话单音节实验字尽量选择口语常用字。根据汉语语音特点，塞音声母是典型的瞬音，它以一条细窄的垂直尖线条——冲直条出现在语图上，这种“冲直条”较好辨认，声学性质凸显，可以比较容易地将韵母切分出来，并且声母能对后面元音基频产生影响，在相同条件下，高元音的基频比低元音高［12］，因此在选择样字时，本实验所选汉字的声母均为不送气塞音字母［p－、t－、k－］，因为鼻音的音强在语图上很弱，且伴有乱纹即摩擦，频谱的脉冲竖条之间显得不干净，因此没有选择鼻音声母。所选汉字的韵母均为单韵母，未选择带鼻尾的韵母，这样不会因为音质的改变而影响测试结果，由于元音的高低会影响基频的高低，笔者在限定了声母、韵母的基础上选择了典型的前低元音［a］，前高元音［i］，后高元音［u］，其目的主要是为了保持元音高低前后的平衡。所以本实验测试字表最终包括了阴平、阳平、上声和去声四个调类在内的 40 个单音节字作为测试字，每个调类各涉及 10 个例字，《汉语水平考试甲级词汇》和《汉语水平考试乙级词汇》各 4 个例字。同时，每个测试字只以拼音形式出现，而不显示汉字，每个音节都标注了声母韵母及声调，以避免学生产生读错的情况。

表 1　单字调实验测试表

阴平	bā 八	bī 逼	bū 逋	dā 搭	dī 低	dū 督	yā 鸭	yī 衣	wā 挖	wū 乌
阳平	bá 拔	bí 鼻	bú 醭	dá 答	dí 敌	dú 读	yá 牙	yí 姨	wá 娃	wú 无
上声	bǎ 把	bǐ 笔	bǔ 捕	dǎ 打	dǐ 底	dǔ 堵	yǎ 哑	yǐ 椅	wǎ 瓦	wǔ 午
去声	bà 爸	bì 毕	bù 布	dà 大	dì 地	dù 肚	yà 亚	yì 易	wà 袜	wù 雾

2. 双音节字实验测试字表

普通话单音节字除轻声之外的四个声调两两组合共产生了 16 种双音节字组合，每组声调涉及 3 个字组。所选实验字组中以《汉语水平考试甲级词汇》和《汉语水平考试乙级词汇》的常用词汇为主，所选词汇数量、种类平均分配。双音节测试字表的声母均为清声母，以普通话发音中最常使用的塞音、塞擦音和擦音为主。所选测试字之所以不用鼻音、边音、半元音及零声母音节，是因为目前对于这些声母是否影响声调段等问题，不同学者持不同看法；所选测试字韵母包括不带介音的所有韵母类型，因为对于介音是否属于声调段，目前不同学者也有着不同的意见，所以本实验的测试字表结合语法结构的多样性，综合选取了不同的结构类型的双音节字组作为测试字，比如并列、偏正、动宾、主谓、动补等（见表 1、表 2）。

表 2　双字调实验测试表

前字调 \ 后字调	阴平	阳平	上声	去声
阴平	bā fāng 八方 chū fā 出发 wū yā 乌鸦	fā dá 发达 ā yí 阿姨 dī tóu 低头	zhōng wǔ 中午 zī bǔ 滋补 yā dǎo 压倒	gāo dà 高大 shī dù 湿度 qīng yì 轻易
阳平	fáng wū 房屋 dú shū 读书 bá chū 拔出	bá yá 拔牙 dá tí 答题 dí rén 敌人	dú zhě 读者 wú fǎ 无法 yá chǐ 牙齿	dá àn 答案 dú zì 独自 cái yì 才艺

续表

前字调＼后字调	阴平	阳平	上声	去声
上声	shǒu dū 首都 dǎ kāi 打开 jǐ yā 挤压	zǎo dú 早读 bǔ shí 捕食 bǐ zhí 笔直	bǐ yǒu 笔友 kě yǐ 可以 bǔ kǎo 补考	wǔ fàn 午饭 bǐ sài 比赛 bǔ kè 补课
去声	dà yī 大衣 bì xū 必须 wù qī 误期	dù pí 肚皮 bù xíng 步行 shì yí 适宜	wù pǐn 物品 bì yǎn 闭眼 dì wǔ 第五	bì yè 毕业 dà dì 大地 yì yì 意义

（三）语音样本采集

应用 praat（5.2.42 版）录音进行语音样本的采集。录音地点安排在一间安静的教室里，在正式录音之前，先让实验发音者充分熟悉实验材料，试读几遍，直到发音者认为可以录音为止。由于本实验的目的不是考查发音人的语音知识和识字能力，因此实验字表中均出现的是音节，并标注声调，录音时打乱实验测试表顺序，发音者在自然、放松的状态下按正常语速发音，每一个字或词之间有 5 秒钟的停顿，单字调和双字调字词均各读三遍，有读错或过快的字重读。每读完一遍休息 2～3 分钟，以防前后字音之间有影响。录音后，笔者需填写发音者相关信息，并将这些录音资料以 WAV 语音文件格式存入电脑，音频解析度为 16 位，通道为立体声，录音软件的采样速率设为 22050Hz。

（四）实验过程与方法

1. 听辨实验

听辨实验由获得普通话证书一级乙等的教师朗读，朗读测试表与发音测试表一致。朗读语速平缓、自然、流畅，字与字、词与词之间适当停顿，每个单字和双字连续朗读两遍，保证留学生有充分的时间进行辨音，并标注声调。随后将每个留学生的听辨结果进行统计，得出单字调和双字调的偏误情况，最后应用 SPSS13.0 软件进行偏误显著性分析。

2. 发音实验

（1）基频数据的提取

利用 Praat 软件（5.2.42 版）进行声调特征分析。首先将 Praat 软件中的每一个声音样本制成 Pitch 对象。在 Pitch 对象里，会显示出声音样本的基频曲线，制作基频曲线的目的是进行音高分析。需要注明的是，在基频曲线上，我们要处理好弯头和降尾，即声调的起点和终点。林茂灿先生在 20 世纪 60 年代用试制的音高显示器研究普通话的声调时发现：声调的开头有弯头段，末尾有降尾段，它们的产生是声带运动的惯性引起的，人耳根本听不到，只有切除了弯头、降尾的“调型段”后才与声调信息相关。随后他又说明：声调信息主要由音节的主要元音及其过渡所携带，浊辅音声母、介音、鼻音韵尾和元音韵尾跟声调信息无关①。因此笔者获得的负载声调信息的“调型段”主要是依照朱晓农先生的标准和原则：声调起点等同于发声起点，一般从 FZ 的第一个声门直条清晰可见处开始计算，或者以第二个声门脉冲为参照。声调终点的确定原则是，降调基频终点定在宽带语图上的基频直条有规律成比例的间隔结束处；升调基频的终点定在窄带语图上的基频峰点处，以结尾处最高的峰点值为终点取值；平调参照降调的标准。切除完声调的起点和终点后，我们就可以确定它的时长，即这个声调从哪儿开始，在哪儿结束②。

（2）基频的测量

基频的测量主要采用 Praat 语音软件中的自动测量功能。我们在每一个掐头去尾的声调语音样本上进行十等分的划分，即 0%、10%、20%、30%、40%、50%、60%、70%、80%、90%、100%]③，获取等分点上的原始基频数据，共 11 个。原始语音图谱如 1 和 2，根据此图谱作出等长时间基频曲线图，如 3 至 6。

（3）基频数据的处理

将每个人（n = 30）读的各声调（T1、T2、T3、T4）所有样本（30 人 * 10 字 * 4 个声调）的 11 个采样点的基频值导入 EXCEL 进行基频均值的计算。由于基频的可变性极大，对于同一调型的声调，同一个人的不同次发

① 林茂灿：《音高显示器与普通话声调音高特性》，《声学学报》1965 年第 2 期，第 10 ~ 17 页。

② 朱晓农：《语音学》，商务印书馆，2010，第 281 ~ 282 页。

③ 林茂灿：《音高显示器与普通话声调音高特性》，《声学学报》1965 年第 2 期，第 11 ~ 12 页。

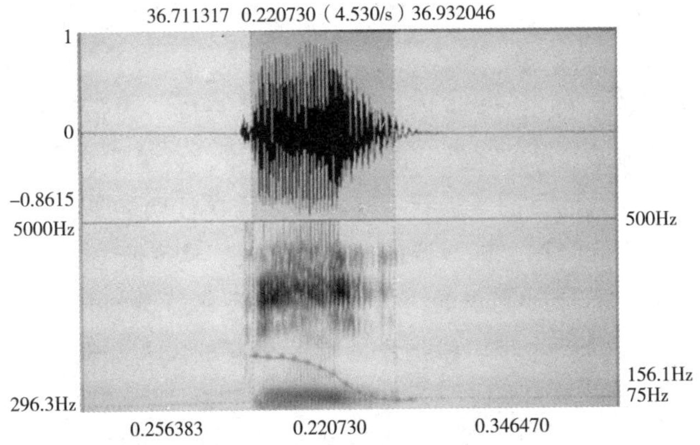

图 1 单字调基频曲线图

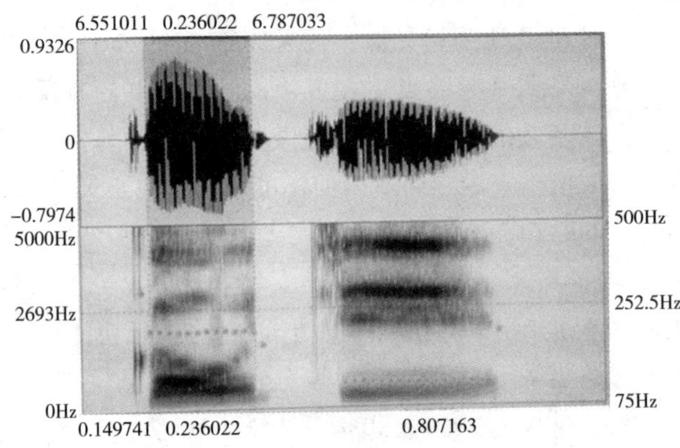

图 2 双字调基频曲线图

音和不同人的发音之间基频的差别量很不确定，因此需要对实验得到的原始基频数据和绝对时长值进行归一化处理。归一化的目的是滤掉个人特性，消减录音时的发音风格差异，进行更加客观性的比较和分析，从而获得具有语言学意义的信息（朱晓农《语音学》）。

笔者采用朱晓农先生《上海声调实验录》（2006）中设计的对数 z-score（LZ）方法。LZ 归一化的具体步骤如下：（1）求基频均值；（2）化为对数；（3）求对数值的均值和标准差；（4）进行 z-score 归一化，计算公式为（χ_i-μ）/σ。μ 为对数的均值，σ 为标准差。最后把 30 个发音人的归一化结果加以平均，作出带离散度的对数 z-score（LZ）曲线。双字调分析同单字调，

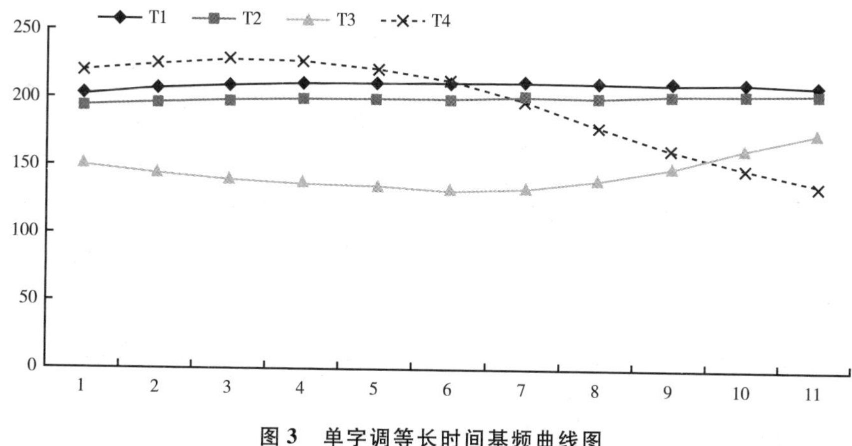

图 3　单字调等长时间基频曲线图

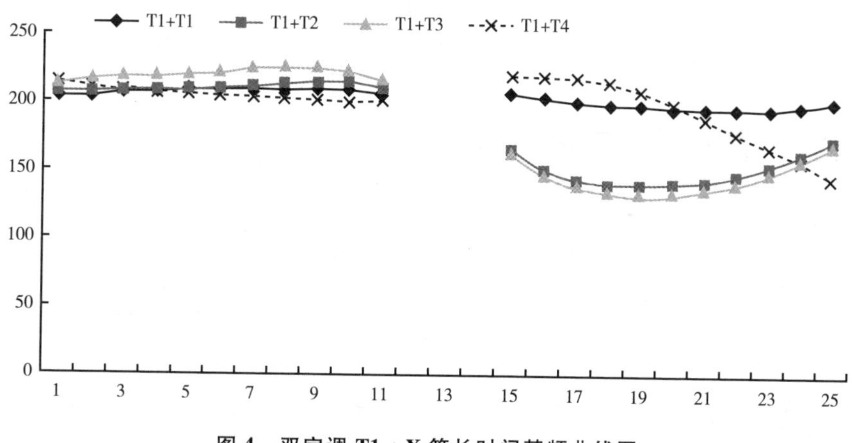

图 4　双字调 T1 + X 等长时间基频曲线图

标准音数据处理同上述分析方法一致。

（4）分域四度的音节学表达

笔者得到 30 个发音人各个采样点（如单字调每一个声调取 11 个采样点；双字调每个声调组合前字、后字各取 11 个采样点）的对数 z-score（LZ）归一化的基频均值，同时，在归一化结果中，得出最大值、最小值以及标准差。根据朱晓农先生《上海声调实验录》（2006）中的论分域四度标调制原则确定调值相对应的基频范围。笔者采用的是四度标调制中的二四制标调法，即阴平、阳平、上声、去声的调值分别为 44、24、213、41。

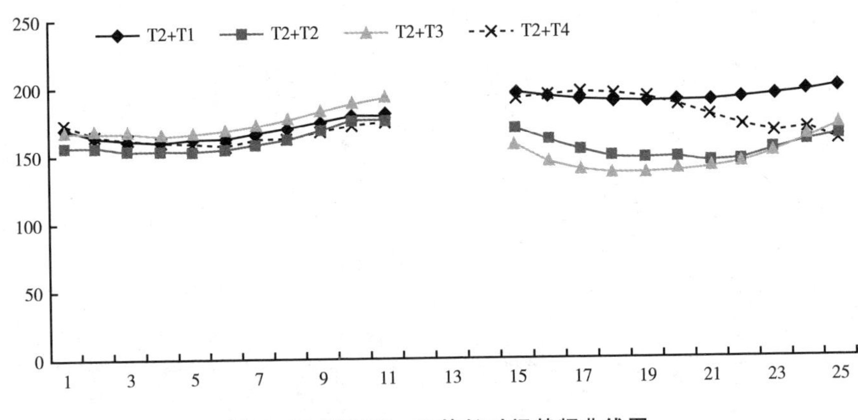

图 5　双字调 T2 + X 等长时间基频曲线图

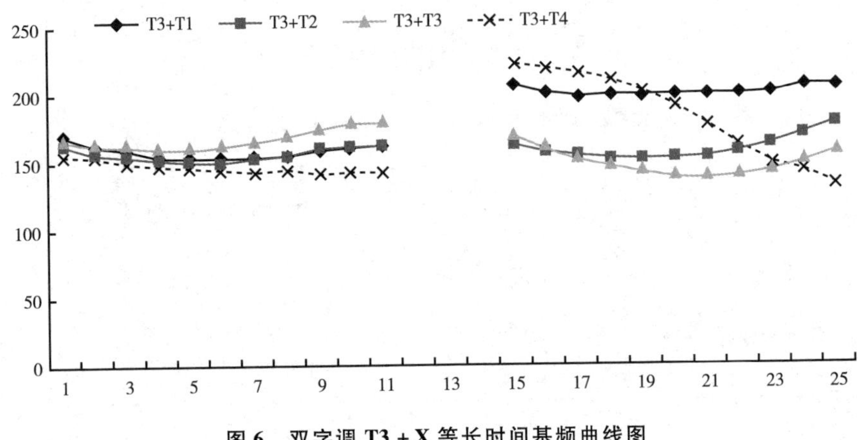

图 6　双字调 T3 + X 等长时间基频曲线图

（5）制作声调分布图

使用微软 Excel 进行作图。声调图的纵轴是音高，即 LZ 归一化后的音高基频值；横轴是时间，即绝对时长。得到 LZ 归一化的声调分布图。纵轴分为四份，代表声调四度制空间，最高或最低一份可以大些，以容纳极端值。实验结果分析中将单字调和双字调的绝对时长基频曲线图分别列出。

（6）声调对比

通过声调分布图的制作，将发音人单字调及双字调的声调实验数据与标准音进行语音学中声调调型、调值、时长的对比，考查发音人与标准音的差异，得出中级中亚留学生汉语习得的声调偏误规律，从而发现问题、分析问题、解决问题。

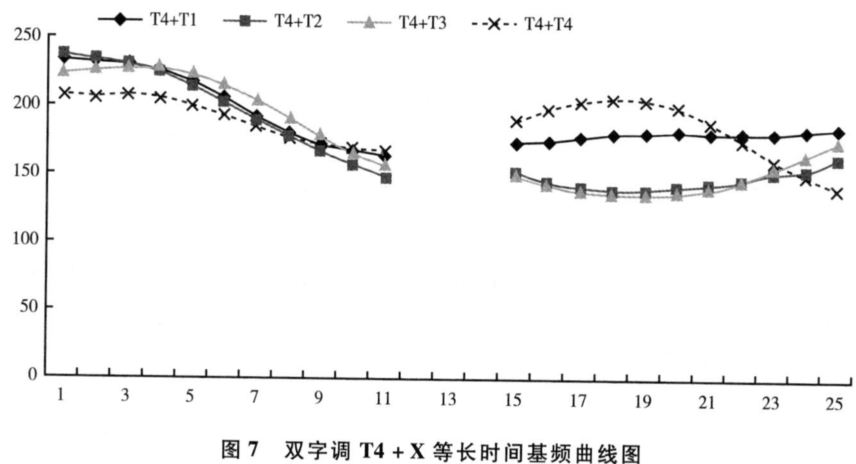

图 7　双字调 T4＋X 等长时间基频曲线图

二　结果分析

（一）听辨结果

1. 单字调听辨偏误结果

通过表 3 可以看出，中亚留学生对不同单字调的听辨能力不同。其中阳平的听辨偏误率最高，极显著地高于阴平、上声和去声；而阴平、上声和去声间的听辨偏误差异不显著。

表 3　单字调偏误数据表

调型	T1	T2	T3	T4
	2.30 ±0.76^{B}	6.50 ±1.11^{A}	1.10 ±0.27^{B}	1.10 ±0.24^{B}

说明：同行数据中，标写不同大写字母表示差异显著（$P<0.05$），标记任意相同大写字母表示差异不显著（$P>0.05$）。

2. 双字调听辨偏误结果

通过表 4 可以看出，中亚留学生对不同的双字调组合中前字调的听辨能力不同。其中前字调听辨偏误率最高的声调组合为上声＋阴平，最低的为去声＋去声。

当前字调为阴平时，阴平＋阳平和阴平＋去声这两种组合的前字调听辨

表 4　双字调前字调偏误数据表

前字 / 后字	T1	T2	T3	T4
T1	4.00 ± 1.15^{D}	6.33 ± 1.20^{CD}	4.67 ± 0.88^{D}	6.33 ± 0.67^{CD}
T2	14.33 ± 1.85^{AB}	12.67 ± 3.17^{B}	12.00 ± 1.53^{BC}	14.00 ± 1.00^{AB}
T3	18.67 ± 2.72^{A}	13.67 ± 3.17^{AB}	4.33 ± 1.20^{D}	14.00 ± 4.50^{AB}
T4	5.00 ± 1.01^{D}	5.33 ± 1.20^{D}	2.50 ± 0.50^{D}	1.33 ± 0.66^{E}

说明：同行数据中，标写不同大写字母表示差异显著（$P<0.05$），标记任意相同大写字母表示差异不显著（$P>0.05$）。

偏误率差异不显著，但均高于阴平＋阴平和阴平＋上声这两种组合。

当前字调为阳平时，四种组合中前字调听辨偏误率差异均不显著，但阳平＋阴平和阳平＋去声这两种组合的前字调听辨偏误率均高于其他两种组合。

当前字调为上声时，上声＋上声组合中前字调的听辨偏误率低于其他三种组合且差异显著；而其他三种组合中前字调的听辨偏误率差异均不显著。

当前字调为去声时，去声＋去声组合中的前字调偏误率低于其他三种组合前字调的偏误率且差异显著；而其他三种组合中的前字调差异均不显著。

表 5　双字调后字调偏误数据表

前字 / 后字	T1	T2	T3	T4
T1	2.67 ± 0.88^{EF}	6.00 ± 2.08^{CDE}	8.00 ± 2.64^{BCD}	8.33 ± 0.33^{BCD}
T2	9.33 ± 0.88^{ABC}	12.67 ± 0.33^{A}	13.33 ± 1.45^{A}	10.67 ± 1.76^{AB}
T3	3.67 ± 0.72^{EF}	4.33 ± 0.88^{DEF}	1.33 ± 0.18^{F}	5.33 ± 0.88^{CDEF}
T4	1.67 ± 0.66^{EF}	6.00 ± 1.00^{CDE}	3.00 ± 0.57^{EF}	2.33 ± 0.21^{EF}

说明：同行数据中，标写不同大写字母表示差异显著（$P<0.05$），标记任意相同大写字母表示差异不显著（$P>0.05$）。

通过表 5 可以看出，中亚留学生对不同的双字调组合中后字调的听辨能力也不相同。其中后字调听辨偏误率最高的声调组合为上声＋阳平和阳平＋阳平；最低的为上声＋上声。前字调听辨偏误率最高的声调组合为上声＋阴平。

当后字调为阴平时，阴平＋阴平的后字调听辨偏误率最低，阳平＋阴平、上声＋阴平和去声＋阴平这三种组合的后字调听辨偏误率较高，但差异不显著。

在后字调为阳平的四种组合中，后字调听辨偏误率均高于后字调为非阳平的双字调组合。后字调为阳平的四种组合中，后字调听辨偏误率差异均不

显著，但阴平+阳平组合的后字调听辨偏误率低于其他三种组合。

当后字调为上声时，上声+上声组合中后字调的听辨偏误率低于其他三种组合，但这四种组合中后字调的听辨偏误率差异并不显著。

当后字调为去声时，阳平+去声组合中的后字调偏误率高于其他三种组合，但整体来看，这四种组合中的后字调听辨偏误率差异并不显著。

（二）发音结果

1. 单字调绝对时长基频曲线图

图8显示，中亚留学生T1调型基本保持水平，这与标准音T1略有波动有所不同。但二者发音范围均介于0.29～0.98范围内，且都处于阴平调值44的调域中。

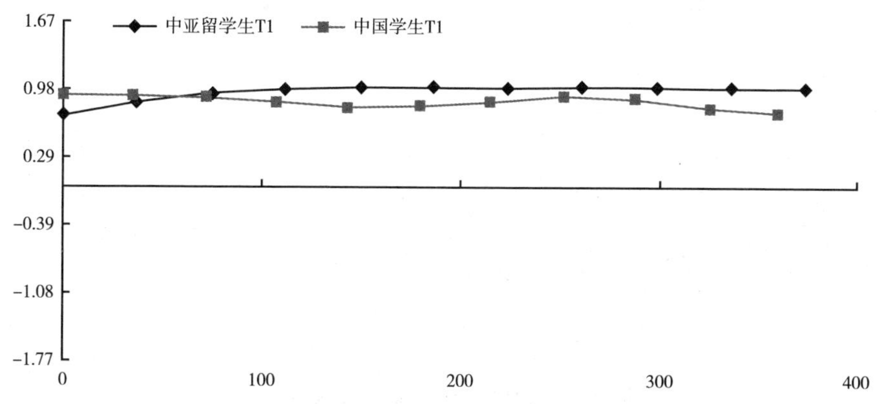

图8　单字调阴平绝对时长基频曲线图

图9显示，中亚留学生T2介于－1.08～0.29的范围内，调值为213；标准音T2介于－1.08～0.98的范围内，调值为24。与标准音T2基频曲线相比，中亚留学生T2起点稍低，上升折点比较靠后，而且上升段速度较快、音长过短，发音终点低于标准音且没有进入4度调值的调域范围内。

图10显示，中亚留学生T3与标准音T3都介于－1.08～0.29的范围内，并且两者都处于上声调值213的调域中。中亚留学生T3与标准音T3的起点及折点基本上保持一致，但中亚留学生T3的最低点比标准音T3的最低点高，曲线趋于平缓。

图11显示，中亚留学生T4介于－1.08～1.67的范围内，调值为42；

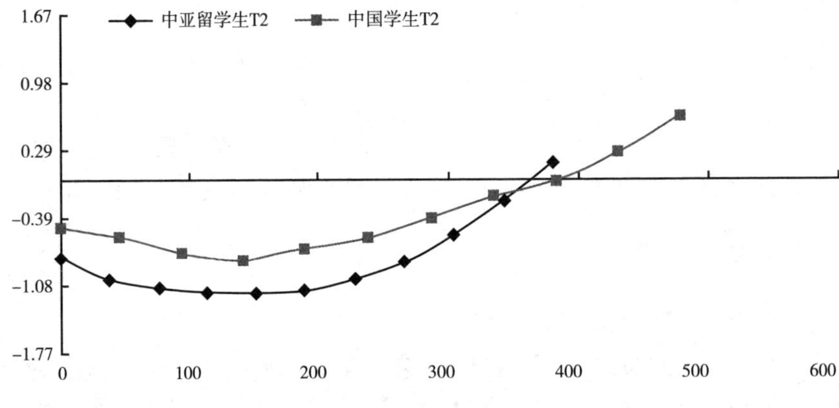

图 9　单字调阳平绝对时长基频曲线图

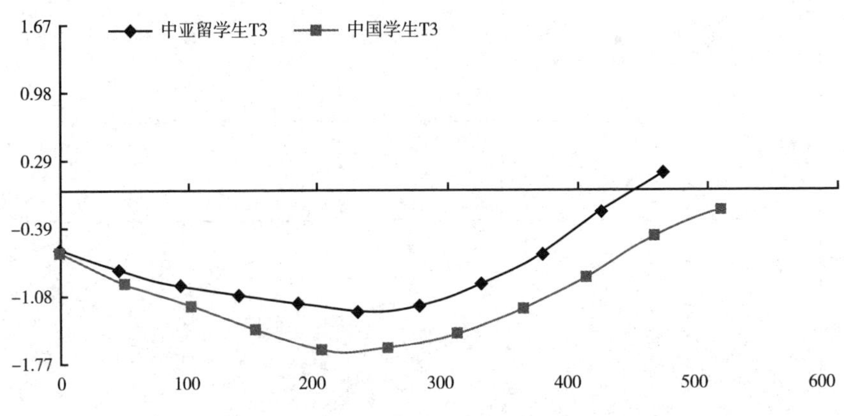

图 10　单字调上声绝对时长基频曲线图

标准音 T4 在 -1.77 ~ 1.67 的范围内，调值为 41。总体来看，中亚留学生 T4 与标准音 T4 曲线趋势基本相同，但其终点比标准音高。

2. 双字调绝对时长基频曲线图

（1）双字调组合 T1 + X

图 12 显示，中亚留学生与标准音的 T1 + T1、T1 + T2 两种组合调值分别为 434 + 44、343 + 434 和 44 + 44、44 + 24。中亚留学生在发音 T1 + T1 组合时，前字调和后字调基本保持水平，而标准音的前字调 T1 并不完全保持在一条水平线上，后字调 T1 基频曲线高于中亚留学生后字调的 T1；在T1 + T2 组合中，中亚留学生在发前字调 T1 时，相对平缓，但起点远远低于标准音起点；在发后字调 T2 时，其基频曲线与上声的走势相似，但又比上声的调值高。

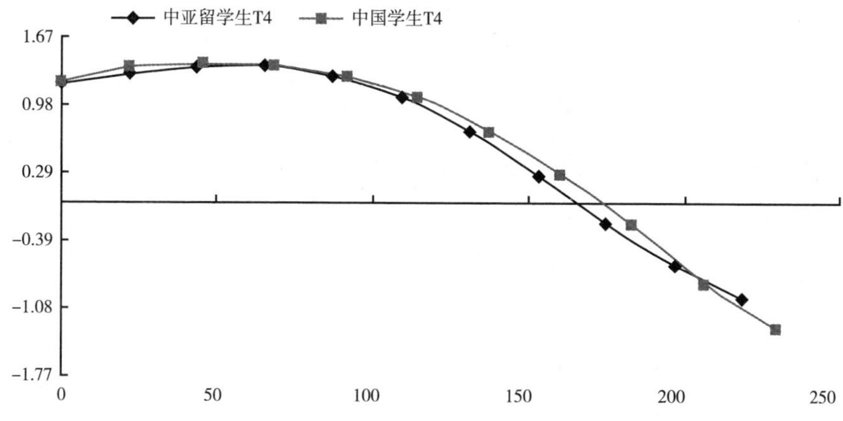

图 11　单字调去声绝对时长基频曲线图

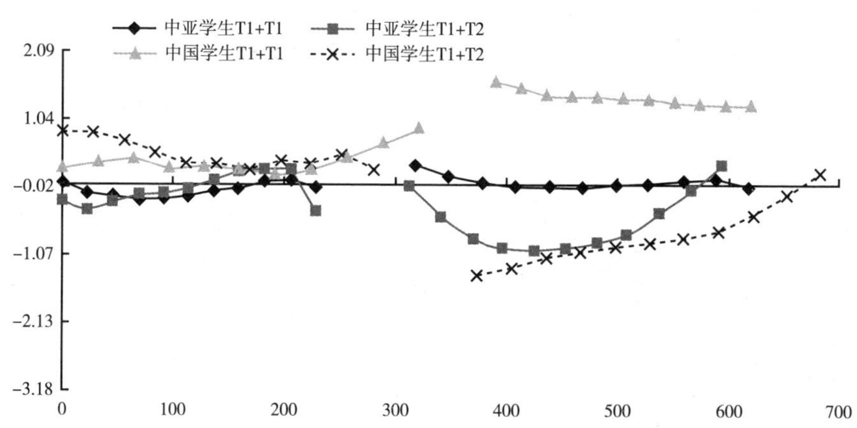

图 12　双字调 T1 + T1/T2 绝对时长基频曲线图

图 13 显示，中亚留学生与标准音的 T1 + T3、T1 + T4 两种组合调值分别为 433 + 43、432 + 43 和 44 + 312、44 + 41。中亚留学生在发音 T1 + T3 组合时，整体基频曲线比标准音所处的调域范围要低，后字调 T3 基频曲线呈下降趋势；在 T1 + T4 组合中，中亚留学生前字调 T1 基频曲线呈下降趋势，且调域跨度达到 2 度；后字调 T4 虽有下降趋势，但其起点与终点都高于标准音。

在双字调 T1 + X 组合中，标准音前字调 T1 呈高而平缓之势，后面的四个声调基频范围跨度较大；中亚留学生除了 T1 + T4 组合中的 T1 呈下降趋势以外，其余前字调 T1 基频范围都低于标准音，并且后面四个声调基频范

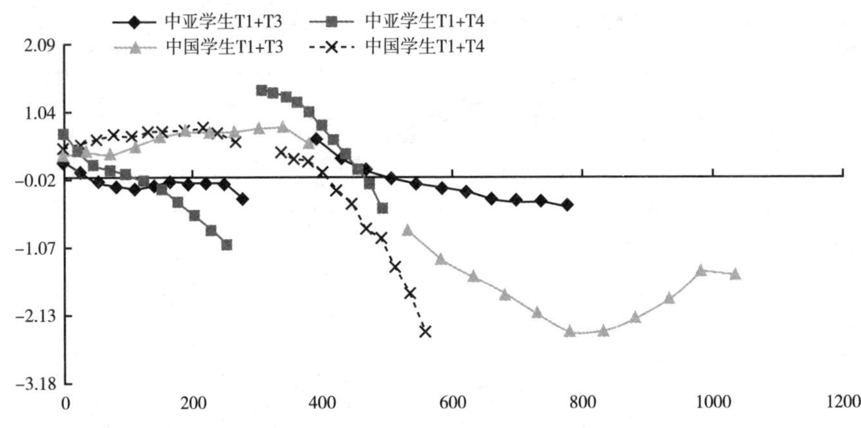

图 13　双字调 T1 + T3/T4 绝对时长基频曲线图

围跨度较小，即中亚留学生的调域较窄，基频活动范围相对较小。

（2）双字调组合 T2 + X

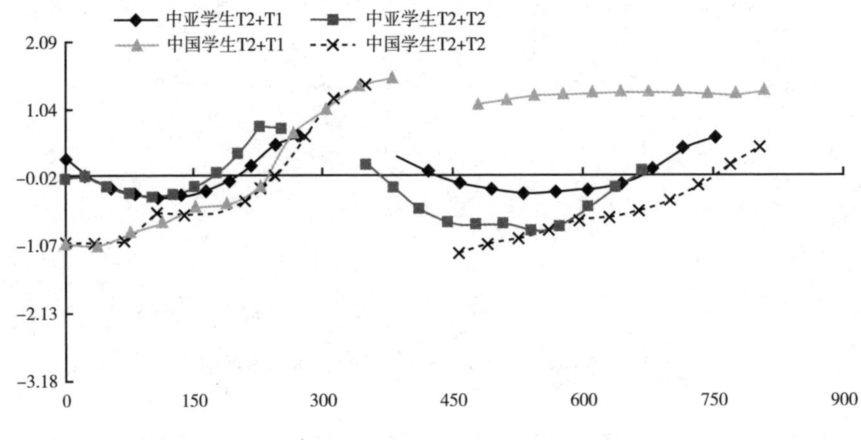

图 14　T2 + T1/T2 绝对时长基频曲线图

图 14 显示，中亚留学生与标准音的 T2 + T1、T2 + T2 两种组合调值分别为 434 + 434、34 + 434 和 24 + 44、24 + 24。中亚留学生在发音后字调 T1 时的调域远远低于标准音，而 T2 + T2 组合中的前字调 T2 的基频曲线与标准音相比，起点过高，终点过低，后字调 T2 基频曲线走势与上声走势相似，起点高于标准音的起点。

图 15 显示，中亚留学生与标准音的 T2 + T3、T2 + T4 两种组合调值分

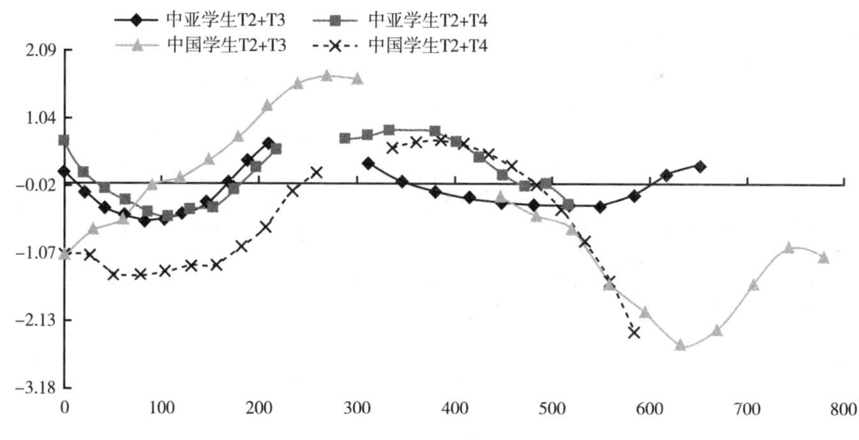

图 15　T2 + T3/T4 绝对时长基频曲线图

别为 434 + 434、434 + 43 和 24 + 212、234 + 41。中亚留学生的 T2 发音状况与 T2 + T1、T2 + T2 组合相一致。后字调 T3 调型曲折不大，但调域范围高于标准音；后字调 T4 基频曲线虽有下降趋势，但终点远远高于标准音。

双字调 T2 + X 组合中，中亚留学生前字调 T2 的起点都较高。其中 T2 + T1 与 T2 + T3 组合中，后字调 T3 却与 T1 同在一个调域内，调值相同。

（3）双字调组合 T3 + X

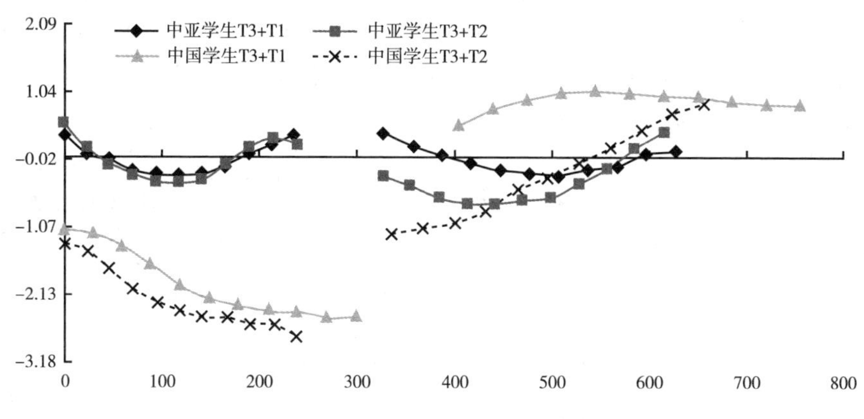

图 16　T3 + T1/T2 绝对时长基频曲线图

图 16 显示，中亚留学生和标准音的 T3 + T1、T3 + T2 这两种组合调值分别为 434 + 434、434 + 34 和 21 + 44、21 + 24。中亚留学生在发音前字调

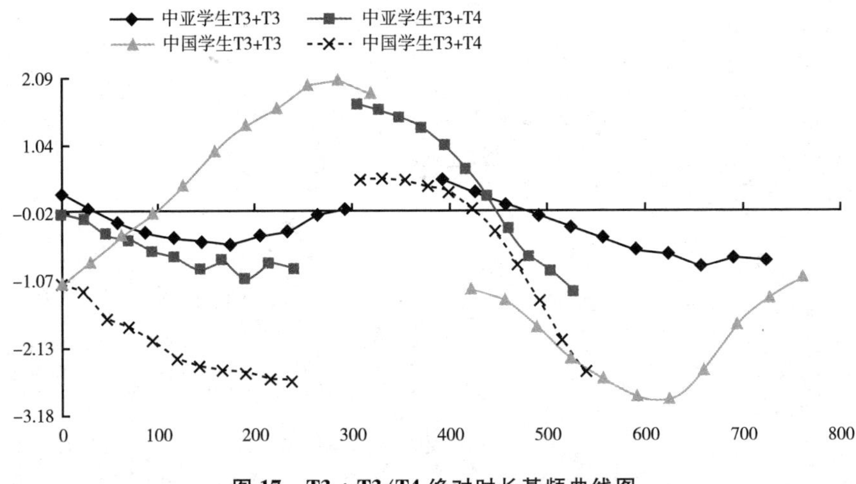

图 17　T3 + T3/T4 绝对时长基频曲线图

T3 时，起点都高于标准音，基频曲线呈现降升趋势，这与标准音前字调 T3 的下降趋势相反；后字调 T1 的发音为降升调，不是高而平缓的调型；后字调 T2 基频曲线虽呈上升走势，但与标准音相比起点较高。

图 17 显示，中亚留学生和标准音的 T3 + T3、T3 + T4 这两种组合调值分别为 434 + 433、43 + 42 和 24 + 212、21 + 41。在 T3 + T3 组合中，中亚留学生发音前字调 T3 调型特征仍呈上声走势，后字调 T3 呈下降趋势，起点与终点都高于标准音，而且折点靠后。T3 + T4 组合中，前字调 T3 虽然呈下降的调型，但是起点和终点高于标准音；后字调 T4 虽呈降调趋势，但起点和终点同样高于标准音。

（4）双字调组合 T4 + X

图 18 显示，中亚留学生和标准音的 T4 + T1、T4 + T2 这两种组合调值分别为 433 + 433、42 + 334 和 41 + 44、41 + 24。中亚留学生的前字调 T4 基频曲线都呈下降趋势，与标准音差别不大，但终点都高于标准音；后字调 T1 调型终点低于标准音，呈下降趋势；后字调 T2 起点比标准音高，终点比标准音低，调域跨度较小。

图 19 显示，中亚留学生和标准音的 T4 + T3、T4 + T4 这两种组合调值分别为 433 + 433、433 + 43 和 41 + 213、41 + 41。中亚留学生的前字调 T4 基频曲线都呈平缓下降趋势，调域跨度比标准音的调域跨度小。后字调 T3 调型与前字调 T4 相似，呈平缓下降趋势；后字调 T4 调型终点高于标准音。

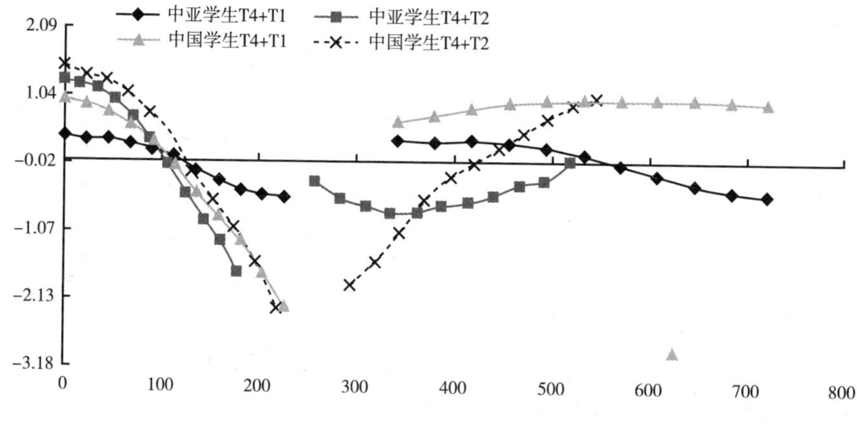

图 18　T4 + T1/T2 绝对时长基频曲线图

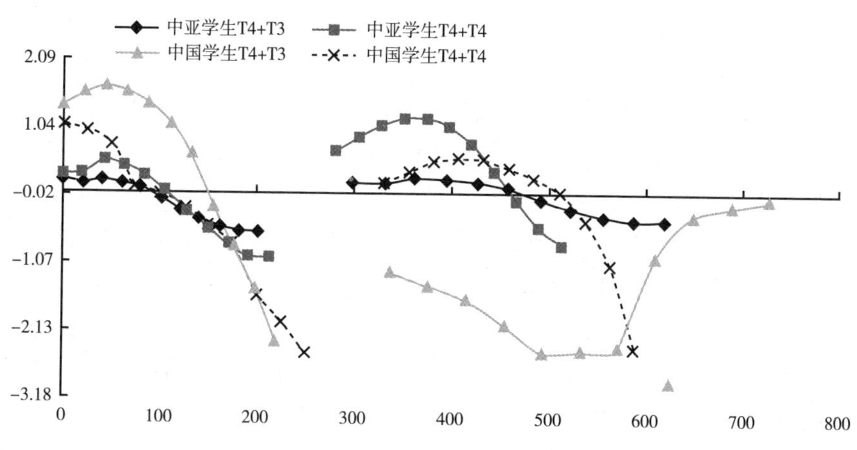

图 19　T4 + T3/T4 绝对时长基频曲线图

三　声学偏误分析

（一）汉语声调的特点

1. 汉语声调习得难点的普遍性

Chomskv 提出的“普遍语法”理论认为世界上所有的语言都有着某些共同的语言原则。这也成为学者们后期进行语言学习普遍性验证性研究的理论基础，目前，“普遍语法”理论在语素、词汇、语法、语音等方面都得到了一些证实[①]。本研究中，中亚留学生在听辨偏误结果中显示单字调中阳平的偏误率最高，而且其偏误率极显著地高于阴平、上声和去声这三个声调；声学实验显示中亚留学生阳平的调值为213，而这与标准音阳平调值24相比，相差甚远，其他三个声调均未出现如此大的差异；双字调听辨偏误结果显示，前字调听辨偏误率最高的声调组合为上声+阴平，其声学实验中的发音调值显示为434+434，这与标准音的调值21+44也有很大的差别，而后字调听辨偏误率最高的声调组合为上声+阳平和阳平+阳平，即无论单字调、双字调，中亚留学生最难以掌握的是阳平和上声这两个声调，而这个结果也与其他一些学者的研究结果相吻合。冯丽萍（1997）的听辨测试结果表明阳平是操英语的留学生和日本留学生出现错误最多的声调，从误听的走向上来看，阳平和上声误听的比例最高；王韫佳（1995）通过调查分析得出美国留学生习得汉语双音节词时常不能区分阳平和上声，容易出现阳上混淆的偏误；汪燕（2002）以不同国别的初级汉语水平留学生为研究对象，通过声调听辨发现初级留学生最难掌握的声调是阳平；马燕华（2000）对初级阶段留学生的汉语上声听辨测试结果显示，无论母语有无声调，外国学生双音节中的第三声误听率大大高于单音节第三声的误听率，且大多误听成第二声。由此可见，不同母语背景的外国留学生在习得汉语声调的时候，阳平和上声的偏误相对较多，而这也成为了一个普遍现象。

2. 汉语声调习得的复杂性

汉语声调具有复杂性。首先，从调型上来说，汉语声调中的阳平和上声确实有一定的相似之处：两种声调的调型走向在起点处都有一个小“凹形”特征，且声调后半段的调型走势均呈“上升”趋势。标准的汉语普通话中阳平和上声前的两个“凹形”性质其实是完全不同的，前者特征具有伴随性，后者是发音时的刻意行为。“上升”型走势是阳平调调型的主要特点，并且是发音的目标点；上声调调型的主要特点为前半段是“低降”特征，且是发音的目标点，上升的调尾在绝大部分情况下对感知并不起作用。本研究中声学实验基频图谱显示，中亚留学生在双字调组合中，阳平与上声发音走势极为相似，阳平曲线末尾段上升高度不够，且折点靠后；上声曲线开始段下降不明显，末尾段同样上升得不够，这也可能是中亚留学生不能较好地掌握阳平和上声的主要原因。

另一方面，汉语声调复杂性还表现在声调的时长方面。中亚留学生在发

---

① 刘珣：《对外汉语教育学引论》，北京语言大学出版社，2000，第176页。

音单字调去声和双字调组合中各字的时长都要比标准音短。汉语中上声是个曲折调，先下降后上升，有一段相对较长的持续过程，去声是个高降调，起点高，终点低。中亚留学生发音上声时，普遍出现下不来、上不去的现象，且折点靠后，呈现出“浅凹”，因此相比标准的“凹”的上声，中亚留学生的上声时长偏短，导致其声调发音不准确。对于去声声调，声学图谱显示，在发音过程中，下降得过于平缓，普遍表现为“起点不够高，降幅不够大”，导致发音时长偏短。但是上声和去声时长偏短的偏误现象不仅体现在外国留学生身上，也存在于说方言的中国人身上。

（二）俄语负迁移的影响

中亚留学生学习汉语声调时产生的偏误大部分是由于俄语负迁移导致的。Odlin 在《语言迁移》（1989）中指出，迁移是指目的语和其他任何已经习得的语言之间的共性和差异所造成的影响。如果有促进作用的正面影响，则是正迁移；反面影响就是负迁移①。中亚留学生将汉语和俄语互相混淆，可以从调型、调域两方面分析声调产生偏误的原因。

中级水平中亚留学生在习得汉语单字调时，调型的偏误不大。本研究语音图谱显示，中亚留学生与标准音的单字调的去声调值分别为 42 和 41，区别不大。但当单字组合成双字后，汉语四声调型就出现了明显的偏误，调值从 42 转变为 43 或 433，这与标准音调值 41 相比，产生了很大的区别，这就是受到了俄语负迁移的影响。俄语是非声调语言，中亚留学生已经形成了没有声调概念的语音思维，对各声调型也只是概念上的理解，所以单字调一旦变成双字调后，学生就很难把握好调型。其次俄语的音高特征是通过语调中心重读音节的运动方向来表现的，起到区别句子交际目的的作用；汉语的音高特征主要是通过改变语调中心及中心后部声调水平的高低来表现的，这种声调运动方向构成声调音位的区别特征，起到区别字义的作用。俄语中常用三种调型，调型 1 用于陈述句，语调平缓，在句尾将语调降低；调型 2 用于有疑问词的疑问句，在疑问词上降低语调；调型 3 用于没有疑问词的疑问句，语调在要问的词上上升。诸葛苹和徐来娣等人对汉俄语音进行了研究比对，得出实验研究结果为：汉语平均音高起点是 13.78，音高终点是 7.97；而俄语平均音高起点是 8.27，音高终点是 8.45。汉语音高的平均落差是

① Terence Odlin.《语言迁移：语言学习的语际影响》，上海外语教育出版社，2001。

5.81，俄语的平均落差只有0.18，以上数据表明：汉语的音高起伏要比俄语大得多①。这种巨大的差异导致中亚留学生调域明显比汉语标准音狭窄、掌握不好汉语的相对音高，因此正是由于这种负迁移的存在，中亚留学生对汉语的调型很难把握，这些调型的偏误特征主要为上声与阳平、阴平及去声的混淆。

（三）目的语的干扰

有些偏误属于目的语的干扰，在汉语语音教学过程中，我们可以发现，中亚留学生念单字声调没有太大的问题，但同一个字在双音节词中往往就会发生声调偏误。这是因为汉语双音节词声调内部的同化和逆同化现象，所谓汉语双音节词声调内部的同化现象是指后一音节的声调受前一音节声调的影响而发生与前一音节相近的变化；逆同化现象则是指前一音节的声调受后一音节的影响而发生与后一音节相近的变化②。中亚留学生双音节词声调内部存在同化现象的主要偏误情况是T4 + T1/T3，将末音节的阴平和上声的调型误发为“\”，与前音节去声调型趋同。逆化现象的主要偏误情况是T1 + T4，前者将前音节的阴平调型误发为“\”，与末音节去声的调型趋同。

此外“目的语干扰”最普遍的现象是“目的语知识的过度泛化”，即学生由于掌握目的语知识的不足，把有限的不充分的目的语知识套用在新的语言现象上，结果产生偏误。汉语的上声变调，既是学习的重点，也是学习的难点。本研究中双字调T3 + T3组合的前字调听辨偏误率最低，但是声学图谱显示的发音调型、调值与标准音却有很大的差异，中亚留学生在发音T3 + T3组合时，前字调T3应发24调值，留学生前字调T3仍发的是上声，且调型走势相似于上声，但其发音却为434调值；第二种变调前上应该发半上声，留学生依然发成上声，且调型走势相似于上声，但调值为434，与标准调值21相比也有较大的差别。

（四）教学环境的影响

1. 传统的对外汉语教学法忽视了哲学思想——建立感知基础

徐谨认为：“没有感知基础的声调理论知识，在实践操作中往往就会失

① 徐瑾：《俄罗斯留学生汉语声调偏误研究》，《佳木斯大学社会科学学报》2006年第3期。

② 刘俐李：《汉语声调论》，南京师范大学出版社，2004。

去它原有的指导意义，这样的理论知识即使理解了记住了也形同虚设。[①]”笔者在调查过程中还纠正过中亚留学生的声调偏误，先将调值标出，并用手指点画着两字的调型领读，学生跟读非常认真，但反复练习后，学生的手点画的是正确调值，读出来的却还是自己本身原始发音的调型。所以说，对于没有声调概念的中亚留学生来说，这种传统教学法就呈现出了不足。从理论上理解调值的升降变化不是难事，可在没有感知的基础上操作，学生还是会无所适从。传统的语音理论教学缺乏实践教学，忽视课堂情景教学、课外组织、辅导和训练，忽视学生自主学习声调的能力，没有足够的时间去练习、模仿、提高，这样很难从根本上提高学生的声调水平。

2. 教材中语音知识体系安排不当

对外汉语教材对知识体系安排得不够合理，即“集中语音教学”、“声韵中心论”等传统教学概念。大部分教材把语音教学部分放在前五课，声调只占其中很小的比重。再加上这一阶段教学内容复杂，训练要求高，留学生对这一部分的学习兴趣不大，有些教师又认为这么短的时间内不可能解决所有的语音问题，认为“洋腔洋调”在所难免，所以没能帮助留学生打下一个坚实的基础，尤其是在声调方面，教学及练习少之又少。另外，几乎所有的教材都采取功能为主的教学原则。比如：所教的第一个语言内容都是“你好”。“你”和“好”两个上声字从教学之初就开始纠缠。因此发准双字调组合中上声的中亚留学生就很少。中级汉语教材知识点侧重于词汇及语法，语音的练习及关注几乎为零，就会造成中级水平中亚留学生声调发音的“化石化”现象。

3. 学习者个人因素的影响

中亚留学生性格豪爽、热情，活泼、好动，这也导致其在学习汉语时不够认真仔细。再加上声调的练习相对枯燥，很容易失去耐心和学习的兴趣，缺乏认真的心态和学习态度，想学好汉语声调简直是难上加难。还有些中亚留学生缺乏自信，不敢说话，不敢交流，这样的学生通常有较好的笔试成绩，但在读课文或者语言交流时会发现，其对汉语音调发音的准确性较差。

---

① 徐瑾：《俄罗斯留学生汉语声调偏误研究》，《佳木斯大学社会科学学报》2006 年第 3 期。

四 教学对策

（一）重视语音教学，加强俄汉对比

首先，声调教学过程中应提高和重视声调的学习，抓住声调教学中的重点和难点，注重易混淆的声调。认知心理学认为：在理解的基础上输入才能更好地输出。在声调教学启蒙阶段，充分利用俄语建立感知基础，不仅应该从汉语声调本身的特点出发，而且还应该针对中亚留学生学习汉语语音偏误的特点和规律，以俄语音系为参照进行对比教学，多用俄语中的语调做范例，引导学生对声调特征的理解，将没有声调可比而造成排斥心理的母语负迁移转变为有感知基础，可以理解和接受的正迁移。并且应提倡汉语语音教学贯穿汉语学习的始末，不仅在初级阶段应该打好语音基础，即使到了中高级阶段也不能松懈，只有通过多听多说，反复大量地输入声调信息，才有利于声调规则的内化，有效帮助学生提高对声调的敏感度，降低中级水平中亚留学生产生的“僵化”现象。

（二）重视调型教学，扩大学生调域

无论是对外汉语教材，还是对外汉语教师，对汉语声调的调值都进行了详细的介绍和讲解，但中亚留学生对于具体的数值只是概念性的认识，不知道自己发的声调是否达到了标准调值。声学实验证明，汉语普通话声调在双字调及语流中都会有变化，但是调型走向却是固定不变的。因此，声调教学中，应该重视调型的训练，后进行调值讲解。这样声调的本质才能明显地体现出来。

俄语的重音主要区别特征是音高、音强，它是相对自由的、非类型化的。而汉语声调的音高是相对的，且四声是类型化的。俄语音域比汉语调域偏窄，为了让中亚留学生真正明白声调难掌握的原因，教师应该形象化地结合声调的各自特征讲解汉语声调的调域。声调可以分为最高音域、中间音域和最低音域，让学生了解这三种音域的相对高度，然后结合自己的发音音域特征，较准确地找到每个声调的高度。例如我们将去声的起点作为他们的最高音域，高平值的阴平可以与去声的起点值持平；去声的终点是他们的最低音域，上声的后半段与去声的终点持平；确定最高音域和最低音域后，再寻找中间音域，并且明确它是阳平的起点，再向上升到上半域或者顶部，就是

一个标准的阳平调了。最后将调域理论与实际模仿，长期训练相结合，扩大中亚留学生的调域。

（三）重视双字调教学

单字调作为一种静态调，中亚留学生比较容易掌握，但双字调组合是一种动态调，它的组合形式并非两个声调简单相加，而是两个声调组合后发生的一定动态轨迹，而且有独立的声调特征。通过声学实验的测试结果可以看出：留学生虽然单字调都掌握得不错，但在双字调中，偏误率明显增高。所以，在对外汉语语音教学中，我们应该对于难度较大的双字调学习高度重视。教师在双字教学过程中应该将理论与实际相结合，把更多的双音节词偏误研究结果融合到实际教学过程中，从而防止偏误发生。赵元任先生在《语言问题》一书中就提出了相同的看法。他认为教师应全面提高自身素质，把理论与实际结合起来，确定合理的理论—实践模式，使教学双方密切配合，相互融合，相互促进①。双字调教学过程中，我们可以借助声学语图，让留学生清晰地看到每个声调的曲线走势，直观地了解自己的声调发音情况，并参照标准发音的调型曲线及时调整，有效地克服声调调型偏误。

（四）训练策略

1. 强化训练法

对双字调组合进行大量的训练，多次重复发音，纠正错误发音，巩固正确的发音，将纠正和训练相结合，以达到熟练为目的。例如教师可以通过制作卡片反复演示，反复听说的方法，帮助学生记忆。教师也可以采用形式多样的小游戏，提高留学生学习声调的兴趣。

2. 循序渐进法

采用科学的形式操练法将其内化于学习者的心理结构中。吴宗济先生提出，“普通话语句中的一切声调变化，都是以单字调和二字连续变调为基础的”，并且提供了二字连续的基本模型②。我们可以按照吴宗济先生的方法安排双字调组合训练，以单字调为基本单元来进行延伸训练，采取由短及长、由慢及快的训练程序。

---

① 赵元任：《语言问题》，商务印书馆，1980。

② 吴宗济、林茂灿：《实验语音学概要》，高等教育出版社，1989。

3. 停顿法

充分利用汉语发音“一字一顿”的特色，避免双字调内部的同化和逆同化现象。这种声调偏误最明显的特征在于双音节词前后两个音节声调间的界限模糊不清。所以应该针对以上特点，教他们在前一音节的发音完成之后稍稍停顿一下再读后一个音节，用双音节词内部的停顿作为界限标记，从而减少连续声调间的互相干扰。

4. 对比法

中亚留学生汉语声调调型的偏误主要体现在“上声和阳平相混，上声和阴平相混，去声和阴平相混”，针对这些易混淆的组合类型，教学过程中应采用将两个易混声调放在一起对比讲解，对比练习，这种有效的对比不仅有利于留学生清楚地认识到其间的差别和对其声调调型的控制，也便于教师更好地抓住双字调组合的难点，进行有针对性的训练。从而可以帮助学生掌握双字调中阴平、阳平和上声的调型，形成正确的发音规范。

结　论

（1）中级中亚留学生对不同声调的听辨能力存在差异。单字调中阳平的听辨偏误率最高，与其他声调相比差异极其显著；阴平、上声和去声间的听辨偏误差异不显著。

（2）双字调中前字调听辨偏误率最高的声调组合为上声 + 阴平，最低的为去声 + 去声；后字调听辨偏误率最高的声调组合为上声 + 阳平和阳平 + 阳平；最低的为上声 + 上声。

（3）中级中亚留学生在发音汉语单字调时，只有阳平调值 213 与标准调值 24 相比偏误较大；其余声调调值基本正确，偏误较小。

（4）双字调组合中，无论前字调、后字调，中亚留学生发音的音域基本都集中在 3 ~4 度，很少跨越到 1 度、2 度，导致其与标准音的差异较大。

参考文献

一　著作、学位论文、报告

郭锦桴：《汉语声调语调阐要与探索》，北京语言学院出版社，1993。

刘珣：《对外汉语教育学引论》，北京语言文化大学出版社，2000。

赵元任：《语言问题》，商务印书馆，1980。

刘俐李：《汉语声调论》，南京师范大学出版社，2004。

刘珣：《对外汉语教育学引论》，北京语言大学出版社，2006。

盛炎：《语言教学原理》，北京语言学院出版社，1989。

林焘、王理嘉：《语音学教程》，北京大学出版社，1992。

刘珣：《汉语作为第二语言教学简论》，北京语言文化大学出版社，2002。

石锋：《天津方言单字调分析——天津方言声调实验研究之一》，《语言研究论丛》，南开大学出版社，1987。

石锋：《天津方言双字组声调分析》，《语音学探微》，北京大学出版社，1990。

吴宗济、林茂灿：《实验语音学概要》，高等教育出版社，1989。

陈娥：《泰国学生汉语习得中的语音偏误研究》，云南师范大学硕士毕业论文，2006。

刘佳平：《初级水平日本留学生汉语双音节词声调偏误分析》，上海外国语大学硕士毕业论文，2003。

刘珊珊：《中级汉语水平韩国留学生声调声学实验与分析》，广西师范大学硕士毕业论文，2008。

刘晓军：《越南留学生汉语声调偏误实验分析》，广西大学硕士毕业论文，2006。

祁慧琳：《韩国留学生汉语双音节词声调发音偏误分析》，上海外国语大学硕士毕业论文，2007。

田园：《从日本留学生的汉语声调偏误分析谈对日学生声调教学》，天津师范大学硕士毕业论文，2003。

辛亚宁：《意大利学生习得汉语声调的实验研究》，北京语言大学硕士毕业论文，2007。

二　期刊论文

李如龙：《声调对声韵母的影响》，《语言教学与研究》1990 年第1 期。

鲁健骥：《中介语理论与外国人学习汉语的语音偏误分析》，《语言教学与研究》1984 年第 3 期。

蔡整莹、曹文：《泰国学生汉语语音偏误分析》，《世界汉语教学》2002 年第 2 期。

陈彧：《苏格兰留学生汉语普通话单字音声调音高的实验研究》，《世界汉语教学》2006 年第 2 期。

高立群、高小丽：《不同母语外国留学生汉语语音意识发展研究》，《云南师范大学学报》2005 年第 3 期。

高玉娟、李宝贵：《韩国留学生汉语声调习得偏误的声学研究》，《云南师范大学学报》2006 年第 1 期。

桂明超：《美国英语语调对美国学生学习汉语普通话声调的干扰》，《世界汉语教学》2000 年第 1 期。

李红印：《泰国学生汉语学习的语音偏误》，《世界汉语教学》1995 年第 2 期。

林茂灿：《音高显示器与普通话声调音高特性》，《声学学报》1965 年第 2 期。

林茂灿：《普通话声调的声学特征和知觉征兆》，《中国语文》1988 年第 3 期。

林焘：《语音研究和对外汉语教学》，《世界汉语教学》1996 年第 3 期。

刘艺：《日韩学生的汉语声调分析》，《世界汉语教学》1998 年第 2 期。

鲁健骥：《中介语理论与外国人学习汉语的语音偏误分析》，《语言教学与研究》1984 年第 3 期。

陆经生：《汉语和西班牙语语音对比》，《上海外国语学院学报》1991 年第 6 期。

毛丽：《声调偏误与对外汉语声调教学研究综述》，《湖南第一师范学报》2007 年第 6 期。

彭玉康、胡袁圆：《对外汉语声调教学研究回望》，《暨南大学华文学院学报》2006 年第 4 期。

沈晓楠：《关于美国人学习汉语声调》，《世界汉语教学》1989 年第 3 期。

石锋、王萍：《北京话单字音声调的统计分析》，《中国语文》2006 年第 1 期。

宋益丹：《汉语声调实验研究回望》，《语文研究》2006 年第 1 期。

王玲娟：《对外汉语初级阶段语音感教学研究》，《重庆大学学报》2003 年第 3 期。

王又民：《匈牙利学生汉语双音词声调标注量化分析》，《世界汉语教学》1998 年第 2 期。

王韫佳：《谈美国人学习汉语声调》，《语言教学与研究》1995 年第 3 期。

吴门吉、胡明光：《越南学生汉语声调偏误溯因》，《世界汉语教学》2004 年第 2 期。

徐瑾：《俄罗斯留学生汉语声调偏误研究》，《佳木斯大学社会科学学报》2006 年第 3 期。

余瑾、王华：《尼泊尔学生汉语声调偏误分析》，《云南师范大学学报》2005 年第 5 期。

三　论文集中的析出文献

林焘：《语音研究和对外汉语教学》，《第五届国际汉语教学讨论会论文》，北京大学出版社，1997。

关英伟、李波：《越南留学生汉语单字调习得的声学考察与分析》，《第七届中国语

音学学术会议暨语音学前沿问题国际论坛》，2007。

程美珍、赵金铭：《基础汉语语音教学的若干问题》，《第一届国际汉语教学讨论会论文选》，北京语言学院出版社，1986。

宋雅男、何伟：《标准普通话单音节时长统计分析》，《第八届全国人机语音通讯学术会议论文集》，2005。

图书在版编目（CIP）数据

面向中亚留学生的汉语国际教育研究/刘宏宇主编. —北京：社会科学文献出版社，2016.4

ISBN 978 - 7 - 5097 - 5079 - 7

Ⅰ.①面… Ⅱ.①刘… Ⅲ.①汉语 - 对外汉语教学 - 教学研究 - 文集 Ⅳ.①H195 - 53

中国版本图书馆 CIP 数据核字（2013）第 218557 号

面向中亚留学生的汉语国际教育研究

主　　编／刘宏宇

出 版 人／谢寿光
项目统筹／宋月华　范　迎
责任编辑／范　迎

出　　版／社会科学文献出版社 · 人文分社（010）59367215
地址：北京市北三环中路甲 29 号院华龙大厦　邮编：100029
网址：www.ssap.com.cn
发　　行／市场营销中心（010）59367081　59367018
印　　装／三河市尚艺印装有限公司

规　　格／开　本：787mm × 1092mm　1/16
印　张：33.75　字　数：585 千字
版　　次／2016 年 4 月第 1 版　2016 年 4 月第 1 次印刷
书　　号／ISBN 978 - 7 - 5097 - 5079 - 7
定　　价／169.00 元

本书如有印装质量问题，请与读者服务中心（010 - 59367028）联系